U0812044

危急

百例警示录

上

“树欲静而风不止”，天灾难测，人祸不断，
国内外公共危机事件层出叠现。
在辛亥革命百年、建党九十年、苏联解体二十年的历史节点上，
我们更需要居安思危，温故而知新。

桂维民◎编著

中共中央党校出版社
The Central Party School Publishing House

图书在版编目（CIP）数据

应急百例警示录（上、下）/桂维民编著. —北京：中共中央党校出版社，2012. 2

ISBN 978-7-5035-4724-9

Ⅰ. 应…　Ⅱ. 桂…　Ⅲ. 紧急事件-公共管理　Ⅳ. D035

中国版本图书馆 CIP 数据核字（2012）第 039617 号

应急百例警示录（上、下）

责任编辑　曲　炜　王　琪
版式设计　尉红民
责任校对　马　晶
责任印制　宋二顺

出版发行　中共中央党校出版社
（北京市海淀区大有庄 100 号）
邮　　编　100091
网　　址　www.dxcbs.net
电　　话　（010）62805800（办公室）　（010）62805818（发行部）
经　　销　新华书店
印　　刷　天时彩色印刷有限公司
字　　数　687 千字
版　　次　2012 年 2 月第 1 版　　2012 年 2 月第 1 次印刷
开　　本　700 毫米×1000 毫米　1/16
印　　张　40.5
定　　价　96.00 元

版权所有 · 侵权必究
如有印装质量问题，请与本社发行部联系

——谨以此书献给我的父亲

序一

李书磊

桂维民同志关于突发事件应对的这部新著，在我案头放得有些日子了，我得闲时就翻读若干。维民曾是中央党校的学员，也曾是我在陕西时的同事，熟人的文章读起来很觉亲切。他书中所写的应急案例也多是我所关心的，所以也有兴趣去读。不少案例我原来只是略知一二，这次读后方知其详，也是大有收获的。维民对这些案例的分析颇有见识，体现了他认真的研究，也融入了他个人的经验，既有学术视野与学术背景，又不是不接地气的纸上谈兵：这大概是他这部书价值之所在。

维民平时做事、为人都有书卷气，谈吐平和文雅、不慌不忙，给你介绍个事情能把前因后果、左情右况说透，娓娓道来之中又有鲜明的态度。这种素养就成了他今天做学术性研究的基础。学问之道无他，无非是好学深思、叩问不已，无非是世事洞明、人心谙熟。他对突发事件应对的研究为学术界所认可，西安交大等著名大学聘请他作为兼职教授、研究所所长，我为此感到非常高兴。他丰富的经历能变成学术的材料，学术的氛围与规范又帮助他把自己的思考深化、系统化，这真是难得的善缘。相信他作为操作者、实践者加入大学有助于学术，而大学通过他参与到实际治理之中也有助于治理，他的研究是学界与政界结合的好例子。我一直在主张这种结合。这种结合一来可以使政府的决策更有理性，治理如此复杂的现代社会，没有社会科学的支持恐怕连信息都搜集不全；二来也促进中国社会科学的成熟与本土化，使学术真正面对中国的田野、研究中国的问题、依凭中国的事实。陕西有那么多重点大学，如果没有这种结合真是太亏了。维民作为这种结合的媒介是很有意义的。

维民作为一位党政领导，于工作之余从事与工作有关的学术研究，我也觉得是很值得赞扬的事。中国古代官学合一，士大夫既从政、又治学，研究历史人文，也研究经国济世的“经济之道”，以学资政，以政实学，士大夫的著述成为中国思想史与学术史的主流。这是中国文化的一个突出特点，也可以说是一个突出优势。现代之后政学分途，是一番新的分工格局，也是历史发展的正常过程；但还是希望分工而不分隔，政学之间能有密切的互动、互通。还是希望中国的这种优良传统能在今天发扬、复兴。政学应相益而不是相妨，一方面是政界与学界要有很好的合作，另一方面是政界与学界要有更多的人员互通，也包括党政干部要有结合工作研究学问的习惯。现在很多干部都受过大学正规的学术训练，工作中延续学术研究是不难的，关键是我们的行政文化要鼓励此事。当然现在也有“学者型领导”的说法，但目前的氛围中这称号既有点像夸奖又有点不像夸奖。还是得让这个称号在实际上变得更正面、更褒义一些。治学并不一定妨碍治事，真正的学而优者是可以在治事中大有作为、大有成就的。应让我们的干部多点学养、多点文气，这还并不仅仅是建立学习型政党的需要，其意义还关系到党风政风，可谓大哉。如果干部们聚到一起谈的多是哪一方面学术研究的心得、是最近读书所思，那会是怎样一种气象。

因维民的论著有些感想，也借此机会生发几句。至于书中对应急管理的研究有何短长，自有专家的序言在，我作为外行就少说为佳了。

谨序。

2011年12月于北京

（作者系中共中央党校副校长）

序二

闪淳昌

读了《应急百例警示录》后心情很沉重，越发感到世界不太平，我国的公共安全形势相当严峻，但同时，又给人以许多深刻的启示和教育。桂维民同志收集、整理、分析和总结的这100个案例，涉及不同国家、不同地区、不同领域、不同类型和不同层次，倾注了作者的大量心血，充分反映了作者的政治敏锐性和广阔视野，反映了作者对应急管理事业的责任感和事业心。胡锦涛总书记指出："提高党的执政能力要求提高各级领导干部处置公共事件的能力。要认真研究，并采取有效的措施，对干部进行必要的培训，在实践中不断总结经验，得到提高。"案例教育往往是应急管理培训教育的重要内容，因为案例生动鲜活，人们在实践的时候经常要模仿，要借鉴，要比较。所以，《应急百例警示录》的出版为我们提供了许多宝贵的资料，非常及时，非常重要，非常必要。

作者提供的100个案例分别从自然灾害、事故灾难、公共卫生和社会安全的角度切入，众多案例告诉我们一个非常重要的现实：我国自然灾害和事故灾难非常严重，公共卫生事件威胁着人民群众的生命和健康，我国经济社会发展进入了一个关键时期。经济体制深刻变革，社会结构深刻变动，利益格局深刻调整，人们思想观念深刻变化；再加上国际政治、经济、军事、安全等因素相互交织，地缘、宗教和文化冲突与政治经济矛盾相互作用，不稳定、不确定、不安全因素增加。我们必须居安思危，思则有备，有备无患。第二个启示是：

当今社会，自然灾害、事故灾难、公共卫生事件和社会安全事件等各类突发事件的关联性越来越强，经常是互相影响、互相转化，往往会产生次生、衍生事件或成为各种事件的耦合。本书的第一个案例——日本大地震的警示，就是个最好的例证。第三个启示是：我国的现状一方面是高风险的城市，一方面是不设防的农村。吉林商业大厦火灾、上海高层居民楼火灾、成都公交车燃烧事件和莫斯科地铁连环爆炸案等等，反映了现代城市的脆弱性，说明了现代城市灾害的突发性、复杂性、多样性、连锁性、集中性、严重性、放大性等特点。而新疆、甘肃、四川、贵州等地的灾难又充分说明我国东、中、西部的地域差别大，城乡差别大，说明我国农村的防灾减灾基础和应对公共卫生事件的能力尤为薄弱。第四个启示是：人民群众不断增长的物质文化需求和法律意识、权利意识明显增强，舆论监督、社会监督力度空前加大，对公共安全的要求越来越高。第五个启示是：现代工业、高技术和信息产业的高速发展，在为国家和个人提供全新的发展机遇和生活空间的同时，也带来了新的安全风险。互联网等新兴媒体在维护社会稳定和安全中发挥的作用越来越突出。越是经济社会向前发展，越是现代化程度不断提高，越是不能忽视可能发生的风险。第六个启示是：改革开放以来，我国在国内发生的涉外事件越来越多，在国外发生的涉我突发事件也越来越多。当今，许多特别重大的突发事件的应对，正在从一个国家应对向全球或区域联合协同应对转变，应对甲流、中日撞船事件等案例就是例证。我们必须加强国际合作，并履行国际义务。

《应急百例警示录》的出版给我们的启示是多方面的，其中还有一点就是启示我们向桂维民同志学习，都来关心和重视对各种各样的突发事件进行系统的研究总结，从而更加深刻地认识和把握不太平的世界和我国的国情，进一步增强全社会的风险防范意识，进一步提高防灾减灾能力，进一步完善应急管理体制机制，进一步加强各种应急物资的准备，进一步提高社会管理和危机处理水平。当然，世界上完全一样的突发事件不会有，正像《孙子兵法》讲的，“兵无常势，水无常形，能应敌变化而制胜者，谓之神。”那么，我们怎么样才能以不变应万变呢？这就需要我们不断地从案例中，从实践中深化对应急管理规律性的认识：坚持依法预防、依法处置；坚持以人为本、依靠群众；坚持信息先行、快速反应；坚持依靠科技、提高素质；坚持整合资源、强化能力；坚持统一指挥、分级负责；坚持政府主导、社会参与；坚持军民合作、协同应对。更加有力地保护人民生命财产安全和经济社会发展成果。

2011年10月于北京

（作者系国务院参事、国务院应急管理专家组组长、国家减灾委员会专家委员会副主任）

目　录

第一编　自然灾害类

第二编　事故灾害类

第一编

自然灾害类

【导语Ⅰ】

构建可靠的社会备灾机制

——自然灾害警示录

自然灾害是人类赖以生存的自然界中所发生的异常现象，它通常表现为剧烈的、极大的破坏力，对人类社会所造成的危害往往是惊心动魄、骇人听闻的。它包括地震、火山爆发、泥石流、海啸、台风、洪水等突发性灾害；也有地面沉降、土地沙漠化、干旱、海岸线变化等在较长时间中才能逐渐显现的渐变性灾害；还有臭氧层变化、水体污染、水土流失、酸雨等人类活动导致的环境灾害。自然灾害是人与自然矛盾的一种表现形式，具有自然和社会双重属性，是人类过去、现在和将来所面对的最严峻的挑战之一。

许多自然灾害，特别是等级高、强度大的自然灾害发生以后，常常诱发出一连串的其他灾害，这种现象叫灾害链。灾害链中最早发生、起决定性作用的灾害称为原生灾害，由原生灾害所诱导出来的灾害称为次生灾害。自然灾害的发生破坏了人类生存的条件，可能衍生出一系列其他的灾害，一般将其泛称为衍生灾害。2011 年 3 月 11 日，日本东北地区宫城县北部发生里氏 9 级特大地震，强震引发了海啸。疯狂的海啸卷走船舶、穿过堤防，把房屋、汽车、飞机、桥梁、列车撕得粉碎，泥石流冲向核电站，衍生了核岛外壳和堆芯接二连三的爆炸，使核燃料外泄，海啸、泥石流、核辐射等就是这次大地震次生的严重灾难。

2011 年 1 月 24 日，联合国国际减灾战略秘书处（UNISDR）公布的统计数据显示，2010 年全球发生重大自然灾害达 373 起，其中洪水是发生频率最高的自然灾害，共有大小洪灾 182 起，还发生了 83 起风暴、29 起极端天气以及 23 起地震。这一年自然灾害导致超过 2 亿人受灾，29.68 万人丧生，造成近 1090 亿美元的经济损失。2010 年发生的自然灾害，造成了 20 年来最为严重的人员伤亡，其中，年初发生在海地的强地震以及发生在俄罗斯的热浪和森林大火所造成的人员伤亡最为惨重。

正如联合国秘书长减灾事务特别代表玛格丽塔·沃尔斯特伦（Margareta. Wahlstrom）所指出的，灾难预警机制再也不应当只是一个可有可无的选择，如果各国不从现在就开始行动起来，人类将为自然灾害付出更大的代价。她说："如果真的想要拯救生命，就要提前做好准备。不要存有侥幸心理，以为灾难只会发生一次，直到灾难真的再次降临才措手不及。可靠的预警系统是十分有必要的。这里所指的不仅是技术方面，而是要树立人们的危机意识，让人们明白和意识到自己也有可能会受到波及。我们必须要相信预警信号。只有当一个国家拥有可靠的社会备灾机制，才是真正拯救生命的方法。"

自古以来，中国就是一个多灾之邦。中国人民大学教授郑功成指出：中国有史便有灾，千年灾害千年痛。历史上黄河素有"三年两决口、百年一改道"的记载，从公元前206年到公元1949年的2155年间，中国发生的大水灾就有1092次，较大的旱灾就有1056次，几近年年成灾。

中国科学院—清华大学国情研究中心主任胡鞍钢说："从气候和地形看，没有哪一个国家像中国这样复杂。中国地处东亚季风区的特殊地理位置，季风异常，来时就会涝，退时就成旱，旱涝已成常事；地势从海拔8000多米到海平面有着三大台阶的跨越，沟壑纵横，山势陡峭，地质灾害易发；地处欧亚、太平洋和印度洋三大地质板块交会地带，地震多发。"事实上，中国70%以上的城市、50%以上的人口分布在气象、地震、地质、海洋等自然灾害严重的地区。三分之二以上的国土面积受到洪涝灾害的威胁，约占国土面积69%的山地、高原区滑坡、泥石流、山体崩塌等地质灾害频繁发生。中国大陆地震占全球的三分之一，是世界上大陆地震最多的国家。

联合国减灾科技委员会的报告曾这样描述中国："这是世界上自然灾害最严重的少数国家之一，从有人类记录以来，旱涝灾害、山地灾害、海洋灾害每年都在中国发生。"民政部救灾司披露：2010年全国各类自然灾害共造成4.3亿人次受灾，因灾死亡失踪7844人，紧急转移安置1858.4万人次；农作物受灾面积达3742.6万公顷，其中绝收面积达486.3万公顷；倒塌房屋273.3万间，损坏房屋670.1万间；因灾直接经济损失5339.9亿元。与过去近20年均值相比，受灾人口高出10.7%，紧急转移安置人口高出近1倍，直接经济损失高出1.2倍。综合比较历年灾情指标，2010年是近20年来仅次于2008年的第二个重灾年份。

"前事不忘，后事之师。"我们应该安而不忘危，让警钟长鸣！当一个又一个灾难在大自然的呼啸声中接踵而至时，有人将2010年称为“地球反扑年”。然而，真的是地球在“反扑”吗？抑或地球只是一直敞开胸脯忍痛承受，那些日益灭绝的物种、不断减少的雨林，其实都是她受难的子女，受害的不只是人类，更是地球母亲。也许虚弱的地球终于累垮了，弯下她为万物遮风挡雨的脊梁，于是人类暴露在无情的灾难面前了。难道只有此时，我们才会重拾对大自然的敬畏之心吗？自然灾害频发的严峻现实，已经给了我们许多刻骨铭心的警示。

——必须树立强烈的忧患意识。自然灾害历来是中华民族的心腹大患，从客观上讲，我国地形地貌和气候条件决定了自然灾害的高发生率。2010年极端气候事件突发多发，更导致了水灾严重，旱涝急转：入春以来，全国有25个省份遭受重旱，江河干涸、土地龟裂；入汛后，全国7大流域先后发生不同程度的暴雨洪水，“狮子山”等5场台风先后在我国登陆，横扫东南沿海地区，洪涝险情出现之多、受灾损失之重，都创下了本世纪以来的极值。同时，地质灾害频发，是上年同期的近10倍。云南、河北、四川、青海等11个省份遭受地震灾害，震后山体破碎造成一些地区泥石流并发，尤其是2010年4月14日，青海玉树发生了当地有历史记录以来最强烈的地震。发生在2010年的一系列特大自然灾害的事实，正如国家减灾委专家委员会副主任史培军所研判的那样，“我国面临的自然灾害的风险正在上升，可能正在进入一个自然灾害频发的时期”。国家气候中心气候变化室主任刘洪滨分析：“在全球气候变暖趋势下，极端性事件发生频率正在增加。强降水发生几率增大，中雨小雨发生几率减少。简单地说，要么不下，要么就下大暴雨。这是基本被认定的气候趋势。”中科院水利部成都山地灾害与环境研究所泥石流研究室主任胡凯衡判断：“地质灾害正在进入一个新的高潮期。未来3至5年内，传统山洪泥石流滑坡多发区处于灾害高发期。”专家们言之凿凿，告诫我们应该居安思危、防患于未然。

——必须构建可靠的备灾机制。人类无法消灭自然灾害，却完全有可能把灾害减低到最小程度。自然界中所发生的异常现象，给周围的生物造成悲剧性的后果，对人类社会构成灾难。海地当地时间2010年1月12日下午，发生了自1770年以来最严重的大地震，使这个西半球最贫穷的国家遭受到了前所未有的打击。里氏7.3级强烈地震造成的死亡人数达到22.25万多人，超过了2004年亚洲海啸22万人的遇难者数量。据国际红十字会估计，此次大地震给海地带来多达300万的难民。时隔8个多月，当地时间2010年9月4日凌晨，新西兰南岛发生里氏7.2级地震，整个新西兰南岛都有震感，其中以克赖斯特彻奇最强。克赖斯特彻奇城内到处是断壁残垣，部分建筑完全损毁，公共服务出现大范围故障，75%城区供电、供水中断，天然气和自来水泄漏，排污系统遭受严重破坏，机场、铁路等交通运输部门也停止服务。地震除了造成2人重伤、数人轻伤，竟然无一例死亡。2010年4月14日7：49，中国青海省玉树藏族自治州发生了里氏7.1级地震，地震造成至少2290人死亡，8000人受伤。当地土木结构房屋倒塌严重，90%的民房均已倒塌。比较这3起地震可以看到，共同之处都是7级以上大地震，都造成建筑物和公共设施的严重破坏；不同之处是新西兰的地震"高震级零死亡"。是什么原因使新西兰创造了地震史上的奇迹呢？除了地震的类型特殊、发生时间和人口密度低等客观因素之外，主要原因是新西兰国民防灾抗震意识强，该国建筑的抗震能力和安全监管体制都处于世界领先水平，多渠道地分散了灾害风险。

——必须学会科学设防和趋利避害。当自然灾害成为一种常态，怎样才能在自然灾害面前少些恐惧和无助，多些从容和镇定？2010年，暴雨虽多，汛情虽急，灾害虽重，但自1998年以来，国家大幅度增加对大江大河治理的投入力度，实施了长江、黄河干堤加固工程和淮河治理等19项工程，洪水退后，退耕还林、封山育林、退垸还湖，让大江大河有惊无险。2010年，地质灾害频繁发生，但2001年至今投入20亿元在三峡库区建立的专业监测网络和群测群防网络，发挥了重要作用。三峡库区这个地质环境极度脆弱的地区，迄今已连续7年实现地质灾害零伤亡。人们因灾难中所感受的切肤之痛而变得聪明起来，灾难锤炼了一种方法，培养了一种精神，那就是不再盲目蛮干，而是要科学设防、积极避险，变害为利。经过汶川地震洗礼，眉山市、绵竹市乃至整个四川省在地震后的废墟上学会了"奔跑"：他们在全省范围内展开地质灾害隐患大排查，制定转移避险预案，层层落实监测防范责任，逐步建立起完整的地质灾害联防预警机制，在各地广泛开展应急避险演练。清平乡所在的绵竹市早在2010年4月，就开始对全市342个隐患点雨天24小时守候，并储备了足够灾民生活一至两个月的生活物资，全市每一个重建的学校、医院、机关单位等都具备承载应急避险能力。2010年8月12日16：33，清平乡接到预警信息：未来48小时内有暴雨天气。不到5分钟，这个消息就传遍了绵竹市21个乡镇。13日凌晨，600多万立方米的泥石流，从狭长的山谷倾泻而下，袭击了人去楼空的清平乡——5400 多名清平群众早已安全转移。面对新中国成立以来最大规模的山洪泥石流灾害，面对百年一遇的大洪水，正是依靠科学有效的预防，四川全省近百万受灾群众与泥石流赛跑，赢得了时间，赢得了生命，这不能不说是应对自然灾害历史上的一个奇迹。

——必须深刻反思夭殇式发展模式。西方工业文明无不重复着这样一条规律：在创造巨大物质财富的同时，也重创了人类赖以生存的自然环境，人类对自然界的开发已经逼近临界点。在中华民族上下 5000 年的漫长岁月里，我们的先民，有过太多惊心动魄、战天斗地的历史传说：开天辟地的壮举、炼石补天的斗志、拉弓射日的雄风、奔波逐日的豪迈、衔石填海的执着……而最终都必将回归于“天人合一”的和谐。人们在一次次抗争与失败中不断反思着人与自然的关系，懂得了只有尊重自然，才能与自然和谐共进。中国的陆地国土面积位居世界第三，但真正适宜人居住和发展的地方并不广阔。按照对中国自然资源承载力的研究，合理的人口承载力为 9.5 亿，我们的实际人口数已经大大超出这个极限，自然资源与环境所承载的压力显然也超出极限。舟曲灾难发生后，人们发现，这个西部的山中小城，在 2 平方公里内却聚集了 40000 余人。如果按平均人口密度算，竟然相当于 2008 年北京城内四区的人口密度！人口的大量集聚，迫使我们不断地向自然过度索取，而对自然的过度开发必然会换来自然的无情报复。实际上，西部地区有一大批城镇处在泥石流等地质灾害的阴影之下。人口居住密集区和自然灾害高风险区高度重合，一次灾难就有可能造成更多的人员伤亡、更大的经济损失。中国七大江河中下游人口稠密、经济发达，也是水灾多发区。但不少人并没有意识到：盲目抢占河道、挤占行洪道、随意填埋河湖水面、无序开山凿石、挖矿修路、任意扩大城市规模等等，会打破自然界的平衡，带来人为的灾难。自然灾害的频发警示我们：快速发展与资源环境承载力、人与自然的矛盾日益凸显。专家们在考察了汶川、玉树大地震和舟曲泥石流灾害现场后指出：人口集聚符合发展方向，城镇化势不可挡。但是，城镇空间布局要充分考虑包括山形、坡度、水系等环境因素，以及多种自然灾害的风险。城镇发展规模要有所控制，应充分考虑环境的承载力。只有坚持科学发展，才能将幸福生活建立在安全的保障之上。

灾难换来新的觉醒。从汶川大地震到 2010 年以来的一系列自然灾害，大自然用独特的方式，告诉人类应如何与它相处，人类也越来越清醒地意识到与自然友好相处的重要性。我们既不能做自然的奴隶，也不要做凌驾于自然的主人，应该是自然的朋友，走出一条人与自然和谐相处的科学发展之路。科学发展观提出统筹人与自然和谐发展，十七大把“生态文明”写进了党章，标志着我们认识人与自然关系的重大进步。人类在灾难中失去的一切应该在历史的进步中得到补偿。正如胡锦涛总书记在全国抗震救灾表彰大会上所说：“一个善于从自然灾害中总结和汲取经验教训的民族，必定是日益坚强和不可战胜的！”

在敬畏大自然的反思中前行

——日本大地震的警示

【事件回放】

2011年3月11日当地时间14时46分（北京时间13时46分），日本东北地区宫城县北部（北纬38.1°，东经142.6°）发生里氏9.0级特大地震，震源深度20公里，东京震感强烈，中国部分地区也有震感。据统计，自有记录以来，这次地震的震级为全世界第三（1960年发生的智利9.5级地震和1964年阿拉斯加9.2级地震分别排在第一和第二）。地震的威力是2010年初海地地震的700倍左右，在海底形成一条长300公里、宽150公里的裂缝。

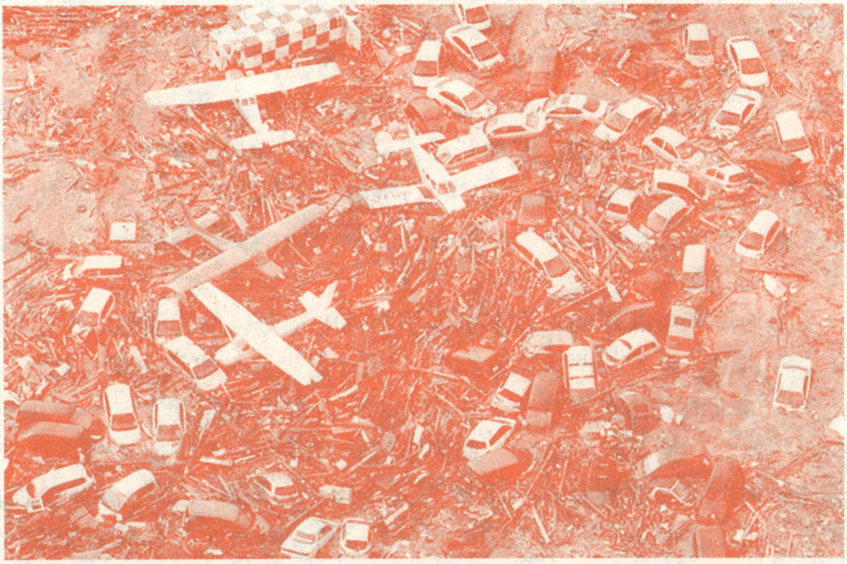

日本气象厅通报，强震一周当中，日本共发生168次里氏5级以上的余震，此后余震将持续至少1个月。依据美国国家航空航天局收集的资料，这次强震使日本本州岛向东移动大约3.6米，地轴移动25厘米，使地球自转加快1.6微秒。日本国土地理院19日宣布，位于震中西北部的宫城县牡鹿半岛向震中所在的东南方向移动了约 5.3 米，同时下沉了约 1.2 米，这是日本有观测史以来最大的地壳变动记录。朝鲜半岛也东移 5.16 厘米，我国北方地区也出现几毫米的东移现象。日本媒体 4 月 6 日报道，3 月 11 日大地震导致日本东北部沿海地区许多地方发生地面下沉，没入水中，面积相当于大半个东京。而另两个“海底基准点”也发生了变动，设置在距离宫城 70 公里海底的基准点向东南移动了 15 米，设置在福岛海域海底的基准点距离震源地较远，移动了约 5 米。

日本气象厅随即发布了海啸警报，称地震将引发约 6 米高海啸，后修正为 10 米。根据后续研究表明，海啸最高达到 37.9 米。大海啸，对日本岩手、宫城、福岛海岸造成严重破坏。地震发生后，太平洋海啸预警中心向俄罗斯、马里亚纳群岛以及菲律宾等 50 多个地方也发布了海啸预警。

地震引发的海啸将宫城、岩手以及福岛县沿岸城镇瞬间吞噬，造成大量人员伤亡和失踪。日本警察厅公布的数据显示，截至当地时间 5 月 13 日下午 3 时，日本大地震的死亡人数已经超过了 15000 人，另外还有 9506 人失踪，两者合计遇难者为 24525 人。此次大地震成了日本二战后死亡人数最多的灾害。另外，因大地震和核泄漏问题而避难的灾民，还有 115500 人，分散在全国 18 个都道府县的 2425 个避难所。

灾后初步统计，在地震和海啸中受损或被毁的建筑达 3400 栋，地震引发的火灾近 200 起，有 181 家福利养老机构在地震中受损。截至 12 日，震区有 557 万户家庭停电，60 万户家庭断水。同时，成田机场无限期关闭，300 多架次国内航班取消。有 9 条高速公路关闭，受停电影响日本首都圈轨道交通基本瘫痪。

受大地震和海啸影响，日本福岛第一核电站反应堆关闭后，3 月 12 日下午 1 号机组相继发生两次氢气爆炸。14 日上午 3 号机组也发生爆炸，15 日上午 2 号机组又传来爆炸声。不久，4 号机组反应堆起火。一连串的核电站机组爆炸，使核辐射的危险如多米诺骨牌般凸显了。据检测，15 日福岛电站辐射剂量已达到正常剂量的 1 万倍以上，现场人员开始紧急撤离。在紧急抢险过程中，3 月 25 日，1 号、2 号和 4 号机组厂房发现高浓度放射物质的积水。3 月 28 日，福岛第一核电站区域内的 5 处土壤样本中检测出放射性钚。日本政府把福岛第一核电站人员疏散范围由原来的方圆 10 公里上调至方圆 30 公里，把第二核电站附近疏散范围由 3 公里提升至 10 公里。国际原子能机构（IAEA）说，日本从核电站附近紧急转移 22 万人。18 日日本政府将福岛第一核电站核泄漏事故等级从 4 级提高为 5 级，紧接着又宣布调高核事故等级至7级。3月30日，日本政府宣布福岛第一核电站所有机组都将报废。专家认为，政府需要考虑“封堆”的选择。

核辐射造成灾区农产品和自来水污染。3月21日傍晚18时，内阁官房长官枝野幸男在首相官邸记者会上宣布，日本首相菅直人根据厚生劳动省对于灾区四县的核放射量的监测，已经正式通知宫城县、福岛县、茨城县、枥木县与群马县的县知事，决定执行《原子能紧急特别措施法》，禁止福岛县、茨城县、枥木县与群马县生产的蔬菜、牛奶等受核辐射污染农产品的流通和销售。除了在核电站附近地区的农产品中检测出放射性物质超标外，在东京、新泻、枥木等6地的自来水中也被检测出含微量放射性碘。美国、中国、新加坡、韩国、台湾地区、中国香港特区、泰国、澳大利亚、新西兰、菲律宾、加拿大和俄罗斯等国都分别宣布部分禁止或者加强检测来自日本的乳品、水果、蔬菜、肉类和水产品。据日本经济新闻调查，东日本大地震给岩手、宫城、福岛、茨城和千叶5个县的农业设施和农作物造成严重损害，损失超过8500亿日元，其中农业设施损失超过8100亿日元，农作物损失超过400亿日元。若核辐射继续泄漏，农作物损失将会继续扩大，农田若不能尽快修复，将不可避免地影响食品供应，在福岛县核电站周边30公里半径范围内的18万受灾人口很有可能再也无法返回家园。

据相关媒体报道，福岛核电站强行救灾过程中导致一些放射性的废液向附近海域排放。日本东京电力公司4月3日宣布，他们没能阻止核电站内部受到核污染的水流到大海里，日本东部海域面临核污染威胁。检测数据显示，核电站内污水所含放射性核素碘—131的浓度是法定标准的750万倍。日本官员证实，福岛第一核电站2号机组的含高浓度辐射物质积水，渗出反应堆，流入太平洋。专家们表示，福岛核电站放射性物质流入海洋，可能导致海洋生物死亡，或发生基因变异。

面对严重的核泄漏危机，日本首次宣布进入“原子能紧急状态”。福岛县灾害对策总部的统计，福岛县双叶町震后第3周确诊遭受核辐射者上升到190人。根据奥地利研究人员公布的福岛日均辐射量计算，日本核事故发生后的18天里，铯—137和碘—131的累计量分别为9～90京和180京贝克勒尔，已远远超过切尔诺贝利核泄漏事故的水平。奥地利中央气象和地球动力研究所（ZAMG）分析说，日本福岛核电站泄漏事故向大气中排放的放射性物质含量已超过切尔诺贝利核事故的水平。俄罗斯知名的反核女专家纳塔利亚·米罗诺娃（Natalia·Mironova）表示，福岛核电站事故“远比切尔诺贝利核事故严重”，对经济和人的影响也将更大，福岛核电站事故的分级最终可能比切尔诺贝利高，超过 7 级。国际原子能机构（IAEA）总干事天野之弥 4 月 1 日在肯尼亚首都内罗毕的记者会上称，发生事故的福岛第一核电站要恢复稳定所需的时间将“超出人们的预计”，认为日本将面临一场“持久战”。

4 月以来，我国内地 31 省区市均测到来自日本核事故释放出的微量人工放射性核素碘—131，部分省区市测到极微量核素铯—137 和铯—134，其对公众可能产生的附加辐射剂量小于岩石、土壤、建筑物、食物、太阳等自然辐射源形成的天然本底辐射剂量。

巨大的灾难影响经济，牵动全球。恐慌情绪笼罩着日本股市，股市、汇市、债市出现大幅动荡。3 月 15 日，日本股市，大盘午后跳水，盘中跌幅深达 14%，日经股指骤跌 100 多点，市值蒸发约 5000 亿美元。日元对美元也大幅走低，在海外日本企业置换外币资产的支撑下，投机力量推波助澜，日元对美元骤然上扬，3 月 17 日，日元对美元汇率一度升至二战结束以来最高水平，达到 82 日元对 1 美元的近期高点。日元意外强势，引发 2000 年 9 月以来，西方国家对外汇市场的首次大规模联合干预，导致日本产品出口更加困难，经济复苏雪上加霜。分析人士认为，日本经济自 2010 年秋天以来处于停滞状态，大地震又迫使很多企业生产停止、经营受限、效益下降，进而影响职工收入，降低消费意愿。穆迪公司的马克·赞迪发出警告：“日本经济面临再次衰退风险。”

日本地震波及全球制造业产业链。部分日本本土企业的生产受到地震海啸影响，零部件及半成品的供应方面出现了“断链”现象，在汽车制造业尤为显著。据美国调查公司 HIS 在 3 月 25 日发布的调查数据，由于日本企业生产锐减，从日本进口的零件无法按时交货，世界范围内汽车生产量到 3 月底减产 60 万辆。如果日本企业生产无法尽快恢复正常，地震两个月后，世界范围内汽车生产量可能下降 30%之多。东南亚国家在汽车、家用电器、电子产品等方面已经围绕一些日本跨国公司形成了比较成熟的及时供应生产链。日本的近邻韩国 2010 年对日本的进口额为 643 亿美元，主要是进口零件和原材料。由于从日本进口的变速箱库存锐减，雷诺三星汽车公司位于釜山的工厂取消加班，周末则停产。除了汽车业之外，日本地震对其他制造业供应链的影响也在逐渐显现。据《朝日新闻》报道：美国苹果公司平板电脑 iPad2，至少有显示屏等 5 种零部件由日本厂家生产，受到地震影响难以按时交货，特别是其显示屏只能采用日本进口的产品，因此减产已不可避免。此外，世界第一大手机生产厂商诺基亚也因日本进口零件短缺，部分生产线暂停生产。韩国现代重工、三星重工等造船公司急需厚板钢材，在日本进口“断粮”情况下，不得不要求本国钢铁公司紧急增产，以解燃眉之急。

日本地震、海啸、核辐射三重灾难，已经从市场、产业和宏观经济层面掀起滔天巨浪。人们更为担心的是、日本经济的震波，会不会让刚刚从国际金融危机谷底爬升的世界经济再添变数？世界银行3月21日发布《东亚经济年报》表示，日本东部大地震造成的经济损失将达1220亿～2350亿美金（约9兆8600亿～18兆9900亿日元），相当于日本国内生产总值的2.5%～4%。保险业的损失在140亿美元至330亿美元之间。灾后重建工作需要5年左右。

【应对举措】

1. 政府紧急应对。地震发生10分钟后，3月11日下午14时，日本政府在首相菅直人的官邸危机管理中心设立官邸对策室，并指示让所有内阁成员到官邸集中，应对危机的体制立即启动。3：07，内阁危机管理中心成立，紧急灾害对策本部就设在这里，本部长为菅直人。4：12，所有大臣集中到了官邸，在这里召开了紧急灾害对策本部会议。菅直人指示防卫大臣北泽俊美派自卫队参与救灾活动。

日本内阁官房长官枝野幸男当天下午宣布，日本政府决定应宫城县请求向当地派遣自卫队参与救灾。防卫省也设立地震灾害对策本部，负责与受灾的日本各地进行联系，并下令在灾区的自卫队随时待命。

日本首相菅直人11日下午发表讲话说，这次大地震给国家造成“巨大损失”，日本正遭受战后65年来最大的灾难，政府有关部门将竭诚合作，动员所有资源尽全力减少地震带来的损失和人员伤亡。他呼吁民众保持冷静，发扬互助精神，团结起来，共度难关。

11日傍晚，日本政府在首相官邸召开了紧急灾害对策总部会议，包括菅直人在内的全体内阁成员悉数出席，会议决定日本的自卫队军舰和战斗机受命赶往灾区，参与搜救。此外，日本自卫队已派遣8000名救援人员展开救援行动，所有停泊在横须贺港的自卫队军舰已受命前往宫城县。8架F—15型战机从位于石川县和北海道的航空自卫队基地起飞，赴灾区核实受损情况，陆上自卫队也派出几架搭载有视频传送仪器的直升机。首相菅直人12日乘直升机视察了福岛县和其他受灾地区。

地震发生后，日本集全国之力展开救灾行动。自卫队派遣人数将由起初的50000增加到100000人。截至3月18日，日本自卫队、警察和消防队共有90000人继续在地震灾区开展救灾活动，救出约26000名被困灾民。由于地震和海啸波及的范围不断扩大，核辐射危机升级，救援行动和灾后重建困难重重。日本首相菅直人3月29日表示，日本正面临有史以来的最大危机，政府将全力应对。4月2日，他首次到遭海啸袭击的陆前高田市灾区进行实地查看。在日本大地震中遭海啸重创的岩手、宫城和福岛3县沿海地区，18000名日本自卫队和7000名美军从4月1日开始进行了为期3天的地毯式失踪者搜索行动，但未对福岛第一核电站方圆30公里的疏散和室内躲避区域进行搜索。

不仅日本中央政府是这样的，在受灾的地方，在大企业中，也根据危机的情况，启动了最高级别的危机处理机制。

2. 国际社会伸出援手。日本外务省3月12日宣布，已有美、中、韩等50个国家和地区表示愿意向日本提供援助。当天下午，韩国救援队带着2条搜救犬抵达羽田机场，成为第一支抵达日本的国际救援队。中国国家主席胡锦涛致电日本天皇，祝愿日本人民早日克服困难，重建家园。随后，又前往日本驻华使馆，吊唁地震遇难者，表示诚挚慰问。温家宝总理也向日本首相致电表示慰问。中国在第一时间向日本派出国际救援队。此外，中国政府还向日本提供了价值3000万元人民币的救灾物资和20000吨燃油的紧急无偿援助。美国总统奥巴马向地震受害人表示哀悼，并要求参加韩美军演的"里根"号航空母舰在3月12日内驶往日本，为参加救灾的日本自卫队直升机和灾民提供收容、加油的据点。联合国人道主义协调办公室发言人伊丽莎白·比尔斯说，联合国准备好向日本派遣搜救队伍，"30支国际搜救队已准备好，正在跟进情况。如果日方要求，他们将赴日本救援"，据不完全统计，震后总计有128个国家和地区、33个国际组织向日本提供了援助，12支来自世界各地的救援队、600多名各国搜救、医疗、核防护专家辗转奔波在日本灾区。4月1日，G20峰会在南京举行，法国总统萨科奇呼吁各国支援日本。

3. 社区积极组织自救。面对突然袭来的巨大震灾，受到巨大冲击的社区和当地居民没有惊慌失措，而是沉着应对。得到临震预报，凭借着多年受过的地震自救训练，很多人在几秒内拿起平时就常备的防灾袋，迅速猫下腰躲到桌子等室内遮蔽物之下，最大限度地避免了人员伤亡。在海啸到来之前，人们及时撤离到地势较高的地方。在一场强震袭击日本几小时后，东京居民平静地寻找回家的路。陌生人互相问候，地铁广播不断播放：“东京地铁为延误了您的列车服务而致歉。这是因为一场很大的地震。”地铁沿线有序地行走着回家的人群。沿途的便利店、流动点、面条店等几乎都是免费向受灾的人们提供面包、饭团、点心面条和水。坚固安全的中小学成为对民众开放的避难所，校长和教职员工自发地为灾民送水和食品，帮助老弱病残的人渡过难关。由于每个人坚持“自己保护自己”的原则，平时具备了防灾的心理准备和必要对策。在灾害发生时，每个个人的自助，居民、企业、志愿者、专家、行政人员的互助，以及由行政部门组织的公助——三者的有机结合，发挥了巨大的作用。每个人坚持“自己保护自己”的原则，平时就做好了防灾的心理准备和必要对策。为了做到“自己的社区自己守护”，居住在同一社区的人们，不仅在平日里就一起解决自己社区遇到的问题，更重要的是在灾害发生时，能够齐心协力共同将损失减小到最低程度。

4. 应对核危机的最难课题。核辐射是日本灾后面临的最难课题。考虑到日本地震后的核泄漏危机，因其侨民距离事故核电站仅约 260 公里，法国成为日本大地震后，第一个要求侨民立即撤离东京的国家。因担心核辐射，各国纷纷从日本大规模撤侨，各国领事馆外交人员也相继撤离，到 3 月 21 日已经有 24 个国家决定或已将大使馆搬离了东京。

日本首相菅直人说，平息福岛第一核电站事故将是一场持久战。福岛发生核电站泄漏事故后，日本政府在福岛县福岛市成立灾害对策本部，包括核能安全专家、消防及应急队伍等数百名专家聚集于此，全力对付核泄漏危机。

当地政府担心，很多民众在返回隔离区的家中寻找遗落的东西时可能会遭到辐射。日本内阁官房长官枝野幸男表示，政府正考虑采取更严格的防范措施，包括福岛县政府提出禁止民众进入隔离区的提议。随着核危机的蔓延，日本政府将福岛核电站周围 20 公里范围划为隔离区，那些居住在 20～30 公里范围内的居民被建议待在屋内。日本政府表示，遭到破坏的福岛第一核电站核反应堆附近的城乡居民可能需要等数年的时间才能重返家园。重灾区之一的南三陆町决定将当地 1100 位居民集体迁移至宫城县的其他地区。

美国国防部于 3 月 18 日向日本紧急派遣了由生化、生物、放射能、原子核等领域 9 名专家组成的专家团。此外，美国还准备向日本派遣由 450 人组成的“放射性物质危害管理小组”。美国为了掌握核电站的事态，动用了美军基地的无人侦察机“全球鹰”等高端设备。美国能源部官员于3月29日表示，美国政府已决定向日本运送一批抗辐射机器人，还向日本派遣了40名工作人员以及1.7万磅重的装备，协助日本当局共同对抗当前形势严峻的福岛核电站辐射危机。针对日本大地震引发的福岛核电站事故的严重事态，美军已决定向日本派遣由140人组成的放射物灾害管理专业部队。该部队将与自卫队一道为避难居民清除放射物污染，开展医疗援助活动，并在联合应对计划中发挥核心作用。

法国主要援助防止放射性物质扩散的装备。法国外交部称，法国电力集团（EDF）和核电站建设企业阿海珐（Areva）集团将向日本提供100吨硼酸，用来吸收引发核裂变的中子。法国还决定向日本提供10000套防护服、20000副防护手套和30000个特制口罩。法国核能巨头阿海珐集团29日宣布，该公司总裁安妮·洛韦容和5名核安全专家将前往日本，协助东京电力公司处理福岛第一核电站的核泄漏事故。

5. 任重道远的恢复重建。刚刚呈现复苏势头的日本经济这次又遭受重创。发生大地震的日本东北地区和关东地区集中了大量钢铁业、石化业、制造业等日本重点产业和支柱行业。据当地媒体不完全统计，截至3月12日中午，在地震波及地区，至少有21家日本大型企业的数十家工厂进入停工状态。3月14日，日本丰田、本田、日产三大汽车巨头宣布全面停产，且未公布复产时间表。三菱公司和铃木公司也做出了类似的决定，许多大公司，如索尼公司、东芝公司也宣布暂时停产并关闭数家工厂。有分析师认为，这次地震影响的深度和持续时间可能都会超过最初的预期，将拉低日本国内生产总值1个百分点。

日本能源发生严重危机。受地震灾害影响，东京电力公司位于福岛县的核电站受到重创，火力发电和水力发电的功能也部分受损。核电工业占当地能源工业的三分之一，石化工业一些工厂生产规模所占分量颇重。如起火的COSMO石油公司千叶炼油厂是该公司最大的炼油厂，日处理原油能力达22万桶。鉴于电力供应短缺，菅直人政府于3月14日向日本全国手机用户发短信，要求民众节约用电，还与电力公司商议共同制定“电力供给计划”，调整现有能源政策，减轻对核能发电的依赖程度。

4月1日，官房长官枝野幸男宣布日本进入灾后重建阶段，执政的民主党政府将把已经拟好的重建法草案交与国会。这个草案的全称为“东日本大震灾复旧复兴对策基本法案”，同时配套有“灾民生活重建支援法”等17部相关草案。根据该草案，今后5年是“集中复兴期”，日本政府将新设由首相直接领导的防灾复兴府，增加防灾复兴大臣一职。该草案计划从财政、税收、政策和组织等多个层面全方位支援灾后重建，维护经济、金融和社会秩序稳定。

财政支援方面，民主党政府将在 4 月草拟 2011 财年第一次补充预算案，总额为 2 万亿～3 万亿日元（约合 247 亿～370 亿美元），主要用于灾后财政支出，资金来源是增发国债。日本政府准备增设特别消费税、法人特别税和社会连带税等税种，用以增加财源，还考虑通过调整儿童补贴和免收高速公路费等政策，把这部分收入转移至灾后重建上。日本政府 4 月 6 日决定，将削减全体国家公务员 5% 的工资用于救灾，从而可以筹集 1500 亿日元的资金。

日本大地震废墟或达 3000 万吨。总务省消防厅数据显示，在地震中全毁、半毁及部分损坏的建筑物多达 151187 幢，政府预测现阶段的残砖碎瓦总量有 2000 多万吨，超过 1995 年阪神大地震时的 1400 万吨。此外，加上因地震毁坏的道路和桥梁，瓦砾有可能达 3000 万吨，废墟清理将成为灾后重建的一大难题。具体来看，宫城县政府估计，该县瓦砾量将达 1500 万～1800 万吨，岩手县则将达 380 万吨。由于核危机尚未解决，因此受灾同样严重的福岛县及其附近等地情况还不明了，预计瓦砾量绝不会比其他地区少。目前，日本政府还未制定出如何处理瓦砾等垃圾的措施。

【评析反思】

日本列岛灾情惨烈，世所罕见。特大地震、超强海啸、严重核泄漏这三大劫难接踵而至。我们无法抗拒灾难的发生，但需要从灾难的悸痛之中寻找启示，学会思考，思考如何与灾难保持距离，思考如何有效应对灾难。

1. 灾难面前需要人文的力量。世界上曾有过比这一次更强烈的地震，曾有过同样致命的海啸，也曾有过更甚于此次的核灾难，但以往的灾难没有像这次一样，3 种不同性质的灾难在短时间内相继发生，复杂的灾情不断叠加，灾难的效应成倍放大。巨大的复合型灾难对国民的素质是一个巨大的考验。巨灾之后，日本整个灾区生活秩序井然：市民上街避难主动让出主干路，楼道避难分坐两旁让出中间通道，安静地排队候车或商场购物，教师最后一个离开教室并关闭电源，公共电视台用多种语言播放震情及自救方法，学校、公园等公共避难所迅速搭建简易厕所等设施，一位 64 岁老人在家里开设避难所，收留了地震灾区 40 多个无家可归的人；在一个没有钢琴伴奏的日本小学生毕业典礼上，孩子们含泪坚持唱完校歌……这些镜头，给这片遭受重创的土地带来一丝丝温情。日本民众在大地震中所表现出来的“淡定”让人印象深刻，让无数的人为之感动，也让更多的人思考。日本民众所表现出来的良好素质，背后的深层原因是什么？

日本平民面对巨灾的爱心、秩序和镇定气质，实际上是整个社会面对危机的韧性表达。20世纪70年代，日本小说家小松左京写的《日本沉没》曾风靡一时，这部预言日本末日的小说被多次改编和再版，反映了日本民众对危机的淡然心态。此后，《日本危机》、《日本即将崩溃》、《日本的悲剧》等惊心动魄的“狼来了”的图书一直常年畅销，体现了日本国民具有很强的危机意识，养成了凡事都从最坏处着眼，从不掉以轻心。尤其是生死无常的人生观的浸透，视风雅为清冷之物的美学，都对国民的性格、行为习性起到激励和规制作用。强震中的日本社会仍能保持良性秩序，展现社会韧性，固然有国民性的因素，更主要是持之以恒地通过教育、防灾培训和社区建设来推进的非物质化的社会建设的结果。

实际上，一场巨大的灾难，不仅在于生命的逝去和财产的流失，还在于精神的创伤，如个体的无助和反常行为的出现等等。这次灾难也考验了日本民众道德底线，从1923年大地震以来，日本民众在数次自然灾难面前，始终保持着坚韧和自律。尽管灾区缺少食物和水，甚至自动售货机就在触手可及的地方，里面的食物清晰可见，但日本民众依然保持着他们的尊严。可是此次大地震和海啸发生数天后，日本受灾地区抢劫和偷窃事件有所增加。警方报告称，许多被毁的家园和商店都遭到抢劫和偷窃，这种现象以前在日本很罕见。一些浑水摸鱼者前往日本东北部灾区，想从因灾难损坏的建筑和民宅中大捞一笔。一名在灾难中失去母亲的42岁男子说，当他和父亲回到变成废墟的家中找些可用之物时，却发现那里正遭到抢劫。很多人假装帮忙，实际上他们在寻找钱或者银行支票。灾民已经失去了一切，他们竟然还来这里趁火打劫，实在令人憎恶。另外，距离福岛核电站仅45公里、位于福岛县磐城市的共立医院（Kyoritsu）面临缺医少药的局面。由于害怕核辐射威胁，部分医生已经逃走。地震发生以来，该院仍有650名病人躺在病床上，超过一半的病人无人照料或缺乏护理，剩下的病人也无法转移。本来应该有108名医生的医院里，只剩下了约60名医生。大限市一家医院在疏散过程中有14名老年病人死亡。南相马市鹿岛区的居民已经无法撤离，他们距离发生核辐射的地点只有约20公里，因此只能遵从日本政府的要求，待在家中。

这些虽然只是少数现象，但也反映出社会秩序的形成从来不只是哲学的结果。哲学能够影响个人的行为，而社会秩序的形成，则需要人与人之间的意识协同、法律的规制与道德的养成。巨灾面前，对于自身生命和财产安全的恐慌，足以让自利性代替共利性，足以打破日常的协同习惯，从而损害平常秩序。救灾和灾后重建的过程，也不仅是经济和慈善资源的倾斜，在一些宏观重构之外，还要有大量的微观重构。繁华日本瞬间惨遭生灵涂炭，受灾民众的心理素质，成为灾后首要关注的问题。他们的心理难免会大起大落，容易患上创伤后压力症。据危机干预专家估计，日本地震头两年内将有约 4 成受灾民众会出现创伤后压力症状，而长期关注地震新闻和电视画面的人群也要防止被压力症“感染”。大地震及海啸造成当地约 10 万名儿童流离失所，国际救援组织救助儿童会指出，家园被毁、丧失至亲、持续余震以及平日只有在书本上才可以看到的核辐射威胁突然来袭，已造成灾区儿童严重心灵创伤，许多在避难所的小孩晚上做噩梦难以入睡，部分幼童甚至不敢与父母分开。救助儿童会深入灾区走访日本东北沿岸多个避难所发现，许多儿童在频繁余震、寒冷痛苦的夹击下，持续出现心灵创伤，情绪表现得非常紧张，经常无端挤在灯光之下或用毛毡包裹着自己。由于当地物资不足，许多老人的膳食及服药习惯受到影响，也产生很大压力。其中，有部分老人患有脑退化症，对发生地震一事无法理解，当入夜后中心因停电而漆黑一片时，他们会惊慌地要求不要关灯，也常会因不安而哭泣，或是在四周徘徊游荡。据灾后心理辅导专家称，受灾民众在地震第一年通常会专注灾后重建工作，至重建完毕停下来时，才深感家人离世的寂寞，继而患上创伤后压力症，出现持续做噩梦、幻听等症状。

2. 法制为减灾避险提供“防浪堤”。日本与世隔绝的地理环境、自然资源的匮乏、频频发生的灾害，决定了政府对危机应对的高度重视，而法律制度则是日本有效减灾避险的“源头”。抗震法律制度的建立，不是仅仅制定法规条文，而是根据地震中的经验和教训不断总结完善的体制、机制和法制。1995 年的阪神大地震时，由于政府救助不力、居民区道路规划不利于救援、木制房屋抗震能力差等问题，民众生命财产付出了惨重代价，政府公信力随之下降。此后，日本的民间灾害组织普遍发育生长，居民区规划更加合理。在一次次的地震中找到不足，不断修正，循序渐进地提升整个国家的防震减灾整体水平，这是日本多年来能够抵御地震的成功之处。

多年来，日本建立了一个以《灾害对策基本法》为主、分为5大类的法律体系，各种分门别类的配套法规加在一起有上百部。法律制度不仅将过去零散的抗震经验和举措“整合起来”，使之社会化、系统化、高效化，同时也为整个社会提供了强大的心理稳定预期。此外，在中央与地方救灾机制、防灾救灾的网络机制（包括报警、无线通信等）、防灾日常演练机制等建设方面，日本也积累了不少经验。救灾机制细化到灾后10小时、100小时、1000小时，根据灾情和人们心理状况制订出不同的行动程序。

早在1923年关东大地震之后，日本就制定法律，要求建造房屋时必须计算防震程度。关东大地震证明砖结构房屋不抗震。从那以后开始，砖结构建筑在日本几乎不再被采用，取而代之的是辅以轻型墙面材料的钢筋混凝土结构。为了提高传统木结构建筑的抗震能力，日本普通的民宅采用了箱体设计。地震发生时，房屋整体翻滚，却不至于损毁。专业技术人员还会定期对民房进行抗震加固等级评定，政府会酌情给予居民适当的补贴鼓励。人们津津乐道的日本建筑抗震能力，主要来自于《建筑基本法》的规定。因过去的标准不断被地震“击毁”，该法从出台以后就不断修订，一直到现在仍在修改完善中。例如，学校校舍的坚固登记、公共场所的加固程度，都来自于《建筑基本法》所提供的“高成本对应的分级保护”思想。一个建筑工程为获得开工许可，除了设计、施工图纸等文件外，还必须提交建筑抗震报告书。经过3次修改的《建筑基准法》强行规定各类建筑的抗震基准提高到最高的8级水准，使用期限须超过100年。

法律规定，首相在危机中是最高指挥官，他的作用不是驱动下属，而是和内阁官房长官一起进行整体协调和联络，他们主要是沟通和监督各职能部门（国土厅、气象厅、防卫厅和消防厅等等）的正常运作和协作。而地方（都道府县）也建立了对应的直管型协调式危机管理体制。国家气象厅要在两分钟内通报地震强度，大地震发生后气象厅负责提供各种灾情预报；消防人员、警察和自卫队组成的救援队可立即投入紧急救援活动；电力、煤气、自来水、通信、交通等部门都有各自的防灾机制。各自为战（分工）和统一行动（协作）并行不悖。地方政府每5年都要编制新的“地震防灾紧急事业五年计划”，这一计划相当于各地方“因地制宜”的预案机制，都道府县知事既要和当时的内阁大臣协商，也要听取市镇村长的相关意见，然后向内阁提交计划。内阁首相府设置“地震调查研究推进本部”来理解、协商、判断和修正这些计划，让这些预案变成危机时成熟的解决方案。

在不断完善的救灾机制中，社区和市民的作用得到了高度重视。强震、海啸后，外界更多看到的是民间组织、市民的行为，而似乎少见政府举动。原因在于：日本社区和市民组织的发展，已足可担当凝聚社会基层内核、组织基层市民的作用，政府可在更宏观层面配置调度资源，合理指挥救灾。更多的时候，微观秩序决定着内部社会的秩序是否稳定。单纯依靠政府完成对所有层面的、情况复杂的建设，不仅难以承受巨大的负荷，也很难做到资源最佳配置。日本的经验已经证明，大力培育社区和市民组织从事微观管理，是一个高效办法。市民参与管理可以带来的另一个正面影响是：在责任感和主人翁意识主导下，人们常常会展现出人性最光辉的一面。在日本，有关防震抗灾方面的知识教育相当普及，人们不仅要了解地震、海啸等自然灾害，还要掌握相应的防范技能，从小培养防震抗灾意识就是其中一个成功做法。在日本的一些小学，每学期都要定期举行这类演习，以便小学生真正遭遇地震等灾难时能够正确应对。全国还设有不少地震博物馆和地震知识学习馆，对公众免费开放，通过地震体验装置，参观者可体验实际地震发生时的状态。每年法定“防灾日”来临，日本各地都举办地震防灾演练，介绍应急对策，加强危机意识。随着全国范围关于防震抗灾教育的普及和深入，人们的防震意识已经渗透到生活的各个方面。

2005年，日本政府正式提出建立“全民危机警报系统”。日本现在应用的“临震预警”系统，遵循的是“时间差原理”。地震发生时，一般是破坏力较小但速度较快的地震波（简称P波，速度为每秒5～7公里）先活动，接着就是破坏力大但速度慢的地震波（简称S波，速度为每秒3～4公里），两种震波之间存在几秒到几十秒的时间差。日本研究人员正是利用这个时间差，用仪器测出P波后，迅速向外围地区发出预警。本次地震中，在日本负责监控地震的主要机构——国家气象厅获知信息后，立即按照相关法律规定，第一时间把信息传递到警察机构、通信公司、电视媒体、海上保安厅、消防机构等部门，进一步向民宅、学校、港口等地点传播。在S波来临之前，通过各种媒介得到消息后，人们得到了几秒到几十秒宝贵逃生时间。利用这几秒、几十秒的预警时间，人们可以通过一键自动装置，暂停煤气、电、水、核电站、化工厂等的运行，避免次生灾害的发生。日本电视台还有一套成熟的地震预警系统，往往能够在大地震到来之前提示民众防御自救。对于多数日本人来说，在日本看电视时，屏幕下方常常会冒出一行字，提示哪里将发生地震，可以说它是一种极为重要的灾难预警。哪怕能提前几秒钟做出正确反应，一条生命就有可能会因此得以挽救。NHK 在国家重大危机时刻成为超越一切的公共平台，维系了国民的精神和秩序。据国外媒体报道，此次日本大地震之前，震源外围地区居民通过日本 NTT、KDDI 以及软银三大手机巨头开通的"震灾传言板"免费服务，及时收到了地震的预警消息。

日本企业的社会责任意识比较强，在预防灾难和面对灾难的时候会更加显现出来。一些大企业在新人报到时，会给员工发一个应急包，里面有罐头食品、水、海绵质防空帽之类的东西，学校和大企业每年都会举行各种灾难演习。而遇到地震等灾难时，如果受灾的人找不到存折或储蓄卡，大部分银行允许客户仅凭借身份证就可以借走 10 万日元。大地震发生后的第二天，日本饮料公司三得利就宣布，地震期间所有旗下的自动贩售机，只要按键就可免费获得罐装饮料；便利连锁企业 7—11 和全家也宣布免费提供食品和饮用水；日本通讯商不仅提供所有公用电话免费外，还免除了网络通信费，以便民众及时通过网络取得联络和获得信息。这些企业运用自己的资源和灵活的"救灾"措施，在灾后的第一时间、第一现场发挥效果，成为抗震救灾最好的途径。

3. 严防灾害的连锁反应。日本的灾难警示人类，千万不要相信固若金汤的神话，要始终保持忧患意识。全球化的今天，世界是平的，灾难和危机已无国界，没有哪场危机是孤立的。日本 3 种不同性质的灾难在短时间内相继发生，复杂的灾情不断叠加，灾难的效应成倍放大。地震撕裂的地面，可以在几个月内填平；海啸吞没的城镇，可以在几年内重建；而福岛核危机扩大升级，带来的伤害需要一代人甚至几代人去承受，去抚平。

国际社会应该对日本核危机引发的核安全问题进行反思，加强核安全机制，科学利用核能。福岛核电站是目前世界上最大的核电站，也是世界上建成较早的核电站之一。其中最早建成的 1 号机组于 1971 年 3 月投入商业运行，至今已 40 个年头。曾任东芝公司核电站设计师的后藤政志说，可以初步认定，福岛第一核电站 1 号机组发生的放射性物质泄漏事故是核电站抗震能力不足和设备老化所致。据国际原子能机构公布的最新数据统计，自 1963 年 10 月 26 日首次在茨城县东海村建成试验核电站以来，日本目前已拥有 55 座核电机组。日本的核发电能力排在美国和法国之后，居世界第三。核电站是 40 年一个周期，1971 年建造的福岛核电站 1 号机组已处于"服役"的末期。按 40 年的周期来算，目前 33%的日本核电站已经步入老化。有媒体披露日本核危机内幕就是核电站设计存在漏洞，监管不到位。原美国通用电气公司工程师戴尔·布里登博在接受采访时表示，发生爆炸的核反应堆使用的“Mark 1”沸水反应堆技术，根本无法承受大规模事故带来的巨大负荷。据布里登博介绍，福岛第一核电站的安全隐患在建造之初就已埋下，而修复这些缺陷将耗资不菲。早在 1972 年，美国原子能源委员会专家就曾建议全面停用“Mark 1”沸水反应堆技术，因为一旦燃料棒过热，安全壳容易爆裂，造成核泄漏，几率高达 9 成。3 月 15 日，“维基解密”网站披露文件称，国际原子能组织（IAEA）早在 2008 年就指出，日本的核电站不足以抵挡大地震的破坏，存在着巨大的安全隐患，然而，这一问题却未能得到日本方面的重视。日本是地震发生频率最高的国家之一，但日本的核反应堆有 7 成以上都建在地震高危区域。日本负责核电站安全检查的部门是原子力安全和保安院，直属日本经产省。由于日本发展核电主要依循“国策民营”的模式，即由民间企业出头来经营核电事业，而他们的顶头上司也是日本经产省。“自己经营，自己监管，难免会监管不严，糊弄了事。”在这次引发全球担忧的核危机爆发后，美国彭博社评论称：福岛核电站看不到头的灾难背后，暴露出日本核能行业数十年来伪造安全报告、隐瞒死亡事故和对地震危险性估计不足等丑相。

面对能源危机与核能安全的双重拷问，人们就是这样在纠结中艰难地寻找着科学发展核电之路。对这次核事故的反思不应该阻碍未来核能的发展，核电发展的基本动因并没有改变，例如日益增长的能源需求、对于应对气候变化的担忧、矿物燃料价格波动等。迄今为止，全球在运行的核反应堆有 400 多座。美国目前有 104 个核电机组，是全球核电生产能力最强的国家；法国核电发电量占全国总电力的比例接近 80%。全球共有 60 多个国家考虑发展核能发电，预计到 2030 年将有 10～25 个国家首建核电站，全球运行核电站将可能在目前的基础上增加约 300 座。中国现有 13 座核电装置分布在浙江、广东、辽宁、福建、北京、山东和海南，筹建中的核电站有 25 个。核泄漏事故给各国核电事业的发展提出了警示，中法俄等多国已开始对本国核电设施进行安全检查。既要利用核能造福人类，也要高度重视和确保核安全，只有科学而安全地利用核能，才能走出一条可持续发展之路。

4. 重新考量应急决策。日本政府应对地震的经验，是无与伦比的。不管是 1923 年的东京大地震还是 1995 年的阪神大地震，人们都会被日本政府和民众的能量和智慧所震撼。但在这次范围如此之广、危害如此之大的灾难面前，日本政府还是显得有些力不从心，在信息披露、物资补给、灾民安置及寻求国际救援等方面，频频暴露出一些应急决策的失误。

首先，核危机信息模糊不清。在重大灾难面前，只有信息及时披露才能缓解恐慌情绪，最终得到民众的信任。在这个问题上，东京电力公司和政府披露核泄漏信息很不及时，也不准确。地震发生后不久，东京电力公司向公众保证，将核反应堆保持在安全状态的努力“一直是成功的”。但在当晚，政府却对福岛第一核电站周围3公里内的人员进行了疏散，第二天早上又将撤离半径扩大到了10公里。当晚，由于1号核反应堆密封装置发生爆炸导致4人受伤，政府又将撤离半径扩大到20公里。13日，在2号和4号机组发生爆炸后，疏散半径又扩大到了30公里。日本《读卖新闻》指出，这种不能尽早向公众说明事件真相并提供有价值信息的做法，给人留下了政府动作迟缓、应对不力的印象。此外，地方官员面对危机的表态口径不一，令人怀疑政府官员的公信力与诚信度。核电站爆炸发生后，3月15日13点发布的核辐射监测报告说，福岛第一核电站泄漏的核物质已经飘至东京，东京地区的放射线量已经超过了往常的20倍。东京都知事石原慎太郎发表讲话说，目前这些核辐射量“不会对健康构成危险”。但随后日本官房长官枝野幸男却宣布，辐射量已达危害人体标准。面对危机，两位政府高官发表相左的意见，令日本民众感到无所适从。政府优柔寡断，迟迟不扩大疏散区域，疏散命令又不明确，让人们怀疑东京电力公司和日本政府对事实有所隐瞒。

其次，灾区物资奇缺。地震和海啸过去后，幸存者虽然免于直接伤害，却要面临如何继续生活下去的问题。但日本政府几乎将所有精力放在福岛核危机上，忽略了赈灾的基本工作。在受灾最严重的宫城县，缺水、缺粮、缺暖气仍然是当地居民面临的最严峻的困难。到4月1日，东日本大地震已过去3周，仍有约17万人在避难所避难。《每日新闻》3月30日和31日对岩手、宫城、福岛三县29个避难所（共有避难者7941人）进行的问卷调查结果显示，“暖气不足”的避难所占55%，“能供三顿热饭”的仅占34%。《每日新闻》3月20日曾对三县的33个避难所进行同样的问卷调查，结果显示：这33个避难所目前已整合为29个，其中16个避难所供暖充足。能供三顿热饭的避难所占34%，能供至少一顿的占45%，有21%的避难所好几天才能供一顿热饭。45%的避难所日用品充足，86%的避难所有电用，但能用上自来水的仅占38%，能用上煤气的仅占45%。由于避难所内生活环境恶劣，寒冷、食品不足及卫生条件的恶化，令许多原本身体状况不佳的避难者死亡。据《读卖新闻》4 月 11 日报道，仅在岩手、宫城和福岛 3 县，已知 282 人死在避难所。为什么从日本各地捐来的救援物资不能及时到达灾民的手上？正在日本组织救援工作的国际红十字会东亚地区代表弗朗西斯·马库斯解释说，汽油和燃料供应不足导致输送部队无法将救灾物资运送到灾区。另外，道路和港湾遭到破坏以及司机人手不够等也是原因之一。对此，一些日本民众对政府的应急处置能力提出质疑，认为政府与自卫队之间没有很好地协调合作，导致救灾物资输送不及时。

再次，国际救援的渠道不畅。日本地震发生后，国际社会纷纷向日本派出救援队，积极协助赈灾。不过，据国际红十字会东亚地区代表马库斯介绍，国际方面对日本这次大地震的援助与 2010 年对海地的援助相比要少一些，“这一方面是因为日本是比较富有的国家，它有能力主要凭借自身力量处理好灾后事宜。另一方面，日本也没有要求国际组织给予大量援助。我们尊重日本的决定。”日本千叶大学一名副教授不满地说：“日本人的自尊心理太强，我们羞于开口求人，但我们需要帮助，而且很紧迫。”在国际救援的协调机制上也尚存欠缺，日本《产经新闻》曾撰文指出，仅就救援队而言，在区域划分、与日本相关部门的对接、译员的配备等方面，还有许多有待改进的地方。有日本媒体认为，政府拒绝外国援助是导致福岛核泄漏事故局势持续恶化的原因之一。核电站事故伊始，美国政府就抱有严重的危机感，并表示要提供冷却核反应堆的各种器材和派遣人员。但对日本政府试探的结果却令美方感到“首相官邸方面反应迟钝”，进而引发了如下的推测：菅直人内阁对美国不信任。据《读卖新闻》报道，美国政府曾在获悉核电站冷却系统出现故障时，提出向日本给予技术支援，但遭到了日方的拒绝，东京电力公司表示自己可以处理，没必要接受外国援助。日本自卫队 3 月 17 日上午采用大型运输直升机对 3 号反应堆进行空中注水作业，是在美方的强烈要求下才进行的。据报道，日本政府 3 月 15 日才正式向国际原子能机构（IAEA）提出派遣专家协助应对核危机的请求。如果日本政府早点向 IAEA 求助，也许核事态不会发展到如此严重的地步。

5. 在敬畏大自然的反思中前行。日本的超强地震和海啸造成巨大损失，但伤亡人数在世界上却不是最高的，这是由于日本是抗震和抗海啸技术最发达的国家，抗御震灾成为日本社会的突出元素之一。这次日本与超级大地震的直接交手，代表了人类对付地质灾害的最高水平，因此日本的损失也可以看成人类在大自然面前的无奈。

这次大灾害，极大增加了人类面对大自然的敬畏感，“人定胜天”的口号更显得缺少根基。然而敬畏大自然不代表我们要像原始部落一样对着山野烧香跪拜，我们需要更冷静地审视我们生存的环境，思忖我们的各种需求。我们不可能断然抛弃昨天的生活方式，也不应顽固地拒绝做任何改变。我们需要在安全和发展之间找寻最佳值。

这次海啸暴露了沿海生活的潜在风险。但世界一半以上的人口生活在距海岸线200公里以内的地区，海岸线通常是经济、旅游的黄金线。中国海岸线的幸运之处在于，有一条长长的岛链在大约100到几百公里处环绕中国大陆，“第一岛链”在军事上“锁”住了中国，也避免了强大海啸对中国大陆的冲击。但日本的这次海啸灾难，是对“消费海洋”的狂热提出的警示，一定会使世界各滨海城市在今后的发展中牢牢植入必要的风险意识。

日本3座核反应堆在地震中造成严重的核泄漏，将对亚洲的核电站热提出严峻拷问。然而如果轻率得出结论，认为发展核电的道路是错误的，这样的思维逻辑未免过于简单。对核电安全的质疑由来已久，世界上已讨论过好几轮。日本的教训应当成为建设更安全核电的动力和契机，而不应成为核电停工的“熄灯号”。

人类的经济能力和科学技术不断冲上风光无限的新高点，它既向我们提供了克服风险的新工具，也同时会产生酿成各种灾难的新困局。人类的工作、生存及娱乐等各种需求，包括安全需求一直在相互复杂地交织、对立和妥协着，越现代的生活就藏着越多的不安全因素。这个世界除了有不安全以外，还有贫困、低水平温饱及种种不公平需要消除，我们只能统筹兼顾，趋利避害。

日本的灾难告诉我们，战胜大自然是不可能的，再发达的技术也不可能成为人类生存的“安全罩”。然而人类每受一次打击，就会变得聪明一分，在相同强度的灾难面前，工业化国家的人员伤亡数字有明显减少的趋势。这次日本大地震的伤亡总数虽然还是很多，但如果发生在缺少发达的抗震和抗海啸技术的发展中国家，灾情相对会更严重。因此，经济的发展，总体上还是使人类的自我保护能力增加了。为了确保生命的安全，我们必须认真总结防范灾害的经验和教训，在敬畏大自然的反思中继续前行。

灾难中的“诺亚方舟”

——青海玉树地震的启示

【事件回放】

2010年4月14日7∶49，在青海省玉树藏族自治州发生了里氏7.1级地震，余震60余次，其中4.0级以上的余震4次。此次地震位于青海省海西州格尔木市唐古拉山境内，震区平均海拔约5000米，地震地表破裂断续分布长度约23公里，震中区域的地面水平位移最大达到1.75米。由于地震发生时间较早，不少居民仍在睡梦中，加之当地民房主要以土木结构为主，造成15000户民房倒塌，几乎占到了当地民房的90%，很多人被埋，伤亡惨重，共有2698人遇难、270人失踪、12130多人受伤、10万灾民需要转移安置，供电、通信一度中断。

青海玉树地处南北地震带上，是一条从我国宁夏，经甘肃东部、四川西部，直至云南，纵贯中国大陆的地震密集带。近些年来，该地震带地震活动增强，2008年的汶川大地震就发生在这条地震带上。据专家分析，从地质构造上说，玉树地处青藏高原块体的中部，属于巴颜喀拉块体，该板块的地质活动较为活跃，历史上就曾多次发生地震，如1996年喀拉昆仑山发生过7级地震、1997年西藏玛尼发生过7.5级地震、2001年青海昆仑山口西发生过8.1级地震、2008年3月新疆于田发生过7.3级地震，加上后来汶川地震和这次玉树地震，都是围绕巴颜喀拉块体的边界发生的，因此玉树地震不是一个偶然的现象。

玉树地震震级虽较汶川地震震级低，但是玉树地震震源深度仅为33公里，属于浅源性地震，因此破坏力相当大，对地面毁破坏非常严重。此次地震使得玉树地表破裂为三段：西段为玉树县赛马场以西，长约16公里，表现为左旋走滑为主兼逆冲，最大水平走滑位移为1.75米，垂向断距达0.6米；中段主要在城区南部，长约3公里，由多条“雁列式”分布的地表破裂组成，表现为左旋走滑性质，该段地面最大水平位移约0.3米；东段从玉树县城扩展到结古镇禅古村，长约4公里，表现为走滑—逆冲型，局部以逆冲为主，地面垂直断距约0.6米，水平位移约0.3米，城区没有发现大的破裂带。玉树周围属于山谷地带，人烟稀少，故没有造成太大的损失。

地震发生后，中共中央总书记、国家主席、中央军委主席胡锦涛，中共中央政治局常委、国务院总理温家宝分别做出重要指示，要求全力做好抗震救灾工作。为做好青海玉树抗震救灾工作，国务院专门成立了抗震救灾总指挥部，副总理回良玉任总指挥。回良玉一行于4月14日晚8时进入地震震中结古镇，并立即进行对灾民的慰问活动，了解灾情，组织抗震救灾工作。

4月15日下午，中共中央政治局常委、国务院总理温家宝飞抵青海玉树地震灾区，考察灾情，慰问各族干部群众，指导抗震救灾工作。他指出，抗震救灾第一位的工作是救人。只要有一丝希望，就要尽百分努力，坚持下去，决不放弃。

4月18日，中共中央总书记、国家主席、中央军委主席胡锦涛乘飞机前往玉树地震灾区，看望慰问灾区干部群众，实地指导抗震救灾工作。在玉树州孤儿学校的板房教室里，胡锦涛拿起粉笔在黑板上写下：“新校园，会有的！新家园，会有的！”并领着孩子们大声朗读。在受灾严重的扎西科村，胡锦涛走到正在清理废墟的部队官兵和公安民警中间，向大家表示诚挚的慰问。

地震发生后，公安武警冲锋在前，全力救人。全国各地共有医疗队员669人到达地震灾区开展医疗救治工作，前后共转运危重病人1179人，其中通过飞机转运 872 人，通过汽车转运 307 人。按地段分，向西宁转运 608 人，格尔木转运 169 人，成都转运 184 人，兰州转运 123 人，西安转运 95 人，军队医院接收 180 人。飞机转运过程中，民航共安排飞机 29 架次。

玉树地震牵动着亿万同胞的心，社会各界在第一时间纷纷捐款赈灾，为灾区群众送温暖、献爱心。4 月 20 日晚，“情系玉树，大爱无疆——抗震救灾大型募捐活动特别节目”在中央电视台 1 号演播大厅举行。这台募捐晚会共募得善款 21.75 亿元人民币，超过了 2008 年央视汶川地震募捐晚会募得的 15.14 亿元。

为表达对青海玉树地震遇难同胞的深切哀悼，国务院决定，2010 年 4 月 21 日举行全国哀悼活动，全国和驻外使领馆下半旗致哀，停止公共娱乐活动。同时，港澳政府机构也下半旗向遇难同胞致哀。

青海省人民政府于 4 月 20 日发布《关于悼念玉树地震遇难同胞活动的公告》。21 日上午 10 点起，青海省举行了各种形式的哀悼活动，全省下半旗致哀，在各个地方群众有组织或自发的聚集在一起，大家默哀 3 分钟，以表达敬畏生命、追思逝者之情。在西宁市、在玉树县还隆重举行了各族、各界群众参加的悼念大会。

【应对举措】

玉树地震发生后，在党中央、国务院的领导下，当地政府和各级组织、解放军和武警部队官兵、社会各界人士等采取相应措施进行应急救援，为抗震救灾做出了巨大贡献。

1. 中央迅速部署，各部门协力救灾。灾情发生后，党中央全力部署，第一时间做出重要指示，要求全力做好抗震救灾工作。国务院迅速成立抗震救灾总指挥部，并下设抢险救灾、群众生活、卫生防疫、基础设施保障和生产恢复、地震监测、社会治安、宣传、综合 8 个工作组。民政部启动一级救灾应急响应，交通运输部、卫生部分别启动抗震救灾一级响应、自然灾害卫生应急一级响应。

在党中央和国务院的领导下，中央财政积极下拨赈灾资金，各有关部门将灾区所需的各种物资及时送抵灾区，数百万军民众志成城，奋起抗灾。中央领导人亲赴地震灾区视察、慰问灾区人民的生活情况，亲自指挥救灾，把国家的关怀和温暖送到了灾区每一位灾民的心中。

2. 各个部门工作紧张有序，卓有成效。玉树地震发生第 3 天，公安部发布生命大搜救总攻令，要求：一要按照国务院抗震救灾总指挥部的工作部署和灾区实际，调整搜救重点和搜救方法，在继续加强责任区搜救的同时，派出小分队扩大和延伸搜寻范围。二要坚持科学施救，尽最大努力救出生还者。三要发扬特别能吃苦、特别能战斗、特别能奉献的精神，各级领导干部要以身作则，指挥在前，冲锋在前。四要落实安全防护措施，参战人员一旦有强烈高原反应，必须立即治疗。五要严格队伍管理，注意纪律作风，遵守民族风俗，搞好民族团结，树立公安队伍良好形象。

各地卫生行政部门、医疗机构和广大医疗卫生工作者迅速组建医疗救治专家组和医疗队，奔赴抗震救灾第一线，迅即开展医疗点检伤分类、伤情处理、手术治疗、转运过程中的医疗护理等各项医疗救治工作，并对当地的医疗救援工作进行必要的指导。

陕西省交通运输厅管辖的陕西高速集团按照中央指示，全力以赴做好交通保畅工作，出台 5 项有力措施，确保抗震救灾“生命线”畅通无阻：一是成立抗震救灾道路保畅领导小组，分片包干，实行 24 小时领导带班值班。二是紧急启动快速高效的道路保畅方案。连霍高速西宝、潼西改扩建施工路段坚决按照保畅优先的原则，确保抗震救灾车辆的安全畅通。三是抗震救灾人员和车辆一律免费放行。四是各服务区为救灾人员提供餐饮、住宿等免费服务。五是路政部门加大路面巡查力度，强化路警联动，快速处置通行过程中的各类突发事件。

4 月 17 日上午，青海玉树抗震救灾指挥部新闻中心举行了新闻发布会，民政厅、交通厅、卫生厅、公安厅、水利厅等官员通报了灾情救助进展情况。对在这次地震中的遇难者，青海省决定每人发放 8000 元抚恤费，其中中央财政直拨 5000 元，地方财政拨款 3000 元。对因灾造成的三孤人员（孤儿、孤老、孤残），每月每人发放 1000 元补贴，其中中央财政拨款 600 元，地方财政筹措 400 元。

3. 开展灾后评估，抓好灾后重建。中共中央政治局委员、国务院副总理、国务院抗震救灾总指挥部总指挥回良玉在主持召开的总指挥部第 8 次全体会议上强调，要抓紧开展灾害损失评估，全面启动灾后恢复重建规划各项工作，确保抗震救灾始终科学依法统一、有力有序有效地进行。

青海计划用 5 年时间建设一个新玉树。青海省政府在召开的玉树地震灾区灾后重建工作会议上研究部署了玉树地震灾区灾后重建工作。青海省省长、青海玉树抗震救灾指挥部总指挥骆惠宁在会议上提出，要确保用 3 年时间完成恢复重建的主要任务，再用两年时间，把玉树州首府建成高原生态型商贸旅游城市、三江源地区的中心城市和青藏高原城乡一体发展的先行地区。骆惠宁表示，做好灾后重建工作，直接关系到群众的根本利益，关系到青海藏区的跨越发展。推进灾后重建应把握以下重要原则：一是以人为本，政策措施支持的范围要覆盖受灾全部地区，重点支持城乡居民住房、公共服务设施和基础设施等重建。二是科学规划，着眼长远发展，体现时代特征和民族特色，做到适度超前、高标准规划、分阶段实施等。

对玉树灾后重建的支持方面，国家保持政策上的连续性与稳定性，力度不减，工作不松懈。通过国家财政的“输血”，为灾区配套好基础设施，令其自行“造血”，国家再给予政策上的优惠，帮助其增加就业，稳定物价，加快公共事业的发展，促进产业结构的升级转变，最终实现全面协调可持续发展。

【评析反思】

回顾此次玉树地震，集中表现出 4 个方面的特点：

一是地形极其复杂。玉树县纵跨长江、澜沧江两大水系，地形复杂，地势高耸，地貌以高山峡谷和山原地带为主，间有许多小盆地和湖盆，此次受灾地点又很集中，空间有限，由于灾区出现了一些滑坡、碎屑流等地震次生地质灾害，造成了一定程度的道路通行能力的受限，一些大型救援设备无法使用，影响救援工作的全面展开。

二是救援难度极大。玉树地震发生在平均海拔 5000 米的高原山区，地形复杂，交通困难，抢险救援人员出现了不同程度的高原反应，加大了救灾的难度。

三是气候非常恶劣。震后两天，玉树夜间气温都在摄氏零度以下，昼夜温差大，这种气候对仍在废墟下的幸存者构成极大的生命威胁。

四是破坏程度严重。玉树地震发生的地点靠近城镇，震中位于玉树县城附近，灾区居民点的分布与发震构造的方向比较一致，因此造成的破坏较大。加之当地经济发展水平比较落后，灾区的设防薄弱，房屋结构类型以土木、砖木结构为主，抗震能力差，损坏比较严重。

此次玉树地震造成了巨大的人员伤亡，给我们留下了以下警示：

第一，预防地震要从提高建筑物的防震抗震能力做起。从历次大地震的惨痛教训中我们清楚的意识到，地震并不可怕，可怕的是我们没能积极有效地预防它的到来，只是一味的“救援”，而不从根本上解决问题。据资料统计，建筑物的破坏和倒塌造成的人员伤亡占地震伤亡人数的 95%。纵观历次地震，我们不难发现夺走我们生命和财产的是建筑物不堪一击的倒塌，此次玉树地震更表现得淋漓尽致。因此，树立以建筑物抗震防震为核心的指导方针，提高建筑物的抗震设防烈度，建立起一整套抗震设防烈度的测评和实施标准体系，并从法制的角度给予保障，是有效应对地震灾害的措施，也是完全有能力做到的，这才是真正的“思患预防”。

在这一核心方针的指导下，既要做到对我国不同地区，就各自实际情况，提高建筑物防震烈度所增加的建筑成本的承受力的最大限度的准确测算，又要提升建筑物防震设计施工的科技水平，并积极建立符合不同地区地质、气候、环境、风俗等的设计理念和施工技术标准。据有关专家测算，与完全不设防的建筑物相比，按 8 度设防将增加建筑安全造价 5%左右，按 9 度设防要增加建筑安全造价 10%左右。目前，我国的建筑安全工作量，只占建筑物总造价的 40%左右，增加建筑安全造价 10%，其实只占总造价的 4%，应该是能够承受的。所以，就目前各地区的经济情况看，对提高防震抗震烈度所增加的建筑成本是不存在问题的。而对于提高设计施工的科技水平，尤其是要提高建筑物防震抗震烈度标准，就目前我国的现实情况而言，更是不存在问题的，只需有关部门针对不同地区，尤其是处于地震频发带的地区，能够积极建立防震抗震烈度的新标准就可以大幅度提高抗震能力。

第二，强化基础设施抗震设防和保障能力，全面提升交通基础设施抗震能力。严格落实公路、铁路、航空、水运等交通设施抗震设防标准，加快危险路段、桥梁整治改造，在地震重点监视防御区、人口稠密和经济发达地区适当提高设防标准。加强电力、通信保障能力建设，适当提高电力、通信系统抗震设防标准。提高水利水电工程、输油气管线、核设施等重大工程的抗震能力，防止地震引发次生灾害。

第三，着力提高学校、医院等人员密集场所建筑物的抗震设防烈度。历次地震的惨痛教训中，屡见不鲜的是校舍的严重倒塌。据了解，不少西方国家中小学校建筑的抗震设防烈度都要高于所在地区其他建筑物 1 到 2 度，这主要是由于学校人员密度较高，一旦发生危险人员损失便极大。与同一地区其他建筑物抗震设防烈度标准相比，适当在此基础上提高学校抗震设防烈度，不仅可以将校舍作为地震来临时学生们的紧急“避难所”，而且意义更重大。因此，要抓紧实施中小学校舍安全工程，逐步开展其他学校、医院等人员密集场所建设工程抗震普查、抗震性能鉴定，根据鉴定结果进行加固改造。新建的学校、医院等人员密集场所的建设工程，要按照高于当地房屋建筑的抗震设防要求进行设计和施工。要建立健全学校、医院等人员密集场所建设工程地震安全责任制，落实各项防震抗震措施，提高综合防灾能力。

第四，从法制的角度确保建立我国建筑物抗震设防烈度标准和监督体系。加强建设工程抗震设防监管，完善全国地震区划图，科学确定抗震设防要求，修订抗震设计规范和分类设防标准。国土利用规划、城乡规划、环境保护规划等相关规划，必须依据地震活动断层探测和抗震设防要求，充分考虑潜在的地震风险。要把抗震设防要求作为建设项目可行性论证的必备内容，严格按照抗震设防要求和工程性建设标准进行设计。加强工程勘查、设计、施工、监理和竣工验收等环节的抗震设防质量监管，切实落实工程建设各方责任主体的质量责任。建立我国建筑物抗震设防烈度标准，健全测评标准和监督体系，而且要尽快纳入到立法的程序上来，形成一项强有力的法律制度，从根本上保障抗震设防烈度真正有法可依。进一步提高和完善建筑质量监督的法制工作，对地震中全坍塌、部分坍塌和基本完好的建筑物要严格进行分类评估测算，一经发现“豆腐渣”工程，要追究责任，严肃处理。

政府是应对灾难的核心

——海地地震的反思

【事件回放】

加勒比岛国海地当地时间2010年1月12日16时53分（北京时间13日5时53分），发生了里氏7.0级地震（根据中国地震台网测定为7.3级），首都太子港及全国大部分地区受灾情况严重。截至2010年2月23日，海地大地震造成的死亡人数已经上升至22.25万人，19.6万人受伤，这一数字已经超过了2004年亚洲海啸22万人的遇难者数量。另据国际红十字会估计，此次大地震还为海地带来多达300万的难民。

这次地震是海地自1770年以来最严重的大地震，使这个西半球最贫穷的国家遭受到了前所未有的打击。包括总统府和联合国维和部队驻地在内的数百栋建筑坍塌，太子港街头出现极度混乱局面，呼喊者、哭泣者、四处寻找失散亲友者和无家可归者构成了海地大地震后一幅幅真实写照。

1月22日，海地地震灾区传出疫情。国际红十字组织在海地的官员卡罗特基当天说，地震发生后第10天，一些国际组织已在灾区发现腹泻、破伤风、流行性脑脊髓膜炎、呼吸道疾病等疾病。她说，地震刚发生时所造成的截肢患者收治人数已日趋减少，随之出现的是上述疾病，特别是儿童呼吸道疾病、流行性脑炎等。虽然部分地方已开始消毒等灾后防疫工作，但仍有大批难民选择离开太子港，有20多万人乘坐免费公共汽车、小船或是步行前往其他城市。联合国估计，或有多达百万人迁往市郊。

1月23日，海地政府宣布搜救地震幸存者的工作结束，当局主要是集中力量向灾民分配援助物资。

海地地震使环太平洋地震带处于活跃状态。据地震机构统计，这一地带以往每年7级以上的地震平均是18～20次左右，2010年海地地震以后，7级以上的地震达到27次，超过了正常的水平。

【应对举措】

2010年1月13日，美国纽约联合国总部大楼前的联合国会旗降半旗向海地地震中遇难者致哀。联合国秘书长潘基文当天发表声明说，他对海地民众以及联合国工作人员极为关切，密切关注事态进展。他还宣布联合国将向海地提供1000万美元的紧急援助。国际组织在这场地震中发挥了关键作用，联合国迅速派出了救援队伍，联海稳定特派团、联合国世界粮食计划署、世界卫生组织等积极承担了搜救、治安、食品供应和医疗应急救援的工作。

国际社会也纷纷伸出援助之手，向海地提供人道主义援助。世界各国共派出几十支搜救队和医疗队。13日晚，中国政府迅速做出反应，派出国际救援队携带总价值约1200万元人民币的10余吨救灾物资赶赴海地参加救援，这批救灾物资主要有救援、通讯、后勤保障、医疗、食品在内等物资设备和搜救犬。随后，我国又增加了对海地的地震救灾援助，其中包括260万美元现汇。美国派出卡尔·文森号核动力航空母舰作为救灾的“海上基地”。为了救治海地灾民，古巴甚至抛开与美国长达几十年的怨仇，向美国开放领空，以运送救援物资和撤离伤者。法国、冰岛、波多黎各等国家的救援队也都相继抵达灾区。

大量非政府组织在海地救灾中发挥的作用成效卓著。实际上，长期动荡不宁、民瘼深重的海地，一直是众多非政府组织工作的重点。在此次救灾中，国际红十字会、乐施会、美慈会、国际救援委员会、无国界医生等著名的国际非政府组织反应迅速，积极投入到救灾活动中去。非政府组织的公益性质使得它们不仅可以倾力而为，而且更有效率。例如，国际救援委员会在地震发生不久便派出了专业救援队伍，并提供了500万美元的灾后重建资金。

【评析反思】

里氏7.3级的地震算不上人类历史上最严重的地震，但海地地震为什么会导致如此惨重的人员伤亡和财产损失呢？除了震级高、震中距太子港近、人口密集之外，恐怕政府公共治理和防灾救灾能力弱，是一个极其重要的原因。

1. 政局跌宕起伏，国家贫穷落后。海地是拉美第一个宣布独立的国家，但始终未能建立起有效的民主体制，政局一直处于动荡之中。从海地独立到1915年的100年间，共有近90位统治者相继上台。1915年美国入侵，相继扶植多个傀儡统治者。1956年，亲美的总统马格卢瓦尔被推翻，次年，独裁者老杜瓦利埃上台，建立起家族统治，直到1986年被推翻。之后以亨利·南菲将军为首的"全国执政委员会"实行军事统治。1990年，让—贝特朗·阿里斯蒂德被选举为总统，但他的任期被军事政变破坏。1994年，在联合国授权的国际干预下，阿里斯蒂德重返总统职位。1996年，勒内·普雷瓦尔当选总统。2000年，阿里斯蒂德再度当选总统。2004年2月，叛军迫使阿里斯蒂德逃离该国，之后最高法院大法官博尼费斯·亚历山大根据宪法成为临时总统。2006年2月7日，总统和议会选举举行，33名候选人竞选总统，另有1300名候选人角逐议会129个席位。2月16日，临时选举委员会主席宣布，希望党总统候选人普雷瓦尔在总统选举中获胜，执政至今。由于政局动荡，民心不稳，经济停滞，海地成为世界上最贫穷、最不发达的国家之一，至今仍有75%的国民生活在赤贫状态下，只有20%的居民能用上自来水，成人文盲率高达80%。在近现代世界舞台上，海地成了动荡与战争的代名词，作为首都的太子港更是在国家的风云变幻中饱经沧桑，广大百姓不得不在贫困、战乱和屈辱中艰难地寻找和平与发展的希望。

2. 政府缺乏在建筑质量方面的监管。在城乡建设管理方面，海地政府从未制定建筑标准，致使建筑防震抗震性能极差。在人均每日收入只有两美元的海地，几乎找不出可以抵抗7级地震的房屋，其中60%的房屋都属于危险建筑，不少甚至连遮风挡雨的功能都未必能实现。海地有很多建筑物没有按照严格的安全标准建造，不少水泥砖房都建在斜坡上。2008年11

月，太子港佩蒂维勒地区的一座小教学楼坍塌，造成90人死亡、150人受伤。太子港市长曾表示，海地全国范围内有60%的建筑物都不符合标准，属于“豆腐渣”工程。就连富丽堂皇的总统府以及联合国维和部队总部在这场地震中也难逃一劫，成了一堆废墟，更别说平民百姓的栖身之所了。震后的太子港仅剩一家医院能运转。一些曾经到访过海地的工程师和建筑师分析了海地建筑物大量倒塌的原因，他们认为海地建筑存在重大缺陷，设计严重不符合标准，建筑材料不过关，以次充好现象严重。在海地，由于钢材价格更高，建筑中很少采用钢材。所以，同样位于伊斯帕尼奥拉岛的邻国多米尼加也遭受了这次强烈地震的波及，但由于国力状况和建筑质量明显好于海地，灾情就没有那么严重。古巴东南部的房舍也在地震中晃动，同样没有造成重大损坏。

3. 应灾、救灾能力较弱。地震来袭时，海地政府和民众几乎丧失自救能力，只能苦等外国救援。为在第一时间实施救援，国际红十字会以及联合国的救援人员只能连夜将英文的应急救治手册翻译成当地人能读懂的克里奥耳语。震后虽然有联合国维和部队驻守，但当地治安混乱，骚乱频发，闹事者劫掠商店、袭击物资运送人员、危及救援人员安全，犯罪团伙在大街小巷手持砍刀，猖獗横行。因救援物资不到位或担心遭受暴力袭击，许多居民纷纷“逃离”太子港。据英国《每日电讯报》报道：由于那些盼望食品、水和医疗救援的地震幸存者，对国际援助的迟迟不到失去了耐心，灾民的愤怒转化为海地街头的暴力，即使是那些精神意志最为坚韧的海地人，也在灾后的第4天开始表现出对迟迟不到的援助的沮丧。在首都一角，遇难者的尸体被堆成路障，以抗议援助工作的延误。太子港市内主要监狱的损毁，则使局势进一步恶化，数千名囚犯几乎都在地震中幸存下来，并随后在街上游荡抢劫。

灾后的海地，充分暴露了公共治理的危机，使该国在重大灾害面前，政府管理失控，应急救援不力，社会秩序混乱，使人祸进一步加剧了天灾的恶果。海地的不幸是人类的缩影，每个国家都需要从中吸取足够的教训。从海地政府在这次地震中治理危机所导致的灾难升级事件中，我们可以得到以下启示：

1. 政府必须在危机中勇于担当。现在，地震不可预测仍然是科学界的主流观点。但是，早在2008年就有研究表明海地可能面临地震，并将这一警讯传递给了海地政府。2008年3月，美国普渡大学地球物理学教授埃里克·卡莱斯（Eric Calais）和美国得克萨斯大学地球物理研究所的保罗·

曼恩（Paul Mann）教授共同发现，多米尼加共和国与海地伊斯帕尼奥拉岛相交的恩里奎诺断层带有强烈地震的危险，预计在这个地带会发生里氏7.2级的地震。后来，在2008年的一系列国际会议上，两位科学家把这一警讯告诉了海地的总理和一些高级官员，并希望当地官员能有所作为，即使政府来不及做出什么预防，也需要加固医院、学校和政府等主要建筑物，以应对地震。但是，由于研究人员的预报没有特定的时间段，再加上海地局势混乱和基础设施难以改造，政府没有做出必要的预警防范反应导致了巨大的原可以避免的损失的发生。

面对突如其来的公共危机，政府必须快速反应，及时应对，尽最大努力把生命财产损失降到最低。如果政府在公共危机发生后，不能快速有效处置，就会小事拖大，大事拖炸，就会使危机雪上加霜，造成更大的灾难。有20多万人在海地地震中遇难，首都太子港一片狼藉。暴民越发猖獗大胆，无视警察的存在，在光天化日之下闯入住家、商店寻觅粮食和贵重物品。由于当地警察奉命不得向又饥又渴的民众开枪，只能向空中鸣枪，这根本起不了阻吓作用，结果社会秩序严重混乱。一个善治的政府，必须在危难中挺身而出，通过非常时期的授权，强化政府在危机的权威和非常之举，快速果断地平息事态，拨乱反正、严明法纪、转化危机、恢复秩序，树立政府危机中敢作敢为、勇于担当的形象。

2. 防止灾难的升级和次生灾害发生。危机应对，对一级政府或一位领导者，是考政治、考胆识、考意志、考能力的综合测试题。海地的不幸不仅是局势的失控，还包括它面临的全面的人道灾难和次生灾害。海底政府瘫痪，根本无法获知地震中受伤者的真实情况，很多伤者由于得不到救助，在慢慢死去或者形成了永久性残疾。灾后因为缺食少水，不洁食品和饮用水成为人们生存所需，因而导致了痢疾、霍乱等疾病的发生和蔓延。根据海地公共卫生部公布的最新数字，地震过后该国已有4835人死于霍乱。由于基础设施缺乏，加上地震毁坏，海地只剩一个孤零零的机场，几乎所有的道路都不通，国际社会不能有效和及时施以援手，导致次生灾难更为广泛地发生。应急管理是一种非常态下的特殊管理，要体现以人为本、快速反应、统一指挥、政府主导、属地为主、条块结合、分工协作、专群结合、联动协调、公众参与的原则。这里关键是要建立健全应急管理体制机制。所谓应急体制是指政府为完成应对公共危机的任务而建立起来的高度集中、反应灵敏、运转协调的组织架构和运行机制，它包括应急指挥机关、应急权责分工、应急处置预案和响应流程的有机统一。

3．联动协调是应急救援所要解决的难点和重点。在地震发生一周以后，尽管医生、救援队伍和物资不断进入太子港，但海地政府在救援行动中无法提供有效的协调和配合，各国对救助物资的优先处理权出现争议，救援行动缓慢，大多数海地人无法及时获得外界救援。由此看来，联动协调归结起来就是解决好 3 个问题：一是要明确指挥关系，按照统一指挥、分工协作、专群结合、协调行动的要求，建立一个高规格、有权威的应急管理指挥系统，合理划分相应机构的职责，明确应急指挥和各职能组织之间的关系，避免各行其是，多头指挥。二是要明确管理流程，合理设定应急响应和扩大响应的程序，实施运转高效、反应灵敏、有序高效的危机管理。三是要夯实应急责任，通过信息整合、组织整合、资源整合和行动整合，形成应急处置的强大合力。这里不应仅仅靠政府单打独斗，而应特别重视发挥各种社会组织在危机中的自救、互救、共救的作用，实现以政府为主导，各类非政府组织、企业和公民共同参与，互联互助互动的合作机制。

大灾更需要大保险

——智利康塞普西翁地震的启发

【事件回放】

2010 年 2 月 27 日 14：34，智利第二大城市康塞普西翁发生了里氏 8.8 级特大地震，震中位于智利比奥比奥省（BIO—BIO），距离智利首都圣地亚哥西南 339 公里、康塞普西翁（Concepcion）东北 89 公里，震源深度接近 60 公里，为有史记录以来的第 5 强震。

地震发生后，又连续发生多次 6.0 级以上的余震并引发海啸，波及包括澳大利亚在内的多个国家。据地震专家判断，这次地震破坏程度是海地地震的 120 倍。地震共造成 750 人死亡，同时有 200 多万人受到不同程度损伤，大量房屋垮塌，部分地区停电，通讯中断。据官方估计，经济损失将达到 300 亿美元。

由于智利位于世界上地震最为频繁的区域之一，板块间的构造和运动导致这里时常发生里氏 8 级以上地震。此次 8.8 级地震就是因为纳斯卡板块主动向下插入南美板块引起相对挤压而产生的，属于海底扩张挤压造成的边缘地震。

【应对举措】

1. 国内措施。地震发生后，时任智利总统的巴切莱特立即召开紧急会议，宣布国家进入“灾难状态”，并启动应急救援措施。巴切莱特当天还发表了广播电视讲话，宣布遭受了智利50年来最严重的灾害。28日，巴切莱特签署命令，派遣军队进入康塞普西翁市所在的康塞普西翁省，同时在马乌莱和比奥比奥地区实行宵禁。

军队、武警和消防队紧急动员，在智利各地维持社会治安，确保社会秩序。智利政府宣布：终止一切集会活动，正在智利海滨城市举行的第51届比尼亚德尔马音乐节提前结束，还取消了3月2—5日在瓦尔帕莱索举行的世界西班牙语大会。

2. 国际救援。地震发生后，国际社会广泛关注，纷纷伸出援助之手。

联合国秘书长潘基文表示，联合国将通过中央应急基金向遭受强烈地震的智利提供1000万美元援助。

欧盟委员会主席若泽·曼努埃尔·巴罗佐表示，欧盟救援机构将向智利提供300万欧元（约合400万美元）的援助，以暂解当地燃眉之急。

中国国家主席胡锦涛于2月27日向智利总统巴切莱特致慰问电，代表中国政府和人民，并以个人名义向巴切莱特总统、智利政府和人民表示诚挚的慰问，对不幸遇难者表示深切哀悼。胡锦涛表示，在此危难时刻，中国人民感同身受，愿向智利人民提供紧急救灾援助，支持智利人民抗震救灾。外交部领事司和驻智利使馆立即启动应急机制，通过各种渠道了解中国公民和机构受灾情况。中国政府第一期提供了100万美元紧急现汇援助。

英国首相戈登·布朗表明将尽其所能对灾区提供帮助，并派出救援队赶赴灾区。英国红十字会从赈灾基金中拨出5万英镑（约合7.6万美元）给智利。英国慈善组织“避难箱”抽调人员组建一个应急小组，前往智利开展救援工作。

日本宣布向智利捐助300万美元的紧急无偿援助金，提供价值3300万美元的医药、食品、帐篷等物品。

阿根廷提供的救援物资有：3座配备制氧设备的帐篷医院、饮水处理机、卫星电话和用于灾区防治疫病的药物。

美国总统奥巴马27日在白宫说，他已向智利总统巴切莱特伸出援手，如果智利政府需要，美方将提供援助。美国有能迅速部署的资源，可在救援及重建工作上向智利方面提供帮助。白宫说，奥巴马当天下午与巴切莱特通话，并在通话中表达了美方态度。

法国总统萨科齐 27 日发表公报，对智利当天发生的强烈地震表示震惊，并向智利政府和人民致以深切的慰问。法国外交部长库什内发表公报称，法国正与欧盟的其他国家进行磋商，准备向智利提供援助。

西班牙首相萨帕特罗向智利总统巴切莱特致慰问电，对智利地震遇难者表示哀悼，并承诺西班牙将在智利需要的各方面进行援助。

3. 及时发出海啸预警。位于夏威夷的太平洋海啸预警中心立即向智利和邻国秘鲁发出海啸警报，并表示如此强烈的地震通常会引发破坏性海啸。该中心报告说，此次地震已经引发了一次海啸，可能对震中附近的智利海岸造成破坏。该中心还向厄瓜多尔、哥伦比亚、巴拿马、哥斯达黎加、南极地区、日本、新西兰、澳大利亚发出低级别预警。

截至北京时间 27 日晚 22 点，夏威夷、新西兰、澳大利亚、日本、菲律宾、俄罗斯和多座太平洋岛国都发布了海啸预警。

4. 开展保险赔偿。智利保险业协会会长费尔南多·康巴拉 3 月 25 日表示，智利 2·27 地震发生后，保险公司已收到的索赔要求达 13.5 万起，平均每天 5226 起，这个数字相当于正常年份的 73 倍。截至目前，保险业已为地震赔偿了 1850 万美元，相当于智利 1985 年大地震偿付总额的 22%。他说，智利保险业协会估计保险行业将总共为地震赔偿 50 亿～80 亿美元。在众多索赔要求中，房屋占了大多数，其中 60%～65%的案例已进入定损和准备偿付阶段。

【评析反思】

从智利应对地震的措施中，我们不仅看到该国政府和百姓在灾难降临前能够未雨绸缪，充分准备，积极应对，建立了一整套比较完善的防灾救灾机制，为有效预防地震侵害打造了一张强大保护网，而且更应引起我们注意和思考的是其成熟的地震保险体系在减少地震损失、防范灾害后患、保障人民生活、安定社会等方面发挥了较大作用，为企业生产发展和人民生活稳定提供了重要保障。这点很值得我们学习和借鉴。

在成熟的市场经济社会，面对风险，防护屏障依次应该是保险、社会援助，最后才是政府。只有在保险也不能弥补损失的情况下，再由社会援助、政府来解决，而不是事事由政府包揽。面对巨灾，保险的方式要比财政的方式更高效，更直接，更便捷。

目前，美国、日本、新西兰和土耳其等地震灾害较重的国家，经过多年探索都已经建立了较为完善的地震保险制度。

1. 美国加州地震局在1994年大地震发生后开办了地震保险，并建立了地震保险基金，在地震损失的补偿方面发挥了重要作用，政府也通过免除收入所得税等形式为地震保险提供财政支持。美国地震保险的做法是：首先，综合评定各地的地震风险，测算了不同震级地震可能造成的损失，对不同地段、不同的房产设定了不同的费率，设计和开发出相应的地震保险产品，由所辖的会员保险公司销售。其次，对保障范围和水平有所限制，房屋必须用于居住；保险金额从5000～10万美元不等。最后，规定了10%或15%的部分由投保人自担，使保险人能集中力量解决住宅重建所需的大额赔付。

2. 日本列岛处于环太平洋火山地震带上，很早就建立了地震保险制度。1995年，日本阪神地震共造成6000多人死亡，直接经济损失高达900亿美元，居民也蒙受了重大损失。此后，保险公司依法出售附加地震责任的家财险，然后再将地震保险业务全额分保给日本地震再保险株式会社，后者将一部分业务以非比例超额再保险的方式转保给政府，同时将一部分再回分给各直保公司，余额部分自留。所以，在阪神大地震后，日本保险业和国际再保险公司按约理赔，政府也按规定动用了国库补足了理赔款项，保障十分充分。

3. 新西兰年均地震达3000次左右，国土处于火山地震带上，是地震高发国家。早在1945年新西兰就组建了由政府机构、商业机构和社会机构参与的地震委员会，在抵御地震灾害方面发挥了关键作用。新西兰巨灾保险制度由法定保险和自愿保险合二为一：每个家庭必须参加法定部分的保险，这属于最低程度的风险保障；如果经济条件好、希望取得更高经济保障的家庭，则可以多交费再投保保障程度较高的商业性自愿保险。

4. 土耳其政府于2000年在世界银行的帮助下建立了地震保险制度，为发展中国家建立巨灾保险制度指明了一条新道路。世界银行在制度设计、风险划分和费率厘定等方面提供技术支持，同时，在再保险方案和政府担保等方面提供资金支持，由保险公司、政府以及国际组织合作建立了地震保险制度。由于国土面积有限，土耳其的强制性地震保险条款是全国统一的，并独立于火灾保险。其做法是：通过立法要求所有城市住宅必须参加地震保险；强制性地震保险的保额为2.5万美元，超过部分实行商业性自愿保险；费率是根据各地地震风险的大小、土地和建筑物结构的风险类别进行划分的。

相比之下，我国对于地震造成的经济损失的弥补，特别是灾后恢复的经济保障方面还很不完善，处于一种政府主导、社会力量参与和商业性保险公司略有补充的灾后损失补偿模式。地震灾害的管理主要由政府承担，国家财政救济和民间捐助仍然是一种主要方式，具有政府负担重、补偿程度低、不确定性明显的特征，且缺少相应的巨灾风险分摊机制，难以实现要将减灾工作由减轻灾害损失向减轻灾害风险的转变。在汶川地震中仅有15450人属于被保险人，占伤亡人数的14%；此次地震直接经济损失8451亿元，而保险赔付金额为6.1亿元，占经济损失的0.7%。虽然各家保险公司在震后积极履行保险赔偿和给付责任，但是商业保险在地震损失补偿方面的贡献依然甚微，没有发挥应有的作用。同时，尽管救援捐献在全国范围内迅速展开，但由于财政投资和募集到的捐款规模有限，对损害的补偿只能是小范围和低层次的，弥补灾区的巨额损失仍显不足，与巨大损失相比只是杯水车薪。

如果能有地震保险来抵御风险，那么此次地震的损失将大大降低。但遗憾的是，眼下国内地震保险极不完善甚至处于缺失状态，单靠保险公司的商业化运作是无法抵挡的。在汶川地震中得到赔付的主要是人身意外保险保户，由于目前我国大多数财产保险尚未将地震灾害列为保险责任，地震造成的房屋、车辆损毁等家庭财产和企业财产损失，极少能得到赔付。

我国是世界上自然灾害最为严重的国家之一。有资料显示，我国大部分地区位于地震烈度Ⅵ度以上区域；有50%的国土位于Ⅶ度以上的地震高烈度区域，包括23个省会城市和三分之二的百万人口以上的大城市。从汶川地震到玉树地震、舟曲泥石流，再到云南盈江地震都给人民带来了巨大灾难。面对灾害种类多、造成损失重，社会财产更需要保险这道保护屏障。特别是这些年，人民生活水平提高，居民的家庭财产不断增加，越来越多的人拥有住房、汽车等个人财产。而像住房这样的大宗财产，购置时几乎要花费家庭的所有积蓄，甚至还要向银行贷款，一旦在地震中损毁，很多家庭根本无力重置，今后的生活居住也将面临困难。大灾面前有了保险这道屏障，居民受损的财产就能够及时得到补偿，政府也多了一只强有力的臂膀，抢险救灾、重建家园也会更有力量。

如何解决保险需求与保险能力这对矛盾？国外比较成熟的做法是：以政府主导、市场运作的方式建立巨灾保险制度，由企业和个人购买巨灾保险，政府提供一定补贴，多家保险公司共同承保，并通过国内外再保险市场分散风险。通过巨灾保险机制，保险赔款一般可占总灾害损失的30%～40%，很大程度上分担了政府抗灾救灾的压力。积极借鉴国际经验，建立政府支持下的地震保险制度，合作设立地震保险基金，予以财政支持和税收方面的优惠，并通过国际再保险公司寻求地震风险的转移，才是我国应对地震灾害的现实选择。

1. 在美国由国家举办的巨灾保险模式中，国家担负着重要的使命。在巨灾保险制度建设中，国家的立法和政策支持至关重要。地震保险属于巨灾风险范畴，具有社会公益和救助性质，急需政府的组织和参与。政府主导型巨灾保险模式可以充分保障公众利益，有效整合社会资源，确保灾区重建和经济社会的平稳发展。

2. 政府为地震保险提供全力支持的日本模式给了我国很大的启示。日本地震保险制度的核心是政府主导和财政支持，为地震保险提供后备保证金和政府再保险，作为地震频发国——日本的成功经验值得借鉴。1995年大地震后，神户市的灾后重建工作异常神速，完全得益于这种完善的巨灾风险保险体系，灾民也得到了充足的补偿，能及时恢复元气、重建家园，日本没有一家保险公司因此破产，更重要的是减轻了国家的负担。

3. 新西兰防范地震和其他地质灾害的体系比较完善，政府组建了由3部分构成的应对体系，在救援、查勘、定损、理赔和重建等各个环节上精诚协作，被誉为目前全球运作最成功的巨灾保险制度，最值得我们学习和借鉴的是新西兰地震风险的转嫁机制。地震委员会负责法定保险的损失赔偿，当损失超过地震委员会承受能力时，政府将发挥托底作用，负担剩余款项的补偿；保险公司依据合同负责超出法定保险部分的赔偿；保险协会则负责制定和启动巨灾应急计划并组织实施。所以，由国家制定有效的公共政策，财政提供适当的资助，保险公司广泛参与，最大限度地吸引社会力量，利用商业保险和再保险的手段实现巨灾风险的转嫁，这是新西兰地震风险的转嫁机制的精髓。

4. 土耳其地震保险制度的经验可以概括为：一是要积极借助国际社会的力量，构建适合本国实际的地震风险保障体系。土耳其国力和经济发展状况一般，又处于欧亚地震带上，地震高发，如果没有世界银行的资助，要建立科学合理的地震保险制度是很困难的。二是土耳其地震基金获得了多渠道的资助，使很多贫穷家庭也能买得起保险，有效地拓展了地震保险业务，这一点对我国尤其重要。因此，我国应该尽快推行广覆盖、低保障、可持续发展的地震保险产品，各级政府应积极提供资金支持。三是我国应该构建强制性与自愿性参半的地震保险制度，根据土耳其的经验，国家通过立法强制推行及广泛动员社会各界参加保险，是尽快建立切实有效的地震保险制度的基础和保证。

他山之石，可以攻玉。认真学习其他国家的先进经验和做法，对从容应对巨灾风险、构建我国地震保险制度具有重要的现实意义。

有备才能无患

——新西兰地震高震级低伤亡的启示

【事件回放】

2010 年 9 月 4 日凌晨，在新西兰南岛发生了里氏 7.2 级的地震。震中位于克赖斯特彻奇（基督城）以西 30 公里处，震源深度 20 公里。地震造成 2 人重伤，另有数人受轻伤。

9 月 5 日，克赖斯特彻奇市政府表示，约有 500 多座建筑物在强震中受损，其中 90 座位于市中心。包括克赖斯特彻奇市在内的坎特伯雷地区可能有 10 万间房屋因地震受到不同程度的损坏，大多为轻微受损。经过初步勘察，有 430 多所房屋需要完全拆除重建。克赖斯特彻奇的公共服务出现大范围故障，75%的城区供电、供水中断，天然气和自来水泄漏，排污系统遭受严重破坏，一些桥梁、公路也遭到破坏，机场、铁路等交通运输部门停止了服务。据初步估计，地震带来的经济损失高达 20 多亿新西兰元（约合 14 亿美元）。

地震发生后，整个新西兰南岛都有震感，其中以克赖斯特彻奇最强。克赖斯特彻奇城内到处是断壁残垣，部分建筑完全损毁。民众一度非常恐慌，纷纷赶往超市抢购饮用水和食品，赶到加油站加油。超市里的瓶装水很快销售一空。很多惊慌失措的民众不敢回家，而选择在外露宿。

【应对举措】

为应对地震产生的危害，新西兰立即启动全国危机应急机制，民防事务部长卡特呼吁当地民众保持镇定，尽量避免外出。克赖斯特彻奇市市长鲍勃·帕克提醒市民储备水，注意检查房屋状况，避免可能出现的火灾等后续灾害。内阁还委派经济发展部长格里·布朗利前往克赖斯特彻奇，指挥协调灾后重建工作。

克赖斯特彻奇市中心从2010年9月4日晚7点至5日早7点实施宵禁，对公众关闭。该市附近的凯厄波伊镇也同时实施宵禁。新西兰民防部当天宣布克赖斯特彻奇市及其周边地区进入紧急状态。所有进出克赖斯特彻奇市的航班暂时停飞，铁路中断运营。

新西兰总理约翰·基9月4日在地震灾区表示，这次地震是新西兰自1968年以来发生的最严重的自然灾害，政府将向灾区民众提供帮助。9月6日，他又宣布，政府初步向遭受地震灾害的新西兰南岛城市克赖斯特彻奇市提供500万新西兰元（约合2400万元人民币）的灾害救助基金。9月7日，因地震及以后的余震，他取消了原定于10日动身的欧洲之行。他说，从6日深夜至7日凌晨，南岛中部坎特伯雷地区发生了数次余震，其中包括两次里氏5.4级的余震。之后，他前往受地震影响最严重的克赖斯特彻奇市视察，指导救灾工作。

有关部门也从紧急工程基金中筹集到9000万新西兰元的资金用于修复道路。地震委员会和保险公司的工作人员迅速赶到震区现场办公，接受理赔申请。

9月5日，克赖斯特彻奇市机场的航班、绝大部分地区的电力基本得到了恢复。

9月6日，克赖斯特彻奇市和周边地区的震后救灾和清理工作全面展开。克赖斯特彻奇市政府组织技术人员快速检查及记录在地震中受损的建筑，并成立了20支紧急维修队伍，抢修有纪念意义的或对公众构成危险的建筑。当地民众也自发展开灾后清理工作，评估和修缮房屋。当地的中小学于周一开始停课，等校舍接受损毁评估后才能决定何时复课。

9 月 8 日，新西兰官员表示，遭受强烈地震袭击的克赖斯特彻奇市的紧急状态再延长一周。

【评析反思】

尽管遭遇 7.2 级强震，但是当地并没有出现严重的人员伤亡情况，仅有 2 人受重伤，数人轻伤。出现“高震级低伤亡”现象的原因是多方面的：除了这次地震不属于直下型地震，当地人口密度低，居民住的多是 1、2 层楼房屋，房屋倒塌对人员伤害较小；地震发生时间是星期六凌晨，建筑物毁坏最严重的市中心商业区人员稀少等。但主要原因是新西兰在抗震减灾方面通过不断摸索建立了一整套行之有效的抗震减灾体系。

新西兰是地处世界两大构造板块之间的岛国，位于“太平洋火环”断裂带（环太平洋地震带）上，属于地震、火山频发地区，极易受到火山喷发、地震和海啸的袭击，遭受洪水、山体滑坡等地质灾害。据统计，1900 年以来，新西兰平均每两三年发生 7 级以上地震 1 次。1980 年以来，发生的 5 级以上的地震平均每年约有 35 次。最近的 3 次地震分别是 2003 年的弗特兰德 7.1 级地震、2004 年南岛西岸和 2006 年克马德克群岛的 7 级地震。

发生于 1931 年的新西兰霍克湾 7.8 级大地震，造成了 256 人丧命，让新西兰吸取了沉重教训。也因为这场强震，新西兰政府从 79 年前开始，就制定了严格的建筑条规，并从提高国民防震意识、加强救援工作、提高建筑设计技术等方面做好抗灾防灾准备。

1. 民居房屋抗震性能强。这次在地震中垮塌的多是砖结构建筑和烟囱，但目前新西兰民居多是轻木结构，低层和多层住宅主要采用的是新西兰建筑研究协会设计的木框架、大玻璃轻型建筑。这种建筑因其自身质量轻、柔性好、耐冲击，不像纯砖结构那样硬对硬、易垮塌，表现出良好的抗震性能，受损较小，且造价不高，较能被居民广泛接受，在地震发生时能最大程度地避免生命和财产遭受巨大损失。新西兰民防部门也要求民众在地震时不要盲目乱跑，因为新西兰的建筑室内基础结构安全性高，只要主体结构不垮，即便有坠落物，对人造成的伤害也较轻。

同时，新西兰隔震技术处于世界领先水平。科研人员早在 20 世纪 60 年代末 70 年代初就已将特制的橡胶垫用于基础隔震。目前，新西兰在一些重要的建筑物及桥梁上均采用了结构隔震减震装置。例如，议会内阁办公楼和卫生部大楼均采用含铅的橡胶垫将建筑体和地基梁隔开。地震发生时，隔震装置能够有效降低地震造成的损害。

2. 建筑抗震立法监管严。在发展中国家，楼房往往经不起晃动，一震就倒塌，可是在克赖斯特彻奇，只有郊区一些老旧的房子损毁，灾情较严重，而大多数的房子，建筑结构还是完整的。克赖斯特彻奇的房屋抗震性能好除了与建筑技术有关，抗震的监管体制也发挥了很重要的作用。新西兰政府一直注意加强房屋建筑立法，实施严格的建筑管制条规，严把质量关。新西兰在《建筑法》和建筑规范中对投资者、设计师以及设计图都做了具体规定，建筑师和设计师都可以监督施工。对于建筑工程的审查，《建筑法》规定投资者委托设计师进行图纸设计后，要送交有关专业部门审核，建筑物出现问题要追究建筑商、设计师、政府审查人员的责任，以促使相关人员确保安全。

3. 防灾减灾机构健全。新西兰政府十分重视灾害防御工作。为对各种自然灾害实行综合管理，政府专门设立了民防部，从中央政府到地区、地方三级政府均设有防灾减灾机构。一旦发生全国性重大自然灾害，国家会进入紧急状态，民防总指挥部就立即启动，地区和地方的民防指挥中心也立即投入工作。

新西兰多年来都十分重视应对灾害的宣传教育工作。国家民防部常会印制防御各种具体灾害的宣传品，内容包括灾害的识别、预防以及如何自救、互救等，所有公民人手一套。经过长期的宣传普及，该国普通民众大都清楚如何应对地震，居民遇震不慌张。

4. 保险制度多渠道分散了灾害风险。新西兰地震保险制度被誉为全球运作最成功的保险制度之一，其主要特点是“立法强制、基金运作、多渠道风险分散、政府管理与市场行为相结合”。这一地震风险应对体系由3个部分组成，包括地震委员会、保险公司和保险协会，分属政府机构、商业机构和社会机构。一旦灾害发生，地震委员会负责法定保险的损失赔偿，保险公司依据保险合同负责超出法定保险责任部分的损失赔偿，而保险协会则负责启动应急计划。新西兰家庭财产地震保险制度以强制地震保险为主，自愿地震保险作为补主。地震委员会由新西兰国家财政部组建，负责管理地震保险基金，初始资金为15亿新西兰元（约75亿元人民币），来源于政府的“新西兰自然灾害基金”。目前，通过强制征收的地震保费以及基金的投资收益，该地震委员会已累积了近50亿新西兰元（250亿元人民币）的基金。地震委员会还利用国际再保险市场进行风险分散。该体系由政府承担无限清偿责任。新西兰地震保险制度中规定，当损失额超过20.5

亿新西兰元时，自然灾害基金继续进行支付直至基金耗尽。如果仍然不足以支付对地震灾害的赔偿时，由政府承担无限偿付责任。同时，该体系能充分发挥再保险功能作用。新西兰地震保险制度中，地震保险委员会像商业保险公司一样，向国际市场购买再保险，以加强自身的偿付能力，并减少政府可能承担的无限赔偿责任金额。

正是这些防御措施，有效保证了这次地震并未造成更大破坏，这无疑是新西兰自1931年后全力防震的一次最好、最成功的验证，也可以说，这是一次做了79年应对强震的准备。

但是，天有不测风云。即使这样较为全面的准备，也不是就万无一失了。2011年2月22日中午12：51，新西兰克莱斯特彻奇再次发生了一场里氏6.3级的强烈地震，震源深度距离地表仅有4公里，属于破坏性较强的浅源地震，结果造成生命财产的重大损失。据新西兰警方于3月1日公布克赖斯特彻奇地震造成的死亡人数已增至240人。这次地震还给该国造成100亿～150亿新西兰元（约110亿美元）的经济损失，并将在今后5年内，使新西兰GDP减少1.5个百分点。新西兰总理约翰·基表示，这场地震是对新西兰整个国家的巨大挑战。

这场地震告诉我们，地震预报是世界性难题，地震等大自然灾难什么时候发生，以什么形式发作，人类无法全然掌控，所以更应当强调防震减灾的预防功能，也只有这样才能尽最大可能地减少人员伤亡和财产损失。正因为新西兰把功夫放在了平时，常备不懈，一旦灾难来临，整个防震减灾体系立即发挥作用，而不至于任由大自然肆虐，把天灾变成人祸。倘若注意到这一点，我们不仅要对新西兰地震的低伤亡率感到欣慰，更要把这当作一种有益借鉴，深入反思自身不足之处，抓紧制定和落实更有效的防震减灾措施。

加强巨灾救援的国际化合作

——印尼强烈地震引发海啸的深层思考

【事件回放】

2010年10月25日21点42分（北京时间22时42分），位于南纬3.5°、东经100.0°的印度尼西亚苏门答腊岛西南，发生了里氏7.2级强烈地震。首次强震发生10分钟后，相继发生了里氏5.5级和5级两次余震，强震引发了海啸和火山喷发，印尼中爪哇省的默拉皮火山震后猛烈喷发10多次，强震、海啸和火山灰先后殃及多个国家和地区。据印度尼西亚《星洲日报》11月20日报道，到目前为止，10月25日晚发生在印尼明打威群岛附近海域的海啸已造成509人死亡，21人失踪。自10月26日以来多次喷发的印尼默拉皮火山已造成275人死亡，其中至少170人死于烧伤，另有273人在火山喷发中受伤，数万居民无家可归。

苏门答腊是印尼最西面的一个大岛，也是全球第六大岛屿，全岛面积达47万平方公里。苏门答腊岛呈西北—东南走向，在中间与赤道相交叉，由两个地区组成：西北Barisan山脉和东部的沼泽地。苏门答腊岛西南与爪哇岛隔著巽他海峡相望，北方隔着马六甲海峡与马来半岛遥遥相对，东方隔著卡里马达海峡（Karimata）毗邻婆罗洲，西方濒临印度洋。印尼位于太平洋火山地震带，靠近印尼东海岸区域的印度洋是3个主要板块构造带的结合处。这3个板块分别是东面的巽他板块、西北面的印度板块和西南面的澳大利亚板块。印尼发生的地震产生于更南的位置，原因是澳大利亚板块的东北端下降到巽他板块下面，并因此下降至中爪哇省下部，形成所谓的潜没带，潜没带中处于下部的板块向下滑降通常都会引发地震。有关专家指出，印尼地区发生的地震原因是两大板块在共同运动中互相挤压，对两大板块潜没线后更小的断层线加压，导致板块侧向断裂，从而引发地震。

北巴盖岛是冲浪的天堂，那里的海浪既高且强，被称为“全世界最好玩的浪潮”。但地震引发的海啸，卷起凶猛的巨浪长驱直入海滨度假村，海浪过处，一切荡然无存，冲浪天堂瞬间变成人间地狱。有些冲浪客被海浪带到距离岸边数百米远的丛林深处，与海浪搏斗了一个多小时才脱困。据幸存者说，他们猛地被3米高的巨浪迎面压下来，事先没有得到任何警告。一位来自北巴盖村的幸存者波里特说，地震10分钟后便听到雷声般的轰响，居民纷纷跑出房屋，发现巨浪正在袭来，尽管人们拼命向高处奔跑躲避，但巨浪来势异常凶猛，人们根本无从逃生。海啸卷起的巨浪冲走了巴盖和锡波拉数以百计房屋，10多个村落被夷为平地。

地震和海啸发生后，距震中以东1300公里、位于爪哇岛中部的默拉皮火山于10月26日喷发，大量火山灰和烟尘冲上6000米的高空，造成30多人死亡，17人受伤，有的人因吸入空气中的火山物质窒息致死，有的人被炙热岩浆灼伤。火山口方圆10公里范围约1.5万名居民紧急疏散。

【应对举措】

海啸发生后，国际社会开展了史无前例的紧急人道主义救援行动，共承诺援助资金达40多亿美元，表现出空前团结和人道主义精神。

1. 国际救援。

(1) 联合国。联合国秘书长潘基文发表声明，对印度尼西亚发生火山喷发和海啸等自然灾害并造成人员伤亡和财产损失表示关切。他对发生在印度尼西亚的“仍在继续的悲剧”深感难过，他向遇难者家人以及在灾害中受伤和失去家园的人表示深切慰问。潘基文说，他已注意到印尼政府目前正在进行的救灾工作，联合国随时准备为此提供帮助。联合国有关部门于海啸发生当天在雅加达紧急召开专家会议，讨论灾难对东南亚和南亚地区造成的损失和所需救援物资情况。联合国秘书长通过其发言人发表声明，表示联合国正在向遭地震和海啸袭击的印度尼西亚等亚洲国家派遣灾害评估和救灾协调工作组，以帮助各国开展救援工作。联合国官员表示，用于受灾国的花费将超过50亿美元。这次灾害虽然不是规模最大的，却是联合国开展全球急难事件救助协调作业50年来影响最大的天灾。联合国当即宣布展开“有史以来最大支出的一次跨国救灾行动”。各国政府和非官方组织都发起大型的赈灾筹款活动和提供各种帮助，尽力避免伤亡数字进一步急剧成倍上升。

（2）中国。中国作为受灾国家的友好邻邦，迅速展开中国历史上最大规模的对外救援行动，在灾害发生次日就宣布援助260万美元（约合2163万元人民币）。此后，中国政府根据灾情发展承诺向受灾国增加6050万美元（约合5亿元人民币）援助，并积极减免有关受灾国家到期政府债务。如免除了斯里兰卡全部到期政府间债务。中国社会各界也自发为灾区捐款超过1210万美元（约合1亿元人民币），中国香港特别行政区捐款逾6250万美元（约合5亿港元），中国澳门特别行政区向灾区派出救援队。截至1月29日，中国对灾区捐助累计已逾12亿元人民币，数批救灾物资运抵有关国家。此外，中国政府以最快速度向受灾地区派出了医疗队及救援队。中国政府还积极参与重大自然灾害预警机制国际和地区合作，并倡议在北京组织召开了东盟—中国地震海啸预警研讨会。

（3）美国。美国在海啸发生后也做出反应。美国政府表示，希望通过参与救援行动，努力改善美国在伊斯兰世界受到损害的形象。美国国务卿在海啸发生后，代表美国政府宣布，向遭受海啸灾难地区提供1500万美元的援助计划。随着灾情的继续发展美国决定捐助3亿5000万美元，并通过国际红十字会向受灾国家提供了400万美元的援助，并且派出直升机和12艘军舰前赴救援。

（4）欧盟。欧盟对印尼海啸救灾给予充分关注，海啸发生当天就批准了300万欧元的援助。欧盟决定捐助5300万欧元，其中德国已保证提供300万欧元。匈牙利向受灾国派出救援小组并提供了价值约合39万美元的救援物资。英国、德国、法国、比利时等国均向班达亚齐派遣了救援人员或军队。其中，德国军队实力雄厚，他们将重型卡车、铲车等大型设备直接空运到灾区，甚至设置了专门的直升机空投点，大大提高了救灾物资的运送速度。英国承诺提供1500万英镑（约合2890万美元）的援助。

（5）日本。日本决定提供价值4000万美元的救援物资。日本政府表示，日本准备向印尼、泰国和斯里兰卡等国提供医疗和财政援助，将向受灾最为严重的斯里兰卡派遣一支医疗小组。29 日，日本表示如果印尼要求，日方将向印尼派遣救援人员和军队。日本外相町村信孝说："我们已经开始准备派出我们的国际灾难救援队，我们想在任何需要的时候采取行动。"日本防卫厅长官大野功统在另一场合表示，如果接到印尼方面的要求，日本准备向印尼派遣地面部队或者海军。

（6）澳大利亚。澳大利亚总理霍华德 29 日称，澳大利亚将向印尼灾区提供 100 万澳元（合 77.4 万美元）的紧急援助，并承诺援建一座紧急野战医院。霍华德称，他已经与印尼总统苏西洛通过电话，表示澳大利亚军队可以随时提供协助。他说："如果印尼需要澳大利亚提供进一步的帮助，我们将乐意效劳。"霍华德在接受澳大利亚广播电台采访时说："印尼人民在短期内再遭受这样的重创真是太可怕了。"澳外长唐纳称，100 万澳元援助将包括食物、洁净水、医疗援助和修建紧急避难所费用等。唐纳还表示，政府已经下令让皇家海军舰队的卡尼巴拉号待命。如果得到印尼官方的同意，卡尼巴拉号将在一到两天内抵达灾区。

（7）其他国家。卡塔尔、沙特阿拉伯和科威特共决定捐助 2200 万美元。世界上许多国家的救难队也已经启程前往灾区协助救灾。法国总理让—皮埃尔·拉法兰向遭受海啸袭击的亚洲国家表示"最深切的同情"。此外，南非、墨西哥，巴基斯坦、新西兰、马来西亚等国也都向灾区派遣了救援队伍。每个国家的救援队都发挥各自的特长和优势，形成优势互补，共同推进救治工作。"合作"已经成为在救灾工作中使用最频繁的词汇。

2. 人道主义救助。大灾过后，整个世界都把爱和温暖送到了灾区。在中国，由媒体发起倡议的赈灾活动将在北京举行捐赠仪式，本次活动得到了张艺谋、张伟平为首的演艺界名人及 50 多位明星的参与支持，筹集的善款超过百万人民币。盖茨伉俪基金会捐出了 300 万美元；一级方程式赛车世界冠军迈克尔·舒马赫捐出了 1000 万美元，成为全世界以个人名义捐款者里金额最高的一位；亚马逊网上商店张贴了美国红十字会的捐款呼吁，在 48 小时内获得 620 万美元的网友承诺捐款；非官方援助组织——尼亚斯岛是冲浪爱好者的天堂，向受灾地区派遣了一艘运载有救援物资的船只、医疗用具、两名医生和两名护士；国际移民组织，向灾区运送水、牛奶和其他的物品，等等。

【评析反思】

地球是人类共同的家园，重大自然灾害便是人类共同的敌人。据统计，1950—1999年的50年间，全球共发生重大自然灾害234起，其中风暴（含台风、风暴潮、海啸、雷暴、飓风等）占38%、地震占29%、洪水占27%、其他类型的灾害占6%，共造成超过140万人死亡，经济损失达9600多亿美元。由于这些灾害带来了众多人员伤亡和巨大的经济损失，引起各国政府的广泛关注，国际间也在一定范围内建立起跨国、跨地区的合作组织和合作机制，在国际自然灾害监控防治中，发挥着越来越重要的作用。印尼的地震、海啸、火山灰带来的巨大灾难，向世界再次敲响警钟，呼唤进一步加强国际间合作，尽快建立全球特大灾害预警应急体系，从而有效地预防和应对跨国家跨地区的重大自然灾害，降低灾害带来的损失。这次灾难警示我们：

1. 建立灾害预警、加强救灾的国际化合作。灾害预警系统的建立与完善，离不开合作与协调。现在全球还不能真正做到早预警、早防范，有效减轻各种自然灾害的损失，国际间的联合危机处理能力亟待提高。对于海啸这种破坏力极大的自然灾害，虽然各个国家都在竭尽全力的预测，但难免还是会出现失误。例如，这次发生在印尼的海啸，监测人员就没能提前发现任何预兆，海啸预警系统也没有发出警报。印尼这套海啸预警系统是2004年印度洋海啸后安装的，6年来一直在建设，原计划在2010年完工。印尼技术评估与应用署的一名工作人员说，海啸预警系统中两个侦测海浪的关键性浮标疑似遭到人为破坏，失去了工作能力。因此，应尽快联合各个国家、地区和国际组织形成一个全天候、多领域的合作机制。一是应加强全球范围内的规划和协调，支持联合国在建立健全预警机制进程中发挥领导和协调作用。二是支持尽快建立全球统一的预警系统，在充分协商与合作的基础上共同建立本地区的预警机制，充分吸收、借鉴成功经验，尽早发挥减灾实效。三是支持不发达国家与地区的预警能力建设，国际社会应加强扶贫、基础设施建设、教育培训、人力资源开发等合作，从根本上提高发展中国家的能力。

2. 加快建立全球特大灾害预警应急体系。预警应急体系，是一项具有战略性和全局性的重大工程，需要统一的协调机构、全面的信息平台、灵敏的应急机制以及专业的科研队伍。

第一，建立国际灾害预警应急协调管理机构。有专家建议，可以成立

“联合国全球特大灾害预警应急中心”，作为世界级防灾减灾工作的最高司令部和神经中枢，由其负责应对特大自然灾害的国际预警体系的建设和运作，协调世界各国联合监控防治自然灾害。还可以借鉴联合国“国际减灾十年计划”的成功经验，铺设与世界各个国家和各种组织、机构的联系管道，统一筹措资金、安排各种灾害监控防治研究项目和防灾救灾资金用度，把现在分散的自然灾害监控防治项目集中到该中心来，既解决全球范围内灾害监控防治总管“缺位”问题，也可以解决国际防灾减灾投入不足的问题。

第二，建设覆盖全球的灾害预警及信息传递平台。要在全球范田内来进行危机信息管理，就应充分调动国际上现有的大量防灾减灾机构和研究人员的力量，利用各种现代化的技术手段，建立一个实时共享的灾害信息管理和发布系统，及时捕捉全球各个国家和地区所有自然灾害的先兆信息，做到科学分析，及时预警。特别是要开发利用现有的信息处理能力，做好信息共享和信息传递工作，搭建一个贯通世界各个国家、各个地区的信息交互网络，避免再度出现像印度洋海啸灾难中有些预警信息在关键时刻派不上用场的情况。联合国一名灾难评估专家指出，印尼的预警系统还存在一些需要改进的地方。如何把预警及时传送到偏远的岛屿，仍是这个体系中存在的薄弱环节。印尼的 7.7 级强震虽然发生在海底，但灾区之一的北巴盖岛距离地震震中十分接近，而且地理位置偏远、通信设施落后，村民既没能及时接到预警，也没时间逃生，因此造成大量人员伤亡。

第三，建设功能齐全、运转高效的应急机制，提高全球处置特大灾害的能力。有专家建议，可以在“联合国全球特大灾害预警应急中心”的统一指挥下，逐步完善各种措施和应急机制。一是要制定并完善各类应急预案，明确各个国家、地区和各个国际组织在突发灾害面前的职责任务。二是要加强应急队伍建设和物资贮备，完善各种国际救援组织的功能，形成一方有难、八方驰援的应急救援格局。三是组织国际间的应急演练，特别是针对地震、海啸等特大型自然灾害的联合防灾救灾演习，提高各个国家和国际组织的联合抗灾救灾能力，同时也提高联合国有关人员的应急管理水平和专业技能。四是在自然灾害高发国家或地区，推进防灾救灾的普及教育，不断提高当地公众的自救、互救能力。

第四，联合世界各国的科学研究力量，集中攻克灾害监控防治工作中的科学难题。“科学预测”并做到有效防范是防灾减灾工作的最高境界。然而，现在的科学技术尚不能完全准确地预测地震、海啸等自然灾害，这就需要由联合国的有关机构或国际组织来协调全世界的科学研究力量，集中攻关，破解抗灾救灾领域的世界难题。另外，像“仿生学”等灾难预测手段研究，也应该列入国际合作范围，动员和支持世界各国最有实力的科学研究机构，争取早日取得技术突破，依靠人类的智慧来征服自然灾害。

第五，协调各个国家和地区在防灾减灾工作中的利益诉求。这包括两个方面的内容：一方面，预防自然灾害的一些措施，会涉及一些国家和地区的利益，比如按照《京都议定书》的有关协议，要在全球范围消减温室气体排放。因此，要约束和限制各国的利益诉求，必须加强国际合作。另一方面，在灾难救援中，由于一些国家在援助别国时，往往会附加一些条件来谋求本国的经济、政治、军事或外交利益，如何既保障救灾工作紧张有序地进行，又不损害受灾国的利益，也需要联合国来协调各种利益关系，化解因自然灾害在国际社会上激发的矛盾和问题。

总之，应以此次地震、海啸、火山灰预警合作为契机，加强防灾减灾全面合作，加强全球范围内的规划和协调，充分发挥联合国在建立健全预警机制进程中的领导和协调作用，尽快建立海啸预警系统，充分吸收、借鉴成功经验，尽早发挥减灾实效。建立全球特大灾害预警应急体系，对于我国的减灾防灾工作也有着积极的意义。我国是世界上特大自然灾害多发国之一，而现有的防灾减灾机制和措施，尚不能有效抵御地震、洪水、台风、海啸等特大自然灾害的袭击。与全球特大灾害预警应急体系相适应，我国也应该建立“中国特大灾害预警应急中心”，以协调国内防灾减灾机构，整合各方面力量，统管全国的防灾减灾工作。同时，还要充分利用全球特大灾害预警应急体系这一平台，开展更为广泛的国际合作，利用国际力量来全面提升我国的防灾减灾能力，努力减少自然灾害给人民群众的生命财产带来的危害。

谨防水利工程的“毛细血管”被堵塞

——西南地区特大旱灾的思考

【事件回放】

2010年，我国发生了百年一遇的特大旱灾，灾害遍及西南5个省市。云南、贵州、广西、四川及重庆一些地方的干旱天气可追溯至2009年7月。2010年3月，旱灾蔓延至广东、湖南等地以及东南亚湄公河流域。全国耕地受旱面积达1.16亿亩，其中作物受旱9068万亩，重旱2851万亩，干枯1515万亩，待播耕地缺水缺墒2526万亩，西南5省（区、市）耕地受旱面积达9716万亩，占全国的84%，1939万人、1189万头大牲畜因旱饮水困难，分别占全国的80%和75%。

云南省是旱情最为严重的地区之一，130多天无降雨。此次三季连旱，造成云南全省超过800万人、486万头大牲畜饮水困难，秋冬播种的农作物绝收1417万亩，仅农业损失就高达172亿元人民币，罗平60万亩油菜花海成为死海，最大粮仓陆良县125天无降雨，全省小春粮食比2009年减

产50%以上。

贵州自2009年秋天起，全省大部分地区就出现了少雨至无雨的天气。此次旱灾中，贵州省共有84个县市受灾，230天滴雨未下，全省农作物受旱面积达417.5万亩，影响人口达1700万人，有500多万人、200多万头牲畜发生饮水困难，城市工业用水几乎处于停顿状态。省会贵阳市农作物受旱面积达78.44万亩，其中轻旱49.845万亩，重旱25.173万亩，干枯3.489万亩，水田缺水11.27万亩，旱地缺墒12.33万亩。全市有29座小型水库和619座小山塘干涸，近7成水库降到死水位，因旱有42.2482万人和23.7496万头大牲畜发生临时饮水困难。全市受旱灾影响的养殖企业、养殖小区和规模养殖场（户）有425家。

持续不断的干旱天气，造成广西旱情迅速发展。干旱等级达到严重干旱，其中桂西北达到特大干旱等级。在此次旱灾中，广西14个地级市中就有13个市出现旱情，77个县（市、区）受灾严重，受灾人口达782万人。因旱导致218.12万人、111.17万头大牲畜饮水困难，其中百色市饮水困难人数达88.6万人、河池市为69.76万人；需要送水才能解决生活饮水的人数为31.86万人，其中百色市为18.89万人，河池市为12.97万人。旱灾共造成广西全区农作物受旱面积达1126.38万亩，其中轻旱733.84万亩，重旱358.52万亩，干枯34.02万亩；水田缺水227.65万亩，旱地缺墒508.17万亩。水稻育秧、农作物播种等受到严重影响，春耕生产形势十分严峻。

此次旱情造成灾四川省600多万亩农作物受灾。小春作物受旱达517万亩，重旱78万亩，其中重灾区攀枝花有近40万亩已栽种作物受旱，10.8万亩绝收。四川全省13个市（州）55个县（市区）616万人受灾，131万人饮水发生困难，流淌了500多年的泉眼干涸。

重庆市有34个区县出现旱情，农作物受旱达270万亩，94万人出现饮水困难，低水位使大吨位船舶只能“蹲”在江心没法靠岸。虽然自2010年3月15日开始，重庆中部等区域普降中雨，改善了土壤墒情，旱情得到一定缓解，但工程蓄水未得到有效补充，部分地区人畜饮水依然困难。

湖南、甘肃也未能幸免。湖南5个市（州）、38个县（市区）、近3700多个村民小组38万多人饮水困难；甘肃受旱面积达1628.3万亩，143.6万亩地播种困难，72万人饮水困难。云南、广西部分地区的旱情已达到特大干旱等级，贵州省出现80年一遇的严重干旱，部分地区旱情甚至百年一遇。

旱情主要还是集中于云南、广西、贵州、四川、重庆5个省区市，这5个省区市受旱面积占到全国的83%。另外，全国因旱饮水困难人数已经达到2043万人，也是主要集中在西南5省区市。云南、贵州、广西等省区自2009年秋季以来降水较多年同期偏少5成以上，部分地区降雨偏少7至9成，主要河流来水为历史最少。

旱灾导致许多水库干涸，大量河流干枯甚至断流，长江上游的水位大减，黄果树大瀑布水流量减少到历史最低值。旱灾使得上海、重庆、云南等地的大米短时间涨价，云南云花大规模减产。旱灾造成部分水电机组几近停产，各地水电发电量大大低于历史同期。南方电网发电能力大幅下降，各地用电出现紧张局面，给群众生活和抗旱造成困难。四川部分电厂库存量低于7天警戒线，广西干旱造成9成水电“瘫痪”。西南大旱致全国6成水电告急，多地火电机组吃力。

灾情发生后，中央财政共安排抗旱经费9.55亿元，提前拨付农村饮水安全和病险水库除险加固等建设资金64亿元。西南旱区新建抗旱应急调水工程4307处，“五小”水利工程7万处，铺设输水管线2万多公里，新打抗旱水源井1.8万眼，累计为群众送水941万吨。据统计，西南旱区利用水库供水解决344万人饮水，通过实施应急调水解决210万人饮水，通过打井开采地下水解决94万人饮水，拉水送水解决506万人饮水，通过人背畜驮、寻找新水源等其他措施解决了785万人的饮水问题。

据国家防总统计，云南、贵州、广西、重庆、四川等西南受旱5省（区、市）累计投入抗旱资金41.1亿元，投入劳力2526万人，投入抗旱机动设备114万台套、运水车38万辆次，保障了当前1939万因旱饮水困难群众的基本生活用水。

【应对举措】

党中央、国务院高度重视西南地区的抗旱工作。胡锦涛总书记、温家宝总理等中央领导多次做出重要指示。温家宝总理亲赴云南、广西重旱区视察旱情，看望慰问受灾群众。回良玉副总理也亲赴云南检查指导抗旱工作。

1. 为了赈灾，3月19—21日，国务院总理温家宝来到云南省曲靖市，深入旱灾最严重的地区，看望慰问受灾群众，指导抗旱救灾工作。到受灾村民家视察时，温总理甚至婉拒了村民捧上的茶水。

2. 国家防总、水利部超前部署，加大工作力度，举全部、全系统和全行业之力组织旱区有序、有力、有效地开展抗旱工作。

（1）加强旱情监测和会商研判，全面安排部署抗旱工作，及时启动国家防总抗旱Ⅱ级应急响应。

（2）加强指导，深入基层协助抗旱，先后派出33个工作组和专家组赴西南重旱区和北方冬麦区协助指导抗旱工作。

（3）多措并举，全力保障饮水安全。组织专家组和技术小分队，检查指导各地抗旱工作。加强人饮解困的分类指导，组织旱区编制人饮解困方案，采取各类应急措施，千方百计确保群众饮水安全。

（4）多方支援，兄弟省市对口帮扶。组织北京、天津、上海、江苏、浙江、安徽、福建、山东、湖北、广东等10省市防指、水利厅局调集水泵1335套、发电机189套、送水车36辆和600万元资金对口支援云南、贵州、广西等省区。组织水利部直属单位的140多名勘探专家和50多台套勘探设备前往重旱区找水打井。

（5）加大投入，支持地方抗旱减灾。积极协调发改委、财政部等部门，提前下达2010年计划内与抗旱有关的建设资金63亿多元，并重点向西南重旱区倾斜。

（6）密切配合有关各方合力抗旱。国家防总精心组织，有关部委各司其职，解放军、武警部队积极支援旱区抗旱。各大新闻媒体加大宣传力度，在全社会营造良好的抗旱氛围。

3. 旱区各级党委、政府围绕保饮水、保民生、保稳定，适时启动抗旱应急响应，动员组织广大干部群众全力抗旱，全力保障城乡居民饮水安全，全力减轻旱灾影响和损失，旱区社会稳定，秩序井然。

4. 西南旱情吹响集结号，全国为灾区送水。社会各界纷纷捐献爱心，赈灾晚会、赈灾义演，为灾区送水，中国扶贫基金会启动“甘霖行为”等活动，把中国人的血液又一次凝聚在了一起，为灾区送去了甘露。

【评析反思】

1. 西南旱灾的特点。（1）受灾面积广。过去，我国旱灾高发的区域主要在干旱缺水的北方地区，特别是西北地区。近几年，在北方旱区旱情加重的同时，南方和东部多雨区旱情也在扩展和加重，旱灾范围遍及全国。与此同时，旱灾影响范围已由传统的农业扩展到工业、城市、生态等领域，工农业争水、城乡争水、超采地下水和挤占生态用水现象越来越严重。此次西南大旱就波及了中国西南5省市（云南、贵州、广西、四川及重庆），并蔓延到了湖南等省市。

（2）旱情持续时间长。过去，北方地区主要以冬春旱为主，近些年已经呈现出连季干旱、连年干旱的趋势。1997—2000 年，北方大部分地区持续 3 年严重干旱；2004 年秋季至 2007 年夏季，甘肃东北部持续 3 年干旱；2006 年夏季至 2007 年春季，重庆、四川百年不遇的夏秋冬春四季连旱；2008 年冬季至 2009 年春季，北方冬麦区严重干旱；2009 年，东北部分地区夏伏期间发生严重的卡脖子旱，等等。种种迹象表明，旱灾持续的过程在不断地拉长。

（3）危害性大。全国除西藏以外的广大地区，因旱对我国城乡饮用水安全、经济社会发展、生态与环境造成的损失，危害性极大。由于干旱缺水，工业布局不仅受到限制，而且在大旱年份，为保生活用水，一部分企业只能被迫停产或半停产，直接影响到了经济社会的发展。江河来水减少，不仅导致了断流和断航，而且过度开采地下水，也使生态与环境的恶化情况不断加重。

2. 西南旱灾发生的原因。造成此次严重旱灾的原因是多方面的。

（1）从气象学角度看，这是有气象资料以来西南地区遭遇的最严重干旱。干旱主要是由于降水少、气温高，双重原因共同作用的结果。云贵一带从 2000 年初到 2010 年一直处在降水偏少、温度偏高的、气候背景下。最近几年持续降水偏少、温度偏高，致使旱情更严重。

（2）从气候学角度看，全球气候变暖、太平洋的厄尔尼诺现象加剧破坏了大气结构，造成海洋季风无法登陆形成降雨。从大气环流形势看，自 2009 年入冬以来，来自印度洋的西南暖湿气流比较弱，致使水汽供应不足，加之南方地区气候对厄尔尼诺现象的响应滞后，因此容易出现气象干旱。极端天气发生的频率和强度增大，是由全球气候变化所造成的。不仅仅是旱灾，各种应接不暇的极端天气也蜂拥而至。北方下大雪、南方闹大旱，这样的极端反常天气在我国越来越频繁地出现。

造成此次西南旱灾的气候因素具体表现在以下三个方面：

一是青藏高原的高原热力因素影响。四川省受“世界屋脊”的影响较大，青藏高原 2009 年冬季积雪少，高原热力因素好，因此出现了干旱。二是厄尔尼诺现象影响。在此影响下，太平洋表层的热流向东走，将热带水汽带走，导致我国东部降水较多。与之相反，热带水汽减少，由南方进入到西南的水汽也偏少。三是冷空气时机没有掌握好。虽然 2010 年冬季有数股冷空气影响我国，但大多数冷空气在北方开始偏东移动，直接从四川省的边缘“溜”走。加上秦岭的关系，如果冷空气不够“强势”，翻不过秦岭，依然无法对盆地造成影响。即使有时候冷空气进入盆地，与暖空气形成了降雨的第一个条件“对流天气”，但形成降雨的第二个条件“水汽”如果不丰富，依然无法形成降水。据 GBN 全球气候报告分析，中国南部地区在 2010 年前后将发生持续整整 10 年的特大干旱，中国现在“南涝北旱”的降水分布型，可能变成“北涝南旱”的降水分布型。

(3) 人口及社会经济发展超出当地水资源承载能力。由于人口持续增长和当地社会经济快速发展，生活和生产用水不断增加，造成一些地区水资源过度开发，超出当地水资源的承载能力。

(4) 水资源有效利用率低。由于西南地区平常年份降水较多、不太缺水，农业用水、工业用水和生活用水的有效利用率与国内常年缺水地区相比有明显差距，也对应对干旱不利。因此，在该地区搞节水型社会建设是十分必要的。

(5) 干旱预警与应急管理技术落后。基于中长期天气预报、天地一体化土壤墒情监测预报开展干旱预警，建立干旱应急管理技术体系，对减轻旱灾损失具有重要作用。与发达国家相比，我国目前在干旱预警与应急管理技术方面还相对落后，尤其是西南地区。

(6) 水利设施建设不足。贵州并不缺水，由于自然条件和投入不足等历史原因，贵州省已建成的 17893 处蓄水工程中，中型水库仅 34 座，99.9%都是小型水库，总蓄水量不到 20 亿立方米，天旱塘库干，抗旱能力自然不强。云南小型水库几乎没有进行过修缮，目前已经有四分之一的乡镇政府驻地饮水困难。比小型水库规模还要小的一些地方水塘，不仅缺乏资金修缮，更没有相应的科学管理，导致在干旱袭来之时比小型水库更快枯竭。这些都对应对旱情造成不利影响。

3. 对西南旱灾的思考。西南地区水资源丰富，河谷幽深，山麓有滔滔江河，沟壑有股股清泉，山清水秀，森林葱郁，本来是一个不缺水的地方，然而，干旱却偏偏发生在这块素来多水之地。这场持续时间长、影响范围大的旱灾，使得整个西南地区河塘干涸、田园龟裂、禾苗焦枯……就连 90 多岁的老人还要背着水桶去 20 多公里外的山谷取水，水竟缺到了连饮用都无法保障的地步。人们从未意识到会有连水也喝不上的一天，但是水乡赤地千里的“奇观”还是发生了。

也许正是因为水资源丰富，人们才没有了忧患意识。但是，事实是，西南地区许多地方的水利设施年久失修，有 49%水利设施属于病险工程，有些还是晚清时期建造的，已经发挥不了灌排作用。而西南地区的大部分农田依然是靠天吃饭，抵挡不了灾害。那么为什么不早一点加强水利建设呢？是不是没有干旱预警，才忽略了抗旱的准备，据云南气象资料，从元代至今的近700年间，总共出现大旱75次，小旱126次。特别是从1950年到1979年的30年中，大旱就有11年，不到3年就有一年大旱。这本来足以引起当地政府对抗旱的重视，但是为了片面发展经济，人们总存在着一丝侥幸。

从水利部的统计数据来看，“十一五”期间，全国水利建设总投资约7000亿元，是“十五”的1.93倍，其中中央水利投资2934亿元，是“十五”的1.73倍。“十一五”期间，累计解决2.1亿农村人口的饮水安全问题，提前1年完成“十一五”规划任务，提前6年实现联合国千年宣言目标。在此时期，累计新增有效灌溉面积5000万亩，改善灌溉面积1.9亿亩，新增工程节水灌溉面积8500万亩，农业灌溉水有效利用系数从0.45提高到0.50。对全国434处大型灌区进行了续建配套与节水改造，80处灌区全面完成规划任务，同时对216处中型灌区进行节水改造。

可是，现实是渠道淤积、抗旱设施损毁或不配套等水利建设长期存在的“历史欠账”情况随处可见，许多地方甚至连引水渠道都看不到。农业“靠天吃饭”的囧状再次在多年不遇的大旱面前显露无遗。

看起来，我国目前的水利设施不存在问题，那为什么偏偏又出现了长时间的严重旱情呢？是应该来好好反思一下的时候了。

其实，问题的症结归根结底还是出在“资金”的问题上，是由于地方政府的资金压力过重，从而导致了水利设施“欠账太多”，致使本是天灾的大旱就这样演变成了一场人祸。

近年来，中央逐步加大了对水利项目的投资补助比例，农村饮水安全、病险水库除险加固、大型灌区续建配套与节水改造等工程中央补助资金的比例东、中、西部分别提高到三分之一、60%和80%，并逐步取消中西部地区县及县以下地方配套资金。然而，对农村抗旱来说，“动脉血管”重要，“毛细血管”同样重要。在大型灌区设施建设上，中央每年投入资金都比较充足，真正卡脖子的，在于田间工程。在灌区改造上，中央大多只负责骨干渠道的主要支渠、斗渠，其余斗渠、农渠、毛渠及田间工程，则交由地方负责。从事权划分来看，补助田间工程主要是地方事权。田间工程作为抗旱的“毛细血管”，其“最后半公里”的意义非常明显。

随着分税制改革的进行，地方财权缩小、事权扩大的现象已很严重。

地方财政收入占全国财政总收入的比例由最高时的约88%下降为目前的45%左右，而地方承担的事务却从40%上升至75%左右。县乡两级政府需要承担越来越重的义务教育、公共卫生、社会治安、环境保护、乡村基础设施、养老保障、行政管理责任等。在此情况下，“两工”（劳动积累工和义务工）的取消，使地方政府在田间工程建设管理上更显捉襟见肘。随着“两工”的取消，只有特大防洪、抢险、森林防火、抗旱等紧急任务，方可临时动用农村劳动力。除此之外，动用农村劳动力应当实行自愿或有偿原则。目前，农村保留下来的“一事一议”制度，无法维系以往依靠农村劳力修田间工程的老办法。

正缘于此，绝大部分由乡村管理的小型水库，管理十分薄弱，难以进行必要的维修加固工作，老化失修严重，严重影响了防洪抗旱的效率和效益。

水利是农业最重要的基础设施之一，如果说水利建设是中国经济发展的短板的话，农田抗旱水源建设更是短中之短。所以，加大农业基础设施，特别是蓄水防旱和农田水利基础设施建设，投入专项资金，尽快建设完善粮食主产区的水利网络已经刻不容缓。当前，按照中央的要求，需要加快布局抗旱水源建设，着力保障旱区的用水需求。为了避免旱情年年治而年年不治，下一步需要以大型骨干水源配置工程为中心，推进江河水系连通，建设大中小型水源调蓄工程，全面提高水利工程抗御大旱、减轻灾害、抵御风险的能力。同时，注重小型水源工程建设，积极兴修小水窖、小水池、小塘坝、小泵站、小水渠等“五小”水利工程。这不但需要通过各级政府增加财政投入，还需要创新机制，通过民办公助、以奖代补、先建后补、奖补结合等多种方式，充分有效地调动农民积极性，让水利建设“短板”逐步长起来。

“灰灾”的“蝴蝶效应”不容小觑

——冰岛火山爆发的反思

【事件回放】

2010 年 4 月 14 日凌晨 1 时（北京时间 9 时），位于冰岛南部亚菲亚德拉冰盖的艾雅法拉火山开始喷发，喷发地点位于冰岛首都雷克雅未克以东 125 公里。岩浆融化冰盖引发洪水，附近约 800 名居民紧急撤离。这是继 2010 年 3 月以来的第二次火山喷发。火山喷出的大量火山灰扩散到大气层中，导致冰岛、英国、德国、波兰等多国阴天；英国、比利时、奥地利、丹麦、芬兰、瑞典等国家关闭领空；德国柏林、法兰克福机场等 13 座机场暂停飞机起降；意大利、希腊、埃及取消多趟欧洲内航班。火山爆发仅仅两天，就造成西部欧洲多国航线中断，欧洲空中交通的瘫痪，也导致股价大跌，欧洲航空业每日损失过亿。

火山喷发散发的热量令覆盖在火山口上 650 英尺（约合 200 米）厚的冰川迅速融化。冰岛火山于 2010 年 4 月 16 日继续喷发，同时爆发冰泥流，

带来了巨大洪水，火山灰在天空中大量飘散。当时有专家担心，这次火山喷发会“唤醒”卡特拉火山。卡特拉火山位于广阔的米达尔斯冰原下，一旦喷发，将融化冰盖引发洪水，影响欧洲和北美间的航线。而且，火山喷发出来的有毒物质会进入平流层，从而影响到整个地球，让地球出现异常低温，或者会让地球在长达一两年的时间内见不到阳光。现在看来，这样的担心没有变成现实。

此次冰岛火山喷发的主要原因是由于：一是火山上原来覆盖的冰川消融导致压力变小，使得岩浆力量得不到抑制。二是这也与太阳活跃，地球进入一个地震火山高发期有关。而冰岛火山喷发还受两大因素影响：一是冰岛是地理上的过热点，这里地幔内岩浆距地表距离比地球绝大多数地方都近。二是冰岛位于大西洋中脊（Mid-Atlantic Ridge）亚欧板块与美洲板块上，这两大板块相互挤压造成冰岛地壳脆弱，利于火山喷发。

冰岛共有 140 多座火山，其中 30 座是活火山，冰岛本身就是由火山爆发形成的。埃亚菲亚德拉冰川火山首次爆发是在 1823 年，间隔了近 200 年后于 2010 年 3 月 21 日和 4 月 14 日再次爆发。

【应对举措】

灾难发生后，3 月 21 日，冰岛政府宣布全国进入紧急状态。由于担心火山喷发引发洪水，冰岛当局在最早发现第二次喷发的迹象时，紧急疏散了附近约 800 名居民和火山周围地区的约 500 名当地居民，关闭了冰岛的几个主要机场，贯穿冰岛的东西主干道被切断，冰岛海岸护卫队出动飞机在火山上空巡逻。

为了保证中国公民安全和利益，2010 年 4 月 17 日，中国国家旅游局和外交部发出出行和旅游提示，提示中国公民和旅行社近期赴欧洲这些国家旅游时要关注冰岛南部火山影响和航班调整等情况，对已在上述国家的旅游团队，组团社要联系接待社妥善安置，保障旅游者安全。

【评析反思】

看到欧洲上空航班繁忙的景象，似乎火山爆发导致的大面积禁飞的“火山灰危机”已然远去。但是，正如那些尚未沉降的冰岛火山灰还停留在空中一样，欧洲在这场危机应对中暴露出的问题仍萦绕在人们心里。为何此次冰岛火山爆发对欧洲航空业带来如此惨重的影响？应如何避免再次发生类似危机？这些都是值得我们反思的问题。

不少人批评，冰岛埃亚菲亚德拉冰盖火山喷发，致使欧洲空中交通几乎陷入瘫痪，航空业每天损失2亿美元，而欧盟直到5天后才召开交通部长视频会议，反应未免太慢。针对外界质疑，欧盟委员会解释道，欧盟先前从未遭遇过这种危机，而是否关闭空域、如何管理空中交通是各国政府的责任。

从此次灾难中可以看到，欧洲对自然灾害缺乏准备，危机管理存在诸多不足，缺乏可供参照的研究和观测数据，给危机应对增添不少障碍。由于火山灰颗粒微小、扩散范围广，研究人员无法借助卫星追踪尘埃云动向，只能依靠电脑模拟、大气采样等手段加以预测，这显然对灾难的应对存在严重的技术隐患。欧洲航空安全组织应该更好地利用现有的技术，淘汰那些“把手指头舔湿后伸到空气里以判断风向”式的落后做法，从而以有效的技术保障航空生命线的畅通无阻。

按照国际航空运输协会理事长乔瓦尼·比西尼亚尼的说法，这次危机应对表现呈现出“混乱的欧洲”。此次危机促使欧洲考虑加速建立统一的空中交通管理系统。欧洲议会此前已经通过了“单一天空”计划，以减少因欧洲各国空域狭窄且交通管制规则不同而导致的飞机绕行延误，以及相应的大量经济损失。直至“火山灰危机”后，这一计划还是迟迟未能出台。欧盟委员会负责交通事务的副主席西姆·卡拉斯表示：“没有统一的欧洲空中交通管理制度使我们难以应对这一危机。”他认为应加速实施“单一天空”计划，尽快建立能够快速反应、统一协调的欧洲航空应急机构。卡拉斯的急迫并不是没有道理，虽然火山现在已经停止了喷发，但目前还是有大量火山灰停留在空中随风飘移。此外，冰岛有100多座火山，其中活火山约为30个。将来一旦火山活动和风向再次发生巧合，火山灰的幽灵可能将重现欧洲上空。

灾难过后，包括航空运营商在内的不少人都在指责欧洲航空安全组织先前“草率”关闭欧洲空域，而没有根据火山灰对不同地区的影响程度各异对限制措施加以细分。火山烟尘对飞机的损害是多方面的：大量烟尘颗粒会阻塞飞机气流阀门，引起发动机故障；烟尘会威胁到所有飞机外部的传感器；火山烟尘还可能阻挡飞机窗户以及挡风玻璃，影响飞行员视线。

那么，是不是只要天上有一点火山灰就不能飞了？“火山灰危机”正催生新的可安全飞行的火山灰浓度标准。对于自然灾害中的关键因素，应建立一个合理的科学标准。由于火山灰可能导致飞机引擎停转，此前许多航空管制机构和飞机制造商出于安全考虑，都声明飞行应该对火山灰“零容忍”。但是在火山灰几乎散布整个欧洲的情况下，这种绝对安全的政策导致了近一周的大面积禁飞，每天的巨额损失令各大航空公司心急如焚。英国航空公司、法国航空公司、德国汉莎航空公司在火山烟尘稍见消散后就纷纷试飞，这些航空公司的试飞报告都说飞行未受明显影响。显然，现代飞行器不是一点火山灰都不能沾，实际上完全可以像饮用水中的污染物浓度标准一样划出一条火山灰浓度的安全线。人们应该形成正确的灾害应对意识，明白科技既有力量也有不足，从而在面临自然灾害时既不盲目恐慌，也不麻痹大意。

在此次“火山灰危机”中，虽然各大航空公司强烈认为航空管制没有必要，但欧洲各国当局在找到新的科学标准前普遍没有放松警惕，坚持航空管制以保证乘客的安全。在没有任何能够用以衡量的标准时，封锁领空是正确的做法。所以，完全可以在“欧洲大气微粒研究雷达监测网”这一现有网络的基础上进行扩展，将其改造成常规监测系统。改造完毕后，该网络不仅能够应对火山喷发此类突发情况，还能用以测量灰尘、森林大火的云层分布和空气污染状况等。从长远来看，在飞机上配备微粒测量仪器也是非常有必要的，这样不仅能够收集到大量数据，而且还能为单个航班实时提供空气中的微粒分布状况，增加飞行的安全性。

灾难发生后，大量航班停飞，大量游客滞留。人们把目光转向寻求陆路和水路方式前往各自的目的地，铁路部门运输压力骤增，不少线路的车票提前几天售罄。一些人提出，欧洲地区过于依赖航空运输，对铁路网络建设不足。不少列车乘客抱怨，在欧洲跨国出行，需要对不同区段分别购票，无法购买联票，乘客难以准确掌握旅程不同区段的票务信息，以致出行费用增加。

综合来看，其实此次火山爆发造成欧洲航空业出现严重问题的核心在于应急机制的不健全。冰岛火山喷发造成的“蝴蝶效应”凸显了全球化影响，在人们感慨信息技术、现代交通工具等使得“地球变得越来越小”的同时，全球各个角落之间正互相结合得越来越紧密，互相依存度越来越高。例如，作为全球最主要物流中心之一的荷兰阿姆斯特丹斯希普霍尔机场持续关闭，就造成许多全球范围递送的货物、包裹、邮件等无法按时送达，而诸如英国等依赖进口食品的国家，也出现食品短缺的现象，这些都是全球化造成各国和地区社会生产分工不同的直接体现。

从某个角度来说，全球化可能会造成全球“一损俱损”的局面，但从另外的角度来看，全球化也能营造出“一方有难、八方支援”的场景。从这个意义上，全球化使得我们这个世界处理各种突发状况的能力得到增强，因此加强国际合作、完善全球应急机制就成为各国和地区未雨绸缪之事。

《战国策》中说："亡羊而补牢，未为迟也。"火山灰灾害拓展了人们对火山喷发的认识，各种形式的思考有利于提高人们应对类似危机的能力。火山灰的蔓延和扩散跨越国界，呼唤更多的国际协调与合作。火山灰灾害爆发后，欧洲各国的气象部门、航空界和政府积极合作，展开种种测试，及时交流信息。人们注意到，2004 年印尼海啸后，国际社会加强合作，建立了全球海啸预警机制。此后无论海地地震还是智利地震，成功的海啸预警挽救了众多生命和财产，避免了更大的灾难。可以预料，此次冰岛火山灰灾害，会让各国认识到火山灰全球和区域预警的重要性，火山灰预警机制应常态化。

俗话说："吃一堑，长一智。"对提供公共服务的政府而言，应当根据相关法律法规的规定在第一时间发出必要的提示和预警，并不断完善旅游安全预警信息发布制度和救援机制，加强国际合作，使国际旅游预警、救援合作机制常态化。灾害事件发生后，要敦促组团和地接社把企业的社会责任摆在第一位，悉心照料、妥善安置滞留旅游者，保障其食宿等安全。火山、地震、海啸……这些自然灾害在给人类带来痛苦的同时，也促使人们努力去寻找战胜它们的方法。相信此次欧洲"火山灰危机"也会使人们获得更多应对自然灾害的经验。

警惕白灾过后是洪灾

——新疆应对融雪性洪水灾害的启示

【事件回放】

2010年，新疆各地气候灾害频频发生，吐鲁番地区刚刚遭受了30年不遇的强风的重创，强冰雹又袭击了新疆兵团农六师20万亩农田。更为严重的是遭遇60年不遇冰雪灾害的新疆北部地区，随着气温回暖又造成融雪性洪水灾害频发，给各族人民的生活带来诸多不便，更给当地农业生产带来严重损失。

2010年3月16日，塔城地区和布克赛尔蒙古自治县24小时的降水量达18.5毫米，部分冬牧场的积雪深度达80厘米以上。但3月17日塔城盆地气温却迅速回升，最高气温达18.1℃。受急剧升温天气影响，额敏、托里、裕民3县出现融雪性洪水，导致当地部分房屋倒塌，牲畜死亡。

3月17日起，由于裕民县气温急剧回升，城镇温度最高达17.5℃，山区最高气温达18.3℃，夜间下起小到中量的雨，导致积雪迅速融化，形成融雪性洪水，造成裕民县7个乡（场）镇均有不同程度受灾，其中吉也克乡奥地亚牧民定居点、库沙河南村受灾最为严重。全县受灾人口为13810人，3827间房屋、277座棚圈进水，500吨玉米被洪水浸泡，大小牲畜死亡235头（只），6.1公里乡村道路、5000余亩农田被冲毁。吉也克乡变电所遭洪水浸泡，造成井灌区沿线全部停电。全县共出动挖掘机、铲车等大型机械41台（次）、救灾应急车辆428辆（次），出动抢险人员5100余人，投入编织袋5.2万条、铁丝3.7吨，转移安置灾民2301人。

4月30日至5月1日，伊犁河谷部分县市相继发生融雪性洪水，霍城县果子沟河流域洪水造成部分桥涵和公路受损；新源县部分乡镇和那拉提景区融雪性洪水造成3100亩农田被淹，冲毁防洪堤2500米；伊宁县吉尔格朗河洪水冲毁吉尔格朗河防洪堤300米、道路100米；察布查尔锡伯自治县约20000亩农田受损，玉米、棉花幼苗毁于一旦。遭受雪灾寒潮天气的阿勒泰地区因气温上升，融雪性洪灾同样严重。

受连续降雨、升温天气影响，新疆北部的阿勒泰地区所属7个县市均发生了融雪性洪水灾害。洪水使该地区837间房屋倒塌、7448间房屋受损，冲毁道路86.34公里，冲毁桥梁62座，淹没农田7.8万亩、草场3.53万亩，直接经济损失达到9889万元。全地区已转移防洪危险区域人口1.5万多人、3720户。由于人员转移及时，未发生人员伤亡事件。

6月5日上午，新疆喀什地区塔什库尔干县遭持续4个小时的暴雪袭击，部分牲畜被冻死，中午气温突然上升，引发融雪性洪水，22处乡村公路被冲毁。

【应对举措】

灾害发生后，新疆塔城、阿勒泰及伊犁等地纷纷采取得力措施，以最大限度地减少损失，尤其避免人员伤亡。

政府部门为受灾群众发放了面粉、煤炭、棉衣等物资，并根据未来可能蔓延的灾情，开展了防雪崩、防融雪性洪水、防倒塌、防地质灾害行动。

塔城地市两级于3月17日举行了防洪抢险誓师大会，而防洪措施则在此之前已经部署到位：塔城市在城北修建一条长1.8公里的防洪堤，以减轻加吾尔塔木河城区范围内过洪流量；额敏县拨付120万元防洪专项资金，其中50万元用于物资储备，70万元用于城区防洪和乡（镇）场防洪；托里县积极开挖防洪堤；额敏县则在郊区乡成立了24个防洪抢险队，对各自防守的险情地段进行全方位安全加固。

在阿勒泰市，干部群众提前清运了房前屋后的积雪，市政府还要求每个机关单位协助一户贫困户拉运积雪，确保当地每家每户有人负责。各县市专门编制了应对洪水、雪崩等次生灾害的预案，并对水库实行24小时监测监控，预备了大量编织袋、铁丝笼等防洪物资。

为防范局部融雪性洪水，乌鲁木齐4个城区对重点防洪区域做了重点监视，同时还准备了10万条沙袋防洪。

针对伊犁河谷雨雪较多极易引发雪崩和融雪性洪水等灾害事故的实际情况，伊犁州消防局在经过了尼勒克松湖铁矿及科尔克煤矿雪崩事故抢险救援的实战洗礼之后，出台了《伊犁州消防局应对雪崩、融雪性洪水等自然灾害抢险救援应急预案》，历练救援精兵，提前部署应对春季融雪性洪水灾害各项措施。方案提出了针对应急救援的三项指挥原则：一是在总指挥员的领导下，对整个救援行动实施统一指挥；二是在地方党政领导到达现场后，总指挥员要及时报告现场情况及作战意图，听取指示并贯彻执行；三是总指挥员要听取有关专家和专业人员及下级的建议，客观判断分析现场形势，科学决策救援行动，力争打赢每一次抢险救援战斗。就部队应急救援的力量调度、战斗编程等和应急救援过程中部队安全、新闻发布等工作，方案中也作了明确规定。

伊犁哈萨克自治州国土资源局根据融雪性天气可能产生的影响，对各县市地质灾害防范工作进行了全面安排部署，启动地质灾害群测群防网络，实行防灾监测24小时值班制度。针对伊犁河北岸等融雪性洪灾高发地区，各相关部门储备片石、铁丝、编织袋、机械器具及规模在50～100人的4支抢险救援队，随时做好抗洪准备。

为预防洪水等灾害造成电力设施损坏，新疆电力公司建立健全了防汛组织机构，修订完善防汛工作手册和防汛应急处置预案，积极应对融雪性洪水。自春节后，新疆电力公司各供电单位按要求对所有输配电线路、变电站、水电厂等存在防洪隐患的设施进行了全面自查，积极落实防汛抢险人员、物资、车辆，做到人员到位，车况完好，物资齐备，措施得当。根据各地防汛情况，新疆电力公司要求各供电单位及时确定防洪重点部位，全面治理薄弱环节。进一步加强水电厂引水、尾水渠道、坝体、启闭设施、备用电源等设施巡检工作。组织人员对防汛重点部位进行24小时值守，并储备砂袋、铁丝网、土石料等防洪物资，一旦发现险情将立即采取措施进行处置。同时，要求各供电单位进一步加强与当地防汛和气象部门的沟通联系，随时掌握气象、水文情况，做到超前防范。

民政、消防等部门也分别对应对洪灾工作做了部署。

【评析反思】

新疆融雪性洪灾再次验证了“白灾过后是洪灾”的预言。大量的积雪在气温回升后必然会造成雪水增多、河流暴涨，酿成洪灾危机，这也就是我们常说的次生灾害。2011 年冬春，新疆北部又遭遇了历史罕见的大到暴雪，积雪覆盖度高于往年，4 月以来快速回升的气温再次引发雪崩、融雪性洪水灾害，一些地方水利设施被毁，道路中断，洪水和泥石流等灾害，殃及农牧民生产和生活。

许多自然灾害，特别是等级高、强度大的自然灾害发生以后，常常诱发一连串的其他灾害接连发生，这种现象叫灾害链。灾害链中最早发生的起作用的灾害称为原生灾害，而由原生灾害所诱导出来的灾害则称为次生灾害。

在灾害来临之时，各级政府往往对显而易见的灾害和困难能做到积极应对，开展各项工作，但对隐蔽的、可能发生的次生灾害却重视不够，疏于防范，这常常导致灾害范围扩大，造成的损失愈加严重。因此，在抗灾过程中，我们必须对次生灾害高度重视，及时加以防范。

由雪灾引起的次生灾害主要有洪水、雪崩、泥石流等。要做好这些灾害的预防，必须牢固树立抗大灾、主动抗灾、长期抗灾的思想，充分认识雪灾及其次生灾害发生的严峻形势，认真落实防灾救灾责任制，不断强化措施，加强领导，科学会商，积极协调，统一部署，坚决克服麻痹思想和侥幸心理，形成做好抗击雪灾及其次生灾害的有效机制。

1. 做好防御是基础。雪灾过后必须立即进入抗洪准备工作之中。要结合本地实际，分析研究气温回升后可能引发的各种次生灾害问题，并针对可能发生的次生灾害，制定相应的对策措施，扎实做好防范和应急处置工作。要迅速部署对重要灾害隐患点的应急预案、专业监测和群测群防措施落实情况的检查，确保防灾的各项措施落实到位。同时，要成立专门的工作小组，明确分工，做到分兵把口、责任到人，确保预防到位、处置及时、应对有力。要重视水库、渠首、堤坝的安全运行管理，按照“上调、中通、下堵”的原则，实施防御措施，水库、渠首等上游重点部位做好调控；中游桥涵、河道等积极疏通，保持交通干线和牧道安全通行；下游重点部位则开始部署堵截洪水工作。对防洪工程的险工险段，要进行安全检查和维修加固，清除淤障，疏通河道，改造过洪桥涵，确保洪水安全下泄，并安排专职人员值班，随时观察融雪给河水造成的变化情况。要积极筹措资金，做好防洪抢险物资、装备以及运输工具等储备工作。要加强应急队伍建设，落实防汛救灾应急分队，不断强化演练，保证时刻拥有一支拉得出、用得上、能战斗的抗洪救灾队伍。此外，还要根据降雪和积雪情况，有组织地动员广大群众及时开展清理积雪活动，对房屋、圈舍、大棚、道路、险坡上的冰雪和容易引发融雪性洪灾区域的冰雪进行有效清理，消除死角隐患，减少次生灾害发生几率。

2. 开展调查是前提。要及时开展有关调查工作，进行认真摸底，全面掌握雪情、灾情、险情、灾害性天气预测预报情况及人员分布和群众生产生活情况，及早预判灾害发生趋势，提早做出全面安排部署。重点对沿山坡、河道、险要位置居住的群众进行排查，该转移的坚决转移，紧急避险，妥善安置，确保群众生命财产安全。

3. 开展自救是主体。在救灾过程中，必须坚持“自力更生、艰苦奋斗、生产自救、互助互济”的方针，全力以赴做好抗洪救灾工作，确保群众生产生活稳定，努力把灾害损失降低到最小程度。灾区当地政府应统筹协调各方面救灾力量，千方百计恢复生产生活秩序，努力把灾害损失降到最低程度。要密切关注灾情发展，及时疏通道路和补给生活物资，解救和妥善安置被困群众，积极修复受损设施。要发扬“一方有难、八方支援”精神，互相帮助，共同抗灾。全社会都要关注灾区、关爱灾民，奉献爱心，捐款捐物，帮助灾区渡过难关。民政部门要积极开展灾民救助工作，及时把救灾款物送到灾民手中。交通部门要加强运输调度，强化交通管理，保证交通运输安全。建设、电力、电信等部门要迅速组织抢修队伍，调拨必要的装备，尽快做好灾区通水、通电、通信等工作，为灾区生产生活秩序的尽快恢复创造有利条件。气象部门要密切注意极端灾害性天气，及时预警预报天气变化情况，不断提高预测水平，及时并有针对性地发布灾害性气象信息，开展全方位气象防灾服务。

水利“啃老”使小江河引发大问题

——江西抚河洪灾的警示

【事件回放】

2010 年 6 月，对江西来说，“最大的省情是水情”，如注的暴雨不断从天而降。全省平均降雨量达 1385 毫米，比往年均值多 37.5%，列同期有记录以来的第一位。抚州市市区与辖区内多个县城街道被洪水淹没，其中东乡、资溪县城淹没水深达 1.5 米，水电供应同时中断。南城县城部分被淹，淹没地区水深 1.2 米，供水、供电中断；临川区上顿渡 6 月 18 日被淹，淹没水深 1 米左右。特别是 6 月 17—22 日，抚州市普降暴雨、大暴雨和特大暴雨，全市日平均降雨量达到 126 毫米，境内 15 个水文站降水超过 200 毫米，71 个水文站降水超过 100 毫米，以东乡县东乡站 312 毫米为最大。受强降雨影响，抚州市境内河流水位快速上涨，抚河全线超警戒。其中，抚河李家渡水文站超警戒水位 0.54 米，抚河廖家湾水文站超警戒水位 0.42 米，临水娄家村水文站超警戒水位 1.06 米，南城站、桃陂站、马圩站、芜头站、柏泉站水位也均在警戒水位以上。暴雨洪水来势之猛、水位

之高、险情之多、灾害之重，历史罕见。

6月21日18时30分左右，江西省第二大河抚河在连日暴雨之后，终于在唱凯镇和罗针镇接壤处决堤。抚州市临川区下辖的5镇，共40余村庄，在数小时内被洪水袭击，淹水达1～3米不等。洪水先将受灾村庄的高地分割成一个个“孤岛”，再不断上涌。至6月24日，溃决段已扩大至400多米，十几万人受灾，10万亩良田受损。昔日富庶的农桑鱼米之乡顿成汪洋泽国。

据国家防总的消息称，6月份，江西省先后有34条河流发生超警戒洪水，抚河、信江、赣江3条主要江河发生超历史记录的特大洪水，洪水重现期为50年，比1998年洪水量级大，其中抚河、信江1998年洪水重现期为30年。暴雨洪水累计造成江西省96个县（市、区）的1164个乡镇受灾，受灾人数达794.63万人，倒塌房屋9.34万余间，死亡8人，失踪3人，17座千亩以上圩堤（10万亩以上圩堤1条，万亩圩堤4条）溃决，毁坏水利工程为3.39万座（处），直接经济损失达255亿元。而1998年，全省240座千亩以上圩堤溃决（5万～10万亩圩堤3座，1万～5万亩圩堤20座），毁坏水利工程为8万多座（处），直接经济损失高达483亿元。

灾情发生后，党中央、国务院高度重视灾区受灾情况，要求有关部门坚决做好各项救援工作，江西省委主要领导亲赴现场坐镇指挥抢险救援工作。省委书记苏荣曾两次视察灾区救灾情况。2010年6月22日上午，苏荣又乘坐冲锋舟，再次深入现场指导抢险救灾工作。登上冲锋舟，苏荣顶着急流向受灾最严重的临川区唱凯镇彭家村驶去，看望慰问受灾群众。看到省委书记来了，正在楼房二楼避险的群众纷纷打招呼，对苏荣书记冒险来看望大家表示感谢。苏荣从冲锋舟转乘到一艘小渔船上，缓缓靠近一栋房屋，在武警战士的协助下登上二楼，仔细询问群众的受灾情况，了解受灾群众的所思所想。苏荣关切地对受灾群众说：“我们船腾出来了，先送大家走。”

【应对举措】

唱凯决口是2010年入汛以来我国出现的最大洪涝险情。灾情发生后，中共中央总书记、国家主席、中央军委主席胡锦涛，中共中央政治局常委、国务院总理温家宝第一时间做出重要指示，要求全力以赴抢险救援，把人民群众生命放在第一位。

1. 领导亲临现场指挥，给受灾群众带来了温暖和信心。“用最快的速度全力救人”成为抢险救灾工作的重中之重。省委书记苏荣、省长吴新雄连夜奔赴灾区，靠前指导防汛抗洪救灾工作，第一时间做出指示：“当前第一位的任务是救生，要尽一切努力、想一切办法帮助群众救生避灾，全力以赴，不惜任何代价保护好群众的生命安全。”他们要求，先将住在低洼地、水深处、危旧房和老弱病残的受灾群众按就近、就高、就好、就快的原则，迅速组织冲锋舟、橡皮艇进行转移，同时组织力量确保受灾群众有饭吃，有水喝，有衣穿。

2. 军民携手同心展开救援。几乎是同一时间，从中央到地方，从军人到百姓，一场与时间赛跑、和洪水抗争的生命大营救也在这里打响。各路救援人员和物资以最快的速度汇集。

解放军总参谋部、总政治部于 6 月 23 日联合发出通知，要求全军和武警部队坚决贯彻落实胡锦涛主席重要指示，全力做好抗洪救灾工作。通知指出，全军和武警部队要充分认清当前汛情灾情的严峻形势，进一步动员起来，视灾情如命令，主动承担抗洪救灾重任，全力以赴保护人民生命财产安全。

根据南京军区首长的指示，抚州抢险一线迅速成立了军地联合指挥部，由参与救援的各部队首长和抚州市党委政府等部门负责人组成。指挥部的工作机制以军队为主，地方配合。在洪灾发生后，南京军区从江西、福建和湖南等地调派大量人员和物资赶赴一线。据统计，在决口发生后不到 24 小时里，这里就集结了 10000 多名解放军指战员、公安武警消防官兵、民兵预备役人员，近千艘冲锋舟、橡皮艇等救援船只。

“用最快的速度全力救人”同时也成为集结在因决堤而成为孤岛的临川区罗针镇的 850 名江西消防官兵的实际行动。现场救人最多的一艘冲锋舟共往返 30 多趟，救出被困群众 200 多人。南昌市消防支队参谋长万峻连续 10 多个小时带队救人后体力不支，但打完点滴后又出现在一线。“记不清在洪水中往返了多少趟，虽然很累，但能多救出一名群众就多一份欣慰。”

3. 及时安置受灾群众，保障群众正常生活。当被困群众得到解救后，当地党委和政府及时将救灾工作重心由转移受困群众转为妥善安置受灾群众。为了使受灾群众体面地、有尊严地生活，他们在全市设立了 17 个安置点，充分利用现有大中专院校、重点高中资源，利用学校放假空置的教室、寝室和食堂安置受灾群众，让受灾群众住进学生宿舍，并建立安置点的生活和医疗保障体系。抚州市在取得抢险救援、转移安置、堵口复堤 3

个关键性胜利后，迅速举全市之力加快实施唱凯堤和中洲堤除险加固工程。

【评析反思】

江西抚河洪灾只是2010年夏季我国许多地区（尤以南方为甚）暴雨引发水灾的一个缩影。据国家防汛抗旱总指挥部（下称国家防总）和民政部的消息显示，截至6月24日8点，2010年全国共有22个省（区、市）遭受洪涝灾害，受灾人口为5985万人，农作物受灾为375.8万公顷，因灾死亡365人、失踪147人，倒塌房屋35万间，直接经济损失约为709亿元。

分析这些洪灾发生的原因却与1998年洪灾完全不同。1998年的洪灾主要发生在长江、松花江等大江大河，那个时候我国的水利基础设施还存有很多的欠账，正是1998年的洪水给我们敲响了警钟，于是开始去补课，去还债，现在大江大河防汛方面的能力有了明显地增长，但中江中河和小江小河的防汛能力还很糟糕。水利部部长在2010年1月17日开全国水利厅局长会议的时候说："中小河流治理严重滞后，三分之二的中小河流达不到规定的防洪标准，一般年份中小河流洪涝灾害损失占到了全国的70%到80%。"这些数量众多、分布广阔的中小河流治理总体滞后，许多中小河流主要是20世纪50年代至80年代，通过群众投入劳动力进行治理的，防洪能力薄弱，仍处于"大雨大灾、小雨小灾"的局面。不仅如此，部分中小型水库还是土坝筑成，防洪标准低，难以承受大的荷载，加上长期老化失修，一旦发生持续强降水便不堪重负，"小河流"酿成"大洪水"。2008年，中央1号文件明确要求各地加快编制重点地区中小河流治理规划，增加建设投入。但直到2009年6月30日，《全国重点地区中小河流近期治理建设规划》才通过审查。从2008年开始，中央计划用3年时间实现现有大中型和重点小型水库除险加固目标。但水利部对全国病险水库除险加固进展情况的公告显示，截至2009年12月28日，规划内大中型项目全部开工建设，却有125座小型项目未开工。

事实上，中国农村水利"啃老"已有30年了，小江河出大问题是迟早的事。据2009年2月9日《新京报》报道：全国已累计建成大中小型水库87085座，其中绝大多数水库是在1949—1978年建立起来的。对于许多中小河流来说，多年来，河堤不但没有加固维修，反而遭到了严重的人为破坏。"啃老"的水利怎能不出问题?

从抚河的唱凯堤来看，这条抚州市唯一的属于江西省18段10万亩以上圩堤（即可保护10万亩以上土地的圩堤）之一的河堤决堤的一个主要原因就是年久失修。

根据《唱凯镇志》记载，唱凯堤修于民国二十五年（1936年），全部就地取土，为土堤。该堤兴建时显然疏于设计，堤身立于河滩砂石之上，是砂基。此外，堤身高度与断面比不够，隐患险情多，汛期渗漏严重，外坡堤岸陡峭，抗洪能力差。正因如此，1949年之后，该堤屡加修固。

由于堤基易溃决成灾，1989—1997年，当地政府组织沿堤群众多次进行大型维修加固，总投资为2044万元，其中当地百姓出工出力约合资金1376.2万元。1998年6月，抚河洪水猛涨。是年冬，当地政府对该堤进行了大规模整治，设计的防洪标准为20年一遇，总投资为6384万元，其中当地百姓出工出力约合资金3296万元，完成险段加固51处，堤脚加固14.34公里，护坡5.38公里，加高加固堤身55公里，维修涵闸96座，至2004年竣工。然而，大规模加固未能根治唱凯之险。仅最近20余年来，唱凯堤就曾出现过两次大的水灾。1982年6月19日，唱凯堤原华溪段决堤237米，1998年6月23日，唱凯堤再次出现严重险情，东乡河段多次发生漫顶现象。

理论上，唱凯堤防洪级别为20年一遇。如遇超过20年一遇洪水，抚河可以启动下游箭江口分洪闸，分去抚江近三分之一水量，则抚河仍可安全渡洪。但最大的问题是，唱凯堤根本就是一个不达标河堤，多年达不到20年一遇的防洪标准。据有关媒体报道，土堤已经自然流失和坍塌，堤顶并不足10米，只有约7、8米，堤顶上长满各种不知名的野草。对这一现象，水利部门十几年中一直向市里打报告要钱修堤。但要想彻底使唱凯堤达标，必须全面加高加宽唱凯堤，所需资金据测算达3亿元至4亿元之多。抚州市发改委也几乎每年均在《全市国民经济和社会发展计划执行情况报告》提出唱凯堤问题，称来年"水利建设重点抓好抚河整治工程、唱凯堤除险加固工程"。在抚州历年的政府工作报告中，唱凯堤除险加固亦多次被提到。

从1998年至今的12年中，国家财政每年均有为唱凯堤拨款，累计至今有3000多万元。但这些钱太少，只能用于其应急工程。即先将整个大堤上各种险情打分，险情重的进入应急工程。也就是说，唱凯堤近年的维修模式，就是头疼医头，脚疼医脚。其根本问题，即让大堤的彻底达标无从谈起。

事实上，堤坝防洪不达标，就谈不上抵抗多少年一遇洪水，稍遇普通洪水，也可能溃堤泄水。虽然在唱凯堤出事之前，对这段堤坝进行除险加固工作，已经列进了当地水利部门当年的工作计划。在抚州市水利局2009年工作总结和2010年工作思路中有这样一段话："切实做好病险水库的除险加固工作，抓实国家专项规划内76座病险水库……督促临川区唱凯堤除险加固，完成总体初步设计，争取续建资金。"但还没等设计完，更不要说决定实施的时候，洪灾就发生了。

从中可以看出，造成"小"江河成"大"问题的根本原因，就是重视与投入不够。从国家层面的投入来说，对大江大河的防洪问题很重视，但对于小江河投入得少。

我国对河流实行的是分级管理，大江大河防洪工程以国家投资为主，尤其在1998年大洪水后，国家对大江大河治理的资金成倍增长，目前大江大河防洪级别已基本达标。与大江大河有中央财政做后盾不同，根据现行的投资渠道，中小河流治理主要靠地方负责，土方工程主要靠群众投工投劳，中央财政只负责规划、督促，所拨资金十分有限。

中国水情之特殊，在于中小河流众多，流域面积100平方公里范围内，可能有中小河流5万条。这些河流的防洪治理，主要由地方政府负责。但按照现行的财政体制，基层政府财政基本处于"吃饭财政"，事实上无力负担中小河流治理之巨资。穷省与富省分化较严重，江苏、浙江、广东等地的中小河流防洪标准就较高基本达标，而像江西、广西、湖南等中南部省份，则无力根治中小河流问题。再加上，在GDP主义的影响下，地方官员要的是经济指标、财政收入，而投入水利建设是不能体现经济指标的，当然也就难以体现政绩，因此，近年来屡屡被媒体报道的是，一些地方不仅对水利一分钱不投资，反而把国家下拨的水利专项资金挪作他用。

虽然国家已将中小河流整治纳入日程，但中小河流问题，可能并非短期内能解决，需要一个过程。问题是，洪水并不会等待。防洪工程所耗虽巨，但相比洪水造成的损失，并不为多。一次唱凯堤的决口，不仅给当地人民造成了严重损失，而且对我们击一猛掌：重视中小河流的修坝固堤是解决洪涝灾害一项必不可少的工作。让所有中小河流的"唱凯堤"真正"唱凯"，当是国民所愿。

打好减灾避险的组合拳

——吉林省永吉县特大洪灾反思

【事件回放】

2010年7月28日凌晨，吉林省永吉县遭遇自有水文气象记录以来特大降雨，引发特大洪涝灾害，整个县城被淹。全县有9个小二型水库严重损毁，强制泄洪。洪水把道口上几节火车货车车厢推倒，另有数节车厢被洪水从几百米外的火车站内冲上街头。洪水过后房屋倒塌，交通中断，满目疮痍。全县有28.47万人受灾，农作物受灾面积达5.6万公顷，农户的5.2万吨粮食被冲走。截至2010年8月，吉林省永吉县共有28.47万人受灾，转移安置受灾群众17.5万人，39人遇难，31人失踪。据不完全统计，全县直接经济损失约为66.7亿元，接近永吉县上年一年的GDP。

受洪水影响，7月28日上午10点左右，吉林省吉林市永吉县开发区内的新亚强生物化工有限公司、吉林众鑫集团两家企业的库房被洪水冲毁，有7000只左右的物料桶被冲入温德河，顺松花江水流冲往下游。据了

解，7000只桶中有4000只为空桶，3000只左右为原辅料桶。原辅料桶装有三甲基一氯硅烷的有2500只左右、六甲基二硅氮烷的500只左右，每桶为170公斤。事件发生后，吉林、黑龙江两省在松花江流域内设置快速组建若干道防线，有效、彻底地拦截打捞浮桶。环保部门沿江布设了多个监测段面，其中包括上游对照段面，对松花江水质进行全面监测。

【应对举措】

1. 积极组织动员力量，开展抗洪救灾工作。灾情发生后，永吉县迅速成立抗洪抢险救灾指挥部，领导全县救灾和善后工作。主要开展了以下工作：

一是全力搜救灾民，妥善安置受灾群众，确保灾民有饭吃，有水喝，有衣穿，有住处，有病医。二是清理县城淤泥路障，抢修恢复县城水毁路桥、水电、通讯等基础设施。三是全面做好灾情核查。四是搞好卫生防疫，防止疫情发生。五是做好遇难者家属的安抚慰问工作。六是做好媒体接待工作，准确发布信息。七是组织全县党员干部深入灾区组织群众自救。八是做好救灾物资的管理发放和社会捐助工作。九是做好开发区生产自救和全县企业生产恢复工作。十是做好各乡镇抗洪抢险工作。十一是做好近期再次发生灾情时群众的疏散转移等各项准备工作。十二是做好群众宣传工作克服恐慌、焦躁情绪。十三是搞好物价、治安稳控等工作，确保社会稳定。

2. 及时启动应急预案，应对可能发生的环保灾。受洪水影响，化工厂原料桶被洪水冲入松花江。接到报告后，吉林省委常委、常务副省长竺延风立刻赶赴现场，带领相关部门随即展开工作部署。吉林市环保、安监、消防、公安、交通、卫生、龙潭区、经开区、舒兰市等相关单位和部门，在具有条件的松花江沿线设置8道防线，力争在城区段全部拦截。有关部门组织化工专家，对打捞工作进行技术指导，科学指挥拦截、打捞，确保救援人员安全，不发生泄露。同时，环保局对松花江水质随时进行监测，及时向有关部门报告情况。

2005年的松花江水污染事件发生后，黑、吉两省建立了应急互动通报机制。一旦对下游有可能造成危害，将马上启动应急预案进行处置。据了解，三甲基一氯硅烷是无色透明液体，有刺激臭味，在空气中暴露，易和潮气反应产生氯化氢。其危险特性是易燃，遇高热、明火或与氧化剂接触，有引起燃烧爆炸的危险，受热或遇水分解放热，放出有毒的腐蚀性烟气。黑龙江省为应对吉林省吉林市永吉县新亚强化工厂原料桶进入松花江一事，于7月28日晚紧急召开会议安排应对措施，并成立应急指挥部，全面负责处置。

（1）在松花江流域内设置若干道防线，一旦发现有原料桶流入，及时进行科学打捞，采取有效措施，确保在大顶子山水利工程枢纽处彻底拦截住，严防发生次生事故。

（2）对松花江水质进行24小时监测，分段设置水质监测点，组织专家进行分析，及时公布相关数据。

（3）除哈尔滨市中心城区已有专用水源不饮用松花江水外，立即摸清其他松花江沿线的人畜饮用水源情况，包括饮用江水的城市、县市、乡镇、村屯和人数及备用水源分布状况，特别是佳木斯市的备用水源情况，确保提供充足的生产、生活用水。

此外，黑龙江省还做好污染物清理、稀释、吸附等净化工作的准备，从技术上研究可能发生的水质污染的有效解决办法。卫生和畜牧部门做好人畜中毒防治救治的准备工作。

【评析反思】

洪灾，对于我们每一个中国人来说并不陌生，在印象中好像它每年都来临。洪水留给我们的回忆是痛苦的，因为每次洪水来临时，都会吞噬我们同胞的生命，带走我们的财产，冲毁我们的家园，让我们感受到了在大自然面前自己是多么的渺小与脆弱。痛定思痛。既然这个痛我们无法在短时间回避，那么我们就该勇敢积极地面对，采取有力的措施最大限度地减轻痛苦。此次吉林省永吉县特大洪灾告诉我们一套有效预灾抗灾救灾机制的重要性，也使我们看到了对洪灾可能发生的次生灾害认识的不足。

建立和完善一整套有效的预灾抗灾救灾机制并不是我们所想象的那么简单，它要在灾难来临时切实起到减灾避险的关键作用。就拿完善气象预警机制来说，气象预警机制是指由能灵敏、准确地监测、捕捉到灾害性天气先兆，并能及时预报提供警示信息的预警系统，其作用就在于超前监测、及时预告、滚动预警、适时防范、有效减灾。从这次洪灾的损失和死亡人数来看，说明气象部门对灾害性天气的探测范围、精度、时空分辨还没有完全做到位，有关部门也没有预先做好灾害的应急预防和群众转移疏散工作。现今，由于人类对地球的破坏导致了极端天气的增多，各种暴雨、泥石流等自然灾害给人民的生命财产安全带来了严重的威胁，因此，拥有一套成熟气象预警机制显得尤为重要。各气象部门提高对灾害性天气预报的准确度，加强与气象灾害防御部门合作，实现信息共享，这在预警机制里面是非常重要的。

并不是说建立和完善了预警机制，灾难就不会出现，那么，在灾难避免不了的时候，我们的沉着应对救灾应急机制就能发挥它的巨大作用。吉林省省长王儒林用3个“史无前例”来形容此次遭遇的洪涝灾害。暴雨强度高、历时长、落点重复，这对吉林省来说是“史无前例”。灾害发生后，永吉县委、县政府立即启动应急预案，要求切实加强组织领导，果断采取应对措施，全力抓好抗洪抢险工作。县级领导赶赴全县各个受灾地点指挥抗洪抢险，对全县抗洪抢险救灾进行部署，县委书记、县长等县级领导赶赴全县各个受灾地点亲自指挥抗洪抢险，召开紧急会议，对全县抗洪抢险救灾提出明确要求。尽管如此，还是存在对灾害可能造成的危害估计不充分、对重点地区和部位防洪保安不到位、在灾难中产生的次生灾害等认识不足的问题。

在一场大的灾难后，必须对可能出现的次生灾害保持高度警觉，往往它所造成的冲击和损失远比首发的灾难要大。此次洪灾中，由于没有尽早考虑化工厂可能出现的情况，导致了7000个装有化学物品的原料桶流入松花江，险些造成重大环境污染事故。虽然吉林、黑龙江两省及时启动预案，通力合作有效地化解了衍生事故，但还是为我们敲响了这方面的警钟。这次危机充分显示了灾害中防止次生环保危机的重要性。这就要求环保部门在日常工作中应加强环境监管，预警监测，信息通报。做好对重点河流、湖库等流域内污染源排查和整治的监管工作，尤其是加大对重点排污企业、污水处理厂、尾矿库和危险化学品企业的排查监管力度，及时排除污染源和污染隐患。加强与相关部门的危机预警防范的合作，一旦发现环境异常情况，迅速查明原因，及时预警报告，按照应急预案的相应要求，及时启动应急响应，协助政府采取措施，妥善处置，最大限度减少损失。

值得反思的是，一直以来，我们基本上还是秉承几十年一贯制的“抗洪三部曲”：第一部是洪魔惊魂，大水一来，举国皆惊；第二部是水深火热，血肉堤坝，气壮山河；第三部是重建家园，旧去新来，皆大欢喜。洪水没顶时，政府民政、财政、水利等部门似乎都能亮出三招五式的，但这都远远不是一种应急机制。往往“抗洪三部曲”一结束，一切又回到起点，于是在下一场洪灾降临之时再老调重弹。抗击自然灾害，应该形成以居安思危为理论基础、以有备无患为物资后盾、以前瞻后顾为战略特征的应急机制，而不再是一种条件反射式的古朴抗争。应急机制应是一种组合拳。但当灾害发生后，相关部门几乎都是各自为战，这是抗洪救灾之大忌。其结果往往是手忙脚乱，顾此失彼，最后难免漏洞百出，甚至事与愿违，费力不讨好。以民政部门为例，把救灾物资有组织有计划地送往灾区后，媒体便把一个令人鼓舞的数字传得家喻户晓。但这些物资是否同样有组织、有计划，尤其是是否能够足量公平地分发到每一位灾民手中，便不得而知，甚至常常弄出一笔笔糊涂账。民政部门如此，国家财政部门以救灾名义划拨的巨额专款的分配也是如此，分配渠道不仅不畅通，甚至还有“猫腻”。一笔款由省而市、由市而县、由县而乡、由乡而村、由村而组，最后才能体现在村民身上。这样经过层层截留后，真正用在“刀刃”上的就所剩无几了。这是因为缺失了一种自上而下的救灾物资分配监督机制，这是向灾区奉献爱心者越来越感到“爱心疲劳”的原因之一，也是救灾钱物分配歪风引发的连锁反应。说到底，是我们相关的应急机制残损所致。

创新“走出去”的对外救援方式

——救援巴基斯坦水灾的启示

【事件回放】

2010年7月下旬以来，巴基斯坦连降暴雨，引发了该国自1929年以来最严重的洪灾。洪水淹没了该国近五分之一的土地，死亡1600人，受水灾影响的人口近2000万，其中有200多万人无家可归。而受灾最严重的是开伯尔—普什图省，受灾人数达到100万人，45座桥梁被冲毁。世界卫生组织驻巴基斯坦代表萨巴提那利说，洪灾后缺乏清洁水和药品是令人可怕的，加上落后的生活条件和缺乏食品，一些人群处于更加脆弱的境地。在几个重灾省，自水灾发生以来，到医院就诊的五分之一的人是急性腹泻患者。洪灾后期霍乱疫情爆发，导致3.6万人出现严重腹泻。

这次水灾主要是由于受到热带季风影响。而开伯尔—普什图省地势较

低，塔利班等武装组织曾一直盘踞在这里，大批民众流离失所，回归的难民刚得到安顿，便又受到洪灾的侵害，防御能力很差，加上恶劣的自然环境，使得这次水灾的灾害性很大。

受灾后，巴基斯坦人民饱受着饥饿与疾病的双重威胁。8 月 15 日，联合国秘书长潘基文在访问巴基斯坦中部旁遮普省洪灾地区时说，破坏情况让他感到“撕心裂肺”的震惊。他形容这场洪灾是“所见最惨重的自然灾害”，并呼吁国际社会加快向巴基斯坦施援。

8 月 16 日，联合国人道主义事务协调办公室表示，巴基斯坦在未来 90 天需要 4.6 亿美元的援助，并向全球募款。联合国为巴基斯坦提供了 2700 万美元的援助，世界银行提供了 9 亿美元的紧急贷款援助。印度向巴基斯坦提供了 500 万美元的救灾援助款，并对在水灾中失去亲属的巴基斯坦民众表示深切同情。美国决定把对巴基斯坦洪灾的援助金增加至 5500 万美元，并宣布，捐款 1620 万美元给联合国难民署和国际红十字会，协助赈灾。英国政府捐款 2400 万美元给巴基斯坦。挪威先期提供 3000 万挪威克朗的紧急救援，后把金额提高到 1 亿挪威克朗。这些资金通过联合国的人道主义组织、红十字会和部分非政府组织源源不断地提供给巴基斯坦。

为帮助巴基斯坦人民渡过难关，中国政府分 3 批提供了价值 1.2 亿元人民币的人道主义物资援助。灾难发生后，中国政府立即向巴基斯坦提供紧急援助物资，包括 30 吨药品和净水设备、1000 顶帐篷、50 台发电机、清淤设备等急需物资等，总价值约 1000 多万元人民币。所有物资通过中国空军的三架伊尔—76 飞机运往巴基斯坦灾区。随后，中国军方又捐助了 1000 万元人民币的紧急救援资金。8 月 15 日，中国政府第 3 次向巴基斯坦政府提供了价值 5000 多万元人民币的紧急人道主义援助，包括帐篷、毛毯、粮食、净水设备等巴方急需的物资，并在第一时间把来自中国人民的友爱互助的救援物资运送到了巴基斯坦人民的手中。中国政府还派遣医疗队赴重灾区救治伤员。中国各界纷纷向巴基斯坦提供现汇或者物资援助，向巴基斯坦人民表达同情和爱心。

【应对举措】

1. 当地政府全力营救。巴基斯坦政府调动了一切资源参与救援，抢救、转移灾民。巴基斯坦政府共出动了 57 架直升机和 912 艘船只 24 小时参与救援，累计转移灾民 70 多万人。巴基斯坦政府于 7 月 30 日宣布灾区进入紧急状态，政府部门取消公职人员的假期，全力进行抢险救灾工作，受灾严重的斯瓦特地区开学时间推迟了两个星期。

2. 卫生部门尽可能地避免死亡和疾病发生。此次洪水中，约有2000万人受到了影响，其中包括800万人需要获得可拯救生命的直接援助。巴基斯坦卫生部、人道主义组织以及联合国、国际有关机构积极采取了卫生应对行动，如提供了足以治疗450万人的1083吨药品；开设40多个卫生中心，治疗腹泻病患者；为近6万名患者提供生殖健康急救服务，其中包括1200多名生产妇女；为44.5万多名儿童接种了脊髓灰质炎疫苗，为42.8万名儿童接种了麻疹疫苗，等等。

3. 国际社会对巴基斯坦灾情积极援助。联合国呼吁国际社会向巴基斯坦提供4.6亿美元紧急援助资金，其中1.75亿美元已在两周内获认捐。联合国用这笔资金为灾民提供了帐篷、饮用水、食品、药物等物资。

尽管天气恶劣，许多公路和桥梁被洪水损毁，世界粮食计划署仍想方设法，采用卡车、直升机、毛驴等多种运输方式，向43万人提供了可维持一个月的口粮，在8月20日时将获得援助的人数增加到200万人。

联合国难民署等机构及时在灾区发放了近6万顶帐篷以及3万多套搭建临时住所的材料，使得51万多人受益。世界卫生组织和联合国儿童基金会等机构也向灾区运送了医疗卫生用品，并在当地开展了免疫接种工作。

4. 联合国成立了全球可持续问题高级别小组。联合国秘书长潘基文于8月9日宣布建立了一个全球可持续问题高级别小组，负责研究如何在尊重和保护气候与自然体系的情况下消除贫困，并就此提出切实可行的建议。全球可持续问题高级别小组的成员包括来自政府、企业界和民间社会知名思想家和政策制定者，如挪威前首相布伦特兰、中国气象局局长郑国光和全球绿色增长研究所负责人、韩国前总理韩升洙等。芬兰总统哈洛宁和南非总统祖马是这个高级别小组的共同主席。

潘基文表示，他要求这个高级别小组的成员“从大处着想”，因为狭隘议程和狭隘思想的时代已经终结，当前全球需要一份建设更适合人们生活、更繁荣、更可持续的未来蓝图。他期待高级别小组能够就如何通过制度和财务安排落实这份蓝图提供切实的解决方案。

高级别小组将在2011年底之前向潘基文秘书长提交报告。报告的内容将为2012年的联合国可持续发展会议以及《联合国气候变化框架公约》年度会议提供参考。

【评析反思】

此次洪灾中，作为巴基斯坦的亲密邻邦与全天候伙伴，中国在自身遭受严重自然灾害的情况下，尽自己所能向巴基斯坦提供及时高效、真诚无私的援助，分3批向巴基斯坦提供了价值1.2亿元人民币的人道主义的援助物资。然而，中国的努力却被别有用心的、以美国为首的西方国家的一些媒体质疑和抹杀。巴基斯坦水灾捐款中遇到的问题，反映出中国外交特别是对外援助在新形势下面临的棘手难题。

美国一些媒体拿巴基斯坦水灾大做文章，炒作“中国责任论”向中国施压，并试图引导国际舆论来破坏中巴友谊。美国阿富汗—巴基斯坦问题特使霍尔·布鲁克公开强调美国的捐款最多，而中国等其他国家捐得少，并呼吁“中国人应当承担起责任”。《纽约时报》报道霍尔·布鲁克的言论称：“巴基斯坦人将看到，危机来临时，不是中国人，不是伊朗人，不是其他国家的人，也不是欧盟，而是美国总在起着领导作用。”霍尔·布鲁克的言论引起西方某些媒体的“唱和”。这次美国高官掀起的关于中国对巴基斯坦水灾捐款的争议，虽然对中巴关系不太可能造成影响，但是类似的“捐助陷阱”可能以后还会出现，还会涉及其他更难处理的国家关系。

随着中国经济总量快速增长，综合实力不断提高，国际社会对中国在国际捐助义务上的期望会越来越高。综合实力越强的国家负有越多的国际援助义务，这是国际社会的共识，也是中国外交发展中不可回避的课题。尽管中国还是一个发展中国家，自身灾害频仍，人均生活水平落后，大量人口仍然需要救助，但这不能成为阻止中国扩展对外援助的理由。中国加大对外援助规模、强化对外援助力度将是大势所趋，这是中国力量和平崛起的必然结果之一，也是中国作为负责任的大国、树立大国风范的要求和表现。

外交性援助是我国对外战略的重要组成部分，是深化我国同发展中国家友好关系、发挥我国负责任大国作用的重要方式，是促进我国和平发展、推动和谐世界建设的重要途径。经过60多年的发展，我国的对外援助工作成绩显著，开创了具有中国特色的对外援助模式，即“走出去”的外交性救援。根据商务部提供的数据，截至2009年底，中国对外援建的农业、工业以及基础设施建设等领域的工程项目已超过2100个，累计向120多个发展中国家提供了经济技术援助，并向30多个国际和区域组织提供了捐款，支持这些组织开展多边援助活动。中国为173个发展中国家和地区培训人员 12 万人，目前每年有 1 万名左右的发展中国家人员在中国接受培训。中国还累计开展对外紧急救援行动近 200 次，累计派出援外医务人员超过 2 万人次，志愿者 400 多人。

对外援助作为一个国家外交的重要手段之一，为其国家利益服务，为营造善意的国际环境服务，也需要注重策略与方式。因此，如何实施对外援助才是最恰当的、效果最好的，这是中国当下需要认真思考的问题。在援助方式上，中国应更注重对外援助的整体战略导向，从大局着眼，于长远有利。固然每一项对外援助多多少少都体现了国家战略需求，但不能拘泥于一时一事，而应追求长远利益。在援助对象上，既要不忘老朋友，也要结交新朋友，既要做到雪中送炭，又需锦上添花。只有首先照顾老朋友，特别是像巴基斯坦这样的“好邻居、好兄弟、好伙伴”，才能交到更多朋友。给遭受灾难的国家，及时提供其急需要的资金、物品和人员援助，更有利于增进两国人民的感情。扩展援助规模，有利于结交新朋友，在援助与合作的基础上，逐渐发展为老朋友。在援助的手段上，针对不同的对象采取有的放矢、因地制宜的援助措施，才能取得事半功倍的最好效果。在援助的“量”上，要审时度势，把握好援助的“度”，如果“做过了”、“高调了”，会给人以中国扩展对外援助别有用心的口实；如果“做得不够”、“低调处理”时，又有人会指责中国未履行“国际责任”。所以，对援助所产生的“副产品”，如国内外的舆论反映，要有预判和准备，灵活应变，引导舆论，掌握主动。“好事”办好，将是中国外交长久面临的一个挑战。

未来要增加对外援助资金，优化对外援助结构，创新对外援助方式，把对外援助与实施“走出去”战略紧密结合起来，提高对外援助的质量和效益，通过对外援助增强受援国自主发展能力，加强我国同发展中国家的友好关系和经济技术合作。在对外援助工作中，应在政治上坚持相互尊重、平等相待的原则，经济上坚持互惠互利、共同发展、量力而行、重信守诺、形式多样、注重实效的原则。并将对外援助视为发展中国家之间的相互帮助，既照顾对方利益，又带动我国企业“走出去”，促进与其他发展中国家的经济技术合作，实现互利共赢。

生态建设是抵御洪灾的有力法宝

——印度列城洪灾给我们的警示

【事件回放】

2010年8月5日午夜，印控克什米尔以佛教徒居民为主的达拉克地区重要城镇列城遭暴雨袭击。8月6日凌晨，倾盆大雨引发的洪灾和泥石流，冲毁了列城地区的一些学校、兵营和医院等公共设施和许多民宅。由于洪水来的十分突然，许多正在睡梦中的民众未能及时避险。大量失踪者被埋在废墟下，民众在没膝的泥浆中艰难搜寻幸存者。由于救援人员无法抵达一些受灾地区，死亡人数不断“大幅”上升。当地机场因跑道受损被迫关闭，通信长时间中断。据不完全统计，此次洪灾共造成170多人死亡，600多人失踪，400多人受伤。

列城位于印控克什米尔东北地区，海拔3500多米，包括主城区和周围村庄，人口约11万。自然环境优美，吸引了许多外国游客前来观光。洪灾来袭时，列城仍有3000名外国人和游客滞留。至少150名外国游客被洪水围困在旅游景点喇嘛玉如寺附近。这些外国游客其后已被直升机运送到安全地带。当地有包括 7 名军方人员在内的 31 人失踪。据印度卫生部长阿扎德说，这是几百年来印控克什米尔地区“最大的悲剧”。

【应对举措】

1. 调动多方力量，采取多种手段开展救援。灾难发生后，印度政府调动大量军队展开救援，共有约 1 万名军警参加到救援中。当地有关部门也迅速展开营救行动，附近地区人员也赶往列城参加救援。经过紧张抢修后，列城机场当天下午运输物资的飞机已可以起降。同时，搜救人员在列城灾区动用几十辆推土机和吊车清理废墟，寻找遇难者遗体。有关部门派出了警犬小组，协助搜救废墟下的幸存者。

在救援过程中，受降雨等影响，只有 6 架运送救灾人员和物资的飞机降落列城机场，3000 多名滞留列城的游客中还有几百人仍未撤离。同时，印度空军有 5 架空军飞机为灾区人民运来食物、药品等救灾物资，另有 2 架飞机正飞往灾区；印度三大航空公司也安排飞机从列城飞往新德里的航班接走滞留旅客，第 1 架运载滞留旅客的飞机于 8 日抵达新德里机场。印度警方 13 日表示，从印控克什米尔列城地区成功援救了 172 名被洪水围困的外国人。

2. 调集救援物资救济灾民，做好善后工作。印度总统帕蒂尔视察了遭受严重洪灾的印控克什米尔列城地区，并表示灾民将得到国家的全力帮助。帕蒂尔当天在列城地区慰问灾民时表示，整个国家都与列城地区的灾民们站在了一起，印度中央政府一定会帮助灾民重建被洪水冲垮的家园。帕蒂尔还亲自向受灾者分发了一些救援物资。在离开列城返回新德里前，帕蒂尔还视察了当地的驻军总部。印度总理辛格到列城地区探望灾民并亲自指导救援行动。他在了解到伤亡情况后深表悲痛，宣布为每名遇难者家属提供 10 万卢比抚恤金，为每位重伤者提供 5 万卢比救济金。有关官员说，这次洪涝灾害严重，列城 70％的基础设施部分或整体遭到洪水毁坏，需要 2 年到 3 年时间才能完成重建。

【评析反思】

2010 年全球灾难不断，至少有将近 26 万条人命丧生，比过去 40 年来所有恐怖攻击罹难者的总和还多。世界气象组织说，2010 年以来，全球至少有 17 个国家发生了极端天气现象，无论从强度、持续时间和地理分布来看，都堪比或者超过历史记录中最严重的先例。人道救援组织“乐施会”报告说，2010 年前 9 个月，因气候原因造成了灾难已致 2.1 万人死亡，是上年全年的两倍。美国媒体称，2010 年可说是“地球反扑年”。

由于全球变暖、不合理地改造自然、城市化进程加剧以及人们思想的松懈等原因，2010 年，世界上城市洪灾发生较为频繁，给各国城市和人民带来重大损失，城区防洪已成为城市发展过程中备受关注的问题。此次印度列城的洪灾，主要是因为暴雨引发的泥石流所造成的重大灾害，究其原因有三：一是原始森林被人为地破坏，树木不能起到保护水土的作用。二是人们的避灾意识不强。灾难发生前，当地居民心存侥幸心理，认为他们居住的地方不会发生洪灾，更没有想到连续的暴雨能够引发泥石流。所以，当暴雨引发的泥石流来临时，当地居民来不及撤离，造成了重大损失。三是地形的原因造成救援困难。重灾区都是在老城区，建筑物使用时间都比较长，不是很结实，倒塌后遇难者被压地下，难以施救，加上救灾的资源不充分，严重影响了救援工作。

所以，此次灾难给我们的警示是：加强生态建设才是抵御洪灾的有力法宝。要把生态建设作为富民强国、保障人们生命财产安全的重中之重，高度认识森林植被保护好对于人类生存具有的重要意义。森林是陆地生态系统的主体，是人类赖以生存的基础资源，严峻的生态环境形势和严重的生态环境问题，对改善生态环境提出了迫切的要求，并对林业建设形成沉重的压力。森林被人为破坏后，一些地方的水土流失极其严重，大量裸露的地表受雨水或河水的冲刷就变成了环境危险的地方。森林大面积的被人为破坏对于大气的环境也造成极大影响。森林减少，二氧化碳增多，破坏了大气层中的臭氧层，使地球表面的平均温度升高，导致极端气候天气频繁出现。

森林有涵养水源、固土、保肥、固碳、释氧、滞尘等项生态服务功能。森林是大地之衣，没有植被遮蔽的土地必然是有雨则泥沙俱下，遇风则沙尘肆虐。目前，我国生态安全形势十分严峻，具体表现为：全国水土流失面积达 356 万平方公里，占国土面积的三分之一以上；全国有荒漠化土地面积达 39.54 亿亩，影响到 4 亿人口的生产生活；我国人均水资源仅为世界平均水平的 28%，不少城市人口基本生活用水难以得到保证；全国旱涝灾害频繁发生，每年都有近 4 亿亩农田受到不同灾害的影响，生态问题确实已经成为影响我国经济社会发展的严重问题。加强森林资源保护和加大植树造林力度，是保护改善生态的重大措施之一。我国有 43 亿亩林地，还有3亿亩可治理的沙地。据有关方面测定，在年降雨量为300～400毫米的地方，有林地的土壤冲刷量仅为60公斤/公顷，而裸地则高达6750公斤/公顷，两者之比是1∶110。森林通过光合作用可以吸收二氧化碳，放出氧气，这是森林的碳汇功能。每增加1立方米的森林蓄积量，就相当于固定了1.83吨二氧化碳，释放出1.62吨氧气，可见森林对净化空气、减缓温室效应起着重要的作用。2009年，胡锦涛主席在联合国气候变化峰会上提出，中国要大力增加森林碳汇，争取到2020年森林面积比2005年增加4000万公顷，森林蓄积量比2005年增加13亿立方米。这是我国经济社会长远发展的内在要求，也是对国际社会的庄严承诺。

生态建设是人类历史发展过程中形成的人与自然、人与人、人与社会和谐发展的文化成果的总和，其核心思想是统筹人与自然协调发展，实现自然生态系统的良性运行，增强可持续发展能力，这种生态文明建设观是以人与自然和谐为基础的世界观。生态移民建设也是生态建设中不可缺少的一部分。对容易发生地质灾害地区的居民，尽早地制定出预防和搬迁计划，进行生态移民。我国的宁夏自治区已经做了大量的工作，积累了一定的经验。宁夏自治区认为，生态移民必须坚持全区统筹规划，市级负责，县区联动，整体搬迁，分类安置。要将生态移民与招商引资就业、国家土地整理、培养新型劳动者、生态文明建设、住房保障建设、社会保障建设相结合。实施整村生态移民过程中，必然会面临不同群体的安置问题，要区别情况对移民妥善安置。对适学人口实行教育培训移民，对青壮年进行职业培训，使其获得求职能力；对适业人口实行城镇就业移民，通过实施招商引资就业计划，增加就业岗位；对适农人口实行生态农业移民，利用国土整治项目，发展旱作高效节水农业，安置生态农民移民，实现耕者有其田；对老弱病残人口实行养老保障移民，将移民群众中60岁以上的贫困人口全部纳入农村养老保险体系，鳏寡孤独及丧失劳动能力人口可享受低保政策。要搞好生态移民，需建立移民工作配套制度保障体系。一是要探索建立住房保障体系。住有所居是民生之基，要通过兴建廉租房、经济适用房等，使移民群众在迁入地安家落户。二是要探索建立社会保障体系。要通过为移民提供城乡医保、低保、农村养老、城乡一体重大病医疗救助、新农合等社会保障措施，使移民群众老有所养，病有所医。三是要探索建立户籍保障体系。要通过户籍认证，使移民群众尽快城市化，融入新的社会群体生活。

预防是抗灾减灾的关键

——贵州关岭“6·28”山体滑坡的启示

【事件回放】

2010年6月28日下午14时左右，受连日降雨影响，贵州关岭县岗乌镇大寨村发生山体滑坡形成巨大泥石流，造成该村两个村民组37户房屋、99人被埋。经过抢险救援人员连续几天紧张搜救，截至7月3日20时，救援人员已在现场找到42名遇难者遗体，仍有57人下落不明。

据当地有关部门介绍，这起地质灾害是由强降雨天气造成的。在这起灾害发生前，当地已连续下雨一周，降雨量达300多毫米，其中27日降雨量达到257毫米，为特大暴雨。岗乌镇受灾村民主要是该镇大寨组、永窝组两个村民组的村民。

“6·28”山体滑坡灾害发生后，在相关安监、国土、地质、卫生等部门专家的指导下，当地政府围绕搜救失踪人员为核心，以科学的搜救方法实施救援，紧急调集1100余名救援人员赶赴现场进行搜救，投入到现场救援的大型设备达到21台。

但据现场抢险救援指挥部介绍，因泥石流量过大和降雨仍在持续，发生滑坡的山体仍有再次发生垮塌的迹象，到达事故现场的沿途也存在大量地质灾害隐患，再加上受灾现场特殊的地形环境、作业面较为狭窄导致不可能多台大型设备同时工作等都增加了救援工作的难度，被埋村民生还的可能较小。

7月4日，关岭特大地质灾害抢险工作进入第7天，抢险救援人员在灾害现场多次用生命探测仪探测，始终未能发现有生命迹象，经过20多台大型挖掘机等连续6天作业，灾害现场可能发现遇难者遗体的地方基本都已翻遍，翻动的土石方量达40万立方米左右。据气象部门预报，关岭县岗乌镇大寨村一带7月4日傍晚到夜间仍有间断性阵雨或雷阵雨，发生滑坡的山体仍有10多万立方米的危岩体可能再次滑坡，引发新的泥石流灾害，严重威胁救援人员和设备的安全。

【应对举措】

灾害发生后，党中央、国务院以及人民解放军、武警部队和贵州省各级党委、政府立即组织各方面救援人员全力开展抢险救援各项工作。

1. 中央领导重视。温家宝总理迅速做出重要指示，要求组织力量查明情况，千方百计抢救人员，防止周边地区发生类似事故，确保人民群众生命安全。

受党中央、国务院委派，中共中央政治局委员、国务院副总理回良玉率国务院有关部门负责人于6月28日紧急赶赴灾害现场，指导抢险救灾工作。他强调：要千方百计抢救人员，竭尽全力救治伤员，安置好受灾群众生活，同时要防止新的地质灾害和次生灾害的发生。6月28日晚23时许，回良玉一下飞机，就冒雨驱车上百公里赶赴山体滑坡现场，看望受灾群众，慰问参加救援的解放军指战员、武警部队官兵、公安民警和专业救援人员。6月29日凌晨2时，回良玉连夜听取了抢险救灾情况的汇报，对当地党委、政府组织有力、军警民反应迅速，给予充分肯定。他强调要认真贯彻中央领导同志的指示精神，坚持科学依法统一，有力有序有效做好下一步的工作。一是坚持生命至上，把救人放在第一位，迅速调集救援力量和物资设备，加快救援进度，只要有一线希望，就要做百倍的努力。二是尽最大努力救治伤员，尽量减少因伤死亡、因伤致残，努力减少伤员痛苦。三是切实安排安置好受灾群众的生活，确保他们有住处，有饭吃，有衣穿，有干净水喝，有病能医。

国家减灾委、民政部于 6 月 28 日 17 时紧急启动国家Ⅳ级救灾应急响应，并派出工作组赶赴灾区，协助指导开展救灾工作。

2. 当地启动应急措施。贵州省人民政府立即启动了地质灾害救援及自然灾害救助Ⅰ级响应。贵州省委书记、省人大常委会主任石宗源，省委副书记、省长林树森，省委常委、省委秘书长张群山闻讯后，立即于当天下午赶赴灾害现场指挥抢险救援。晚上 7 点 30 分，石宗源、林树森一行赶到事故现场附近的光照电站时，因持续大雨、山体滑坡，通往大寨村灾害现场的公路难以通行，石宗源、林树森一行决定步行前往灾害现场。

石宗源查看现场灾情后要求，当前第一位工作的是救援，要解决疏散出来的群众的吃喝和住宿问题，设立一个临时红十字抢救站，收救因灾受伤和患病的群众，防止次生灾害发生，同时做好交通疏通和后勤保障工作。此前，安顺市委、市政府相关领导及国土、民政、公安、消防等有关部门人员已赶赴灾害现场指挥组织开展救援工作，武警、消防和民兵预备役战士及当地群众 600 余人参与抢险救援。

6 月 28 日 15 时，贵州省气象局局长向红琼、副局长汤筑强率工作组赶赴现场指导气象应急处置。据贵州省气象台站监测显示：6 月 27—28 日，贵州省西部地区出现强降雨天气，黔西南、安顺、六盘水、黔南出现大暴雨。据统计，27 日 20 时至 28 日 16 时，有 4 个县及 67 个乡镇降水超过 100 毫米。其中，1 个县及 15 个乡镇超过 150 毫米，5 个乡镇超过 200 毫米，1 个乡镇超过 300 毫米。事发地岗乌镇降水量为 256.9 毫米。针对此次强降水天气过程，贵州省气象部门提前做出预测预报预警、与国土资源厅联合发布地质灾害预报预警，并启动气象灾害Ⅲ级应急响应积极应对。

贵州交通运输系统共出动抢险救灾人员 70 人、运输车辆 20 辆、装载机 6 台、挖掘机 4 台。在探明通往灾区公路的路况后，抢险人员迅速清除路面淤泥及散落堆积物，采用碎石填补路面的方式及时修复公路，确保抢险救灾道路畅通。至 6 月 29 日 13 时，共清理砂石 600 立方米，通往大寨村滑坡现场的路段基本通车，途经关岭地区的沪昆高速公路及 320 国道通行正常，通往岗乌镇的县乡道路由于沿途有部分塌方，车辆缓慢通行。

华电贵州黔源电力落实各项防汛措施，在确保岗乌镇滑坡点附近光照电站安全稳定运行的同时，全力支持地方政府做好抢险救援后勤保障工作。“6·28”滑坡灾害发生当天傍晚，公司腾出前方施工现场办公房屋搭建临时指挥部，并加紧抢修电站区域内因塌方和泥石流损坏的道路、厂房设备。截至7月4日，公司腾出的施工临时住房和场地，累计安置灾民1000余人，供抢险部队驻扎1000余人次，累计接待900余人次住宿，提供5000余人次就餐。

贵州关岭“6·28”特大地质灾害发生后，太平洋寿险贵州分公司、中国人寿贵州省分公司等相关保险公司迅速启动理赔绿色通道，及时支付或预付赔款。

3. 及时做好灾民转移、安置和卫生防疫工作。鉴于当地的持续高温加速了有害病菌病毒的繁殖，卫生防疫工作压力越来越大，以及失踪者已无生还可能等原因，贵州关岭“6·28”特大地质灾害现场搜救工作于7月4日起被迫中止，转入局部抢险与卫生防疫、灾民安置及灾后重建相结合的阶段。

据现场指挥抢险的安顺市市长罗宁说，由于附近山体经雨水长期浸泡后，也有可能发生山体滑坡，因此这起灾害附近村民必须撤离。截至6月29日15时，民政部门已将230顶帐篷、40张床和数吨灾民生活必需用品运至安置点，受灾和被转移百姓生活物资得到充分保障。据抗灾抢险现场指挥部通报，至7月1日下午，受灾的岗乌镇已有228户、919名群众得到妥善安置。

卫生部门及时制定了综合卫生防疫方案和实施措施。特警队员在滑坡泥石流堆积体四周设置了警戒线，禁止无关人员进入，并在滑坡体表面撒了漂白粉。机械设备和其他救援人员均撤出后，现场每6个小时消毒一次，每天连续消毒4次。综合消毒完后，灾害现场实施防疫封锁3个月。

【评析反思】

1. 地质灾害发生的原因。贵州关岭县“6·28”山体滑坡是一起非常罕见的特大滑坡碎屑流复合型灾害。这起特大型地质灾害中下滑的山体前行约500米后，与岗乌镇大寨村永窝村民组的一个小山坡发生剧烈撞击，偏转90度后转化为高速碎屑流呈直角形高速下滑，垮塌的泥石流动了1.5公里，最终形成150万～200万立方米的碎屑。造成此次地质灾害的主要原因是强降雨。6月27日、28日两天，当地累计降雨达310毫米，尤其是27日8时至28日11时，27个小时降雨达237毫米，超出当地的历史气象纪录，而且滑坡地是“靴状地形”，属于高速远程滑坡，上陡下缓、上硬下软，易造成地质灾害。

以前我国对于地质灾害隐患的调查，主要是采取房前屋后、群防群治的模式，贵州关岭这样山体滑坡，已远超出村民的视线，从预防的角度防范难度很大。因此，各级地方政府和有关部门要加强对这种灾害类型的调查与防范。建议这些地区的村民在建房时，应选择远离沟口、地势较高的位置，避开流通区，才能相对安全。

这次发生泥石流灾害的地方不是地质灾害的监测点，这起灾害来得很突然，也很意外，泥石流直接冲到了北盘江光照电站库区的库尾，总长达1.5公里左右。在这起地质灾害发生时，大寨村永窝村民组的小组长岑朝阳和当地中心小学的汪校长及两个老师，正从这个村到邻村去排查灾情，感觉山体有滑动，转眼间村民的房屋就被奔泻而下的泥石流掩埋，几个村民刚从村里跑出，瞬间也被泥石流掩埋。

2. 这一事件给我们的启示。对于地质灾害的预防，必须扩大监测范围，全面做好防御工作。

一要建立地质灾害监测预警系统工程。建立专业人员与群测群防相结合的监测队伍，对重要的地质灾害点建立专业队伍为主的监测网点，对其他地质灾害点建立群测群防为主并与专业队伍指导和定期巡查相结合的监测网点。通过专业监测系统、群测群防监测系统、信息系统实现对山区地质灾害的适时监控，为政府和有关部门防治地质灾害、保护人民生命财产安全、防灾减灾的决策和实施提供科学依据和技术支撑。

二要建立山区地质灾害专家分析制度。某个滑坡体发生险情后，由地方政府地质灾害防治工作指挥部召集地灾及相关专家召开会商会，分析监测预警系统所采集的信息，判断滑坡体所处状态及预警级别，估算涌浪影响范围，形成会商意见，供当地政府决策参考。

三要确定预警信息的发布部门，规范预警信息的发布形式。《中华人民共和国突发事件应对法》规定：可以预警的自然灾害、事故灾难或者公共卫生事件即将发生或者发生的可能性增大时，县级以上地方各级人民政府应当根据有关法律、行政法规和国务院规定的权限和程序，发布相应级别的警报，决定并宣布有关地区进入预警期，同时向上一级人民政府报告，必要时可以越级上报，并向当地驻军和可能受到危害的毗邻或者相关地区的人民政府通报。因而，预警信息应当由当地政府以正规形式明确发出，各部门根据当地政府发布的预警级别采取相应的措施。

四要建立联动机制。山体滑坡的防灾救灾工作，涉及监测、预警、处置、救灾等方方面面，需要各单位、各部门各司其职，密切配合，只有在当地政府的统一领导下，各有关单位整体联动、主动作为、积极应对，才能最大限度地避免或减少山体滑坡造成的损失。

此外，当遇到滑坡发生时，至少应该做到以下几点：

第一，当处在滑坡体上时，首先应保持冷静，迅速环顾四周，向较为安全的地段撤离。一般除高速滑坡外，只要行动迅速，都有可能跑离危险区段。跑离时，以向两侧跑为最佳方向。在向下滑动的山坡中，向上或向下距是很危险的。当遇到无法跑离的高速滑坡时，更不能慌乱，在一定条件下，如滑坡呈整体滑动时，原地不动或抱住大树等物，不失为一种有效的自救措施。如 1983 年 3 月 7 日发生于甘肃省东乡县的著名的高速黄土滑坡——洒勒山滑坡中的幸存者就是在滑坡发生时，紧抱滑体上的一棵大树而得生。

第二，当处于非滑坡区而发现可疑的滑坡活动时，应立即报告邻近的村、乡、县等有关政府或单位。

第三，政府部门应立即实施应急措施（或计划），迅速组织群众撤离危险区及可能的影响区。通知邻近的河谷、山沟中的人们做好撤离准备，密切注视灾情的蔓延和转化。如滑坡常在暴雨、洪水中转化为泥石流灾害（即次生灾害）。注意因滑坡可能危害到的某些生命线工程（如水库、干线铁路、干线公路、发电厂、通讯设备、干线渠道等）。注意调查滑坡是否有间歇性活动特点，尽可能确定其再次活动的可能性和时间。

"生态赤字"亟待还清

——甘肃舟曲特大泥石流灾害反思

【事件回放】

2010年8月7日晚22时左右，甘肃省甘南藏族自治州舟曲县发生强降雨，引发特大泥石流地质灾害。舟曲县城北面的罗家峪、三眼峪泥石流下泄，由北向南冲向县城，造成沿河房屋被冲毁，滑坡泥石流堵塞嘉陵江上游支流白龙江，形成堰塞湖，回水使舟曲县城部分被淹，电力、交通、通讯中断。舟曲县城主街道泥石流堆积达2米，县城多幢大楼损毁，泥石流导致省道313线部分路段交通中断，省道210线多处路段交通阻断。甘南州舟曲县特大山洪地质灾害共造成1434人遇难、505人失踪，水毁房屋307户、5508间（其中农村民房235户，城镇职工及居民住房72户）；进水房屋4189户、20945间（其中农村民房1503户，城镇民房2686户），机关单位办公楼水毁21栋，损坏车辆38辆。

2010年8月12日晚，舟曲县中心区又降暴雨，大量雨水和淤泥涌向受灾最严重的舟曲县中心东街，号称"生命线"的313省道约200米路段

再次被积水和淤泥冲毁。

舟曲县位于甘肃省东南部，甘南藏族自治州东南部，东邻武都县，北接宕昌县，西南与迭部县、文县和四川省九寨沟县接壤。全县总面积为3010平方公里，辖20个乡、2个镇，210个行政村，总人口为13.47万人，其中藏族为4.4万人，占32.78%。舟曲县地处南秦岭山区，东南至西北走向的岷山山系贯穿全境。气候属温暖带区，海拔高度在1173～4504米之间。舟曲地势西北高，东南低，地形复杂，沟壑纵横，高低悬殊，是典型的高山峡谷区，气候垂直变化明显，常有“山下桃花盛开，山上白雪皑皑”的自然景观，同时也表现出“十里不同天，一山有四景”的气候特点。舟曲春季温暖回升快而稳，秋季温凉阴雨多，年均降水量400～800毫米。是全国“5·12”特大地震的重灾县，也是全国滑坡、泥石流、地震三大地质灾害多发区。此次发生特大山洪地质灾害的三眼峪沟、罗家峪沟、硝水沟和寨子沟位于县城的北部。

造成此次舟曲泥石流灾害的主要原因有以下5个方面：一是地质地貌原因。舟曲是全国滑坡、泥石流、地震三大地质灾害多发区。舟曲一带是秦岭西部的褶皱带，山体分化、破碎严重，大部分属于是炭灰夹杂的土质，非常容易形成地质灾害。二是“5·12”地震震松了山体。舟曲是“5·12”地震的重灾区之一，地震导致舟曲的山体松动，极易垮塌，而山体要恢复到震前水平至少需要35年的时间。三是气象原因。2010年，国内大部分地方遭遇严重干旱，这使岩体、土体收缩，裂缝暴露出来，遇到强降雨，雨水容易进入山缝隙，形成地质灾害。四是瞬时的暴雨和强降雨。由于岩体产生裂缝，瞬时的暴雨和强降雨深入岩体深部，导致岩体崩塌、滑坡，形成泥石流。五是地质灾害的自由性特征。地质灾害具有隐蔽性、突发性、破坏性强的特点。2010年国内发生的地质灾害有三分之一是监控点以外发生的，隐蔽性很强，难以排查出来，一旦成灾，损失很大。舟曲的此次泥石流灾害就具有这一特征。

素有“陇上小江南”之称的舟曲县向来以山清水秀闻名于世，滔滔白龙江横穿全县，宛如飘逸的哈达，穿林海，越深谷，增色不少。然而，随着社会生产活动的加剧，舟曲县水土流失日趋严重，白龙江流域的自然生态环境发生了恶性变化，由此诱发的洪水、滑坡、泥石流灾害不断，严重威胁着当地居民的生存安全。舟曲境内过去一直森林茂密，近50年以来，从1958年“大跃进”时期开始，这里的森林资源遭受到掠夺性破坏。据统计，从1952年到1990年，舟曲累计采伐森林189.75万亩，使许多地方的原始森林成为残败的次生林。伴随着乱砍滥伐和毁林开荒之风的盛行，舟曲周围的山体几乎全变成了光秃秃的荒山，加上民用取材和乱砍滥伐、倒卖盗用，全县森林面积每年以10万立方米的速度减少，植被、生态环境遭到破坏，水土流失极为严重。近年来生态灾害不断，可当地依然不予以重视，不采取有效的保护森林的措施，这也是导致舟曲此次泥石流灾害发生的一个重要原因。

【应对举措】

1. 中央关怀。灾害发生后，胡锦涛主席、温家宝总理做出明确指示，要求甘肃省和有关部门要把确保人民生命安全放在第一位，千方百计救人，组织群众避险，确保群众生命安全，妥善安排灾区群众的生活。同时，要兼顾上下游、左右岸，科学处置堰塞湖，迅速抢修重要基础设施，特别要尽快抢通道路、电力、通信等，保证抢险人员和救灾物资的运送。解放军、武警部队要全力支持抢险救灾。

2010年8月8日中午12时，温家宝总理率国务院有关部门负责同志赶赴受灾地区。他在飞机上召开紧急会议，决定成立国务院舟曲抗洪抢险救灾临时指挥部，并做出具体部署。

2. 戮力救灾共赴一线。甘肃舟曲特大山洪泥石流发生后，国家防总紧急启动防汛Ⅱ级应急响应。中央和国家机关各部门、各单位立即行动起来，在全力组织抢险救援工作的同时，广大党员积极向灾区送温暖、献爱心。中央和国家机关广大党员和干部职工已捐款2亿多元人民币，中央财政向甘肃省紧急下拨综合财力补助资金5亿元人民币，用于抢险救灾、受灾群众转移安置和生活救济、伤员救治和卫生防疫、基础设施修复和堰塞湖处理以及因灾倒塌房屋恢复重建等方面；卫生部派出13名应急医疗防疫专家赶赴灾区；公安部调派1780名警力驰援灾区；民政部向甘肃省灾区组织调运了中央救灾物资，包括2万件棉大衣、8000张折叠床、4200顶帐篷、5000条睡袋；甘肃省红十字会第一时间启动二级应急响应预案，派出救灾组赶赴灾区，并紧急调拨132万元救灾款，同时调拨价值40余万元的包括日常生活需要的衣物、薄被、餐具、洗漱用品等在内的2000个家庭包送达灾区；上海市红十字会也向舟曲灾区紧急调拨100万元救灾款及价值35万元的救灾物资；中国红十字会总会和各地红十字会已累计向舟曲泥石流灾区提供价值近350万元的紧急援助；商务部第一时间启动应急机制，全力开展救灾物资调运工作，为保障灾区物资供应，商务部与甘肃省商务厅建立了紧急联系机制，随时沟通灾情变化及物资需求情况，调集火腿肠10吨，午餐肉1吨、罐装红烧肉1吨、帐篷1.67万顶、毛毯11万床、棉被26.2万床、棉服22.2万套、手电筒33.3万支、蜡烛400万支、方便面29.5万箱、饮用水43.5万箱、消毒用品310万瓶；甘肃省甘南州民政部门按照每个遇难者抚恤金5000元、丧葬费3000元的标准，向312名遇难者的家属发放246.9万元。

灾难发生后，解放军总部迅速启动应急机制，兰州、成都、北京军区、空军、二炮、武警等单位和有关部队展开了救援，动用工兵、医疗、防疫、水电、航空兵等多个兵种，共投入兵力6281人。解放军和武警部队共有32名将军、350多名团级以上干部在抢险救援一线。总装要求参加舟曲特大泥石流灾害抢险救灾部队装备部门坚决贯彻胡锦涛主席重要指示精神，积极主动地做好抢险救灾装备保障工作。解放军和武警部队全力以赴抢险救灾。

为表达全国各族人民对甘肃舟曲特大山洪泥石流遇难同胞的深切哀悼，国务院于2010年8月15日举行了全国哀悼活动。

【评析反思】

我国是一个自然灾害频发的国家。尤其是近些年，大地震、泥石流、洪涝等灾害频频光顾，使得国家和人民蒙受了巨大的损失。在痛苦之余，我们不得不对赖以生存的生态环境进行反思。那就是：人类对自然界破坏愈大，自然界对人类的报复就愈强。仅2010年入夏以来，就有陕西岚皋、广西容县、贵州关岭、四川汉源等数十个市县，相继发生不同程度的山体垮塌、滑坡、泥石流等由天灾诱发的地质灾害。

这场泥石流给舟曲县带来了灾难性打击。这是长期以来“夭殇式”的发展模式种下的恶果。从“陇上小江南”到泥石流多发区，舟曲县只用了短短半个世纪。这或许是整个中国的一个缩影，在经济起飞的初期阶段，无节制、低效率的粗放式发展有其必然性，但这并不意味着我们可以长期容忍这一模式。人们对资源、环境的过度开发，导致生态环境退化，对自身的生存和发展构成现实威胁。我国的GDP约占世界的4%左右，但原煤、钢材、水泥的消耗量分别占全世界消耗量的31%、30%、40%，实际上我国生态环境的现状是相当惊人。据国家环保部透露：我国80%江河湖泊断流枯竭，三分之二的草原沙化，60%森林消失，90%耕地土壤板结，三分之一的国土被酸雨侵蚀，五分之二的水系成劣5类水。在全球144个国家和地区环境可持续指数排名中，我国排到133位。不解决好这些问题，我们的资源支撑不住，环境容纳不下，社会承受不起，发展就不可能持续。

生态环境遭到破坏，危机一旦形成，在较长时期内难以恢复。生态危机的后果比战争更危险，是毁灭性的，包括地球和地球上所有的生命。历史的经验说明，一个国家可以从战争的创伤中恢复起来，但是没有一个国家可以从被破坏的自然环境中迅速崛起。我们现在只要翻开一下世界地图就可以看到，现在世界上那些最荒凉、最贫苦、最穷困的地方，在古代都曾经是最繁荣、最昌盛的地方；现在世界上那些生活最穷苦、最艰难的人民，在古代，他们的祖先在某一段时期曾经为人类文明的发展做出过很大的贡献。从古埃及文化、古巴比伦文化、古希腊文化到古印度文化，从中美洲的玛雅文化到中国的楼兰，我们研究一下这些文化的兴衰，都可以看到一个共同的事实：这些文化的兴衰都与它们所在地区的生态环境变化密切相关。

党的十七大明确提出了构建“生态文明”的目标，这是人与自然关系的文明，是科学发展观在体制文明、认知文明、物态文明和心态文明的具体体现。没有生态文明，人类就不可能有高度的物质、政治和精神享受，丧失生态安全，人类就会陷入不可逆转的生存危机之中。在处理人与自然关系上，应当倡导三种态度：一是倡导一种尊重自然、善待自然的伦理态度。人不过是自然之子，我们无时无刻不受自然的恩惠，我们的生存无不依赖于自然生态系统。这个系统中的所有资源，如土壤、空气、水、气候、森林、草原和各类动植物，对我们来说都是生死攸关。我们的命运与大自然的命运紧密交织在一起，就如同心灵和躯体一样密不可分。二是倡导一种拜自然为师、循自然之道的理性态度。回顾历史，一个现象显而易见：人越聪明，文明越发达，对自然破坏得越厉害，文明的衰亡就越彻底，换句话说也就是人类发达的文明往往毁灭了人类自己。我们不要过度迷恋人类无所不知、无所不能的信条，实际上，现存的环境问题往往是我们对自然无知或知之甚少的结果，它的最终解决需要我们到自然生态系统中去发现和掌握生态规律。只有这样，我们才能摆脱目前的困境。三是倡导一种保护自然、拯救自然的实践态度。几千年来，人类文明足迹所过之处常常留下一片沙漠，这是文明的悲剧。人类在不断吞噬自然的躯体，同时也在品尝自己酿造的苦酒。我们必须以人类的良知、远见和气魄，采取坚实的行动，来弥补我们的前人以及我们自己对自然所犯下的过错。保护自然，修复自然，维护自然生态系统的平衡，应当是我们义不容辞的责任。

构建群测群防的联动机制

——四川眉山山体滑坡预警成功的启示

【事件回放】

2010年8月21日凌晨2时起，四川省眉山市洪雅县境内开始下雨，不久就转为大暴雨。总岗山脉雨势更大，当日汉王乡地质灾害监测站点降雨量达118毫米。上午11时，洪雅县境内大雨如注，全县启动四级应急预案。

汉王乡各监测点开始每隔10分钟上报一次情况，21日15时30分，联合村监测点水泥路有晃动的监测消息报告到乡党委政府后，乡党委政府在上报的同时，迅速启动了应急预案，果断决定快速撤离群众，并安排力量做好抢险准备。

15时44分，联合村地质灾害点下方的乐雅高速公路10标段的30名工人在项目经理张磊的指挥下，开始向山体滑坡左侧公路安全地带撤离。

15时45分，“山要垮了！大家快点朝安全地方跑！”联合村地质灾害点下方的5户，16位农民一边互相高呼，一边在村组干部的有序组织下开始向山体滑坡左侧公路安全地带撤离。与此同时，联合村地质灾害点上方的 5 户，21 位农民按指定路线快速有序撤离。

15 时 48 分整，“轰……”的一声闷响，汉王乡联合村 1 组“牟底下”山体上方裂开了一道 200 多米的口子，山坡体向下整体位移 50 多米，厚度平均 30 米，滑坡向下移动最远达到 200 米，山体滑坡方量达到 30 万立方米。近 300 米的盘山水泥路完全变形、挪位、断裂，公路两侧的电杆、电线倾倒。受到山体滑坡直接威胁的 37 位村民和 30 名工人，在洪雅县乡两级党委政府强有力组织指挥下，成功撤离，无一伤亡。

当天 17 时，全乡已协调、引导村民采取投靠亲友、邻居的办法，全部妥善安排好了 67 位群众，同时继续安排了专职人员加强监测。县公安、水务等部门同时加强各重点区域的执勤，确保群众安全度过地质灾害危险期。

【应对举措】

与一些灾害发生后被追问“为何没有预警”相反，四川眉山依靠成功预警为 67 条生命在山体滑坡灾害中赢得关键的 5 分钟逃生。

1. 重视监测，预警严防。“牟底下”一直是洪雅县一级地质灾害监测点。从 2004 年开始，洪雅县一直安排有专人负责该处的监测与上报。特别是在汛期的监测和防御更是成了当地政府和群众的首要安全大事。这次滑坡前，接到暴雨预报后，汉王乡党委、政府立即召开全乡紧急会议，进一步对监测人员进行监测指导，并对 8 个关键地质灾害监测点加派了人员力量，增加巡查班次，每个点由 3 名至 4 名镇村干部蹲点时刻巡查。洪雅县小雨转为大暴雨后，汉王乡各监测点也开始每隔 10 分钟上报一次情况。当发现监测点水泥路有晃动时，乡上迅速启动了应急预案。

2. 果断决策，及时撤离。当联合监测点出现新的明显裂缝，估计山体要塌方时，乡党委书记赶赴现场果断决定组织群众撤离。县国土资源局、县公安局、县应急办等部门接到报告后立即奔赴联合村滑坡现场抢险。“快组织群众撤离！”当地政府立刻行动起来。这一决定，为群众逃生赢得关键的 5 分钟。

3. 抢险救灾，积极善后。山体滑坡发生后，尽快妥善安置撤离群众、安抚群众的情绪成为抢险工作的重中之重。眉山市国土资源局局长李永高、洪雅县委书记周孝平迅速赶赴受灾现场看望遇险群众，指挥抢险救灾。县长黄国清连夜主持召开会议，专题研究进一步防治地质灾害和防汛工作，对联合村山体滑坡灾害的防治工作，以及全县的地质灾害防治与应急工作进行了深入部署。对撤离出的群众，由乡村出面协调，通过投亲靠友、邻居帮助、村上辅助的途径，全部予以妥善安置。有关部门安排专人继续加强监测和重点区域的执勤，确保受灾群众生命财产安全。

【评析反思】

作为汶川大地震后的四川省，把加强灾害预防作为灾后恢复重建的一个重点，不留死角抓排查，及时准确抓研判，锲而不舍抓化解，及时把极端天气气候事件和地质灾害预警防范结合起来，通过一系列成功预警，在暴雨洪灾诱发的地质灾害中最大限度减少了生命财产损失。

1. 监测点发出第一信号。气象预警信息应该在防灾减灾中起“消息树”和“发令枪”的作用。许多自然灾害起因于天气事件，极端天气气候事件往往影响到交通、电力、通信、农业等各行各业。一旦出现暴雨或连续强降雨天气，常常是诱发地质灾害的直接因素。“牟底下”一直是这个县一级地质灾害监测点。8 月 20 日，接到暴雨预报，眉山汉王乡立即对 8 个关键地质灾害监测点加派人员。15 时 43 分，监测点报告出现新的明显裂缝！当地决定：“组织撤离！”在电话通知和高声呐喊下，所有涉险人员开始按指定的路线撤离。当日 15 时 48 分许，汉王乡联合村 1 组“牟底下”发生 30 万立方米的山体滑坡。受到山体滑坡直接威胁的 37 位村民和 30 名工人，在县乡两级党政强有力组织指挥下，5 分钟内安全撤离、成功逃生，创造了灾害预防的奇迹。

2. 齐心协力跑赢“泥石流”。从下面几个成功预警的案例可以看到，面对灾难，只要有充分的责任心，只有在平时就抓好预警的功夫，成功预警并不是那么难。

2010 年 6 月 19 日 19 时 30 分至 23 时，四川省盐源县境内平川镇骡马堡村 4 组至金河乡温泉村 8 组发生冰雹和短时暴雨，S307 省道 20 余公里沿线引发 9 处泥石流、崩塌、滑坡灾害，泥石流等灾害固体堆积物总量超过 2 万立方米。群发性地质灾害直接造成 S307 省道 12 处被阻断、损毁，农房倒塌 7 户、27 间，6 户、30 人农房成为危房，0.42 公顷耕地被毁，农作物受害面积 1068 公顷，直接经济损失达 754 万元。由于灾害发生前，省、州、县及时发布了气象预警，县、乡镇政府和村、组即时启动了应急预案，果断采取了避让措施，有效将危险区群众 106 人组织转移到安全区，灾害未造成 1 例人员伤亡，成功避让了 9 起群发性泥石流崩塌滑坡地质灾害。

2010年7月13日凌晨4时左右，四川省白鹤滩镇六城村6组凉水沟因强降雨引发一起小型泥石流地质灾害，冲毁下游农田30亩、乡村公路50余米，直接经济损失达30余万元。由于及时将受泥石流威胁的5户、19人全部撤离到安全地带，未造成人员伤亡，实现了成功避险。7月以来，宁南县政府认真组织开展汛期地质灾害隐患再排查、巡查。宁南县白鹤滩镇在开展地质灾害隐患再排查中，成立了以镇长为队长的工作组，对全镇各村及人口密集地区进行了拉网式排查，排查出凉水沟存在发生泥石流灾害隐患后，立即纳入乡级地质灾害隐患点管理，编制了防御预案，确定了监测人、疏散命令发布人。13日凌晨，白鹤滩镇降雨达到60毫米，监测人发现凉水沟有异常情况后，立即向疏散命令发布人和镇值班室报告，镇政府及时启动地质灾害应急预案，组织党员、干部对受泥石流威胁的5户、19人，按预定路线紧急撤离到预定的安全区域。同时连夜组织、配合白鹤滩电站施工队伍武警交通第五支队、武警水利第六支队排危除险，对泥石流堆积区进行紧急疏通，减小泥石流对房屋的冲击，确保房屋安全，保护了人民群众的财产损失，降低了灾害损失，实现了成功避险。还有西昌市开元乡成功避让“7·17”古鸠莫村1组滑坡。避免了3户、12人伤亡；越西县梅花乡成功避让“7·17”泥石流，有效避免了7户、21人伤亡。

2010年8月13日凌晨，四川省绵竹市清平乡，暴雨引发的山洪裹挟着泥石流，从狭长的山谷倾泻而下。8月12日22时许，清平乡开始下起大雨。汶川地震使这里的山体松动，一遇大雨就会发生泥石流。清平乡元包村一组监测员发现河水出现异常：按照正常情况，下了这么大的雨，河水水位应该涨起来，但是这时候河水的水量反而变小了。他判断，上游可能被泥石流堵住了，就发出预警。加强监测和巡查的值班人员这时听到从文家沟方向传来“轰隆，轰隆”的巨响声，便立即分成两组疏散和转移村民。“泥石流来了，赶快转移到安全地带!”民警一面拉响警报器，一面沿途用警车上的喇叭高声呼喊，让村民们立即按照平时演练的疏散路线快速撤离。对只有老人和小孩的家庭，他们挨家挨户上门通知紧急转移。由于预警和施救及时，8月13日凌晨1时许，当约600万立方米特大山洪泥石流以迅雷不及掩耳之势朝清平乡和村庄袭来时，尽管有379户房屋被冲毁，7名来不及逃生的群众遇难，但5400多名群众已经在与灾害的抗争中跑赢了泥石流。

3. 要依靠科技减灾避险。成功避险，不仅要靠责任和齐心协力，更要依靠科技手段和方法。加强基于风险和脆弱性因素的地质灾害预警报系统研究，是灾害风险管理的一个重要因素。南太平洋发展中小岛国创建环境对人类和自然灾害脆弱性的指标体系，确立了三种脆弱性：环境危险程度、环境恢复能力以及外在的恢复能力。一共选用了 47 个指标，反映危险程度的有 26 个，反映恢复能力的有 7 个，另外 14 个反映环境退化的程度。在国家发展规划制定过程中进行环境脆弱性评估，有助于及早改善防灾建设和缓解措施。

充分利用现代技术手段，在已获取的大量气象探测和灾害性天气监测信息的基础上，对信息进行存贮、处理和分析，建立灾害预警预报服务平台和流程，根据决策服务的要求，提供连续无缝隙的灾害预警预报信息。目前，在气象部门的协助下，许多地方的国土资源部门都相继建立了地质灾害预警预报系统。气象监测（特别是雨量监测）系统和基于 WebGIS 的地质灾害预警系统组成的地质灾害预警预报平台，在突发性地质灾害的预测和防范中起到了关键性的作用。建立一个具有科学性、综合性、前瞻性的信息库，对协调区域性的灾害预警机制网络有重要的意义。

地质灾害预警预报系统主要由监测系统和预警报系统组成。启动气象信息收集、地质灾害信息收集以及信息发布自动生成等模块后，通过实时监控雨情，一旦降水因子达到相应的监测指标，系统即可在决策中心进行数据分析，生成地质灾害预警等级，并由当地政府以正规形式按照预警等级对特定部门及相关群众发布警报信息并采取相应的措施。基于 WebGIS 的地质灾害预警系统中，灾害信息的汇集及预警平台是数据信息处理和服务的核心；气象监测系统具有雨情报汛、预警等功能；群测群防预警系统则包括预警发布、警报传输和信息反馈功能。要实现地质灾害预警系统的正常运转，应注意以下几个方面：

首先，建立高效稳定的应用平台。良好的应用平台依赖于完善的数据信息、高科技的硬件设备、成熟的先进软件以及规划合理的结构设计。这是整个地质灾害预警系统的正常运作强有力的技术支撑。数据库是地质灾害预警报系统的核心部分，除实时采集和发布的雨量数据、预报雨量数据、雷达图、卫星云图和台风信息等气象数据外，当地行政区域图、区域地理信息及区域内的群众信息等，都是数据库的重要组成部分。

其次，科学合理地划分灾害等级。这直接关系到地质灾害预警报启动的决策、预警报信息的发布范围及发布对象等。依照国土资源部制定的地质灾害预报等级标准，预报等级可分为五级：一级为可能性很小；二级为可能性较小；三级（注意级）为可能性较大；四级（预警级）为可能性大；五级（警报级）为可能性很大。从预警报系统的角度分析，一级和二级灾害没有实际预警意义，预警工作由三级开始启动，应围绕三至五级地质灾害开展防灾减灾工作。

再次，保证系统的安全性和权威性。在技术设计中要充分考虑到网络安全的问题，注重系统的整体维护。地质灾害预警预报系统与其他相关系统的联系均以特定的接口程序来实现，当地质灾害预警预报系统或相关系统出现故障时，不会出现系统间的相互影响。在系统的运行中，应保留详细的操作日志，出现问题可以查明错误原因，及时恢复，并为系统的科学评价提供依据。

应对全球气候变化是人类共同面临的问题

——墨西哥泥石流引发的思考

【事件回放】

墨西哥当地时间2010年9月28日凌晨，南部瓦哈卡州附近的特拉胡托特贝克小镇遭遇泥石流袭击，一座200米高的土山在连日的暴雨下垮塌，形成大约有200米宽的泥石流。大量泥浆从山上滑到小镇，将300多间房屋掩埋，被掩埋的民众有近1000人。经及时搜救，这场泥石流造成16人死亡，13人受伤。

泥石流发生时大约是在凌晨一两点钟，当时所有人都在熟睡。灾害发生后，政府及时向灾区幸存者运送了毛毯等其他救援物资，但灾区民众因担心再次发生泥石流，纷纷逃离家园。

瓦哈卡州位于墨西哥的西南部，临近太平洋，州内也有高原和山脉，地形比较复杂。发生泥石流事故的瓦哈卡市及其周围的民众，习惯于将房屋建筑在半山腰，这给泥石流危害带来了一定的便利条件。连续不断的暴雨让瓦哈卡当地数条河流的水位暴涨，很多河流都发生了决口事件。

墨西哥总统卡尔德龙 9 月 29 日发表声明："对我们来说，全球气候变暖确实存在。各个国家的领导人应该去了解下那些因暴雨、洪水灾害而一无所有的墨西哥家庭。"自从 5 月雨季到来后，墨西哥屡遭暴雨、洪水侵袭，暴风雨已导致至少 96 人死亡，81 万人无家可归。卡尔德龙呼吁全球关注气候变化，减少温室气体排放。

【应对举措】

1. 做好预防泥石流发生准备。泥石流常与暴雨洪水相伴发生，在多雨的季节，国土资源部门和气象部门要及时准确地联合发布包括泥石流在内的气象灾害预报。居住在泥石流多发地带的群众，应该密切关注并随时收听这类预警预报，并注意熟练掌握避险防范和自救的知识，以防患于未然。

泥石流固然可怕，但只要抓住泥石流形成和发生的规律，采取必要的防范措施，是可以将泥石流造成的损失降到最低的。具体来说，一是"看"，即观察到河（沟）床中正常流水突然断流或洪水突然增大，河水开始变浑浊，可确认河（沟）上游已形成泥石流。二是"听"，即深谷或沟内传来类似火车轰鸣声或闷雷声，哪怕极其微弱，也可认定泥石流正在形成。如果沟谷深处变得昏暗并伴有轰鸣声或轻微的振动声，也说明沟谷上游已发生泥石流。如果一旦遭遇大的降雨，要迅速转移到高处避险。不要在顺沟方向躲避，而要垂直于河流，往河沟两边的山坡上避险。

2. 建立完善的预警与应急响应机制。一要加强领导，建立集中统一、具有高度整合性的应急指挥体系。指挥统一、协同配合，是确保应急准备与响应工作及时有效、最大限度地争取救援时间的关键，也是迅速动员群众和资源、形成救灾合力的关键。其中，关键在于明确主管部门的中枢地位，强化应急机构的综合协调职能，形成以强有力的机构为核心、相关部门按照职责协同配合的运行机制，建立专设、专职、专任、专管的统一组织管理模式。同时，创新灾害主管部门与其他部门（如军队）、国家与地方的联系机制，进一步加强他们之间的有机联系，形成具有高度整合性的防灾救灾体系。二要依靠科技，建设信息全面、功能强大的灾情评估和辅助决策系统。科学技术是减灾救灾活动的重要支柱。认真研究泥石流的形成规律，利用各种现代科技手段因势利导，趋利避害，也是做好泥石流灾害预警与应急响应工作的关键环节。三要加强泥石流灾害知识的宣传。增强民众的灾害意识和防灾技能，是我们灾害应对和管理工作的起点和基础。为此，要大力加强政府和民众的泥石流防患意识，充分利用各种媒体和宣传手段，让全社会都能真切地体会到泥石流灾害的严重危害。同时，也要深入开展有关泥石流形成、产生等知识的宣传教育活动，在民众中广泛普及泥石流灾害安全避险知识，并在各泥石流高发区域进行有针对性的教育、培训和预案演练，让民众学会在危机状态下自救、互救以及如何配合共救，全面提高民众的自我防护能力。四要周密谋划，储足应急物资和加强应急队伍训练为快速、及时、高效地应对泥石流灾害。我们在灾害爆发前还须未雨绸缪、周密谋划，完善泥石流灾害防治体系建设。五要广泛动员，有效利用并整合各种社会资源甚至是国际资源。防灾救灾最为关键的是“国民个人的努力以及地区内民众的相互帮助”。各级政府要建立群众参与机制，以村、社为单元，组织群众参与救灾，充分发挥受威胁群众在基层防灾工作中的主体作用。

【评析反思】

全球气候的变化已经成为一个不可争辩的事实。随着人类活动的加剧，大量温室气体排放造成地球气温不断增高。根据联合国环境规划署提供的资料，从18世纪中叶工业革命至今，全球平均气温增高了0.75摄氏度。全球气候变暖导致了冰川融化，冰盖缩小，冰架断裂。大气中二氧化碳排放量增加是造成地球气候变暖的根源。美国、中国、俄罗斯和日本的二氧化碳排放量几乎占全球总量的一半。美国的二氧化碳排放量居世界首位，年人均二氧化碳排放量约为20吨，排放的二氧化碳占全球总量的23.7%。中国的年人均二氧化碳排放量约为2.51吨，约占全球总量的13.6%。

科学家研判，超出了危险气候变化的临界值会带来5个严重后果：一是所有物种灭绝速率提高，若升高3摄氏度将有20%～30%的物种灭绝。二是用水短缺和用水安全加剧恶化。三是农业和粮食安全失去保障。四是海平面升高和遭受气候灾难会导致3亿多人因洪灾而背井离乡。五是健康风险加大，贫困加剧等。这些就意味着我们的后代将可能面临灾难性的后果。近几年来，人类亲自目睹和亲自经历着气候变化带来的一系列影响，包括极端天气的频繁发生，冰雹暴雪、台风骤雨、洪水泥石流，等等。

为了应对全球气候变化，1992年联合国在里约热内卢，与世界上主要国家都签署了《联合国气候变化框架公约》，目的是希望大家能达成共识，携起手来采取行动。除了采取措施减缓气候变化之外，我们还要学会怎么去适应，也就是我们从现在开始尽快行动，削减温室气体排放，尽量利用新能源，尽快把现存的一些清洁技术应用到现实生产生活当中。低碳技术的开发和运用是减缓气候变化的关键所在。

任何一个国家单枪匹马都无法赢得抗击气候变化的胜利，集体行动不是选择而是必须。2010年12月11日，经历了13天的艰苦谈判后，《联合国气候变化框架公约》第16次缔约方会议暨《京都议定书》第6次缔约方会议在墨西哥坎昆通过《坎昆协议》后闭幕。协议坚持了《公约》、《议定书》和“巴厘路线图”及“共同但有区别的责任”的原则，但并未就应对气候变化出台实际有效的措施。

对于坎昆大会存在的不足，中国国际问题研究所气候问题研究专家王瑞彬认为：“在会议上争论比较大的是减排透明度问题，这在未来谈判中还会成为热点问题。另一点需要关注的是，在会议进程当中，日本、俄罗斯代表提出对《京都议定书》的质疑，不愿在《议定书》的第二承诺期做出承诺，我想这个问题在坎昆会议上被暂时压制下来了，但在未来谈判中这个问题是回避不了的。因为《议定书》的存废事实上关系到几十年来针对国际气候变化的国际谈判的命运，而且也关系到未来国际气候变化合作机制的形式和内容等，所以它的意义还是十分重大的。”

与发达国家逃避《公约》、《议定书》以及“巴厘路线图”框架下应该承担的减排义务相比，以中国为代表的一些负责任的发展中国家已经展开了本国应对气候变化的实际行动。中国“十一五”规划以来，坚持节约能源与提高能效并举，大力开发绿色低碳能源。到2010年底，单位国内生产总值能耗5年来累计下降20%左右。中国政府提出，在2020年要实现在2005年的基础上碳强度降低40%～45%的目标。这表明了中国对应对气候变化是负责任的。

全球气候变化谈判已经走过了20年的历程，它关乎着人类的未来，需要所有的国家都采取负责任的态度，各自强化自身减排指标，自觉履行对发展中国家提供资金和转让技术的义务。我们这一代人所面临的挑战，就是如何才能不断减少温室气体排放量，打开一扇面向未来的机遇之窗。

避免天灾和人祸的叠加效应

——台风“莫拉克”重创台湾引发的思考

【事件回放】

2009年8月2日，日本气象厅报告，第11热带低气压，形成于菲律宾东边约1000公里（620英里）处。8月3日，热带低气压进入到了菲律宾大气地理天文部门的负责范围。菲律宾大气地球物理和天文部门将这一热带低气压命名为Kiko，这也就是被日本气象厅所命名的“莫拉克”。随后，“莫拉克”升级为热带风暴，于8月4日折回并且再次进入菲律宾大气地理天文部门负责范围。

至2009年，共有两个热带气旋被命名为“莫拉克”。英文名Morakot，来源于泰国，在泰国语中的意思是“绿宝石”。2009年第8号台风“莫拉克”于8月4日凌晨生成，5日加强为台风，7日23时45分在台湾花莲登陆，9日16时20分在福建霞浦再次登陆，晚上在黄海南部海面减弱为热带低压，中央气象台于12日凌晨2时停止对其编号。

“莫拉克”以影响范围大、路径复杂、移速不稳定、移速慢、结构不对称等特点，从生成到结束的9天里，造成我国福建、浙江、江西、安徽、江苏5省1351.6万人受灾，9人死亡，3人失踪，紧急转移安置161万人；倒塌房屋1.4万间；直接经济损失达到114.5亿元。“莫拉克”是2010年登陆我国热带气旋中影响范围最广、造成损失最大的台风。

“莫拉克”台风重创台湾造成了50年来最重灾情。“莫拉克”台风登陆台湾后，引发水灾，造成全台共461人死亡、192人失踪、46人受伤，一架空勤直升机失事，撤离灾民共24950人，收容灾民5822人。台军共执勤703件，出动救援飞机4061架次，动员13965人次，总计运送物资447732公斤，运送2582名救灾人员，后送灾民9745人，送遗体19具。农林渔牧损失累计新台币145.8978亿元，创历史新高。

【应对举措】

1. 个人对强台风的预防。

一是注意收听、收看媒体报道或通过气象咨询电话、气象网站等，及时了解台风的最新情况。不要到台风经过的地区旅游或到海滩游泳，更不要驾船出海，外出的人应尽快回家。

二是关紧门窗防雨，搬移窗台或阳台上的花盆以防被大风吹落。

三是台风来时尽量避免外出，以免在一些大型广告牌掉落、树木被刮倒、电线杆倒地时造成不必要的伤亡。

四是外出作业的人员在避风避雨时要小心“飞”来横祸，小心公路塌方、树倒枝折等危险。

五是台风天气路面出现积水、地滑，开车一定要放慢速度。居民在恶劣天气下最好选择步行或乘坐公交车。

六是高压线铁塔倾倒、电线低垂或断折，千万不要接近，更不要用手去触摸，以免引发触电事故。

七是清理排水管道，保持排水畅通。

2. 台风过后寻找遇难者，控制次生疫情灾害的发生。台湾高雄县甲仙乡小林村在台风引发的水灾中遭遇泥石流，几近灭村。台军出动直升机用吊挂方式将重机具送进灾区，用带有透地雷达以及气体侦测器，沿着河床走到对岸，带着铲子及生命探测器找寻挖掘罹难者的遗体。

在搜救过程中，当地救灾士兵中有4人确定感染了甲型H1N1流感。随后，化学兵、当地政府卫生局、卫生署全力配合，对林边乡进行全面消毒，每个村落尤其学校都在做防疫，杜绝了新病例的出现。学校老师、各卫生单位、还有军医积极行动，向乡亲和家长宣传卫生、防疫方面的知识，确保把学生照顾好。卫生署采购到 1000 万剂新流感疫苗备用。

3. 恢复重建，安置灾民。在完成灾区清理后，救灾重点转至重建。台湾红十字会预计投入 30 亿元，在高雄县、屏东县、台东县、嘉义县、南投县、台南县六大重灾区进行软硬件重建计划。此次灾难的特殊性在于重灾区几乎都是少数民族部落，重建阶段更需考虑原住民的生活习惯、传统文化、历史背景等。红十字会在灾区兴建了 1800 户临时住宅及 1600 户永久屋。县市府于 3 天内完成了慰助金发放工作。交通部门在抢修受损严重路段的同时另外协调航空公司在南回铁路未全部修复前，开辟台东至高雄航班协助输运。

4. 小林村建纪念馆以祭亡灵。台风“莫拉克”造成台湾中南部水灾引发泥石流，掩埋高雄县小林村，逾 400 人惨遭活埋。经过台军方投入 350 人次十几天的开挖，只找到了 4 具遗体，小林村自救会和村民 8 月 23 日开会决议，停止挖掘工作并改建纪念馆，把对家人的思念，永远放在心中。

5. 台湾当局召开追悼会，树立灾民自救信心。马英九在 8 月 7 日的“八八水灾追悼会”中说，“八八水灾”的洪水及泥石流，把人民辛苦建立的家园全部摧毁并夺走了数百条宝贵的生命。水灾重创是他心中永远的痛，再多的补偿、安慰也无法弥补。政府已订立了《莫拉克台风灾后重建特别条例》，并编列 1200 亿元新台币办理灾后重建工程。他允诺会尽最大的力量办好灾民就学、就养，也会和灾民携手重建家园，盼灾民放心。马英九表示会尽速完成“立法”保护山林及做好水保工作。

马英九同时感谢民间、台军及警义消志工的协助。他说有来自全世界 85 个国家及大陆地区的援助、救难及关怀。据不完全统计，大陆各界为台湾受灾同胞捐助的，实际到账连同意向捐款金额，共计 50 多亿新台币。马英九表示，大陆的捐款是外来最大的一笔，充分展现了两岸血浓于水的情感。

【评析反思】

1. 台风“莫拉克”的特点。第 8 号台风“莫拉克”让人感觉有点摸不准路数。上海早先预报 7 日将受到台风影响，可直到 9 日下午，全城才略感受到“莫拉克”的威力。和寻常台风相比，“莫拉克”速度越走越慢，路径却绕了个弯，登陆时威力也并没有发生太多削弱，这些都显得非比寻常。

台风“莫拉克”形成初始，移动时速为 15 公里至 20 公里，但在其行进过程中，速度呈现递减趋势，尤其是进入台湾海峡以后，移动速度逐渐减慢，8日深夜至9日早上，“莫拉克”的移动时速仅为5公里左右。正是这种推进速度的意外“放慢”，让很多市民在双休日时并未感受太多“莫拉克”的外围影响威力。这主要是由于当时“莫拉克”左右两边各有一个热带低压，其中一个就是7号热带风暴“天鹅”，加上“莫拉克”自身，三者相互影响、牵制，影响了台风前进的劲头。除此之外，“莫拉克”的引导气流弱，“拉”的动力不足，也客观上为其“限速”。

由于“双台风”、“三台风”格局的形成，使得“莫拉克”的走势也发生了一定变化，从原先的西北偏西，在登陆台湾后逐步转为西北偏北。

另外，从数据上显示，“莫拉克”登陆后威力并没有如惯常台风一样迅速削减，而只是“缓慢减弱”。专家表示，“莫拉克”是一个较为“实心”的台风，云体范围广、大风圈半径大，显得非常“厚实”。因此，在上岸以后，虽然山体、丘陵都会如同“防风墙”一般，但是想将“莫拉克”迅速减弱还是较难。

因此，可以看出“莫拉克”有这么几个特点：一是第7号热带风暴“天鹅”与第8号热带风暴“莫拉克”两个热带风暴中心相互影响，路径复杂多变，预报难度大。二是风暴影响范围广，持续时间长。三是在鼎盛时期登陆，带来较强降水。四是两个热带风暴登陆或影响时间恰逢天文大潮，出现风、暴、潮“三碰头”，破坏力大，加之适逢假日，防御难度加大。

正是这次的“莫拉克”台风与以往台风不同的特点，使得准确预报比较难，最终造成了部分地区严重的灾难。对于类似于台风这样的严重天灾，真是防不胜防。

2. 夭殇式开发的恶果。“莫拉克”台风抵台时，恰为1959年台湾史上最严重水患——“八七水灾”50周年。2010年8月8日，因“莫拉克”在中南部多处降下刷新历史纪录的大雨，因此又被称为八八水灾。八七及八八两次水灾，都是外围环流与西南气流引发大雨而成水灾。“莫拉克”台风重创南台湾，面对国土保育与防灾观念，学者与专家呼吁台当局，正视天灾，反思人祸，以灵活策略应对灾害。

过去一直强调开山辟土、拓荒山为良田的功绩，从高冷地带的蔬果到险坡恶水边的集居，都算是“台湾奇迹”的一部分，但现在竭泽而渔的开发手段，已经让台湾深受其害！这里人为开发所造成的生态破坏恶果正在不断地显现出来：沿海的乡镇为了发展养殖业，超量抽取地下水，导致地层塌陷，地面低于海平面，一遇台风暴雨就出现海水倒灌。山林坡地过度开发、滥垦，使森林植被破坏，原本有阻挡土石功能的树木被砍掉，种植了一些浅根的经济作物或开发成旅游观光区，山洪爆发必然造成泥石流的泛滥。还有像原本就不能住人的地方，也开发成住宅别墅，这种的肆无忌惮地跟河流山洪争道争地的做法，必然造成大自然无情的反扑。拿受灾最严重的小林村为例，它就建在两座山中间的河谷上，而且居然盖到了河流转弯处名叫“献肚”的地方，洪水一来，首当其冲必然就是这里凸起的处所。原本这些地方都有一个泥石流预警机制，一旦情况危急，就应组织人员马上撤离。可是在受灾最严重的佳冬和小林村，地方政府下达了多次撤村通知，却没有人愿意执行。当救援人员第一时间赶到村子时，撤离行动总是遇上人们的强烈抵制，许多人要死守家园，怎么劝说都不走，这在后来也造成了非常严重的后果！

“莫拉克”已经向人们发出了警告，对台湾过去数十年的水土治理和夭殇式开发模式投下了否决票。其实，那种“今年淹水、明年重建、后年再淹”的治水方法，大禹在4000年前就已否定了。现在，“莫拉克”再次令南台湾山河破碎的事实警示人们，必须走人与自然的和谐之路。在全岛上下为灾后重建忙碌之际，人们可能更需要清晰地认识到：在全球气候变暖的影响下，极端天气发生的频率会更高，台湾未来不排除会遭遇比“莫拉克”更有破坏力的台风。

“莫拉克”过后，有人再度提出“迁村”的意见，但是，在台湾当今的政治氛围下，要求大面积迁村是根本做不到的事情。台湾当局可以做的事情是调整思路，顺应自然，以辅助手段和灵活的方式，进行灾后恢复重建。比如，退耕还林、加强森林植被养护；在民众高密度群聚的地方，设置高标准的避难场所；受到泥石流严重淹没的区域，抢修重建代价太高，也无法恢复原貌，而应采取自然复育的方法，使其恢复原生态环境；原住所严重损毁、不宜继续人居的村子，当局应该在综合评估的基础上，选择地质灾害较小的区域迁建，供原住民生存。如果这样，就可以与大自然和谐相处，拯救更多的生命和财产免遭灭失。

3. 减灾避险的有效应对。天灾不可避免，但有效的体制机制可以减少天灾损失。在此次台风应对中，中国大陆的预警防范、应急响应和恢复重建做法就很值得借鉴。

这次“莫拉克”最大7级风圈半径达500公里，南起巴士海峡，北到长江口区的广大海域和沿海，都出现了8～12级阵风和12～14级大风，涉及台湾、福建、浙江、江西、安徽、上海、江苏、山东等8省（市），鼎盛时期时7级风圈半径达500公里、10级风圈半径达120公里，台湾和福建、浙江、上海、江苏南部都出现了暴雨到特大暴雨。但是中国大陆采取了及时、有力的应对策略，使灾害的损失降到了最低程度。

中国气象局8月7日就发布台风红色警报，预报第8号台风"莫拉克"的中心7日早晨5时位于中国台湾省基隆市东偏南方大约270公里的西北太平洋洋面上，中心附近最大风力有13级（40米/秒），预计"莫拉克"将以每小时15公里左右的速度向西偏北方向移动，并逐渐向台湾东部沿海靠近，有可能于7日晚上登陆或擦过台湾东北部沿海地区，然后向福建北部到浙江中部一带沿海靠近。提醒有关部门提前做好严密的防备。

中共中央政治局委员、国务院副总理、国家防总总指挥回良玉对防御2010年"莫拉克"台风工作做出重要批示，要求在高度重视第7号热带风暴"天鹅"所带来影响的同时，务必十分警惕第8号台风"莫拉克"即将带来的狂风暴雨。有关部门要紧密监视其发展动向，切实加强预测预报预警工作，全面落实各项防汛抗台减灾措施，科学调度洪水，充分发挥各类防洪工程的作用，进一步落实责任制和各项预案，最大限度地减轻灾害带来的损失。

国家各部委及时启动应急机制。国家防总在广东台山市安营扎寨指导防台抢险工作并严密监视"莫拉克"动态。水利部加强预测预报预警，落实责任，充分考虑一切灾害发生的可能，提前采取措施。交通运输部召开视频会议，全面部署交通运输系统防御台风"莫拉克"工作。农业部在"莫拉克"生成后迅速发了紧急通知，随后召开了防汛抗旱领导小组会议，宣布启动防台风三级应急响应，进一步部署落实"莫拉克"防御措施。民政部、国家减灾委于8月6日启动国家四级救灾应急响应，并派出由民政部、财政部组成的4个联合工作组分别赶赴浙江、福建、江西、安徽，协助当地开展抗灾救灾工作。

受台风"莫拉克"影响的有关省份，积极防范，及时应对，全面落实各项防汛抗台减灾措施。浙江启动最高级应急响应，全省水库预泄9.11亿立方米，河网预排6.96亿立方米。福建发布台风红色预警，学校停课、航线停航，严阵以待迎战台风莫拉克。随着莫拉克迫近，浙江和福建两省共疏散接近100万人，7万多艘船回港避风。上海、江苏、安徽、江西、山东、湖北、湖南、广东等地也都紧急部署救灾工作。"莫拉克"台风从生成到结束的 9 天里，大陆地区有效的预警防范和积极的抢险救灾，使人员和财产损失在罕见的巨灾中降到了最低。

“莫拉克”绝非台湾最后 1 个台风。面对不断恶化的生态环境和频发的自然灾害，我们在抱怨天灾太多的同时，更应该思考的是我们下一步该做些什么。

把握抗击气象灾害的主动权

——应对台风“鲇鱼”的启示

【事件回放】

2010年10月18日0时55分，被称为“鲇鱼”的最强台风在福建漳浦沿海登陆。受“鲇鱼”影响，从10月16日起，海南省海口市遭遇强暴雨袭击，16日8时至17日8时，海口市普降大暴雨，局部特大暴雨，平均降雨量达19.71毫米。台风于23日在珠江口附近登陆，风暴潮达到2.8米。同时，台风给闽南沿海带来400～500毫米的特大暴雨，给江苏南部、上海、浙江中东部、福建中东部、广东东部等地也带来非常严峻的考验。

此次台风给福建省造成的直接经济总损失达27.99亿元，其中水利设施直接经济损失为1.49亿元。72.98万人受灾，倒塌房屋530间，紧急转移31.32万人；农作物受灾面积为36.05千公顷；停产工矿企业253个，公路中断12条（次），供电、通讯中断100条（次）；损坏堤防19.53千米，损坏护岸、灌溉设施560处，损坏水闸、机电泵站59座，冲毁塘坝47座。但是，由于预判准确、部署周密、转移坚决、防御得当，台风所经地区没有发生重大险情和人员伤亡，灾害损失被降到了最低程度。

这次超强台风对其他经过的国家和地区带来重创。

10月18日，台风登陆菲律宾北部，引发暴雨、洪水以及山体滑坡，造成菲北部诸省交通严重受阻，通讯、电力大面积中断。受“鲇鱼”的影响，菲律宾农业损失达到了48亿比索，约合1.084亿美元。其中，稻米损失约为38亿比索，约合8590万美元，玉米损失达3.123亿比索，约合710万美元，死亡10人，数十人失踪。

“鲇鱼”给日本鹿儿岛县奄美大岛带来约900毫米降雨，相当于奄美大岛全年三分之一的降雨量，创下当地新纪录。暴雨带来的洪水淹没了汽车，冲入办公室。暴雨还引发了山体滑坡，冲毁了部分道路，造成400多户居民家中通讯及电力中断，奄美市多家学校的学生和养老院的老人被困，3人死亡，数千人被迫撤离。

在越南，中部地区遭遇30年来最严重洪灾。洪灾造成超过22万所房屋被淹没，大约17.3万人被迫撤离，20人死亡。在一些低地区域，洪水水位达到1978年来最高。救援人员将中部高速公路上被洪水冲走的一辆公共汽车打捞上岸，有14名遇难者遗体被找到，还有6人失踪。

受“鲇鱼”影响，台湾宜兰到花莲的苏花公路发生塌方，数十辆车被困，其中包括6辆大陆旅游团的游览车，车上总共有129名大陆游客。事故发生时，第一辆中巴车被泥石流冲到山下，紧随其后的一辆大巴车被掩埋，车上的台湾籍司机和大陆领队不幸罹难。

随着超强台风“鲇鱼”的逐步逼近，福建与台湾间“厦门至金门”、“马尾至马祖”、“泉州至金门”两岸海上直航航线全部停航。福建沿海共有1754艘运输船舶在港避风，其中客渡船494艘，危险品船102艘，施工作业船275艘，修造船167艘，普通运输船舶726艘。福建海事局辖区内30万吨级油轮、LNG船等大型危险品船也已疏导出港防台。

自“鲇鱼”生成起，福建沿海高度关注，福建海事局利用（VTS）船舶交通管理系统、（AIS）船舶自动识别系统以及各海岸电台24小时不间断发布台风情况、防台安全信息及航行警告，提醒福建沿海、台湾海峡海上航行及作业船舶，特别是南下船舶保持高度警惕，及时调整航行计划，适时择地避风。同时，福建海事局还要求辖区航运企业提醒所属船舶采取有效防范措施确保安全。

18日，下午三亚境内1567艘船只已全部回港避风，与此同时，三亚海事部门加强安全值守，利用高频、电话、商企平台等手段发布超强台风动态信息。同时，海事部门派出“海巡1820”巡逻艇和执法人员前往锚地及内港巡查，了解在港各船舶的锚泊情况和实时动态。

10月22日上午10时30分，福建漳州沿海进入防台一级响应。福建沿海各海事分支机构加强了辖区动态巡查执法，对水上施工项目、桥区水域和长期停航的船舶、水上施工作业船舶和无动力船、两岸直航船舶、客渡船、大型电煤运输以及危险品运输船舶进行重点监督检查。

福建省海上搜救中心对于“鲇鱼”影响期间可能发生的水上船舶险情给予了充分考虑，与各海上搜救力量保持密切联系，协调 5 艘专业救助船、2 架直升救助机、65 艘港作拖轮在福建沿海及内港内应急待命，福建海事系统 47 艘海巡船艇也做好了充分的应急准备。

在台风登陆前的关键时刻，党中央、国务院心系福建人民安危。中共中央政治局常委、全国政协主席贾庆林做出重要指示，要求各级干部严阵以待、坚守岗位，全力以赴做好各项工作。正在福建考察工作的中共中央政治局常委、中央政法委书记周永康，多次听取福建省的防台风工作汇报，要求各级领导干部务必把人民群众生命安全放在第一位，全力落实各项防范措施，确保万无一失。中共中央政治局委员、国务院副总理、国家防总总指挥回良玉转达了胡锦涛总书记、温家宝总理对全省抗灾一线广大干部群众的亲切慰问，要求防御工作细致周到、不留死角，确保人民群众生命财产安全。国家防总派出以水利部刘宁副部长为组长的工作组深入福建省防台风一线，协助指挥防灾抗灾工作。

为切实做好“鲇鱼”防御工作，10 月 20 日，农业部再次召集相关单位和专家紧急会商研判，决定立即启动农业重大自然灾害三级应急响应。农业部在已派工作组的基础上，增派 4 个工作组赶赴广东、海南等地指导台风防御工作，确保各项措施落实到位，应对台风对农（渔）业生产带来的不利影响。

【应对举措】

1. 坚强的组织领导。国家和地方领导对台风的重视，以及严密的指导防范增强了抗灾军民的信心，确保了抗灾的胜利。中央要求相关部门，一要立即通知在海上作业的渔船和有关船只，必须提前做好回港避风，确保渔船渔民防风安全。二要发扬连续作战的伟大抗洪精神，切实加强值班，并有领导带班，确保防风防汛政令畅通。三要密切监视台风发展动向，加强气象部门的研究分析，及时向社会发布台风信息，并根据防风工作需要及时部署做好防风防汛工作。四要高度重视水库防洪安全；继续执行水库 24 小时巡查制度，落实好防汛防风责任制和安全度汛措施，紧紧抓住当前十分有限的时间做好水库预泄洪工作，尽最大努力腾出库容纳汛，同时要抢抓机会，加紧对有险情的水库进行紧急处理，全面做好迎大汛的各项准备。

相关省市召开紧急会议，贯彻落实中央指示和国防办发出的《关于做好第13号超强台风“鲇鱼”防御工作的紧急通知》。各地政府及有关部门高度重视水库的防洪安全，对低洼地区和农村的危房逐村逐户排查，制定一对一的应急转移方案，第一时间组织镇村干部进村入户发动组织人员转移，安排好转移后人员的生活，确保人民群众生命安全；并要求各防洪堤每个堤段都要24小时安排人员值守，发现险情要及时组织抢险，并立即撤离影响到的村庄里人员。

有关地区电视台实时滚动播出台风预报和防风要求，各镇要组织人员进村入户广泛宣传发动，让广大群众第一时间了解台风的情况和党和政府防风工作要求；提前制定各项应急预案，包括水库防汛应急预案、人员转移应急预案，物资保障应急预案、医疗救护和卫生保障应急预案等；“三防”指挥部各成员单位及有关部门要根据各自的职责要求，做好防风防汛的各项准备，全力投入抗风防汛抢险工作。

2. 及时预警防范。各有关部门及时发布预警预报信息，气象、防汛部门滚动发布台风、汛情信息，海洋与渔业部门、海事部门发布风暴潮、海浪预警报和海上航行警告，通信管理部门组织运营商不间断地向公众发送防台风公益短信。预警预报覆盖乡镇的防汛信息接收发布平台，使基层乡村可以直接得到上级的指令，实现了“预警到乡”。全方位、立体化的预警预报体系，使各地各部门尤其是基层的防灾能力显著提升，贯彻执行上级部署更加有效。

3. 上下联动协调。农业部启动农业重大自然灾害三级应急响应。一是加强了监测预警。农业部与气象、水利部门保持密切联系，随时关注台风发展动态，通过农情调度系统和渔政指挥系统及时发布预警信息。二是落实了防御措施。农业部要求广东、广西、海南、福建、湖南、江西、云南、贵州等8省（区）种植业、畜牧兽医、农机、农垦、渔业等行业切实加强督导检查，认真做好应对准备。三是强化了技术指导。根据救灾工作需要，农业部及时派出农业各行业专家指导组，加强对抗灾救灾工作的技术指导，实行科学救灾、有效减损。四是支持灾区恢复生产。农业部提前做好抗灾救灾和恢复生产各项准备，一旦发生灾情，立即组织力量抢排田间积水，抢修水毁设施，及时改种补种，加强在田作物管理，搞好动物疫病防控，努力将灾害损失降低到最低程度。五是强化了应急值守。农业部值班室和渔业、种植业等行业实行应急值守双班制，加强灾情调度和信息报送，实行灾情日报制，确保信息及时有效，为领导决策提供参考。

各地区政府要求所有人员要坚守岗位，明确带班领导和值班人员，主动配合有关部门，及时掌握台风发展方向，加强对台风带来的各种自然灾害的监控，并逐级上报，确保台风期间信息准确畅通。加强台风期间校园治安管理，加大校园巡逻力度，妥善处理好应急事件。一旦发生险情，要及时处理并在第一时间报告当地政府和上级教育主管部门。对因工作不力、玩忽职守造成师生伤亡或财产重大损失的，对相关事故信息迟报、漏报、瞒报和不报的，将依法依纪严肃追究直接责任人和相关领导的责任。

【评析反思】

1. 此次台风的特点。13 号台风“鲇鱼”体现出四大特点：一是风力强。台风最强时风力达到 17 级，18 日登陆菲律宾后长时间维持在 15～16 级。23 日中午再次登陆福建省时风力仍达 13 级，造成沿海地区部分水泥杆拦腰折断，大树倾倒，交通、通讯一度中断。二是沿海潮位高。台风登陆时恰逢农历十六天文大潮，受其影响，福建省沿海普遍出现大幅风暴增水和狂涛骇浪，其中泉州以南沿海增水达 180 厘米，近海浪高 4～6 米，逼近海堤堤顶，对福建沿海基础设施和海上渔排渔船安全造成巨大威胁。三是影响时间长、范围广。台风 20 日中午前后进入福建省 24 小时警戒线，维持 16 级超强风力，移动速度缓慢，登陆后长时间在福建上空滞留，对福建海上、陆地均产生大范围影响。四是降雨强度大。受台风影响，福建省沿海地区普降特大暴雨，据 22 日 8 时至 24 日 8 时统计，全省过程降雨量超 100 毫米有 33 个县区，超 200 毫米有 9 个县区，超 300 毫米有 2 个县区。

2. 关口前移的应战。在党中央、国务院和相关各级党委政府的坚强领导下，全民上下同心协力、众志成城，攻坚克难，顽强拼搏，切实保障了人民群众的生命安全、经济建设的扎实推进和社会的和谐稳定，取得了防灾抗灾的全面胜利。在防御强台风“鲇鱼”中，各地没有发生重大险情，实现人员零伤亡，这为今后应对困难、风险和挑战，积累了重要而宝贵的经验。

(1) 科学研判，超前部署。年初以来各地各部门加强预测研判，超前部署安排，细致周密准备，牢牢把握了防台风工作的主动权、主导权。面对正面来袭的“鲇鱼”，在科学研判上下工夫，气象、水利、海洋等部门按应急响应等级，加强值班监测，从各自专业角度对台风做出科学预测。有关方面实时监测预测台风发展态势和可能造成的影响，分阶段研究提出防御工作对策。

(2) 关口前移，重心向下。在此次防台风工作中，各地各部门始终保持高度警惕，注重细节安排，宁可把问题想得复杂一点，把情况估计得困难一点，确保关口前移，方方面面的准备工作都落实到台风来临之前。眼睛向下，着力抓好基层基础工作，采用“预案到村”的机制，要求基层单位在防台风工作中明确防御工作重点、警报发布途径、通信联络方式、转移安置方案、巡查抢救人员以及相关规范和制度，确保各项防御工作细致周到，不留死角，重心向下，夯实基础。

(3) 协调指挥，形成合力。健全完善的防灾抗灾应急指挥协调机制，是成功应对自然灾害的重要法宝。在防抗“鲇鱼”中，及时启动应急指挥系统，相关省市协同一致、快速动员，有序响应、有效组织，迅速整合各种资源，调动各方力量，形成防灾抗灾的强大合力。台风过后，各部门迅即开展灾后恢复重建工作，尽快恢复生产生活秩序。

3. 完善减灾避险机制。我国是一个自然灾害频发的国家，面对每一次的灾害，各级政府都在积极应对，也在不断地积累着实战经验。抗击“鲇鱼”台风的经验表明：一要健全灾害的预警机制。随着灾害的频发性、复合性、任意性等特征的出现，应该建立起严密、有效的预警机制，包括确定预警信息监测系统、构建应急信息服务网络、建设预警技术支撑服务体系等。预警防范的重点是消除危险源，一些地方的成功做法是关口前移，重心向下，不留死角抓排查，及时准确抓研判，锲而不舍抓化解。二要集成专项应急预案。虽然现在一些地方形成了各种各样的应急管理预案，但是普遍缺乏集成性、协调性、操作性，一旦有事，已有的应急预案并没有预想中的那么管用。因此，必须针对不同的情况，加强各种自然灾害应急预案的有机整合，形成一种多元的、合作的、协调的应急管理体系，包括配备先进物质装备、建立专业和社会救援机构、组织预案模拟演练、完善应急联动响应机制等。特别是有必要在自然灾害高发区域，对中小学生和社区群众进行有针对性的逃生避险教育、培训和相关演练，让群众学会在紧急状态下首先自救、互救。三要抓紧完善相应的法律制度，通过立法、执法和依法行政，保障应急管理体系有力有序有效地发挥作用。不仅要发挥各级人大、政协的监督职能，还要通过媒体、公众、第三部门等的力量，实施有效的监督。面对不作为、贻误战机、消极怠工等造成重大灾害没能及时防控的失职、渎职行为，要实行严厉的问责制，必要时可通过司法程序追究其法律责任。四要依靠科技防灾减灾。加强相关科学研究的力量，加大力度，保障资金、人员等必要的投入。加强与国内外科研部门的合作与交流，应用先进的科技手段，形成防、抗、救、建、研相结合的实战体系，使防灾减灾更具科学性、可行性和操作性。

旅游安全的制度保障势在必行

——台湾苏花公路塌方事故的思考

【事件回放】

2010年10月21日，苏（澳）花（莲）公路因暴雨发生严重塌方，造成32辆车受困，在113.5公里、116公里处，各有一辆游览车遭土石掩埋，创意旅行社及弘泰旅行社两辆巴士失去联系。事故使269名大陆游客受困，249人经抢险脱困，其余20位大陆居民全部罹难。这次暴雨是受台风“鲇鱼”及东北季风影响产生的。

2010年10月13日20时，由西北太平洋热带气旋产生的超强台风“鲇鱼”在菲律宾东部洋面上生成，14日加强为强热带风暴，15日发展为台风，16日加强为强台风，17日加强为超强台风（最强时中心附近风力超过17级，风速达72米/秒）。18日中午，“鲇鱼”在菲律宾吕宋岛沿海登陆，登陆时为超强台风（中心附近风力超过17级，风速达68米/秒）。

18 日 20 时，超强台风“鲇鱼”在菲律宾吕宋岛北部减弱为强台风后于 22 时前后进入南海东部海面。19 日，“鲇鱼”在南海再次加强为超强台风（近中心附近风力 16 级，风速 52 米/秒），21 日 9 时又减弱为强台风，22 日 21 时减弱为台风。

【应对举措】

1. 启动救援机制展开营救。事件发生后，大陆和台湾地区紧急启动救援机制，由台湾派出大量的救援人员，包括消防特搜、军方特战、海军舰艇、无人飞机等搜救力量进行救援。大陆相关部门和公司成立协善后工作领导小组，赴台协调处理有关善后事宜。

10 月 25 日，200 多名台湾陆海空搜救人员持续在苏花公路和附近海域、空域进行全方位搜寻，陆上、海上、海面下和空中搜寻同步展开。

10 月 29 日上午 11 时 30 分，海军派遣配置能侦测深水下异物声纳的“诺克斯”级军舰，出海协助搜寻失踪人员。

10 月 31 日，共有 421 人参加地面搜救。海面搜寻部分，有 3 舰、9 艇、148 人执行海面搜寻任务，并扩大搜寻范围至基隆海域。另有 8 艘舰艇计 749 人执行东北海面搜寻。

11 月 1 日，台湾搜救人员在苏花公路坍方现场，挖到一根疑似人类的肋骨。后经 DNA 鉴定，确认是弘泰旅行社司机蔡智明的遗骨。

在随后的救援中，台湾每天出动约 200 人的搜救队伍进行下边坡与海边搜索、海上搜救方面，台湾共调派 3 舰、9 艇在 110～116 公里海面、岸际搜寻，范围扩大到基隆附近海域及岸际；陆上搜救方面，派出有 247 人、8 只搜救犬、12 部“怪手”（挖掘机）参与搜索、挖掘；空中救援方面，由直升机执行悬吊挖土机、载运搜救人员任务。

2. 做好善后处理工作。在救援的同时大陆和台湾地区有关部门，及时成立善后协调处理工作领导小组。10 月 29 日上午，珠海市赴台游客失联事件协调处理工作领导小组对拱北口岸中旅制定的《1021 赴台团队事故处理善后预案》进行修改和完善，特别是对三种可能出现的不同情况（包括事故团队游客全体失救、寻获部分游客遗体、寻获全部游客遗体）所涉及的保险理赔及善后处理等问题进行了重点研究。当天，台湾相关部门与广东前线工作组、珠海前线工作组召开了专题会议商议有关赔偿事宜。珠海市保险行业协会提供了 19 名事故团队游客在珠海购买的所有保险险种情况表，并报“10・21”珠海前方工作组，以便商讨善后赔偿事宜。次日，创意旅行社代表和受理保险的台湾富邦保险公司代表就理赔问题向家属们进行说明，并证实创意旅行社已经购买台湾旅行社行业规定的应购买的最低额保险。10 月 31 日下午，珠海市政府召集多个相关单位召开会议，要求对失联人员家属提出的合理要求，相关单位做好理赔及善后工作。

11 月 2 日 14 时 30 分，在台湾“全联会”姚大光理事长的主持下，旺旺保险公司、富邦保险公司联合召开旅行社责任险、车辆强制险和乘客险说明会。会前，台湾“全联会”姚大光理事长再次率台湾创意旅行社主要负责人向“10·21”事件中的遇难者和失踪人员家属三鞠躬表示道歉，台湾创意旅行社为遇难者和失踪人员家属送上 50000 元台币慰问金。保险公司代表发放保险资料给家属填写，并作填写说明。

“创意团”成员和“弘泰团”领队家属经过几天的协商讨论，于 11 月 3 日上午前往宜兰地检署，由检察官开庭，并协助办理死亡证明文件。而在完成法律程序后，家属于 4 日上午到苏花公路事故现场办理招魂仪式，并在下午至台北第二殡仪馆举办家祭。

11 月 4 日，台湾旅行商业同业公会全联会在台北第二殡仪馆为因台湾苏花公路塌方事故罹难的 20 位大陆居民举行公祭。台湾海基会董事长江丙坤参加追悼会的公祭仪式，祭悼罹难大陆旅客。

11 月 5 日上午 7 时 55 分和 10 时，在台湾苏花公路垮塌事故中死亡和失踪者的 39 名大陆家属，分乘华航 CI511 航班和长荣航空 BR801 航班离开台湾，返回北京和广东。

【评析反思】

尽管大部分受困的大陆游客均安全返回了家乡，但我们不难发现台湾本岛居民因此次“鲇鱼”台风造成人身意外的极少。在台风当天，气象部门提前进行了预警，当地的一些学校都停课了。为何大陆旅行团要冒险出游呢？这反映出我国游客和旅游公司的安全意识淡薄。

此次灾难中，200 多名大陆游客被困苏花公路，但与此同时，港澳、外国旅行团却纷纷取消行程或改变路线，避免了人员被困及伤亡。两者的鲜明对比，反映出大陆旅行社在安全意识上和国外旅行社的差距。我国的旅游业于 20 世纪 80 年代才真正起步，目前的旅游市场和旅游经营的发展并不成熟。改变行程将增加此后的费用和纠纷，因为停止行程一天所产生的费用需要游客自理，所以游客心态是喜欢“赶”。作为旅行社方面，为利益也不愿意停止行程，故而冒险出行，自然可能导致一些危险情况的发生。

因此，我们应该引起反思的是：我国的旅游安全还需加强，旅游业安全预警系统还需进一步加强和完善。旅游安全是旅游业的生命线，在旅游业中扮演着极为重要而特殊的角色。但近年来，我国旅游安全问题频发。在北京市朝阳法院对近两年旅游安全引发的民事纠纷的调研中，发现引发相关纠纷的旅游安全问题主要分为三类：旅游交通安全问题、旅游设施安全问题、旅游目的地社会环境安全问题。这三类引发纠纷的旅游安全问题中，旅游交通安全问题约占相关民事纠纷的 65%。引发旅游交通事故的原因主要有：旅游地点自然环境复杂，地势危险；司机对危险情况处置不当或疲劳驾驶；旅游市场恶性竞争导致旅行社通过降低服务质量、安排低档次接待设施、雇佣非专业司机、不购买旅游保险等方式赚取利润；旅游需求剧增，许多非专业人员涌入市场，基础设施和人员素质不能满足要求且原有的监管系统失灵等。因此，必须采取有效措施保证旅游安全。

1. 设立专门的旅游安全管理机构。由专人负责，能保证各项安全管理工作的实施，有效控制安全问题。尽管目前部分旅游行政部门、旅游企业（主要是饭店）设立了专门机构，但许多地方旅游部门、景区和旅游企业的旅游安全机构还有待完善。

2. 建立社会联动系统与设立旅游警察。建立由旅游行政管理部门牵头，由旅游地居民、旅游从业人员和旅游管理、治安管理、社区医院、消防、保险、交通等多部门、多人员参与的社会联动系统，形成共享资源、社会关注旅游安全的局面。可考虑设立旅游警察，作为社会联动系统的主要执法力量。

3. 完善旅游保险。这是做好安全事故善后工作、保障旅游者合法权益的保证，也是社会联动系统、旅游救援系统的基础。目前，我国的旅游保险尚不甚完善，因此，改革旅游保险制度、制定便于各种旅游者投保的险种是旅游保险的发展方向之一。根据《旅行社办理旅游意外保险暂行规定》（国家旅游局于 1997 年 3 月 1 日发布），旅游意外保险属于强制险种。但旅行社在履行这一强制性义务的同时，可由旅游者根据自愿原则向保险公司购买除强制性意外保险外的其他旅游保险。

4. 加强旅游医疗卫生保障。这也是旅游安全工作的重要一环，包括旅游地的旅游涉外定点医疗单位、保健疗养设施、康复专项旅游设施或旅游产品、旅游区内的医疗站或医疗点、餐饮场所的食品卫生管理以及旅游地、旅游区的空气质量指标等。

5. 加强旅游安全宣传与教育。由于旅游安全认知现状不容乐观，旅游经营管理人员没有充分认识到旅游安全对旅游业的重要性，部分旅游者对安全也没有客观的认识。旅游安全问题在很大程度上是由旅游者、旅游从业人员的疏忽而引发的，因此，旅游安全宣传和教育尤为必要。宣传教育既要面向旅游者又要面向旅游地社区和旅游从业人员。前者可通过旅途中的各种告示和旅游从业人员的安全建议等达到目的。旅游从业人员安全宣传和教育包括两部分内容：一为旅游安全问题的危害性及其与旅游业的关系；二为旅游安全事故的处理。

6. 加强旅游业规范化的制度保障。此次事故多发的苏花公路遭遇恶劣天气，当地部门没有及时发布预警和封路，曾一度饱受媒体质疑和诟病。目前，我国国家旅游局的预警机制只有旅游警示和假期旅游预报两种。但后者只针对假期，前者并不轻易发布。随着我国旅游法律法规的不断进步完善，对旅行社的经营提出了更高要求。2009 年 10 月，国家宣布实施新的旅游安全预警机制《旅游者安全保障办法》。国家旅游局表示：新《办法》将站在旅游者的角度，以“旅游者安全保障”为旅游安全工作的切入点，通过规范旅游者、旅游产品或服务提供者、各级旅游行政主管部门的权利义务，共同做好旅游者安全保障工作，提高旅游安全工作水平。《办法》对旅游者、旅游产品提供者的权利和义务都做了明确规定。

人鼠之战暴露出的生态危机

——内蒙古草原鼠灾的反思

【事件回放】

2010年春季以来，因气候变化异常，内蒙古草原鼠灾严重，主要危害鼠种为长爪沙鼠、大沙鼠、东北鼢鼠和草原鼢鼠等。这些害鼠啃食植被，传播疫情。据内蒙古自治区草原工作站统计，此次全区草原发生鼠灾的面积达到9821.68万亩，其中危害严重面积达4245.96万亩，几乎占全区草原总面积的44％。

据统计，内蒙古全区12个盟市的27个旗县区全都出现了鼠灾。从最东部的呼伦贝尔市新巴尔虎右旗、新巴尔虎左旗和鄂温克族自治旗，到中部锡林郭勒盟的阿巴嘎旗、苏尼特左旗、锡林浩特市、正镶白旗、太仆寺旗，一直到最西边的巴彦淖尔市乌拉特中旗、乌拉特前旗以及阿拉善盟各旗县，都成了重灾区。

内蒙古草原上栖息着50多种鼠类，对草原形成大面积危害的鼠类仅有几种，其中最主要的是布氏田鼠和长爪沙鼠。除了这两种害鼠外，内蒙古还分布有大沙鼠和草原鼢鼠。大量害鼠不仅大肆啃食刚返青的牧草，严重阻碍牧草正常生长，极大减少了草场的生物单产，与牲畜形成争草之势，还因其盗洞行为严重，破坏土层结构和牧草根系，造成大面积草场退化、沙化，破坏草地生态平衡。

据相关研究显示，草原植被覆盖度和植被高度是鼠类选择栖息地的主要限制因素，当植被达到一定高度时，即不适应鼠类栖息。也就是说，草原的植被越好，越不利于鼠类生长；草原的植被越不好，鼠害就越猖獗。长期超载放牧导致草原退化，正是引发鼠灾的根本原因。近几年来，草原环境污染严重，尤其是剧毒农药的广泛使用使许多动物受害，有的杀鼠剂具有二次中毒性质，许多鼠类的天敌在吃了中毒鼠后也中毒身亡。再加上人们乱捕滥杀鼠类天敌动物，使鼠的天敌逐年下降，有的处于濒危状态，从而为鼠类的大量繁殖提供了可趁之机。自2005年以来，内蒙古未曾发生过人间鼠疫，但鼠间鼠疫疫情频发不断，疫情多靠近人口密集地区、交通要道、旅游区等重要地区，呈现点多面广、流行强度高等特点，对人群的威胁较大。

【应对举措】

针对草原鼠灾对草原破坏严重、防治难度大的特点，内蒙古自治区政府按照集中连片、重点防治的原则，以保护草原生态环境为核心，采取生物、生态、化学、物理等多种措施进行综合防治。当地政府拨付专项经费200万元全部投入春季草原灭鼠工作，向鼠害较为严重的盟市发放了400吨溴敌隆灭鼠毒饵。

锡林郭勒盟等地已经防治鼠害面积达50000亩，其他盟市的鼠害防治工作也陆续展开。乌拉特前旗根据当地实际情况，分别采用飞机防治、机械防治和人工防治等办法。自治区专门制定了草原鼠害防治实施计划，积极推广应用无残毒的生物制剂。

据统计，此次应对鼠灾各地已投入灭鼠毒饵1023.5吨，投入劳力81879人次，技术人员3769人次，飞行62架次，动用器械11437台次，出动车辆5807台次。

【评析反思】

1. 造成鼠灾的原因。害鼠大多主要选择低矮、稀疏的植被环境栖息。20世纪80年代以来，我国草原鼠害的发生规模和损失程度呈逐渐加大的趋势。近年来，人们对草原资源的超量利用显著减弱了草原的自然调控功能，鼠害发生频率增加与草原载畜量的加重直接相关。在鼠灾发生时，内蒙古的草原面积比20世纪50年代减少933万平方公里，家畜头数却增加了4.5倍。锡林郭勒盟暖季载畜量的理论值为1592.5万羊单位，实际载畜量为1837.8万羊单位，超载15.4%。20世纪80年代与60年代相比内蒙古草甸草原产量下降54%～70%，典型草原下降30%～40%，荒漠草原下降50%，水土流失面积已占草原面积的21.5%。随之而来的气候亦发生明显的变化，年降水量减少，平均气温增高，干旱化愈加明显。

由于我国对畜产品需求持续大幅度增长，加上牧区人口增加、牧民粗放的放养方式未能及时转变等因素使草原的放牧强度普遍过高，其结果必然加重草场压力，造成草原大面积退化，退化的草场植被为害鼠种群提供了适宜的栖息环境，加之不合理的放牧也是诱发鼠灾的重要原因。而鼠害的发生又进一步加速了草原的沙化和荒漠化，进而形成恶性循环。改变草原退化的根本对策是摆脱传统的粗放式畜牧业，通过发展饲草饲料生产，实施草场轮牧和规模养殖，提高家畜和畜产品质量，增大种植牧草的比例，减少草场载畜量，从而协调草原生态环境中草—畜—鼠之间的关系，达到减轻鼠害，恢复草场植被的目的。

鼠情预测预报体系不健全，技术力量薄弱也是鼠患防治难以到位的重要原因。内蒙古东西部草场类型差异明显，地形地貌复杂多变，测报难度大，加之各级业务部门专业技术人员缺乏，技术水平参差不齐，缺少必要的测报仪器、交通工具，在很大程度上制约着草原鼠害测报和防治工作。建立完备的鼠情监测体系十分重要，需要国家将草原鼠害预测预报与防治体系纳入规划。

2. 用技术保障生态与经济的和谐发展。当前，我国多数地区草原害鼠的控制手段比较单一，且多为应急措施。当鼠类灾害较低时，它的危害性往往容易被忽略，直到数量高发时才组织大量的人力和物力突击灭杀，结果并不能有效地制止鼠害的“爆发”。这就是我们一般在处理事情上都出现的通病，说到底也就是一个认识和重视程度的问题。

应该承认，药物灭杀确实能在较短时间内把害鼠密度压下来，特别是在已出现害鼠种群“爆发”的情况下，对于缓解草—畜—鼠之间的矛盾起了一定的作用。但长期依靠单一的防治途径已逐渐暴露出了一些问题。在20世纪70至80年代，受到我国鼠药市场的局限，草原灭鼠基本使用急效药物，甚至曾大量使用氟乙酰胺（1982年禁止使用）、甘氟（1998年禁止使用）等药物，结果导致草原食谷鸟类和食肉类动物的数量大量减少，加之乱捕滥杀，草原生物多样性普遍下降，鼠害爆发反而日趋频繁。

改进现有的防治方法，采取多种方式以有害生物综合治理为理论基础，从维护草原生态系统的稳定出发将是我国持续发展草原畜牧业的迫切需要。

1. 从技术层面来分析，建立鼠灾预警防范系统和技术示范区必不可少。我国现有270个草原鼠害的测报站（网、点），应充分发挥这些网站的监测作用，及时准确地测报害鼠数量变动趋势。决策管理部门还应建立可直通重点灾害区域的预警体系。这个系统不但可及时掌握害情、发生范围、做出损失评估、防治经济阈值分析，而且还可以通过专家辅助决策选出最佳防治方案。因此，尽快研制具备兼有鼠类数量动态分析功能和专家辅助决策系统功能在内的预警网络系统已成为所有人的共识。准确测报害鼠种群数量是正确决策的关键。要在年初开春时就应当加强对鼠类的预警监控，早发现，早处理，不留后患。根据当地主要害鼠的生理生态、栖息环境特点，采用行之有效的防治技术以示范形式推广对防范鼠灾来说尤为重要。综合治理的技术措施以灾害回避策略为主，结合草场轮牧制度，控制草场载畜量，适当延长禁牧时间等技术措施控制鼠害的发生。把防治鼠害与畜牧业生产有机地结合起来，树立生态调控的观念，从草原持续利用的整体效益出发，协调草—畜—鼠之间的关系，不断强化草原生态系统的自控功能。

2. 应长期坚持对草原牧民的学习培训制度，并使之不断地加强与创新，在技术指导和培训中讲授易于被牧民接受和掌握并能够切实改善生产生活条件的实用技术，使综合防治观念深入群众，使群众能够主动实行轮牧和适度封育，减轻草场压力。在过度放牧的草场应采取必要政策鼓励牧民降低放牧强度，保护草原生态环境。同时，加强草原改良的力度，使草原逐步转向良性循环。

3. 牧民合理使用灭鼠药物和用药安全机制是重要的手段之一。药物灭鼠既是现阶段防治的重要手段，也是综合治理的一个重要环节。但应讲究灭鼠时机与合理用药，对药物种类、配制浓度、选择饵料、投放方式以及投饵时机和用药规模等都必须科学合理、正确有效，不能以牺牲草地生态环境为代价。同时，还要针对害鼠的生活习性、栖息特点以及天气、地形等全面安排灭鼠活动，以达到好的灭杀效果。应大力推广对环境污染小、对鸟类和家畜安全系数高的抗凝血剂类灭鼠药物，在有条件的地方扩大使用C—型肉毒梭菌毒素等生物农药的规模，尽可能减少化学农药的使用，禁止使用毁灭性农药以及残留期长、具有二次中毒或可能伤害鸟类的农药或毒饵。要真正筛选出适宜草原环境使用的药物或方法，以保证草原环境，特别是野生动物的安全。同时，加强保护野生动物和草原生态环境的执法力度。

4. 建立综合防治的科学研究体系更应突出。草原退化及草地鼠害是世界普遍存在的问题，各国都在积极探索解决的途径。与发达国家相比，我国鼠害防治方法仍处于减少害鼠为控制目标的阶段，对于害鼠防治的经济成本以及环境效应考虑不足，同时尚缺少对不同害鼠、不同环境乃至不同季节的控制措施的具体指导，这方面在科技研究尚不能给予生产实际以强有力的理论支持。国家科技部门应加强对草原害鼠综合防治和草原生态研究的支持力度，保证给予充足的科研经费。

5. 建立草原管理部门分工明确的良性管理机制。应充分发挥各方面积极性，统筹安排好草原各个管理部门的职责与权限。由于历史原因，我国草原害鼠防治分别由草原管理部门（各级草原工作站或草原监理站）与卫生防疫站、环境保护部门负责。从事同一工作，但渠道不畅通，受各自管理范围的局限，相互之间缺乏必要的沟通和协调，也减弱了经费应有的效益。这些都应由政府统筹安排，发挥各部门各专业的优势，集中有限的资金使之最大限度地产生经济效益和生态效益。

总的来讲，内蒙古草原必须加强生态建设，短期内快速恢复生态，创造不适合鼠类生存的条件，恶化鼠类的生存环境。要坚持“预防为主，综合防治，防治效果和环境保护并重”的原则，加强对草原鼠害发生、发展规律的研究，把握草原鼠害的特点、分布、危害及有效预防和控制措施，做到心中有数，搞好重点防范，提前防范。加快建立能落实、真管用的国家、省、地、县各级草原灾害应急处置预案，健全统一指挥、反应灵敏、协调有序、运转高效的应急机制，明确职责任务，提高应急反应效能。要进行充分的应用基础研究和实用技术支持，大力提倡生物、生态、化学、物理综合措施。通过改良草场，控制载畜量，划区轮牧，围栏封育等措施恢复植被，提高牧草覆盖度和恶化鼠类生存环境，使鼠—草—畜之间保持协调的关系。同时，还要加强对害鼠天敌的保护，保持草原生态食物链的完整，物流与能流的畅通，形成牧区动物多样性，彼此之间有制约，从而控制鼠类数量，减少灾害。

警惕“生态癌症”的扩散

——对广东严重石漠化的思考

【事件回放】

2010年7月初，在广东沙坪镇，高低连绵的丘陵山地变成了石头的海洋，只有零星的杂草在石缝中顽强地生存下来，走近细看，几棵残存的松树桩仍残留着或火烧、或砍伐的痕迹。这就是人们常说的“石漠化”现象。

石漠化，也就是喀斯特荒漠化，是指在我国南方溶岩地貌区广泛分布的、受烧山伐林和开垦荒坡等人为活动干扰、地表植被遭受破坏、水土严重流失、溶岩大面积裸露或砾石堆积的土地退化现象。石漠化是岩溶地区土地退化的极端形式。由于它和干旱缺水、水土流失还有物种消失等多种自然灾害伴生，会给生态带来毁灭性的后果，因此也被学术界称为“生态癌症”。

被石山包围的广东韶关乐昌市沙坪镇，只是石漠化威胁下粤北山区的一个缩影。在广东全省岩溶区面积达15968490亩，其中石漠化区域占到了45.6%，分布在乳源、乐昌、阳山、英德、连平、怀集、阳春等县（市）。31个县（市、区、场）101个乡镇分布着150多万亩沿海沙化土地，约1080万人遭受石漠化威胁，约占全省人口的十分之一。位于广东韶关乐昌市西部的沙坪镇形同一片绿叶，捍卫着南岭山脉的苍翠与宁静。然而，这片所剩无几的绿色，正因为石漠化问题而枯黄褪色。专家调查发现，山区石漠化与沿海荒漠化日益成为广东的两大生态问题。严重的石漠化使越来越多的人以不同方式走出大山，外迁谋生已经几乎成为了当地年轻人的首选，剩下的都是老人或者实在没有能力迁走的人家。可以说，在石漠化问题的背后，是当地居民对森林资源的长期过度索取。1958年“大炼钢铁”时，当地用材林遭到毁灭性砍伐，保存数百年的古树群也被伐。20世纪60年代生活困难时期“向山要粮”，农户毁林毁草开荒耕种，经济林、灌木林被毁。70年代末、80年代初实行山林承包制，农民误解政策，集体林木被毁、被伐严重，80年代以前，山上森林密布，有梧桐、柏杨和红豆杉，到90年代中期，逐渐山石裸露，水土流失。近几年，封山育林，山林复绿，可惜一场冰灾，20年努力几乎化为乌有。乐昌市石漠化面积已经达到267.6平方千米，还有近20%的面积存在进一步石漠化的可能。虽然石漠化问题严重，但是当地对石漠化问题的科学认识却经历了一个缓慢的历程。有专家说，相比四川、贵州、云南等石漠化“重灾区”，广东的情况还不是生态环境最坏的地方。

【应对举措】

面对石漠化的严重威胁，发改委等六部门制定了《岩溶地区石漠化综合治理规划大纲》。《大纲》明确要求通过开展石漠化综合治理，到2015年要控制住人为因素可能产生的新的石漠化现象，生态恶化的趋势得到根本改变，土地利用结构和农业生产结构不断优化，草食畜牧业和特色产业得到发展，人民生活水平持续稳步提高，农村经济逐渐步入稳定协调可持续发展的轨道。

2008年中央将全国451个县列入石漠化的综合治理工程县，首先对100个县进行试点，目前经治理的地区生态得到改善，石漠化速度有所减缓。3年以来石漠化的治理面积已经达到了3万平方公里，新增林草植被41万公顷，中央累计投入22亿元，带动了整个各类资金270亿元。2011

年，我国石漠化综合治理将由试点转为全面推进阶段，2013 年有可能实现 451 个县的全面覆盖。

2007 年，乐昌市作为广东唯一代表城市，入选全国 100 个开展石漠化综合治理的试点地区。此次综合治理不仅仅是先前封山育林、人工造林那么简单，它还包括水渠、小型蓄水池建设等水利工程的治理与建设。此次综合治理与之前治理思路的根本区别在于：除了石漠化本身之外，还通过大力推广沼气池、节柴灶建设应用等措施，切实解决当地居民的贫困问题。

经过几年的努力工作，乐昌市的石漠化治理已经初见成效。该市先后投资 4498.32 万元，实施封山育林 10302 公顷、人工造林 1701.5 公顷，梅花、沙坪、云岩、庆云、白石、秀水等 6 个石漠化最严重的镇的 61 个村因此受益。

2010 年起，广东省有关部门着手编订《广东省溶岩地区石漠化综合治理中期规划》，并选择连平、连州、乳源为省级石漠化综合治理试点县市。

【评析反思】

石漠化就是地表失去土壤的过程，它起因于岩溶地貌和亚热带气候，成因于人类的过度开发和生态破坏。我国西南的岩溶地区是全球岩溶最集中的区域，现在的岩溶面积接近 45 万平方公里，涉及贵州、云南、四川、广东等 8 个省、451 个县，石漠化的面积已经达到了 12.96 万平方公里。根据 2010 年的数据统计，石漠化正以每年 2%的速度扩张，目前直接影响到我国 2 亿人的生存环境。

1. 喀斯特石漠化的严重危害。喀斯特石漠化带来的危害是多方面的：

（1）喀斯特石漠化可导致土壤侵蚀性退化，使水土流失加剧，可耕地面积减少。其后果就是土地的石漠化、土壤贫瘠化和土壤结构性恶化。

（2）喀斯特石漠化可导致喀斯特地区植被的逆向演替。乔木逐渐为典型的小灌木、草灌丛所取代，使岩溶生态系统内植物种群数量下降，群落的生物量急剧降低，植被结构简单化，破坏了物种群的多样化。接踵而来的是生物遗传的多样性、物种的多样性和生态系统的多样性的逐步消失，物种灭绝速度加快。

（3）喀斯特石漠化使地表裸岩增加、森林植被减少，导致其调节缓冲地表径流的能力降低、水源涵养能力下降，地下径流变化幅度增大，表层带岩溶泉枯竭，使区域性的旱涝灾害发生和小气候环境恶化的几率增加。

(4) 喀斯特石漠化会使喀斯特地区的社会经济的发展受到阻碍，将导致增加贫困发生的几率，人和自然的矛盾加剧，从而走上生态环境破坏更为严重、石漠化治理难度更大的恶性循环之路。

(5) 喀斯特石漠化可以破坏喀斯特地区的生态自然景观，或造成其区域内景观的旅游价值降低以致丧失，影响其优势旅游资源的开发和利用，从而也就严重影响了当地经济收入的一个增长点。

2. 走出天殇式发展的陷阱。如何把握生态环境保护与渴求经济发展之间的平衡点，已成为粤北石漠化地区综合治理不得不面对的两难抉择。提高对石漠化的重视程度、加大治理力度、增加经费投入是治理石漠化的治本之策。“恢复植被是首要目标，只有石漠化地区的山地全部覆盖了森林植被，危害才能逐步减轻。”同时，治理石漠化的关键还在于治贫，最好的办法是封山育林。只有居民的生活水平得到提高，他们才能意识到治理石漠化的重要性。只有当地居民的意识到治理石漠化是重要性，并支持和配合治理工作，生态环境保护与当地经济发展之间的平衡点才能被完全掌握。

因此，用系统的思维和方法来推进石漠化综合治理，一要从石漠化的形成原因入手，加快改变人的行为模式和生产方式，努力促进人与自然和谐。从石漠化形成的原因入手去解决石漠化问题，就是要统筹考虑人的需求和生态的需求，寻求一种既有利于人类自身发展又有利于保护生态的发展模式。从恢复生态学的角度来看，有三种路径：一是用工程措施和生物措施建造生态系统；二是完全靠自然修复，封山育林；三是实现人与自然和谐，在整个石漠化区域内统筹考虑植物、动物、人的和谐活动。第一、二种有明显的作用，但从区域内平衡的观点看，带来的问题是生态负荷更相对集中在非工程区和非封山地区。而如果我们能够全面协调治理区内农林牧业，科学利用植被资源和土地资源，就可以让生态负荷相对分散，减轻生态压力，实现生态恢复和脱贫致富同步。二要从石漠化的形成机制入手，积极实施人工干预，加快石漠化地区生态恢复步伐。不同地质背景下石漠化形成的可能性和程度不同，相应地，不同地质背景下通过人工干预治理石漠化和恢复生态的容易程度也必然不同。要遏制石漠化面积扩大的趋势，必须坚持先易后难的原则，重点对轻度石漠化和中度石漠化地区进行人工干预，在潜在石漠化地区预防石漠化的形成。对于强度和极强度石漠化地区，主要采取生态移民搬迁、封山育林育草等措施，依靠大自然自我修复。同时，恢复植被既是石漠化治理的目的，也是石漠化治理的手段。恢复石漠化地区的植被，必须因地而宜、因时而宜，系统地、有步骤地考虑植物的引入，要加快退耕还林和植树造林的步伐，进一步提高生态优势，只有这样，才能使石漠化治理尽快见到实效。三要从石漠化的治理需要入手，整合各方面资源，形成石漠化综合治理的合力。石漠化综合治理是一个庞大、复杂的系统工程，造成石漠化的因素很多，而且各种因素之间相互关联、相互影响，单独解决哪一方面的问题都不可能实现治理的目标。

从一些地方治理“生态癌症”的经验来看，主要体现在因地制宜、技术创新、方式转变、整合资金和确保工程质量五大方面，目前已经出现了有几十种针对不同地理地点的治理模式，在一些地方还创新出了叫山顶戴帽子、山腰系带子、山脚搭台子、平地铺毯子、入户建池子、村庄移位子综合的生态治理的“六子登科”的治理新模式。

总之，治理“生态癌症”必须多管齐下，统筹安排，系统推进。一要有科学、严密、全面的治理规划体系，使治理石漠化有章可循，可以沿着正确的治理方向，避免走弯路。二要切实加强对治理工作的领导。石漠化综合治理涉及的区域很广，涉及的部门也很多，必须有一个强有力的领导机构，才能做好相关协调工作，才能真正把石漠化治理工作拿在手中，抓紧抓好。三要统筹捆绑使用石漠化综合治理的各类资金，做到专款专用，真正把钱花在该花的地方，用在有用的地方。四要充分调动当地群众的积极性。要向广大农民群众宣传开展石漠化综合治理的重大意义，使其真正认识到石漠化问题的严重性，理顺石漠化土地的产权关系，明确石漠化治理者和土地权利人的合法权益，使他们在治理中得到真正的实惠。五要依法推进石漠化综合治理。在开展治理中认真贯彻落实《森林法》、《水土保持法》、《环境保护法》、《农业法》、《退耕还林条例》等法律法规，加快完善地方政策法规体系，加大执法力度，坚决严厉打击和查处乱砍滥伐、毁林毁草开荒、毁坏水利设施和基本农田、非法征占农用地等破坏生态环境的违法行为，为石漠化综合治理和生态文明建设提供法制保障，实现经济发展与治理工作的双赢。

防火胜于救火

——四川道孚草原火灾的警示

【事件回放】

2010 年 12 月 5 日 12 时 20 分左右，甘孜州道孚县鲜水镇孜龙村呷乌沟发生山地灌丛草地火灾。正在营区篮球场锻炼的四川省甘孜军分区独立营副政治教导员泽旺，看见道孚县鲜水镇孜龙村方向浓烟滚滚。泽旺当即判断，该地区发生了大面积火灾。他正准备向教导员李列报告情况，李列已从家属院跑了出来。火情就是命令！考虑到时间紧迫、情况紧急，李列决定边出动部队边向人武部报告请示。李列和泽旺带着部队来到山脚下，由于山高路险坡陡，除了勇士车可以上山外，大车无法前行。李列当即决定：由他和泽旺乘坐勇士车上山查看火情，由二连指导员焦祖波、三连连长张华国组织部队徒步爬山，争取靠近火场的时间。

道孚县山高谷深，东部雪山海拔高达 5820 米，南端河谷最低处有 2670 米，正是由于这样复杂的自然环境，导致发生山火后不容易被扑灭。同时，因为山上全部是小的灌木林，灌木林火苗是非常高的，一旦遇到风，火势较大，蔓延也比较迅速，扑火人员根本没有办法靠近。再加上地形比较复杂，山势比较陡峭，一般都是七八十度，有些地方甚至接近 90 度，大型的车辆、工具根本用不上，所以这里只能靠人工。而那地方没有水源，只能用比较原始的扑火工具来扑火，再加上高原缺氧，天气寒冷，对救火造成很大的困难。

火情发生后，道孚县委、县政府立即组织人员赶到火灾现场，成立现场指挥部，下设 7 个职能工作组，全力开展灭火等相关工作。与此同时，县林业防火指挥部立即组织林业灭火人员 38 人、道孚林业局职工 28 人、鲜水镇群众 35 人、农牧局职工 20 人共 111 人赶赴火灾现场灭火。

12 月 5 日下午 14 时 30 分左右，火势基本得到控制。为彻底扑灭余火并及时截断火情向附近老百姓住地蔓延的通道，15 时 10 分，独立营官兵、道孚林业局职工和鲜水镇群众进入呷乌沟沟底清理余火，其中独立营 17 名官兵和当地 8 名群众作为一组赶往地势复杂险峻、困难风险最大的沟内清理余火。突然一阵大风将余火吹燃，将扑火战士和群众围在沟中。事发时火场天气晴朗，吹着大风，温度为 13℃～16℃，火线长达几公里，火场过火面积超过 500 亩。不到半分钟，整座山就成为一片火海。

当时很多官兵在火头到达时，已经快速跨过了火海脱身。但听到有群众在呼救，又毫不犹豫地冲进火海进行救援。火势借风瞬间掀起浓烟和火光，沟底的灭火官兵、群众和林业职工被包围在火海中。由于火势很大，被困人员难以脱身，造成灭火官兵、林业职工、群众共 22 人牺牲，3 人重伤，1 人轻伤。

关于起火原因，四川省和当地的公安机关立即展开调查。经查，2010 年 12 月 5 日 10 时左右，道孚县鲜水镇孜龙村村民她姆（火灾中遇难）带领其 3 个小孩前往呷乌山协麦维护自家的经幡丛（给经幡杆子加固，以新换旧经幡），并带有火柴和絮巴（絮巴系干柏树叶制作而成，按当地风俗，熏烟用）放置于经幡丛边地上。12 时许，其大儿子益某在距经幡丛东侧 6.3 米的地方玩耍火柴，将枯草引燃。她姆发现后立即扑火，但未能控制火势。12 时 20 分许，火势引发了山地灌丛草地火灾。因犯罪嫌疑人益某案发时仅有 6 岁多，未满 14 周岁，根据《中华人民共和国刑法》第 17 条之规定，益某的年龄属完全无刑事责任能力的范畴，故不予刑事处罚，责令其家长或者监护人加以管教。

【应对举措】

接到四川省草原防火办的火灾情况报告后，农业部立即向国务院报告并启动《全国草原火灾应急预案》Ⅰ级应急响应。国务院副总理回良玉针对这起火灾做出重要批示，要求科学组织，有力、有效、有安全保障地扑灭火灾，最大限度地减少损失。农业部部长韩长赋迅即做出部署，要求草原防火指挥部领导赶赴现场指导，尽快扑灭火灾，防止新的人员伤亡，查明原因，处理好善后，切实加强草原防火工作。

四川省委书记、省人大常委会主任刘奇葆接到灾情报告后，立即做出批示：省州要全力抢救伤员，同时做好死亡人员的善后及抚恤工作。省委副书记、省长蒋巨峰立即指派省委常委、副省长钟勉率工作组前往火灾现场。随后，蒋巨峰来到省森林防火指挥中心，主持紧急会议，听取救火情况介绍，做出 6 项部署。在完成紧急部署后，蒋巨峰率队连夜赶往道孚。

县委、县政府及时制定方案，投入大量人员和物力紧急救援处置。为了保护起火点附近居民，道孚县消防队 5 日从临近的炉霍县调来 2 台消防车、8 名专职消防队员，在鲜水镇孜龙村新疆沟道路两旁垂直距离火场 1000 米左右的地方架起一道防水墙，保护附近居住的 100 多户居民。下午 18 时 30 分左右，在医务人员的护送下，3 名重伤员、1 名轻伤员被送往康定州人民医院进行救治。省卫生厅组织烧伤专家对 4 名伤员进行了治疗和处理。在伤员病情稳定后，于 7 日 11 时由直升飞机送往成都，分别转入成都军区总医院和四川省人民医院救治。

中共中央总书记、国家主席、中央军委主席胡锦涛当即做出重要指示，要求尽最大努力抢救伤员，妥善处理遇难人员善后问题。周永康、回良玉、郭伯雄、徐才厚等领导同志也分别做出批示，要求认真贯彻落实胡锦涛重要指示。解放军总参谋部、总政治部、总后勤部迅速派出联合工作组赶赴现场，代表胡锦涛主席和其他领导同志看望慰问牺牲官兵亲属、受伤官兵和救灾部队，现场解决各项实际问题，指导抢救伤员和善后工作。解放军总部从解放军总医院、第三军医大学、成都军区总医院抽调专家，与地方医护人员一起全力救治伤员。成都军区派出两架直升机，克服恶劣气象条件，运送伤员、急救药品和医疗器械。12 月 8 日，解放军总参谋部、总政治部、总后勤部、总装备部联合发出唁电，对在执行道孚灭火救灾任务中不幸遇难的甘孜军分区独立营15名官兵表示沉痛哀悼，向遇难官兵的亲属和他们生前所在部队官兵表示亲切慰问。

【评析反思】

22个鲜活的生命，就这样被火魔夺走了，真是让人越想越痛心。草原火灾是一种突发性强、蔓延速度快、破坏性大、处置救助较为困难的灾害。建国以来，仅牧区就发生过草原火灾50000多次，累计受害草原面积2亿多公顷，因灾死伤1800多人，造成经济损失600多亿元。做好草原防火工作，事关国家和人民生命财产安全，事关国家生态安全，事关经济发展和社会稳定。

《汉书·霍光传》里有这样一则故事：有个人到朋友家去做客，见主人家的烟囱是直的，灶边又堆了不少柴薪，觉得这样很危险，便向主人建议将烟囱改成弯曲的，将柴薪搬到远处去，不然容易发生火灾。主人听后，并不以为然。不久，主人家果然失火，亏得邻居及时赶来把火扑灭。事后，主人杀牛摆酒，酬谢前来救火的邻居，偏偏没有请建议他改砌烟囱、搬走柴薪的那位客人。席间，有人对主人说：如果当时你听从那客人的话，那么就不会失火，也就不必杀牛摆酒了。今天你请客，怎么把你那客人忘了？主人听了顿时省悟，马上把那客人请来，并奉他为上宾。“曲突徙薪”的典故，让我们懂得了“防火胜于救火”的道理，对可能发生的事故应防患未然，未雨绸缪，尽早消除产生事故的因素。

为增强群众的消防安全意识，预防火灾和减少火灾危害，加强应急救援工作，保护人身、财产安全，维护公共安全，国家制定了《中华人民共和国消防法》，公安部也将每年的11月9日定为“119消防宣传日”，并以此为契机，开展消防安全宣传活动，以期尽量减少火灾的发生。

一张纵横交错的全民防火网，却未能保持道孚县零死亡的灭火纪录。在道孚，专门设置的防火部门至少有3个。县林业局有防火办，防火指挥部办公室也设在县林业局。防火办下设3个打火中队和78人的专业打火队伍。此外，在道孚县农牧局，也有专门的防火办。县草原防火指挥部办公室设在该局，职责主要是负责草原防火和灭火。在道孚，还有一队森林警察，这是一支正规的救火武警部队。古人云：工欲善其事，必先利其器。但是在道孚，只有森林武警配备有稍微先进一点的风力灭火机和灭火弹。日常灭火装备原始落后，主要是塑料拖把、水桶和铁锹，还有数量不多的防毒面具。这些最原始、简单的灭火工具是很难抵挡蔓延速度极快的草原大火的，所以，此次草原火灾给广大农牧民的生产生活造成了惨重的损失。痛定思痛，人们应从中得到更多的警醒。

草原防火工作具有很强的时效性和程序性，只有不断完善草原防火的法制和预案，建立并严格执行生产用火审批、火灾报告、物资管理、草原防火管制区和管制期等制度，才能明确职责，增强对火灾的快速反应能力，真正实行依法治火。而道孚草原火灾暴露的是不是这方面的纰漏呢?特别是在严格执行火源管理制度，认真开展隐患排查整治工作，积极开展草原火灾应急演练和培训，有效降低草原火灾发生几率方面，做的如何呢？怎样来加强呢？所以，多一些这方面的反思，比亡羊补牢要好得多。

这场伤亡惨重的大火，终于令道孚县草原防火工作得到了重视。火灾发生两天后，道孚县通过了 6 项措施抓实冬季森林防火工作。其中一项是：加强队伍建设，建立健全防扑机制。调整充实一支 80 人的森林消防应急队伍，配备服装、橡胶拖把、水壶、灭火弹等，各村分别建立了一支不少于 50 人的义务扑火队伍，建立完善森林火灾联防联勤机制。农业部也拨付道孚县农牧局 369 万元用于防火。按照计划，道孚县农牧局将用 109 万元，用于购买风力灭火机、服装等灭火设备；110 元万用于购买一辆指挥车和一辆运兵车；剩下的 150 万元作为工作经费，用于农牧民配合、防火宣传、维修物资储备库等。但愿道孚火灾和“曲突徙薪”的故事能警醒人们，使“亡羊补牢”可以奏效。

第二编

事故灾害类

【导语Ⅱ】

筑起保障生命安全的“防火墙”

——事故灾难警示录

事故灾难是由人们直接的生产生活活动引发的，违反人们意志的、迫使活动暂时或永久停止，并且造成大量的人员伤亡、经济损失或环境污染的意外事件。事故灾难按照其性质、严重程度、可控性和影响范围等因素，一般分为四级：Ⅰ级（特别重大）、Ⅱ级（重大）、Ⅲ级（较大）和Ⅳ级（一般）。

盘点2010年全球的事故灾难，令人震撼。

第一，环境灾难。2010年4月20日，位于美国路易斯安那州威尼斯东南约82公里处墨西哥湾海域的一座钻井平台爆炸起火。平台下方的油井每天泄漏大约5000桶原油。浮油面积随后扩大至美国东海岸地区，影响到路易斯安那、阿拉巴马、佛罗里达等州。美国白宫能源和气候变化政策顾问称这是美国历史上最严重的生态灾难。行动迟缓的美国政府和控油不利的英国石油公司成为众矢之的。7月16日18时，大连市新港附近中石油的一条输油管道发生爆炸起火，火势燃烧了15个小时才被扑灭。此次输油管线爆炸事件所引发的环境污染问题受到人们关注，尤其是大火产生的烟尘对空气环境和当地居民的生活和健康的影响。7月3日，福建省紫金矿业紫金山铜矿湿法厂发生污水渗漏事故并瞒报长达9天，直到12日才被曝光。约9100立方米的含铜酸水外渗引发汀江流域污染，仅棉花滩库区死鱼和鱼中毒约达378万斤。福建有关部门已认定此次污染属重大突发环境事件。

第二，交通事故。据统计，全球每年死于道路交通事故的人数已超过120万，约1亿家庭有成员因道路交通事故而致死或致残。世界卫生组织预测，到2020年，全世界道路交通伤亡和致残人数将增加60%。

第三，空难频发。这一年的航班事故由2009年的每150万架次航班1起事故增加到了每130万架次1起事故。全年共发生了28起航班事故，死亡人数上升了13%，达到828人。这个数字比过去10年的年均死亡人数高出4%。

第四，火灾肆虐。2010年最为严重的当属7月中旬就开始的莫斯科郊区森林火灾，导致554个森林着火点和26个泥炭着火点，着火总面积超过19万公顷，经济损失逾65亿卢布，至少53人死亡、500多人受伤，超过2000间房屋被毁，俄罗斯境内有7个地区宣布进入紧急状态。6月3日，孟加拉国由于违章建筑而发生特大火灾，导致至少120人遇难。还有11月15日上海市静安区胶州路上一幢高层民宅10至12层之间起火。楼内大部分为退休老教师，大火共造成58人遇难，53人受伤。此外，4月25日，菲律宾奎松市发生火灾，至少300间民房被烧毁，上万民众无家可归，受伤民众高达2000人之多。1月24日，发生于喀麦隆的一起住宅区火灾令1755名民众受伤。3月24日，泰国的一场大火烧伤了300多人，等等。

第五，坍塌事故。2010年11月15日晚，印度新德里一栋5层居民楼突然倒塌，造成大约100人遇难，130多人受伤。该楼内住户大多是贫困的外来劳工，印度官方称事故由违章施工引起，事发时该楼地基已被雨水浸泡了2个月。10月27日，阿富汗北部巴格兰省一个结婚典礼现场发生屋顶坍塌事故，致使大约65人死亡。2月19日，摩洛哥梅克内斯一座清真寺的一个宣礼塔倒塌，同时屋顶部分坍塌，造成36人死亡，70多人受伤。7月24日，我国河南省洛阳市栾川县潭头镇汤营村伊河汤营大桥整体垮塌，导致44人遇难，22人失踪。

第六，踩踏事件。2010年7月24日，德国西部鲁尔区杜伊斯堡市在举行“爱的大游行”电子音乐狂欢节时发生踩踏事件，造成至少19人死亡，342人受伤，成为2000年以来欧洲发生的最严重踩踏事件。造成本次事件的主要原因是由于活动场地唯一的入口是地下通道，该地下通道发生人群拥堵，引起恐慌性踩踏事件，人山人海的失控局面大大增加了救援工作的难度，连救援直升机都找不到降落的地方。3月4日，发生于印度北部一座神庙的踩踏事故造成37名儿童和26名妇女死亡，数十人受伤。11月29日12时许，新疆阿克苏市第五小学发生踩踏事故，近百名孩子受伤。

第七，生产事故。2010年度全球各大洲都有比较严重的矿难事件。4月5日，美国位于西弗吉尼亚州的矿井发生爆炸，导致29人死亡，成为美国近20年来发生的最为严重的井下事故。5月8日，位于西西伯利亚地区的煤矿发生爆炸事故，不仅使正在作业的矿工受灾，而且就在救援人员下井救人时，发生二度爆炸，使首批下井的救援者受灾，至少66人在本次事件中丧生。5 月 20 日，土耳其黑海附近的煤矿地下 500 米处发生了一起严重爆炸事件，导致 30 人丧生。11 月 19 日，新西兰南部发生矿井爆炸事故，导致 29 人失踪，生死不详；更为雪上加霜的是，由于毒气造成了救援者无法下井救援，使得人身伤亡无法进一步控制。6 月 16 日，发生于哥伦比亚西北部城市的一个小型煤矿爆炸，导致矿井中作业的工人由于矿井坍塌而被掩埋，共造成 73 人死亡。6 月 29 日，发生于加纳南部的金矿塌陷，是又一个大灾难。由于当地缺乏救援机械，救援工作无法展开，造成至少 70 人死亡。爆发于拉丁美洲的重要矿难有：11 月 21 日，委内瑞拉南部一个被丢弃的矿井中发生塌陷事故，导致 6 名进行非法挖掘的矿工丧生。11 月 22 日，苏里南发生了矿井井壁倒塌事件，7 名非法淘金者遭活埋，2 名遇救，3 人得以自行逃生。8 月 5 日，智利北部科皮亚波市附近的铜矿矿井塌陷，导致 33 名矿工被困。他们逃到了 700 米深处的安全地带，并得到地面人员通过钻出的通道救济他们的食品和水。在历时 69 天的营救后，所有被困人员成功获救。这个救援过程被全球转播，成为 2010 年度灾害管理的一个成功案例。

一组关于中国的数据表明，2010 年全国安全生产继续保持了总体稳定趋于好转的发展态势。据国家安全总局统计，全年全国发生各类事故是 363383 起，死亡 79552 人，事故同比减少 15865 起，死亡人数同比减少 3648 人。重点行业领域的安全生产状况进一步得到了改善，全国没有发生一次涉难 60 人以上的特别重大事故。工矿商贸企业的事故起数和死亡人数分别为 8431 起、死亡 10616 人，同比减少了 1111 起、920 人。煤矿事故起数和死亡人数分别为 1403 起、死亡 2433 人，同比减少了 213 起、198 人。同时，经过有效的防范和全力的救援，2010 年煤矿遏制了一次死亡 50 人以上的特别重大事故。金属与非金属矿山、危险化学品、道路交通、水上交通、铁路交通、农业机械和大火引发的灾害也都有不同程度的下降。这是继 2008 年事故死亡人数首次降到 10 万人以下、2009 年降到 9 万人以下之后，事故死亡人数又一次较大幅度地下降。反映安全生产整体水平的 4 项相对指标同比降幅均在 10% 以上。亿元 GDP 生产安全事故死亡率由 0.248 降到 0.201，工矿商贸 10 万就业人员生产安全事故死亡率由 2.4 降到 2.13，道路交通万车死亡率由 3.6 降到 3.2，煤矿百万吨死亡率由 0.892 降到 0.749。

安全生产取得的进步难能可贵。但是，一些地方却因一场小的事故灾情导致相当大的灾难。例如，2010 年 6 月 14 日晚 11 点，四川省甘孜州康定县捧塔乡局部强降雨引发山体滑坡，导致金平水电站项目设在山脚下的临时工棚被掩埋，23 人死亡，7 人受伤。2010 年 9 月 17 日晚，一场小雨使得北京车速低于每小时 20 公里的拥堵路段达到 140 条，打破了 2010 年初大雪时拥堵的历史纪录。

反思这些事故灾难原因，主要是存在 5 个不够。

第一，安全发展意识不够强。有一些企业的主体责任还落实不到位，安全投入的标准非常低。

第二，安全法制手段不够硬。突出的表现就是在非法和违法行为上仍然是屡禁不止，有一些地方执法不严，打击不利，有的是以罚代管，有的是不敢硬碰硬。

第三，安全工作的基础不够牢。在目前全国 430 万个生产经营单位中，中小企业约占了 90%以上，煤炭等高危行业小散乱差的状况尚未得到根本性的改变。

第四，安全整治措施不够实。有一些地方和企业安全专项整治在走过场，隐患的排查治理不全面不彻底。

第五，安全管理和监督不够严。目前，中国正处在工业化、城镇化快速发展时期，处在生产安全事故易发多发的特殊时期，安全生产领域的各类矛盾、问题和隐患还很多。例如，安全生产基础仍然薄弱，煤矿等高危行业结构不合理、发展方式粗放落后的问题仍然比较严重，一些公共设施安全隐患严重，应急处置和抢险救援能力不足，非法违法行为、违规违章现象屡禁不止，严重威胁着安全生产。

加强安全法制建设，不断落实安全管理和监督，为生命筑起安全的“防火墙”，成为刻不容缓的大事。安全生产的严峻形势，给我们发出了许多应该引以为戒的警示。

第一，必须加强风险管理。风险管理包括了对风险的量度、评估和应变策略。一般来说，风险管理是对一连串危险源按照风险程度排好先后次序，使可以引致最大损失及最可能发生的事情优先处理，而相对风险较低的事情则往后处理。现实情况里，优化的过程往往很难决定，因为风险和发生的可能性通常并不一致，所以要权衡两者的比重，以便做出最合适的决定。首先，风险管理必须识别风险。风险识别是确定何种风险可能会对行业或企业产生影响，最重要的是量化不确定性的程度和每个风险可能造成损失的程度。其次，风险管理要着眼于风险控制，公司通常采用积极的措施来控制风险，通过降低其损失发生的概率，缩小其损失程度来达到控制目的。控制风险的最有效方法就是制定切实可行的应急方案，编制多个备选方案，最大限度地对企业所面临的风险做好充分的准备。当风险发生后，按照预先的方案实施，可将损失控制在最低限度。再次，风险管理要学会规避风险。在既定目标不变的情况下，改变方案的实施路径，从根本上消除特定的风险因素。

第二，必须促进安全防范措施的落实。深化重点行业和领域安全生产的专项整治，着眼于治大隐患、防大事故。实施重大危险源管理与监控，做好事故隐患的排查整改工作。各级人民政府及有关部门应进一步加强对本行政区域各单位、各重点部位安全管理的监督检查，严密防范各类安全事故，要加强监管监察队伍建设，充实必要的人员，完善监管手段。各有关部门要按照有关法律法规和职责分工，加强对本系统、本行业和领域的安全监管监察，严格执行安全许可制度，经常性开展监督检查，依法加大处罚力度，要提高监管效率，对事故多发的行业和领域进一步明确监管职责，实施联合执法。上级主管部门和有关监察机构要把督促风险隐患整改情况，作为衡量监管机构履行职责是否到位的重要内容，加大监督检查和考核力度。各企事业单位要切实落实安全管理的主体责任，建立健全安全管理的规章制度，加大安全投入，全面落实安全防范措施。

第三，必须加强事故的信息报告和预警工作。应建立健全信息报告工作制度，明确信息报告的责任主体，特别重大、重大事故灾难发生后，事发地政府、有关部门要按规定及时、准确地向上级报告，并向有关地方、部门和应急管理机构通报，对迟报、漏报甚至瞒报、谎报的行为要依法追究责任。在加强各级政府和有关部门信息报告工作的同时，通过建立社会公众报告和举报奖励制度、设立基层信息员等多种方式，不断拓宽信息报告渠道。建设各级政府组织协调、有关部门分工负责的各类事故灾难预警系统，建立预警信息通报与发布制度，充分利用广播、电视、互联网、手机短信、电话、宣传车等各种媒体和手段，及时发布预警信息。

第四，必须加强基层应急防范工作。应以生产经营单位、社区和乡镇为重点，加强基层和现场的应急管理。从建立健全应急预案、建立救援队伍、加大应急投入、完善救援保障、普及应急知识等方面入手，将各项工作落实到各环节、各岗位，全面加强基层安全生产应急管理工作，提高第一时间的应急处置水平和能力。加强应急管理当务之急是切实提高基层的应急管理能力。社区要针对群众生活中可能遇到的突发公共事件，制订操作性强的应急预案，使群众一看就明白要做什么、怎么做和谁负责、谁来做，避免不切实际地照抄照搬。乡镇要结合社会主义新农村建设，因地制宜加强应急基础设施建设，努力提高群众自救、互救能力，并充分发挥城镇应急救援力量的辐射作用。学校要在加强校园安全工作的同时，积极开展公共安全知识和应急防护知识的教育和普及，增强师生公共安全意识。企业特别是高危行业企业要切实落实法定代表人负责制和安全生产主体责任，做到有预案、有救援队伍、有联动机制、有善后措施。地方各级人民政府和有关部门要加强对基层应急管理工作的指导和检查，及时协调解决人力、物力、财力等方面的问题，促进基层应急管理能力的全面提高。

第五，必须发挥应急救援队伍的作用。坚持“险时搞救援，平时搞防范”的原则，建立应急救援队伍参与事故预防和隐患排查整改的工作机制。灾难事件发生后，事发单位或直接受其影响的单位要根据预案立即采取有效措施，迅速开展先期处置工作，并按规定及时报告。事发地人民政府负有统一组织领导应急处置工作的职责，要积极调动有关救援队伍和力量开展救援工作，采取必要措施，防止发生次生、衍生灾害事件，并做好受影响群众的基本生活保障和事故现场环境评估工作。为确保应急处置工作有力有序有效开展，必须统筹规划应急处置所需物资、装备、紧急避难场所、通信器材、生活用品及其运输能力方案，加强有关技术、信息的储备。

第六，必须实行事故灾难问责制。严肃追究事故责任，加大对事故查处的力度，认真分析借鉴重特大事故的沉重教训。2010年，监察部直接参与调查处理了16起特别重大生产安全事故。其中，2009年发生的有5起，2010年发生的有11起，包括湖南省湘潭市湘潭县立胜煤矿“1·5”特别重大火灾事故、神华集团乌海能源公司骆驼山煤矿“3·1”特别重大透水事故、山西华晋焦煤有限公司王家岭矿“3·28”特别重大透水事故等。截至目前，共有163名责任人员被依法追究刑事责任，197名责任人员受到纪律处分，其中省部级干部1人、厅局级干部11人、县处级干部40人，有55人受到撤职以上处分。严厉的问责制风暴，有效遏制了重特大事故的发生，体现了生命的尊严和安全重于泰山的责任。

九死一生，死而后生，大大小小的灾难接踵而至，让人们没有喘息的余地。灾难用一种极端的方式，教会人们尊重生命，珍惜生活，懂得感恩自然，勇于担当责任。从2011年开始进入了“十二五”规划时期，中国国家安全生产监督管理总局表示，有效地遏制重特大事故，将作为未来5年安全生产的一个重要控制指标。通过5年的努力，争取使安全管理体系更加完善，安全保障能力显著提高，事故总量持续下降，重特大事故得到有效遏制。其中，5 年之内亿元 GDP 事故死亡率要下降 36%、工矿商贸 10 万从业人员事故死亡率要下降 26%、煤矿百万吨死亡率要下降 28%、道路交通万车死亡率要下降 32%。但愿所有重生的心灵，都不会因失去亲人和家园而荒芜；但愿所有灾难的发生，都能使人类引以为戒，不要再让悲剧一次次重演，不要“后人哀之而不鉴之，亦使后人而复哀后人”啊！

缺乏安全监管必定酿成恶性事件

——湖南省株洲市高架桥坍塌事故的思考

【事件回放】

2009年5月17日16时24分，湖南省株洲市红旗路待拆除高架桥发生部分桥体垮塌事故，被压和被砸车辆27台，其中公交车1台。事故造成6人死亡，17人受伤。从17日晚至18日凌晨，搜救人员使用了包括3台生命探测仪在内的设备，经反复探查，绝大多数区域无生命迹象。

红旗路高架桥是湖南省首座城市高架桥，建于1995年并投入使用，全长约2750米，其中两侧引桥为400米，桥梁宽约16米，桥下净高8米，有121个桥墩。桥梁墩为板式桥墩，高架桥的梁是预应力预制箱梁。在株洲市规划局的网站上，一份《交警对株洲红旗广场改造提出了6条建议》的文件透露："红旗广场已成为荷塘区的商业中心，也是株洲东大门。然而，日益拥堵的交通却制约了广场周边人们的出行和经济发展。"交通部门认为"拆除高架桥已如箭在弦"。随着沪昆高速通车，这条湖南省第一座公路高架桥的重要功能被替代，如今难掩"拥堵不堪、事故多发"的尴尬现状。早在2007年，株洲市人大代表就提出建议拆除红旗广场的高架桥。事实上，“交通瓶颈”成为这座高架桥被当地政府慎重研究拆除的原因。

2009 年 5 月 5 日，此桥全封闭，禁止桥上通车，开始分段动工拆除。发生坍塌事故的桥段，原定在 5 月 20 日对该桥的 88 个桥墩分两段实施一次性爆破，其余 33 个桥墩将实施机械拆除。结果 17 日对该桥再次实施预爆时，由于冲击力过大，导致圈定范围外桥体垮塌，8 个桥墩和巨大的水泥桥面迅速将桥下的公路和途经车辆掩埋。

【应对举措】

事故发生以后，在积极开展事故现场处理的同时，湖南省委书记、省人大常委会主任张春贤迅速做出批示，要求全力组织救援，彻查事故原因，公开信息，绝不掩饰。正在香港参加湖南港澳洽谈周活动的省长周强连夜做出批示，要求全力抢救受伤人员，迅速查明事故原因，严肃追究相关人员责任，要对全省城市高架桥进行一次全面检查，狠抓责任和工作落实，彻底消除安全隐患。

湖南省委副书记梅克保、副省长陈肇雄带领省直有关部门领导赶到现场指挥。18 日凌晨，梅克保、陈肇雄再次召开现场办公会，布置救援工作，救援指挥部 7 个工作组全力投入现场施救。株洲市委、市政府立即启动了应急机制，成立了现场救援指挥部，公安、交警、消防、武警、建设、卫生等部门全力参加救援，市一医院、中医院、二医院等急救病房全部准备到位，医疗专家全部待命。晚上 23 时，株洲市政府召开了新闻发布会，第一时间公布相关信息。

现场施救组共组织 7 家施工单位的 280 人、7 个消防支队的 270 名官兵进行现场搜救。秩序维护组加强现场施救范围的安保工作，确保了现场施救工作有序进行，并对现场实施严格的禁烟、禁火等安全措施，防止泄漏的汽油引发爆炸等安全事故。消防官兵启用 3 台生命探测仪，对事故现场进行了多次全面细致地搜索。省、市桥梁工程等方面的专家制定了坍塌桥梁的吊装方案，各相关单位严格按照方案组织吊装。医疗救护组共出动医疗救护车 50 台次，100 余名医疗救护人员积极展开生命大救援，16 名伤员得到了有效救治。

湖南省安全生产监督等部门 13 日披露，造成重大人员伤亡和财产损失的湖南省株洲市红旗路高架桥坍塌事件，是一起性质恶劣的责任事故，当地公安部门已对部分事故责任人加以控制，施工单位负责人和相关部门官员、警员等已受到查处。事故调查组进一步指出，红旗路高架桥拆除工程是一起由政府有关部门直接组织管理的建设（拆除）工程，相关部门在组织实施中，安全监管不严格，施工方非法违法违规组织施工，监理方安全监管不到位，从而引发的重大责任事故。施工单位项目负责人程继昂、南岭民爆工程公司副总经理付新贵、总经理高育滨等 9 人移送司法机关依法追究刑事责任；株洲市建设局局长沈平、总工程师曾建华、信息工程办主任丁威 3 人受到撤职处分；株洲市交警支队支队长黄耀斌、株洲市安监局纪检组长王海宁等 8 人受到党纪政纪处分；株洲市人民政府被责令向省人民政府书面检讨；由有关部门对南岭民爆工程公司处 50 万元罚款，对株洲建设监理公司处 30 万元罚款，陈光正等企业主要负责人处上年收入 40％的罚款。

关于事故死者善后处理事宜，按照“一个领导、一套班子、一个标准”的善后处理方案，对于每一名事故死者统筹安排一名市级领导对接善后处理。死者不论城乡、不论年龄，死亡赔偿标准统一定为 40 万元/人，由施工单位委托业主单位先期代为垫付赔偿。这笔钱不包括事故中受损车辆的赔偿，投了保的受损车辆的损失由保险公司赔付，没有投保的车辆损失由施工单位赔偿。

【评析反思】

红旗路高架桥坍塌，酿成重大人员伤亡和财产损失，是一起非常罕见的城市高架桥大面积坍塌事故，社会影响非常恶劣。由湖南南岭民爆工程有限公司负责施工爆破拆除的株洲红旗路高架桥，曾经是湖南第一座贯穿城市中心的大型高架桥。该桥建成后，带动了当地经济发展，拉动了区域经济，并以其巍峨的雄姿和巨大的车流量，成为中部工业重镇株洲的城市标志之一。但 17 日发生的坍塌，造成高架桥 8 座桥墩、160 多米长的桥面轰然坠地，红旗路高架桥因此也成为我国第一座发生大面积坍塌并造成严重人员伤亡的城市高架桥。

对于这座高架桥的坍塌，有关专家当时较为普遍地使用了“考虑”、“初步”、“推测”等字眼，涉及的内容包括安全措施不到位、施工组织安排和模拟爆破对大桥结构的影响等，且有“初步现场勘查情况看”等前置语。毕竟，在权威调查机构结论出台之前，很多判断只能属于推测范畴。这一恶性事件，有 4 个方面的问题发人深省：

1. 安全意识不强。此次红旗路高架桥改造工程，从立项、招标到模拟爆破，每次协调会都强调了安全生产问题。会议不仅要求业主单位、施工单位、监理单位高度重视大桥拆除过程中的安全问题，而且在市内主要媒体上发布了公告。但事故还是发生了，这说明“有人安全意识不强，导致安全措施没有落实到位”。

2. 组织环节不力。此次拆除工程，准备时间长达近半年，工作方案也比较详细。经过 15 日的第一次试爆后，已被封闭的红旗路高架桥部分桥墩、桥体出现了裂缝，但政府未及时对此进行限行、封锁，对封锁区域外每个桥墩没有派人 24 小时严密监视，对事故现场也未实施全面警戒，导致发生了令人震惊的事故，说明“工作在某些环节上准备不够充分，不够细致，必然导致事故的发生”。

3. 技术准备不足。这座高架桥，迄今已经使用了 15 年。整个拆除计划是 15 日首先选择其中部分桥墩进行模拟爆破，然后再于 5 月 20 日进行整体爆破。这一计划没能够考虑到“大桥是一个整体，对其中部分桥墩爆破引起大桥整体结构和承重能力发生变化的可能性估计不够，一定程度上使事故不可避免”。事发当时正在对该桥实施爆破，由于震动过大，导致封锁区域外桥体垮塌，正在桥下行驶的车辆被压在桥底。

4. 严重违法违纪。事发后，株洲市成立了事故刑事责任追究领导小组，政府通报称，专案组对案件进行了调查。经调查，犯罪嫌疑人程继昂在不具备相应资质的情况下，以挂靠南岭民爆工程公司的方式，通过招投标程序中得红旗高架桥爆破拆除工程项目。由南岭民爆工程公司委派副总经理付新贵，作为拆除总技术负责人，负责对 20—86 号、89—108 号桥实施拆除爆破。红旗路高架桥其余部分由程继昂组织程继辉、黎树林、张益兵等人进行机械拆除。整个高架桥的拆除由株洲市建设监理咨询有限责任公司负责全程监理，禹卓担任红旗路高架桥拆除工程总监理，邓文辉、刘忠林两人负责协助监理。在施工监理过程中，禹卓等人没有对程继昂等人有无机械拆除高架桥资质和相关安全措施予以审查。

“5·17”事故给我们的警示是：

1. 切实加强建筑施工安全管理至关重要。应加强对重点企业、重点工程、重点施工环节的安全隐患排查，采取强有力措施狠抓施工安全管理，严防重特大施工安全事故。

2. 要进一步完善工程建设安全管理制度。落实全过程监管，督促建设、勘察设计、施工、监理等各方主体落实安全生产责任。

3. 严格事故责任追究。规范工程建设市场管理，加大对违法违规行为的查处力度，严肃查处不具备资质施工以及违法分包、转包、挂靠等违法违规行为，对不符合安全生产条件的单位要坚决清除出市场。

4. 抓好桥梁安全隐患的排查治理。以特大和大型桥梁、特殊结构桥梁、双曲拱桥、系杆拱桥以及有一定使用年限的老旧桥梁为重点，逐一进行检测和排查。对发现存在安全隐患的，要立即进行治理整改，或会同有关部门及时采取交通管制、限载通行、加强值守和现场监管等措施，坚决遏制重特大事故发生。

2011 年 7 月 19 日，一辆载重超过 160 吨的严重超载货车在通过北京怀柔宝山寺白河桥时，该桥发生坍塌。其实，在此前短短一周时间里，就已有 3 起桥梁坍塌安全事故。7 月 11 日，江苏盐城 328 省道通榆河桥发生垮塌；7 月 14 日，福建武夷山公馆斜拉大桥突然断裂垮塌；7 月 15 日，浙江省杭州市钱江三桥南岸引桥部分发生桥面垮塌。所幸这 4 起事故并没有造成严重的人员伤亡，只是国家财产的严重损失，让人惋惜，令人震惊，发人深思。从数量看，我国是世界上桥梁最多的国家，并且每年新建的桥梁数量也是世界第一，说起这些每个中国人都很自豪。但是，我国桥梁的质量却惨不忍睹。几年来，我国发生的大桥坍塌事故，数不胜数。这一而再、再而三的触目惊心的桥梁坍塌事故，真是让人匪夷所思。这么多座大桥缘何屡次坍塌？透过大桥的坍塌事故，我们该反思什么呢？究其原因，首先，建筑市场无序是滋生腐败的根源。许多大型工程中，施工单位中标后又多次转包，滋生“暗箱操作”，造成人人发财，最后国家遭殃。其次，桥梁工程建设、交通、安全生产监督等部门，未能严格履行职责，或在建设中“偷工减料”及施工中“违规作业”造成事故隐患，或严重违法超限超载，以至酿成大祸。再次，有些权势者不要党性、不要人格的腐败行为，不能不说也是造成大桥坍塌的另一因素。

“楼脆脆”对政府公信力的拷问

——上海在建高楼整体倒覆事件的反思

【事件回放】

2009 年 6 月 27 日 5 时 30 分许，上海市闵行区莲花南路罗阳路口淀浦河南岸，一个名为“莲花河畔景苑”的在建楼盘工地发生楼体倒覆事故，造成 1 名工人死亡。发生倒覆的是一栋 13 层的在建住宅楼，由于此楼尚未竣工交付使用，所以未酿成居民伤亡事故。13 层的楼房整体倒覆，远远望去，外观未见明显破损，底部桩基却已全部裸露在外，所幸周边数栋在建楼房未受到影响。

在建住宅楼的倒塌，主要是由于在该楼附近建造地下车库造成的。此前，与之相邻的淀浦河防汛墙出现了 70 余米塌方险情，随后，这栋 13 层高楼突然整体倒塌。在事故中丧生的工人为 28 岁的安徽籍民工，事发时正在楼里取工具。莲花河畔小区建筑类别属小高层，开盘时间为 2008 年 11 月 20 日。小区由上海众欣建筑有限公司承建，开发商为上海梅都房地产开发有限公司，物业公司为上海迅梅物业管理有限公司。

事故发生后，警方立即拉起警戒线，救护车迅速赶到现场。警戒线外围满了围观的群众，其中大部分是该楼盘的业主。据家住莲花南路上另一小区的居民说："早上5点半的时候，突然听得一阵巨响，还伴随有摇晃，我还以为是地震了。"据调查该小区为期房，2008年年底开盘，发生事故时，倒塌的楼房已经进入了最后工期，原本预计可以在2010年5月交房。这个楼盘卖得很好，已经全部售完，截至6月27日，该楼盘共计售出489套房源。据业主称，该小区建设分3期，共建10多栋楼房，倒塌那栋楼房是一期工程。目前，小区内其他在建楼房已暂停施工。

【应对举措】

事故发生后，中共中央政治局委员、上海市委书记俞正声和上海市委副书记、市长韩正迅即做出重要批示，要求有关部门和专家立即组成联合调查小组，彻底查清事故原因，从规划、施工许可、招投标、资质管理、施工图审查、工程监理等各个环节逐一审查，并依法公开严肃处理。

随后，上海市市长韩正、副市长沈骏迅即赶往现场，指挥部署抢险善后工作。由上海市建交委、安监局、水务局、交通港口局、闵行区等组成的事故调查组开始着手调查事故原因。同时，事故现场附近小区的135户居民被疏散至闵行区罗阳小学设立的临时安置点，确保群众生活不受影响。

事发当天下午2时30分许，罗阳七村居委会的工作人员开始统计转移安置的名单，将居民从罗阳小学安置点转移到附近的酒店。每天每户发放安置费100元，每顿餐饭标准10元。

与此同时，根据市委、市政府领导的指示，由现代设计集团江欢成院士为组长的13位地质、水利、结构等方面专家组成的专家组，迅速进场，为现场险情处置指挥部提供技术支持，尽快排除险情以及在险情排除后协助查清事故原因。当天下午6时，经专家检测，该楼盘其他在建的10幢楼均未发生倾斜、偏移、沉降等问题，周边小区和道路的地下煤气管道、电缆、水管也没有任何泄漏、断裂、移位等问题，完全符合安全标准，发生次生灾害的可能性极小。第二天下午，135户居民陆续搬回家中，事发地周边的居民生活逐渐恢复正常。

事发后，相关部门及时发布了《告莲花河畔景苑购房者》书，并对外公开热线咨询电话，政府部门主动承诺，将确保购房者的合法利益不受损害。

同时，信访部门和律师团组成工作组，专门负责接待购房者。闵行区政府有关部门还通过短信与信件通知所有业主，主动通报事故情况，请他们理解和配合。政府相关部门也已暂停了该楼盘的销售。

【评析反思】

从这起在建楼房倒覆事故现场照片来看，该幢楼房几乎是“连根拔起”，从地基处断裂，在房地产发展如此迅速的国内市场，一幢13层的普通商品住宅连根倒塌，可以肯定是一次严重的房屋质量事故。从事土木工程研究53年的中国工程院院士、东南大学吕志涛教授对媒体表示，如果经过正常的设计、施工，根本不可能会出现这种情况，楼房倒塌的原因可能是施工方偷工减料。

想想为何在房价高企的同时，国内房屋质量的弊病却接二连三？为何一些商品住宅的质量是一年不如一年？为何如此质量的房子还能够最终流入购房者手中？为何监管部门未能及时发现和纠正这些问题？这不能不引起我们的深刻反思。

对于事故发生的原因，有关媒体分析有3种：

1. 建地下车库导致。据了解，楼房倒下的南侧地面下方，原本是一个在建地下车库，土建已基本完成，防汛墙边的大量渣土就是从这里挖出的。有人分析认为，很有可能是地下车库挖得过头了，一旁的楼房地基松垮后，房子就倒了。

2. 防汛墙损毁导致。事故发生前几天，距离倒塌楼房百米远的该小区范围内一段长70多米的淀浦河防汛墙发生损毁。据现场勘查，损毁原因很可能与渣土重量过大造成地面沉降后挤压防汛墙体有关。

3. 房子质量问题。相关人士怀疑该房的基础施工有问题。有建筑业内人士在看了现场图片后分析认为，最有可能是地基出现问题，因为莲花河畔景苑所在的区域属于上海流沙比较严重的区域，如果没有牢固地基，很容易引起房屋倾斜。再有可能是对土芯取样出现问题，导致设计存在偏差。或者是打桩不深、水泥标号等存在问题，因为地桩的水泥有高标要求，如果没有达到也会发生断裂。

种种的猜疑使得公众对这次事故的承包商和开发商产生了巨大怀疑。

一幢倒塌的13层在建楼房，在震起满天尘土的同时，也“震”出了一连串的“疑似政府工作人员”。2009年6月27日，在网上，一项由网友发起的针对该楼盘开发商的“人肉搜索”正在进一步升级，一份名为“上海莲花河畔景苑倒塌楼盘最新资料曝光”的材料将开发商上海梅都房地产开发有限公司（以下简称梅都房地产）的所有股东及其身份全部曝光。在这份材料中，闵行区梅陇镇的镇长助理、征地事务所所长、梅陇资产公司总经理等头衔出现在主要股东名单中。根据上述线索，《每日经济新闻》查阅工商登记档案发现，梅都房地产的主要股东确实与上述曝光资料中显示的股东一致，而其中几名股东的姓名也确实与闵行区梅陇镇政府部门的几位工作人员同名同姓。

以上“曝光资料”称，梅都房地产有24位股东。其中，法定代表人张志琴，工作单位是梅陇镇镇政府。另一大股东阙敬德来自上海迅豪置业有限公司（以下简称迅豪置业），包括他在内，一共有14名股东来自迅豪置业。另外有3名股东来自梅陇镇征地事务所，一名股东来自梅陇镇土地管理所，其他还有股东来自闵行动物疾病控制中心，仅有一名股东的工作单位是梅都房地产。此外，上海莲花河畔景苑的承建商上海众欣建筑有限公司（以下简称众欣建筑）也有两个人是梅都房地产的股东。至此，梅都房地产、迅豪置业、众欣建筑三家公司，以及梅陇镇政府相关部门先后出现在此事的关联方中。有公职人员参与的工程能做到质量第一、安全第一吗？这是值得我们深思的。

接下来再看看具体的操作情况。首先，开发商品房的程序是很复杂的，每一个环节是紧扣的。开发商的开发流程是：①开发商首先要通过招拍挂得到土地证。②进行地质勘探，提交地质勘探报告给设计公司。③根据地块的地形、地质、经济指标、项目定位进行规划设计，并经政府部门行政审批获得规划许可证。④施工图审查，审查合格后报批办理建设工程施工许可证。⑤施工，并由监理公司进行质量监督，质监局进行检验。⑥房屋竣工验收交付使用。⑦办理证件。如果地质出现问题，我们地质勘探报告中会有地质情况说明的。地质报告给了设计公司，设计公司的设计者知道如何处理地基和结构问题的，并且设计公司必须有建设部颁发的设计资质，必须配有相关技术人才。设计出来的图纸还需给审图公司审查，而且还需要交纳审图费用。前期的部分没有问题，才能拿到施工许可证，这时候才可以施工。施工过程中由施工单位照图施工，监理单位负责监督，质监局负责检验，直到房屋的验收并交付使用。在这些流程中是一环扣一环，要出现问题，比登天还难。从这次事件中，我们了解到了再难的事情开发商还是有本事去办到的，这就是“能力”。其次，开发商需要信托责任。开发商收了业主的房款，就应该按质按量的建好房子，在施工中加强监管，质量达标。我们的企业很多都是缺少责任的，开发商切实需要有一种为业主把好质量关的责任。再次，政府监管更需要责任。办证前的手续复杂，没有施工中的监督，出现质量问题的没有法制化的惩罚。这一系列的问题处理好的话，是不会发生这样的事故的。

所幸的是政府在这次事故发生后主动采取了积极地回应态度，市、区相关部门的介入非常及时，13层楼倒塌后，闵行区第一时间成立了指挥部，下属技术调查、安全维稳、宣传报道、组织协调4个小组，闵行区委书记、区长等区委区政府领导亲自挂帅，莲花河畔景苑所在地梅陇镇也成立了5个应急小组。以往的经验是突发事故发生后，政府介入越是及时，信息公布越是主动透明，民间的流言、质疑越是容易遏止、化解。6月28日，数百名业主集聚指挥部，下午，业主代表与政府部门进行了交流，要求：立即退房；一周之内停止银行的还贷；一周内查明并公布事故的原因和责任人；开发商在1个月内退还房款，支付合同上5%的违约金，赔偿银行利息，参考同地段房价补偿原购房差价，支付动迁过渡安置及补偿费用等。面对业主们的要求，政府部门承诺全力维护业主的合法权益，并对开发商及其资金采取控制措施，保障业主们的利益不受损害。

其实，事发当天就有75名业主自发商议，草拟了一份处理要求书，并在上面签名通过。至28日，业主将要求细化，主动去掉了一些强硬的措辞。一名业主代表表示，他们还是希望事情能够以正规、完满的方式解决。政府部门全力维护业主的合法权益的表态赢得了一些代表的赞扬。很快，当天下午，绝大多数业主情绪稳定，人群逐渐散去。

从客观上说，政府部门在第一时间组织专家力量介入事故抢险、调查，疏散群众，赢得了一个积极处置的公众形象，确实起到了稳定民心的作用。政府的公信力，是一种社会认同和信任，从现象上看，常常表现为干部与群众之间的人际诚信，而从实质上看，则是在社会运行和治理过程中，人们与政府达成的契约，社会对制度的信仰。因而，提振政府公信力，干部的职业操守、道德形象固然重要，但更为关键的是制度基础是否扎实、制度执行是否有效。提振政府公信力，是一个系统工程，也是一项长期任务。公信力建设，只有扭住制度问题不放松，着重从制度层面寻找出路，才能获得立足的根基、持续的动力。

在现代社会，利益格局更趋多元，思想观念深刻变化，公众维护自身权益的意识和诉求更加强烈，政府面临的公共问题日益繁杂，更容易遭遇信任挑战。近年来的一些突发事件和群体性事件中，也不时暴露了制度问题造成的公信力软肋。在这样的背景下，制度建设唯有与时俱进，因时而变，才能更加符合经济社会的内在发展规律，更加符合最广大人民的根本利益，不断调整、完善、创新，才能实现政府公信力的保值、增值。制度执行力是公信力的现实体现。制度的效用取决于制度的执行，公信的树立在于制度被普遍遵循、一体奉行，而首当其冲的，就是政府和干部对制度的态度和行为。“政者，正也。子帅以正，孰敢不正?”令行禁止，本身就是对制度的最好诠释，政府威信不树自立；有令不行，违法不究，“上有政策，下有对策”，各项制度必然流于形式，政令难以畅通，公信力也难以挺立。从这个意义上说，执行力不仅是政府工作的生命线，也是政府公信力的支撑点。

公信力需要法治来塑造和强化，法制健全并得到严格执行，才能有效规范政府和社会成员的行为，增强人们相互交往与合作的信任度，保障社会公平正义和安定有序。政府讲不讲诚信，有没有公信力，一条重要标准就是看政府能不能严格执法，依法办事，能不能始终按照宪法和法律法规规定的权限和程序使用权力。目前，中国特色社会主义法律体系已经形成，“十二五”时期的政府公信力建设，尤其把公信力构筑在法制基础上，把依法行政作为政府公信力的生命线，把依法办事作为公信力的生长点，用法治的力量守护公信力成长。

此次事件是一个沉重的教训，应该坚决杜绝此类事件的再次发生。同时，更应该告诫那些房屋开发商以及参与了工程建设的公职人员，不要被利益和诱惑熏昏了头脑，不要无视国家的法律制度，人民的生命财产安全才是最重要的。

不该发生的危桥悲剧

——河南栾川县伊河桥垮塌事件警示

【事件回放】

2010年7月23日晚20时至24日21时，河南省洛阳市南部山区栾川县遭遇特大暴雨袭击，栾川县降雨量达到234.8毫米，伊河潭头镇段遭受有历史记录以来的最大洪水冲击，河道行洪流量最高达3150立方米/秒，加之上游漂流而下的大量树木、建材和杂草等堵塞桥孔，导致近200米长的伊河桥整体垮塌。当时在桥面上聚集的数十名观看洪水的当地群众随之跌落，被洪水冲走，造成44人遇难，22人失踪。

伊河桥为民工建勤农村公路桥梁，由潭头镇人民政府组织修建，于1987年12月建成通车。该桥为空腹石拱桥，全桥5孔，净跨40米，全长233.7米，是该河段上下游4公里内唯一一座连接南北两岸的群众生产生活桥梁。

事故发生后，当地干群及驻洛解放军、武警官兵4000多人克服通讯、交通中断等不利条件，昼夜进行“拉网”式搜救。栾川县组织6个救援工作组，对汤营村及周边群众进行逐人逐户认真排查，反复核实失踪人员的数量及身份。垮桥下游沿线及嵩县等地营救人员也同时对失踪人员进行搜寻。

26日下午，河南省交通运输厅派人到达现场，对塌桥事故进行调查。同时，紧急地规划设计一个便桥，以方便这些村民的进出。

河南栾川县政府在27日的《洛阳日报》上，就此次事件的发生进行公开道歉，承认政府在这次事故中存在工作不深入、不扎实、不具体、不细致等问题，并决心深刻反思此次事件，汲取沉痛教训，加强执行力建设，扎实转变工作作风，抓好当前各项工作落实。一要全力做好失踪人员搜救工作，尽一切努力搜救失踪人员。二要积极做好遇难者及失踪人员家属的善后工作。三要把救灾当作当前中心工作抓紧抓好，确保受灾群众生活稳定、思想稳定，确保社会大局安定。四要迅速动员全县上下全面排查各类事故隐患，特别是尾矿库、水库、桥梁、河道、松动山体等容易发生灾害的地方，进一步明确责任、强化措施，确保不再发生类似事故。五要组织力量昼夜抢修，全力做好通讯、交通、供水、供电等基础设施恢复工作，以最短时间恢复正常生产生活秩序。

由安监总局、交通运输部、住房城乡建设部、水利部和监察部等部门有关负责人组成的事故调查组于29日抵达河南栾川，对大桥垮塌事件展开全面调查。事故调查组聘请有关专家参加调查工作，查明大桥垮塌的原因，认定事故性质和责任，依法依规提出处理意见，并协助指导地方全力做好失踪人员的搜救和相关善后工作。

【应对举措】

1. 汛期做好不安全事故防范工作。当地政府要做好汛期安全工作部署，完善汛期各项工作预案，落实防范措施，完成组织、人员、物资等各项准备工作。

（1）总结分析辖区历年汛期安全工作的经验教训，找出汛期安全工作的薄弱环节，制定切实可行的预防和应对措施，对汛期安全管理各项预案进行修改、补充和完善，明确落实安全管理责任人。

（2）广泛开展形式多样、内容丰富的汛期安全宣传教育活动。通过多种形式大力宣传安全法律法规，普及汛期安全知识，加强对干部和群众的安全教育和培训，不断提高安全责任意识。

（3）开展汛期安全大检查。以以往发生的不安全事故为警示，抓住重点，开展安全、消防检查，消除安全隐患。

(4) 认真做好地质灾害、湖泊、河流有关方面的各项应急准备工作，组织开展汛期安全应急演练，检验和完善预案，提高应急处置及抢险救灾能力。

各责任单位要按照汛期各项工作预案的要求，认真履行职责，采取切实有效措施加强安全预警预防和安全监管，快速反应，及时应对各种突发事件，圆满完成应急抢险救援任务。要服从地方政府的部署，主动加强与有关部门的沟通、协调，按照各地政府的防汛要求，落实各项防汛措施，认真做好责任区防汛工作。一旦发生紧急情况，各单位要积极配合当地政府做好防汛应急抢险工作。

2. 政府要加强日常安全隐患排查治理。

(1) 提高认识，落实责任。隐患排查治理是一项常态化工作，旧的隐患整治了，新的隐患又可能产生。各级各部门必须时刻保持清醒认识，要把隐患排查治理工作作为严防群死群伤事故的重要措施和手段，结合本辖区、本部门、本单位的实际，制定切实可行的工作方案，明确分工，狠抓落实，全面排查，不留死角，实现“全方位、全视线、全覆盖”。要进一步完善隐患排查治理责任体系，严格落实责任，确保工作到位。要对排查出的隐患及时登记建档，建立隐患数据库，切实做到责任清、情况明、数字准。排查出的每项隐患要明细记录隐患的基本情况、类型、主体责任单位、形成原因、整改措施、整改时限等内容。要督促各生产经营单位切实负起隐患排查治理工作的主体责任，建立隐患排查治理举报奖励、业务培训和宣传教育等方面的配套制度，充分调动每个员工开展隐患排查治理工作的积极性和主动性，做到隐患有人查、整改有人抓、防范有人盯。

(2) 突出重点，严格执法。各级各部门和有关单位既要全面部署落实隐患排查治理工作，做到不留死角和盲区，同时又要突出重点。在全面排查的基础上，突出事故易发、多发的重点区域和重要部位的隐患排查治理；突出安全基础工作比较薄弱，以及发生过伤亡事故的重点企业的隐患排查治理；突出各重大节日、重要时段、重大活动期间的隐患排查治理。特别要突出易发生群死群伤事故的领域和环节，确保不再发生群死群伤事故。

(3) 加大投入，狠抓整改。有关部门要定期对排查出的隐患进行疏理，对确定的重大隐患及时进行分级挂牌督办。要继续督促有关单位尽快对排查出的重大安全隐患做到“六落实”，即将整改措施、责任、资金、时限、安全保障措施、应急预案落实到位。同时，加强动态跟踪整改，重点加强隐患整改的过程监管，实行跟踪问效、问责。凡能马上整改的，必须立即按要求整改，并确保整改质量达标；对一时难以整改的，要落实专人负责，制定方案、计划和安全保障措施，并定期上报、检查整改落实情况；对没有认真开展排查、整改隐患而导致发生人身伤亡或重大经济损失以及社会影响事故的单位和部门，将实行安全问责，依法追究有关人员的行政和法律责任。

（4）大力宣传，营造氛围。要充分利用报纸、电视、网站等媒体，引导有关责任部门和单位深刻认识开展隐患排查治理工作的重要性和必要性。充分依靠和发动干部或群众参与隐患排查治理工作，鼓励专业技术人员全面认真细致地查找各类事故隐患。

3. 政府要建立严格的灾害性天气预报预警预防机制。气象部门要认真做好灾害性天气的预报工作，对灾害性天气必须在第一时间，通过媒体、网络、手机短信等一切手段和渠道及时向社会和公众发布，同时将灾害性天气预报预警信息及时向当地政府及各个部门报送。

各级水利、气象、国土资源、公安、安监、教育、交通、人防等部门，在获悉灾害性天气预报后，要立即采取措施，及时向本系统、本行业、本领域所属企业单位发出预警预防指令，督促企业单位采取有针对性的防范措施，迅速启动应急预案。

各级政府和国土资源、水利等部门要加强对地质灾害多发地区的安全监测和巡查，制订预防和应急避险方案，警惕突发性暴雨、山洪诱发山体滑坡、泥石流等灾害。对受洪水灾害威胁的村庄、学校、幼儿园、商场等要提前组织转移。水利部门要加强对水库大坝和内河湖泊防洪堤坝的安全监测，加强对险工险段和重点部位的巡查。电力部门要做好设备、线路检修维护，及时消除电力设施保护区内的安全隐患，确保安全运行。

【评析反思】

隐患就是潜藏着的祸患，是生产经营活动中存在的可能导致事故发生的物的危险状态，也是人的不安全行为和管理上的缺陷。不及时排查并消除隐患，将随时导致事故发生。

由于安全隐患存在形式的多样化，又存在自身的隐蔽性、再生性、次生性等特点，排查治理工作十分艰巨。

造成栾川悲剧实际上有3个原因：一是持续的暴雨所导致的特大洪水。二是桥梁的质量问题。三是在当时充满着危险的情况下，危桥上会有这么多人。

关于桥梁质量，我们知道这个桥是建于80年代，由政府出资，村民集体出义务工来修建的空腹石拱桥，应该说存在一些隐患。但是在这次造成了超过60人死亡的一个巨大悲剧的事故面前，我们认为它仅仅是排在第二位的责任。在这次整个降暴雨的过程中，整个洛阳市垮塌了桥梁34座。其他33座好像没有人关心，也许那些桥也存在质量问题，但是由于没有造成人员伤亡，因此大家的注意力就不那么明显。所以这件事情最值得反思的是，为什么已经有了预警，暴雨在持续，还居然没有警觉，让桥上有那么多的人在观看洪水，以至于悲剧酿成？如果相关职能部门能把老百姓的生命财产安全放在首位，把平时的工作都落到实处；如果在洪峰到达大桥之前，村领导能拉起警戒线阻止人们上桥观水；如果当初建桥的时候按照标准使用水泥钢筋，桥质量做的再好一点；如果在2009年维护的时候就出于对人民生命安全负责的态度发现这个安全隐患，可以想见惨剧是完全可以避免的！

所以，加强安全基础工作，把握各个环节，深入持久地抓隐患排查治理仍是今后安全管理工作的重任务。隐患不除，事故未已。希望危桥悲剧不要再发生了。

“斜楼”引出对建筑安全的隐忧

——河北衡水市“楼坚强”的警示

【事件回放】

2011年2月10日，河北衡水市人民路与榕花大街交口处的一栋大楼因爆破拆迁发生意外事故。施工单位使用挖空第一层然后在该楼的东侧挖坑的方法，想使整栋楼向东侧倒下，没想到发生意外，拆除的楼不仅没倒下，还把相邻的楼给撞毁了。经现场初步查看，该事故为拆除的建筑部分墙体反方向突出，对网通公司住宅楼的东侧部分墙体及一、二楼阳台造成损坏，但未造成人员伤亡。事故发生后一个多月，施工方只在倾斜楼边安装了围挡，歪楼仍然没有被拆除，有市民给这栋楼起名“楼坚强”。

据了解，该歪楼是二轻住宅楼，于2008年被列入衡水市区拆除范围。2009年4月14日，市区拆违和旧居住区城中村改造指挥部办公室与具有合法房屋拆迁资质和拆除能力的衡水金灿房屋拆迁有限公司签订了协议书，由该公司购买该住宅楼残值并负责安全拆除和建筑垃圾的清运工作。在该楼所有住户签订拆迁安置补偿协议并全部搬迁后，拆迁公司于2011年2月10日对住宅楼实施拆除。鉴于该楼地处主要干道交叉口，且与相邻住宅楼间距很小（约40厘米）的特殊情况，在实施拆除之前，拆迁部门就对该楼的拆除提出了具体意见，要求拆除过程必须遵守操作规程，做好相关准备工作以确保安全。然而当日施工时还是出现了意外，致使该楼向东南方向出现倒塌，造成邻近网通公司住宅楼东侧部分墙体受撞击变形而损坏。

【应对举措】

1. 拆迁部门积极介入，给群众一个明确交待。事故发生后，拆迁部门要求该公司暂停拆除，迅速成立事故处置小组，全面、妥善考虑，形成处理意见。一方面，立即对被损住宅的所有住户逐户进行道歉、慰问，求得住户理解；另一方面，立即寻找过渡房源，动员并帮助被损单元住户全部搬出，防止出现次生灾害。拆迁部门规定进一步施工时限，并在施工前按安全要求设置围挡和安全警示牌，确定专人24小时巡查，同时，在楼体倾倒方向堆砌土方进行依托，以防止楼体继续倾斜对过往车辆及行人造成伤害。

2. 质量检测部门准确定性，提供下一步施工科学依据。事故发生后，河北省建筑工程质量检测中心派出的专家于2月17日对被损的三单元逐户进行了初勘，并制定检测方案。2月24日，专家再次抵达事故现场，按照检测方案对倒塌建筑及受损楼房进行了检测、取样，并于3月1日出具了检测报告为下一步采取处理措施提供科学依据。拆迁部门在河北省建筑工程质量检测中心指导制定的下一步拆除方案的基础上，协调拆迁公司积极向国内大型建筑拆迁企业和权威专家请教，确定最优施工方案，以确保及早对倾斜建筑实施拆除，消除安全隐患。

【评析反思】

触目惊心的安全隐患，在貌似比萨斜塔的“斜楼”未倒下那一刻埋下伏笔。有人叹息其“鬼斧神工”的坚强，有人感慨其楼盘根基的稳固和“巧夺天工”，但是都难以掩饰民众对其事后处理力度拖延怠慢的愤慨和不满。掏空地基向东倾斜的方法失算最终酿造“殃及池鱼”，事发过后依旧毫无动作，管理部门的不跟进，施工方的不负责，重叠起的是市民对此的绕道而走和对安全隐患时时刻刻的担忧。

其实“楼坚强”作为一个网络热词，已经流行近一年了。2009年5月19日，某房地产开发公司对广西梧州一栋9层高的旧建筑物进行爆破拆除，原本9层变7层，底下的一、二层也不见了，楼体倾斜但依然“屹立”不倒……这栋高强度的大楼，在各大论坛热传，大楼也被网友奉送了一个好听的名字“楼坚强”。2011年3月9日，河北衡水市再现“楼坚强”。其中折射出的多重思维也值得反思：建筑质量过硬和多次见于报端的“豆腐渣”相比实在令人折服，可是要倒不倒、不要倒却轰然倒下的鲜明对比，无疑刺痛了人们内心最脆弱的神经，撕毁了对于我们城市建筑最后一丝的美好记忆。

毫无疑问，问责施工单位的疏忽和延误是首要任务，同时管理部门的追踪跟进的失职更是该被谴责。完全不顾及隔壁楼房的安危，完全置市民的生命财产安全于不顾，这不仅仅是对市民的不负责，更是一种对现存建筑界的“特色景观”的极大讽刺。“楼脆脆”曾经轰动一时，与“楼坚强”完全相反的是其坚韧性的伪劣和质量的水分。曾经的偷工减料刺痛的是对建设工程公司的“应付式”的愤怒，但是在感叹坚固地基的同时更是对相关部门和工程队的无奈和不满。

恰如诸多网友所言，报道中的楼房究竟要不要拆建也值得争议。政府规划的漏洞以及不顾后果，牵涉形象工程自然也就极大地影响着整个事件的发展，与资源浪费亦是关联甚大。在蜗居时代，我们最关注的依旧是老有所依，以及最起码的住宅的安全和稳定。

歪歪地孤独耸立于市的“楼坚强”，刺痛了市民最脆弱的神经，终究难以逃脱人们对于相关管理部门和开发商的问责，也唤醒了人们对于建筑安全的最基本的心理需求：别无其他，我们只盼安居乐业，平平安安！

不要以炫耀救援的“奇迹”为荣

——山西王家岭煤矿“3·28”特大透水事故的反思

【事件回放】

2010年3月28日14时30分左右，在山西省临汾市乡宁县境内的中煤集团一建公司63处碟子沟项目部施工的华晋焦煤有限责任公司（以下简称“华晋公司”）王家岭矿北翼盘区101回风顺槽发生特大透水事故。事故共造成153人被困，经全力抢救，115人获救，38名矿工遇难。

王家岭煤矿项目是经国家发改委核准、国务院第100次常务会议批准的“十一五”规划重点建设项目，由华晋公司投资开发的国家和山西省重点项目。王家岭煤矿是华晋公司在乡宁矿区建设的第一对矿井，位于山西省乡宁县和河津市境内，井田面积约180平方公里，地质储量23.42亿吨，可采储量10.36亿吨。华晋公司拥有丰富的优质煤炭资源，属于国家明确规定的“两区一种”保护性开发资源。王家岭煤矿项目是由设计生产能力600万吨/年的矿井、入洗原煤600万吨/年的选煤厂、2×5万千瓦的综合利用电厂（热电联供）和铁路专用线构成的循环经济综合建设项目。

据国家安监总局、国家煤监局通报，华晋公司王家岭矿透水事故，是由于该矿施工过程中存在违规违章行为，工作面出现透水征兆后，没有按照规定及时撤人和采取有效应对措施造成的。

各有关部门在抢险救援指挥部协调指挥下，竭尽全力积极投入到抢险救灾的行动中。武警官兵、医护人员纷纷在第一时间赶往现场，各类救援物资、设备，如水泵等及时送达，确保抢险救灾的顺利进行。

4月13日，国务院举行了华晋焦煤公司王家岭“3·28”特别重大透水事故调查组第一次会议。调查组组长、国家安监总局局长骆琳说，王家岭煤矿“3·28”特别重大透水事故是一起明显的责任事故，也是一起不该发生的、完全可以避免的事故，令人十分痛心，教训十分深刻，发人深省，再次为安全生产敲响了警钟。骆琳说，该矿井下施工的20101工作面回风巷掘进工作面探放水措施不落实，掘进导通采空区积水，致使＋583米标高以下的巷道被淹，造成大量人员伤亡。他认为王家岭矿存在的问题主要表现在：一是水文地质资料未查清，没有严格执行先探后掘、有疑必探的规定，井田内老窑积水情况未查清，就进行回采工作面巷道施工，没有按要求配备探放水钻机，未采取打钻探水措施；二是劳动组织管理混乱，为了抢工期、赶进度，井下安排15个掘进面同时作业，当班作业人员过度集中，且领导干部带班制度不落实；三是现场管理不到位，单纯追究产值、速度，忽视安全生产；四是施工安全措施不落实，工作面出现透水征兆后，没有按照规定采取停止作业、立即撤人等果断有效措施；五是隐患排查治理不力，特别是2010年3月份以来20101工作面回风巷多次发现巷道积水、顶板淋水，但一直未采取有效措施消除隐患；六是施工组织不合理，违反施工组织程序，在矿井一、二期工程没有全面完成、主要排水系统没有建成的情况下，就强行施工三期工程；七是安全培训不到位，未对职工进行全员安全培训，新到职工未培训就安排上岗作业，部分特殊工种无证上岗。

【应对举措】

事故发生后，党中央、国务院高度重视，胡锦涛总书记、温家宝总理和张德江副总理立即做出抢险救灾的重要指示，并委派张德江副总理紧急赶赴事故现场，指导抢险救援工作并作出全面部署。

国家安全监管总局、国家煤矿安监局、山西省委、省政府认真贯彻落实中央决策部署，主要负责同志率有关人员立即赶赴现场组织指导抢险救援，按照抽水救人、通风救人、科学救人的要求，全力组织抢救，成立抢险救援指挥部。专家经过分析论证，通过通风设施对巷道进行强制性的新鲜空气供给，为遇险人员提供生命保障，并制定了新的救援方案。

王家岭煤矿特大透水事故发生后，成立了由国家安监总局局长骆琳为组长，山西省政府、国家煤监局、监察部、全国总工会有关负责人为副组长的事故调查组，下设技术、管理、综合 3 个小组。

调查组组长骆琳要求，调查组要实事求是，认真负责地开展事故调查处理工作，依法依规严肃追究事故责任。要认真履行好五项职责：一是要查明事故发生的经过、原因、人员伤亡情况及直接经济损失；二是要严肃认真、科学负责地认定事故的性质和事故责任；三是要对事故责任者提出处理建议，包括党政纪处分、行政处罚，构成犯罪的移送司法机关；四是要深刻总结事故教训，提出防范和整改措施，以及加强煤矿安全生产的有针对性和可操作性的治本之策；五是要在规定期限内提交事故调查报告，按程序报国务院审批。

此外，调查组还邀请了最高人民检察院参加事故调查。

【评析反思】

1. 矿难频发的原因。近些年，国家为了治理“血煤”，不断加大力度，各地也采取了许多措施，然而，安全生产领域的一些痼疾仍未根除，各地矿难频频发生。究其原因具体表现在以下几个方面：

第一，安全生产基础薄弱。我国有不少煤矿存在着自然开采条件恶劣、安全生产基础薄弱、生产管理存在漏洞、抵御事故灾害的能力不强、对防范伤亡事故没有把握的现象。

第二，法制意识不强。目前，中国有一系列有关煤矿安全生产的法律和法规，如《劳动法》、《煤炭法》、《矿山安全法》和《煤矿安全规程》。虽然它们还有待完善，但是只要认真落实已有的规章制度，大部分矿难本可以消弭于萌芽状态。可以说矿难最直接的原因，是规章制度形同虚设，法律法规没有落实到位。

第三，矿工维权艰难。尽管《煤炭法》第 42 条和《矿山安全法》第 23 条都规定了矿山企业工会应当依法维护职工生产安全的合法权益，组织职工对矿山安全工作进行监督，但本该代表工人利益的工会，在矿工面临死亡威胁时缺位了。另外由于矿山劳动力的供过于求、工作机会的稀缺，很多人最担心下岗，煤矿侵犯矿工权益的事情时有发生。据知情人士透露，陈家山煤矿矿工的待遇每况日下，有时一些劳动保护用品都得矿工自已购置。面临“停职停工”的威胁，无处主张权利且生活无着的矿工们，明知下井工作有生命危险，也只好妥协。

第四，伤亡赔偿标准过低。安全生产的技术设备非常昂贵，当矿工死亡补偿过高时，矿主就会受经济利益驱使，在安全上偷工减料。煤矿开采的暴利和矿工生命的廉价，使一些矿主视矿工的人命如草芥。

第五，经济粗放型增长导致能源需求的高速增长。煤炭生产的利润空间加大，超负荷生产成为顺利完成财政指标、刷新 GDP 的首选。一些矿产地企业和地方政府置安全和生态保护于不顾，超限开采、超负荷运转。一些小煤矿则把矿工当作赚钱机器，有些已取缔的小煤矿也死灰复燃。可以说，矿难频发是高能耗、粗放式经济发展模式的市场反映。

第六，监管机制存在缺陷。教训证明，本应是煤矿安全监管者的县乡两级地方政府，往往会成为煤矿直接或间接的经营者。作为一些地方的主要产业，违法违规经营的煤矿能解决就业问题，也是主要税源，一旦取缔，会使当地政府发生财政困难。直接的利益驱动使裁判员成了运动员、监管者成了保护者。“矿难背后的腐败”和“官煤勾结”不是臆想，而是被佐证了的客观存在。腐败的地方政府官员（尤其是安监官员）成了漠视安全的非法煤矿的“保护伞”。国家煤矿安全监察局局长赵铁锤就曾痛心地斥责：“矿难的背后是官僚腐败!”因此，由于金钱、权力、黑恶、冷漠等因素作祟，任何有关安全的法律、规章、机构之约束都大打折扣，甚至被不屑一顾。

2. 生产安全的制度化保证。既然找到了问题的症结，那么如何防止矿难的发生，就成为迫在眉睫的事情了。防范和治理矿难问题，除了要全面落实煤矿安全生产责任制、改善煤矿安全生产条件、提高煤矿安全生产水平外，还应从以下几点着手：

第一，加强培训，提高技术支持。集中科研力量攻克安全生产课题或从国外引进先进的安全生产技术。安全生产技术并非核心军事机密，引进不会遇到太多“贸易壁垒”；中国如今有近两万亿美元的外汇储备，也完全有实力购买国外成熟、先进的安全生产技术。

第二，健全煤矿管理体制。依靠制度，而非“人治”。南非推行强大的矿工工会及巡视员制度，矿业成立的工会要参与到矿业管理中，巡视员则可以依法提取企业工会每一次的会议记录，检查会议记录上矿工提出的每一个问题，有效地避免了许多问题的出现。

第三，加大执法力度。立法先行，中国这些年关于安全生产的立法、执法、司法实践不可谓匮乏，也不能说毫无成效，然于遏止频发的矿难终究“法力”有限。究其原因，在于只有自上而下的监督，而无自下而上的制约。

第四，建立矿难治理的决策模式和治理结构。所谓决策模式，即要摆脱那些无效或低效的行政单方面决策，让民意有效参与，制订出能够瞄准问题核心，而不是只做表面工夫的矿难治理措施。所谓治理结构，也就是在加强政府监管之外，煤矿安全治理应形成两大制衡机制：一要通过广泛建立矿工工会，让矿工能够有组织地监督企业落实各项规章措施，维护自身的安全保障；二要通过公众、媒体、民间组织等的深度介入，形成一个约束资本与权力的外部力量。

鉴于目前煤炭行业安全生产形势严峻，特别是一些国有大矿接连发生问题，除了以上措施外，国家还应增加企业提取安全生产费用、落实安全风险抵押金制度和提高伤亡赔偿标准，通过这三项经济政策，配合法律法规和行政监督来加强高危企业的安全生产与管理。

3. 借鉴国外的先进管理经验。

（1）美国。一是严刑峻法。用铁腕来抓安全生产，法律规定发生矿难将对有关责任人的刑事追究非常严厉，动则就受到联邦政府的刑事追诉。二是制度上防止利益同盟的形成。煤矿安全与卫生办公室是主管全国煤矿安全的，它是一个联邦的机构，下设办公室派驻各地，与矿主没有关系，与各州各地都没有从属关系，而且规定，在某个地方发生死亡 3 人以上的事故，派驻当地的安全检察员是不能参加调查的。三是发挥工会的作用。工会的作用很大，第一可以在安全方面提前堵住漏洞，因为人对自己的安全是最关注的，而且工人对自己的主业是最熟悉的，所以工会是很重要的。

（2）英国。一是严格煤矿经理管理责任制。煤矿经理必须有煤矿井下工作经历，必须通过安全和相关知识考试。如果因忽略安全法规而造成人员伤亡，矿长可能被逮捕入狱。二是严密的监管制度。英国的全国煤矿委员会还制定了完整的“巡视员”制度。一旦巡视员认为某一煤矿有潜在的安全问题，或对矿区的环境造成危害，他们有权勒令煤矿停业整顿。三是充分发挥公众监督。一些民间机构对煤矿的监督也起到了积极的作用。有一个公司每年出版一本《英国煤矿指南》，详细描述英国煤矿的现状，还专门把政府负责安全和环境的部门和官员的名字、电话等一一列出，以便公众有效“监管”。

（3）德国。一是安全措施全面。矿区没有宽敞坚固的巷道，巷道壁由密密麻麻的粗钢条和水泥层固定，巷道内的灭火装备会在第一时间内将火扑灭。此外，矿工下井前要进行全身武装。二是确保万无一失的检查。矿山安全监测人员随时在井下检查。在巷道每隔一段距离，就装有记录安全检查结果的公告牌，上面有当天检测的瓦斯浓度等数据，后面有安检人员的签名。安全部门和矿工投保的保险公司也有安全生产监督部门，会不定期派员到井下进行巡查。三是系统的矿工培训。没有不经系统培训就进入矿山工作的矿工，所有矿工都必须经过至少 3 年的矿业学校以及矿山实际工作的培训。

（4）南非。一是加强对煤矿安全管理立法，依法管理煤矿安全。二是建立煤矿瓦斯治理实验室，对煤矿瓦斯进行研究和探索，加大瓦斯监控力度，制订治理瓦斯的规程和措施，强制煤矿企业严格执行。三是强化煤矿矿工的培训，提高素质，增强遵章守纪的意识。四是加大对煤矿的投入，煤矿推广先进的管理方法和开采技术，大幅提高煤矿开采的机械化程度，尽量减少井下从业人员。五是提高死亡人员的补偿标准，使矿主意识到发生事故赔不起。南非煤矿事故只要死一人，补偿 30 万兰特，相当于我国人民币 45 万左右。

4. 见证“奇迹”背后的责任。正如国家安监总局局长骆琳所言，王家岭煤矿抢险救援在中国事故抢险救援史上创造了两个奇迹：一是被困工人的生命奇迹；二是事故救援的奇迹。当然，这个奇迹不仅是生命的奇迹，同时也是救援的奇迹。从 9 名矿工获救到 115 名矿工重见天日，平安生还者的名单不断拉长，整整 9 个日日夜夜的救援赋予了这个奇迹神圣的意义。

井下矿工 190 多个小时的生存期待，3000 多名抢险救援人员奋不顾身的坚持，长达 600 多米排水设施的运送，17 万方积水被抽出，倾角 25 度斜坡作业，断面只有 30 平方米的最大工作面……这是一组多么令人感动的数据，救援难度巨大，却丝毫没有动摇抢救生命的决心，这正是奇迹的印证。

奇迹的发生，是与党中央和国务院高度重视、科学部署和积极施救分不开的。事故发生后，从国家领导人到每一位救援队员，无不坚守着“只要有一线希望，就要尽百倍努力，决不轻言放弃”的坚定信念。“要人给人，要物给物，一切为此让路。”“一切为了排水，一切为了救人。”“不惜一切代价，调动一切力量。”正是因为坚定了这一信念，在险象环生、情况复杂的施救过程中，救援队员始终千方百计、争分夺秒、奋力营救，被困人员才能得以及时脱险，重获新生。

我们期待着奇迹的出现，但是也害怕它的来临。期待的是“现在进行时”，害怕的是“将来进行时”，这也正是奇迹真正含义难以复制之所在。任何关于灾难的奇迹，都只能出现在灾难之上，与其期盼灾难之后的奇迹，不如远离灾难本身。据国家安监总局官网数据显示，2011 年我国发生煤矿较大事故 85 起，全国煤矿事故死亡人数达 1973 人。每一起安全事故，夺走的是一个个鲜活的生命，葬送的是一个个家庭的幸福，透支的是一个企业乃至一个地区的未来。从山西王家岭、河南伊川到黑龙江七台河，连发的矿难表明安全生产形势依然严峻。一次又一次的血泪教训再次证明，天灾虽然难防，但是人祸却是可以避免的。绝大多数的矿难，都源于人祸，这是一个不争的事实。正如国家安监总局、国家煤监局在王家岭煤矿特大透水事故发生的第三天联合发出的事故通报上指出的一样，王家岭煤矿施工过程中存在违规违章行为，工作面出现透水征兆后，没有按照规定及时撤人和采取有效应对措施。施工方为了经济利益赶工期，更被认为是导致矿难的首要原因。山西省副省长陈川平一语道破玄机：“王家岭矿难就坏在‘勇争第一’上。”

在奇迹发生之后，我们不能用以“生命”换来的奇迹来炫耀于世，因为我们为了见证这一奇迹的出现付出的代价实在是太大了，谁都承担不起。同样，我们也不能在大灾之后仅仅只是一味的追求救援经验，以便在今后的救援工作中发生更多的奇迹，这样的经验我们不需要，这样的“奇迹”我们也不希望再出现。我们不该忘掉矿难本身的“疼痛”，应清醒的看到，奇迹终究是奇迹，是神圣不可侵犯的，而责任同样应当归于责任，也是遮掩不了的。不能以奇迹来混淆和中和责任，从而将事故的责任一笔勾销。我们应该明确，救援之后事故的责任必须要有人来承担，我们的生命才能在更大程度上得到保障，这才是杜绝新的“奇迹”发生的根本。同样，这也是一种奇迹，是具有价值和生命的奇迹，我们期待着见证它的到来。

岂能对“带血的煤”熟视无睹

——河南平顶山兴东矿爆炸事故的启示

【事件回放】

2010年6月21日1时40分，河南省平顶山市卫东区兴东二矿发生特别重大炸药爆炸事故。事故发生后，救援人员陆续下井开展搜索救援工作。经河南省委、省政府全力组织抢救，当班下井作业的75人中，有28人升井获救，事故共造成47人遇难，26人受伤，其中7人重伤。

6月22日，国务院在河南省平顶山市召开卫东区兴东二矿“6·21”特别重大炸药爆炸事故调查组全体会议。调查组组长、国家安全监管总局局长骆琳，调查组副组长、安全监管总局副局长、煤矿安监局局长赵铁锤，河南省政府副省长史济春等出席会议并讲话。会议强调，要认真贯彻落实党中央、国务院重要部署和中央领导同志的重要指示精神，严肃查处事故，严厉追究事故责任，同时要深刻吸取事故教训，举一反三，以铁的手腕、过硬的措施，务必把打击非法违法生产经营和建设行为专项执法行动抓严抓实，坚决彻底铲除威胁安全的重大隐患，从根本上切实保证安全生产。

国务院事故调查组22日通报，该起矿难是一起非法矿主与监管人员相互勾结而导致重大伤亡事故的典型案例，事故性质和手段十分恶劣。

【应对举措】

1. 各级领导对事故救援工作作出指示。接到事故报告后，党中央、国务院高度重视。中共中央总书记胡锦涛作出重要批示："要千方百计抢救被困人员，严防次生事故发生。"国务院总理温家宝也作出重要批示："要弄清情况和人数，千方百计抢救人员。"受党中央、国务院委派，国务委员兼国务院秘书长马凯带领国家有关部门负责同志21日下午紧急赶赴兴东二矿，查看了事故现场，听取救援情况汇报，看望慰问受伤矿工和家属，并对全力救治伤员、做好事故善后、维护矿区稳定、搞好事故调查处理和切实加强安全生产工作作出了重要指示，提出了严肃明确要求。

省委书记卢展工立即指示要求千方百计组织救援，尽最大努力减少伤亡。平顶山市委、市政府主要领导在事故发生后立即赶到事故现场组织指挥救援工作。

2. 追究有关人员责任。6月21日下午，由河南平顶山副市长李建伟等出席的新闻发布会上公布，决定免去对"6・21"矿难负有主要领导责任的卫东区区委委员、常委、副书记云建军的职务；同时被免去职务的还有卫东区委委员、常委、统战部部长余艳卿，副区长潘震，区工会主席赵建国。待事故调查结束后，根据责任认定情况再做进一步处理。其他相关人员按干部管理权限追究其相应的党政纪责任。

22日下午，中共平顶山市卫东区委常务委员会研究决定，并报请平顶山市委组织部同意：按照有关法定程序免去孙铁栓卫东区东高皇乡人民政府乡长职务、免去王汉杰卫东区安全生产监督管理局局长职务、免去刘耀臣卫东区城市管理执法局局长职务。至此，河南省平顶山市"6・21"特别重大炸药爆炸事故中，有7名国家公职人员受到责任追究。

平顶山市人民政府依法关闭兴东二矿、依法没收该矿非法生产所得，河南省有关部门和河南煤矿安监局依法吊销该矿及有关责任人的所有证照。

3. 开展安全生产整顿。平顶山"6・21"矿难发生后，为迅速扭转全市地方煤矿安全生产被动局面，平顶山市决定，对拟关并煤矿采取果断措施，如对符合重组条件尚未移交的地方煤矿，立即切断电源，交接完成后恢复供电。对关闭退出的28座地方煤矿，立即切断电源，高压三柱落地；

拆除主副矿井提升绞车绳，摘掉天轮。监管小组继续驻矿监管，直至兼并重组工作完成。要求市县两级立即出台补偿政策，确保退出矿井尽快关闭。随后，平顶山市委、市政府立即组成督查组，进驻8个产煤县（市、区），对停工停产整顿工作进行督查，发现有违法违规行为的煤矿，必须责成当地政府予以关闭。

【评析反思】

河南平顶山兴东“6·21”矿难事故暴露出的突出问题主要表现在：

1. 该矿无视政府法令，无视职工生命，非法违法组织采煤生产。该矿设计能力9万吨/年，其采矿许可证于6月6日到期，并且在河南省实施的资源整合中，已将该矿确定为关闭退出矿井，属非法矿井。卫东区于6月7日晚8时对该矿实施断电。但该矿矿主无视国家法律和政府对关闭矿井的明令规定，在区政府实施断电后非法接通电源，非法违法组织生产，竟在井下布置了4个掘进工作面、1个采煤工作面，当班安排70多人下井作业。其漠视法律和政府监管，见利忘义、胆大妄为，到了丧心病狂的程度。

2. 该矿违法违规购买、私藏炸药。矿主采用非法手段，通过不法途径购买炸药，严重违规利用井下巷道存放炸药，既没有独立的通风系统和监控设施，又没有按规定采取相应的安全管理措施，致使炸药燃烧后发生爆炸，产生的大量有毒有害气体进入工作面，造成事故扩大。

3. 区、乡政府驻矿监管人员失职渎职，玩忽职守。在兴东二矿井口，一座“活动”水泥墙引人注目。按封井要求，这座水泥墙应浇灌在出煤的井门上，可这座墙只在墙头部分浇了一层薄薄的水泥，墙身两层夹板之间是空的，只要把这堵墙挪开就能出煤，而从外观上看，这是被水泥封堵的“死门”。虽然该矿由两名副县级领导干部带队共10人包矿、驻矿监督，但对该矿矿主私接电源、封堵墙造假、非法采煤生产、非法储存和使用炸药等行为视而不见，没有采取有效制止措施，放任矿主严重非法违法生产。

4. 地方政府对非法违法生产经营行为打击不力。平顶山“6·21”矿难明显地暴露出基层政府打击非法违法生产经营行为不力，监管不到位，对应关闭的矿井，态度不坚决，措施不过硬，采取的断电、封堵等关闭措施不落实，相关执法措施形同摆设，甚至存在弄虚作假的问题。安全生产执法行动和监管措施不深入、不得力。

以上问题表明，这是一起十分典型的由于生产经营者非法违法私存炸药、组织生产导致的性质极为严重的特别重大事故，是一起典型的由于县乡政府安全监管缺失、监管人员玩忽职守而导致的重大责任事故，也是一起非法矿主与监管人员很可能相互勾结而导致重大伤亡事故的典型案例，事故性质和手段十分恶劣。

这起事故也是在2009年9月8日平顶山市新华区四矿发生一起特别重大瓦斯爆炸，造成76人死亡、15人受伤之后，当地又发生的一起煤矿安全事故。连发两起事故说明，安全生产的意识还没有牢牢扎在生产企业负责人和当地政府负责人的心中。2010年9月，平顶山市市委书记和市长因当地一年发生两起特大矿难，分别被给予党内严重警告和行政降级的处分。

从这起事故中，可以看出：非法违法生产行为是酿成大祸的主要根源。这一现象在煤炭行业较为严重，已成为影响和制约煤炭安全生产的顽症痼疾。安全生产工作事关最广大人民群众的根本利益，事关改革发展和稳定大局，历来受到党和国家的高度重视。“安全第一、预防为主、综合治理”，是党的安全生产工作的基本方针。党的十六届五中全会确立了“安全发展”的指导原则。中央经济工作会议多次提出坚决遏制煤矿等重特大事故多发、加强安全生产的各项措施。国务院也曾多次召开常务会议专题研究部署。《国民经济和社会发展“十二五”规划纲要》首次把安全生产列为专节，提出了安全生产的规划目标，即：到2015年，企业安全保障能力和政府安全监管能力明显提升，各行业（领域）安全生产状况全面改善，安全监管监察体系更加完善，各类事故死亡总人数下降10%以上，工矿商贸企业事故死亡人数下降12.5%以上，较大和重大事故起数下降15%以上，特别重大事故起数下降50%以上，职业危害申报率达80%以上，《国家职业病防治规划（2009—2015年）》设定的职业安全健康目标全面实现，全面安全生产保持持续稳定好转态势，为到2020年实现安全生产状况根本好转奠定坚实基础。

其中的一个关键环节和重点之处就是要严厉打击非法违法生产经营和建设行为。在这方面，要按照党中央、国务院关于加强安全生产一系列决策部署和要求，以铁的手腕、过硬的措施坚决彻底严厉打击各类非法违法行为，根治重大安全隐患。一要进一步强化对整合技改等煤矿建设项目安全管理，深入组织开展安全专项整治，防止一些企业以整合技改为名非法违法组织生产。二要严格落实企业安全生产主体责任，提高企业安全生产水平。实践证明，凡是建立、健全了安全生产责任制的企业，各级领导都重视安全生产、劳动保护工作，切实贯彻执行党的安全生产、劳动保护方针、政策和国家的安全生产、劳动保护法规，在认真负责地组织生产的同时，积极采取措施，改善劳动条件，工伤事故和职业性疾病就会减少。反之，就会职责不清，相互推诿，使安全生产、劳动保护工作无人负责，无法进行，工伤事故与职业病就会不断发生。三要深入开展各重点行业企业安全标准化建设。突出抓好煤矿瓦斯治理、整顿关闭和汛期安全生产工作，大力推进安全生产“智能发展”和“科技兴安”。集中抓好安全大检查发现问题的整改，确保隐患整改到位，不留死角。鼓励群众和职工举报非法违法行为，切实把安全生产纳入社会群众的监督之下。四要严格落实安全监管监察责任，加大安全监管监察力度。进一步完善监管机制，加强监管监察队伍建设，加大对驻矿安全监管人员的监督，切实做到真抓真管、严查严管，铁腕治安、依法治安。

人道的力量和科技的胜利

——智利圣何塞铜矿塌方事故救援启示

【事件回放】

2010年8月5日，智利北部阿塔卡马沙漠中一处名为圣何塞的铜矿发生塌方事故，导致在井下作业的32名智利籍矿工和1名玻利维亚籍矿工陷于700米深的地下，生死未卜。

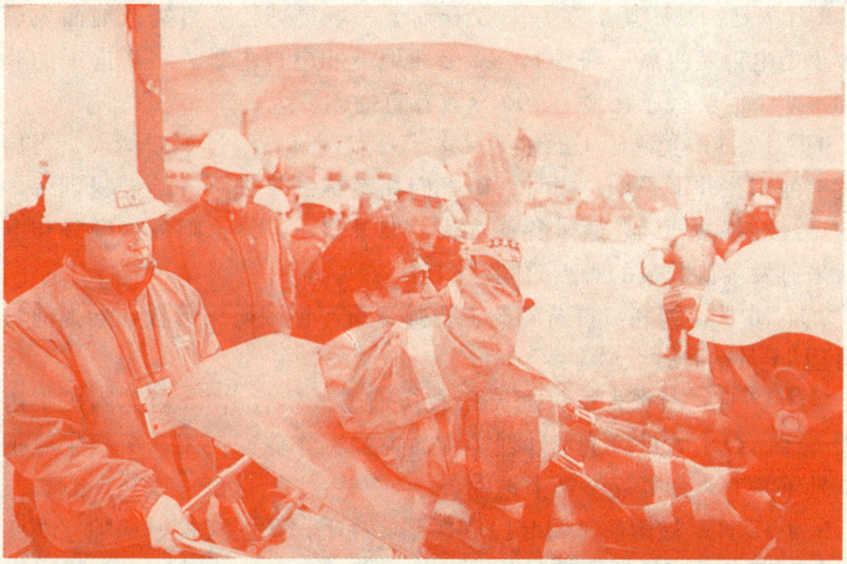

8月22日，智利首次确认全体矿工幸存。这些矿工把一张纸拴在一个深入地下庇护所的探杆上，将寻求救援的消息传给抢救人员。

8月23日，33名被困井下超过2个星期的矿工首次获得地面救援人员输送的饮用水。矿井救援专家通过一条很长的细管将混合了水和药品的胶囊送到井下。

8月24日，被困将近3个星期的矿工首次同救援人员通话。救援人员通过钻孔接通电话线，被困矿工通过电话说他们健康状况良好，但是说他们有胃痉挛，因为被困十几天当中，每48小时每个矿工只能吃两汤匙金枪鱼、一口牛奶和半块饼干维持生命。

8 月 26 日，33 名矿工通过送入地底的高科技摄录机，首次向地面展示矿底的情况，并高唱国歌，大呼："矿工万岁！"同时，当局在告知被困矿工可能要到圣诞节才能重出生天后，准备向他们送去抗抑郁药。

8 月 28 日，为尽快救出被困矿工，智利政府计划钻探第二条救援通道，这样可以将救援时间由之前估计的 4 个月缩短到 2 个月。

8 月 31 日，由于被困地下的这些矿工所面临的情况与宇航员在太空中面临的情况类似，因此美国宇航局决定派员协助。一支美国宇航局派出的专家小组抵达了智利，准备协助救援被困矿工。

9 月 1 日，智利政府开始向被困矿工提供牛肉、米饭和水果等伙食。这是自确认全体矿工幸存以来，首次向其提供固体类的热饭热菜。

9 月 7 日，被困矿工在井下收看到了一场足球比赛直播。地面人员将一个小型电视接收器送到井下，并接通地下的电视电缆。一切进展的非常顺利，矿工们实现了在地下 700 米收看直播的梦想。

9 月 12 日，受困矿工的生活又多了一点调剂，经过不断请求，当局首次批准他们在井下吸烟。同时，矿工们在教练的带领下开始健身训练，为获救做好准备。他们还通过各种方法，如录像、录音、唱歌、玩牌和电子游戏来打发等待救援的难熬时间。

9 月 16 日，智利负责营救的工程师宣布，被困矿工营救计划提前，他们有望 11 月初升井获救。

9 月 17 日，救援人员打通一条救援通道，朝救出 33 名受困矿工迈出重要一步。技术人员接下来计划实施通道加宽作业，使用一个救生舱把矿工从地下 700 米深处逐一送上地面。

9 月 18 日，被困矿工跳起民族舞蹈，高唱国歌，庆祝智利独立 200 周年。他们通过电视转播观看了独立日的庆典活动。智利总统皮涅拉在独立日庆祝致词中，赞扬了矿工们百折不挠的勇气，表达了智利政府早日救出矿工的决心和意愿。

9 月 19 日，智利总统皮涅拉搭乘军用直升机，前往被困矿工所在的北部沙漠矿坑，视察救灾，并与这些受困地下 40 多天的矿工视讯对谈，鼓励他们坚定信心。

9 月 25 日，为营救被困矿工而特别设计制作的救生舱被运至矿场。救生舱大概有一人大小，可以将井下矿工一个接一个的运送出洞。这个子弹形的救生舱还备有氧气瓶、逃生装置和通讯设备等。

10月6日，漆成鲜亮红色的中国自主设计、研发、制造的重型起重机部分零件，被6辆卡车组成的车队送往智利矿难救援现场，准备参与33名被困矿工的最后救援工作，现场欢呼、掌声不断。

10月7日，智利政府宣布，计划B即第二口井已经完成大半，距离通道打通只剩下90米的距离。如果没有意外，救援通道将于9日打通，进入救援的最后一个程序。智利海军一名指挥官说，已经根据每名受困矿工身体和精神状态情况，初步确定了升井先后顺序。

10月9日，智利矿难救援人员表示，营救被困矿工的救援通道已打通至地下625米，通道即将完全打通。智利卫生部长杰米·马纳里克在矿场现场接受采访时表示，将矿工救出井洞的行动将于12日启动。

10月13日0时10分，首名矿工弗洛伦西奥·阿瓦洛斯随"凤凰2"号搭载舱，穿过长达622米的救生隧道，重见天日。

10月14日，智利圣何塞铜矿33名被困矿工在经过长达69天的漫长等待后，全部获救，营救结束。

此次圣何塞铜矿救援行动费用近2000万美元，智利政府和国家铜业公司承担三分之二，其余来自各方捐赠。

【应对举措】

1. 政府要有以人为本的救援态度。事故发生后，政府的态度应该是用具体的心理指导建立矿工们的信心和希望，同时要安慰家属用轻松的心理去应对灾难。智利动用所有可能的力量和最先进救援科技，在矿井现场有数百名支援人员，从工程师、心理学家到营养师、实验室人员。

2. 科学制定救援方案，充分考虑每一个救援细节。工程人员分析定位遇难矿工位置后，反复论证计划开凿一条约700米的垂直巷道，抵达受困矿工所在地点，然后用升降机把矿工逐一救出。钻探分两个步骤实施，先开凿一条"导航性巷道"，直径约为10厘米，然后再用重型切割机把它扩大到直径为66厘米的救生通道。救援考虑到每一个细节，而且理论上保证每个细节有绝对的把握。

3. 政府机制要健全，遇难矿工要冷静自救。智利铜矿成功应对灾难事件的关键要素，是预先建立健全的应急机制和设施。在此次坍塌事故中，井下紧急避难所对于矿工在救援人员实施救助前延续生命起到了关键作用。

工人们在被确定受困位置之前的十几天，只能依靠避难所储存的食品维持生命，每人每48小时可以吃两汤勺的罐头鱼、半片饼干和半杯牛奶。如果当初矿业公司没有遵守井下应急机制的要求准备好这些设施和物资，受困矿工很可能等不到救援到来的那一天。

矿工们在灾难来临之时，积极展开自救也是创造奇迹的因素之一。发生坍塌事故后，矿工自发组织起来，积极与地面救援人员取得联系。在挖掘过程中，矿工们还帮助清理井下的碎石。尽管井下困难重重，但在确定被营救人员顺序时，矿工们都争着最后一个出井。心理专家指出，过硬的心理素质和冷静的头脑保证了矿工们能够在救援人员到来前和施救过程中，尽可能地延长生命。

4. 政府要认真总结经验，严肃追究事故责任。每一次事故对政府和民众来说都是一个深刻的教训，政府应该对事故认真总结，查缺补漏，完善制度和措施。此次事故后，智利政府很快将就劳工安全问题出台新措施，要求矿业、建筑业、交通运输业、农业和渔业等产业部门创造安全良好的环境，确保矿工人身安全。所有安全措施无法达标的企业将进行停业整顿。

【评析反思】

1. 三大因素成就生存奇迹。智利圣何塞铜矿33名矿工在被救援人员发现前，被困17天全部生存下来，被许多人看成是“奇迹”。这一“奇迹”的产生得益于三方面因素：一是矿井坍塌事故人员成活率相对高。二是紧急避难所保证了生命的延续，紧急避难的食品、水、氧气等储备，发挥了重要作用。三是矿工冷静自救渡过难关。

发生塌方事故后，年龄从19—63岁的矿工们自发组织起来，经验丰富的老矿工戈梅斯担任了“领导”的角色。他指挥大家用井下一辆汽车的蓄电池为头灯充电，用可钻破岩层的机械寻找水源。

2. 人道的力量成就了救援的成功。8月5日矿难发生后，智利政府立即承担起救援受困矿工的工作。智利武警、军队、消防人员以及政府各级部门联合行动，展开救援。智利总统皮涅拉8月7日紧急中止对哥伦比亚的访问，赶赴铜矿现场，慰问33名受困矿工家属并监督救援工作。与此同时，智利当局组织了分工明确、业务专业、各司其职的救援团队，其中包括救援人员、医务人员和一个专门的实验室，负责设计救援所需的器械和设备。智利当局还邀请美国航空航天局一个专家小组，借助航天员在茫茫太空中的生活经验，为受困矿工在空间狭小、物资紧缺的情况下保证生活质量提供借鉴。

智利矿工受困初期，智利总统幕僚也持很悲观的看法，当总统皮涅拉得知 33 人都活着的消息后，幕僚劝他不要直接参与进这场风险太大、不可预知的救援。但最终，全世界通过电视直播见证了一场货真价实的救援奇迹。科学技术在救援中的运用，人们叹为观止。特别打动很多中国人的，是“人道的力量”和使人道力量得到保护、成长的现代政治文明，这体现在整个救援过程中大小事项和每一环节之中。

全程开放的新闻报道、不被遮蔽的被困矿工姓名等等，在智利营救和他国同类事件中其实通行的做法，对我国来说是欲求而不得，很引起热议。

更触动人心的是智利被困矿工家属情况。矿难发生后，闻讯赶来的被困矿工家属在现场搭建帐篷、安营扎寨，70 天守在那里。不被驱赶、不被维稳，他们全程注视和监督着整个救援进程，组织起来向矿主、公司、政府三方索赔。而未听幕僚劝告的总统皮涅拉，几十天中，只要可能，都坚持到现场，了解进展，安抚家属，听取家属的意见和要求。科学的食品调配、来自多个国家的专家每天对矿工们进行健康辅导、心理辅导，甚至指导矿工们获救后如何面对媒体、面对个人和家庭生活变化……种种细节都在告诉人，什么叫“尊重人”、“尊重人的生命”。除这些之外，还有一个细节感人至深：井上井下，亲人之间每天通过那个直径 10 厘米的物质输送管道互通信件，这无疑是被困矿工能得到的最大精神支持。

升井的前一天，智利总统皮涅拉在微博上写道：“经过 68 天的担忧和盼望，关键时刻已经来临。愿上帝与矿工和救援人员同在。”而救生舱命名为“凤凰号”的意思，智利总统皮涅拉这样说，这场营救行动代表了“真正的重生”。他所说“重生”，是被困矿工的重生，也是智利的重生，用第 2 位升井矿工的话来说，是“智利必须有所改变”。

3. 依靠科技，注重细节。回望两个月的救援过程，高技术无疑起到了至关重要的作用。大到营救过程中使用的重型挖掘机和“胶囊”搭载舱，小到安慰矿工心灵的投影仪和灭菌铜纤维短袜，这些高技术产品在帮助救援矿工的同时，也保证了他们在井下的生活质量。为了给矿工运送食品和药品，营救人员还设计了一种名叫“白兰鸽”的救援器材。这是一根 5 英寸（合 12.7 厘米）长的空心圆柱，工作原理类似于气动导管。救援人员向“白兰鸽”中装入补给品，然后通过通风管送到矿工避难处。在整个救援过程中，细节的完善无疑是保证救援工作顺利完成的基石。为了保证受困矿工的身体健康，来自美国的营养师制定了特殊的食谱，限定矿工每人每天摄入的热量不超过 2200 卡路里；救援人员为矿工提供了用灭菌铜纤维制造的短袜，以防止感染脚气；由于长时间未见阳光，矿工出井时都会戴上一副造价 450 美元的太阳镜以保护眼睛。

这次事故救援的成功，与其说是智利矿工生命的顽强，不如说是人道观念和科学技术应用必然。

靠什么给飞行安全保驾护航

——波兰总统专机坠毁事件反思

【事件回放】

2010 年 4 月 10 日莫斯科时间 10 时 50 分（北京时间 14 时 50 分），波兰总统卡钦斯基乘坐的图—154 专机在俄罗斯西部斯摩棱斯克市“北方”机场约 300～400 米的地方坠毁，机上 96 人无一生还，其中有 88 名政府官员。波兰代表团此行是为了参加在俄罗斯举行的卡廷森林事件遇难者纪念活动。

与波兰总统莱赫·卡钦斯基同机遇难的波兰军政要人有：波兰“第一夫人”玛利娅·卡钦斯基、波军总参谋长弗朗齐歇克·加戈尔、波兰空军司令安杰伊·布洛希克、海军司令安杰伊·卡韦塔和陆军司令塔德乌什·布克、波兰国家银行行长斯瓦沃米尔·斯克日佩克、国家安全局局长亚历山大·什奇格沃、议会副议长耶日·什马伊津斯基、外交部副部长安杰伊·克雷默和文化部副部长托马什·梅尔塔、波兰奥委会主席彼得·诺洛夫斯基、前总统理夏德·卡乔罗夫斯基等。

这架飞机是当天上午从波兰首都华沙飞往莫斯科以西约400公里的斯摩棱斯克的。一位目击者对俄国家电视台的记者说，飞机坠毁的时候他听到了两声巨响，然后看到远处冒起浓烟。从电视画面上可以看到，飞机坠落在一片丛林中，一些树木折断，现场散落着飞机残片、部件以及箱子、纸张等物品，引擎与机身分离。机翼竖起，显现红色和白色的波兰国旗。地面有几处深坑，表明客机曾经猛烈撞击地面。飞机坠毁后，现场燃起几处大火，升腾浓烟，机场随即陷入一片混乱。救援人员一度曾试图从支离破碎的飞机中拉出部分乘客，可惜未能成功。消防人员一边全力灭火，一边搜寻乘客遗体。搜索到的遇难者遗体都被运到莫斯科进行身份鉴别，俄罗斯政府已在莫斯科建立了信息中心，为赶来的遇难者家属提供帮助。

对这件“波兰最大的政治灾难”，俄总统梅德韦杰夫当即下令成立由政府总理普京负责的事故调查委员会。消防和救援人员立即赶到现场展开救援工作。根据总统的要求，俄紧急情况部长绍伊古和内务部长努尔加利耶夫紧急赶到飞机失事地点。俄罗斯总检察院也对波兰总统专机失事进行了立案调查。

为此，波兰进行了为期一周的哀悼活动。俄罗斯宣布4月12日为全国哀悼日。各国政府首脑和民众对此次事件给予关注，并为遇难者哀悼！

【应对举措】

1. 举行悼念活动。代行总统职权的波兰众议院议长科莫罗夫斯基10日宣布举行“全国哀悼日”，悼念当天在飞机失事中遇难的波兰总统卡钦斯基及其随行人员。各地纷纷发起悼念活动。总统府降半旗致哀。一些波兰民众自发前往总统府，不断有人点燃蜡烛，或祭献鲜花。华沙街头，居民住宅，四处可见黑色丝带。

俄总统梅德韦杰夫、总理普京等政界人士当天就波兰总统卡钦斯基遇难表示哀悼。梅德韦杰夫向波兰众议院议长科莫罗夫斯基致电表示：“我和所有俄罗斯公民对波兰总统卡钦斯基夫妇及波兰代表团众多成员在飞机失事中遇难深感震惊和悲痛。我已下令与波兰方面密切协作，详细调查灾难原因。请您向波兰人民表示最深切的慰问，向遇难者表示哀悼。”普京当天也打电话给波兰总理图斯克，就波兰总统专机失事表示哀悼。普京还向图斯克通报了俄方掌握的有关坠机事故的调查情况。双方商定保持密切接触。俄国家杜马（议会下院）主席格雷兹洛夫、国家杜马国际事务委员会主席科萨切夫和俄罗斯驻北约代表罗戈津当天也分别发表谈话，对卡钦斯基遇难表示哀悼。

2. 深入调查空难原因。对这起震惊世界的空难原因的调查一直持续进行着。俄罗斯曾在2010年10月底向波方提交了一份200多页的空难调查报告。调查报告中称，是飞行员的判断失误强行降落导致了惨剧发生。但是随后，波兰方面在12月向俄方提交了150页的评价意见，并表示不接受这份调查报告。

2011年1月12日，俄罗斯国家间航空委员会在莫斯科宣布，目前坠机事件的调查已经结束，并公布了最新的调查报告。俄方此次交给波方的最终调查结果包括60卷调查资料和飞机黑匣子的所有记录。报告认为，发生事故的直接原因有3个，一是尽管不具备降落条件，飞机仍坚持降落。二是机组人员没有考虑机场提供的信息。三是机上有人对机组人员施加压力。

在俄罗斯公布空难事件调查结果后，波兰内务部长耶日·米莱尔在记者会上表示，俄方公布的最终结果难以令人满意。波兰总统专机空难事故调查委员会波方主席克里赫认为，该报告有多处解读让人难以理解，尤其是对机组人员对话的解读有断章取义之嫌。他认为俄方不应该这么公布调查结果。

波兰反对党法律与公正党主席、遇难总统莱赫·卡钦斯基的孪生哥哥雅罗斯瓦夫·卡钦斯基则对俄方调查报告表示完全不能接受，他认为将责任完全归罪于机组和波方是没有根据的。卡钦斯基认为，俄国家间航空委员会报告中所“炒作子虚乌有的对机组人员的压力”，空军司令体内血液中含的酒精与飞机降落决定没有任何关系，无论如何都不会对飞机航行产生影响。

3. 总统提前选举。波兰众议长办公室在空难发生后说，众议长科莫罗夫斯基正从波兰北方城市格但斯克紧急赶回首都华沙，暂时履行总统职权。根据波兰宪法，总统因逝世原因未能完整履行任期，总统职权将暂由众议长代行。波兰政府发言人当天说，因总统卡钦斯基在坠机事件中遇难，波兰将提前举行总统选举。临时代行总统职权的波兰众议院议长科莫罗夫斯基5月5日宣布，已经确定梅切斯瓦夫·奇安纽赫为新的波兰三军总参谋长。

2010年7月10日，波兰总统选举第二轮决选尘埃落定，执政党公民纲领党候选人、现任议长科莫罗夫斯基击败前总理、法律与公正党主席雅罗斯瓦夫·卡钦斯基，取代后者因飞机失事而遇难的孪生兄弟莱赫·卡钦斯基，成为新一任波兰总统。由于雅罗斯瓦夫·卡钦斯基之前的呼声甚高，这样的结果多少让人有些意外，但事实上，这一切都是由波兰独特的选举制度造成的。由于最终当选的科莫罗夫斯基和总理图斯克同属一个党，人们普遍认为，新总统将回归“象征元首”的传统，从而为图斯克的改革扫清障碍。

4. 启用新包机分乘出访。6 月 8 日，波兰政府同波兰航空公司签订了租用包机协议。据悉，新包机为巴西航空工业公司生产的 E—170 型客机。飞机机身被重新喷绘成象征波兰国旗的红白两色，机身上还以波兰语喷绘有“波兰共和国”字样。该飞机的机组成员为波兰航空公司的雇员，而非此前一直为波兰政府官员提供飞行服务的波兰空军第 36 特别团。包机协议签订之后，波兰总理图斯克以及部分内阁部长成为了第一批乘坐新包机的贵宾，他们将乘坐该机前往布鲁塞尔欧盟总部进行访问。但由于吸取了斯摩棱斯克空难中众多高官同时遇难的惨痛教训，此次与图斯克同乘一架专机的只有两名部长，其他高级官员将乘坐不同的飞机前往布鲁塞尔。

【评析反思】

2011 年 7 月 29 日，波兰国家空难事故调查委员会公布了一份调查报告。报告共 328 页，详细介绍了专机行前的准备情况、起飞条件、飞机技术状况、与地面的通话记录以及对事故原因的分析等。波兰议会参议院 8 月 3 日举行专门听证会，讨论波兰政府提交的前总统专机坠毁原因调查报告。波兰内务部长称报告符合波兰法律和国际法。经调查，这次客机失事的原因有 3 个，其中人为失误、恶劣天气是波兰总统专机坠毁的最主要原因。

1. 飞机失事时当地天气条件不佳，浓雾弥漫，能见度很低，且飞行员没有听从空中交管员到另外机场着陆的建议，是导致专机坠毁的重要因素。当时的大雾天气对于并不先进的图—154 来说是一个巨大的威胁。在波兰总统专机失事前，俄罗斯空中交管员曾向飞行员建议掉头飞往明斯克实施降落，因为飞机试图着陆的斯摩棱斯克州军用机场缺少必要的导航设备，无法在大雾天气指挥飞机降落。遗憾的是，飞行员并没有听从空中交管员的这一建议。飞行员不停地在机场上空盘旋，以便寻找跑道。飞机是在飞行员尝试再次降落时坠毁的。

2. 机组人员操作失误是造成波兰总统专机坠毁的最主要原因。专机机组人员在接到地面警告后未及时转降备降机场而是决定继续降落，在机组人员肉眼无法看清地面的条件下，飞机飞行高度低于最低高度、飞行速度过快、第二次试降操作迟缓等因素，导致飞机受损，左侧机翼被撞，飞机失去控制撞向地面。俄国家间航空委员会主席阿诺金娜表示，在看不到地面目标的情况下，飞机进行下降；在地形提示和警告系统启动的条件下应当做出反应时机组却没有做出反应，导致了事故的发生。她同时表示，有波兰高级官员出现在驾驶舱，并对机组成员造成心理压力，影响机长在不当状况下作出不惜一切代价降落的决定。俄塔社报道称，所指高官是波兰空军司令和总统府礼宾司司长。阿诺金娜补充说，根据法医鉴定结果，在波兰空军司令的血液中检测到千分之 0.6 的酒精含量。

3. 飞机降落时撞上了树梢，这导致驾驶员对飞机失去控制。事发地官员称："波兰总统专机降落时未能找到跑道，目前的线索显示飞机碰到了大树，然后坠落摔成碎片。"调查报告指出了俄罗斯方面在事故中的责任，包括：当飞机偏离正确位置时机场提供给机组的飞机位置信息有误；当飞机飞行过低时机场没有及时向机组发出指令，等等。

报告提到的导致事故发生的其他因素还有：飞机没有做好前往斯摩棱斯克机场的安全保障准备；机组人员对机场发出让飞机拉起的指令反应滞后；波兰机组人员缺乏必要的训练，在驾驶图—154 飞机时对该型号飞机的系统功能和控制了解不够；对该次飞行计划选择不当；在飞行的最后时刻机上指挥官和机组人员的合作不够恰当，等等。

此外，总统卡钦斯基乘坐的这架图—154 专机是 1990 年 6 月 29 日出厂的，已经使用了 20 年。有关资料显示，图—154 机型在全球已经发生了 66 起空难，其中 6 起是过去 5 年之中发生的。在此次坠机事件之前，现任波兰政府就在考虑购买新飞机。此前几届政府将财政资金主要用于完善医疗保障体系和国家安全体系。随着国家 GDP 的增长，政府用于自身的公共基金并没有相应的增长。这个方面，人们不但可以看到总统卡钦斯基清廉务实的影子，而且可以看到波兰制度的约束，决定了总统专机并不是总统想买，国家有钱，就可以买的。根据波兰所奉行的《波兰公共基金法》，议会设有独立于政府之外的最高监察机构，向议会负责，专门负责制定和管理政府的财政开支状况。在公共的领域里，政府自身的每一项支出都受到严格的约束。总统专机在斯摩棱斯克坠毁后，波兰的政治家和军方高官开始害怕乘坐政府专机。波兰总理图斯克 8 月 4 日下令解散负责运送波兰高层的空军第 36 特别飞行团。

从具体的事件层面来说，这次事故对波兰来说确实是一次巨大的悲剧。机上的人员不但包括总统夫妇，一同遇难的还有众参两院副议长、国家安全总局局长、国防部和外交部的副部长等一批高官。遇难者不但人数众多，而且都是国家精英、各界翘楚。事件发生后，整个波兰陷入一片悲痛之中，人们利用各种方式表达自己的哀思，各国元首也纷纷致电哀悼。此情此景，即使是用世纪悲剧来形容大概也不为过。

从历史与地缘政治的角度看，这次事故也折射出波兰人的坎坷命运。近代以来，波兰一直身处东西强国之间，为了自己的命运而不得不两边奔走。冷战结束后，波兰坚决地加入西方阵营，但也尽量维持与俄罗斯的紧密关系。此次卡钦斯基出访俄罗斯，主要目的就是试图去抚平俄、波关系中的一道持久的伤痕——卡廷惨案。在70年前，上万名波兰官军被苏联军队杀害。而让所有人都没有想到的是，一次飞机失事让他为这次纪念付出生命的代价。

但是，从另一个方面来说，波兰又是幸运的。虽然有总统及这么多高官遇难，但整个国家除了陷入空前悲痛之外，并没有引起政治上的不安和动乱。众议长科莫罗夫斯基按照宪法宣布暂时履行国家元首的职务，根据宪法规定，原定2011年内的总统选举也提前举行。虽然卡钦斯基及众多高官的失事，一定程度影响到波兰的政党竞争与政治布局，但不会从根本上撼动波兰政局，也没有影响政治的基本稳定。除了经济转型的成功，一种超越个人甚至政党的稳定宪政架构已经建立，这是波兰之幸，更是民主与宪政之幸。

航空安全重于泰山

——利比亚国际机场发生严重空难事件的教训

【事件回放】

2010 年 5 月 12 日当地时间清晨 6 时左右，一架利比亚空中客车 A330 客机在利比亚首都黎波里机场坠毁，造成 103 人死亡。死者包括机上 92 名乘客和 11 名机组人员，仅有 1 名荷兰籍 8 岁男孩生还。乘客中有 10 名利比亚公民，其余的来自英国、荷兰、南非、德国、芬兰、法国、英国、菲律宾和津巴布韦等 9 个不同国家和地区。

当时这架从南非约翰内斯堡飞来的空客 A330 客机，正试图在黎波里机场降落，在进入东西向主跑道前 1 米远的地方坠毁。

经查实，当天在利比亚坠毁的空客 A330—200 是空客 A330 系列的短机身型号，翼展 60.3 米、机身长 59 米，标准三级客舱布局可载客 253 人。该型号飞机航程为 1.2 万公里左右，主要用于远程国际直航航线。失事的空客 A330—200 飞机于 2009 年 9 月交付使用，至今已飞行 420 架次，飞行时长 1600 小时。此次事故是该航空公司历史上第一起空难。

【应对举措】

事故发生后，利比亚航空当局立即展开搜救，多辆救护车被紧急派往机场。与此同时，利比亚警方和机场安保人员封锁了坠机现场，救援人员、救护车以及紧急设备车辆都相继前往事发现场施救。利比亚成立事故调查委员会，负责调查利比亚首都的黎波里国际机场当日坠机事件的具体原因。

空客公司发表声明称，该公司将为事故调查部门提供详细的技术支持。法国调查与分析局表示，他们将派出多位专家协助利比亚当地部门调查飞机失事原因，专家组当天到达出事地点。

安全部队、救护人员迅速赶赴现场实施抢救，并收寻飞机和乘客的遗骸。搜救人员找到了飞机飞行记录仪“黑匣子”，这对进一步调查飞机坠毁真相大有帮助。经调查人员证实，这起空难事故与恐怖袭击无关。

胡锦涛主席于 12 日就利比亚的黎波里国际机场发生严重空难事件造成重大人员伤亡，向利比亚领导人致慰问电，代表中国政府和人民并以个人名义，向遇难者亲属和受伤人员表示诚挚的慰问，对不幸遇难者表示沉痛的哀悼。

【评析反思】

发生严重空难事件的原因一般有以下几种：第一种是机械故障，起落架收不起来，发动机故障等，这在起飞前一般能检查出来；第二种情况是气候，比如一些雷暴、雷雨风、龙卷风还有结冰等都对飞机的正常运行产生比较大的影响；第三种是电磁波干扰，会影响仪器仪表的正常工作，导致飞机不能按照正常的指令来执行；第四种是油箱的问题，主要是指飞机运行过程中由于摩擦产生的静电导致油箱爆炸；第五种是外力破坏，比如飞鸟对运行中的飞机影响很大；还有一种是人为的原因，比如恐怖袭击、操作失误造成的。利比亚空难，从公布的资料还没有看到有什么特别明确的原因。

德国飞机涡轮机的发明者德国人帕布斯·海恩提出一个在航空界关于飞行安全的法则。海恩法则指出：每一起严重事故的背后，必然有 29 次轻微事故、300 起未遂先兆以及 1000 起事故隐患。法则强调两点：一是事故的发生隐患是量的积累。二是在实际操作层面，关键在人的素质和责任心。

人类经过数百万年地进化，已成为主宰这个世界的高等动物。也只有人类，在我们所知的动物中能创造出如此惊人的社会发展史，将地球改造得如此多姿多彩，改变了自己的生活方式，提高了自己的生活水平，使若干年前的天方夜谭一次次地变成了现实。无可否认，科技创新及其成果应用是一把双刃剑，在带来社会发展和进步的同时，激发了人类征服自然的欲望，增强了人类向自然索取的能力。大自然似乎对人类很公平：当你得到了某一方面的利益，就会损失另一方面的利益；当你增强某方面的能力，也就会凸显和放大了某方面的脆弱性。面对每次坠机惨状，虽然每次让很多人痛不欲生，但人性的贪婪，又使我们在追逐利益时忘乎所以，忽视设备的及时维修，忽视工作人员水平的提升。

在世界高科技迅速发展的今天，尤其是航空业的高速发展时期，却接二连三发生空难事故，这些空难事故的频发挑战着世界各国人们的神经。飞机历来被公认为安全系数最高的交通工具，但频发的空难和高达97%的死亡率引来全世界对飞机安全的质疑，人们对于飞机的关注从“安全系数最高”转移到了“死亡率最大”。

“从有商业飞航以来，民航机历经80年的演变，一直都以安全为演变主轴，从机体设计、飞行方式、内外装材质选择、机体内外安全设备、机场及航管设施、维修体系，甚至包括航空公司的地勤作业，安全防的完整性，都远高于陆运及海运交通工具。”而机师考核和管理也异常严格，“每半年要体检一次，不合格就停止任务派遣或吊销证照，随时有技术复训，未通过考验，一样下勤务，执勤前除酒精测试外，为防极低发生比率的生理突然不适因素，驾驶舱内一定有两位以上机师”，由此可见飞机无论从硬件设备还是软件设备上都无愧于安全系数最高的交通工具。但事实却是，这一整套严格规范的飞航体制遭遇了来自客观环境方面和主观人为方面的隐患的困境。海恩法则告诉我们，再好的技术，再完美的规章，在实际操作层面，都无法取代人自身的素质和责任心，人是决定性的因素。安全意识不仅需要从规章制度的执行和防范措施的落实中去逐渐渗透，更重要的是需深深扎根于航班机组的每个人员心中。

海恩实验室研究结果表明，每一起意外总是有不意外的地方，防不胜防的原因乃在于对一些意外原本就没有认认真真地防过。任何事故的发生是各种隐患量不断积累的结果，都是由量变到质变。所以，对于一些微不足道的事故隐患，应高度重视，及时排查，认真处置，尽最大可能使意外灾害降低到最低程度。当然，可能发生的灾难也不完全都在我们的掌控之中，来的时候就在那千钧一发之时发生了，灾难中我们常常还力不从心。但是空难，我们完全有能力防止的，只要我们从小处做起，从排除每个隐患做起，从预警防范做起，就一定能确保航空安全。

大火烧出消防的隐患

——吉林商业大厦火灾的教训

【事件回放】

2010 年 11 月 5 日 9 时 17 分，位于吉林市船营区珲春街 12 号的吉林市商业大厦发生火灾，过火面积达 15830 平方米。

11 月 5 日上午 9 时，吉林商业大厦开门营业。在大厦一楼做手表生意的张景全迟来了十多分钟，他刚打开柜台，就听身后有人喊了一声：着火了！“我往后一看，就在我旁边的棚顶上，着了一个拳头大小的火团。”张景全事后向媒体记者描述。灭火器就在柜台旁边，张景全急忙拿过一只冲上前去，站上柜台向火团喷洒。邻近银饰摊位的黄德伟赶过来为他递换灭火器。不远处做保暖外衣生意的王香娟，提来一桶水向棚顶泼去。

但棚顶距地面太高，灭火器的射程有限，火势眼看着越来越大。“也就三五分钟吧，满屋就都是浓烟了，呛得大家都睁不开眼睛。我拿出手机拨了 119，然后大家就开始往外跑。”王香娟说。

此时在商厦 5 楼，张丽英像往常一样，正和模特舞蹈团老年队的队员一起跳形体舞。舞蹈老师突然冲了进来：“楼下着火了，大家快点儿往外跑！”80 多位老太太从几个教室里涌了出来，却发现楼里一片漆黑，一些人已经急得哭了起来。危急之中，有人发现了窗外的一个缓台。“我喊，大家不要慌，排好队。”张丽英事后告诉记者，在她的组织下，大家排起长队，有秩序地快速转移到缓台上。

随着浓烟越来越多，暂时脱险的人们不得不继续向上攀爬。在距离缓台一人多高的地方，有一段梯子直通楼顶。这时候，4 名男子及时出现，你拉我拽，赶在大火蔓延前，帮助 80 多名老人成功爬上了楼顶天台。得到求救信号的消防队员，很快用云梯将众人解救出来。

在 4 楼富安居家具商场的经理祖光没有这么幸运。当她发现楼里有烟时，即组织疏散员工下楼，等她和几名员工下楼后，发现还有员工困在里面，于是再次返回商厦寻找。最后，自己被困在了楼里。直到认领了遗体后，祖光的家人依然不愿接受她已离去的现实。

在大厦之外，一股股浓烟正从这座 5 层楼建筑中冒出。烟雾时而呈黑色，时而呈黄色，不时还蹿出火苗。因为担心浓烟中可能含有毒气体，附近居民纷纷跑到商店购买口罩，一时间，口罩价格从 2 块涨到了 10 块。

大火直到当日 21 时 53 分才被彻底扑灭。从 9 时 17 分开始计算，大火持续了 12 个小时有余。火灾现场散发的浓烟遮住了半个城市。根据现场初步勘察，大厦部分防火卷帘门及自动喷淋设施在火灾发生后未能正常使用，造成火灾的蔓延扩大。罹难者亲人的眼泪，火灾留下的废墟，以及生还者的逃生经过，无不触目惊心。

11 月 6 日，吉林市政府新闻办公室举行新闻发布会，正式向媒体通报：在此次火灾中，共有 19 人遇难，24 人受伤住院，3 人留院观察，5 人自行离院，没有重症伤员。商厦的相关责任人已经被警方控制。

【应对举措】

事故发生后，吉林市委书记周化辰和市长张晓霈及时赶到现场并一度进入到楼内查看指挥。周化辰在现场指示：立即联系医院做好营救，迅速摸清到底有多少人被困以及具体位置，消防部门要迅速进到火场里搜救人，要全力供应救火水源。

消防部门共出动 69 辆消防车、360 名消防人员进行扑救。但由于商厦外墙体被封闭，对扑救造成困难。救援人员紧急调来两台挖掘机在现场对起火商厦的外墙进行破拆。商厦部分楼体已经被火烧得只剩下框架。为尽快救出被困群众，消防官兵全副武装利用三节拉梯打碎玻璃攀上 4 楼和 5 楼，寻找被困群众。同时，为防止有被困群众跳楼，消防官兵们立即在楼下空地处支起救生气垫。因急于救人，许多消防官兵及救援人员来不及佩戴空气呼吸器等防护措施，只用一条湿毛巾捂住嘴和鼻子在现场及冲入现场帮助救援，实在受不了，跑出来喘口气再回去接着参与营救。11 时 30 分，火灾现场救出受困者 91 人，另有 2 名重伤者送至医院经抢救无效死亡。据收治伤者的吉林市中心医院医生介绍，伤者大多为有害气体中毒，没有生命危险，但有 3 人因伤势较重被送进“高压氧舱”进行抢救。

搜救工作结束后，事故抢险立即转入现场勘察。应急处置着力做好 6 个方面的工作：一是继续全力开展现场勘察工作，对火灾现场进行全面清查，不放过任何一个空白点。二是尽快查明火灾原因明确责任依法办事。三是继续做好伤员的救治工作。四是周密细致做好遇难者善后的处理工作。五是认真吸取这次火灾的教训，在全市开展防火安全教育。六是做好全市的社会稳定工作。

由于商业大厦是一大型综合性商场，里面有证券公司、银行、信用社等多家金融单位。吉林市公安局内保分局民警赶到火灾现场，将内部储存的大量现金及 ATM 机安全转移。

为了安全起见，在和龙街紧邻商业大厦附近的两栋居民楼居民被紧急疏散。据一位在空地等待的李先生说，火灾发生后，浓烟燃起时两栋居民楼全被罩在了黑烟中，居民们紧闭窗户，不敢开窗。派出所的民警挨家敲门，让人都出去，站在外面的空地上待着。

经过吉林省“11·5”重大火灾事故调查组的调查，排除了放火、遗留火种、自燃和用电器具故障引起火灾的可能，认定吉林“11·5”商业大厦火灾起火原因是大厦一层二区斯舒郎精品店仓库起火点范围内的电气线路短路所致。

11 月 10 日，国务院安全生产委员会办公室通报了吉林商业大厦重大火灾事故情况：根据现场初步勘察，大厦部分防火卷帘门及自动喷淋设施在火灾发生后未能正常动作，造成火灾的蔓延扩大。大火之后紧急开展的火灾隐患集中排查整治行动，亦发现为数不少的消防隐患，尤其在商场、市场等人员密集场所，部分隐患可称“顽疾”。

12 月 10 日，吉林省吉林市船营区检察院以涉嫌重大责任事故罪，对吉林商业大厦火灾 7 名责任人批准逮捕。这 7 名责任人包括：吉林商业大厦总经理叶刚、主管消防副经理佟建波、主管电力设备副经理岳长贵、主管变电所科长曲立平、保卫科科长马春光以及两名电工吴春海、宗久顺。

【评析反思】

如果商场内的自动喷淋装置能够启动，或者消防设施装备再好一点，火势就会迅速得到控制，不至于酿成后来的惨剧。透过吉林商业大厦火灾看，在商场等人员密集场所的消防安全上，已经暴露出若干短板，亟待相关部门乃至全社会一同“补齐”。

首当其冲的是老商场的消防问题。吉林商业大厦一些商户向记者直言，作为一座有着 20 多年历史的老楼，大厦存在着用电线路老化的问题，极有可能是棚里面的电线老化引起火灾。对老商场的线路改造问题应引起足够重视。

部分设施影响消防开展灭火和救援工作是为顽疾。消防部门在处理吉林商业大厦火灾中，遇到了诸多麻烦和困难，包括商场旁边街道上的石墩子、广告牌和商场外侧墙面整体贴着的铝塑板等。为解决这些问题，消防人员不得不做了很多额外工作，甚至需要找来挖掘机，刨开干墙面以让水枪射进楼里。

专业人士表示，现在商场普遍存在外侧墙面封闭问题，商场出于美观或广告宣传的需要，却不利于消防施救，这一问题需要引起相关部门重视。

2010 年全国消防日的主题是“全民关注消防，生命安全至上”。要实现“珍爱生命”，就必须在拓宽认知，不误认为消防安全只是消防部门的事情。此次吉林商业大厦火灾过后，很多吉林市民纷纷通过上网等方式学习火灾逃生自救技能。越来越多的人认同：只有把消防变成“全民消防”，让人人掌握消防知识、人人学会自救技能，才能最大限度减少人员伤亡，实现“生命安全”。

火灾中让这么多生命离开我们美好的世界，真是让人痛心疾首。怎么样在火灾中不再有人员伤亡，这是值得我们反思的。一是加强消防安全意识。二是要配备足够的楼房逃生器材。三是要懂得逃生器材的使用。这样就能避免和减少火灾中的人员伤亡。这次火灾当中如果配备足够的逃生器材，如救生缓降器、消防软梯、救生绳等，就会大大减少人员的伤亡，也不会出现跳楼身亡的事故。

为什么这样多的逃生器材，火灾逃生当中却不使用呢？主要在于企业没有消防安全意识，没有配备逃生器材，发生意外只等消防队前来救援。这种惨痛的教训应该引起机关、企事业、团体、单位的领导高度重视，一定要有自救逃生设备。一旦发生意外可以保证人员顺利逃生，避免人员伤亡。生命是宝贵的，生命不可以重来，不要再让宝贵的生命在大火中消逝。在火灾发生时刻，我们身边的逃生器材才是不可缺少的，有了它我们会涅槃重生。

“左手监督右手”的局面亟需改变

——上海教师公寓火灾警示

【事件回放】

2010年11月15日14点15分许，上海市静安区胶州路上一幢高层民宅发生严重火灾。楼内大部分为退休老教师，大火共造成58人遇难，71人受伤，直接经济损失达1.58亿元。

火灾发生后，静安区在现场指挥中心成立工作小组，从现场抢险、医疗抢救、治安防控、后勤保障等方面采取应急措施。在现场除了相关部门的救援队，还有群众自发组织的民众救援队。

上海公安、消防、卫生、应急办等部门立即出动，赶赴现场处置，展开灭火救援工作。消防部门接警后立刻出动25个消防中队、百余辆消防车投入战斗，并紧急疏散救助附近居民百余人。大火于当晚6时30分被基本扑灭。消防人员及时进入火灾现场，逐层收拾残火，仔细搜救各楼层内的居民。被搜救到的人员被立即送往上海的华山、华东、静安区中心医院等多家医院抢救。

依照国家有关法律法规，并报经国务院同意，11 月 17 日，由国家安全生产监督管理总局、监察部、公安部、住房和城乡建设部、全国总工会和上海市人民政府及有关部门人员组成的国务院上海市静安区胶州路公寓大楼特别重大火灾事故调查组成立。最高人民检察院应邀派员参加调查。

上海静安区委、区政府将受这起严重火灾影响的居民安置到附近宾馆，并落实了食宿等问题。通过积极努力，整个善后处理工作平稳有序。

【应对举措】

事故发生后，党中央、国务院高度重视，中央领导同志作出重要指示，要求全力组织灭火，千方百计搜救被困人员，千方百计做好伤员救治工作，妥善做好善后处理。受胡锦涛总书记和温家宝总理委派，国务委员孟建柱率国务院工作组连夜赶赴事故现场，亲切慰问遇难者家属及受伤人员，指导抢险救援、善后处理和事故调查工作。俞正声、韩正等上海市委、市政府领导第一时间全力组织灭火救援，迅速成立事故善后处置领导小组，统一指挥协调伤员救治、遇难者家属安抚、受灾群众安置及人员抚恤、财产赔付等善后工作。

22 日，上海市政府召开市政府常务会议，听取“11·15”特别重大火灾事故处置工作汇报。为永远铭记这次事故的惨痛教训，上海市委、市政府考虑，把 11 月 15 日设为上海“城市公共安全日”，让警钟长鸣，让惨痛的教训时刻警醒各方，对生命负责，对城市负责，切实做好维护城市安全的每一项工作。会议要求，全力以赴做好事故各项善后工作，尽最大努力、不惜代价继续救治伤员。全力配合国务院调查组尽快查清事实，依法严肃追究责任。细致、妥善、负责地开展对所有遇难者、伤员及其家庭的赔偿救助。深刻反思，举一反三，针对上海建筑市场表现出的混乱现象，从体制、机制和法制各方面开展深入研究，出台切实有效的措施，严肃整治。

事故调查组经过调查取证，查清了事故原因、性质和责任，提出了对有关责任人员的处理建议和防范措施。经查明，上海“11.15”特别重大火灾事故是一起责任事故。根据国务院批复的意见，依照有关规定，调查组对 54 名事故责任人做出严肃处理。其中 26 名责任人被移送司法机关依法追究刑事责任，28名责任人受到党纪、政纪处分。28名受到党纪、政纪处分的责任人中，包括企业人员7名、国家工作人员21名，其中省（部）级干部1人、厅（局）级干部6人、县（处）级干部6人，处以下干部8人。给予上海市副市长沈骏行政记大过处分。同时，责成上海市人民政府和市长韩正分别向国务院做出深刻检查。

国家安全生产监督管理总局依据《安全生产法》、《生产安全事故报告和调查处理条例》等法律和行政法规规定，责成上海市安全生产监督管理局对事故相关单位按法律规定的上限给予经济处罚。

2011年8月2日下午，上海市第二中级人民法院对"11·15"特别重大火灾事故相关6起刑事案件作出一审判决，26人被定罪。法院认为：高伟忠、姚亚明等人滥用职权的行为，是造成特别重大火灾事故的重要原因之一，其行为均已构成滥用职权罪，且情节特别严重；高伟忠、周建民等人还收受他人贿赂，其行为又构成受贿罪，依法应当两罪并罚。黄佩信等人在生产施工中违反有关安全生产的规定，造成特大伤亡事故发生，其行为均已构成重大责任事故罪，且情节特别恶劣。黄佩信、马义镑还收受他人贿赂，其行为均又构成受贿罪；支上邦、沈建丰还为谋取不正当利益而行贿，其行为均又构成行贿罪，应当两罪并罚。对上述案件的被告人应根据其犯罪事实和情节依法惩处，对造成特大火灾后果负有重要责任的应依法从严惩处。分别判处高伟忠等24名被告人有期徒刑16年至2年。鉴于电焊工吴国略、王永亮有自首情节，且其违章作业与工程管理人员未有效落实安全生产管理措施、未进行安全教育、也没有配备足够防火器材等有关，可依法减轻或免除处罚，吴国略被判有期徒刑1年，缓刑2年；电焊辅助工王永亮被免予刑事处罚。

【评析反思】

大火为何总是发生在在修、在建工程上？

国务院事故调查组查明，该起特别重大火灾事故是一起因企业违规造成的责任事故。事故的直接原因是在胶州路728号公寓大楼节能综合改造项目施工过程中，施工人员违规在10层电梯前室北窗外进行电焊作业，电焊溅落的金属熔融物引燃下方9层位置脚手架防护平台上堆积的聚氨酯保温材料碎块、碎屑引发火灾。事故的间接原因包括：一是建设单位、投标企业、招标代理机构相互串通、虚假招标和转包、违法分包。二是工程项目施工组织管理混乱。三是设计企业、监理机构工作失职。四是市、区两级建设主管部门对工程项目监督管理缺失。五是静安区公安消防机构对工程项目监督检查不到位。六是静安区政府对工程项目组织实施工作领导不力。

肇事焊工在火灾发生后没有采取扑灭措施，直接逃离现场，将楼内的居民置身火海。胶州路教师公寓大楼的脚手架上其实也悬挂了四五组灭火器，每组两个，但这些灭火器并没有被使用。事实上，这种小型灭火器在大火面前根本就无济于事。

对此有消防专家建议说，类似胶州路教师公寓这种修缮工程，就应该设立专门守望的人员，在楼顶或地面，随时观望，一有情况，立即打开水阀，架设水枪灭火，即可避免“火烧连营”。

上海现代建筑设计集团总建筑师邢同和认为：“垂直城市是城市化的发展方向之一，它适合在地少人多的城市开发，是实践集约化利用土地的最好载体。但同时，垂直城市也隐含着需要解决的矛盾——它可以是天堂，也可以是地狱。”

首先，是楼宇功能集中化和安全防范难度提高的矛盾。防火、防风、抗震、反恐等均是不得不考虑的安全问题，其中超高层建筑消防灭火救援已经被定义为一个世界性难题，一个垂直城市的消防系统技术难度更是要比一般建筑翻倍。其次，是城市密度和生活质量的矛盾。“高楼多了，楼宇之间的空气流通会受到影响，路面交通产生的污染混杂其中。现在法国、日本等国家提出开发地下交通，把地面用于绿化。美国有些城市也开始拆除高架，因为垂直城市中高架本身携带着很大的汽车污染。”还有一个矛盾是垂直城市要求配备自给自足的智能生态系统，以太阳能为主要能源，水和垃圾可以循环利用，国外一些高层建筑中实施垃圾分类粉碎，通过管道直接处理掉。但是如今，我们的技术似乎还无法支撑。

2011 年 6 月 9 日，上海市委书记俞正声在全市党政负责干部大会上表示：“11 · 15”特大火灾事故给人民群众生命和财产造成严重伤害和巨大损失，对上海发展和城市形象造成非常负面的影响，我们“心痛不止，内疚不已”。他认为，在这起事故中，自己至少要承担三方面责任，即：虽曾察觉并提出改革建筑市场管理弊端的意见，但未能有效督导落实；作为上海党风廉政建设第一负责人，对此次事故暴露出的腐败行为有失察、失职之责；对此次事故反映出的干部管理、干部培训教育中薄弱环节负有领导责任。俞正声说，事故原因从表面上看，是安全管理制度上的缺失和施工作业现场的管理混乱，但从深层次看，反映的是宗旨意识上的欠缺，工作上的诸多不到位、不落实。他指出，要坦诚面对问题，勇敢承认错误，坚决克服工作中的不足。这位市委书记表示将按照国务院调查组提出的6条整改措施建议，坚决加以整改，举一反三，防患于未然。

上海市长韩正在讲话中也表示，会永远铭记这一惨痛教训。他说，目前，火灾善后处置各项工作平稳有序，已经依法制定了人身赔偿和救助、房屋损失赔偿、家庭物品财产损失赔偿方案，以及善后过渡安置房补贴方案。下一步上海还将出台加强城市运行安全和生产安全的若干意见，并将进一步加强工程建设领域突出问题的专项治理；进一步落实建设工程施工现场消防安全责任制；进一步完善建筑节能系统防火技术标准及施工安全措施等。

国务院事故调查组查明建设单位、投标企业、招标代理机构相互串通、虚假招标和转包、违法分包是事故的间接原因。值得注意的是，住建部发文表示严厉打击层层“分包转包”的通知是在“11.15”火灾之后。其实在这场火灾之前，2010年的8月3日，住建部就发布了一个《关于集中开展严厉打击建筑施工非法违法行为专项行动的通知》，这个行动历时3个月，在10月底结束，也就是说在这项行动结束之后的15天就发生了上海的这起火灾。

10月29日，也就是上海火灾出现之前16天，住建部召开了一个全国建筑安全生产电视电话会议。值得回味的是，在这个会议上住建部的副部长发表了一个讲话。他说，2010年以来全国建筑领域安全生产工作取得了显著的进展，着重地通报和发扬了18个在这方面取得比较好进展的省区市(其中就包括上海)。“这些数据和情况表明，全国各级住房城乡建设主管部门在建筑安全生产方面做了大量卓有成效的工作，如加强制度建设、加大监管力度、加大事故查处力度等等，因此取得了实实在在的效果。”而这次“11·15”火灾发生之后国务院成立了事故调查组，代表住建部担任调查组副组长的仍然是这位副部长。

为什么像上海教师公寓楼这样的层层“分包转包”会屡禁不止？这样的层层分包转包实际上是在编织一个利益共沾网。一个有资质的实体获得了一个工程，之后把它分包给自己的儿子，儿子分包孙子，孙子分包给重孙子和他女朋友，所有这些分包转包的都没有资质，他们共同来分享，有钱大家赚。在这样的情况之下，安全就被放到了最后一个位置。那么谁来监督他们，这样一个工程会有监理单位，是谁呢？也许是他的亲家、他孩子的老丈人，都是一家人自己在玩这样的事情。特别是在“11·15”这样一个惨重的火灾发生之后，我们对这个局面是可忍孰不可忍？这种在建设领域“左手监督右手”的局面必须尽快改变，如果不能改变，还会有多少火灾，死多少人，破坏多少个家庭？我们如何才能真正避免下一次火灾的发生？但愿这样的悲剧不要再次上演。

重在建立完善的森林保护制度

——俄罗斯森林大火的警示

【事件回放】

从 2010 年 7 月中旬俄罗斯开始的森林火灾持续蔓延，致使俄罗斯境内的 7 个地区进入了紧急状态。俄境内共有 554 个森林着火点和 26 个泥炭着火点，着火总面积超过 19 万公顷，经济损失逾 65 亿卢布（约合 2.179 亿美元），火灾造成至少 53 人死亡，500 多人受伤，超过 2000 间房屋被毁，3000 多人无家可归。俄罗斯几乎投入了全部专业救火力量。

2010 年夏季，俄罗斯出现了罕见的高温和干旱天气。首都莫斯科 7 月 29 日的气温创历史新高，达到 39℃，使 2010 年 7 月成为有气象记录以来当地最热月份，莫斯科被烟雾笼罩。受持续高温和干旱天气影响，俄罗斯 9 万平方公里的农作物被毁，当年俄国粮食产量不足 1000 万吨。为抑制国内粮食价格上涨以及保证明年的粮食储备，俄罗斯于 2010 年 8 月 15 日至 12 月 31 日停止粮食出口，导致全球粮食供应将缩减，俄粮食出口至少锐减 30%，而俄粮食出口禁令同时也推高了国际粮价。据俄罗斯谷物联合会称，这是 130 年来最严重的旱灾。从 2010 年 7 月 30 日起，俄境内森林火灾形势更加严峻，起火点超过 7000 个，2.1 万人参与灭火。仅在 8 月 7 日一天之内，俄在扑灭 276 个着火点的同时就又新增了 269 个新着火点。

俄海军后勤基地和空降兵第 3370 空降装备和物资仓储中心基地也遭受到了火灾侵袭。2010 年 7 月 29 日的大火导致海军后勤基地价值 200 亿卢布（约合 6.7 亿美元）的 200 架飞机报废，过火面积达到 100 公顷。这个海军后勤基地位于莫斯科东南方向，基地办公楼、仓库和设备损失巨大：大火把基地指挥中心、财务部门、13 座航空设备仓库和 17 个车辆仓库烧成白地。

此次大火威胁到了萨罗夫市绝密核研究设施。为防止大火蔓延对核设施造成的威胁，俄罗斯强力部门调集数以千计人员阻止这场大灾难的发生。所有危险核燃料被转移，超过 2000 名紧急情况部门人员和数以百计武装部队人员赶赴萨罗夫。

山林野火及周边的泥煤沼田燃烧引起的刺鼻烟霾，致使莫斯科空气中的二氧化碳悬浮微粒超标五六倍。一些地区能见度甚至不到 50 米，莫斯科 1000 万居民健康受到威胁，不少人因为眼睛及呼吸道不适就医。据美国国家航空航天局公布的卫星图像显示，俄罗斯西部上空有长达 3000 公里的"烟云"笼罩，熊熊大火从太空中清晰可见，火苗一度窜入到距地表 6000 英里（约 1 万米）高度的平流层。受俄罗斯森林大火烟雾影响，芬兰首都赫尔辛基、南部沿海地区以及东南部地区的空气质量明显恶化，赫尔辛基空气中所含的可吸入颗粒物的浓度达到了每立方米 60 微克，为正常值的 7 倍。德国驻俄大使馆和驻莫斯科领事部暂停了工作，奥地利、波兰和加拿大驻俄使馆的部分外交官及其家属紧急撤离。

灾难发生后，世界各国都向俄罗斯政府进行了大批次的援助。亚美尼亚、意大利、德国、法国、保加利亚、乌克兰和白俄罗斯等国纷纷派出救援队员参与灭火。

【应对举措】

这场俄罗斯现代历史上最严重的火灾令梅德韦杰夫提前结束夏季休假，从南部黑海旅游胜地索契返回首都莫斯科，召集国家安全会议成员紧急开会商讨应对。俄罗斯总统梅德韦杰夫听取了沃罗涅日州州长戈尔季耶夫的电话汇报，就该州灭火措施、向受灾群众提供帮助以及疏散火灾高发区居民等情况作出指示。总理普京视察灾情最严重地区之一——位于莫斯科以南的沃罗涅日地区。

俄罗斯政府采取果断措施进行了森林大火的灭火工作。一是针对火灾，迅速派遣当地的消防部队进行大面积的森林灭火工作。梅德韦杰夫要求消防部门配备新的消防设备，应对火灾问题。在俄政府的统一调遣下，仅莫斯科就投入消防人员3700人，各种机械1200台，资金投入总额3800万卢布；西伯利亚和远东各地区也纷纷向受灾的中部和伏尔加河沿岸地区提供资金支持和消防设施，并派出志愿者。二是针对火势蔓延对当地居民造成的影响，当地政府迅速组织相关部门进行居民的转移工作，疏散8.6万名受威胁民众。四是针对森林火灾发生时外出休假的官员，俄政府采取了撤职处分。

【评析反思】

据俄紧急情况部统计，2010年进入火灾高发期以来，俄全境已发生大小森林和泥炭地火灾2万多起，过火面积接近450万公顷。如此触目惊心的数字造成的影响是什么呢？针对此类问题又应该怎样处理？这些是值得我们深思的问题。

2010入夏以来连续不断的高温干旱天气点燃了暗火，火苗快速达到林边的村庄和穿过森林的公路两旁。此次发生大范围森林火灾的原因较之以往复杂得多，高温干旱是原因之一。而高温的原因则是因为一股罕见的喷射气流和一种被称为Rossby波的强对流气旋的相遇。在俄罗斯和巴基斯坦地区的上空，Rossby波强对流气旋将喷射气流截住，使本来应该朝东前进的喷射气流被迫停了下来，随后在俄罗斯上空形成了持续高气压。正是因为俄罗斯上空持续的高压封闭了气压的流通，让云难以形成，导致无云天气下的土地表面升温并且水分蒸发。在雨量难以增加的时候，一切都变得越来越干燥，方便了大火的蔓延。6月以来，俄罗斯欧洲地区持续高温干旱，平均气温比往年高出4～7摄氏度。高温干旱使得自燃、雷击引火等现象发生，森林极易发生火灾，但是政府却没有相关的防护措施得以合理有效地实施，结果造成了当火灾发生时却无法及时有效的处理。但是这只是造成此次火灾的一个最表层的原因。

从更深层次看，造成这次火灾影响范围大、持续时间长、破坏严重的核心问题还是在于俄罗斯森林管理政策存在严重的漏洞，人浮于事，管理缺失，缺少统一的森林防火体系。这是与俄罗斯林业管理体制改革操之过急有着直接关系的。苏联解体后，俄罗斯林业实行三级管理体制：联邦林业局是林业的中央主管部门，还有两级分别是设在联邦各主体的林业管理局和最基层单位——联邦林场。

2000 年，俄政府开始对行政机构进行改革，撤消了联邦林业局，把林业管理职能划归自然资源部，使得林业局失去了自主管理权，财政拨款也大幅下降。当时的 8 万名护林员有 6 万人被解雇，许多林区无人照看。

2003 年以后，俄政府为促进林业发展，推动林业从资源开采向木材深加工方向转变，制定、修改了一系列法律法规，包括修改《林业法》。有专家认为，这部新《林业法》将森林管理、使用和保护的主要责任交给了地方政府和承租人，其主要目的是吸引大规模投资，为扩大木材深加工创造条件。然而，消防基础设施的建设维护以及护林员聘用等工作耗资巨大，不是承租人和地方财政所能承受的，因此他们往往对森林防护工作应付了事，留下巨大隐患。

就俄罗斯森林管理政策来说，2006 年，普京在担任总统期间，向国会下院（杜马）提出新《林区法》。下院在 2007 年通过此新法，削弱了林区保护措施。新法取消了由中央政府管制林区的制度，约有 7 万名护林人员的护林队解散，林区保护责任下放给地方政府。根据新政策，林区也更容易重新规划为发展地段。这就造成了部分当地政府为了谋取暴利，私自将这些森林的管理权交给当地的森林开发商，从而导致森林的保护出现了漏洞。

正是因为管理上的严重漏洞，使得那些在此次火灾发生时还在休假的森林防护负责人，因为怕“丢官”隐瞒灾情不如实上报，而是寄希望于自己处理火灾，因此记录火灾发生的数字往往被压低，结果是，地方政府根本无力独立熄灭火灾，最终酿成了严重的人祸。

俄罗斯森林管理体制的漏洞，充分暴露出森林管理机构和队伍建设不健全，应对大规模火灾的力量不足。能否及时处理危机是考验一个政府运作机制效率的关键。由于俄罗斯目前没有一个负责处理自然灾害事宜的专门机构，处理森林火灾的重任现在几乎全落到了紧急情况部头上。此次火灾主要还是依靠俄紧急情况部的力量，但真正的消防队员并不多，大多数救援人员缺乏森林灭火的专业知识。因经费有限，国防部仅派出 10000 多人参与灭火。而在 1972 年的重大森林火灾中，苏联军队派遣了 10 万多名军人参与灭火。此外，在后勤保障和灭火物资供应方面也存在问题，一度出现供水、灭火设备不足等情况。地方和志愿消防力量比较薄弱。目前，俄地方政府在火灾监测上没有投入太多人力和资金，森林基本属于不设防状态。与此同时，随着越来越多的年轻人离开村庄到城市工作，一些负责护林防火的乡村消防队也形同虚设，削弱了民间消防力量。

针对此类事件我们应该怎样预防和处理呢？重中之重是要建立完善的森林保护制度、森林火灾事故应急管理体系。

在事件发生前、发生时、发生后，要将具体的责任制度落实到位，做到具体到个人的责任体系。将事件的处理做到谁负责谁处理，这样就可以完善好各方面的工作。例如，在森林火灾的预防和处理上，要具体到每个负责的单位、个人，建立完善的制度和体系。而针对森林防护问题，每个国家都应该建立和完善自己的森林防护保护法律体系，做到有法可依，从法律规范上加强国家森林的保护和管理，根据自己国家的实际情况建立相对应的森林保护和管理制度。

事故处理必须当机立断

——兰州石化“1·7”爆炸事故处理启示

【事件回放】

2010年1月7日17时30分，中石油兰州石化公司303厂316烃类罐区发生了爆炸，随即起火。爆炸事故造成6人遇难，1人重伤，5人轻伤。兰州石化是我国西部地区最大的石化企业，公司总资产达235亿元，有1万多名员工，是名副其实的特大型企业。

兰州市119指挥中心接到兰州石化公司火灾事故的报警后，兰州市区的10个中队、34台消防车、270名官兵和全勤指挥部，在很短的时间内，就集结完备，赶赴火场。

17时33分，兰州石化公司企业消防支队、兰州公安消防支队西固中队还在赶赴现场途中。位于2号罐区120立方米F1/D拔头油储罐发生剧烈爆炸，近百米高的浓烟夹杂着30多米的红色烈焰笼罩在316号罐区上空。爆炸形成的冲击波将西南两侧的槽罐车掀翻，巨大的气浪将炸飞的贮罐残片抛至到100多米外，就连周围3公里内的门窗玻璃也全部被震碎。

生活在附近的居民携家带口在公安民警的组织下，向更安全的地方疏散。而消防官兵们和那些红色战车却犹如潮水般向着火场奔去。

17 时 50 分，位于 5 号罐群的 F5 重碳九储罐发生第 3 次爆炸。

根据火场情况，现场指挥员果断作出部署；西固消防中队官兵在罐区东、南两侧各出 1 门 80 水炮阻止火势蔓延。兰州石化公司消防支队在罐区西北侧出 2 门 60 水炮、东北侧出 4 门 70 水炮阻止火势蔓延，在罐区 500 米范围内实施警戒。

18 时 05 分，全勤指挥部在听取兰州石化公司主要领导和技术专家现场汇报、深入一线侦察火情后，决定成立灭火救援、火情侦察、通信联络、医疗救护、火场供水、观察警戒等 8 个小组展开工作，确定了“分段包围、划定区域、强制冷却、控制燃烧、工艺处置”的总体作战原则，并将火场划分为现役队以东南为主、企业队以东北为主两个作战区域，实行各负其责、紧急配合的战术措施。各战斗小组按照指挥部分工，迅速展开行动。

当日的大风天气给灭火带来较大难度。根据火情判定，现场指挥员决定采取冷却抑爆、控制火势的作战思路。同时命令七里河、龚家湾中队两个战斗组在罐区南侧各出 1 门水炮进行冷却，特勤一中队、拱星墩中队两个战斗组各出 1 门移动水炮，冷却西侧罐区，东岗、高新区、安宁中队 5 个战斗组采用接力、拉运方式，确保火场供水。

19 时许，前来增援的消防坦克高举着泡沫炮，喷射向烈焰。面对面积大、立体燃烧的大火，灭火坦克派上用场，它可以深入爆炸现场，近距离灭火，凶猛的火势得到了有效地控制。

然而，就在人们以为险情得以控制的时候，危险再次袭来。21 时 50 分，前方观察哨发现火场 4 号罐群的 F8/A 号罐火焰燃烧突然增大，现场情况再度发生异常。观察哨立即发出撤退信号。命令紧急传达下去，现场所有参战人员、厂区人员迅速转移到安全区域。约 2 分钟后，F10 号罐在邻近罐火焰的长时间炙烤下被烧裂，扩散出的部分油蒸汽发生爆燃，随后呈稳定燃烧状态。指挥部命令两个攻坚组在消防坦克的有效掩护下，近距离对燃烧罐群实施高强度冷却保护。

23 时 53 分，1 号罐群的 F2/A 罐体发生爆燃，形成稳定燃烧。按照指挥部确定的“控而不灭、稳定燃烧”战术措施。兰州支队在罐区东、西、南侧留 6 门水炮及消防坦克，集中优势兵力对受火势威胁的罐体进行重点冷却；石化企业队在罐区东、西、北侧利用 10 门水炮和 2 门车载炮对火势进行有效控制。

1月8日17时30分，通过实时监测，火场温度逐渐降低，现场除1号罐群的F2/A—F3/A罐、2号罐群东侧管线阀门和4号罐群南侧管线3处稳定燃烧的火点外，其余火点均已熄灭。

1月9日2时50分，1号罐群的F3/A罐体火焰突然窜高，颜色由蓝变白，同时发出嘶嘶的声响，观察哨又一次发出撤退信号，所有参战人员撤离到安全区域。在现场3门水炮的不间断冷却下，F3/A罐体燃烧渐趋平稳。

1月9日13时30分，管线余火被彻底扑灭，现场仅剩F2/A—F3/A号罐余火。

15时30分，指挥部根据现场情况，命令西固、七里河中队留守4台水罐车继续对F2/A—F3/A号罐进行冷却监护，其余参战力量安全撤离。

这场事故救援出动85台消防车、482名消防官兵，耗时48小时的灭火行动成功宣告结束。持续48小时的救援，冷却、灭火用水35万余吨，使用空呼器120余具，保住了罐区内的41个罐体、43节液化石油气和甲苯槽罐车及毗邻8万吨乙烯裂解装置和近百条生产工艺管线的安全，保护财产价值上亿元，事故共造成6死6伤。

此次事故的原因是兰州石化公司石油化工厂管辖的316罐区一裂解碳四储罐阀门处突然发生泄漏，现场可燃气体浓度达到极限，在当班操作人员进行紧急处理时发生爆炸。

兰州石化发生事故爆炸后，中国移动甘肃分公司群发百万条手机短信告知市民实情，稳定了群众的情绪，第一时间防止谣言的发生与传播。

甘肃省环保局负责人称事故现场环境中尚未发现有毒有害物质，距事故现场800米环境空气中粉尘超标8倍。消防水进入应急缓冲池，未对地表水造成污染。由于该事故是由轻烃（液化气）爆炸引起，据环保部门监测报告，未有有毒气体排出；消防用水全部进入隔离缓冲池，经检测，并无对水体构成污染。

下午16时，兰州石化公司爆炸事故着火处还没有完全熄灭，但在可控范围内稳定燃烧。兰州石化公司随即启动了善后处理工作，对伤亡职工家属开展安抚工作，深入了解其家庭的困难，合理安排安置好来访家属的食宿，保证职工家属的情绪稳定。并依照国家的法律法规，尽最大努力、负责任地做好职工家属的善后工作。此次事故对兰州液化气供应没有影响。同时，事故处理小组着手对事故现场周边民众进行安抚和慰问。

兰州石化公司投保的人保财险甘肃分公司在第一时间也启动了快速理赔程序，向兰州石化预付赔款 200 万元人民币。根据兰州石化与人保财险兰州分公司签署的保险合同，如果被保险的员工因事故导致死亡，每人获得 50 万元的赔付。

【应对举措】

1. 立即启动应急预案。事故发生后，中共甘肃省委书记陆浩、省长徐守盛等官员第一时间赶赴现场指挥救援。兰州消防总队立即启动《石油化工灾害事故应急灭火救援预案》和《重特大灾害事故跨区域应急救援预案》，第一时间调集足够力量赶赴现场，迅速进行火场侦察，研究确定作战方案，果断采取“分割包围、强制冷却、控制燃烧、工艺处置”的战术措施，明确参战部队作战任务，有条不紊、科学高效地展开灭火战斗。各级指挥员充分发挥装备优势，利用消防坦克强攻近战，设立多个水炮阵地射水冷却控火，对火场形成分割包围的作战态势，既保证了灭火救援行动有序进行，又避免了在扑救过程中可能造成的人员伤亡。利用“静中通”消防通信指挥系统实时传输火场实况，为指挥部科学决策提供可靠依据，确保事故处置的圆满成功。

2. 对公众公开事故实情。甘肃省政府连夜召开新闻发布会，第一时间通报灾情处置情况，于 1 月 7 日 21 时 49 分，通过甘肃移动公司已向兰州市居民发出 100 多万条信息，将兰州石化爆炸事故的基本情况做一简单说明。信息说：“1 月 7 日 17 时 30 分许，位于兰州市西固区的兰州石化公司石油化工厂 316 罐区爆炸着火。由于该事故是由轻烃爆炸引起，据环保部门监测报告，没有有毒气体排出。目前，消防用水全部进入隔离缓冲池，经检测对水体没有污染。事故原因和现场人员伤亡情况正在调查中。”这是官方针对兰州石化爆炸事故向兰州市居民发出的情况通报，最大限度地消除了人们的恐慌心理。

3. 吸取教训，开展安全检查。与此同时，各地政府认真吸取事故教训，采取各种防范措施，严防安全生产事故发生。

中石油长庆石化分公司开展“六防”“四查”安全生产大检查活动。同时，加大“三违”处罚力度，实行安全生产责任追究连带制，对人员发生“三违”的部门及管理人员实行安全责任连坐问责。

张掖市、重庆市等各地市安全生产监督管理部门于第一时间发出关于吸取“1·7”兰州石化爆炸事故教训加强危险化学品安全生产工作的通知。要求相关责任部门切实加强领导落实责任，深入开展隐患排查治理，加强从业人员安全教育，严格安全生产监管执法，特别是各区县安监局和商贸行政管理部门要加强监督，加强安全生产管理，切实治理和消除安全生产隐患。对高危行业小企业要进行抽查，对非法生产和违规建设、安全生产主体责任不落实、隐患排查走过场、重大安全隐患限期未整治及发生安全生产事故的企业和有关责任人，重处重罚，依法追究责任。

【评析反思】

1. 对安全事故防范贵在未雨绸缪。人类的生产活动与事故几乎是相伴共生的，在某种程度上讲，人类的历史就是人类面对灾难、克服灾难的历史。我们虽然不可能完全避免灾难，但我们完全有可能控制灾难带来的痛苦和损失。

最近又发生的几起事故，如上海一幢 13 层在建楼房轰然倒覆，1 名工人死亡；湖南郴州火车站两列客车侧面冲突，3 人死亡，63 人受伤，其中 6 人重伤；黑龙江铁力市呼兰河大桥坍塌，4 人死亡，等等。这些事故都有一个共同点：疏于日常的安全检查，社会安全意识不强，尤其是一些官员思想认识不到位，致使安全规程形同虚设，安全生产措施不落实，安全监理缺位，隐患排查走了过场。有的地方甚至把安全生产和保增长、扩内需对立起来，放松管理，最终导致不应该发生的事故惨然发生。虽然“亡羊而补牢，未为迟也”是千年古训，但人命关天，“马后炮”不足为训。所以说事故防范应该未雨绸缪。

2. 对事故的处理应该迅速妥善，当机立断。一种突发事件往往可能诱发一系列突发性事件，由于一种突发事件引发的次生、衍生事故有所增多，连锁危机日益凸现。诸如，台风引发暴雨，进而导致城市被淹、交通中断、水库大坝开裂倒塌、山体滑坡等。工矿企业爆炸导致人员伤亡和空气污染，并可能引发水污染事件，进而给沿海、沿江、沿河附近居民的生产生活带来严重影响，等等。现代社会随着人际之间、地区之间、国与国之间联系的日趋紧密，各个地区乃至整个地球日益成为一个有机的整体，彼此之间的联动性大为增强，导致有些突发事件的扩散力和影响力迅速增大，处置不当就可能引发新的社会恐慌和无序现象。所以，对于突发事件的处理必须迅速妥善，当机立断。

于 2007 年 11 月 1 日起施行的《中华人民共和国突发事件应对法》就是着眼于提高政府应对突发事件的法律能力，使政府能在法律的框架下处理突发事件，明确在应急管理阶段，政府可以采取什么应急措施和依照什么规则采取这些措施。保证政府运用各种应急社会资源的行为，具有更高的透明度，更大的确定性和更强的可预见性。突发事件的发生需要政府能够有效应对，同时也要求公民承担起对社会的责任。在这样一个过程中，政府无疑应当起主导作用，但仅靠政府单方面的力量是不够的，还需要构筑社会各界共同行动的社会参与机制。政府作为应急管理的主角，有必要引导和鼓励各种非政府组织和公众参与应急管理，形成政府主导、公民共担的应急管理体系。甘肃省兰州市此次应对突发危机的整个过程，无疑表明政府有效介入处理危机，及时发布公共信息对良好公民德性构建的重要性。当政府更好地为人民服务，人民才会更多地为社会承担起责任。

危险化学品生产储存必须戴上“安全帽”

——大连输油管道发生爆炸的警示

【事件回放】

2010年7月15日15时30分左右，新加坡太平洋石油公司所属30万吨原油船“宇宙宝石”油轮在大连新港中石油原油储备库卸送最终属于中油燃料油股份有限公司的原油，中油燃料油公司委托天津辉盛达石化技术有限公司负责加入原油脱硫剂作业，由于原油储备罐陆地管线在加催化剂作业时发生爆炸，导致储罐阀门无法及时关闭，火灾不断扩大。事故造成103号罐和周边泵房及港区主要输油管道严重损坏，原油顺地下管沟流淌，形成地面流淌火，部分原油流入附近海域。

事故是因为在“宇宙宝石”油轮已暂停卸油作业的情况下，辉盛达公司和祥诚公司继续向输油管道中注入含有强氧化剂的原油脱硫剂，造成输油管道内发生化学爆炸，引发火灾。

事故发生后，胡锦涛主席、温家宝总理立即作出重要批示。国务院副总理张德江连夜紧急赶到事故现场，指挥灭火救援工作。辽宁省和大连市迅速启动应急处置预案，组织全省力量全力开展扑救工作。

整个辽宁14个消防支队出动了1600多人，使用了泡沫（灭火剂）500多吨、干粉（灭火剂）20多吨全力灭火。大连港口公安的29辆消防车和144名交通公安消防官兵、营口港公安局的2台消防车和11名交通公安消防人员驰援大连新港，协助地方消防部门灭火。

空军于17日零时40分，启用两架运—8飞机分别从沈阳某机场和辽南某机场紧急起飞，向大连空运灭火剂等消防物资17.8吨，抢险救灾人员8名。

大连新港输油管线发生爆炸导致部分原油泄漏入海，交通运输部部长李盛霖与专家组16日夜赶赴大连，现场指挥海上油污应急处置工作。同时，出动“海巡021”、“海巡028”、“海巡0200”、“海巡0202”等4艘海事执法船监控油污情况、布设围油栏。专业救助船“北海救113”、“北海救198”及大连港14艘消防拖轮和1艘消防艇在起火海域铺设围油栏、喷洒消防泡沫，控制海上火势和油污。

交通运输部还协调河北、天津、山东海事局调集围油栏、消油剂、吸油毡等清污设备火速支援大连。

这次扑救工作调集了辽宁省14个市和4个企业消防队的338辆消防车参与灭火，经过消防官兵连夜奋战，火势基本扑灭，事故虽未造成人员伤亡，但大火持续燃烧15个小时，事故现场设备管道损毁严重，周边海域受到污染，社会影响重大，教训极为深刻。

【应对举措】

1. 对化工作业人员的安全教育不能放松。对化工作业人员要加强日常安全教育，一是深入广泛地开展安全第一的思想教育，大力宣传党的安全生产工作方针、政策，提高认识，加强主人翁责任感。严格执行操作规程，坚持岗前教育，提高职工防止违章作业的自觉性。二是安全管理科学化，实现目标管理和网络化管理，将目标管理层层分解。三是定期开展安全生产检查，对发现的隐患及时进行整改。四是坚持安全教育培训，并使之制度化。

2. 对化学品泄漏的应急处理。在化学品的生产、储存和使用过程中，盛装化学品的容器常常发生一些意外的破裂、倒洒等事故，造成化学危险品的外漏，因此需要采取简单、有效的安全技术措施来消除或减少泄漏危险，如果对泄漏控制不住或处理不当，随时有可能转化为燃烧、爆炸、中毒等恶性事故。

一旦发生泄漏，首先要疏散无关人员，隔离泄漏污染区。如果是易燃易爆化学品大量泄漏，这时一定要打“119”报警，请求消防专业人员救援，同时要保护、控制好现场。如果泄漏物是易燃品，则必须立即消除泄漏污染区域内的各种火源。

参加泄漏处理人员应对泄漏品的化学性质和反应特征有充分的了解，要于高处和上风处进行处理，严禁单独行动，要有监护人，必要时要用水枪（雾状水）掩护。要根据泄漏品的性质和毒物接触形式，选择适当的防护用品，防止事故处理过程中发生伤亡、中毒事故。及时将现场的泄漏物进行安全可靠处置。

3. 采取一切措施救援。事故发生后，公安、消防、安全生产等部门在第一时间火速赶往现场，采取一切措施抢救；立即启动应急预案，并就近调集抢救力量支援，必要时请武警支持；尽快将事故伤亡情况搞清，以尽早采取应对措施，并将详情向上级部门报告。事故得到控制后，要根据事故性质，做好各种防范，严防次生事故的发生。

4. 保险公司及时做好赔付准备工作。此次事故发生后，太平洋产险大连分公司总经理唐琨组织召开“大窑湾油品码头输油管道爆炸事故应急小组”第一次集中会议，副总经理俎玉筠、李求安等11人组成的应急小组根据大连港中石油码头在太平洋保险的投保情况和已获得的客户损失信息，及时做出应对安排。虽然此次事故发生地不在太平洋保险承保的区域范围内，但太平洋产险大连分公司仍然保持高度应急状态，随时做好对客户损失的查勘理赔准备。

【评析反思】

这次事故暴露出以下主要问题：一是事故单位对所加入原油脱硫剂的安全可靠性没有进行科学论证。二是原油脱硫剂的加入方法没有正规设计，没有对加注作业进行风险辨识，没有制定安全作业规程。三是原油接卸过程中安全管理存在漏洞，指挥协调不力，管理混乱，信息不畅。有关部门接到暂停卸油作业的信息后，没有及时通知停止加剂作业，事故单位对承包商现场作业疏于管理，现场监护不力。四是事故造成电力系统损坏，应急和消防设施失效，罐区阀门无法关闭。另外，港区内原油等危险化学品大型储罐集中布置，也是造成事故险象环生的重要因素。

我们必须深刻吸取事故教训，切实加强化工生产各个环节的安全工作，给化工生产戴上“安全帽”。

1. 严格安全管理。一要制定作业协调调度制度，明确作业信息传递的流程和责任，严格制定安全操作规程，进一步明确和落实安全生产责任，确保作业过程有序可控安全。二要加强对作业过程中采用新工艺、新技术、新材料、新设备的安全论证和安全管理。三要加强对承包商和特殊作业安全管理，坚决杜绝“三违”（违章指挥、违章操作和违反劳动纪律）现象。

2. 持续开展隐患排查治理工作。有关部门和生产经营单位要认真贯彻落实国务院第118次常务会议精神，全面加强企业安全生产工作，尤其要加强危险化学品生产、经营、运输、使用等各个环节安全管理与监督，进一步建立健全危险化学品从业单位事故隐患排查治理制度，持续深入地开展隐患排查治理工作，严格做到治理责任、措施、资金、期限和应急预案“五落实”。

3. 深刻吸取事故教训，合理规划危险化学品生产储存布局。各地区都要深刻吸取此次事故教训，认真做好大型危险化学品储存基地和化工园区（集中区）的安全发展规划，合理规划危险化学品生产储存布局，严格审查涉及易燃易爆、剧毒等危险化学品生产储存建设项目。同时，要组织开展已建成基地和园区（集中区）的区域安全论证和风险评估工作，预防和控制潜在的生产安全事故，确保危险化学品生产和储存安全。

4. 切实做好应急管理各项工作，提高重特大事故的应对与处置能力。有关部门要加强对危险化学品生产厂区和储罐区消防设施的检查，督促各有关企业进一步改进管道、储罐等设施的阀门系统，确保事故发生后能够有效关闭；督促企业进一步加强应急管理，加强专兼职救援队伍建设，组织开展专项训练，健全完善应急预案，定期开展应急演练；加强政府、部门与企业间的应急协调联动机制建设，确保预案衔接、队伍联动、资源共享；加大投入，加强应急装备建设，提高应对重特大、复杂事故的能力。各类危险化学品从业单位要认真研究分析本单位重大危险源情况，建立健全重大危险源档案，加强监控和管理，建立科学有效的监控系统，确保一旦发生险情，能够迅速响应、快速处置。与此同时，要加强应急值守，完善应急物资储备，扎扎实实做好应急管理各项基础工作，切实提高应急管理水平。

警惕悬在家门口的“定时”炸弹

——南京市废弃塑料厂爆炸警示

【事件回放】

2010年7月28日上午10时15分，在南京市栖霞区已停产的原南京第四塑料厂厂区，因施工挖断了丙烯管道造成丙烯泄漏，旁边的一私家车主启动车辆时产生明火引发爆炸，并引起大火。事故造成13人死亡，120人住院治疗，其中14名危重人员。

塑料四厂周围的许多房子在爆炸中被震塌，距离爆炸点1000多米的临街商户的窗户玻璃也被震碎。距离原南京塑料四厂约200米的修车铺老板乔先生说，爆炸发生时，他就在附近的迈化路上，当时，先看到的是白色烟雾，紧接着白色气体就跟白云一样，从地面开始约有一米高，这些白色气体从低处往高处涌。突然间，便听到一阵震耳欲聋的巨响，随后，是黑色的浓烟高达数十米，半个多小时根本什么也听不见。而在3公里外网吧上网的徐先生就被爆炸震动下来的玻璃砸伤。

爆炸发生后，最先参与救援的是南京出租车司机。刘师傅说，事故发生时，一名出租车司机正好送乘客到附近，他随即将3名伤者送往附近医院救治，并第一时间跟电台汇报情况。随后几百辆出租车都赶往事故现场，帮助运送伤者到医院。

现场明火于7月29日凌晨全部扑灭，隐患排除。南京市政府及时下拨专款3000万元用于事故补偿工作。

【应对举措】

1. 全力救助伤员，及时恢复周边居民生活。事故发生后，江苏省、南京市各相关部门迅速行动，公安、武警、消防、环保、120急救中心等部门迅速赶到现场救援。南京市卫生部门调动全市医疗力量，组织专家和医务人员全力救治伤员，开辟绿色通道，实施免费治疗，最大限度抢救伤员的生命。对14名危重病人，医院方面坚持“一个危重病人一套方案，一个救治班子”，不惜一切代价全力救助。有关部门表示由于救助爆炸中受伤人员，需要大量的血液，特别是A型和O型血液，南京市民通过网站、广播等媒体了解这一情况后，纷纷前往附近的献血站无偿献血。

环保部门第一时间在事故现场及周边地区设置8个流动监测点，以及对10公里范围内空气质量自动监测点进行实时数据分析。监测结果表明，事故对周边环境未造成污染影响，未引发次生环境污染。

事故造成了周围4300户居民房屋和门窗的损害。为此，当地政府紧急组织大型开发建筑公司、装潢公司，实行分片包干负责，连夜抢修。截至3日，房屋修缮和门窗安装基本完成，受灾群众基本上都已回家居住。与此同时，附近居民的水、电、气也已全面恢复正常。

2. 相关部门及时介入处理善后。28日晚，国家安监总局副局长孙华山率卫生、环保、公安等有关部门人员到达事故现场后，听取有关部门事故情况汇报，对救治处置工作提出要求。29日上午，孙华山等与江苏省、南京市有关负责同志又一起到事故现场察看处置情况，了解事故原因，并在事故处理现场指挥部会商有关情况，对下一步救援善后工作作出安排。

南京市政府连续召开3次新闻发布会，及时通报爆炸事故的进展情况。并称此次事故所造成的经济损失非常巨大，是近几年来南京所发生的最为重大的事故。

南京市政府相关负责人表示，对死伤人员的赔偿，地方也已组织了商谈小组，一切按照国家法定标准执行；对伤残人员赔偿，等评定伤残等级后处理，重残人员由政府帮助办理养老保险、医疗保险。

"7·28"事故发生后，附近8处移动基站断电、话务负荷一度超过85%。面对这次突发事件，中国移动江苏公司迅速启动应急流程，赶赴现场进行通信抢险。第一辆到达事故现场的应急通信车，短短19分钟便使通信恢复正常，有效地保障了事故地区的通信畅通。

在距离爆燃现场较近的栖霞区迈化路土岗地区，一些房屋门窗受损，居民撤离，但这些房屋内仍有不少财物。栖霞公安分局派出20多名民警和保安，将这一地区严密看守起来。在临近事故中心现场的阳光雅居、燕华花园等小区，由民警、保安、物业人员组成的夜间巡逻队逐栋进行检查，防止发生盗窃案件。

【评析反思】

1. 居民区包围化工厂的隐患。发生爆炸的栖霞区是石油化工产业的集中地。在城市摊饼子的发展思路中，南京昔日的郊区正在变成城区，人烟稀少的化工园区正被蜂拥而至的人群包围。面对城市发展，化工产业给南京出了一道难题。住在化工区很危险，这是居民的共识。早在2009年8月，和燕路400号居民楼业主就曾抗议加气站建在自家门口，称该站为"定时炸弹"。2010年年初，小区居民还曾多次以挂横幅的方式表明态度，但都没有起到什么作用。《汽车加油加气设计与施工规范》也规定："在城市建成区内不应建一级加油站、一级液化石油气加气站和一级加油加气合建站。"而晓庄加气站和中石化加油站都达到一级站的规模。

如果说家门口的加气站是"定时炸弹"，那么3公里区间的4个加油站、1个加气站、1个塑胶厂则有可能成为"连环雷"。没想到，"定时炸弹"没响，"哑弹"却先炸了。清理现场附近的一位居民自言自语："厂子都废弃了，怎么管道里的气不处理?"

2. 化工产业发展如何确保城市安全。南京市政府显然也意识到了化工厂和居民混居的危险性。2006年10月31日，南京市政府办公厅就曾颁布《南京市化工生产企业专项整治方案》，计划用3年进行化工生产企业整治工作，目标是到2008年年底实现主城区内不再保留化工生产企业，除南京化学工业园和金陵石化区域外，其他区域禁止新建化工项目，不再批准任何形式的改建、扩建项目。

《方案》颁布了4年，"2008年年底实现主城区内不再保留化工生产企业"的目标没有实现。爆炸管道所属的金陵塑胶厂要在2011年10月才能完成停产、转厂，燕子矶还有 9 家化工企业。原因是化工厂的搬迁技术难度大，稍有不慎就有可能造成重大事故，同时费用高，厂房重建、设备搬迁和安装费用巨大。埋在地下的化工管道则成了搬迁单位的“弃儿”，却成了拆迁承包方的“宝贝儿”。南京第四塑料厂的拆迁工地，就是因为施工方为了挖取化工管道获利，才导致丙烯泄漏，引起爆炸。

在化工企业搬迁中，如何“安全撤退”，对周围居民、环境的影响降到最低，是摆在政府、搬迁企业和搬迁承办方眼前的难题。如果说老化工厂的转移是亡羊补牢，那么新化工厂则仍旧是大隐患。

对于寸土寸金的南京来说，要找出一个远离居民区的地方建化工厂显然比登天还难。尽管居民区距离化工区越来越近，但新上马的化工项目要么在老厂区原地筹建，要么就是在居民区附近划地筹建。

随着化工技术的发展，化工厂潜在的危险也越来越大，尽管厂方都宣称有绝对安全的技术保障来防范隐患。但一颗不定时炸弹悬在头顶的感觉，仍让居民和地方官员们寝食难安。经过这次爆炸考验，我们必须要反思重化在城市产业布局中带来的一系列问题。在人口密集的地方，化工产业到底该怎样发展？“7·28 爆炸”作为一次警示，或许能令当地政府警醒。

人祸酿成的悲剧

——黑龙江伊春鞭炮厂爆炸事件的教训

【事件回放】

2010年8月16日9时45分许，黑龙江省伊春市华利实业公司在违法组织生产时发生爆炸，引起部分厂（库）房连续爆炸，附近2公里范围内建筑物玻璃被震碎，5公里范围内有震感。事故还引发相邻的木材厂发生火灾，造成30人死亡，3人失踪，153人受伤住院，其中重伤14人。

据调查，黑龙江伊春市“8·16”烟花爆竹爆炸事故的企业事发时系无证违法生产，且在安全上存在多处问题。黑龙江省安全监管局于2010年6月11日暂扣了该公司的安全生产许可证。

【应对举措】

1. 救援。事故发生后伊春市紧急启动应急预案，动员 62 台消防车、240 名消防战斗员、1268 名公安干警、200 名森林扑火队员进行积极扑救，并调动一架直升机对现场进行吊桶浇水灭火，及时将大火扑灭。

伊春市林业中心医院及时启动了应急预案，并通知医务科做好准备。16 日 22 时许，黑龙江省卫生厅集结省内 5 家医院的 30 余名专家到达他们医院，并及时开展了救治工作。为伤者垫付了 40 余万元的医疗费用，并为患者提供免费盒饭。

16 日接到事故报告后，国家安全监管总局局长骆琳即与在事故现场的黑龙江省副省长孙永波通电话，就下一步抢险救援工作进行了沟通，要求全力搜救失踪人员，严防发生次生事故，千方百计救治受伤人员，尽最大努力减少伤亡和因伤致残；要进一步核准人数和事故有关情况，做好善后和稳定工作，及时准确、实事求是发布信息，查明事故原因，依法依规严肃处理。同时，安监总局在第一时间派孙华山副局长赶赴现场善后。

2. 开展排查。事故发生后，黑龙江省安全生产监督管理局立即对全省烟花爆竹生产、批发企业和油库、加油站等危险化学品经营、使用企业进行地毯式排查，同时决定对全省烟花爆竹生产企业立即停产，收回安全生产许可证。通知各地做好关闭准备工作，要求各市（地）政府要全面落实责任，进一步明确完成烟花爆竹生产企业关闭工作的责任表，要求 9 户烟花爆竹生产企业在 8 月 31 日前拆除全部生产设备，9 月 15 日前将剩余原辅材料处理完毕。

同时，对全省现有经营批发企业进行整顿，对全部库房的安全状况重新评价，达不到标准的，限期整改达标，不达标的坚决取缔；对超范围、超储量的烟花爆竹经营企业要加大处罚力度，经处罚后再犯的依法吊销经营许可证照。

黑龙江省还决定从 10 月份开始，在中小型危险化学品生产企业中全面实施风险抵押金制度和安全生产责任保险制度，新建危险化学品生产经营企业，必须一次性足额交纳风险抵押金，否则一律不批。明确提出今后将不再受理没有划定危险化学品生产、储存专门区域的地区提出的立项申请和安全审查申请。

3. 事件处理。乌马河区主管安全工作的副区长赵维强被免职。对该起事故负有监管责任的乌马河区安监局局长程传信也被免职。乌马河区安监局安检员刘纯亚因涉嫌玩忽职守犯罪，被刑事拘留。公安机关还依法对在这起事故中负有重大责任的烟花厂厂长金朝相、负责生产的副厂长周世吉予以刑事拘留。

【评析反思】

此次事故最后的调查结果反映出几个问题：一是在安全生产许可证被暂扣的情况下，继续违法组织生产；在没有礼花弹等 A 级产品生产许可的情况下，擅自扩大生产区违法生产，存放礼花弹。二是在厂区内外随意建设大量工（库）房，擅自改变工房用途，且大多数 1.1 级工（库）房没有安全防护屏障。三是与周边其他企业和民房的外部安全距离不够。四是企业安全生产主体责任不落实，管理十分混乱。

这种事故体现出了我国在安全监管方面存在的严重问题，所以我们应该好好反思，为生命筑起“防火墙”。

1. 许多领导对安全监管孤立地就事论事抓安全多，从净化干部队伍的思想入手少。抓安全不能离开抓队伍，抓队伍不能离开当前的大环境。当下官场腐败风气愈演愈烈，而腐败总是与人祸相伴而行，腐败越多，渎职越多，人祸造成的灾难越多。现在不少干部满脑子想的或是能为自己增光添彩的形象工程、泡沫政绩；或是个人的升官发财、妻荣子贵，至于群众的利益、百姓的安全已经忘得干干净净。在这种情况下，不从净化干部队伍的思想入手，不首先下功夫扎深、扎牢为民服务的宗旨，只是就事论事抓安全，必然是事倍功半，甚至只有过，没有功。

2. 从高层到地方，抓安全往往是做秀多，落实少。许多地方的政府及相关部门一说重视安全就是下文件，听汇报，挂标语，喊口号；下去检查也常常是坐着车子跑，隔着玻璃看，跑了也白跑，看了也白看。眼鼻子下的鞭炮厂，下了禁令照样生产，出了事故才说那是违规运作，企图一推了之。为什么不能及时发现问题？为什么发现了问题不能立即断然处置？除了有的是陷入腐败漩涡，长久以来的作秀惯性也是一个重大原因。

3. 对安全监管渎职的部门和干部姑息多，严惩少。问责不力，惩处不严成了一些地方的老大难问题。出了安全事故，对负有领导责任者，一句“教训很沉重，主要是监管不到位”，看似高高举起，实则轻轻放下；对负有直接责任者今天宣布记过，以后悄悄取消；对有重大责任者，宣布免职、下课，过个一年半载，又变相官复原职或异地为官。如此温文尔雅岂能惩前毖后，渎职、失责行为自然前赴后继，恶性安全事故必定频发不断。爆炸事件发生后，伊春市在强大的压力下处理了几个干部。这样的马后炮虽然也有必要，但却付出了 30 多人鲜活生命和 100 多人伤残的沉重代价，如果能把问责、惩处贯穿在安全监管的全过程中，这样的代价是完全应该避免的。

环保与 GDP 孰轻孰重

——紫金矿业重大污染事故的反思

【事件回放】

2010 年 7 月 3 日，中国最大的黄金生产企业——福建紫金矿业集团股份有限公司（以下简称“紫金矿业公司”）发生污水渗漏，污染了汀江，部分江段出现死鱼，造成汀江流域局部污染。发生泄漏的是紫金矿业公司紫金山铜矿湿法厂污水池，污染事件导致福建汀江流域严重污染，江中死鱼已达数百万斤。福建省龙岩市上杭县于 7 月 12 日下午召开新闻发布会，通报上杭紫金矿业公司紫金山铜矿湿法厂污水渗漏事故。

经事故联合调查组查明，造成此次污染事件的原因：一是企业防渗膜破损直接造成污水渗漏。调查组认为，企业各堆浸场、富液池、贫液池、萃取池、防洪池、污水池均采用 HDPE 衬垫防渗膜作为防渗漏措施，但由于各堆场及各池底未进行硬化处理，防渗膜承受压力不均，导致各堆场及各溶液池底垫防渗膜均出现不同程度的撕裂，污水渗漏问题严重。加之近期紫金山矿区受持续强降雨影响，水量大量聚集，污水池底部压力发生变化，致使 7 月 3 日污水池防渗膜发生突然破裂，污水大量渗入地下并外溢至汀江。二是人为非法打通6号集渗观察井与排洪洞，致使渗漏污水直接进入汀江。调查发现，6号集渗观察井与排洪洞被人为非法打通，井内渗滤液涌水量超过回抽量时可直接通过排洪洞排入汀江。2009年9月，福建省有关环保部门检查时发现排洪洞有超标污水排入汀江，要求企业立即进行整改，但直至本次事件发生企业仍未整改到位。三是监测设备损坏致使事件未被及时发现。经调查，因设在企业下游的汀江水质自动在线监测设备损坏且未及时修复，致使事件发生后污染情况未能被及时发现。

【应对举措】

1. 通报事故信息，成立联合调查组。7月12日下午，福建省环保厅网站发布通报称，事故发生后，省委、省政府对此高度重视，指示龙岩市政府、省环保厅立即启动应急预案，并于7月11日正式成立了省市联合调查组，对事件发生经过、原因、影响和责任等方面进行深入调查。

7月12日下午，上杭县政府召开新闻发布会，副县长蓝富雁通报称，经检测，渗漏废水主要为含铜酸性废水，没有剧毒物质。渗漏出现后，紫金矿业采取了紧急处理措施。事发当天，县政府成立应急指挥领导小组，下设事故现场处置、事故调查、养鱼群众宣传、维护社会稳定、新闻发布及舆情关注、城区用水调度及检测跟踪6个工作组，并立即向紫金矿业紫金山铜矿发出停产整改通知；密切关注汀江水质及城区居民用水安全，并将检测信息通过电视媒体等形式向社会公布，将人饮水、企业外排水和渔业用水含铜指标的国家标准告知群众；对受损养殖户的网箱养鱼按每斤6元全部进行收购，死鱼无害化处理资金由政府先行垫付；加强市场监管，严防受污染死鱼流通。

2. 应对媒体质疑，治理污染源。7月12日11时38分，新华网率先披露污水渗漏事故的消息，称福建省有关部门初步认定此次污染属重大突发环境事件。7月13日，人民网记者就污水事故中的瞒报行为采访福建省环保厅办公室工作人员时，遭到拒绝。上杭县则回应称，没有听说此事。当天，上杭县防疫站副站长傅卫国在接受中央人民广播电台记者关于为何污水造成鱼类大量死亡而人却能正常喝的质疑时表示，鱼对水中铜含量的要求比较高，当达到0.1毫克/升时，鱼就会出现中毒甚至死亡的现象，而铜是人体必须的微量元素。

7月14日下午，福建龙岩市副市长林兴禄表示，污染源已经全部堵住，并采取了一系列的治污措施，设置12个监测点加密了水质的监测，到目前为止，汀江流域水质已经全部稳定达标。

3. 建设新水厂，确保用水安全。7 月 14 日，中新网消息称，上杭县将在紫金铜矿上游再修建一个新水厂，以确保民众用水安全。这个新水厂总投资约 2.5 亿元人民币，其中紫金矿业公司投入 1 亿元。7 月 15 日，福建省环保厅副厅长陈宁在接受《东莞时报》记者采访时表示，目前来看，上杭发生了一些污染问题，尤其是部分金矿的生产方法，其中涉及到一些剧毒物质，这也是引起公众和网民恐慌的重要原因；政府为确保水质万无一失，才计划在上游新建水厂；新水厂并不能解决汀江下游的水污染问题，污染问题仍需靠法律来解决。

4. 发布初步调查问责结果。7 月 15 日晚，由环保部和福建省环保厅、龙岩市政府及环保部门组成的联合调查组公布了紫金矿业污染事故的主要原因：7 月 15 日 23 时 45 分，上杭县紧急召开新闻发布会，根据调查初步结果，该事件是一起由于企业污水池防渗膜破裂导致污水大量渗漏后，通过人为设置的非法通道溢流至汀江而引发的重大突发环境事件。副县长梁八生宣读了事故调查结果和对相关责任人的处理意见：责令企业停产整改，严肃追究责任。此外，同意上杭县环保局局长陈军安引咎辞职，县经贸局局长黄仲华停职检查。上杭县公安局政委温松兴透露，目前已经对泄漏事故立案侦查。紫金矿业铜矿厂厂长、副厂长以及环保车间主任等 3 人被刑事拘留。检察机关已介入该事故调查。此次发布会一共进行了大约 15 分钟，现场没有紫金矿业方面任何人员参加。福建上杭县委宣传部长张跃龙称，在深夜召开发布会是“根据上级的安排”，随即散会。7 月 16 日下午，福建省政府召开常务会议，研究决定紫金矿业环境污染事故处理意见和相关措施，决定依法追究肇事企业主要负责人和政府及有关部门相关责任人的责任。上杭县县长邱河清被停职处分，县环保局局长陈军安被行政撤职；上杭县副县长蓝富雁及龙岩市环保局长林联锦被责令辞职。

【评析反思】

2010 年的 7 月，被认为是一个环保“黑色 7 月”：紫金矿业污染汀江；大连港油污不断扩散；南京栖霞路上的爆炸震动了半座城市；吉林永吉的 7000 只化工桶随波而下……这一切让环保部门有些措手不及。当污染停止了扩散，善后工作稳步进行时，我们不得不思考，这些污染事件究竟是从环保体制的哪一个缝隙中钻出来的？尤其是 7 月初发生的紫金矿业污染事件，在国家环保系统的最高机构——环保部已经频频亮出红灯的情况下，灾难依旧发生。我们不得不产生疑问：是不是我们的环保体系太过脆弱？

让我们把目光再回到此次事故，持续多日的福建紫金矿业铜矿湿法厂污水渗漏事故终于有了初步调查结论和处理结果。调查发现，事故主要是环保措施严重不足以及非法打通排洪洞等人为造成的，背后则是政企利益纠结导致环保监管失灵，其中暴露的一些地方经济发展方式转变难问题值得深刻反思。

1. 挡不住的GDP诱惑。究竟是什么让紫金矿业在每次通报后如有神助，“顺利通关”？据了解，上杭县财政局数据显示，2009年，紫金矿业对上杭全部财政收入贡献达到近60%。而据媒体曝光，上杭当地官员与紫金矿业之间也存在着千丝万缕的联系，该县政界大部分退休官员，成为紫金矿业的抢夺对象，被委以闲职后，年薪为十几万元到几十万元不等。

正因为紫金矿业贡献巨大，上杭县政府从一开始就在努力“报答”这份恩情。在紫金矿业上市之初，由于当时黄金价格低廉，上杭县委、县政府曾动用行政手段，要求下属各行政单位购买紫金矿业原始股。在紫金矿业每一次遭遇环保事件时，上杭县政府都及时地站出来收拾残局。正如紫金矿业董事长陈景河此前接受媒体采访时所称：“围墙内的事情，企业自己负责；（围墙）之外的事情，由政府负责。”以至于有媒体评价：“上杭就是紫金，紫金就是上杭。”

正因为这样，紫金矿业每遇污染事件发生，整改、问责、赔偿的呼声常常被刻意遮蔽和回避。原因其实并不复杂。之前虽有官员提醒，当地财政来源单一风险很大，但遗憾的是，认识并没有转换成当地政府壮士断腕般治污、转变经济发展方式的决心和作为。在这样“一荣俱荣、一损俱损”的利益共同体中，环保监管的“胳膊”岂能扭得过全县财政的“大腿”？

调查发现，这种GDP的诱惑绝不仅仅止于县一级。就在紫金矿业公开污染事件当天，7月13日，国家环保部在其网站上公布通知称，根据中国证监会和环保部的规定，重污染行业生产经营公司申请首次公开发行股票的，申请文件中应当提供环保部的核查意见，未取得环保核查意见的不受理申请。但部分地方环保部门现场检查不够充分，对上市公司的环保后督查不够深入，极个别省级环保部门甚至违反分级核查管理规定，越权为企业出具上市环保核查意见，严重干扰了上市环保核查工作秩序。

据了解，近年来，环保部门也曾顶住各方压力，毅然地采取了一系列强硬措施，刮起了“环保风暴”。一方面，加大环境监管力度，对严重违法的企业实施挂牌督办；另一方面，开始进行制度上的创新，如对严重违法的地方以及企业集团实施“区域限批”等措施，将环境保护列入政府官员的政绩考核中，实行一票否决等。然而，有环保人士分析称，在污染事件接二连三发生的今天，举措上的变更、做法上的创新都显得太过势单力薄，一场彻彻底底地环保制度变革似乎更让人期待，也更切合实际。

矿业生产是一种对生态环境影响很大的产业，如果地方政府深陷于财政、GDP 增长的诱惑，而对生态、社会成本采取短视甚至无视的态度，后果必然是灾难性的，10 年间迅速崛起的紫金矿业不过是这类发展中的一个典型。近年来，各地矿业开采与冶炼中爆发的多起重金属类污染事故，已使相关地方生态环境和群众利益严重受损，难道还不足以促使我们彻底改变错误观念和行为么？

2. 环保监管软弱期待冲破制度“重围”。从此次事件中，我们应该思考这么几个问题：为何 GDP 冲动能够频频突破环保部门把掌的大门，触碰到污染的底线？正如紫金污染事件，为何堂堂环保部竟对一个长期在污染黑名单上的企业无可奈何？

紫金矿业污染事件的发生，让中国环保制度上的漏洞暴露无遗。上杭，这个以重污染矿冶工业作为财政支柱的山区县，被认为一次次地演绎着中国环保的制度性失效，几成范本。

据了解，紫金事件并非这个小县城第一次引来国家最高环保机构的重视。早在 2009 年 10 月份，上杭就因曝出中小学生血铅超标事件而备受瞩目。与紫金矿业相似，血铅事件的污染源——华强电池厂在发生污染事件以前也曾被环保部门列为重点监测对象，并多次被检测出血铅超标排放问题。然而每一次环保部门下发的整改通知，都没有得到回应和落实。

“在县里的环评报告出来之后，环保部门曾要求地方政府将该电池厂 300 米以内的居民迁走，但至今没有落实。”龙岩市环保局一名官员在当时接受记者采访时面露难色，言语间还流露出许多无奈。“省里的专家组说，我们环保部门该做的已经做到了。”

在紫金污染事件发生后，上杭县环保部门一名知情人士也向媒体表露了心声：“紫金矿业自成立以来，污染事件就陆陆续续发生，环保局均曾前往检查执法，要求整改，但‘说了不算’。”

中国社会科学院城市发展与环境研究中心主任潘家华道出了其中的行政逻辑：“现在是环保部门负责监管，但是环保部门从属于地方政府，而非垂直于中央领导。所以这使得地方环境保护部门相对不独立，不能将环境保护法和相关的法规落在实处。”

多名环保人士也都认为，在财权、行政权和执法权都控制于地方政府手中的现实制度下，实现横向监督太过艰难。有时环保部门还会流为“阻碍”地方经济发展的罪人，不仅在私下交往中受到排挤，在行政岗位的升迁上也容易受到限制。“‘不换脑筋就换人’，这是再简单不过的逻辑了。”一名环保官员说。

早在2004年，时任国家环保总局环境监察局局长的陆新元就指出：“票子、位子都是地方给的，面对地方政府的压力和意志，怎么可能硬得起来?”“地方政府下设环保局，环保局在地方政府是儿子辈的，给老子的只是建议，不能要求老子去干什么。”他一针见血地指出了当时我国环保体制上的硬伤，力推环境监察系统垂直管理。

如今，旨在加强环境执法监督工作、扭转环境执法工作遭遇地方干扰等不利局面的5大区域环保督查中心已经建成，但事实上，环保工作在地方上所受的限制仍未完全打破。

同时，现在的环境保护执法部门本身也缺乏相应的监督，没有人来监督，通过举报也只能举报给环保部门，环保部门如果不受理，那就没法处理了。所以，在这样一种体制下，环保部门如果是不作为，如果有腐败，也成了污染的漏洞。所以，为了不让这一桩桩惨痛的事件重演，制度建设是根本。

谁钻了中国海洋法规的空子

——渤海湾溢油事件的反思

【事件回放】

2011年6月17日，位于渤海湾的由中国海洋石油总公司和美国康菲石油公司的全资子公司康菲石油中国有限公司合作开发的蓬莱19—3油田发生溢油事故，这是中海油与美国康菲石油公司的合作项目。

针对中海油蓬莱19—3油田溢油事故，2011年7月5日下午14时，国家海洋局在北京召开新闻发布会，公布了中海油渤海油田溢油事故的调查情况。据国家海洋局海洋环境保护司司长李晓明介绍，发生事故的B平台早在6月4日已经开始少量溢油。油田单日溢油最大分布面积158平方公里，致使周围海域840平方公里的1类水质海水下降到劣4类。

7月5日下午，中国国家海洋局通报了中海油和康菲石油中国有限公司渤海湾溢油事件初步结果。中海油渤海湾蓬莱19—3油田共有5个平台，此次溢油事件发生在其中两个平台。

国家海洋局表示，蓬莱19—3油田溢油事故联合调查组在勘察溢油事故现场、质询相关责任方、调阅大量原始数据资料等工作基础上，对事故原因、性质及责任进行了深入细致的调查分析。初步认为：造成此次溢油的原因从油田地质方面来说，由于作业者回注增压作业不正确，注采比失调，破坏了地层和断层的稳定性，形成窜流通道，因此发生海底溢油。由于康菲公司没有尽到合理审慎作业者的责任，蓬莱 19—3 油田溢油事故属于责任事故。

8 月 31 日，康菲公司向国家海洋局提交了情况报告，并声称已完成“两个彻底”（彻底排查溢油风险点、彻底封堵溢油源）。国家海洋局立即组织现场核查和专家评估审查。

9 月 2 日，国家海洋局宣布，经过现场核查和专家评估，国家海洋局认定康菲公司没有完成“两个彻底”。同时，责令蓬莱 19—3 全油田停止回注、停止钻井、停止油气生产作业。当天，康菲石油 19—3 油田全面停产，由于停产使得中海油日产石油减少，受此消息拖累，中海油 H 股股价暴跌近 9%。

9 月 6 日，溢油累计造成 5500 多平方公里海水污染。目前，溢油风险点仍未彻底查清，溢油隐患仍未彻底排除，溢油造成的损失仍在调查评估中。《经济参考报》记者历时 1 个月调查后独家获悉，最近 10 年仅在美国本土，康菲公司至少涉及 5 起环境诉讼或纠纷，偿付近 7 亿美金，折合超过 40 亿元人民币，可谓“案底累累”。在舆论高压之下，康菲公司一改过去 3 个月避谈环境影响评估、生态损害赔偿的被动局面，高调宣布设立“渤海湾基金”。康菲石油公司董事长兼首席执行官表示：“康菲石油公司对于该事件的发生深表歉意以及因此而对中国的人民和环境而产生的影响表示道歉。”同时，康菲石油公司宣布，公司将就在中国渤海湾蓬莱 19—3 油田发生的溢油事件设立基金。康菲称，该基金的设立旨在根据中国相关法律承担公司应尽的责任并有益于渤海湾的整体环境。

9 月 7 日，国务院听取蓬莱溢油处理情况和渤海环境保护汇报，研究部署加强环境保护的重点工作。会议强调，有关部门要切实负起责任，抓紧做好事故调查处理工作。

9 月 19 日，康菲公司宣布，该公司董事会批准设立第二项基金。然而，自 9 月 6 日公布第一项渤海湾基金至今，过去 10 余天，上述两项基金的资金规模、法律依据，以及出资方、受益方等详情，尚不明朗。

10 月 15 日，国家海洋局副局长王飞带领国家海洋局有关部门负责同志，再次登检蓬莱 19—3 油田溢油事发平台，现场监督检查“停注、停钻、停产”执行情况和“继续排查溢油点、封堵溢油源、清理油污”的落实情况。

10 月 20 日，国家海洋局公布的蓬莱 19－3 油田溢油事故海洋环境监视监测情况显示，10 月 19 日油田 C 平台附近仍有油花，当日溢油量约 1.22 升……国家海洋局要求，在确保安全的前提下，在冬季来临之前尽快实现溢油源彻底封堵。

中国环境科学院研究员赵章元表示，墨西哥湾漏油的总共漏油量折算成我们的重量是 62 万吨，但是它的面积是 152 万平方公里。而我们渤海溢油量大概在 6 万吨左右，但我们的面积只有 7.7 万平方公里。我们的面积很小，而且渤海是一个封闭性海域，对于我们所谓的污染强度，每一平方公里能够承受多少漏油量？所得的结果是墨西哥湾的污染强度应该是每平方公里 0.41 吨，而渤海溢油强度是每平方公里达到 0.84 吨，所以我们的强度要超过了墨西哥湾强度的一倍。

【应对举措】

蓬莱 19—3 油田是中国目前最大的海上油田。渤海湾周边有中国最活跃的环渤海经济圈，同时渤海也是中国生态环境最脆弱的半封闭海，自净能力很差。溢油事件对渤海造成的直接经济损失，比较容易估算，漏油应急清理也并不困难，但其间接性生态危害将要持续多年，危害范围会蔓延很宽。因此，引起了各方面的高度重视，相继采取应急举措。

1. 加强油污监控，努力降低损失。事故发生后，为确保及时监控油污动向，烟台市海洋与渔业局扩大监控点范围，并针对可能发生的污染事件制定了多套应急方案。溢油事件发生后，烟台市海洋与渔业局在长岛等地的海域设立九个监测点，监测点的范围已扩大至距长岛县几十海里远的岛屿。

2. 责令康菲积极履责，迅速处理事故。事发后，国家海洋局要求康菲公司在 2011 年 8 月 31 日前实现“两个彻底”，即：彻底排查溢油风险点、彻底封堵溢油源。随后，经现场核查和专家评估，国家海洋局认定康菲公司没有完成“两个彻底”，决定对其采取了五项处罚措施。一是责令蓬莱 19—3 全油田停止回注、停止钻井、停止油气生产作业。二是责令康菲公司必须采取有力有效的措施，继续排查溢油风险点、封堵溢油源，并及时清除溢油事故油污。三是重新编制蓬莱 19—3 油田开发海洋环境影响报告书，经核准后逐步恢复生产作业。四是在实施“三停”期间，康菲公司为开展溢油处置的一切作业应在确保安全、确保不再产生新的污染损害的前提下进行。为保证安全、保护油藏和减轻地层压力而必须实施的泄压作业或为封堵溢油源实施的钻井作业，应抓紧制定可行有效的方案并经合作方中国海洋石油总公司认可，主动接受中国海洋石油总公司的严格监管，确认作业确有必要并保证不再发生新的溢油和其他环境风险。同时将泄压作业等有关处置的方案向社会及时公布，接受公众的监督。五是有关事故处置工作进展的信息，应当在第一时间向国家海洋行政主管部门报告，同时及时向社会公布，接受公众监督。

3. 国务院督促清理油污，依法严究责任。9月7日，国务院总理温家宝主持召开国务院常务会议，听取蓬莱19—3油田溢油事故处理情况和渤海环境保护汇报。会议要求，有关部门要督促责任单位彻底排查溢油风险点，封堵溢油源，认真清理油污，切实减轻污染损害，并查清事故造成的危害及损失，依法追究责任，维护受损各方合法权益。吸取事故教训，立即部署开展海洋石油勘探开发安全生产检查，全面加强海洋环境监视监测和监督管理。全面、准确、及时发布事故处置相关信息，真诚回应社会关切。抓紧研究完善海洋环境保护的法律法规。会议分析了渤海环境保护形势，并确定了今后一个时期的工作目标：确保渤海生态安全，入海污染物排放总量下降，力争渤海近岸海域水质总体改善。为此，要优化产业结构与布局，切实改变沿海地区重化工比重过大、过于集中的状况。严格控制新上石化项目，禁止在可能造成生态严重失衡的地方进行围填海活动。加大治污力度，有效控制陆海污染源。多管齐下，努力保护和修复渤海生态系统。加强风险管理，有效防范海洋环境灾害。强化地方政府和企业的主体意识、法制意识，落实海洋环境保护责任。建立公开透明的信息发布机制，接受社会监督。

4. 律师团进入诉讼准备，维护受损各方合法权益。针对蓬莱19—3油田溢油事故造成的海洋生态环境损害，国家海洋局根据《海洋环境保护法》关于海洋生态索赔的规定，国家海洋局将代表国家对康菲提出生态索赔。为向渤海湾蓬莱19—3溢油事故的责任方提起海洋生态损害索赔诉讼，经国内法律和海洋专家组评审，国家海洋局北海分局的法律服务机构团队公开选拔基本结束，中国的官方律师团队已于8月底正式披挂上阵。康菲公司也开始在华寻找代理律师，“应该会偏重于过去在本土船舶溢油事故中颇具被告代理经验的律师”。

在法律法规缺失时，国家海洋局颁布的《海洋溢油生态损害评估技术导则》就对确定索赔额度至关重要。但一些法学家对此表示担忧，康菲公司肯定会抗辩，《技术导则》属于行业规范，并质疑其法律效力。专家指出，赔偿基金在中国于法无据，亦不能豁免康菲的生态赔偿义务，而由于国内相关法律法规的不完善，康菲在美国的天价赔偿在中国恐怕难以重现。

【评析反思】

渤海溢油事故尚未完全过去，其中暴露出来的问题，值得我们深刻反思。

1. 政府应急管理的综合协调能力亟待加强。在渤海溢油事件中，相关部门的监管缺失和多头管理是一个值得深思的问题。作为海洋生态的监管部门的国家海洋局未充分发挥其监管作用。溢油污染几个月了，国家海洋局连一个大概的损失数据也没有，这对于康菲公司来说，能有什么威慑力？北海分局作为属地监管部门，本应掌握接近事故现场的第一手信息，但在渤海湾溢油事故发生后，却始终未能听到其声音，难觅其身影，这也引发了民众对于相关部门“不作为”的质疑。

海洋环保的防治目前还处于“九龙治水”的格局。按照中国海洋管理范围划分，海洋局负责海水生态环境污染，渔船、渔业污染归属农业部，商船、港口水域由海事部门负责，岸边水域由环保部管理，近岸地区则应由地方政府出面。可如今，除去海洋局在孤军作战、应对蓬莱 19—3 油田的漏油事故外，其他相关部门却在对待观望。农业渔政本应帮助渔民进行维权，可至今仍有大量的养殖户状告无门；部分地方招商、旅游以及经济发展分明已受波及，但政府部门却因害怕影响扩大而默不作声；司法部门面对律师状告海洋局不作为时，却是在私下劝其推迟起诉。

2. 不适应的海洋环境法律法规亟待更新。这场突如其来的溢油事故，暴露出我国对于海洋污染的法律、政策以及监管等环节太多的漏洞需要弥补。当 7 月 5 日政府首次向公众通报事故时，公众才发现被蒙在鼓里竟一月有余；当溢出的原油污染了 5500 平方公里（相当于三分之一个北京），公众才发现只能对肇事方进行区区 20 万元的行政处罚；当国家海洋局连下数道指令催促康菲公司排查封堵溢油源时，公众才发现我国海洋最高管理机构对此几乎没有任何人才、技术、设施储备；当损失惨重的渔民手捧着油污试图索赔时，公众才发现处于极端弱势的渔民四处碰壁，连鉴定机构都无法寻觅；当众多 NGO 组织纷纷起草诉状时，我们才发现在别国如火如荼的公益诉讼在我国于法无据、无法立案……

如是，所有追责方因不同的原因均被挡在局外，这也就不难理解为何十万火急的溢油污染事故会变为久拖不决的持久战，康菲公司却不为所动；为何事故发生两月有余，海洋局、NGO、媒体公众一致要求致歉时，康菲公司却不予理会；为何明知无法完成“两个彻底”要求，仍然壮着胆子提交虚假报告，康菲公司却不为所惧。正如一位海洋专家所说，一直以来我国经济开发的视角都集中在陆路，几乎所有配套的法律法规、政策条文的设立也都围绕着陆路进行。而我国整个海洋法律法规体系长期处于真空的状态。而康菲公司恰恰是看出了我国海洋法律法规和环保监管上的巨大漏洞，才会如此有恃无恐。

完善的法律法规、政策制度体系，不仅是对肇事者的震慑，也是对于海洋环境和受害者的保护。当墨西哥湾的漏油事件发生后，美国的《清洁水法》、《石油污染法》、《濒危物种法》等相关对其诉讼与处罚起到了至关重要的作用，当天美国政府宣布对墨西哥湾漏油事件展开刑事调查。司法部长表示，事件中如果有任何人触犯了法律，他们都将受到惩罚。事发10天后，美国政府就确认英国石油公司为事故的责任方，并明确由其负责所有的清污及可能危害的花费。不到2个月，美国政府就迫使BP公司建立了高达200多亿美元的专门基金用来处理石油泄漏相关问题。近3个月后，美国众议院于2010年7月1日批准第一个涉及这一“深水地平线”石油钻井平台爆炸事故的重要法案，这项法律的修改能为爆炸中死伤者争取到更多赔偿。修改的法律包括1920年开始实施的两项法律和自1851年实施的一项法律。此外，美国政府在对BP公司提起诉讼时还对与墨西哥湾漏油事件有牵连的其余9家企业提起民事诉讼，并对索赔要求上不封顶。美国政府以及司法部门、环保组织等参与者对BP公司施加的压力不惜付出英美两国友好关系的代价，在这场没有硝烟的战争中，美国捍卫了自己的利益。

早在2007年，国际环保组织绿色和平有关项目，针对跨国企业在华经营过程中的环境和信息披露双重标准问题，选择了2007年全球100强中在中国设立生产型工厂的28家知名跨国公司进行调查。调查结果显示，几乎所有的被调查公司都有公布全球性或地域性的污染物排放信息。这一结果充分证明这些公司应该有能力了解并有意识向公众发布包括污染物排放在内的环境信息，但是28家被调查企业中竟有22家在中国选择了不这样做。这些跨国公司如此选择，反映出我国在这一方面法律法规的不完善和不严格，以至于出现像康菲这样的公司，在本国遵纪守法，谨小慎微，不敢逾越雷池半步，但在中国，竟成了一个善于钻法律法规空子的投机者。

在目前我国的海洋立法中，涉及海洋环境保护的法规有《海洋环境保护法》、《防止海洋工程建设项目污染损害海洋环境保护条例》、《防治船舶污染海洋环境管理条例》、《海洋石油勘探开发环境保护管理条例》，但这些法律法规没有对海洋溢油事故责任进行明确界定，没有确定对受害人群赔偿的规则，在细节和实践中存在着诸多难以解决的问题，这些问题的存在，必然造成海洋溢油事故索赔的困局。《海洋环境保护法》规定海上石油勘探开发造成污染的行政处罚上限仅有20万元，这是康菲在该油田每天收入的百分之一。对于这样一个年销售额近千亿美金的世界500强企业，这种最高处20万元人民币罚金显然起不到警示的作用。这样一部已明显滞后于时代的《海洋环境保护法》已经不适应当前经济社会发展的需要了。虽然从最初的沉默应对到目前的强力批评，国家海洋局迈出了捍卫职权的重要一步，但围绕溢油事故的层层难题，立法机制的长期滞后，以及配套法规的缺失却成为国家海洋局，以及受害群体“索赔无门”的症结所在。

3. 海洋环评的体制性缺陷亟待健全。渤海湾溢油事故责任方康菲公司的新版环评报告仍在审批过程中，一批参与事故调查的专家已在探讨此次事故暴露出的我国环评领域，特别是在油气工程领域存在的环评“体制性缺陷”，也正是种种原因，导致康菲公司蓬莱19—3油田的原版环评报告，被国务院常务会议要求重新编写。以往溢油事故等风险评估并未被作为环评报告的强制披露内容，许多油企因此选择在此“轻描淡写、一笔带过”。例如，在康菲公司的原版环评报告中，一味强调回注工艺的优势，却未指出该模式会因为增压作业的方式不正确，造成海底溢油。

《防治海洋工程建设项目污染损害海洋环境管理条例》已有五六年未修订，现有的环评大纲、编写要求也非常陈旧，而技术标准、实施办法等也没有及时跟上，远远不能适应海上油气勘探和开采项目快速发展的局面。即便通过环评，也因为缺乏后评价制度，油企也可有章不循、背弃承诺。以本次渤海溢油事故为例，权威人士指出，正是康菲公司违反经核准的环境影响报告书要求，C20井表层套管过浅，最终导致C平台附近海底溢油。

此次渤海溢油事故更暴露出我国缺乏对重点区域的战略环评制度(SEA)。就算每个钻井平台、每个油田都符合项目环评，但那么多油田和平台，是否已经超过渤海湾的安全容量和环境容量？我们迫切需要对渤海湾油气规划进行战略环评。在战略层面，一方面是央企‘海上大庆、海上胜利’的雄心，一方面是外企希望在合同到期前赚足利润，而水浅岸近的渤海的钻井成本仅为南海的几分之一到十几分之一。渤海湾目前已“千疮百孔”（油井），两口油井之间相隔不到一米，海底铺满了管线，船舶不时因违规航行导致搁浅或沉没，把管线打穿，而管壁也会自然老化，这都容易造成溢油等环境事故。有专家指出，渤海作为内海，海水自我净化难度大，早在此次溢油事件之前，无节制的陆源污染和部分海源污染已经给渤海带来巨大灾难。这要求开发渤海油气田，特别是浅层油气田，绝不能操之过急。在维持渤海海域适当规模的油气生产的前提下，可以适度放慢开发进程，一些新的发现可以考虑留作战略储备。

4. 企业的社会责任亟待提高。毋庸置疑，在全球、在中国，任何一家负责任的企业，都不愿意由于各种事故发生而导致负面舆情的出现，也都不愿意由此而影响原有的良好声誉。对这一善好的愿望与初衷，我们可以理解，也可以认同，但采取回避、敷衍甚至掩盖的作法，最终只能适得其反。此前，BP 公司在墨西哥湾溢油事件中，因最初反应不及时致使品牌影响力受损的案例，无疑提供了一个最好的警示。

几个月过去了，渤海溢油事件非但没有画上句号，反而因怠慢拖延愈演愈烈，污染面积不断扩大，油基泥浆溢出量也从预计的1500 桶增加到了3500 桶。与有关部门的三令五申、社会各界的强烈关注不同，肇事者美国康菲公司似乎颇为从容，不仅违抗国家海洋局的清理期限，“遮遮掩掩、刻意隐瞒”，直到被事实逼到了墙角，才勉强承认之前未尽力排查溢油风险点。更令人诧异的是，面对如此严重的环境污染事故，康菲公司非但不以为耻，反而在其官网招聘公告上，将这一事故作为其“品牌广泛传播的机遇”，宣称事故使该公司的“知名度得到了很大幅度的传播”，“业务成交量同比大幅度提升”。这不啻为对公司社会责任的放弃，也是对中国法律制度的嘲讽。

国资委近年来一直倡导央企不仅要做大做强，还应该发挥更大的社会责任的作用。作为国内唯一的海上油气开采企业，中海油的使命不仅是开采海上油气资源，保护国内的海洋油气资源和海洋生态环境更是应尽的社会责任。事件发生以来，中海油作为蓬莱油田的最大股东，油田的权益方和国有央企，表现实在让人失望，对于康菲公司的多种挑战底线的表态，中海油从未表态，似乎自己就是个局外人。即使在 8 月 31 日这个关键时点上，中海油也未作出任何表态。中海油在溢油中难道完全没有责任吗？难道可以置身事外吗？难道不应该“强化监管职能”，加强对康菲公司的约束、制衡？难道不应该承担央企的使命，反思目前的合作模式？代表国家行使股东权益的中海油应当以其专业能力，积极维护本国利益，督促合作方采取有效措施，并及时向社会公布进展，而不是藏在幕后，如同消失了一般。

经历了渤海溢油事故，我们失去了一片蔚蓝的大海。但愿事故过后，我们获得更多的是法律的健全、制度的完善、体制的变革，能够建立起一整套海洋保护、违法处罚、维权机制的体系，而不仅仅是肇事方交出的罚款。

驱散工业文明的阴霾

——墨西哥湾漏油事件反思

【事件回放】

2010 年 4 月 20 日晚 22 时左右，位于美国南部路易斯安那州墨西哥湾的一座由英国石油公司租赁的半潜式钻井平台爆炸起火。36 小时后，平台沉没，11 名工作人员遇难。钻井平台底部油井自 4 月 24 日起漏油不止并引发了大规模原油污染。

爆炸发生后，平台上 126 名工作人员大部分安全逃生，被爆炸和大火吓坏了的工人纷纷跳下 30 米高的钻塔逃生。这一钻井平台建于 2001 年，由越洋钻探公司拥有，与英国石油公司签有生产合同。

4 月 28 日，美国国家海洋和大气管理局估计，在墨西哥湾沉没的海上钻井平台“深水地平线”底部油井每天漏油大约 5000 桶，约合 100 万美元。据海岸警卫队和救灾部门提供的图表显示，浮油覆盖面积长 160 公里，最宽处 72 公里。从空中看，浮油稠密区像一只只触手，伸向海岸线。

5 月 29 日，被认为能够在 8 月以前控制墨西哥湾漏油局面的“灭顶法”宣告失败。墨西哥湾漏油事件进一步升级，人们对这场灾难的评估也愈加悲观。墨西哥湾原油泄漏事件已成为美国历史上最严重的生态灾难。

截至 6 月 1 日，泄入墨西哥湾的石油在 1700 万～2700 万加仑之间，这些石油可以盛满 25～40 个奥林匹克标准泳池。更可怕的是，泄漏仍在继续，每天的漏油量在 12000～19000 桶之间，远超过此前评估的 5000 桶。受漏油事故的影响，奥巴马总统不得不宣布对 33 个深水石油钻井项目的暂停期限延长到 6 个月，同时也暂缓在阿拉斯加沿海的石油钻探项目。英国石油公司自 2010 年年初租用“深井地平线”以来，已投入巨大资金，启动经费就高达 1 亿美元。英国石油公司表示，该公司为应对漏油事故已耗费了 9.3 亿美元。若以每日漏油量最高达 400 万加仑计算，再漏油 3 个月，就相当于漏出约 3.78 亿加仑，即约 143 万立方米。

墨西哥湾原油泄漏事故于 6 月 23 日再次恶化。原本用来控制漏油点的水下装置因发生故障而被拆下修理，滚滚原油在被部分压制了数周后，重新喷涌而出，继续污染墨西哥湾广大海域。

7 月 15 日，监控墨西哥湾海底漏油油井的摄像头拍摄的视频截图显示，漏油油井装上新的控油装置后再无原油漏出的迹象。英国石油公司通过对漏油油井进行油井完整性测试后宣布，新的控油装置已成功罩住水下漏油点。在墨西哥湾漏油事件发生近 3 个月后，漏油才终于被控制住。

此次原油泄漏，导致路易斯安那州超过 160 公里的海岸受到污染，污染范围超过密西西比州和阿拉巴马州海岸线的总长。油污的清理工作将耗时近 10 年，墨西哥湾在长达 10 年的时间里将成为一片废海，造成的经济损失以数千亿美元计，导致联邦政府财政赤字大幅上升。与此同时，墨西哥湾周边相关企业的税收却会减少。漏油事件对当地经济造成影响，海鲜和进口食品价格上涨，汽油也因此涨价。墨西哥湾沿岸生态环境正在遭遇“灭顶之灾”，相关专家指出，污染可能导致墨西哥湾沿岸 1000 英里长的湿地和海滩被毁，渔业受损，脆弱的物种灭绝。

据德国柏林工业大学石油地质学家威廉·多米尼克指出，美国过早开放深海石油开采以及英国石油公司忙赶工期是导致墨西哥湾原油泄漏的主要原因。英国石油公司内部调查显示，墨西哥湾“深水地平线”钻井平台爆炸由一个甲烷气泡引发。工人在钻井底部设置并测试一处水泥封口，随后降低钻杆内部压力，试图再设一处水泥封口。这时，设置封口时引起的化学反应产生热量，促成一个甲烷气泡生成，导致这处封口遭破坏。另外，漏油最后一道防线“防喷阀”先前发生过失效的状况。

墨西哥湾（Gulf of Mexico）因濒临墨西哥而得名，位于北美洲大陆东南沿海水域，部分为陆地环绕。透过佛罗里达半岛和古巴岛之间的佛罗里达海峡与大西洋相连，墨西哥湾和古巴之间的犹加敦海峡与加勒比海相通。这两个海峡均宽约 160 公里。墨西哥湾东西向和南北向的最远距离分别为大约 1800 公尺和 1300 公尺，总面积约 155 万平方公尺（60 万平方呎）。其西北、北和东北面为美国南部海岸，西、南和东南面为墨西哥东部海岸。

事故发生后，为了帮助美国排除原油泄漏造成的污染，10 多个国家和国际组织向美国伸出援手。墨西哥表示，将与美国紧密合作，避免这一地区生态环境遭到进一步破坏。挪威的一个石油公司许诺提供除油剂和设备，并派遣人员。伊朗将向美国提供打减压井，防止原油继续泄漏的技术。美国国务院发言人菲利普·克劳利对各国的援助表示感谢。

【应对举措】

事故发生后，美国政府宣布把漏油危机列为国家级灾害，美军参与救灾。总统奥巴马表示，将倾尽全力，清理即将漂浮到美国岸外的油污。

1. 救援措施。美国政府于 4 月 29 日全面介入救灾。总统奥巴马于 5 月 2 日前往墨西哥湾沿岸地区视察石油泄漏事故救灾情况。

美国国土安全部长纳波利塔诺宣布，除了在路易斯安那州的指挥所外，在亚拉巴马州设置第二指挥所，以控制泄油事件可能在亚拉巴马、密西西比和佛罗里达等州海岸造成的影响。

内政部长萨拉萨尔命令对在海湾深水作业的 30 个海上钻井平台和 47 个生产平台立即进行复查，并派出调查队进行现场检查。

奥巴马表示，政府将“动用手中全部资源不遗余力”解决墨西哥湾的油污扩散危机。墨西哥湾沿岸地区部署大约 1900 名救灾人员和 300 艘船舶。美国空军两架 C—130“大力神”运输机 4 月 29 日已飞抵路易斯安那州，投入救灾行动。

受石油泄漏影响，路易斯安那州、亚拉巴马州以及佛罗里达州部分地区已宣布进入紧急状态。密西西比州州长巴伯 1 日也宣布全州进入紧急状态，并要求该州的国民警卫队帮助当地政府机构，在应对大规模石油泄漏过程中更有效合作。

5 月底，奥巴马宣布在半年内暂停美国近海石油的钻探和勘测，以防止漏油事件再次发生。

2. 善后措施。一是清油。发生爆炸沉没后，英国石油公司使用了“化学法”、“燃烧法”、“撇油法”等多种方法“对抗”漏油。二是理赔。英国石油公司承诺会为损失“埋单”，其中包括沿岸居民的财产损失、居民收入的减少、自然资源的破坏、地方政府财政收入损失等。6 月 17 日，英国石油公司发布声明决定设立 200 亿美元的托管基金，奥巴马特别强调，这一基金“上不封顶”。英国石油公司还承诺拨出 1 亿美元，赔偿因为停止深海钻探而失业的工人。根据英国石油公司的统计数据，截止到 7 月 23 日，已收到了 12.5 万余份索赔申请，其中 3 万多份申请已经得到了赔偿，公司支付了 2.3 亿多美元。三是恢复生态。这次的事故被称为美国历史上最严重的生态灾难，专家估计，墨西哥湾的生态恢复，大概需要数十年甚至上百年的时间。正是因为看到这次灾难的长远影响，奥巴马于 6 月中旬宣布，要对墨西哥沿岸实施长期恢复计划，以保证恢复海岸线的生态平衡、保证当地经济的可持续发展。他任命海军部长马布斯负责计划的研究和制定。四是信息公开。墨西哥湾漏油事故发生后，英国石油公司在其网站上开辟了专栏，用来发布和这次事故相关的信息及新闻动态。美国也为此事件设立了官方网站，向公众说明政府采取的各项措施、提供各类数据、公布相关部门的联系方式。

灾难发生后，美国国家海洋和大气管理局派出科考船，驶入污染海域进行取样；美国宇航局利用卫星上的中解析度成像光谱仪对海上石油污染进行监测；此外，科学家们还在陆上收集相关数据。英国石油公司也展开了对该地区空气、水质等方面的测试。在该公司的网站上，可以查到每日空气质量的抽样调查结果、对沿海和近海水质抽样的调查结果等。对于化学分散剂的使用量、被污染海滩的清理情况等资料，该公司也都进行公示。

【评析反思】

这次钻井平台爆炸和石油泄漏传递出在资源开发企业于过去 10 多年来蜂拥至深海开采石油的背景下，安全技术严重滞后的信息。尽管 20 世纪 80 年代中期曾发生过严重的油田事故，为一元驱动的经济模式敲响了警钟，但墨西哥湾钻井仍然是地区经济的主宰，支撑着从住宿、餐饮到当地政府收入的一系列相关产业。正是由于巨大的经济利益驱使，让相关部门忘记了技术保障的重要性，才酿成了此次灾难。无论如何，路易斯安那州也给最终将受累于这场灾难的美国的其他地区上了一课。

全世界拥有数以万计的海上石油平台，发生事故是在所难免的。但问题的关键是，相对于事故可能引发的巨大灾难，一些公司是否有足够先进的技术来应对。实际情况却让人失望，正如美国能源专家理查德·沃楚知指出的，“在像1500米这么深的钻井平台投入使用时，对油井的遏制技术却比钻井技术落后”。

墨西哥湾原油泄漏事件，让整个世界为之震惊。海洋钻探与海上石油运输的风险，又一次吸引了全球的目光。这次事件让人们看到，如果没有成熟技术的保障，缺乏风险忧患意识，对利益盲目追求，造成的损失和危害可能是无法挽回的，甚至是致命的。墨西哥湾漏油噩梦的影响是全方位的，人们对此的反思也应是全方位的。此次墨西哥湾漏油事件的深刻教训对我国的石油开采业也敲响了警钟。

由于石油天然气的勘探开发、储运及炼制加工生产过程涉及高温高压和易燃易爆及有毒介质，是国际上公认的高风险生产领域。因此，我们应重点研究油气生产事故规律和机理、安全隐患辨识及预测、预警方法等，构建相对完善的油气安全工程技术体系。当然，还应注重高素质油气安全技术人才的培养。

与此同时，我国应该加大海洋石油开发的主管部门以及毗邻的当地政府对石油开采公司的监督力度，确保各项安全生产措施能够严格落实到位，消除能够诱发突发污染灾害事件的隐患。做好污染事故的应急预案，并开展全面演练。一旦安全事故发生，各单位、各部门必须密切配合、及时应对，采取一切必要措施，严防石油泄漏污染区域扩大，消除污染海域的石油污染，将突发石油泄漏污染事件对海洋环境的破坏降到最低。

当然，在油气田开发的设计规划、作业施工、运行维护等各个阶段，应加大安全风险识别、风险分析、风险评估和控制力度。比如，对钻井作业钻前准备、钻井施工、下套管固井、测井、试油、完井等一系列作业步骤的关键参数进行监控，采用必要的技术、管理手段控制任何可能发生安全事故的风险。石油开采公司应大力加强安全生产措施的落实，通过自检、自查，减少正常生产造成的石油泄漏，排除安全隐患，严防突发石油泄漏污染事故的发生。

此次漏油事件对我国石油开采的法律规制，特别是对原油泄漏事件的预防与应对法律制度设计也敲响了警钟。法律在管制石油开采这种高风险行业方面，应当以足够有力的管制手段去促使这些企业采取更有效的风险预防措施，还要通过合理的社会保险制度分散风险，一旦事故发生，才有足够的能力应对风险。这一点是我国立法亟待完善的部分。

人类社会的发展进步离不开工业文明，但是一个错误的决定或许会给整个人类带来巨大的伤害。回望工业文明以来，很多环境污染的直接、间接原因，都和那些一味追逐经济利益的公司的不当行为有关。日本的水俣事件、切尔诺贝利核电站泄漏、印度博帕尔毒气污染、嘉吉公司大规模砍伐热带雨林等都给人类带来了惨痛的教训。直到今天，生活在地球上的每个人仍在为此买单。越来越多的全球领先企业已经意识到，在不断追求利润的同时，应该融入对环境问题的关注。但是在商业利益与环境保护产生冲突时，仍不免有魔鬼跳出来。

事实证明，技术并非是万能的，发展也绝非无止境。只有必须寻找一条不破坏环境的工业发展之路。只有不破坏环境的工业发展，才叫真正的发展；只有降低资源消耗的经济增长才算是真正的增长，才算是真正的工业文明。

加强环境风险源的管理

——匈牙利废水泄漏的警示

【事件回放】

2010年10月4日下午，匈牙利西部维斯普雷姆州一家铝厂的有毒废水池发生决堤，70多万立方米有毒废水流入附近的3个村镇，涌入450多栋房屋中。含有重金属的强碱性有毒废水烧伤接触者的皮肤，造成了严重的生态事故。事故造成7人死亡，150人受伤，有7000人直接受灾。许多房屋被淹，2000英亩农田土地被毁。

持续一周的泄漏事件给当地的生态系统造成了毁灭性的破坏，部分有毒废水流入了欧洲第二大河流——多瑙河的干流，克罗地亚、塞尔维亚以及乌克兰等6个下游国家受到威胁。

此次泄漏事件给周边生态带来了毁灭性的破坏。泄漏的废水属于炼铝废物，含有铅等重金属，带有轻微放射性和很强的碱性，即有腐蚀性，对皮肤和眼睛都有害。最先受到污染的毛尔曹尔河的生态系统受到致命打击。在污染河段，所有鱼类已经全部死亡，植物也未能幸免，生态系统预计需要数年才能恢复。此次救援行动中大量使用石膏等化学材料，用于中和废水中的有毒物质，这些材料本身也有一定毒性，会进一步加剧对周边的动植物群落生存环境的污染。随着含有废水的泥浆的干涸，有毒物质会重新出现在空气尘埃中，并会被风吹到更远的地方。

世界自然基金会于 10 月 6 日对毒废水泄漏事件做出初步评估，认为有毒物质将长期污染周边生态环境。

【应对举措】

1. 果断采取措施，组织各方积极善后。事故发生后，由于流入河流里的污染物对拉包河和多瑙河也构成威胁，匈牙利大批消防和救援人员以及警察赶往事故现场，政府紧急出动 500 名军警救援人员，全力防止这场生态灾难进一步扩散。有关部门局把几百吨灰泥倒入当地的毛尔曹尔河中，以阻止毒水流往其他地区。紧急疏散附近科隆塔尔镇的 800 多名居民，并在废水池的外围修筑一条长 620 米、高 4 至 5 米的新堤坝，以减缓废水的泄漏速度。

多瑙河下游国家也迅速积极采取防范措施。罗马尼亚提前预计了迎来受污染水流的时间，并且每 3 小时就检测一次水质。为了帮助在这一灾难中受损失的人，政府已设立了“匈牙利救济基金”，公布了捐款账号。匈牙利总理欧尔班表示，在铝厂废水泄漏灾难事件中，对责任人的惩罚要与造成的损害成比例。他呼吁所有人提供帮助，并表示这个损害涉及的不仅是政府，而是整个匈牙利和所有匈牙利人。他表示，政府会照顾每一个人，不会抛弃任何人。

欧盟派出 5 人专家小组来匈牙利在 4 方面积极开展工作：评估铝厂泄漏的有毒废水对环境，特别是农业用地、水源和动植物造成的影响；提出应对措施以预防和减少有毒废水对环境的危害；提出有关城市和农村地区清除污染的最佳方案；进一步预测风险，评估所需帮助，为恢复受影响的自然环境、农业及城市用地提出解决方案。

2. 对事故单位采取措施，政府接管铝厂。泄漏发生后，政府责令发生泄漏的铝厂停产整改。同时考虑到铝的生产技术有其特点，如果不紧急启动生产，以后可能将无法重新生产这一事实。

匈牙利政府于 11 日召开了内阁会议，讨论这一议题。欧尔班会上宣布，匈牙利警方已逮捕了匈牙利铝生产贸易公司的总经理，政府接管了造成废水泄露灾难的匈牙利铝生产贸易公司。启动 4 项工作：尽快由灾害的制造者对受到损害的人进行赔偿；保障工人的工作岗位，在氧化铝厂启动安全生产维护公共利益；阻止出现新的环境灾害；调查事故责任并找出责任人。

3. 申请国际援助，调节经济困难情况。这一灾难中的化学沉淀物对当地土壤造成了直接有害影响，涉及的范围是800～1000公顷。要更换土壤就得筹集大量资金，这给本来就面临危机的匈牙利经济带来了新的难题。

所以，匈牙利政府为确保赔偿资金到位，向欧洲联盟寻求援助。

【评析反思】

这次污染事件被称为“匈牙利史无前例的生态灾难”。尽管匈牙利在事后及时采取一系列措施力求减少损失，但是政府在预防此类事故方面的疏漏仍然值得深思。

日内瓦的世界自然基金会称，早在2010年6月，该铝厂有毒废水池的围堤就已破损严重，但当时却未得到有关方面的警惕和注意。一家环保组织说，铝厂有毒泥浆是“匈牙利数量最多的有毒废物”，生产一吨铝会产生两吨有毒废物。匈牙利环境保护人士表示，他们多年来不断提醒政府注意国内铝厂有毒泥浆的危险。早在2003年就有报告指出，匈牙利共有大约3000万吨这种废物。但是，悲剧还是发生了。

这场灾难也给本来就面临危机的匈牙利经济带来了新的难题。在赔偿方面，所需资金还难以估计。发生事故的公司必须承担损失，但是如果这家公司缺少必需的资金，政府也不能坐视不管。

突发环境事件频发不仅暴露出各国面临的污染严重、生态破坏等环境问题，还暴露出环境风险加剧、环境安全隐患集聚等突出问题。我国现阶段已进入工业化中期，重化工行业的发展速度和规模在未来一段时期内将进一步扩大，因此，重特大突发环境事故发生的几率将进一步增大。考虑到投资规模与行业集聚效应的影响，环境事故的可预见后果将影响巨大，环境问题引起突发性社会群体性事件的风险将有所增加，环境风险不容忽视。2010年1—8月，环保部共接报并紧急处置环境事件131起，仅七八月份就发生28起，总量远远高于2009年同期。有专家指出，环保形势严峻，还表现在跨区域、跨流域事件增多，协调难度加大；影响危害加深，有毒有害物质污染事件增多，动辄威胁几万人甚至几十万人的饮用水安全，严重危害群众健康和社会稳定。环境事件高发，是由我国经济社会发展的阶段特征决定的，也是世界各国在工业化过程中共同面临的挑战。这是经济发展与环境保护矛盾的极端表现，是粗放发展结出的必然恶果。

我国的8000多个化工石化建设项目中，80%以上布局在江河水域、人口密集区等环境敏感区域，50%为重大风险源。面对日趋严重的环境风险，环境风险源管理是做好环境应急管理工作的重要基础，是推动环境应急管理从被动、滞后的方式向全过程管理的重要手段。

2010年2月，环境保护部印发了《关于开展全国重点行业企业环境风险及化学品检查工作的通知》，决定自2010年5月起，用两年的时间在全国范围内检查石油加工、炼焦业，化学原料及化学制品制造业，医药制造业三大类10中类35小类的行业企业环境风险源及防治情况。8月，环境保护部召开2010年沿江沿河化工石化企业环境污染隐患排查整治视频会议，彻查环境污染隐患，确保环境安全。

当前防范突发环境事件的措施中，一个普遍的做法是制定环境风险预警和应急预案。有关专家指出，各地的环境风险预警和应急预案虽然都建立了，但这些预警预案都是各自独立的，缺乏相互联系和统一协调。一旦事故发生，上下游之间很难做到上下联动，协同配合，及时快速施救。因此，完善环境风险防范机制，加强上下游应急机制的统一协调性，已成为当前大江大河石化产业带及上下游城市间迫切需要解决的问题。

针对不同的化学应急问题，必须有专门研究这类问题的专家，研究应急处理工作，收集各种化学应急问题。俄罗斯有个紧急情况部，美国专门有个危险化学品处理局，有2000多人。我国也要加大力度，建立和完善专家库。

应急

百例警示录

下

“树欲静而风不止”，天灾难测，人祸不断，
国内外公共危机事件层出叠现。
在辛亥革命百年、建党九十年、苏联解体二十年的历史节点上，
我们更需要居安思危，温故而知新。

桂维民◎编著

中共中央党校出版社
The Central Party School Publishing House

目　录

第三编　公共卫生类

第三编

公共卫生类

【导语Ⅲ】

不断提高中国公众的健康素质

——公共卫生事件警示录

公共卫生事件是指突然发生的造成或者可能造成社会公众健康严重损害的重大传染病疫情、群体性不明原因疾病、重大食物和职业中毒以及其他严重影响公众健康的事件。公共卫生事件的种类主要包括传染病疫情、群体性不明原因疾病、食品安全和职业危害、动物疫情，以及其他严重影响公众健康和生命安全的事件。

进入21世纪，人类在短短10年中，历经了三大震撼全球的疫病事件：2003年SARS（非典）爆发、2004年人禽流感蔓延、2009年甲型H1N1流感肆虐。现代瘟疫一次又一次疯狂袭击人类，人类面临1918年全球流感大爆发以来百年未遇的疫病新挑战。

当今的公共卫生界限已变得模糊不清，政治、经济、社会、环境等因素在公共卫生领域中的重要性不断增强。全球化和工业化、城市化对公共卫生的影响越来越大。在一个人口频繁流动、经济依存度日益紧密的世界里，新疾病的频繁出现不仅威胁人类健康，更对社会经济文化产生重大影响。

2009年，卫生部收到全国（未含港澳台）31个省（自治区、直辖市）通过突发公共卫生事件报告管理信息系统报告的突发公共卫生事件共2448起，报告病例238946例，死亡1004人。2009年，我国内地报告事件数较2008年同期上升8.85％，病例数上升64.98％，死亡数上升140.19％。报告事件数的上升主要与季节性流感报告事件数增加有关；报告病例数和死亡数上升主要与甲型H1N1流感有关。

中华医学会公共卫生分会信息传播学组通过60家主流媒体资深记者投票，评选出2010年中国公共卫生十大新闻热点，依次为：中国检测出“超级细菌”引起滥用抗生素关注；全球成人烟草调查中国部分结果发布引起对中国控烟成效质疑；废止乙肝体检再次引起社会关注乙肝歧视问题；富士康员工15连跳引发对新时期心理健康关注；质疑奶粉致女婴性早熟；中国糖尿病患者人数达到世界第一，引起对慢病担忧；山西贴签疫苗引发对疫苗质疑；全国麻疹强化免疫提示公共卫生工作需要强化与大众的沟通；反式脂肪酸引起关注；呼吁食盐加碘问题的科学解读。

目前，我国已经进入网络化、多元化公共卫生信息时代，对一个特定公共卫生事件，有来自不同视角的各种观点和越来越多的评论，其中可能涉及复杂的自然科学和社会科学的知识，所以我们要科学解读健康信息，树立公共卫生观念，促进公众维护健康环境，努力提高中国公众的健康素质。然而一个不容否认的事实是：健康领域的麻烦越来越多，中国正在进入公共卫生事件高发期，公共卫生管理面临着新的挑战。我们要从公共卫生事件的教训中引出新的警示，推进公共卫生事业的发展，切实保障和促进国民健康。

——必须警惕重金属污染导致的健康危机。矿产不合理开采是导致土壤重金属污染最重要的原因，管住了开矿，就管住了土壤重金属污染的最大问题。在我国已探明的矿储量中，共生伴生矿床的比重占80%以上，但只有2%的矿山综合利用率在70%以上，75%的矿山综合利用率不到2.5%。也就是说，我国绝大多数矿山只是开发极少数矿石，将更多的矿产资源破坏和废弃了。根据中科院地理科学与资源研究所环境修复研究中心的公开论文资料显示，在我国，砷作为锡的伴生矿由于利用价值不高，70%以上都成了被废弃的尾矿。截至2008年，我国至少有116.7万吨的砷被遗留在环境中，这就相当于百万吨的砒霜被散落在旷野中，任雨水冲刷，注入河流，渗进土壤……广东、广西、湖南、云南等省的许多地方都存在着大量废弃砷渣，导致矿区周围农作物含砷量超过国家标准几百倍的情况。砷渣还只是重金属污染“五毒”之一，其他的还有汞、镉、铅、铬等重金属废渣。例如，截至2005年，我国累计产生铬渣600多万吨，其中仅有200多万吨得到处置，“五渣”总数更是难以计算。国土资源部曾公开表示，中国每年有1200万吨粮食遭到重金属污染，直接经济损失超过200亿元。这些粮食足以每年多养活4000多万人，如果这些粮食流入市场，后果将不堪设想。2011年2月21日，沉睡了近10年的镉米事件再次推到公众面前，引起众多媒体的聚焦。镉，是一种重金属，进入人体后危害极大。有研究表明，镉主要在肝、肾部积累，并不会自然消失，经过数年甚至数十年慢性积累后，人体将会出现显著的镉中毒症状。现在，重金属镉正通过被污染的土壤侵入稻米，抽样调查显示，中国多地市场上约10%大米镉超标。中国南方某些铅锌矿区域中，人群癌症高发率与死亡率与土壤镉含量及镉超标大米有着不可分割的关系。

——必须对食品安全状况高度重视。从前几年的苏丹红、甲醛啤酒、“红心咸鸭蛋”事件，到近年来的“三聚氰胺奶粉”、麦乐鸡含有橡胶化学成分“聚二甲基硅氧烷”，再到最近的瘦肉精、食品添加剂、镉大米、地沟油、染色馒头、塑化剂等，这些食品安全事件一次又一次地牵动着国人的神经。中国是个人口大国，也是一个食品生产和消费大国，全国13亿多人口每天要吃掉约200万吨食物。据不完全统计，目前全国有食品生产企业400多万家、食品经营主体323万家、农牧渔民2亿多户，小作坊、小摊贩、小餐饮更是难以计数。如此庞大的食品生产消费量、如此众多的生产经营者，再加之食品安全监管体制机制还不健全，由此带来的监管难度相当之大，使食品安全问题相当突出。据有关方面分析，当前影响我国食品安全存在着四方面的深层次问题：一是产业素质低。近年来，我国食品产业发展快速，对经济增长的贡献率逐年加大，但同时由于准入门槛低等原因，大量食品企业规模小、分布散、集约化程度不高，自身质量安全管理能力较低，使我国食品安全的基础十分薄弱。二是企业主体责任差。市场经济越发达，市场主体的诚信问题就越重要。一些不讲诚信、不讲职业道德的问题在食品行业时有发生，有些食品生产经营者为获取非法利益，甚至故意从事违法违规活动，带来了不容忽视的食品安全隐患。三是消费结构不合理。随着经济社会的快速发展，工业化、城镇化步伐加快，城镇人口增长迅速，再加上居民生活方式的转型升级，人们对加工食品和家庭外就餐的需求越来越高，不但要求食品“好吃、好看、好闻”，而且对食品的方便性、低廉性、易储存性也提出了更高更多的需求。一些为改善口感、品相和延长保质期、提高营养成分检测指标的添加物应运而生，安全性就成为食品安全的一个新的难题。四是食品安全监管滞后。食品产业链长，涉及环节多，种植养殖、生产加工、储存流通和餐饮服务等任何一个环节出了问题，都会影响上下游的食品安全。

目前，我国采取了分段监管和品种监管相结合的模式，由多个部门来承担监管任务，但在实际工作中却存在不少监管边界不清、监管重复和空白并存等问题。特别是近来发生的一系列重大食品安全案件，一些违法犯罪分子利欲熏心，不惜以他人的生命健康为代价，生产经营有毒、有害食品，非法牟取暴利，主观恶意强、社会危害极大，不但严重损害整个食品行业的形象、破坏正常的市场秩序，而且容易引发民众恐慌、影响社会稳定和危害国家形象。2011年2月18日，国务院食品安全委员会第三次全体会议，对做好当前食品安全工作作出8个方面的重要部署。一是严厉打击食品安全违法行为，有效解决食品安全领域损害群众利益的突出问题。

二是深化乳制品、食用油、肉制品、保健食品、食品添加剂、酒类等重点行业领域综合治理，切实保障食品重点品种的安全。三是严格规范食品企业的生产经营行为，监督企业落实保障食品安全的管理措施。四是完善食品安全应急体系，及时有效应对食品安全事件。五是大力加强食品安全监管能力建设，健全食品安全综合协调和全程监管机制。六是建立健全食品安全责任制和责任追究制，严格落实食品生产经营者的食品安全主体责任和政府监管责任。七是标本兼治、着力治本，努力解决食品安全的深层次矛盾和问题。八是加强食品安全科普宣教，增强人民群众的安全消费意识和能力。

——必须对传染病和流行病的防控常抓不懈。我国在传染病和流行病的防治方面曾取得过举世公认的成就，但近些年来的一些趋向令人十分不安。据一家权威媒体报道，中国大约有 4 亿人受过结核病感染，全国约有 500 万肺结核患者，居世界第二；病毒性肝炎发病率一直居高不下，中国乙型肝炎病毒携带者的数量高居世界第一。这几年，一些地方发生了“高致病禽流感”、甲型 H1N1 流感、手足口病等重大传染病疫情。此外，本来已被彻底消灭的各种性病又死灰复燃，并在各地泛滥成灾。每年感染艾滋病人数以 30%的速度上升。截至 2011 年 9 月底，我国累计报告艾滋病病毒感染者和病人 42.9 万例，其中病人 16.4 万例，死亡 8.6 万例。香港中文大学王绍光教授说：“我国传染病的发病率，20 世纪 50 年代是每 10 万人 3200 例，到 1990 年已下降到每 10 万人 292 例。此后，进展开始放缓，1995 年以后有明显回升的迹象。”

——必须有序开展动物疫情的防控工作。近些年，在周边国家疫情频发，国内部分省份发生了禽流感、高致病性猪蓝耳病、口蹄疫和猪瘟等重大的动物疫情，一些地区狂犬病、布鲁氏菌病、结核病等人畜共患病疫情也持续增多，对公共卫生安全构成威胁。尽管各级卫生兽医部门及时采取有效措施，有序开展防控工作，没有发生重大动物疫病暴发流行，有效保障了动物产品质量安全，但由于境外动物疫情发生范围不断扩大、带毒候鸟迁徙、活禽畜交易和长途调运增加病毒传播的风险、偏远山区散养禽防疫困难，加上多病毒出现变异，增加了重大动物疫情防控难度。

——必须制止滥用抗生素。2010 年 8 月以来，印度、巴基斯坦、英国等地陆续发现 NDM—1 耐药基因细菌感染病例，俗称“超级细菌”，引起全球广泛关注。随后，中国疾控中心通报中国也发现三例感染病例，其中，两例是来自宁夏的新生儿，另一例是福建一名 83 岁的癌症晚期患者。其实，超级细菌不是一个新生事物，早在 1987 年，英国研究人员就分离出了第一个超级细菌——VRE，这个超级细菌迄今仍是全球一些医院感染的主要病原菌之一。而此次发现的NDM—1基因，除有自己的特征抗药谱外，与以前报道的其他家族成员并没有本质的不同。对“超级细菌”的出现，医学研究人员一致认为，滥用抗生素是主要原因。抗生素的滥用主要有两个来源：一个是在人类疾病治疗过程中滥用抗生素；另一个是动物饲料添加抗生素的问题。调查发现，患者盲目依赖抗生素、药品购销市场的巨大漏洞、医院的利益驱动、养殖业的不规范及相关监管措施的乏力，是导致耐药情况加剧的“五宗罪”。据人民网公布的一项数据显示，2011年，我国抗生素产量合计21万吨，3万吨用于出口，产量和出口量均位居世界第一。而其中有9.7万吨用于动物养殖，相当于人和动物各吃一半，而这些被滥用抗生素的动物往往绝大部分都会出现在人们的餐桌上。中国也是抗生素使用大国。在我国所有药品消费的前10位中，抗生素几乎占了半壁江山。世界卫生组织推荐的抗生素院内使用率为30%。在美英等发达国家，医院的抗生素使用率仅为22%～25%，而中国的住院患者中，抗生素的使用率则高达70%，其中外科患者几乎人人都用抗生素，比例高达97%。我国抗生素人均年消费量在138克左右，这一数字是美国的10倍，全球第一。据有关方面调查，中国真正需要使用抗生素的病人不到20%，80%以上属于滥用抗生素。更令人触目惊心的是，我国每年有8万人直接或间接死于滥用抗生素，因此造成的肌体损伤以及病菌耐药性更是无法估量。“超级细菌”的出现，再次对国人敲响了警钟，制止滥用抗生素已刻不容缓。专家建议，卫生部门和医院要进一步加强管理，严格规范抗菌药使用。

2000年，一份权威报告给沉浸在经济发展喜悦中的中国敲响了第一声警钟。世界卫生组织对全球191个成员国的卫生总体绩效进行了评估，中国被排在第144位。世界卫生组织选用5种指标评价各国卫生体系：第一，国民的总体健康水平；第二，社会内部卫生保健分配的不公平程度；第三，服务对象对卫生体系的评价水平；第四，不同群体对卫生体系的评价；第五，用于卫生体系的财务负担在国民（支付费用的人）中的分布状况。中国的最后一项指标居世界第180位，被列为世界卫生公共资源分配最不公平、分布最不平衡的国家之一。10年来，我国积极推进医药卫生体制改革，政府加大了对公共基本医疗保障的投入，使这种状况得到较大的改善。但是，看病难、看病贵的问题仍很突出，公共基本医疗保障水平还很低，人民群众对基本卫生服务还不满意。2010年底，《瞭望》周刊与一家权威民调机构对全国5个大中城市调查显示：医药卫生行业被排在最不诚信行业之首，遭到70.5%的被访者“投诉”。

以保障和促进国民健康为宗旨的公共卫生事业，关系到全体人民的权利、健康与安全，需要政府、专家、媒体和全社会共同参与才能实现，而公有、公平、公益、公开、公信这“五项原则”是公共卫生的灵魂。媒体作为社会公正的捍卫者和民众呼声的放大器，应坚持把握这些原则，担负起自己的责任。诚如中国疾病预防控制中心首席流行病学专家曾光所提出的：“维护公共卫生，必须建立公共卫生新思维，尊重公众对公共卫生事件的知情和参与权。”

心理危机背后的深层原因不容忽视

——由富士康的15跳引发的思考

【事件回放】

2010年，富士康公司相继发生了15起员工跳楼事件，共造成12死，3伤。

第一跳：2010年1月23日凌晨4时许，19岁的员工马向前在富士康华南培训处的宿舍坠楼死亡。

第二跳：3月11日晚上9时30分，富士康龙华基地一名20多岁的李姓男工在生活区C2宿舍楼5楼坠亡，原因疑为过年加班费被盗，一时想不开而轻生。

第三跳：3月17日上午8时，富士康龙华园区一名田姓女子从宿舍楼跳下摔伤，其本人表示跳楼原因为“活着太累”。

第四跳：3月29日凌晨3时，富士康龙华园区一名从湘潭大学毕业的23岁湖南籍男工，被发现死在宿舍楼J1楼1楼过道，后被警方认定为“生前高坠死亡”。

第五跳：4月6日下午3时许，富士康观澜工厂C8栋宿舍一名未满19岁的江西籍饶姓女工从宿舍楼坠楼。该员工进厂才28天，是公司的一线作业员，跳楼后在空中被树枝挡了一下，当时保住了性命。

第六跳：4 月 7 日下午 5 时 30 分许，富士康观澜工厂一名 18 岁云南籍宁姓女工从厂外宿舍楼坠亡。

第七跳：5 月 6 日凌晨 4 时 30 分，富士康一名年仅 24 岁入职不到一年的男性员工卢新从富士康龙华总部招待所 6 楼跳楼身亡。

第八跳：5 月 11 日晚上 7 时许，在深圳宝安区龙华街道水斗富豪新村 11 巷某栋住宅楼，一名富士康女性员工跳楼自杀身亡。

第九跳：5 月 14 日晚间，在深圳富士康龙华厂区北大门附近的福华宿舍，富士康一名 21 岁安徽籍梁姓员工坠楼身亡。

第十跳：5 月 21 日早晨 5 时许，深圳龙华富士康员工宿舍发生一名 21 岁南姓男子坠楼事件，该男子经送医院抢救，于 5 时 40 分宣布死亡。同年同月同日早晨 7 时 15 分左右，广东工业大学一位已签约富士康的大四男学生，通宵喝酒狂欢后，从宿舍 7 楼走廊护栏处坠下一楼身亡。

第十一跳：5 月 25 日早晨 6 时 20 分，在华南富士康观澜分厂，观澜镇樟坑径村一男子坠楼，当场死亡。据悉死者叫李海，男，湖南醴陵人，中专学历，死亡时年仅 19 岁，入职富士康 42 天，精加厂员工。

第十二跳：5 月 26 日晚上 11 时 27 分，在深圳市龙华街道富士康科技园 C2 宿舍楼有人跳楼。120 救护车赶到现场后，医生确认跳楼者已经停止呼吸。经查，死者贺某，男，汉族，23 岁，甘肃省庆城市人，未婚，住龙华街道富士康厂区 C2 宿舍 A 栋 311 室，于 2009 年 6 月 18 日进入富士康工作。

第十三跳：5 月 27 日凌晨 4 时 10 分许，龙华富士康宿舍 E 楼有一男子割脉。接警后油松派出所民警迅速赶到现场调查，及时联系 120 将伤者送往医院救治。经查，割脉男子陈某，汉族，25 岁，湖南省桃江县人，住富士康宿舍 C 栋，于 2010 年 3 月 15 日进入富士康工作。现该男子经医院抢救脱离生命危险。这是富士康 2010 年发生的第十三次跳楼事件（事实上，称其为 13 跳并不准确，因为该员工选择的方式为割腕）。

第十四、十五跳：2010 年 5 月 27 日 12 时左右，富士康龙华 C4 栋宿舍发生了第 14、15 双人跳。

【应对举措】

1. 政府部门介入调查并给予指导。在富士康开始发生员工坠楼事件后，深圳市委书记王荣和深圳市常务副市长许勤等领导召集有关部门开会研究应对举措。深圳市公安、劳动保障、卫生、工会等职能部门发挥职能作用，组成专题工作组进驻富士康。工作组的主要目的之一是调查富士康的管理制度、管理方式及企业文化结构能否适应新劳动阶层的情况，并以各种方式支持和指导企业应对员工频繁坠楼问题，提出多项指导意见和改善建议。

一是加强安保防范再发生自杀事件。针对富士康保安人数有限、训练不足的问题，深圳市公安局和保安分局对富士康的企业保安进行指导培训，并派出300名保安大队的正规保安来支援企业管理。

二是加强心理疏导。深圳市卫生部门派出一批心理医生进驻富士康，加强企业对员工的心理辅导和心理咨询力度。深圳市的妇联、共青团及文化体育部门还协助企业在园区内开展多项文化和体育活动，缓解年轻员工的工作压力和紧张情绪。

三是加强劳动监察。深圳市劳动保障部门对富士康员工劳动合同、工资收入、加班时间、劳动强度等情况进行了重点监察。据深圳市人力资源和劳动保障局介绍，富士康在劳动合同签订、工资发放等方面比较规范，也尊重员工意愿，劳动部门没有接受过这方面的投诉。

四是强化企业的员工尊严教育。针对社会普遍关注的员工尊严问题，深圳市公安部门派员规范和培训富士康的保安和门卫管理体系，督促富士康完善企业安全措施，改善基层管理人员对普通工人的管理方式。深圳市总工会也就员工尊严问题提出建议。

五是加大公共设施建设，满足精神需求。深圳市将在富士康园区内部和周边规划和建设一批必要的文化设施，改善公共设施，增加公共服务，让员工在劳动之余感到快乐，不要因为问题和挫折就选择轻生。

六是加强企业基层组织建设。深圳市总工会要求富士康工会把触角延伸到所有生产车间和住宿单元，让工人有意见可以及时反映。

2. 富士康对企业管理模式和劳资关系作出改进。一是根据劳动保障部门建议，富士康于2010年5月18日正式作出决定，把每个月询问是否要加班改成每周询问一次，这一举措将有利于员工更加自由选择是否加班。针对门卫管理，富士康管理层作出规定，要求所有保安及基层干部对员工不能简单粗暴。二是邀请各方面专家会诊。5月22日，富士康总裁郭台铭邀请了海内外的心理学、社会学、管理学及精神病学等方面专家到富士康“会诊”，寻找摆脱“连跳”阴影的出路。三是构筑“关爱圈”，防范“社会疏离感”。富士康对原先的部分管理办法进行了反思和改变，现在员工希望和谁住在一起都可以自主组合报名，这有助于室友之间的沟通和相互关爱。四是建设安全防护网。公司在一些员工宿舍安装了防护栏，以防止跳楼事件发生。五是给员工加薪。6月1日，富士康科技集团宣布全面上调薪酬标准，基层员工上调薪资30%以上，其中作业员从原来每月基本薪资900元上调至1200元，线组长在原有薪资标准基础上调升30%以上。6日晚，富士康再次发布公告称，自10月1日起，对富士康集团深圳地区各厂区经考核合格的作业员及线组长的标准薪资再度上调为每月2000元，调薪幅度超过66%。每周至少休息1天。

【评析反思】

富士康事件，可以说是社会事件的一个缩影。一个社会，一切向钱看，不尊重人，人们活得没有质量和尊严，难免会出现各类社会问题，以至于发生自杀现象。自杀这种复杂的社会现象，从来不是因单一的因素导致。社会学家埃米尔·迪尔凯姆认为：当个体同社会团体或整个社会之间的联系发生障碍或产生离异时，便会发生自杀现象。可见，“十五连跳”真正的原因是当事者的心理出现了问题。作为富士康邀请的社会心理学专家，彭凯平教授在分析“连跳”背后的原因时，呼吁社会不仅要关注逝者，更要关注我们身边99%以上健康人的心理卫生问题。

心理卫生也称精神卫生，它是关于保护与增强人的心理健康的心理学原则与方法。心理卫生不仅能预防心理疾病的发生，还可以培养人的性格，陶冶人的情操，促进人的心理健康。不同年龄阶段，有不同的心理特点，会出现与之相联系的心理问题。

从富士康“十五连跳”事件看，悲剧的主人翁大多属于年龄在18～24岁之间的“80后”和“90后”年轻员工，且多数是在入职半年内就发生坠楼的。根据富士康提供的资料，前8位当事人仅有李红亮于2008年入职，马向前、刘志军、宁药琼、卢新、祝姓女工的入职时间均在2009年，田玉和饶乐琴都是2010年才入职，进入富士康工作一个来月就发生了悲剧。这些员工，较父辈少了承受痛苦的能力，思想观念不成熟，涉世不深，经历磨炼不够，心理比较脆弱，对情感纠纷、环境变化、工作生活压力调节能力不够。他们却对城市生活心生向往，但现实中的城市生活压力却越来越大。高压的社会环境导致了他们内心的苦闷，渐渐的患有严重的焦虑、抑郁或者严重失眠等心理问题，再加上富士康集团40多万处于相同年龄段的年轻员工聚集在一起，就更容易使一些问题和情绪产生“叠加效应”，最终促成了悲剧的发生。

第七跳员工卢新在5月初因发现精神异常现象曾被建议到深圳康宁医院做进一步治疗，但卢新拒绝了这一建议，此后被公司安排住在厂区内

VIP 招待所，生活起居均有人看护。富士康卫生部部长芮新明说，5 月 6 日凌晨，卢新说要透透气，就从房间冲出去，从阳台上跳了下去，陪护的两名同事都没有拉住他。警方在对第十一跳员工李海坠楼事件的侦破中，在其宿舍找到其写给亲人的遗书，称其自杀是因为心理压力大，感到现实与对前途的期望差距较大以及家庭因素等原因，失去了对生活的信心。另根据警方的调查，田玉本人对生活厌倦，欲以跳楼结束生命，李红亮及其哥哥都有先天性不育症，父亲中风，生活压力大。

这一代孩子固然有其脆弱的一面，但中国社会的进步已经提高了我们的生存底线、心理底线。然而富士康却一直坚守着最低的成本底线，企业把劳动力物化为机器，作为追求效率的工具，从事着重复简单的劳动，失去了对人基本的尊重，埋下了悲剧的种子。这与其归罪于生命的脆弱，不如说是企业生产模式的脆弱。

1. 企业缺乏人文关怀。坠楼事件连续发生间接暴露富士康在管理理念、制度、方式等方面存在漏洞和不足，企业不仅要在物质上保障员工的权益，还要在精神层面体现对员工的人文关怀。

民间“富士康网友观察团”曾发布报告称，富士康既有与员工签订劳动合同、准时支付工资报酬、购买保险等正规的一面，又存在工资偏低、超时加班、管理方法粗暴、保安队员存在非法打骂和限制人身自由、员工缺乏归属感等问题。

富士康集团负责人刘坤也承认，新员工刚进厂没多久就出事，说明富士康对他们的人文主义关怀不够。

一些富士康员工认为，尽管企业为员工提供了一定的物质权益保障，但管理方未能真正满足员工，特别是年轻员工多方面的需求。有的员工说：“在每天十来个小时的工作时间里，上司严禁我们说话，哪怕说几句话都会被痛骂甚至记过。上司平时对我们那么凶，怎么可能去找他们倾诉呢?”

深圳市总工会副主席王同信分析说，富士康在成长过程中比较强调对员工的严格管理和各种考核，这种管理方式对迫切需要解决温饱问题的“60 后”、“70 后”打工者并没有激起强烈反应，但现在的员工主要是“80 后”和“90 后”，他们文化程度更高、养家糊口的压力减少，更加追求自身个性发展，有很强的维权意识，“如果企业的管理体制还是过去那种以管为主的做法，就必然出现矛盾”。

广东观察人士萧南周认为：“对效率与秩序的过度尊重会导致人的生活被肢解，这在富士康有明显的表现。这也是导致员工‘异化感’增强的重要原因。”“这是一种病态，‘工业化冷漠’。他们感觉不到成就、尊重，只有挫折与疲惫，他们不愿意关心他人。”

另一个值得关注的现象是，富士康员工宿舍安排具有随机性，不按员工入职时间、籍贯或者工作部门分配，只要有新床位的宿舍随时都会住进新员工，由此直接造成不少同室员工之间缺少交流和共同语言，关系冷漠。

2. 残酷企业机制易致心理问题。这些员工虽然大多可能还是出生在较为贫困的家庭，但在家里也都是掌上明珠。资讯的发达和时代的进步，让他们对未来充满了憧憬。如果陡然把他们投入到“摩登时代”般的生产线上，十几个小时的艰苦劳作（当然厂方说是自愿加班），再加上挨打受骂、无人倾诉，心理是很容易崩溃的。

深圳市总工会在前期调研中也认为，虽然并未发现富士康存在强迫加班、严重超时加班等违反劳动法规的行为，但富士康管理机制的“半军事化”、管理层级的“壁垒化”和“把人当作机器”的刚性管理手段，“对员工造成的心理压力乃至伤害是明显的”，客观上也是导致员工由于个人问题选择自杀的一大诱因。

3. 对发现的员工心理问题没有及时采取消除措施。深圳市社科院研究员吴奕新对媒体记者说，在现代企业工作压力普遍较大的情况下，如果企业能够及时发现、解决员工的生活困难和思想疙瘩，未必会出现这么密集的自杀现象。但对一些非正常事件早有的先兆，该企业却没有及时发现，以致出现过“一位跳楼女工因为老乡朋友调到其他园区工作，之前已在宿舍哭了两天，但其他室友和朋友没及时把这情况反映给公司”的现象。这说明集团的通报体制不够完善，没能在员工有异常状况的时候将悲剧阻止在萌芽状态。

富士康发生的员工连续坠楼事件，是快速工业化、城市化、现代化的转型期出现的特殊问题，是社会剧变引发的心理冲突的集中表现，有其深层次的原因，涉及员工个体、企业和社会等多方面的因素，情况比较复杂。清华大学心理学系系主任、伯克利加州大学心理学系终身教授彭凯平认为，富士康的问题是企业转型中的心理危机问题，具普遍性，不是简单的心理、病理问题。

从心理学上分析，“跳楼”是外出打工者从熟悉的农村环境走到完全陌生的城市环境中的不适应，进而产生巨大的心理落差造成的。这种心理落差主要表现为：一是从农村到城市的心理落差，以为来到了大城市，但密集的劳动让他们看到城市却感受不到城市；二是家庭到社会的落差，从家庭的保护到自力更生，从保护的、尊重的心理环境到批评的、管制的心理环境的落差；三是从社会支持的关系网络到没有任何支持的关系网络间的落差。现代社会学创始人爱米尔·杜尔凯姆认为，自杀既不取决于经济基础，也不完全由家庭背景决定，相反，社会关系的亲疏是造成自杀的最主要原因。

作为中国最大的代工企业和最大的劳动密集型企业之一，富士康所面临的问题正是“转型中国”问题的缩影，数十万人口迁移，却没有相应的社会管理机制配套，户籍制度、城乡二元结构等障碍仍把外来打工者们远远地挡在了城市之外。富士康“跳楼”事件，折射了我国经济、社会转型的迫在眉睫，对外来务工者社会权益、生活权益的欠债已到了不得不还的时候。

从中我们获得的启示是：只有政府不断督促和约束企业改进管理方式，重视调整解决员工的心理障碍，解决企业员工的心理卫生问题，引导员工形成健康向上的心态，才能防止出现 16 跳、17 跳……

当然，我们自己在遇到工作压力很大的时候，更应该学会利用各种有效的方式进行自我调节、休息、放松，时刻以昂扬向上、积极乐观的态度投入到丰富多彩的生活中去。

重金属污染拷问环境风险管理

——处置云贵粤豫等重大砷污染的启示

【事件回放】

近两年来，全国多个省份相继发生了砷污染事件，对人民的生命财产产生极大的威胁。

2005年11月16日，广东省英德市横石塘镇龙新村岭下村组发生集体砷中毒事件，导致34名村民在英德市人民医院住院观察治疗，在被确认为砷中毒的29人中，有2人系危重病人，但无生命危险，另有5人疑似中毒，病情平稳。

2007年年底，贵州省独山县发生砷污染事件。当年10月，瑞丰公司擅自将国家明令淘汰、闲置近两年的落后硫酸生产线投入生产。在当地环保部门明令停产的情况下，该企业于11月24日至12月9日私自开工，在生产过程中将1900吨含砷废水直接排入都柳江。2007年12月，下游部分群众相继出现呕吐、恶心、头昏、浮肿等症状，经卫生部门确诊，林盘村和群建村两地共17人出现不同程度的砷中毒，其中患轻度砷中毒病人13

例，亚急性砷中毒病人 4 例，病因是饮用了受污染的河水。环保部门认定这起环境污染事件性质恶劣。公安部门对瑞丰公司 2 名主要负责人刑事拘留立案查处，当地政府也对相关部门监管失职、渎职行为进行了调查。

2008 年 6 月，环保部门监测到云南阳宗海水体砷浓度出现异常波动，水质很快从Ⅱ类下降至劣Ⅴ类。经相关部门分析确定，阳宗海水体砷污染主要来源于云南澄江锦业工贸有限公司。阳宗海污染事件直接影响了周边 26596 人的饮水安全。事发后，锦业公司被关停，公司 3 名责任人被检察机关批准逮捕。同时，全省 26 名各级干部被问责，玉溪市政府向社会作出公开道歉。2009 年 4 月 14 日，这起备受关注的环境污染案在澄江县法院进行公开审理，锦业公司以及公司的董事长李大宏、总经理李耀鸿、安全部长金大东被控犯有重大环境污染事故罪。案件审理持续了 5 天半，辩护人认为公司及三被告均无罪。8 月 26 日上午，玉溪市中级人民法院对此案作出终审裁定：云南澄江锦业工贸有限责任公司犯重大环境污染事故罪，处罚金人民币 1600 万元；被告李大宏判处有期徒刑 4 年，处罚金人民币 30 万元；被告李耀鸿判处有期徒刑 3 年，处罚金人民币 15 万元；被告金大东判处有期徒刑 3 年，处罚金人民币 15 万元。

2008 年 11 月，河南省民权县成城化工有限公司在生产过程中，由于购进的原料中砷含量较高，污染治理措施不到位，导致排放的生产废水中砷含量超标，造成大沙河民权至商丘市睢阳区包公庙乡段河水污染。至 2009 年 9 月，大沙河部分断面严重超标，洮河出省境断面超标 2.62 倍。

【应对举措】

1. 政府部门积极应对。云南阳宗海砷污染事件发生后，云南省委、省政府高度重视，省委书记白恩培、省长秦光荣及时作出重要批示，要求采取果断措施，迅速查明并坚决关停污染企业，尽快切断污染源，确保周边群众饮用水安全。省政府还召开常务会，专题研究决定：全面启动阳宗海污染综合治理措施，力争用 3 年左右时间将阳宗海水质恢复到Ⅲ类。

河南省民权县成城化工有限公司砷污染事件发生后，环境保护部周生贤部长、张力军副部长多次作出重要批示，对污染治理提出明确要求。张力军副部长亲临现场检查指导，应急办派员长期驻守商丘，协调、指导上下游有关方面合力治污。

广东英德市委、市政府对砷污染事件高度重视，迅速成立了以市长为组长的横石塘镇村民中毒事件处理工作领导小组，市长谢杰斌等领导于 17 日上午赶到横石塘了解情况，并召开现场协调会，要求市直有关单位尽快查明原因。

2. 深入调查污染事故原因。广东英德市疾控中心16日下午3时，派人到岭下村组采集圳水样，当日8时左右把取得的水样进行初步化验，于17日凌晨零时左右派出专人专车送病人的血尿标本到清远市疾控中心检测。经提取该村村边水圳水（村民饮用水来源）化验，发现水中砷含量超标，初步认定为砷含量超标中毒。20日，环境保护部有关专家也到英德，协助调查事故原因。经查，是该村上游的英德市硫铁矿化工有限公司（省属企业）因排污系统出现故障，导致含有大量砷成分的污水排到圳水而污染了村民的食用水所致。

3. 保障群众饮水安全。按照云南省委、省政府的指示和要求，省级各有关部门与昆明市、玉溪市政府迅速行动，进行实地调查和会商，及时停止从阳宗海抽取生活用水，并立即实施“三禁”：禁止饮用阳宗海水；禁止在阳宗海游泳；禁止捕捞阳宗海的水生产品。水利部门为保障当地受到直接影响的26596人的饮水安全，立即启用了应急供水方案，确定了新的水源点。相关部门正在加强对阳宗海水域水质的监测以及水生生物、农产品的检测工作，各项应急措施全面展开，力争把水体污染的危害降到最低限度。

对于大沙河、洮河出现的超标水体，河南省采取从黄河生态引水方式处理至达标，然后作为资源水使用，不再下排。在环境保护部的大力指导下，经过省、市、县（区）三级政府近5个月的团结奋战，大沙河含砷河水全部达标下排，沿河两岸未发现人畜中毒现象，舆情、社情保持稳定。

对于贵州省独山县砷污染事件，当地政府启动了突发环境事件应急处置预案，采取有效措施防止污染事态的进一步扩大。一是立即通知下游各村镇所有人畜停止饮用河水，采用消防车、洒水车运水保障当地生产生活用水和人畜饮水。二是依法关闭了该企业，将现有原料和废渣封存，并对事件进行深入调查。三是开展环境应急监测工作。黔南州环境监测站对独山境内老虎冲、麻球河、三都县水厂上游和榕江县县城上下游约20公里范围的河流水质进行了跟踪监测。四是采用专家意见，用石灰石对污染河水进行中和处理，并用当地丰富的铁矿石过滤吸附砷污染物。

4. 对相关人员实行行政问责。2010年10月，云南省经过调查核实，对26名涉及阳宗海砷污染事件的政府相关人员实施了行政问责，其中12人被给予免职处分。主要包括：责成玉溪市政府、云南省水利厅向云南省政府做出书面检查，并由玉溪市政府通过媒体向社会公开道歉；对玉溪市副市长陈志芬给予劝其引咎辞职的问责、对云南省水利厅副厅长陈坚给予通报批评的问责；对事件中负有直接领导和监管责任的玉溪市市、县两级17人、昆明市宜良县4人、云南省水利厅3人等共24名公职人员，按照干部管理权限给予党政纪处分，其中12人被给予免职处分，其他分别给予责令辞职、停职、做出书面检查等处分；由司法机关严肃追究云南澄江锦业工贸有限责任公司涉嫌重大污染事故违法行为，并由环保等有关部门依法处理其他相关企业的违法排污问题。

河南省大沙河两起砷污染事件中共有18人被追究责任。民权成城化工有限公司法人代表和主管生产的副厂长，以及民权县环保局一名副局长等3人被批捕，另有2人移送司法机关进行查处，还有13人分别受到党内警告、行政撤职、行政记大过、行政记过等党纪政纪处分。

贵州省独山县在依法关闭该企业基础上，警方对瑞丰公司法人实行刑事拘留。

【评析反思】

从这些一个接一个突发环境事件中，我们再次看到，经济快速增长的背后是严重的环境污染。在前几年大家比较关注水污染、大气污染之后，重金属污染这个陌生的词汇也开始进入人们的视野。

重金属污染是指由重金属或其化合物造成的环境污染。重金属一般以天然浓度广泛存在于自然界中，但由于人类对重金属的开采、冶炼、加工及商业制造活动日益增多，造成不少重金属如铅、汞、镉、钴等进入大气、水、土壤中，引起严重的环境污染。重金属污染与其他有机化合物的污染不同，不少有机化合物可以通过自然界本身物理的、化学的或生物的净化，使有害性降低或解除，而重金属具有富集性，很难在环境中降解。以各种化学状态或化学形态存在的重金属，在进入环境或生态系统后就会存留、积累和迁移，通过大气、水、吃的食物进入人体，产生危害。

据相关部门统计，2009年环境保护部共接报12起重金属、类金属污染事件，致使4035人血铅超标、182人镉超标，引发32起群体性事件；2010年共发生14起重金属污染事件，其中9起是血铅事件；2011年仅1—8月就发生了11起重金属污染事件，其中也有9起血铅事件。全国每年因重金属污染的粮食达1200万吨，造成的直接经济损失超过200亿元，这样的污染将对生态环境、食品安全、百姓身体健康和农业可持续发展构成威胁。近日，有一则新闻引起民众广泛关注：我国重金属镉污染土壤侵入稻米，市场上10%大米镉超标。其实在20世纪60年代日本经济高速增长的时候，也曾发生了许多重金属污染的事件。被称为四大公害的“痛痛病、水俣病、第二水俣病、四日市病”就有3起和重金属污染有关。公害事件对日本社会和政治的影响，仍延续至今。虽然在公害基本法制定之后，重金属污染事件得到控制，但其污染阴影仍未完全在这个岛国抹去。

仔细分析这些重金属污染事件频发的原因，主要有：

1. 地方政府监管不力是重要因素。河南大沙河砷污染事件中，成城化工有限公司是一家根本不符合国家产业政策的企业，其硫酸生产线本应立即予以取缔。但该企业在未办理环保审批手续的情况下，擅自进行技术改造，扩大生产规模，并为降低生产成本，违规采购含砷量高的硫铁矿，排放高含砷量污水导致了大沙河污染事件发生。

成城化工有限公司基本没有污水处理设施，长期违法排污，但民权县政府仍对其“挂牌保护”，实施“零干扰”，禁止环境执法人员进厂执法。在这种情况下，发生污染事件已成必然。类似的情况也发生在贵州独山县等多起突发环境事件案例中。这些事件充分说明了突发环境事件的预防必须做到“两个确保”：要确保企业承担起环境安全隐患排查和治理的责任主体；要确保政府承担起环境安全隐患排查和治理的监督主体。在“两个确保”的基础上，要实施最严格的责任追究制。此外，此次事件也反映出个别基层环保部门事业心、责任心不强，而有关环保专业方面的知识，更要不断加强培训和提高。

2. 环境监测能力不足。大部分市县级环保部门仅能监测有限的环境指标。2009年大沙河砷污染事件及邳苍分洪道砷污染事件，都是淮委会首先发现河段水质超标异常并向环保部门进行通报。与水利部门相比，环保部门在水环境监测频次、监测项目、监测范围等能力建设方面差距十分明显。据了解，淮委会已将淮河流域省界断面监测频次从每月两次增至每月三次，而环保部门目前常规监测频次仍为一季度一次，且主要监测项目为CoD、氨氮等常规指标。

在有机污染大幅度削减、水质有所改善后，对第一类污染物的监测更要引起高度关注，因为这直接影响到供水安全，但许多地区的环保部门，特别是基层环保局目前还无力开展监测。环保部门流域环境监测能力的不足，不仅严重制约了准确预警和妥善处置突发环境事件的能力，而且存在环境监测机构及其数据被水利部门流域管理机构边缘化的隐忧，若得不到重视，将导致流域机构与环保部门的职责不清，监测缺乏权威性。

3. 暴露出环境风险管理薄弱的问题。在2009年河南省大沙河和苏鲁交界邳苍分洪道砷污染事件中，地方政府和相关部门没有建立起高风险污染因子的有效监控和应对机制，导致同一地点分别发生两次事故，环境监管存在明显漏洞。一是行业环境标准不健全，环境风险较大的砷、铅污染物没有纳入环境日常监管的范畴。二是环境应急管理还没有实现制度化和规范化，现场执法随意性很大，无法及时发现企业存在的环境风险。三是企业环境行为常因市场、原材料等各种因素的影响而发生变化，环保部门难以及时查明并消除企业的环境风险。四是跨界事件污染纠纷协调机制不健全，现有的法律规定过于原则，跨界事件的环境应急管理机制尚未建立，还处于摸索和实践阶段。

4. 污染处置技术储备不足。污染处置技术从实验室研究到大范围流域治理应用，不确定因素很多，环境条件非常复杂，这给污染治理带来很大的挑战。我国目前污染处置技术，特别是一类污染物应急处置技术储备及其工程化应用与现实需求还有很大的差距。大沙河砷污染事件发生时，国内尚无处理天然河流中巨量水体高浓度砷污染的成功经验，相关技术单位在治污现场反复试验、摸索，并花费了20多天才确定了治理的最终方案。为了有效克服规模化治污技术困境，环保部门应主动联系、配合科研单位，加强实用性技术储备，积极促进技术工程专业化水平提高，做好突发环境事件应急处置的技术保障。

5. 应急处置资金缺乏制度性保障。2009年河南大沙河砷污染事件中，成城公司只是一个向当地财政年贡献不过百万元的企业，但商丘市政府已投入污染治理费用近3000万元，这还不包括污染损失赔偿以及后期的生态恢复费用。在突发环境事件应对中，“老板赚钱、群众受害、政府买单”的情况还没有得到根本性改变。环保部门应当有力推进环境污染责任保险制度，并尝试寻求建立多层级的地区环境风险基金，努力扭转这种应急资金缺乏保障的被动局面。此外，2008年颁布的《中华人民共和国水污染防治法》虽对造成重特大水环境事件规定了不低于造成直接损失30%比例赔偿的原则，与以往最高不超过100万元赔偿力度有所加大，但与企业负担损失全部责任还存在较大差距。

要减少和杜绝这些突发环境事件的发生，当前唯一有效的措施就是进一步加大环保执法力度，强化环保监管措施，迫使企业加强内部环保管理。首先，要严格控制工业企业原料。目前，国内发生的砷污染事件，大多数是由于硫酸厂使用了含高砷的硫铁矿所致。因此，硫酸厂应严格控制进货渠道，做好硫铁矿的检测工作，避免大量砷污染物进入外环境，次生严重的突发环境事件。特别是多数企业长期违法排污，引发了污染，威胁了饮用水源，造成巨额经济损失，当地政府也为此付出了高昂代价。各级政府应以此为戒，彻底取缔类似“十五小”企业。其次，要完善环保后督察、驻厂监督员、定期巡查、监督性监测等制度，健全环境监察档案，加大监察力度。继续深入开展高危企业污染事故隐患的排查和整改，特别是对容易发生突发环境事件的排放一类污染物和高环境风险企业、危险废物、危险化学品等，加强监管与处置，防范环境风险。对发现的环境违法问题，坚决依法查处到位，全力确保环境安全。在此基础上，要建立环境风险基金和应急处置物资储备库。环保部门与保险会等部门沟通，推动建立环境污染责任保险制度和环境风险基金，并进一步完善法律法规，加大企业处罚力度。考虑引入企业赔偿应相当于事故损失的原则，企业无力赔偿时再由政府提供不足部分，为进一步降低突发环境事件风险提供制度保障。在基础条件较好的地区，由地方政府或环保部门组织，具体依托相关事业单位、重点企业，针对区域内重点污染因子，在科学、客观评估的基础上，尝试建立应急处置物资储备库。物资储备库信息及物资应当可以区域共享，以充分发挥其应急物资保障功效。与此同时，还要做好跨界污染应急处置。2009 年河南省大沙河和苏鲁交界邳苍分洪道砷污染事件发生后，上下游两省政府组织环保、水利、财政、电力等多个部门，成立了砷污染处置指挥部共同治污。针对上游政府治污任务繁重的情况，下游政府主动承担部分砷超标污水的处置工作，体现了团结治污的精神。淮委、水利部门对治污十分理解、支持和配合，应急防污调度工作达到了预期目标，圆满完成了调度任务。此外，要加强应急处置技术研发力度，建立先进环境监测预警体系。对如何处置河道水体中高浓度的砷、镉、铅等第一类污染物应急处置技术的研发，要在经费保障等方面给予重点支持，切实增强应对处置技术能力。考虑加快在重点流域建立先进的环境监测预警体系，全面反映环境质量状况和趋势，准确预警突发环境事件，避免和降低跨流域（区域）突发水环境事件的发生，减轻对环境的影响和危害，确保水环境安全。

食品安全折射出社会问题

——地沟油事件引发的思考

【事件回放】

《中国青年报》记者蒋昕捷采访武汉工业学院教授、中国粮油标准化委员会油料及油脂工作组组长何东平后，于2010年3月17日发表了栏头挂着“科学现场”的《围剿地沟油》一文。文中这样写道：“不知道从什么时候起，城市的下水道成了一些人发财致富的地方。他们每天从那里捞取大量暗淡浑浊、略呈红色的膏状物，仅仅经过一夜的过滤、加热、沉淀、分离，就能让这些散发着恶臭的垃圾变身为清亮的‘食用油’，最终通过低价销售，重返人们的餐桌”。

“你一定也吃过地沟油。”武汉工业学院食品科学与工程学院教授何东平对记者这样说，据他估计，目前我国每年返回餐桌的地沟油有200万～300万吨。而中国人一年的动、植物油消费总量大约是2250万吨——也就是说，按照比例，你吃10顿饭，可能有1顿碰上的就是地沟油。现在普遍意义上的地沟油，其实是餐厨废油脂的一种统称，包括地沟油、泔水油、煎炸老油。这一数据不仅彻底揭开了餐饮业的“黑幕”，也引起了人们对食品安全的再次担忧。

根据何东平教授的研究，地沟油作为餐厨垃圾的一种，来源复杂，含有黄曲霉素、各种病菌、重金属等有毒有害成分，可能因食物链危害人体健康，最初会出现头晕、头疼、恶心、呕吐、腹泻等中毒症状，长期食用轻者会使人缺乏营养、加速衰老，重者将导致肠道和心血管疾病，破坏消化道黏膜，内脏严重受损甚至致癌。地沟油中的主要危害物是黄曲霉素，这是一种强烈的致癌物质，毒性是砒霜的100倍。“但它在地沟油中的含量不会那么高。”何东平提醒大家，一般情况下地沟油的毒性是不会那么厉害的。

【应对举措】

针对民众和媒体反映强烈的地沟油问题，国务院办公厅2010年7月发布文件，决定组织开展地沟油等城市餐厨废弃物资源化利用和无害化处理试点工作。国家食品药品监督管理局专门下发《关于严防地沟油流入餐饮服务环节的紧急通知》，要求各地严防地沟油流入餐饮服务环节，确保饮食安全。

扬州市工商局采取四大措施：一是加强日常监管。二是严格市场主体资格准入，确保销售的食用油“来有源头，去有踪迹”。三是积极参与市有关部门统一组织的专项整治行动。四是开展无证无照餐饮小吃店查处工作，缩减废弃食用油脂需求市场。

2010年3月25日，重庆市商委印发了《关于引导餐饮企业杜绝使用地沟油的通知》，要求全市餐饮企业必须建立完善油脂购销登记台账，来路不明的食用油一经查实，将严肃处理。顾客在餐馆用餐，可要求查看店家的油品购销台账。

2010年4月4日，江苏省工商联餐饮业商会会长扩大会议在镇江锦绣皇宫大酒店召开，会议的首要任务就是发表旨在“捍卫餐饮尊严、杜绝地沟油”的《镇江宣言》。《宣言》要求“建立和健全食品原料进货查验记录和索票索证制度，从源头上根除食用油脂的安全隐患”，“规范废弃油脂及餐厨垃圾的管理，严格执行规定，将废弃油脂和泔水交给合法的收购加工单位”。随后，南京市启动泔水环保处理试点，经过环保处理的泔水能变废为宝，转化成生物饲料、肥料，用于生态农业种植和养殖。

2010年4月1日，西安市药监局食品稽查分局组织海底捞、竹园、京福华、东来顺等全市知名火锅店集体签订食品安全承诺书，杜绝地沟油等不合格油脂流向餐桌。这些单位集体向公众承诺：不采购、不使用不合格油脂，坚决杜绝地沟油流入餐饮业；建立和健全食品原料进货查验记录和索票索证制度，从源头上根除食用油脂的安全隐患；规范废弃油脂管理，严格执行将废弃油脂和泔水交给合法收购加工单位的规定。签订承诺书的有20家单位，包括了70多家餐饮店。

银川市2家企业对部分餐厨垃圾和地沟油进行回收利用，将垃圾变身成生物饲料和建筑材料，成为节能环保的新能源。截至2010年2月，保绿特公司已与银川市2500多家较大的餐饮企业签订了《餐厨垃圾收运处置协议》。银川市部分餐饮单位的地沟油由龙珍隔离剂加工厂负责拉运，企业从餐饮单位的下水管道里回收地沟油，拉回后添加硫酸等化学物质，经过加热回收其中的油脂，销售到河北一家企业，生产加工后的终端产品为硬脂酸，可作为建筑材料的隔离剂使用。

杭州市开发区按照“规范一批、提升一批、整治一批、取缔一批”的工作要求，打造一批经营规范、安全卫生的示范和亮点；提升一批符合规范经营要求的经营户，予以办理证照；整治一批超范围经营、违法违规的经营户，责令限期整改；取缔一批无证无照或拒不整改的经营户，予以关停取缔。共对1700多家小餐饮店、小食品加工店、小副食品店等“三小”行业店，无证经营、证照不全、超范围经营等现象进行整治。

为保障地沟油整治和餐厨废弃物管理各项工作全面有效开展，2010年7月，国务院办公厅下发了《关于加强地沟油整治和餐厨废弃物管理的意见》。《意见》提出了6个方面的措施：

1. 强化食品生产经营单位的主体责任。《意见》强调食品生产经营单位要强化食品安全责任主体意识，坚持诚信守法经营，切实履行社会责任。要严格执行生产卫生标准和操作规范，建立健全并严格落实进货查验、索证索票和全程追溯制度，加强对食品原料的检验检测，发现问题立即处理并向监管部门报告。

2. 建立市（县）长负责制。《意见》指出加强餐厨废弃物管理是城市综合管理和公共服务的重要组成部分。各地区特别是各城市要建立地沟油整治和餐厨废弃物管理工作市（县）长负责制，加强统一领导和组织协调，结合实际进一步制定具体整治方案，明确工作目标和任务分工，及时研究、协调解决工作中遇到的问题和困难，统筹抓好各项措施落实。各省（区、市）人民政府要加强对本地区地沟油整治和餐厨废弃物管理工作的督促指导。

3. 落实部门监管责任、健全全程监管和执法联动机制。《意见》要求各有关部门要按照部门职责和食品安全整顿任务分工，认真安排和做好有关工作。各地区、各有关部门要加强协调配合，建立健全监管信息交流和反馈机制、监管执法联动机制和监督检查机制，及时通报情况，形成联动打击合力，实现对地沟油和餐厨废弃物的全程监管，确保不留隐患和死角。

4. 要认真组织督导检查。《意见》要求各地区、各有关部门要对地沟油整治和餐厨废弃物管理工作目标任务完成情况，逐级开展督导检查。对工作扎实、效果显著的，要给予鼓励表扬。对问题突出且长期得不到解决的，要通报批评、督促整改，并追究有关负责人的责任。要将地沟油整治和餐厨废弃物管理内容，作为创建卫生城市、文明城市等评选活动的重要指标。国务院食品安全委员会将结合督导检查食品安全整顿工作，对各地开展地沟油整治情况进行督导检查。

5. 充分发挥社会和舆论监督作用。《意见》要求各地建立有奖举报制度，支持鼓励群众积极参与地沟油整治和餐厨废弃物管理工作。要定期向社会公布在地沟油和餐厨废弃物管理方面出现问题的企业和单位，并纳入企业诚信记录。要支持新闻媒体及时报道有关工作措施、进展和成效，对违法使用地沟油的餐饮企业和非法制售窝点予以曝光。

6. 大力开展宣传教育活动。《意见》要求采取多种形式，广泛开展宣传教育，大力普及食用油等方面的食品安全常识和相关法律知识，引导群众科学消费，提高群众的健康意识、食品安全意识和环保意识。强化企业诚信和行业自律教育，加强从业人员培训，提高食品生产经营单位的法律意识和食品安全意识，形成保障食品安全的良好社会环境。

【评析反思】

新闻报道旨在讨论地沟油科学检测的难题和解决地沟油问题的出路，本无意于渲染地沟油的总量和毒性。但一篇科普报道却受到50多家媒体记者的关注，皆因其背后存在着广泛的民意基础，即公众对食品安全的担忧。近年来，食品安全越来越受到群众的关注，已经成为人们热议的话题。从前几年的苏丹红、甲醛啤酒、“红心咸鸭蛋”事件，到近年来的“三聚氰胺奶粉”、麦乐鸡含有橡胶化学成分“聚二甲基硅氧烷”，再到最近的面粉增白剂、镉大米、“加胶”可燃烧面条、染色馒头等，无不一次又一次牵动着大众的神经。

地沟油流回餐桌屡禁不止，有多个方面的原因。对于解决地沟油问题，国内外已有了一些成功经验与做法，在借鉴发达国家成功经验的基础上，我们应该结合自己国情，采取从源头出发，疏堵结合、标本兼治的综合治理措施。全面深入治理地沟油，规范餐厨废弃物管理，同时探索适宜的餐厨废弃物资源化利用和无害化处理技术工艺路线及管理模式。也就是说，既要管住非法制售行为，也要使餐厨废弃物得以合理利用，斩断地沟油顽疾的利益链，有效解决地沟油问题。

1. 在“堵”的方面，要打击非法生产、严堵非法销售，从源头上斩断利益链。就是要加强监管，严厉打击非法生产、经营、销售、使用地沟油等违法行为，坚决防止地沟油进入食物链。一是打击非法生产。以城乡结合部和城市近郊区为重点，仔细排查和清理非法生产地沟油的黑窝点，对黑窝点一律取缔，严厉打击有关违法犯罪行为。二是严堵非法销售。以集贸市场、批发市场等场所为重点，严肃查处销售假冒伪劣和来源不明的食用油的行为。三是禁止非法使用。以城市、矿区、旅游景区等餐饮业集中地为重点地区，以食品生产小作坊、小餐馆、企事业单位食堂等为主要对象，加强对食用油购货记录和票证检查，依法查处从非法渠道购进食用油和使用地沟油加工食品的行为。对使用地沟油的食品生产经营单位依法责令停产停业整顿，直至吊销许可证；涉嫌犯罪的依法移送司法机关，追究刑事责任。

建立管理制度，规范餐厨废弃物处置、加强餐厨废弃物收运管理、建立餐厨废弃物管理台账制度。一是餐厨废弃物生产单位要建立餐厨废弃物处置管理制度。严禁乱倒乱堆餐厨废弃物，禁止将餐厨废弃物交给未经许可的或备案的餐厨废弃物收运、处置单位或个人。不得利用未经无害化处理的餐厨废弃物喂养畜禽。二是餐厨废弃物收运单位应当具备相应资格并获得相关许可或备案。餐厨废弃物应当实行密闭化运输，运输设备和容器应当具有餐厨废弃物标识。三是餐厨废弃物产生收运、处置单位要建立台账，详细记录餐厨废弃物的种类、数量、去向、用途等情况，定期向监管部门报告。早在2009年11月26日，福建省省人大常委会通过的《福建省固体废物污染环境防治若干规定》，以地方立法形式，规定了从事收集、运输、处置废弃食用油脂经营活动的单位，应当为符合一定条件的企业法人，并依法申请经营许可证。产生废弃食用油脂的单位，应当将其提供给经依法许可的单位。

监管和执法部门要建立责任明晰的工作机制。对地沟油实施监管，涉及卫生监督、食品安全、工商管理、质量监督、环保、公安和建设等多个部门，但在实际工作中，分工变成了分家，谁都有责任变成了谁都不尽责。很多地方和政府部门治理工作缺乏积极性自觉性。因此，应当进一步明确责任分工，各司其职，通力协作，及时发现，果断处置，确保地沟油从老百姓的食物中消失。在以往的食品安全事件中，我们总是在强调制度存在漏洞等，但是如果监管环节不能发挥作用，那么，再精巧的制度设计，也不能发挥作用。如果共同利益将监管者和监管对象捆绑在一起，那么在严格细致的处罚机制，也有可能被集体作恶化解于无形之中，变成欺瞒公众、牟取私利的道具。

2. 在“疏”的方面，要建立产业化处置、市场化运作和资源化利用的疏导机制，以形成一条规范有序的产业化链条，便废为宝。要大力扶持餐厨废弃物和地沟油资源化和无公害化产业，通过政府引导、统一收运、定点处置等办法，做到变废为宝、循环利用。地方政府要制定和落实统一收购政策，建立地沟油转化为生物柴油的生产体系，促进生物柴油在城市公交运输中广为应用。据有关方面研究，地沟油可生产生物柴油和乙醇、沼气等。例如，福建卓越新能源发展有限公司找到了一条新途径，他们利用自主研发的技术和设备从废弃的动植物油中成功提炼出了生物柴油，并在国内率先实现了产业化。北京科技大学已于2009年开展了用地沟油分解的脂肪酸作为选矿捕收剂的研究工作，并取得了满意的试验结果。目前，该项技术已开始在部分钢铁企业应用，并正在申请国家专利。中科院等离子体物理研究所科研人员经过多年技术攻关，成功掌握了餐厨废弃物生产乙醇和沼气的能源化处置技术，并形成两项发明专利。他们将泔水分拣、分离后，一部分变身生物柴油的原料，另一部分继续发酵成为燃料乙醇和沼气，剩余的废渣则全部转化为肥料。使餐厨废弃物变身为四件“宝贝”。

在这方面，美国、德国、日本、英国有比较先进的做法。美国食用废油回收主要经过两个步骤。在餐馆和家庭厨房的洗碗槽下方都装有“厨房废物粉碎机”。第一步，人们需要进行初次筛选，先将菜叶之类不太油腻的食物，通过这个机器直接打碎后从下水道排出；第二步，那些油分含量高的食物不能放入粉碎机，而是需要专门收集起来，倒入专用垃圾桶里，等待专门的公司前来回收。这些桶里的废油将统一由美国食用废油回收公司进行回收。这些公司必须取得卫生和环保部门颁发的经营许可证，并拥有专业的运输、回收及加工设备。公司会定期从餐馆和居民区回收废油。美国餐馆如果私自将废油卖给其他机构或个人，一经发现，将被关门停业。德国的每一桶泔水都有张“身份证”，从产出、回收到利用都严格记录在案。任何一个环节出问题，很快就能查明。德国在20世纪70年代也出现过地沟油横行的情况。不法商贩把地沟油再加工后悄悄卖给餐馆，二次使用。此后，德国政府及时推出泔水回收的法律，对回收环节进行跟踪监督，效果明显。德国餐馆必须与政府签订“泔水回收合同”。详细规定了泔水由哪家企业回收、何时回收、回收后由谁加工等。同时，开餐馆前，必须购置油水分离的设备。这个处理设备是按照最严格的欧洲油脂分离标准设计的。分离出来的油由政府特批的公司统一回收，这些公司许多都是上市企业，规模很大。德国地沟油回收利用率已达到100%。日本政府是主动回收地沟油，并提炼成专供垃圾车使用的油料，同时回收来的废油中立刻加入蓖麻油以防重新被食用。英国对于餐饮行业废油的处理办法分三步：将废油倒入政府免费发放的容器中；再由政府认可的公司负责收集；最终将这些油加工成可利用的生物柴油等产品。无论数量多少，都不允许将餐厨废油、油脂和脂肪倒入水槽，否则将被处以高额罚款。

“民以食为天。”透过地沟油事件，让我们看到了更多的东西，不单是食用油安全的严重问题，也看到了食品安全的严峻性，还看到了一些企业或个人社会责任的缺失。透过这个事件我们看到的不仅仅是一个个案，而是它所折射出的社会层面的问题。

食品安全的监管岂能“各管一段”

——三聚氰胺奶粉重新入市事件的反思

【事件回放】

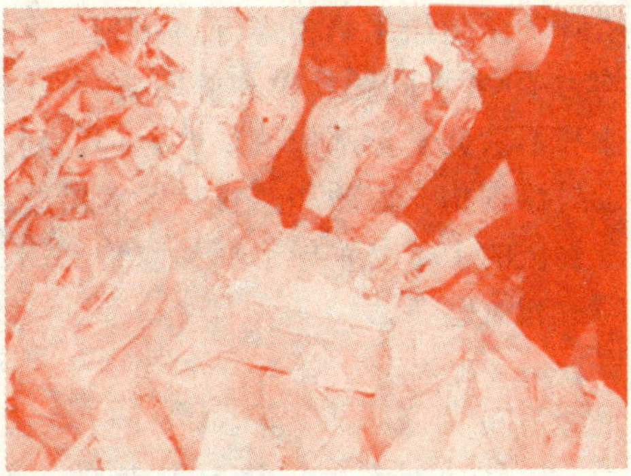

在2008年爆发的三聚氰胺事件，将我国乳品企业的诚信推到了风口浪尖。刚刚一年之后，2009年最后一天，上海市食品安全办公室召开新闻发布会，宣布了上海熊猫乳品产销三聚氰胺超标乳制品的消息。而在此前20多天，陕西金桥乳业也被查出相似的问题。据了解，这两家企业被检出的问题奶粉，均来自2008年三聚氰胺事件之中未被销毁的奶粉。

2010年7月份，甘肃、青海、吉林等省也再现了三聚氰胺含量超标奶粉。据甘肃省质监局介绍，6月25日，甘肃省质监局产品质量监督检验中心接受委托人刘西平送检的三份奶粉样品，要求检测三聚氰胺一项指标。甘肃质检部门检验发现，三份样品三聚氰胺含量分别为：215mg/kg、1397mg/kg、323mg/kg，分别超出限量值标准86%、559%、130%。这三份包装异常、三聚氰胺严重超标的奶粉样品引起了甘肃质监局的怀疑，随即利用当事人取质检报告的机会，对刘西平进行了调查，并移交兰州市公安局经侦支队，同时将情况上报甘肃省政府和国家有关部门。刘西平交代，他是青海省民和回族土族自治县东垣乳制品厂业务员，问题奶粉就存放在这个厂附近的村子里，供货商为一姓周的陕西人。7月3日，青海省海东地区公安机关根据甘肃省提供的线索，协助质监部门对民和回族土族自治县东垣乳品厂问题奶粉进行了查封。警方经查，民和县东垣乳品厂分别从河北等地购进奶粉原材料64吨，其中从河北购进38吨，从中检测出三聚氰胺超标500余倍。就在青海发现问题奶粉前几天，吉林省也发现此类问题，为此吉林省采取了紧急行动。6月22日，吉林市工商局丰满分局在检查中，检测到辖区内一家市场零售点销售的黑龙江省大庆市一家乳品有限公司生产的一袋奶粉三聚氰胺含量严重超标。吉林市公安和工商部门迅速展开行动，将1000多袋问题奶粉进行了封存。随后，吉林省对这家企业生产的奶粉进行清查和追缴，并对封存产品进行了抽检。

截至2010年12月31日，在对毒奶粉清剿行动中，各地区、各有关部门共出动执法监管人员330万人次，公安机关出动警力10余万人次；先后发现和查处河北省承德围场县御泉乳业公司“御泉牌”全脂乳粉案、山西省阳泉市金福来乳业有限公司“三来牌”全脂乳粉案、天津市银桥乳业（天津）有限公司含乳饮料案、山西省太谷县营养保健制品有限公司“白塔牌”全脂甜牛奶粉案等违法犯罪案件40起，涉案问题乳粉2131.87吨，均为2008年问题乳粉和使用2008年问题乳粉生产的原料乳粉；对违法企业和不法分子全部依法从严处理，对清查出的问题原料乳粉、制成品采取了封存查扣、追缴和监督销毁等措施，共抓获犯罪嫌疑人96名，对查明负有责任的191名领导干部和监管部门工作人员实施了党纪政纪处分、行政问责和诫勉谈话。

【应对举措】

1. 国家对事件进行通报批评。2010年，全国食品安全办公室先后三次对三聚氰胺重现事件进行了通报。2010年1月30日，全国食安办召开会议，在“三鹿奶粉事件”之后，首次通报5家国内剩余三聚氰胺奶粉未被销毁的企业，一时之间，引起了社会巨大的关注。而后，在2010年7月9日、8月20日，全国食安办还分别就青海、河北、山西、天津等地的企业产品三聚氰胺超标进行了公开说明。公告表明，这些地区的一些小型企业，在2008年的事件中并未将问题奶粉销毁，而是重新投入使用。所有的三聚氰胺奶粉重现案例均是2008年的遗留毒奶粉，有关2008年未被销毁的三聚氰胺超标奶粉去向，成为公众最关心的食品安全话题之一。

2. 开展彻查毒奶粉行动。按照国务院食品安全委员会的统一部署，各地、各有关部门“重装上阵”，对所有乳品和含乳食品生产经营单位进行持续排查，督促对奶粉来源、生产、销售、仓储等各个环节进行彻底检查，严防不合格乳粉流入市场。在全国范围，一场新的三聚氰胺大搜查正在展开。

福州市食品安全委员会办公室发文，要求所有生产经营单位与个人必须在9月底前主动上缴含三聚氰胺奶粉，这被业内人士解读为给遗留三聚氰胺奶粉的“最后通牒”。据福州市食安办发布公告称，所有生产经营单位和个人不得使用、销售、藏匿2008年问题乳粉和2008年9月14日之前生产的未经检验三聚氰胺的乳粉。同时，福州市食安办还规定，任何持有上述问题乳粉的单位和个人，应立即上缴给当地工商行政管理部门或质监部门。凡在 2010 年 9 月 30 日前主动上缴的，可免予行政处罚，对逾期不上缴的，将依法给予严厉处罚。

甘肃省工商部门从 2 月 1 日开始对全省乳制品市场开展为期 10 天的拉网式清查。清查的重点是乳制品经营者和生产企业，一经发现销售不符合食品安全标准奶制品的，责令其停止销售，下架退市不留死角。对已下架的奶制品会同相关部门落实监控责任，该销毁的坚决销毁，严防再次流入市场，并追根溯源，严厉追究生产企业责任，根据案情依法处理。同时，对进口奶制品进行严格监控，对其食品合格证、中文标签、中文说明书等相关手续进行重点检查，防止不合格的进口奶制品进入市场。

青海、甘肃、吉林等省发现三聚氰胺超标奶粉后，有关部门要求严肃查处，杜绝问题奶粉流入市场，彻底查清其来源与销路，坚决予以销毁，并依法追究当事人责任。

3. 对有关案件进行处理。在河北等地“三聚氰胺”问题乳粉案件查处过程中，相关责任人被批捕或已被采取刑事强制措施。当地的监察机关正在对当地政府相关监管部门履职情况进行调查，对存在失职渎职行为的，将依法依纪严肃追究责任。

针对青海省民和县东垣乳粉厂原料乳粉三聚氰胺超过临时管理限量值问题，国务院食品安全委员会立即成立专案联合工作组，在全国范围内组织开展了问题乳粉清查清缴和案件查处工作。在专案联合工作组的督促指导下，各地区深入动员部署，广泛采取了拉网式排查、鼓励上缴、奖励举报等措施。

最高人民法院、最高人民检察院、公安部、司法部对严惩食品安全犯罪行为非常重视，在问题乳粉案件查办期间，专门联合下发了《关于依法严惩危害食品安全犯罪活动的通知》，对涉嫌食品安全犯罪活动的立案、侦破、起诉、审判等环节提出了明确要求，对食品安全犯罪的定罪量刑作出了明确规定，为从严惩处问题乳粉案件涉案人员提供了法律政策依据。

监察部高度重视问题乳粉案件中的责任追究工作，要求各级监察部门提前介入，及时开展责任调查，严肃追究相关人员责任。在责任追究中，共免职 9 人，行政撤职 26 人，行政降级 18 人（其中 2 人同时给予免职处理），行政记大过 43 人，行政记过等其他处分及诫勉谈话 97 人。有关方面仍在对未办结案件进行深挖、侦讯和责任调查等工作。

4. 对乳制品企业生产许可重新审核。国家质检总局披露，到 2011 年 3

月底，中国乳制品及婴幼儿配方乳粉企业生产许可重新审核工作已全部结束。根据各地质量技术监督部门上报的数据，截至 3 月 31 日，中国 1176 家乳制品企业中（其中婴幼儿配方乳粉企业 145 家），有 643 家企业通过了生产许可重新审核（其中婴幼儿配方乳粉企业 114 家），107 家企业停产整改，426 家企业未通过审核。各地质量技术监督部门正在依法注销未通过审核企业的乳制品生产许可证，未通过审核和停产整改的企业一律停止生产乳制品，将依法严查无证生产行为。

【评析反思】

那些被毒奶粉折磨的婴儿哭声还在耳边，那些哭泣父母的样子还历历在目，可惨痛的教训刚刚过去，是什么原因又让这些毒奶粉死灰复燃，我们必须深刻反思。

1. 乳品安全监管存在漏洞。没有人监督企业是否完全销毁问题奶粉。对三聚氰胺乳制品死灰复燃现象，曾代理问题奶粉患儿索赔案的德衡律师集团（北京）事务所律师张兴宽说："没有人监督企业走完销毁和处理的最后一步。"根据公开资料，当年仅三鹿集团尚未出库的婴幼儿奶粉就达到 2000 余吨，当时对这批问题奶粉的处理也只提到 4 个字：全部封存。但在封存之后对问题奶粉的处理这一环节上并没有明确责任。对三鹿奶粉事件处置时有牵头部门会同相关部门分别监管，农业管奶站，质检管生产，工商管流通，到了销毁这一环节，就无人过问了，也没人为此负责。这是典型的不作为，是一个明显的薄弱环节。发生问题，必须要有人"买单"！同时，我们也看到，我们在食品监管机制上，"铁路警察、各管一段"的问题严重存在，能否实现无缝对接，非常值得考量。我们要盯着这些薄弱环节和漏洞，加强机制创新，不断完善监管制度，才能真正消除食品安全隐患。

2. 生产销售企业诚信度不高。一个又一个被屡屡曝出的三聚氰胺毒奶粉重现事件，除了反映出个别地方对问题乳粉日常监管不到位外，还说明不法分子见利忘义，胆大妄为，有意规避政府监管，违法藏匿、销售、使用问题乳粉。西安市乳业协会秘书长王伟民说，这么多的三聚氰胺奶粉再次流向市场，是一些缺乏诚信的企业没有按照要求进行销毁。目前，可以考虑建立对生产厂家和经营单位的诚信评价机制，科学评估他们的诚信度，作为核准经营的重要依据。要加大对非法生产经营乳品行为的打击惩处力度，对违法生产经营乳品的责任单位和人员在法律法规规定的幅度内从重进行处罚，以严厉的处罚，形成良好的风气导向。

3. 安全质量监管不力。一是要严把生产经营许可关，进一步严格乳制品生产许可审查条件，加强生鲜乳收购运输许可管理和乳制品流通许可管理。工商部门要细化和完善乳制品流通许可制度，进一步明确对乳制品经营单位的资质要求；将乳制品列为食品流通许可项目核定类别单独审核，严格按照许可项目登记营业执照的经营范围；发现销售三聚氰胺超过临时管理限量值乳制品的，一律依法吊销流通许可证。对未取得流通许可非法经营乳制品的，要依法进行处罚。二是要严格三聚氰胺生产流通管理。有关部门要制定三聚氰胺生产流通管理办法，进一步完善和落实三聚氰胺生产企业出厂销售用户登记制度、承诺制度和销售台账制度，并在从三聚氰胺批发商到零售商的流通全程建立销售实名登记等制度，防止三聚氰胺产品及其废料流向食品生产加工企业和饲料生产加工企业。三是要强化检验检测和监测评估。加强对生鲜乳、原料乳粉和奶畜饲料的检验、乳制品出厂和流通环节的检验。乳制品企业必须对每批出厂产品进行三聚氰胺等检验。当地质检部门要对企业出厂产品每周进行抽检。各地工商、食品药品监管部门要加大对流通和餐饮服务环节乳制品、含乳食品质量安全的抽检范围和频次。重点加大对乳品中三聚氰胺等危害人体健康物质的监测频次。

4. 责任追究的力度不大。地方各级政府要建立健全乳品质量安全监管责任制，明确政府负责人及有关部门的职责。有关部门要各负其责、密切配合。特别是农业、卫生、工商、质检、食品药品监管等有关部门要切实依法履行监管职责，各级食品安全综合协调机构要加强综合协调和督查指导。监察机关要加大行政监察和问责力度，切实维护政策法规的严肃性。

2011 年 4 月，国务院办公厅发布《关于严厉打击食品非法添加行为切实加强食品添加剂监管的通知》，要求各地区、各有关部门进一步强化监管惩处措施，严厉打击食品安全违法犯罪行为，有效遏制当前食品非法添加和滥用食品添加剂案件多发频发势头。《通知》规定，禁止任何单位和个人在食品生产中使用食品添加剂以外的任何化学物质或其他可能危害人体健康的物质，禁止在农产品种植、养殖、加工、收购、运输中使用违禁药物或其他可能危害人体健康的物质。对生产贩卖非法添加物的地下工厂主和主要非法销售人员，以及集中使用非法添加物生产食品的单位主要负责人和相关责任人，一律移送司法机关依法从重从快惩处。《通知》强调，要严格落实企业主体责任，同时要强化地方政府责任和部门监管责任，对监督检查中走过场、不按规定履职的公职人员，要从严追究责任，情节严重的，依法依纪开除公职，涉嫌徇私舞弊、渎职犯罪的，移交司法机关追究刑事责任。以此为发端，全国各地相继重拳打击食品生产领域违法犯罪，重点围绕乳制品、食用油、肉制品、豆制品等与人民群众日常生活密切相关的食品，打击无证生产、储存、销售和虽有各种证照但生产、销售不符合卫生标准，掺入有毒、有害非食品原料食品的违法犯罪行为；重点查禁城乡接合部、农村地区、城市中出租房屋中可能制造、存储假冒伪劣、有毒有害食品的黑作坊、黑加工点和批发、零售点。通过此次重拳出击，力争在食品安全领域实现"八个一批"：捣毁一批违法生产、加工、销售食品的"黑作坊"；破获一批制假售假大要案件；抓获一批涉假违法犯罪人员；阻断一批涉假产业链条；查获一批假冒伪劣产品；追缴一批制假售假非法所得；创建一批无假社区（村屯）、街道（乡镇）；创建一批无假商业场所。

“酱油尿”再次惊现食品安全隐患

——南京“龙虾门”事件的反思

【事件回放】

从2010年7月20日到8月24日下午，南京市鼓楼医院、江苏省人民医院等医疗机构陆续收治了19名“疑似食用龙虾致病”的患者。19人都出现了全身肌肉酸痛症状，并伴有肌酸激酶、肛肌蛋白明显增高。患者感到全身肌肉酸痛，甚至直不起腰，更有甚者尿液呈红棕色，这就是老百姓俗称的“酱油尿”。据医生诊断，患者是因为体内肌红蛋白超标导致肌肉溶解，病情严重者会导致肾功能受损。

据江苏省人民医院的主治医师刘佳介绍，这次的龙虾中毒是化学物质、有机物中毒的嫌疑更大，也就是说，龙虾中毒可能与洗虾粉的使用有关。

“洗虾粉”是工业领域普遍使用的一种除锈剂——草酸，其酸性是醋酸的10000倍，对人体的危害极大。草酸含有蛋白酶，能分解蛋白质。它一般是无色透明结晶，对人体十分有害，会使人体内的酸碱度失去平衡。儿童生长发育需要大量的钙和锌，如果体内缺乏钙和锌，不仅可导致骨骼、牙齿发育不良，而且还会影响智力发育，过量摄入草酸还会造成结石，导致恶心、呕吐，严重的会致命。

中国疾病预防控制中心和南京市食品安全委员会办公室于8月7日联合召开的新闻发布会上透露，南京出现的23例疑似小龙虾致病病例，经临床诊断，该症状为“横纹肌溶解症”，均属于哈夫（Haff）病。

哈夫病最早出现在1924年夏秋的波罗的海哈夫海滨，并因此得名。在此后9年内的同一季节和同一地区发现了大约1000例病人，并发现这些病人均与吃淡水鱼有关。20世纪80年代以来，美国出现了23例相同病例，主要由食用水牛鱼和小龙虾引起。2000年，北京也出现了6例因食用小龙虾引起的病例。

中国疾病预防控制中心营养与食品安全所研究员吴永宁介绍，迄今报道的哈夫病多为患者食用水产品24小时内出现的不明原因的横纹肌溶解综合征，临床表现为肌肉酸痛并伴血清肌酸磷酸激酶和肌红蛋白升高，部分患者出现酱油色尿，大部分愈后良好，但个别严重者会出现急性肾衰竭。虽然国际医学界一直在探究哈夫病的致病因素，但是直到目前还未能找到确切病因。

据吴永宁介绍，南京地区发现的与食用小龙虾相关的横纹肌溶解综合征患者，具有与哈夫病相似的流行病学特征和临床表现，如病前4～13小时内均有食用较多（10只以上）小龙虾史，主要症状为肌肉酸痛，无发热和关节疼痛，无神经麻痹，个别出现恶心症状。

【应对举措】

1. 政府积极应对。事发后，南京市政府成立由常务副市长担任组长，分管秘书长担任副组长的应急工作领导小组。由市卫生部门制定相关诊疗规范，并积极组织医疗救治工作，同时建立起相关病例的报告制度，做到早发现、早诊断、早治疗。由市食安办牵头组织专家学者就食用龙虾与横纹肌溶解症的关联因素进行分析调查，尽早查明原因。市工商部门牵头在全市开展龙虾养殖、运输、销售、餐饮加工等各个环节的专项整治，以保证市民食用龙虾的安全。

2. 专家出谋划策。根据调查结果，有关专家组提出了病例定义和病例监测方案，建议经卫生部批准后，在食用小龙虾地区开展主动监测，进一步探索确切病因。专家还建议其他食品安全监督部门进一步开展相关病因排查工作，一旦发现安全隐患，要积极采取控制措施并及时通报卫生部门。

【评析反思】

公共食品安全关系人民身体健康和生命安全，关系党和政府形象。当前，我们要根据中国实际，借鉴国际先进管理经验和标准，从法律、标准、制度等多方面采取措施，建立健全的食品安全监管体制和长效机制，努力走出一条现代食品安全监管之路。就目前现状来看，食品生产、销售情况着实令人堪忧，近年来发生了大量食品安全事件，如毒奶粉、毒筷子、毒餐盒、洗虾粉等等。导致问题发生的原因，一是人们食品安全意识不够强，各种食品种类繁多，用工用料林林总总，但是什么都敢吃，病从口入。二是食品销售方式千差万别，商场、酒店经销，地摊、夜店出售，监督难度大。

公众的健康常识固然重要，但是，保障食品安全卫生，最终还是要落到监管部门身上。食品卫生屡次出现问题，并不是食品里蕴藏的毒素过于猛烈，只能怨监管力量过于稀松。实际上，公共监管体系一直存在，只是在各层级、各部门的监管力度上打了折扣。这种现状如果得不到很好解决，就会导致问题接二连三，疲于应对。如果我们按照相关法律条例及职责分工，以高度负责的精神和严谨的态度进行监管，将会有效遏制危害人民健康的事件发生。通过南京“龙虾门”事件，我们应从以下几个方面来努力：

1. 提高违法成本。要按照不同社会分工和协作要求，来设计和完善食品安全的各项法律制度，使“田地到餐桌”的全过程各环节都涵盖于法律之中，明确各方面和各环节的责任人。要坚持综合立法，避免多部门立法、多环节立法导致的执法真空和执法冲突。要加大对食品安全违法行为的处罚力度，有必要将严重危害公共安全的行为纳入刑法惩治的范畴，施以严厉惩戒，起到教育震慑的作用。同时，要着眼方便消费者追回补偿，从法律程序上予以简化。通过这些举措，一方面弱化食品生产经营者的违法动机；另一方面，也可以调动消费者参与监督、维护权益的积极性主动性。

2. 提高监管的执行力。建立对食品安全监管人员的监管失职责任追究机制，进一步强化问责制度。通过严格问责，让政府部门切实认识到自身作为食品安全的捍卫者所应该承担的责任。要按照事故层级和责任大小，依次对监管部门的主要领导、分管领导、直接领导和责任人进行问责，各自承担责任，真正做到区分责任，严肃处理，以责任促落实，以问责严制度，推动食品安全监管工作顺利开展。根据食品安全法，食品生产经营者负有保证食品安全的社会责任，各级地方人民政府负有对本行政区域的食品安全监管工作的领导、组织、协调的责任，各有关部门要坚持统一协调与分工负责相结合，真正担负起监督指导的责任。特别是食品安全监管部门，必须恪尽职守，以对群众生命和健康高度负责的精神，加大对食品市场检查力度，拓宽检查范围，做到常规检查和突击检查相结合，全面检查和分片包干相结合，不断形成工作机制，保证食品安全监管的“零死角”。同时，要抓好队伍建设和能力建设，加快建立一支忠于职守、业务过硬、作风优良的专业监管队伍，不断提高他们的监管能力，这是食品安全的重要保障。

3. 建立完善的食品安全应急体系。整合食品卫生监督、质检、工商为主的政府职能部门资源，明确应急目标任务、职责任务、办法措施和规定要求，使各有关部门的监管工作有机衔接起来，形成应对食品安全突发事件的整体力量。首先，完善和健全食品安全相关法律及检验检疫标准。任何有效的食品安全监管和控制工作必然立足于坚实的食品安全法律之上，我国在食品安全方面的立法还比较落后，标准体系也不尽完善，不少标准制约性已不能适应当前食品市场治理整顿的需要。其次，完善食品安全信息发布制度。尽快建立统一协调的食品安全信息监测、通报、发布的网络运行体系是保证我国食品安全工作的有序、顺利进行的必要条件。及时将相关违规企业公布到网上，提高曝光力度，使其无藏身之处。此外，还要通过各种渠道向人民群众普及食品安全知识，完善投诉和举报奖励机制，加强对规制者的规制，即对监管人员的监管，及时有效的接受群众监督、媒体监督、舆论监督，对食品安全问题力争做到早发现、早预防、早整治、早解决。再次，继续贯彻问题食品召回制度。问题食品召回制度是从农田到餐桌的最后一道防线，能最大限度地协助减少不安全食品对公众健康的危害，对保护人民生命和健康安全具有重大的意义。但如果是政府作出错误的强制召回决定，给企业造成损失，企业有权依法要求国家赔偿，所以综合监管部门需负责政府“是否决定强制召回”。

利益链使监管的关隘失守

——“健美猪”事件引发的反思

【事件回放】

2011年3月15日，央视《每周质量报告》在长达3个月的暗访后，播出了“健美猪”真相的节目，揭示了“瘦肉精”重现江湖的惊人内幕。节目曝光了河南生猪产区养猪户利用国家明令禁止使用的“瘦肉精”喂出“健美猪”，并且这些服用禁药的猪肉有许多进入了著名肉食品加工企业——双汇集团。

央视记者在江苏南京市场上发现，有一种所谓的“瘦肉型”猪肉非常受欢迎，和普通的猪肉相比，这种猪肉几乎没有什么肥肉。生猪行业的业内人士把这种瘦肉猪戏称为“健美猪”。在一家国家定点的屠宰场里，一家屠宰户告诉记者，他们屠宰加工的猪肉中，这种瘦肉型猪肉能占到80%～90%。而记者在调查中却发现，这种所谓的“健美猪”身上疑问重重。经过追踪调查，这些猪肉出自河南孟州。

河南省孟州市是有名的生猪产区，这里的生猪出栏后，一般都是通过经纪人进行买卖和调运。记者走访了谷旦镇和槐树乡的几家养猪场，发现家家都在养殖这种肌肉发达的“健美猪”，这些猪和记者之前在南京屠宰场看到的一样，都是拱背收腹，屁股浑圆，肌肉结实。养猪户告诉记者，要想喂成“健美猪”，就必须在饲料里添加一种特殊的白粉末，当地人把这种神秘的添加物叫做“药”。用加“药”的饲料喂出来的猪不但体形好，而且价格也高。在紧邻孟州市的沁阳市和温县等地，记者又调查了十几家养猪场，发现这些养猪场也都在往猪饲料里“加药”。这些所谓的“药”就是“瘦肉精”。瘦肉精是一类动物用药，有数种药物被称为瘦肉精，例如莱克多巴胺（Ractopamine）及克伦特罗（Clenbuterol）等。将瘦肉精添加于饲料中，可以增加动物的瘦肉量、减少饲料使用、使肉品提早上市、降低成本。但因为考虑对人体会产生副作用，各国开放使用的标准不一。

在河南省孟州市、沁阳市、温县和获嘉县，生猪养殖环节使用“瘦肉精”几乎成了一个公开的秘密。记者通过长途暗访，终于调查得知，在河南孟州市、沁阳市、温县和获嘉县，这种用“瘦肉精”喂出来的所谓瘦肉型“健美猪”，钻过当地养殖环节的监管漏洞，进入贩运环节。每头猪花2元钱左右就能买到号称“通行证”的检疫合格等三大证明，再花上100元打点河南省省界的检查站，便可以一路绿灯送到南京一些定点屠宰场，无需检测“瘦肉精”，每头猪交10元钱就能得到一张“动物产品检疫合格证明”。有了这张证明，用“瘦肉精”喂出来的所谓“健美猪”就能堂而皇之地进入南京市场销售。

而这种“瘦肉精”猪肉有很多流入双汇企业。济源双汇食品有限公司位于河南省济源市，是河南双汇集团下属的分公司，主要以生猪屠宰加工为主，有自己的连锁店和加盟店，宣传双汇冷鲜肉“十八道检验、十八个放心”的字样在店里随处可见。然而，按照双汇公司的规定，十八道检验并不包括“瘦肉精”检测。一位养猪户称，2010年以来，他往济源双汇公司卖过不少这种加“瘦肉精”的猪，都是由关系熟悉的业务主管负责接收，所以一般都不会被检测出来。

因央视“3·15”特别节目曝光后，双汇发展股票当天跌停，公司股票于2011年3月16日起停牌，待相关事项核实清楚后复牌。在香港上市的大型肉食品加工企业雨润食品也出现大幅下跌，以下跌5.26%报收。

【应对举措】

媒体播出《“健美猪”真相》的报道后，农业部高度重视，在第一时间责成河南、江苏农牧部门严肃查办，严格整改，切实加强监管，并立即派出督查组赶赴河南督导查处工作。

3月15日当天，河南省及相关地市迅速反应，组成调查组赴各地展开调查，涉嫌使用“瘦肉精”生猪及猪肉制品全部封存，凡涉及的县市的畜牧局长全部停职。河南省委、省政府当即出台紧急措施，立即查封新闻报道中涉及的16家生猪养殖场（户），对涉嫌使用“瘦肉精”的生猪及134吨猪肉制品全部封存，对已发现的违禁添加剂及添加“瘦肉精”的饲料立即销毁，对已查明流入市场的产品立即下架封存。组织调查组分赴孟州、沁阳、温县、获嘉、济源等县市开展全面彻查。严格生猪、猪肉及猪肉制成品运输检查，一经发现问题，立即就地扣押，严防“瘦肉精”猪肉及猪肉制成品出省。同时，深入调查违法行为，查清“瘦肉精”的来源，对相关责任单位和责任人依法依纪严格责任追究。

事发地焦作连夜召开食品安全紧急会议，部署查办工作，要求查清每一个猪场，查清每一个环节，查清每一个涉案人员，查清所有“瘦肉精”的来源，查清所有问题猪的流向，查清所有失职渎职人员的责任，给人民一个交代。对存在问题的养猪场、屠宰场严密控制，决不能让一头问题猪流入市场，决不能让一斤问题猪肉流向餐桌。同时，要求纪检监察部门立即介入，凡涉及的县市的畜牧局长全部停职，对相关责任人要严肃处理，决不姑息迁就。公安、检察机关要立即采取措施，查清违法事实，依法予以追究。同时，全面调查辖内养猪户的饲养情形，经抽检多处饲养的生猪尿液发现试纸呈阳性反应，证实猪体内含有瘦肉精。

3 月 15 日下午，南京市政府召开专题会议研究相关市场监管措施，要求立即实施全市食品安全专项大检查，封堵管理漏洞，对生猪等各类农副产品严格实行从生产、流通、贩运、销售全过程溯源监管，确保杜绝类似问题，确保市场供应充足，确保市民吃上安全食品。南京市工商、药监和农委等多部门开展专项检查，将流入南京“瘦肉精”猪肉全部下架封存。

3 月 16 日，河南警方立即根据相关线索赶到现场，逮捕 4 名嫌犯。

3 月 16 日，北京、江苏、安徽等地的工商部门全面调查并抽检。

3 月 16 日中午，双汇集团在其网站表示：“济源双汇食品有限公司是双汇集团下属的子公司，对此事给消费者带来的困扰，双汇集团深表歉意。”

3 月 17 日起，济源双汇公司开始召回市场流通产品。

3 月 28 日，经过国务院联合工作组和河南省有关方面近两周的调查，河南“瘦肉精”排查处理工作取得阶段性进展，非法加工生产瘦肉精的 2 名重要犯罪嫌疑人被抓获。监察部门对 53 名公职人员进行了调查取证，已移送司法机关 12 人。

截至 3 月 30 日，河南省全面排查生猪饲喂“瘦肉精”工作已基本完成，共抽检存栏生猪 31 万头，确认“瘦肉精”阳性生猪 134 头，检出率为 0.04%，且集中在案件发生的孟州、沁阳、获嘉、温县等 4 县市。“瘦肉精”生产和销售网络也基本查清，对 72 人采取了强制措施。其中“瘦肉精”销售人员 26 人，使用养殖户 33 人，生猪经纪人 7 人，企业采购人员 2 人，并对 43 名公职人员进行了调查取证。初步调查，相关涉案人员可判 5 年以下有期徒刑，最高判刑可判死刑。

2011 年 4 月 12 日，公安部召开新闻发布会，肯定河南瘦肉精案的查处工作。通报称，共抓获犯罪嫌疑人 96 名，收缴瘦肉精 400 余公斤，捣毁生产窝点 1 个，摧毁销售网络 2 个，查获一大批生产设备及销售票据。

农业部会同国务院食品安全办、卫生部、质检总局、国家食药局等部门启动了为期一年的“瘦肉精”专项整治行动。整治行动将出重拳、下狠招，严厉打击违法生产、销售和使用“瘦肉精”的犯罪行为，全程强化“瘦肉精”源头管理、生猪养殖、生猪收购贩运、生猪屠宰、肉品加工、肉品消费餐饮、肉品进出口等环节的监管，并细化措施，坚决杜绝“瘦肉精”进入食品产业链，保障人民群众消费安全。在此基础上，将建立健全“瘦肉精”监管长效机制，严格落实“地方政府负总责、生产经营单位为第一责任人、监管部门各负其责”的责任体系；制定活畜养殖、收购贩运、屠宰环节“瘦肉精”监管办法；落实饲料购销台账、生猪养殖档案记录、生猪收购贩运信息记录、屠宰企业自检、肉品流通查验记录等制度。同时，国家安排 10 亿元资金支持生猪标准化规模养殖场建设，并继续安排 30 亿元实施生猪调出大县奖励和生猪产业化扶持项目。

为严厉打击食品生产经营中违法添加非食用物质、滥用食品添加剂以及饲料、水产养殖中使用违禁药物，卫生部、农业部等部门不断更新非法使用物质名单，至今已公布 151 种食品和饲料中非法添加名单，包括 47 种可能在食品中“违法添加的非食用物质”、22 种“易滥用食品添加剂”和 82 种“禁止在饲料、动物饮用水和畜禽水产养殖过程中使用的药物和物质”的名单。卫生部网站显示，20 余种可能违法添加的非食用物质尚无检测方法。

在此次公布的名单中，有为食品“化妆”的苏丹红、碱性嫩黄、美术绿、玫瑰红；有可以使凉粉凉皮吃起来口感筋道，但是使人轻则呕吐重则致癌致死的硼酸硼砂；为了驱赶苍蝇，防止火腿生虫生蛆，火腿在泡制过程中竟大量使用敌敌畏。此外，还有不少非食用物质出现在养殖环节，比如镇静剂被用到猪的身上，目的是让猪能够少运动多长膘。而镇静剂残留在猪肉里，人吃了会产生副作用，如恶心、呕吐、口舌麻木等。如果残留的量比较大，还可能出现心跳过快、呼吸抑制，甚至有短时间的精神失常。

在 2011 年全国“两会”上，食品安全就是热点中的焦点。超过 200 份提案都是关注小小餐桌的。有代表还将这么一句话带到会上：“中国人的胃‘很结实’，它负责消化一切：胶面条、皮革奶、镉大米、瘦肉精、三鹿粉、甲醇酒、人造蛋、纸腐竹、地沟油、罂粟汤……”全国质量监管重点产品检验方法标准化技术委员会负责人称，企业是食品安全的第一责任人。但有的企业唯利是图，偷工减料、投机取巧，给消费者带来伤害。这表明：一方面，企业自身的检验意愿和能力存在问题；另一方面，法律法规尚有空子可钻。政府的不定期抽查也未起到应有的作用。如果要总结经验教训，国家当首先“填空子”，要求企业检查所有营养安全指标，特别是出门、进门的关键环节。政府监管的力度要加大，这不是说要增加多少人员和频次，而是如何提高震慑作用，使得企业不敢有“歹心”。

【评析反思】

1998 年 5 月，17 名香港居民因食用内地供应的猪内脏中毒；同时，广东省高明市人民医院也在一周内接诊了 7 例因喝猪肺汤而中毒的患者。这是我国最早披露的中毒事件。

2003 年 3 月 13 日，佛山市顺德区杏坛镇发生 160 多人食物中毒事件，中毒原因是食用含有“瘦肉精”的猪肉所致。

2003 年 11 月 22 日，杭州市一个体户因销售含有“瘦肉精”的毒猪肝，致 22 人中毒，被当地法院一审判处有期徒刑 5 年，并处罚款 1 万元人民币。

2008 年 11 月 14 日，记者从浙江嘉兴市中茂公司疑似食物中毒事件处置领导小组了解到，该公司 70 名职工 11 月 10 日食物中毒，确诊为食用了含有盐酸克伦特罗（瘦肉精）的红烧肉所致。

而这一系列的中毒事件祸根均是“瘦肉精”，由此可见，“瘦肉精”问题由来已久，屡禁不止。河南的“瘦肉精”事件是中国食品安全一次新的危机，是三聚氰胺奶粉事件以来中国食品信用遭受的一次沉重打击。影响不止于双汇企业、河南生猪，更重要的在于人们对中国食品市场安全的信心再次受到严重挫伤。食源性疾病给健康造成重大危害，数百万人因为食用不安全的食品而患病甚至死亡。食品安全包括旨在确保所有食品尽可能安全的行动，食品安全政策和行动有必要涵盖从生产到消费整条食品链。一条龙的生产销售链条，其中涉及养殖户、相关各级主管和市场管理人员为谋取利益结成的同盟，形成的利益链：养猪人为卖个好价钱；政府监管不但形同虚设，还通过监管收钱放行；从屠宰场到菜市场，更是一路绿灯，没人管，或者该管的人早就被收买了，这条利益链上的每个人都疯狂了。瘦肉精、毒奶粉、地沟油、陈化粮、毒豇豆，触目惊心的有毒食品充斥百姓的餐桌，让我们必须反思问题到底出在哪里？

1. 监管关口不能失守。一头猪从生长到宰杀，最后流向人们的餐桌，要经历养殖、贩运、屠宰和销售等几大环节，而这几大环节都有监管部门负责监督把关。按常理，即使一些加了“瘦肉精”喂出来的猪，就算是在养殖环节没有被发现，到了贩运、屠宰和销售环节，也应该遭到查处。但事实并非如此。据调查，在河南孟州、沁阳、获嘉等市县，生猪养殖环节违禁使用“瘦肉精”，几乎成了一个公开的秘密。而“瘦肉精尿检”、生猪检疫等如同走过场，有的“尿检”甚至用人尿代替。这样的“一条龙”生产、销售过程中，动物检疫形同虚设，动物检疫合格证明、运载工具消毒证明和五号病非疫区证明三大证明“廉价出售”，动物防疫监督检查站送钱就放行，“健美猪”畅通无阻，一路绿灯，进入市场，进入加工车间，进入消费者的“胃”里。监管部门不但麻木迟钝、不负责任、失职渎职，而且个别地方猫鼠合谋，黑白通吃。

从报道来看，本来在各个环节设计好的防范措施，居然无一被遵守，甚至还被利用为做伪工具，摇身一变成为合格猪。养殖户给猪“吃药”，是贪图瘦猪卖相好又抢手，能多卖点钱；猪贩敢收购贩卖“健美猪”，是因为下游企业接受；监管部门收钱就放行，基本不存在风险。于是，一条设计完美的监管链条，就这样被金钱层层击破，成为了集体作恶的把戏。

代表政府执法的检疫站、检查站，不仅没有履行执法职责，反而干起了售卖证明、收黑钱的勾当。检疫站将“动物检疫合格证明、运载工具消毒证明和五号病非疫区证明”等三大证明卖 200 元，还免费赠送猪“耳标”。检查站只收钱不尿检，甚至在遇到突击检查时，配合猪贩作假。屠宰场也把检测规定扔一边，堂而皇之售卖“动物产品检疫合格证明”。如此荒唐的执法程序，简直是视法律法规于无物，把本该用于监管的证明、耳标、尿检，当做了赚钱工具。国家一个又一个严禁使用瘦肉精的明文规定，原本正要依赖这些部门去落实执行，可是他们明知违法事实而不予阻拦，相反却以收取黑钱的方式为之提供保护伞，背叛了国家法律，背叛了法定职责，也背叛了纳税人和消费者。

瘦肉精也许算不上毒品，但非法添加瘦肉精其实就是一种投毒，就是在以投毒的方式危害公共安全。这些监管部门的行为，不只是寻租腐败，不只是失职渎职，而且涉嫌触犯了危害公共安全罪。有什么样的质量监管部门就会有什么样的食品安全现状，保障食品安全的重拳必须先向监管部门出击，这是一个绝对的真理。

2. 诚信是企业的生命。国务院总理温家宝在同国务院参事和中央文史研究馆馆员座谈时说，近年来相继发生了“毒奶粉”、“瘦肉精”、“地沟油”、“染色馒头”等事件，这些恶性的食品安全事件足以表明，诚信的缺失、道德的滑坡已经到了何等严重的地步。双汇历来被视为一个善于创造奇迹的企业，当地媒体曾极尽溢美之词，称其“短短20多年，走完了国外大公司需要上百年的发展历程，创造了肉类产业史上的一个传奇”。这次“健美猪”事件有一个让人震惊的事实，就是这些猪肉最终流入了以质量把关严格著称的知名大企业双汇公司。“诚信立企、德行天下”，“十八道检验、十八个放心”……这是双汇的承诺，这是良心与放心的“双汇”。但因为卷入“瘦肉精”丑闻，这家处于风暴眼中的企业已于2011年3月16日停产整顿。相关资料显示，该公司建有年屠宰160万头冷分割生猪屠宰生产线、年产3.3万吨低温肉制品生产线、2600吨冷库等。为附近地区最大的肉制品加工企业之一。这样一家知名企业却缺乏企业的职业道德和自律精神，并不像宣传的那样重视质量，这是一种公然的欺骗和危害消费者的行为。名义上不要加精猪，实际专要加精猪，这样的需求也为“健美猪”提供了市场。

不少食品加工类企业迅速“做强做大”，有的已成知名品牌。成长过程中，资本迅速膨胀，模式迅速扩张，但企业的责任、资本的良知、道德的血液并没有随之增添，甚至有所萎缩。这一点很类似于“瘦肉精”功能，可以在较短时间内让企业的外观“健美”，金玉其外；而企业的内在品质却在下降，甚至“变质”，败絮其内。虽然逐利是企业的天然诉求，但一旦企业的良知与资本的良知被逐利所蒙蔽，企业的道德血液被逐利“抽干榨尽”，快速膨胀、快速发展成为唯一的目标，就成了非正常的成长，就可能蕴藏着种种肮脏的东西。

企业应当把质量和诚信作为发展的根本，确立企业的品牌形象。产品质量是食品企业发展的基础，产品质量与安全贯穿于生产经营的全过程，如何保证产品的质量与安全，首先要求企业的领导管理者要有强烈的质量管理意识和社会责任感，既要从硬件上满足生产质量的需要，还要建立完整的记录制度，使原料和产品实现可追溯性，严把原料输入和产品输出关。对于食品生产企业来说，没有质量做保障的企业，永远长不成参天大树，只能像小草一样“一岁一枯荣”。即使长成了参天大树，更要重视产品质量，三鹿集团在三聚氰胺事件后，一下子就倒了，所以说，创业难，守业更难，但砸牌子很容易。对于食品生产企业来说，质量就是生命线。诚信是食品生产企业履行社会责任、保障食品生产质量安全的基础。企业要不断完善内部管理制度，建立并实施从业人员诚信教育及考核、关键岗位人员诚信信息等相关记录档案管理制度、诚信内部核查、诚信风险信息收集评估、诚信危机处理和预警制度，形成企业诚信管理体系和运行机制，真正树立起质量和诚信是企业生命的理念。

3. 重拳打击食品安全违法犯罪行为。食品非法添加危害性大，社会影响面广，容易引起连锁反应，必须高度重视。我们要以《食品安全法》为准绳，重典治乱，加大惩处力度，切实改变违法成本低的问题，让不法分子付出高昂代价，真正起到震慑作用。一旦发现非法添加，要快查快处，第一时间查封问题产品，责令停产停业，并给予严厉经济处罚。对涉案政府工作人员，情节严重的，要依法依纪开除公职。对涉嫌犯罪的，要及时移送司法机关，并依据新出台的《刑法修正案》，从重从快予以严惩，有效遏制当前食品非法添加和滥用食品添加剂案件多发频发势头。

莫忘"上医治未病"的古训

——手足口病疫情反复爆发的警示

【事件回放】

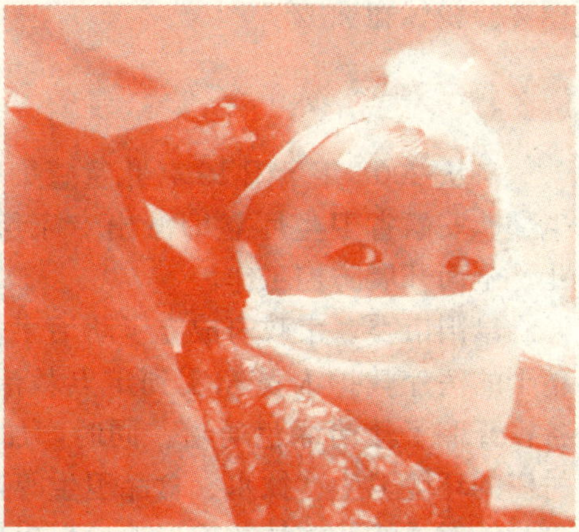

从2008年3月上旬开始，安徽阜阳儿家医院陆续收治了以发热伴口腔、手足、臀部皮疹为主的疾病患儿。经卫生部检测，确定该病为肠道病毒EV71感染，也称为手足口病，是由多种肠道病毒引起的常见传染病，以婴幼儿发病为主，流行无明显的地区性。

随后，广东、浙江、山东、北京、广西、上海等多个省市均发现疫情并且有发展的趋势。专家称，疫情特点是高度散发，重症病例增多，死亡病例频现，而且重症患儿中，大约90%都是男孩，特别是1～3岁的散居儿童，是手足口病的重症高危人群。托幼机构发生聚集性疫情的风险很大，就是迟或早、多或少的问题。隐形感染者更是防控难点，因为手足口病主要是缺乏特异性的预防方法，也无疫苗可预防，所以说防控形势极为严峻。

2010年1月1日至4月8日14时，广西省全州县累计出现了13例重症死亡婴幼儿病例。20多名患儿送往桂林市相关医院留医观察，确诊多例，死亡6例。

2010年春节以来，广东东莞手足口病疫情呈总体爆发态势。3月27日，东莞两名男童经确认患手足口病死亡。1—3月，全市手足口病感染病例接近5000例，是2009年同期的9倍。手足口病是多发病，而且家长对这种病的危害性认识不足，就医不及时，容易延误病情。

2011年手足口病疫情又提前进入高发期。根据云南省疾控中心发布的疫情信息，当年1、2月份，手足口病一直在丙类传染病报告发病数中位居首位。其中，手足口病在1月份造成1例死亡，2月份造成2例死亡。进入4月以来，北京市一周就报告手足口病85例，环比增加逾6成。河南省的手足口病疫情也开始抬头的迹象。河南省卫生厅特别提醒，3岁以下散居儿童是重点预防对象，以往，手足口病死亡病例中3岁以下儿童占95.8%。从石家庄市疫情报告数据来看，全市报告发生手足口病数量比去年同期增加了8.4%。随着天气逐渐回暖，各地手足口病的高发季节越来越近，预计5—6月为手足口病高发期。

据统计，截至2011年11月30日，全国累计报告手足口病病例1496048例，其中重症17775例，死亡467人，比2010年同期分别下降了13%、48%和35%。

【应对举措】

自从2008年阜阳19名儿童感染肠道病毒EV71抢救无效死亡后，卫生部、安徽省卫生厅立即派出专家组赴阜阳指导调查病因，全力救治患儿，全面开展防控工作。

阜阳市委、市政府成立了防治工作领导小组，从全市医疗系统调配了精干的医疗救护人员充实到定点救治医院，调度婴幼儿呼吸机等相关设备，开辟了救治绿色通道。同时，加强疾病监测，重点对学校、幼儿园、村庄的环境卫生、饮水、食品卫生等进行治理和检查。

针对严峻的疫情防控形势，卫生部认真落实各项防控措施。

1. 加强疫情监测报告，科学研判疫情发展趋势。2010年3月以来，卫生部每月组织召开手足口病防控专题研讨会，研判全国手足口病疫情形势，分析疫情防控中存在的困难和问题，研究加强全国疫情防控的策略和措施。密切关注重点地区、重点场所和重点人群疫情以及聚集性疫情，加大监测力度和重症病例的主动搜索工作。先后于当年3月、4月和5月三次组织疾控和临床专家，对疫情高发省份进行督导检查，并积极对有关资料和数据进行深入细致的分析，为完善防控策略提供科学依据。

2. 加强农村基层人员防治知识培训，提高防治能力。继续加强对基层医疗卫生技术人员，特别是农村基层卫生技术人员手足口病防治能力的培训，切实提高基层手足口病病例的发现率和重症病例的及时转诊率，规范临床用药，努力减少农村儿童重症及死亡病例的发生。组织编印《乡村卫生人员手足口病防治手册》，并将其作为农村卫生人员培训项目的重要内容。

3. 加强重症病例的救治工作，努力降低病死率。重点抓好分级医疗及重症病例集中救治工作，切实落实四个层次的对口支援，严格规范医务人员诊断和治疗行为，最大限度地提高救治成功率。

4. 加强重点场所的防控措施，有效控制疫情蔓延。充分利用三级妇幼保健管理网络，加强对辖区内托幼机构及学校卫生保健人员手足口病防控业务的培训、指导和检查，督促辖区内所有的小学、托幼机构落实好晨检制度，尤其要高度重视流动儿童较多的托幼机构防治工作。

5. 大力开展爱国卫生运动，改善群众生活环境。认真落实开展城乡环境卫生整洁行动的各项要求，层层分解目标，开展环境卫生综合整治，宣传健康环境理念，进一步提高城乡居民卫生意识、健康素质和生活质量。

6. 加强健康宣传，提高群众的防控意识。采取多种形式，全面科学地宣传和普及手足口病防治知识，特别是教育农村群众树立良好的公共卫生习惯，倡导其养成勤洗手、勤通风、勤晒衣、吃熟食、喝开水、不乱扔垃圾等良好的卫生习惯，逐渐形成健康的生活方式。

【评析反思】

1. 科学认识手足口病的特点与防治手段。手足口病是由病毒引起的以口腔、手足部位疱疹为特点的一种传染病。在国外曾经发生的多次手足口病的流行中，已经查明大都由肠道病毒中柯萨奇 A16 病毒引起，成人及儿童均可发病，以 4～5 岁以下的小儿为主，年长儿及成人虽然也可感染，但一般症状较轻或为无症状的隐性感染者。

这个病感染性强，病人及隐性感染者咽喉液及唾液中的病毒以飞沫形式感染，病人的疱疹液及粪便中的病毒亦可经手或借助被污染的物品经口感染。全年均可发生，多见于 3—11 月份，而以 6—8 月份的夏季为流行高峰。

手足口病发生时，病儿常以发热起病，其热度不等，也有不发热者，但以低热者居多，且常伴有流涎、流涕、口痛、咽痛及厌食等症状。临床以口腔、手足疱疹为主要特征。口腔疱疹见于舌、颊黏膜、硬腭、口唇、咽及扁桃体，约 3 毫米大小，并迅速破溃形成溃疡。皮疹多见于手足远端、手指指间，足跟边缘和甲周，手掌和足跖亦多见，下肢及臀部可呈密集分布的丘疹样皮疹，初起为斑丘疹，后转变为疱疹，圆形或椭圆形，约 3～7 毫米如米粒大小，较水痘皮疹为小，质地较硬，周围有红晕。疱疹数目少的仅几个，多的几十个。一般病程较轻而短，多于 1 周左右痊愈，皮疹消退后不留瘢痕或色素沉着，如有继发感染常使皮肤损害加重。近年来，各地报告由 EV71 型肠病毒引起的小儿手足口病症状较重，还可并发无菌性脑膜炎、脑炎及瘫痪等，少数病儿可合并心肌炎或肝脏受损，病情严重者可导致病儿死亡。

该病目前尚无特效的病因治疗手段，仍以对症治疗为主要措施，如给病儿良好的休息及护理，保持皮肤黏膜和口腔的清洁卫生，防止继发感染，高热时可用物理降温或退热药物，有惊厥者给予镇静剂，对体弱年幼小儿的支持疗法也不容忽视。板蓝根冲剂及维生素 C 为常用药物。

2. 公共卫生信息公开事关疫情防控的成败。SARS 危机过去 8 年了，但它对中华民族是一次很大的冲击，也使我们明白了保持和提升民族健康的重要性。这些年来，我们在信息系统、地方 CDC 大楼，实验室等基础硬件设施上投入很多，公共卫生应急体系硬件方面有了很大改善，但是在管理观念、队伍建设，以及体系整合、完善上做得还远远不够，还有很大的发展空间。

一旦发生公共卫生疫情，应当尽早进行疫情通报，让群众明白事实真相。应对突发公共卫生事件，重点是如何把应急管理的关口前移，包括加强预防、预警和应急处置。加强与公众的沟通，迅速向政府和上级卫生部门报告情况，立即采取措施，都是非常重要的。手足口病每年都造成很多儿童死亡，属于突发性公共卫生事件。突发公共卫生事件不仅会对人的健康带来影响，而且会给政府带来一些信任危机。及时与公众沟通，向公众通报疫情，加强疾病防控宣传教育，让大家战胜恐惧、科学应对，是防控疫情扩散蔓延的前提。要研究如何与民众加强沟通的问题，对公共卫生信息保密是一个不合时宜的做法，老百姓有权知道与自己健康有关的真实情况。从政府对公众管理的角度讲，对公共卫生安全问题保密，是出于维护社会稳定，更好地维护社会秩序，更有利于疾病防控。但是必须认识到，如果公众不知道事实真相，即使告诉公众应该做什么、不该做什么，大家也只会把这种告诫当作一般卫生常识，不会引起高度重视，也就不会按照告诫行事，疾病就会乘虚而入。

在管理与应对公共突发性事件过程中，信息不准确或者不真实，容易误导民众，引起公众心理和行为的恐慌。国外有本书叫《流言的心理学》，书中提出一个关于解决流言传播的基本法则，就是把“流言的强度和流布量”设为 R，流言主题对个人的“重要度”设定为 I，流言论旨的“暧昧度”设定为 A，这就可导出一个公式：

R（流言的强度和流布量）＝I（重要度）×A（暧昧度）

重要度，是指事件对人们的影响力，通常与危机的紧急程度和对社会的冲击力有关；暧昧度，通常是指官方的信息不透明、不明朗程度。

通过这个公式可以看出，在流言传播的过程中，主题越是重要，流言越容易传播；事关主题的信息越是暧昧，流言也越容易传播；流言的强度和流布量，与重要性及暧昧度的影响不是相加的“和”，而是以“乘积”的方式出现。

SARS疫情早期信息封闭，流言、谣传蔓延，就是最好的例证。因此，在发生公共突发性事件时，政府要克服以部门为单位各自为战的状况，建立快捷、有效的沟通渠道，将分散的信息统一调集，迅速汇总，提高突发事件中信息的公开性和透明度。

3. 公共卫生管理的最高境界在于预防疾病的发生。2000多年前，《黄帝内经》中提出“上医治未病”，意思是说，医术最高明的医生并不是擅长治病的人，而是能够预防疾病的人。由此延伸开来，可以认为公共卫生的最高境界重在搞好疾病的预防。搞好健康教育，普及防治知识，把预防疾病办法教给公众，做到人人重健康，个个会预防，才是最好的防病措施。现在有一种“人类退化论”的观点，是指人们通过现代医疗手段战胜疾病的同时，自我免疫抗病能力减退，然后把这些衰化基因遗传给后世子孙，造成人类健康素质的“退化”。这种观点看似荒谬，但现实中确有“退异化”的现象。比如现在有一种倾向，一些卫生医疗机构，打着创新的由头，把大量经费投到新药“科研”上，只是增添点辅助药物，换个名称，索取高额利润，但对提高预防疾病的免疫药具和老百姓健康素质却不愿意投入，这也许是卫生医疗机构另一种“退化”和异化。

预防疾病发生一个重要的内容是提高我国国民健康素质。各级卫生管理部门要发挥好牵头作用，运用好基层卫生机构和社区的力量，广泛开展健康教育，不断提高全民的疾病预防和卫生保健水平。学校、社会教育要开设各种课程，采取多种教育方式，把注重健康、自我保护、防灾减灾、应急管理、奉献等内容纳入教育体系。例如，日本神户给小学生的教育里面提出三个字：“心”、“技”、“知”，“心”就是一颗爱心，热爱生命的心。通过教育让学生明白，只有爱自己的生命，才知道自己的生命怎么得到保护，如何得到别人的帮助。得到别人的帮助的同时也要帮助别人。“技”就是技术、技能，对简单的预防措施、逃生手段、技术要掌握。“知”就是知道，对卫生常识、减灾风险的知识必须明确。因此，加强公共卫生体系建设，加强重大疾病防控工作，要从提高国民健康素质做起，引导国民逐步养成良好的生活和卫生习惯。

科学面对突发疫病

——应对甲型 H1N1 流感疫情的思考

【事件回放】

2009 年，从春到夏，一场突如其来的新流感甲型 H1N1 流感向人类发起了挑战，很快疫情在全球发展蔓延。

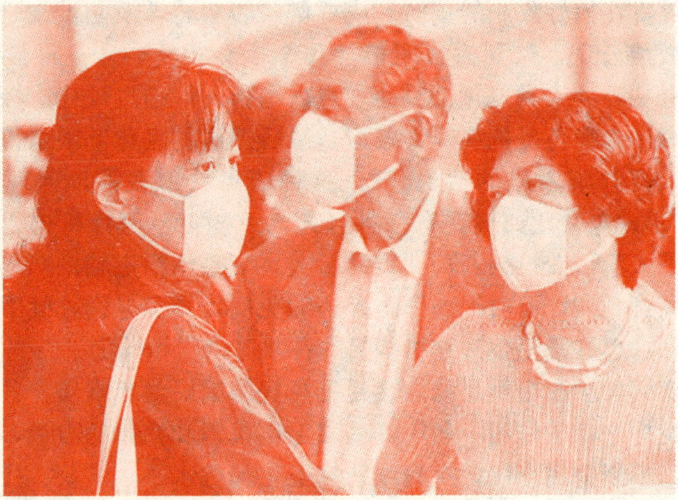

4 月初，新型流感开始在墨西哥蔓延。4 月 13 日，墨西哥出现首例“人感染猪流感”死亡病例，引起世界高度关注。世界卫生组织（WHO）初始将此型流感称为“人感染猪流感”，后将其更名为“甲型 H1N1 流感”，简称“甲流”。随后，美国和加拿大也出现了不断增加的甲型 H1N1 流感病例。

甲型 H1N1 流感为急性呼吸道传染病，其病原体是一种新型的甲型 H1N1 流感病毒，在人群中传播。与以往或目前的季节性流感病毒不同，该病毒毒株包含有猪流感、禽流感和人流感三种流感病毒的基因片段。人群对甲型 H1N1 流感病毒普遍易感，并可以人传染人，人感染该病毒后的早期症状与普通流感相似，包括发热、咳嗽、喉痛、身体疼痛、头痛、发冷和疲劳等，有些还会出现腹泻或呕吐、肌肉痛或疲倦、眼睛发红等。

4 月 25 日，世卫组织宣布美国和墨西哥甲型 H1N1 流感疫情为“国际关注的公共卫生事件”。美国的确诊病例数最多，达 13217 例，其中死亡 27 例；墨西哥紧随其后，确诊病例为 5717 例，但死亡病例高达 106 例。加拿大确诊病例为 2446 例，包括 2 例死亡。4 月 27 日上午，墨西哥公布已有 149 例确认或疑似新流感死亡病例后，世卫组织当晚宣布将流感大流行警戒级别从 3 级提高到 4 级。两天后，警戒级别又升至 5 级。甲型 H1N1 流感疫情在世界范围内迅速蔓延，全球新增病例数持续上升，世卫组织全球疫情报告中提到的国家和地区也越来越多。疫情已经从北美扩散到亚洲、南美洲、欧洲、大洋洲和非洲。

截至北京时间 2009 年 6 月 11 日 23 时 30 分，世界卫生组织确认全球 75 个国家和地区共有 27737 例甲型 H1N1 流感确诊病例，其中包括死亡病例 141 例。当日，世卫组织在日内瓦宣布，将全球流感大流行警戒级别由 5 级提升至 6 级。

据世界卫生组织 2009 年 12 月 30 日公布的最新疫情通报，截至 2009 年 12 月 27 日，甲型 H1N1 流感在全球已造成至少 12220 人死亡，一周内新增死亡人数 704 人。其中美洲地区死亡人数最多。后来的统计表明，新型流感爆发以来，在全球至少已造成 18449 人死亡。

据中国卫生部通报，截至 2010 年 1 月 10 日，中国内地有 124764 例甲型 H1N1 流感确诊病例（不包括临床诊断病例），其中 744 例死亡。除海南之外，所有省区都报告了死亡病例。疫情还在继续向农村蔓延，向社区扩散。数据分析提示，慢性基础病患者、肥胖人群和妊娠妇女易成为甲型 H1N1 流感重症、危重症患者。

2010 年 8 月，世卫组织宣布甲型 H1N1 流感大流行期已经结束，但世卫组织预期，未来几年新型流感会好像季节性流感一样继续流行，流感病毒还会对部分国家和地区存在隐患。世卫组织呼吁各国继续监察新型流感，防范病毒变种。

【应对举措】

2009 年 6 月 11 日，世界卫生组织总干事陈冯富珍在日内瓦的记者会上宣布，根据现有证据以及专家们对证据的评估，甲型 H1N1 病毒的传播情况目前已经达到为流感大流行设定的科学标准。因此，世卫组织决定把流感大流行警戒水平从第 5 级升为第 6 级，即最高一级，这意味着世界现在处在 2009 年流感大流行的开端；同时，有理由相信这次大流行从严重程度上来看是温和的。世卫组织预计，严重或致命感染的人数在未来不会突然剧增。不过，由于多种因素影响，严重程度在国与国之间可能存在差异。非常令人担忧的是，至今为止，绝大多数病例都是在相对较富裕的国家中发现并进行调查的，尚不清楚这种病毒在发展中世界的典型条件下会有何表现。而99%以上的孕产妇死亡，即孕产期间保健质量低下的一个标志，发生在发展中国家；约85%的慢性病负担集中在低收入和中等收入国家。世卫组织已向各国卫生部发送关于具体保护和预防措施的指南。无病例或仅有少数病例的国家应继续保持警戒。出现广泛传播的国家应侧重于适当管理患者，但对患者的检测和调查应当适度，因为这种措施耗资极大并可很快造成能力紧张。另外，世卫组织继续建议不要限制旅行，不要关闭边界。

世界卫生组织6月11日宣布目前处于人类大流感的早期阶段后，潘基文秘书长在纽约总部的记者会上表示，目前为止，甲型H1N1病毒并不像人们所担心的那么严重，致死率也较低，因此人们不必恐慌，但与此同时，必须保持警惕，特别应密切关注病毒对发展中国家的影响。潘基文说，面临大流感的威胁，全球必须齐心协力。和其他许多疾病一样，H1N1病毒不受边界的限制，对任何国家来说，本国与病毒做斗争最有效的方式就是：在全球任何爆发疫情的地方与病毒做斗争。因此，联合国系统将与各国政府和世卫组织合作，确保世界各国采取的行动协调、有效。

潘基文在谈到下一阶段的防控努力时强调了三个要点：一是必须确保人们及时获得疫苗和抗病毒药物，同时，应广泛、公开地分享病毒样本及其他相关信息。二是必须防止轻率、具有歧视性的行动，如实施旅行禁令或贸易限制。潘基文强调，任何应对大流感的行动必须以科学为依据。三是大流感造成的影响绝不仅限于卫生领域，因此，应当在各个方面采取协调的行动，确保最弱势人口的利益得到保护。

5月11日，四川省一名从美国回来的学生被确诊患有甲型H1N1流感，这是自墨西哥等国发生疫情以来，我国内地确诊的首个输入性病例。全国及时启动应急机制，加大疫情防控力度。卫生部等有关部门紧急部署，采取有针对性的应对措施，及时公布信息，全力救治病人，全面追踪密切接触人员，加强医学观察，防止疫情扩散。

1. 加强组织领导，统一协调应对。疫情发生后，胡锦涛主席做出重要指示，要求加强领导，抓紧做好应急响应的各项工作，科学、有效实行卫生防范措施，全力制止疫情在我国传播，确保人民群众身体健康和生命安全。温家宝总理主持召开国务院常务会议，听取了卫生部关于我国内地发现甲型H1N1流感输入病例情况和有关工作汇报，研究部署进一步加强防控措施。会议要求面对复杂严峻的疫情防控形势，各地区各部门认真落实党中央、国务院做出的各项部署，全面做好应急工作，加大防控力度。中国建立了由卫生部牵头的多部门联防联控机制，卫生部公布中国已经研制出特异而且灵敏的快速诊断方法。

2. 采取果断措施，控制疫情蔓延。各地口岸加强了出入境检查，严防甲型 H1N1 流感病毒入境。卫生部要求各地医院要设立专门的感染性疾病科或发热门诊，国家质检总局表示加强对疫区入境人员的红外线体温检测和医学巡查。商务部提醒公众暂缓赴墨西哥务工，国家旅游局则要求旅行社暂停赴墨西哥旅游组团业务。5 月 1 日，香港宣布出现首例甲型 H1N1 流感确诊病例，由于患者曾途经上海，中国决定暂停接受墨西哥航空公司飞往上海的航班，各地紧急寻找与患者同机的乘客。中国卫生部当天宣布，对甲型 H1N1 流感密切接触者观察情况实行日报告和零报告制度。启动紧急防疫措施，墨西哥入境旅客一律留验 7 天，对从墨西哥接回的中国旅客进行集中的医学观察。5 月 11 日，中国内地出现首例输入性甲型 H1N1 流感病例，患者随即接受隔离治疗，各地排查患者的密切接触者。当晚，卫生部紧急召开防控工作会议，要求疑似病例和确诊病例，应于两小时内网络直报。内地第二例甲型 H1N1 流感病例在山东确诊，各地排查患者的密切接触者，中国部分旅行社取消赴美游。国家质检总局抽调检疫人员增援北京、上海、广州，民航强化甲型 H1N1 流感防控措施，全国铁路系统开始进行健康提示。

3. 科学防范防治，建立长效机制。一是强化监测工作。密切关注流感样病例、甲型 H1N1 流感病例的变化趋势以及病毒耐药性和变异等情况，继续跟踪全球甲型 H1N1 流感疫情发展，及时组织专家开展疫情形势分析研判。二是继续推进疫苗生产和接种工作。截至 2010 年 3 月 30 日，国家食品药品监督管理局累计受理甲型 H1N1 流感疫苗签批发近 1.6 亿人份；全国累计签收疫苗近 1.2 亿人份；累计完成接种 9570 万人。甲型 H1N1 流感疫苗接种异常反应监测显示，截至 3 月 29 日，疑似预防接种异常反应报告发生率约为 8.76/10 万，严重异常反应报告发生率约为 0.09/10 万。部分地区和特定人群接种后显现出十分明显的保护效果，有效遏制了甲型 H1N1 流感疫情的传播。三是加强重症病例的救治工作。坚持“集中患者、集中专家、集中资源、集中救治”原则，强化重症病例救治力度，最大限度地减少疫情的危害，保障人民群众的身体健康。组织专家总结分析前期甲型 H1N1 流感重症病例医疗救治经验。进一步完善甲流诊疗方案，继续指导各地做好甲型 H1N1 流感重症患者的医疗救治工作。四是加强疫情监测。卫生部积极采取应对措施，强化疫情监测报告，做好医疗救治、流行病学调查和实验室检测等各项工作，加强不明原因肺炎病例和流感样病例的监测，尤其加强对有疫情发生地旅行史人员和病例密切接触者的监测。同时严格执行疫情零报告制度，发现疫情必须及时准确上报，切实做到早发现、早报告、早诊断、早隔离、早治疗。

【评析反思】

1. 瘟疫是人类的天敌。甲型 H1N1 流感的爆发流行，让人们不得不用历史的眼光回顾人与流感的关系。流感几乎从未离开过人类，它的变异性使人类对其防不胜防，常常因低估它而损失惨重。

公元前 412 年，古希腊名医希波克拉底即已记述类似流感的疾病。1742—1743 年，由流行性感冒引起的流行病，曾涉及 90％的东欧人。1889—1894 年，席卷西欧的“俄罗斯流感”亦属于一次大流行，不仅患病人数多，而且死亡率亦很高。

20 世纪有 4 次波及全球的流感大流行，每次都导致数百万以上的人死亡，分别发生于 1918 年、1957 年、1968 年和 1977 年。

1918—1919 年的大流行被称为人类现代史上最大的瘟疫，曾经造成全世界约 10 亿人感染，2500 万～4000 万人死亡（当时世界人口约 17 亿人）。此次流行在 1918 年 1 月首发于美国东部，西班牙有约 800 万人感染了此病，当时第一次世界大战中美国远征军调入法国，1918 年 4 月在法国军队中引起流行，以后迅速蔓延，波及全球。

1957 年的亚洲流感大流行被称为“亚洲流感”。其病原菌是 H2N2 流感病毒，原因可能是由带有人 H1N1 病毒的动物与亚洲禽 H2N2 病毒株的混合感染所致。这次流感于 1957 年 2 月首先在中国贵州西部出现，于当年 3—4 月引起全国大流行，5—6 月进入日本和东南亚各国，7—8 月袭击中东、欧洲和非洲，10 月份蔓延至美洲，在 8 个月的时间内席卷全球，发病率在 15％～30％，病死率不算高。

1968 年，香港爆发流感，称为“香港流感”，亦引起全球大流行。经查证，病原菌是 H3N2 病毒，估计是由于携带人 H2N2 病毒的动物与亚洲禽病毒的混合感染所致。该病首先于 1968 年 7 月中旬发生于香港，其传播速度和发病率都不及 1957 年的亚洲流感。1968 年 8—9 月间，流感经香港传入新加坡、泰国、日本、印度和澳大利亚，同年秋季到达欧洲，年底到达美洲。

1977 年，俄罗斯发生流感流行，称“俄罗斯流感”。此次“俄罗斯流感”迥然不同于以往历次流感，引发此次流感流行的致病病毒为1950年流行的H1N1病毒株的变异体。因此，在该病毒株流行期生活过的人，即1957年以前出生的人，对1977—1978年再次出现的甲型流感病毒H1N1病毒株感染，具有免疫力和抵抗力。具体时间是1977年11月—1978年1月在苏联出现。1978年1月，“俄罗斯流感”开始在美国在校学生及征募的新兵中爆发流行。至1978年冬，其他许多国家也纷纷出现感染流行。此次流行为典型的爆发流行，但成年人均为轻微感染，而在校青少年发病率很高。

对20世纪几次流感大流行的回顾可以发现，人类流感的流行特点是：每4年左右小流行一次，每10年左右大流行一次。流感病毒对人类的威胁长期存在，而且有两个特点决定了很难控制：一是流感病毒像积木一样，极易重新拼装，发生变异。二是这类病毒宿主范围非常广，除了人，猪、猫、鸟类等都可以感染流感。事实告诉我们，流感大爆发是不以人的意志为转移的，人们只有认识规律、防范于未然，把应对准备工作做在前面，才能最大程度降低其造成的危害。

2. 科学研判为甲流的防控争取了宝贵时间。自内地出现首例输入性甲型H1N1流感病例以后，我国迅速将原来的流感监测网络由197家哨点医院扩大到556家，网络实验室由63家扩大到411家，每周检测标本10000余份，及时提供我国流感样患者比例、甲型H1N1流感病例占流感病例的比例和病毒变异情况。为了更好地应对疫情，我国及时跟踪全球疫情变化发展情况，密切跟踪和监测甲型H1N1流感病毒毒力、传播力及耐药性的变化情况，及时对病毒变异等重要情况进行分析，动态评估其公共卫生影响，及时、科学、妥善地应对处置重要情况。坚持“高度重视、积极应对、联防联控、依法科学处置”的原则，从全面围堵到“强化预防措施、突出重点环节、加强重症救治、减少疫情危害”，在疫情变化发展的每个转折点，我国都及时调整完善防控措施，牢牢把握防控之战的主动权，使疫情基本得到了控制。

3. 健全的应急法律体系是处置突发疫情的法制保障。2003年非典疫情之后，我国加大了对突发公共卫生事件应急法律体系的建设力度。正是法律制度的健全，为此次成功应对甲流提供了有力保障，我国已经形成了由“四法一条例”、部门规章和国际条约组成的防治法律体系，针对传染病防治和突发公共卫生事件应对中出现的具体问题、采取的应急处置措施以及相关的权利义务和法律责任做出较为详细的规定，这为我国在甲流防治中所采取的隔离、医学观察等措施提供了法律依据。例如，《国境卫生检疫法》赋予了对患者、来自国外的疑似病人和密切接触者，国境卫生检疫机关采取留验或者其他预防、控制措施的权力；《突发事件应对法》则规定在自然灾害、事故灾难或者公共卫生事件发生后，履行统一领导职责的人民政府可以采取多项应急处置措施；《突发公共卫生事件应急条例》规定，传染病患者应服从隔离、治疗安排，不得拒绝隔离和传播扩散传染源，如果病人不配合，公安机关依法协助强制执行。这些法律法规为政府的应对行为提供了合法性基础，确保了各项防控工作的顺利展开。

4. 有效的应急诊疗措施是控制疫情蔓延的有力手段。针对甲型 H1N1 流感在全球的蔓延，我国加紧部署甲型 H1N1 流感疫苗的研制工作。2009 年 8 月 18 日，北京科兴生物制品有限公司宣布，其生产的甲型 H1N1 流感疫苗临床试验完成，初步结果显示：疫苗对人体安全有效。卫生部部长陈竺作为第一个国产甲型流感疫苗受试志愿者，于 8 月 11 日下午率先完成第二针甲型 H1N1 流感疫苗试验接种。北京科兴公司总经理尹卫东表示，北京市有 1600 余名志愿者参与了此项研究，志愿者的积极参与推动和保证了这项工作的顺利进行，也为成千上万的人接种甲型 H1N1 流感疫苗提供了有效数据。我国自主研发疫苗的很快问世，为最大程度上保护人民群众生命健康，起到了至关重要的作用。为有效应对甲型 H1N1 流感流行，科学、规范、有效地开展医疗救治工作，由卫生部甲型 H1N1 流感临床专家组牵头，并委托中华医学会组织相关专家，结合我国甲型 H1N1 流感实际诊疗经验，借鉴世界卫生组织和其他国家、地区甲型 H1N1 流感相关资料，对《甲型 H1N1 流感诊疗方案（2009 年试行版第二版）》进行了修订、完善，研究制定了《甲型 H1N1 流感诊疗方案（2009 年第三版）》，有力指导了各地做好甲型 H1N1 流感重症患者的医疗救治工作。

积极的防控态度、得力的防控措施使得我国防控成果显著，并在与疫情“作战”的每个阶段都赢得国际社会的认可：世界卫生组织助理总干事福田敬二曾表示：中国积极努力防控甲型 H1N1 流感令人印象深刻，中国的努力为世界防控甲型 H1N1 流感做出重要贡献。世界卫生组织驻华代表蓝睿明接受记者采访时指出：中国采取了非常有前瞻性的、积极的应对措施。他赞赏中国“在甲型 H1N1 流感识别、诊治以及疫苗的生产研发等方面都走在世界前列”；对中国大规模进行疫苗接种这一举措表示“非常支持”。

应急体系彰显疫情控制力

——新疆控制口蹄疫的启示

【事件回放】

2009 年 12 月 30 日，新疆库尔勒市西尼尔镇水管处试验基地发生口蹄疫疑似疫情，28 头肉牛发病，未出现死亡病例。2010 年 1 月 12 日，国家口蹄疫参考实验室确诊为 A 型口蹄疫。

2010 年，新疆又相继发生多起口蹄疫疫情，造成大量牲畜死亡，给当地牧民带来巨大的经济损失。

1 月 18 日，新疆阿克苏地区拜城县康其乡一养殖户饲养的牛出现疑似口蹄疫症状。1 月 22 日，新疆动物疫病预防控制中心经检测诊断为疑似口蹄疫疫情，并迅速采集病料送国家口蹄疫参考实验室确诊。2 月 2 日，农业部新闻办公室发布消息，新疆拜城县发生 A 型口蹄疫疫情。

5 月上旬，新疆和布克赛尔县一牧场 75 头牛出现类似口蹄疫感染症状，经国家口蹄疫参考实验室确诊为亚洲 I 型口蹄疫疫情。

6 月 19 日，阿克苏市西郊生猪养殖区部分农户饲养的 24 头猪出现疑似口蹄疫症状。25 日，国家口蹄疫参考实验室确诊为 O 型口蹄疫。

8 月 31 日，农业部新闻办公室再次发布信息说，新疆库车县和青海祁连县各发生 1 起 O 型口蹄疫疫情。8 月 23 日，新疆阿克苏地区库车县二八台公路动物卫生监督检查站截获 1 起输入性疫情，发病牛 8 头，扑杀病畜及同群畜 202 头只（其中牛 22 头、羊 180 只）。同日，青海海北州祁连县八宝镇黄藏寺村部分农户饲养的牛只出现口蹄疫症状，发病牛 39 头，扑杀病牛及同群牛 163 头。28 日，两起疫情经国家口蹄疫参考实验室确诊为 O 型口蹄疫。

【应对举措】

接到疫情报告后，农业部、新疆维吾尔自治区人民政府高度重视，按照有关应急预案要求，立即部署扑疫工作，迅速派出工作组和专家组赴各地指导疫情处置工作，分别采取封锁、消毒、扑杀病畜同群畜和无害化处理等防控措施，防止疫情扩散蔓延。

2010年2月3日，拜城县按照农业部的要求：一是迅速启动应急预案。划定疫点、疫区和受威胁区，严格实行封锁隔离措施，加强消毒，迅速开展疫情处置，扑杀发病牛及同群畜169头（只）。二是迅速开展紧急免疫。对全县易感家畜开展紧急强化免疫工作，免疫牛羊31万头（只）。三是迅速开展疫情追溯。新疆兽医部门在拜城县全县范围内开展疫情排查，进行疫源追踪和流行病学调查。农业部在指导新疆兽医部门落实各项防控措施的同时，于4月30日再次下发紧急通知，全面部署生猪口蹄疫防控工作，要求各地进一步加大工作力度，切实强化免疫、检疫监管等措施。

对于喀什地区发生的O型口蹄疫疫情，农业部部长韩长赋多次做出重要批示，要求切实加大布控力度，坚决防止跨地区扩散蔓延，切实做好群众工作，坚决防止发生群体事件。在前期已派出重大动物疫病防控定点联系工作组赴疫区指导防控工作的基础上，4月30日，农业部副部长高鸿宾又带队赴新疆喀什地区，连夜召开会议进行研究，要求对疫情处置工作进行再动员、再部署，根据《突发重大动物疫情应急条例》和《口蹄疫防控应急预案》，适时提高应急响应级别，增加经费投入，做好群众安抚工作。

针对当时疫情防控形势，高鸿宾要求，新疆兽医部门要继续落实各项扑疫措施，努力做好群众工作，坚决控制口蹄疫疫情扩散蔓延，坚决避免疫情引发社会矛盾，维护社会稳定。重点抓好几项工作：一是坚决果断处置新发疫情。坚决扑杀病畜及同群畜，进行彻底的无害化处理。二是彻底消毒。对疫点、疫区及周边地区坚持严格消毒制度，包括没有疫情县（市）的牲畜养殖户，也要对圈舍进行大规模消毒。三是严密封锁。疫区内所有易感动物及其产品不准移动。四是密切监控疫情。继续留在喀什的农业部专家组会同当地兽医部门，加强对疫区县周边地区疫情排查和疫情监测，排除隐患。五是扩大强化免疫范围。切实落实紧急强化免疫，计划和程序进一步做细、做实，做到应免尽免。六是做好群众工作。切实做好群众安抚工作，落实好牲畜扑杀补助政策。做好宣传工作，稳定养殖户情绪，维护社会稳定。

2010年5月1日，新疆维吾尔自治区连续召开多次会议，迅速启动Ⅱ级应急响应，做好群众工作，加大财政支持力度，切实落实各项防控措施。从喀什疫情处置情况看，新疆各级党委、政府高度重视疫情防控工作，立即启动应急预案，切实强化各项扑疫措施，迅速采取封锁、扑杀、消毒、无害化处理、检疫监管等防控措施，在周边地区开展全面疫情排查，抓紧开展紧急强化免疫，使疫情处置工作进展顺利。各地政府也启动了防控口蹄疫应急预案，对疫点、疫区进行严格封锁，并派出专家组赴疫区，指导和督促疫情处置工作，严格消毒措施；相关部门协同部署，进行紧急免疫，加强疫情监测，有效控制了疫情蔓延。

但是，近些年口蹄疫疫情时隐时现并出现病毒变种的趋势，2011 年 2 月 28 日，新疆库尔勒市又发生 1 起猪 O 型口蹄疫疫情，275 头猪发病，未出现死亡病例。3 月 19 日，新疆生产建设兵团农五师八十一团部分农户饲养的生猪出现口蹄疫症状，58 头猪发病，死亡 25 头。国家口蹄疫参考实验室后经确诊均为 O 型口蹄疫。这两起疫情发生后，当地按照有关应急预案要求，积极做好疫情处置各项工作，包括封锁、消毒、扑杀病猪及同群猪 4121 头，并进行无害化处理，使疫情得到快速而有效控制。随着温度升高，疫情逐渐消失。

【评析反思】

口蹄疫是一种以病毒为载体的疾病，主要受感对象为猪、牛等大型偶蹄兽类，老鼠和家兔也是高发种群，潜伏期有几天至半个月不等，接触、空气、食物等均可导致疾病传播，如遇大风或兽群的大批运输则传染更快。口蹄疫病毒属于微核糖核酸病毒科口蹄疫病毒属。其最大颗粒直径为 23 纳米，最小颗粒直径为 7—8 纳米。目前已知口蹄疫病毒在全世界有 7 个主型 cA、O、C、南非 1、南非 2、南非 3 和亚洲 1 型，以及 65 个以上亚型。口蹄疫发病后一般不会致死，但会导致病兽口、蹄部出现大量水泡、高烧不退，口腔黏膜及蹄部和乳房皮肤发生水泡和溃烂为特征，使实际产量锐减。个别口蹄疫病毒的变种亦可传染给人，因此，每次爆发后只能屠宰和集体焚毁以绝后患。口蹄疫由于传播迅速，难于防治，补救措施少，被称为“头号杀手”。口蹄疫是世界动物卫生组织（OIE）规定的 A 类烈性动物传染病，我国列为一类动物传染病。因为口蹄疫病毒对胃酸敏感，所以人类通常不会通过食用肉类感染口蹄疫病毒。口蹄疫一年四季均可发生，但以冬、春两季易流行，且有周期性爆发流行的趋向。

该病传播途径多、速度快，曾多次在世界范围内暴发流行，如果疫情得不到很好的控制，就会威胁公共卫生安全和畜牧业的健康发展，势必造成巨大的经济和政治损失。联合国粮农组织专家指出，国际贸易、集约化农业、移民、旅游、牲畜迁移和肉制品转销等因素使国际间传播口蹄疫的机会大大增加。特别是邻国疫情对我构成严重威胁，边境疫情防控面临严峻考验。近年来，东南亚地区连年爆发口蹄疫；我国西南边陲地区贸易活跃，役畜和种畜往来频繁，多次引起口蹄疫爆发流行。农业部分析认为，周边国家口蹄疫疫情流行对我边境地区构成严重威胁，务必加大边境地区重大动物疫情防控力度。2010年，亚洲多国连续发生口蹄疫疫情，先后有：越南北部谅山省口蹄疫疫情继续蔓延，19个省份相继爆发口蹄疫。日本宫崎县292家畜牧场陆续爆发口蹄疫疫情，为防止疫情蔓延，日本有关机构宰杀了29万头家畜，使宫崎县家畜存栏数减少三分之一，经济损失高达800亿日元。韩国发生有史以来最严重的口蹄疫疫情，6个市道、52个郡都出现疫情，被掩埋的偶蹄类动物总数超过140万头，是韩国历史上因为口蹄疫灭杀牲畜最多的一次。据韩国政府调查，把口蹄疫病毒带回韩国的是前往口蹄疫疫情高发区（如越南等东南亚地区）旅行的韩国养殖户。朝鲜爆发的口蹄疫蔓延至全国8个市、道等地区，造成当地的合作农场、奶牛牧场、养猪场等数万头耕牛、奶牛和猪感染口蹄疫，上万头家畜死亡。2011年3月，联合国粮农组织和世界动物卫生组织联合派遣的一支专家队抵达疫区，帮助朝鲜控制口蹄疫疫情。随着世界范围内口蹄疫疫情的不断发生，灾难不再是一个孤岛，疫情对畜牧业的危害问题，再一次引起世人的关注。

新疆口蹄疫疫情能得到有效的控制，受益于逐步完善的公共卫生应急体系，也证明了我国口蹄疫防控能力不断提高。但是，口蹄疫这种重大动物疫情，来势凶猛，蔓延迅速，给防控工作带来很大难度。2011年，“猪口蹄疫”再现新疆，对进一步提高我国疫情防控能力敲响了警钟。

1. 完善突发重大动物疫情应急机制，落实动物防疫责任制。各地应当建立完善应急机制，制定应急工作实施方案，保证有一个科学合理的预案体系，有一支训练有素的应急队伍，有一套快速可行的反应程序，做好各项应急准备及疫情处置工作。不断加强应急队伍培训和演练，做好应急物资储备，提高应急处置能力。确保一旦发生疫情，迅速启动预案，及时采取各项扑疫措施，防止疫情扩散蔓延。同时，明确地方各级人民政府对本地动物疫病防治工作的责任，各级政府主要负责人是动物防疫工作第一责任人，建立重大动物疫病防控工作责任制和责任追究制，建立健全免疫、监测、报告、应急处置、检疫监督等工作责任体系。县、乡两级要按乡、按村、按户落实防疫责任，要落实到人，落实到基层防疫一线。对不履行职责，防疫措施不落实，导致疫情发生和扩散蔓延的，要依法追究责任。

2. 强化重大动物疫病免疫，构筑坚强的免疫屏障。免疫是防控重大动物疫病的重要措施，是避免和减少动物疫情发生的关键。重大动物疫病防控工作应当把免疫工作放在首位。开展好季节性集中免疫工作，做好查漏补缺和补免工作，边境省份应做好口蹄疫免疫工作。做好免疫效果监测，根据监测情况对抗体达不到规定要求的或接近临界值地区开展集中补免。建立健全防疫档案，要制定和完善防疫档案管理制度，对本区域家畜（禽）建立完整的防疫档案，对每一个养殖户畜（禽）存栏、出栏及免疫等情况必须有详细记录。动物卫生监督机构出具检疫证明时，未进行强化免疫的，动物卫生监督机构不得出具检疫合格证。

3. 加强动物卫生监督执法，加大疫病监测和预警预报能力。开展维护公共卫生安全的防控督查活动：查免疫密度，指导基础免疫；查疫情监测，提高预警能力；查检疫消毒，防止病源扩散；查边境防堵，防止外疫传入。加强部门合作，切实做好各项防控工作。规范产地检疫和屠宰检疫，加强饲养、屠宰、经营、运输、储藏等各环节的全程监管，采取有效措施，坚决防止病死动物和病害动物产品上市。加大执法工作力度，严格执法程序，加强边境地区疫情监测，密切关注境外动物疫情动态。针对境外相邻地区口蹄疫疫情，及时建立紧急免疫隔离带。发挥动物疫情测报体系和边境动物疫情监测站作用，不断增强疫情早期诊断能力，提高疫情预警预报水平。严格执行重大动物疫情报告制度，一旦发现可疑重大动物疫情，在进行诊断同时，必须以快报形式上报，对于不履行疫情报告职责的，要依法追究有关人员责任。加强应急值守，严格执行24小时专人值班和领导带班制度，做到责任明确、人员到位、联络畅通。

4. 加强规模养殖的防疫管理，推进动物标识及疫病可追溯体系建设。要加强对规模养殖场（户）、养殖小区的指导，加强疫病防治技术培训，提高动物疫病防治水平。要合理设置养殖密度，建立免疫、卫生消毒、病死畜禽和粪污无害化处理、人员管理等防疫制度。规模养殖场（户）、养殖小区要建立养殖档案，及时记录免疫、用药、消毒、诊疗、调运等情况，规范养殖行为。新建养殖场、养殖小区要在兽医部门指导下进行选地、设计，并配备相应的防疫设施。建立完善动物标识及疫病可追溯体系有效运行，严禁未佩戴二维码耳标的牲畜进入流通环节，及时纠正和查处畜禽养殖、销售、收购、屠宰等环节违反标识使用和养殖档案管理有关规定的各类违法行为，从源头上防范疫情的发生。

实话实说才能赢得公信力

——山西问题疫苗事件引发的思考

【事件回放】

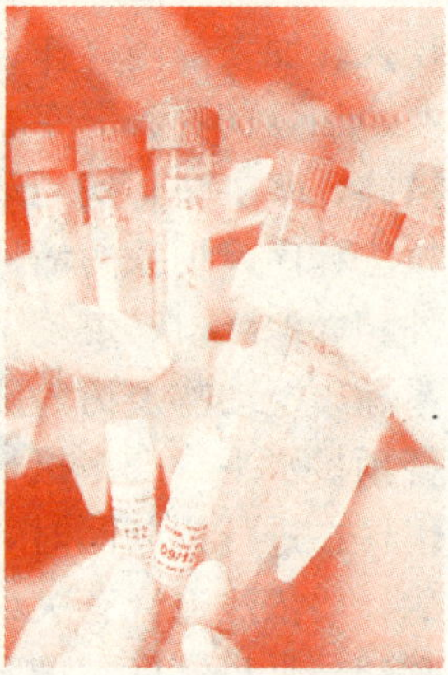

2010年3月17日，《中国经济时报》重磅推出了一组名为《山西疫苗乱象调查》的报道。在这组长达20000字的报道中，记者王克勤对山西近百名儿童注射疫苗后不明病因致死、致残或者引发各种后遗病症的情况进行了调查。

2010年3月20日下午，数名来自山西各地的家长来到山西省卫生厅门口，希望卫生厅能为他们孩子死亡或病残的原因给出解释。不过，家长们在卫生厅会议室等待了一个半小时，相关领导也没有和他们见面。这个事件被认为有四大疑点：

疑点一：疾控中心为何不回避？这些家长对卫生厅出具的鉴定意见提出了质疑。家长认为，做鉴定报告时，山西省内的医学专家，尤其是山西省疾控中心的专家应该回避，应该请外地的专家进行鉴定。

疑点二：法院为何保持沉默？家长王明亮、易文龙、李常勤等人曾向法院递交民事诉讼状，但1年多过去了，法院既没受理，也没驳回，至今没有任何书面表态。

疑点三：调查一天就有科学结论？2010年3月19日下午，在17日山西疫苗乱象调查报道见报后，山西省卫生厅表示对有关报道中提到的15名致伤致残儿童，山西省卫生厅已根据线索，紧急安排人员赴基层逐一做调查核实。调查结果是15人中，除5人未找到外，在所能找到的10人中，只有1人被鉴定为疫苗接种异常反应，但接种的是一类疫苗，不属于报道中所说的所谓的“高温暴露”期间提供的疫苗。家长质疑，只调查了一天时间，得出的结论是否科学？

疑点四：华卫公司有无疫苗经营资格？事件举报人、山西省疾控中心原信息科科长陈涛安认为，田建国控制的私营股份制企业华卫公司冒充“卫生部企业”，官商合谋垄断了山西省疫苗的经营。山西省卫生厅副厅长李书凯曾公开声称，北京华卫时代医药生物技术有限公司是“卫生部的大公司”，但事实上，这家公司并无疫苗经营资格。然而，“疫苗门”发展至今，山西省卫生厅还没有就此事公开表态。

“山西疫苗事件”的举报者陈涛安和3名受害儿童家长都收到过恐吓短信。短信称，如果他们不再追究山西疫苗事件，将给他们50000或100000元。如果继续“闹”，可能花钱找人砍他们一条腿。

据山西省疾病预防控制中心专门负责防病信息的原信息科科长陈涛安介绍，2006年以来，山西境内确实出现了大量的问题疫苗，也就是高温暴露疫苗，这样的疫苗已在山西省长期使用，必然会大幅度提高疫苗接种不良反应概率。2005年12月，山西省疾控中心出现了一位来自北京的山西人，该人35岁，名叫田建国。12月28日，田建国被任命为山西省疾控中心生物制品配送中心主任，配送中心的具体工作，委托北京华卫时代医药生物技术有限公司负责。

据山西省疾控中心物业科副科长卫军利说：“2006、2007年，田建国管疫苗的时候，我看到他组织的人，将成箱的疫苗从冷库搬到还没投入使用的疾控大楼一楼，拆开包装箱，将疫苗堆了一地，堆得像小山一样。许多人在往疫苗盒上贴‘山西疾控专用’的标签。尤其是夏天，大家穿着短裤，他们依然照常天天在闷热的大厅里贴标签。”

据山西省疾控中心专职司机原江说：“那两年，还有一个同样严重的问题，给全省各地运送疫苗的冷藏车制冷机一直坏着，没有维修过，尤其是夏天，都变成闷罐车了。”

陈涛安分析说：“疫苗存储运输环节上出问题是人为造成的，使疫苗长时间脱离规定的冷藏避光环境，主观故意制造了高温暴露疫苗。应该依法立即销毁，否则即是杀人。”

2010年3月21日，由卫生部派出的8人专家组抵达山西，协助指导当地开展调查工作，并对报道涉及的所有患儿逐一进行排查。专家集中调阅了15名患儿的病历和相关资料，做出最终结论：报道的15名患儿均有疫苗接种史，但均未接种过报道中所说的“贴签疫苗”。对于媒体报道的山西疫苗存在所谓“高温暴露”下贴标签的问题，相关部门当时也抽取了所谓的“贴签疫苗”进行检测，结果都符合国家有关药品标准规定。

但山西省疾控中心和北京华卫时代公司未经批准，违反技术操作规程，在部分疫苗包装上加贴标签的行为本身是违反国家相关规定的。关于粘贴标签的问题，国家对药品包装有着严格的管理规定，在药品的包装上所有的文字表述和图案都是经过国家食品药品监督管理局批准的，未经核准，擅自加贴，是一种违规行为。

【应对举措】

山西省疫苗情况报道出现以后，引起了山西省委、省政府的高度重视，时任省委书记张宝顺、省长王君迅速做出批示，要求本着对人民群众特别是儿童健康和生命安全高度负责的态度，立即展开核查，妥善进行处置。

山西省委、省政府先后5次召开专题会议，对这项工作做出安排部署，并就此事成立专门的工作组，由张建欣副省长负责。

山西省委、省政府责成卫生厅立即启动应急机制，组织有关市、县卫生部门迅速寻访媒体报道所提及的15名儿童，同时，抽调专家组成8个调查组分赴太原、大同、阳泉、长治、晋城、吕梁、临汾、运城8个市的有关县区，指导协助基层卫生部门调查核实相关情况。山西省紧急组织12名专家组成预防接种异常反应调查诊断专家组，对15名儿童的病例进行逐一分析，并责成有关市、县（区）疾控机构进行现场调查，召开新闻发布会，将核查结果向社会进行了公布。

卫生部、国家食品药品监管局对此高度重视，按照国家有关法律法规，派出相关专家和工作人员，并由中华医学会选派临床专家，共同组成调查组赶赴山西。调查组从3月19日到4月1日对报道涉及的患儿、疫苗和有关情况进行现场调查。

4月6日，卫生部和国家食品药品监管局在北京举行新闻发布会，通报“山西疫苗事件”有关情况，指出山西省疾控中心与北京华卫时代公司合作经营期间在疫苗管理上存在一定问题，“贴签疫苗”违反了技术规程和管理规定。卫生部和国家食品药品监管局会同山西省正在依照法定程序，进行深入调查，对违规违法行为，无论涉及到什么人，都要一查到底，决不姑息，坚决依法处理。

【评析反思】

早在3年前，山西就发生过一起“疫苗门”事件。虽然经过患者家长长期的奔走呼号，经过山西省疾控中心信息科原科长陈涛安的多次举报，经过《中国青年报》、《中国经济时报》记者的明察暗访及公开诘问，但厘清迷雾的道路可谓困难重重，而且至今仍是“乱花渐欲迷人眼”。原本是一起很平常的医疗纠纷，由于有关部门的忽视和不作为，致使问题急剧上升为一起严重的公共事件。山西问题疫苗暴露出政府机构与关联企业的不合规操作，把本来应该在市场外的政府拖入市场游戏之中。这次事件造成2010年高温疫苗事情曝光后，整个民众对政府的信任跌至谷底。虽然山西政府做了努力，但民众对政府的信任还是大打折扣。

1. 群众信任缺失的成因。大多数公共事件发生在基层，但难以在基层得到解决，解决路径通常依赖上级领导部门。事发后，山西省政府召开新闻发布会，虽然省政府再三向社会承诺，对接到的每个有关疫苗的具体线索，都将认真核查，并请专家做出鉴定，认真负责地做出处理，调查结果将向社会公布，但又强调，山西省的疫苗监管是严格的，疫苗质量是有保障的，这次媒体对山西省疫苗报道所涉及的问题是3年以前的事情。言外之意，事情已经过去，现在的疫苗是绝无问题的。在新闻发布会上，省政府负责人还说，监管疫苗的政府行政机构山西省疾控中心的原负责人有经济问题、山西省疾控中心与北京华卫公司合作中有违反招投标程序、违反人事管理规定等问题。山西问题疫苗肯定是要查下去的，具体的细节也一定能够查清。可是，人们完全有理由要追究，当前疫苗管理和疫苗管理模式上是否有漏洞？推而广之，目前的医疗管理模式是否有问题？若不能解决这些问题，就很难说，3年前发生的疫苗问题今天就一定不会发生。不探讨、找出这些问题，也就没有理由夸口，“今天山西省的疫苗监管是严格的，疫苗质量是有保障的”。对于这类问题的处理，群众大都对上级领导部门有较高期待，对基层部门持失望和不信任态度。分析造成这种现象的原因，主要有：一是有关部门缺乏担当的勇气，不能站出来当面做好沟通解释工作，消除公众质疑。二是受传统思维的影响，一些基层行政管理部门习惯于报喜不报忧，常常把负面消息与地方形象联系起来，片面地以为出现了负面消息就会有损政府和地方形象，以至于有了问题不敢公示于人，使群众无法获取渴望的答案。这使得群众在质疑有关部门态度暧昧的同时，更是把关注焦点指向制度的缺陷。三是医疗卫生的改革一直存在政府和市场以怎样的比例起作用的问题。我国医疗事业中一向政府力量过强，引进若干市场力量，能够促进公共卫生资源更加合理配置、更有效率。但是，不少地方医疗卫生改革一开始引入的市场力量，往往是政府机构的关联企业（这种现象十分普遍，不仅是山西疾控中心与华卫公司），这样非但增强了在医疗事业中的政府力量，而且把本来应该在市场外的政府因素拖入市场之内，出现“寻租”行为就成为必然。

2. “阳光”是最好的消毒剂。有关山西问题疫苗致儿童死亡的爆炸性报导，点燃了一场公众舆论交锋，对峙的双方一边是国内独立媒体，另一边是地方官员及官方媒体。气象学有一个名词叫“能见度”。能见度是反映大气透明度的指标，即具有正常视力的人，在当时的天气条件下能够看清楚目标轮廓的最大距离。其实，公权力的运作也有能见度问题。世界各国对食品药品安全实行监管无不坚决采取“阳光法则”，以最大限度满足公众的知情权、参与权、表达权、监督权作为监管的根本手段。山西疫苗事件已经不是新闻了。细查究竟，《中国青年报》等媒体早从2007年年底开始，就相继以《一家小公司是怎样垄断山西疫苗市场的》等为题，报道了山西疫苗的相关事件。新近披露的报道，更加详尽地报道并质疑山西疫苗产业可能存在官商勾结之类的腐败利益链条。然而，从2007年底至今，两年多时间过去了，据说相关部门也介入了调查，但是真相究竟如何，仍然不得而知。嗣后权威部门发布的调查结果中，也只论及疫苗安全，并未涉及山西疫苗产业是否存在腐败问题。即使疫苗事件此前确实不存在安全性问题，也还没有否定媒体揭露的利益链条的存在。此次“疫苗门”重新浮出水面，给各地的疫苗接种工作都敲响了一记警钟。此事人命关天，不能容许任何疏漏，且不要说腐败的潜生暗长了。要杜绝隐患，除了将相关环节始终置于监督之中，晒在阳光之下，别无他法，只有真正把取信于民作为化解危机的最终途径。

3. 坚持制度的应有宽容。对于现代社会来说，制度的应有宽容，包括维护公众自由表达的权利。主要在于不苛求言说者负担起“不可能承担得起的责任”。国际惯例有一个“实际恶意原则”，主要用于保护媒体，即要追究媒体报道存在瑕疵的责任，首先必须证明，媒体这样报道，不是为了向公众披露事实真相，而完全是为了中伤他人才故意伪造或故意不去核实报道内容的真实性。1960年3月29日，一个民权组织在《纽约时报》刊登了题为《请倾听他们的呐喊》（Heed Their Rising Voic. es1）的政治宣传广告，广告描述了南部黑人正在进行的反种族歧视的非暴力抗争运动，以及他们遭到地方警察残酷镇压的情形。事实上，广告中有个别细节不够真实。L. B. 沙利文（L. B. Sullivan）负责当地的警察局。他控告《纽约时报》严重损害了他的名誉，犯有诽谤罪。蒙哥马利市地方法院陪审团判沙利文胜诉。《纽约时报》不仅不服，把官司一直打到了最高法院。1964年3月9日，联邦最高法院就纽约时报诉沙利文案做出裁决，9名大法官一致同意推翻阿拉巴马州最高法院关于沙利文胜诉的判决。最高法院指出：《纽约时报》虽然刊登了内容不实的广告，并且也的确对原告的名誉造成了一定的损害，但由于原告是一名“政府官员”，他必须“明白无误地和令人信服地”证明《纽约时报》事先知道广告上的指控是假的，但仍然明知故犯，照登不误；或者证明《纽约时报》严重失职，对于广告上的指控存有严重疑问，但未做任何努力去查核事实真相。这就是美国现行诽谤法的最重要的原则——“实际恶意”规则。这是为了最大限度地维护公众知情权，并不要求言说、报道者承担其内容百分之百切合客观事实的责任，而只是要求其内容绝不是刻意伪造。用中国特色的话来说，就是不允许以“吹毛求疵”般的苛待实际剥夺掉公众自由表达的权利。没有公民个人以及群体的参与，没有公民个人以及群体的坚持，社会的公平正义、社会的进步本来为无源之水。公民的坚持是构成社会公平正义运行、社会不断进步的低成本，若无制度的宽容，致使无数人遭遇苛待，则个人的坚持往往于社会整体上为高成本的坚持，最终必然因成本过于高昂，导致社会公平正义缺失，导致社会的进步之路被阻断。

症候群病例凸显乡村公共卫生困境

——蜱虫事件的反思

【事件回放】

2010年夏天，河南省信阳市境内集中发生蜱虫叮咬人致病病例，数人不治身亡。当地2009年已出现过死亡病例，但2010年尤其多，成为蜱虫“重灾区”。

5月13日，商城县鲇鱼山乡平塘村村民鲍祥义赤膊上山干活，被蜱虫叮咬后肋部出现红包，多个器官开始衰竭，血小板锐减使血液难以凝结，他手腕部被吊针刺破的血管，一直淌着血，必须有人专门按压。9天后死亡。

6月1日，73岁的老中医吴德政发烧到38度，去儿子吴玉涛的诊所看病。吴玉涛以为只是普通感冒，给父亲打了两天吊针。其间，他还在输液中加了点激素，以促进药效。事后才知道，这加速了病原体在体内的繁衍。6月3日，吴德政已无法站立。4日，家人将他抬到商城县人民医院，抽血检查，发现其血小板检测值已由正常的100～300个下降至25个，白细胞值由正常的4000～10000个降至1400个。6月7日，吴德政转院到信阳154医院。4天后，不治身亡。

7月3日凌晨，庙岗村村民龚正成也告别人世。他脚上被蜱虫叮咬，临死前一天，他牙关紧闭，水米难进。和鲍祥义一样，他腕部的血“直飙”。

到7月底，“毒虫咬死人”的事，已传遍商城县的十里八乡，甚至在商城县城区已经有了蜱虫侵入公园咬死在草丛游玩市民的传言。

9月8日晚，河南省卫生厅发布消息称，自2007年5月信阳市报告首例以发热伴血小板减少为主要症状的疑似无形体病例以来，全省初步统计已发现557例，死亡18例，重点集中在信阳市商城县、浉河区、光山县和平桥区。

河南并非只是个案。江苏省卫生厅于9月9日通报，该省共报告疑似

“发热伴血小板减少综合症”13例，其中，4例来自外省，共死亡4例。而在安徽、湖北、山东、河南、江苏和辽宁等6个省份，近年来也相继发生多起蜱虫叮咬后感染人粒细胞无形体病而死亡的病例。

2011年，据中国疾病预防控制中心统计，截至6月底，已有河南、湖北、山东、安徽、江苏等省报告“蜱虫病”28例，死亡10余人。

医学调查已知，蜱虫，也叫草爬子，背上有硬壳的为硬蜱，没有硬壳的为软蜱，一般藏在山岳草丛中或寄生在动物身上。蜱可携带83种病毒、14种细菌、17种回归热螺旋体、32种原虫等。早在2006年，安徽就发生一起院内感染事件，一患者发病前曾被蜱虫叮咬，从其身上发现“人粒细胞无形体”感染的证据。中国疾控中心当即要求对相关症状患者开展流行病学调查。然而，以后发现一些临床症状和无形体病类似的病例中不能查出无形体基因或抗体，一种以“发热伴血小板减少”的病例引起了医学界的注意。

【应对举措】

2007年5月以来，河南省卫生厅先后印发《医疗机构无形体病例监测方案》、《无形体病例流行病学调查方案》和《无形体病例诊疗方案》，转发卫生部《人粒细胞无形体病预防控制技术指南（试行）》等规范性文件，指导和规范各级医疗卫生机构做好防治工作，并采取了4项具体防治举措。一是全力救治。按照《人粒细胞无形体病预防控制技术指南（试行）》的要求认真开展病例的诊治，确保正确诊断、及时和有效治疗，降低病死率。同时，及时组派专家，加强监督指导。二是严密监测。在开展监测的地区，积极开展病例主动搜索。努力完善监测网络，提高监测系统的敏感性和监测质量，切实通过监测，准确掌握当地流行状况、流行趋势和主要影响因素。三是加强培训。在信阳市举办重点市、县防治培训班，切实提高基层对该病的发现、诊断、报告和治疗能力。四是广泛宣传。开展健康教育活动，使群众了解此类综合症的传播特点和预防控制相关知识，主动参与到防治之中。指导群众清除居舍周围灌木杂草，清理禽畜圈舍，搞好环境卫生。利用敌草隆、茅草枯、毒莠定等杀虫剂对野外游离蜱、畜舍、畜体开展灭蜱工作。同时，加强个人防护，避免被蜱虫叮咬。

通过几年的防控工作，河南省初步建立了科学、有效的针对此类症候群病例的监测报告系统，培训了各级各类临床医生和疾控工作人员近千人，通过宣传使当地群众对于此类症候群的防治知识的知晓率有了一定提高，在劳作和生活中能够采取一些基本的个人防护措施，提高了病例的及时就诊率，大大降低了该病的病死率。

针对这次集中发生的疫情，河南省卫生厅高度重视，立即派省级专家前往现场调查指导，并召集相关部门召开紧急会议，进一步加强发热伴血小板减少综合症防控工作。

为进一步查明此病的病因，明确其临床和流行病学特征，病因和防治手段，2010 年 5 月 31 日，根据卫生部和国家疾病预防控制中心的要求，信阳市商城县、罗山县、新县、息县和光山县相继开展了发热伴血小板减少综合症的监测工作。同时，中国疾病预防控制中心在湖北、河南两省的部分地区启动了发热伴血小板减少综合症病例监测工作。经对患者血液中分离到的病毒进行鉴定、全基因组基因序列分析、急性期和恢复期双份血清抗体中和试验等实验室检测，发现两省报告的大部分病例标本中存在一种属于布尼亚病毒科的新病毒感染，并初步认定检测发现的发热伴血小板减少病例与该新病毒感染有关。由于该病毒命名和进一步确认工作还在进行之中，暂以“发热伴血小板减少综合症”命名此病毒感染所致疾病。为及时指导临床医生和疾病预防控制专业人员做好该病的诊断、报告、治疗、现场调查、实验室检测、疫情防控和公众健康教育工作，依据目前对该病的认识和研究进展，卫生部组织专家研究制定了《发热伴血小板减少综合症防治指南（2010 版）》。

2010 年秋季，包括中国、美国、澳大利亚等在内的多国卫生专家在河南联合开展蜱虫叮咬事件的实验室研究，研究的内容包括：发现病例、及时采集标本、开展实验室病毒分离以及支持流行病现场调查等。有关机构希望通过世界各国专家的共同努力，找到这一疾病的真正病因和病原体。

【评析反思】

发热伴血小板减少综合症是一类由嗜吞噬细胞无形体导致，主要侵染人末稍血中性粒细胞，以发热伴白血球、血小板减少以及多内脏器官功能侵害为主要临床表现的新发人兽共患病，主要通过蜱叮咬流传。该病的表现主要有：急性发热起病，多数患者伴有乏力、恶心、呕吐、腹痛、拉稀等症状，部分患者出现黑便、齿龈出血、皮肤瘀点或瘀斑、眼结膜充血等出血症状。绝大多患者临床测试室检查白血球不高或降低、血小板减少，部分患者谷丙/谷草转氨酶升高、尿蛋白阳性。

2011 年 3 月 17 日，这类“蜱虫病”的元凶终于首次被确定，是一种新型布尼亚病毒。在当天出版的《新英格兰医学杂志》上，发表了中国疾病预防控制中心题为《Fever with Thrombocytopenia Associated with a Novel Bunyavirus in China》的最新研究成果。该论文以详实的科学研究证据揭示了是一种新的布尼亚科病毒引起发热伴血小板减少综合征的病原。目前，该病毒已被命名为“发热伴血小板减少综合征布尼亚病毒”，简称新布尼亚病毒。这是近年来，特别是SARS冠状病毒发现以来，世界上在病原学研究方面的重大突破。发热伴血小板减少综合征病因的确定、新的布尼亚科病毒的发现突显了我国病毒学和新发传染病的研究已经达到一个新的、更高的水平，同时为我国乃至世界新发传染病的研究和防控工作提供了宝贵的经验。

近年来我国公共卫生体系建设取得了长足的进步，但是，蜱虫屡屡夺命这一事件，也凸显出了我国公共卫生体系的漏洞。

1. 蜱虫咬出乡村公共卫生困境。早在2008年2月份，卫生部就针对无形体病印发了《人粒细胞无形体病预防控制技术指南》，以提高医务人员对人粒细胞无形体病的认识和控制。根据卫生部专家介绍，蜱虫并不可怕，可防可控并且病死率很低。商城县人民医院内一科副主任鲍发应也承认，在卫生部印发操作规范之后，病人入院后，凡是符合“有明确的蜱虫叮咬史，临床上有头疼、发热、腹泻、恶心、呕吐等症状，白细胞和血小板数量减少”等特征的，都应考虑是无形体病，这是一个基本的判断。虽然关于疑似无形体病的培训在村医中展开，但很多地方都是走走过场并未落实，农村、偏远地区的医生对其临床表现及特点缺乏了解，特别是当地很多村民对此病感到陌生和害怕。河南几起疑似病例死亡者，初发病时首先找的都是村医，并且都被诊断为感冒，误诊使治疗错失了最好的机会。在农村、偏远地区，农民为了省钱往往找村医就诊，而输液是村医赚钱的主要项目，不排除有村医为了赚钱，先打几天吊针再说。“不明真相”的群众，不明就里地就医，让延误治疗的病例不断出现，人为加剧了蜱虫之害。乡村公共卫生投入不足，医疗设备落后和医疗技术力量薄弱，医护人员的行医能力有待提高，对乡村潜在流行病不重视，对疑似蜱虫传播疾病的宣传不足等等问题值得我们反思，如果这些问题不解决，还会出现下一波无妄之灾与恐慌。

2. 信息不公开是造成社会恐慌的诱因。对蜱虫疫情的认识不足，信息的闭塞，医务人员防治知识差，群众又缺乏应有的警惕与防护常识，使蜱虫病成为一起公共卫生事件。据媒体报道说，事件发生之初，因为当地政府一直没有公开承认被蜱虫叮咬后“疑似无形体病例”的存在，也未能充分发布相关预防信息，莫名的恐惧致使村民因不了解疫情而产生恐慌情绪。据信阳市卫生局一位内部人士透露，信阳市政府曾经研究过如何宣传该病。后来市长专门听取了卫生系统的汇报，最后领导得出结论，在病原体和传播途径尚未弄明白的情况下，大规模宣传容易造成群众恐慌，产生不稳定因素。对于具体死亡人数，商城县疾控中心负责人曾表示，这属于疫情发布，县疾控中心无权公布。因为没有官方的权威消息，小小蜱虫成为乡村的“恐怖大王”，对于此类毒虫的报道更有蔓延之势，这也为“病虫”肆虐提供了时间和空间。其实，控制疫情传播，不仅仅是政府部门的事情，更离不开当地群众的配合和防范。要做好疫区群众的传染病防治工作，就要确保群众的知情权。及时公布疫情，既可以赢得防控先机，对疫情实行早防范、早控制、早治疗，又可提醒广大群众认识疫情的危害性，从而做好个人防范措施，尽量避免被蜱虫所伤。

3. 必须把握应急处置的先机。“第一时间”是处理突发事件的原则。蜱虫疫情被媒体炒得沸沸扬扬之后，信阳市卫生局在 2010 年 9 月初才召开了新闻通气会。这是从 2007 年当地发现第一起疑似病例后，官方第一次就该病召开新闻发布会。通气会指出，卫生局已经基本掌握了这种疾病的传播区域和传播途径。但是，对于从根源上预防，从中央到地方都没有出台很有效的措施。为了控制蜱虫叮咬引发疾病，信阳卫生局下发了很多指南。同时，对市、县、乡三级医疗机构医生，进行了防治无形体病的培训。通气会召开后第二天，卫生部网站发布“蜱的特点及预防控制知识”。防控知识将河南疫情中出现死亡病例的“无形体病”更正为“发热伴血小板减少综合征”。当天晚上，中国疾病预防控制中心病毒病所所长李德新做客新闻频道《新闻 1+1》节目，介绍发热伴血小板减少综合征的防治。9 月 10 日，李德新在卫生部例行的新闻发布会上回答了记者关于蜱虫疫情的提问。发布会上谈到，蜱虫传播疾病的事件以前就发生过。河南这次的疫情传播了新的病原体。李德新特别强调，目前已有非常成熟的预防控制措施。避免蜱虫的叮咬是降低感染的最主要措施。

这次蜱虫事件，有三点值得反思：一是在信息公开方面，有关方面不仅缺少信息公开意识，而且缺乏应急责任感。虽然疫情的公布，需要专门部门来行使责任，但是，这不是迟报、不报的理由。如果没有一个问责机制，事发地政府往往是能不报就不报的。二是维稳不是筐，不能啥都往里装。靠隐瞒疫情、封锁消息，不可能达到维稳目的。常常是越回避，就越会让群众疑虑，一旦感觉被欺骗，就会释放出强烈的不满。越隐瞒，事态就会发展得越严重，到最后就会不堪收拾。三是政府部门尚未有效地形成应急机制。一旦发现疫情，需要在第一时间组织力量进行研究，提供应对之策，并将疫情和预防措施向社会公布。令人遗憾的是，有关方面在这三点的表现，应该说是不及格的。

切实保障饮用水安全

——广西罗城甲型副伤寒疫情的思考

【事件回放】

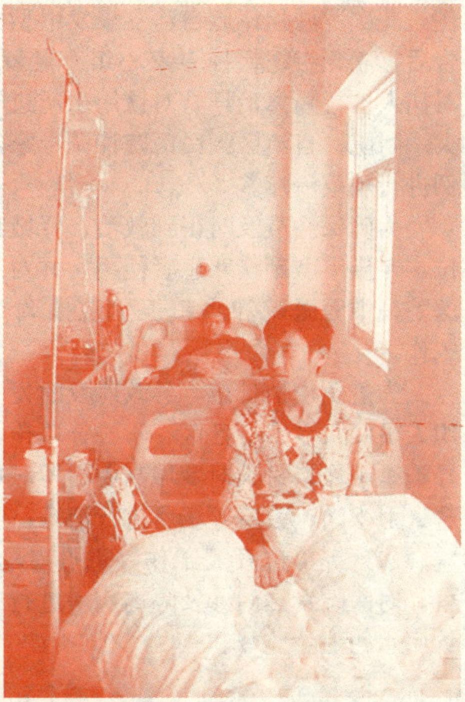

2010年9月下旬以来，广西河池市罗城仫佬族自治县部分乡镇及城区中小学校的学生陆续出现伤寒和副伤寒的病例，到10月中旬这种病例呈现逐渐增多的趋势，经专家诊断为甲型副伤寒爆发疫情。

此次疫情主要发生在当地高中、初中学生人群中，9月以后陆续报告学生病例84例。据当地一名高中生介绍，他们一个班就有17名学生患上伤寒、副伤寒，连续几天出现发热、头疼、腹泻等症状。截至11月5日，累计报告病例113例，其中学生89例，均为轻症病例。11月6日后均无确诊病例。到11月24日上午，3岁的蒙某从罗城县人民医院康复出院，至此，当地甲型副伤寒疫情113例患者全部康复出院，疫情得到完全控制。

副伤寒是由副伤寒杆菌引起的一种急性肠道传染病。甲型副伤寒可以通过生活用水、食物、苍蝇、蟑螂接触等传播引起流行。其中通过水源传播的机会最大，是目前最重要的传播途径。人一旦饮（食）用了被副伤寒杆菌污染的水或食物，或者接触到病人使用的物品后未做清洁就进食等，就容易被染上该疾病。这种传染病分布在中国各地，常年散发，以夏秋季最多，发病以儿童、青壮年较多。临床上以持续高热、相对脉缓、特征性中毒症状、脾肿大、玫瑰疹与白细胞减少等为特征，肠出血、肠穿孔为主要并发症。

【应对举措】

疫情发生后，当地迅速启动《突发公共卫生事件应急预案》，成立甲型副伤寒疫情防控救治工作指挥部，制定了《罗城仫佬族自治县甲型副伤寒爆发疫情防控救治工作实施方案》，对全县的防控救治工作进行统一部署，并通过媒体、手机短信，到社区发放预防甲型副伤寒知识等方式提高居民对甲型副伤寒的认识，以免给居民造成恐慌。

自治区卫生厅疾控处处长董柏青说，广西每年都有甲型副伤寒散发病例，此次罗城仫佬族自治县爆发甲型副伤寒疫情后，自卫生厅接到相关报告后，立刻组织疾控专家小组奔赴罗城，制订防控方案，布置防控措施，对病人进行隔离治疗，对饮用水质进行监测。之后，卫生厅还从广西医科大一附院、自治区人民医院抽调专家组成治疗小组，到罗城指导当地对病例进行规范治疗。

为确保病员及时得到救治，罗城县人民医院和中医医院腾出病房和床位，专供甲型副伤寒患者使用，并对患者实行隔离治疗。同时，从县人民医院、中医医院和乡镇卫生院抽调 39 名医护人员，专职从事患者治疗工作。

为避免疫情扩散，县政府及时发布公告，引导群众增强防范意识；组织人员深入乡镇、社区、学校等单位，开展甲型副伤寒防控知识宣传及指导消杀工作，每天对罗城高中、罗城中学、民族中学三所学校的食堂、宿舍、卫生间、教室等场所进行消毒；组建卫生监督小分队，深入学校、医院、水厂等单位开展工作，重点对学校食堂及城区饮食摊点实行卫生监督，对医院发热门诊及隔离病房进行监督指导，加强对自来水公司和学校饮用水的卫生监督。

【评析反思】

世卫组织总干事长冯富珍曾呼吁国际社会要高度重视水的问题。她说，由于缺水严重，许多人被迫使用不卫生和不安全的水。全世界每年有 160 多万人因喝不到干净和安全的饮用水而死亡，其中 90%是 5 岁以下的儿童，且大多数集中在发展中国家。

经专家们研判，罗城仫佬族自治县发生的甲型副伤寒疫情，主要原因与学校自备水源受到污染、饮用不洁水有关。国家城市供水水质监测网南宁监测站站长翁维满介绍，目前广西使用自备水源的情况相当多，其中最为集中的是梧州岑溪、南宁宾阳、钦州浦北和北海合浦。一些学校、单位和个人的自备水源都是直接抽取地下水，未经过任何消毒处理便作为饮用水，存在诸多安全隐患。该站在对这些自备水源进行抽检时发现，大多数水源总大肠杆菌群、粪大肠菌群和细菌总数超标。而按照国家2007年7月实施的《生活饮用水卫生标准》的要求，生活饮用水中不得含有病原微生物，生活饮用水应经消毒处理。显然，这些自备井水源都达不到这两个标准。

2007年，广西开展第二次大范围城市供水水质监督检查工作。检查发现，自备水源水样的合格率为44.7%，比2005年下降4.1个百分点。其中，南宁的自备水源合格率为55.6%，柳州为80%，桂林为50%，梧州、贺州、钦州、北海合格率为零，崇左、百色的合格率为50%，来宾为66.7%。

2009年，广西开展第三次大范围城市供水水质监督检查工作，发现自备水源水样的合格率为54.2%，比2007年上升了9.5个百分点。本次检查还发现个别自建设施供水单位所采用的地下水源存在放射性危害的风险。同时，超标项目大多为余氯、氯酸盐、亚氯酸盐、铁、锰、浊度、耗氧量、菌落总数、总大肠菌群、耐热大肠菌群等。

罗城仫佬族自治县部分乡镇及城区中小学校的学生陆续出现伤寒和副伤寒的疫情，给我们提出警示。

1. 自备水源往往不符合安全饮用标准。一是自备水源污染严重。据专家介绍，自备水源有94%都没有经过水质消毒处理，采取直供式供水，而国家对饮用水标准要求，必须经101项工序指标处理，方能饮用，因此，自备水源容易造成水质污染，尤其是居民自己开凿水源更为严重。从长期的调查结果看，这种水源极易受到附近粪池、垃圾堆、下水道等污染源的影响，水质污染严重，明显不符合生活饮用水标准，一些地下水源大肠菌超标，有的甚至超标几千倍。根据世界卫生组织的调查数据，80%的疾病跟饮用水有关，而这80%疾病里面又有90%以上是因为病原微生物超标引起的。如痢疾、霍乱、副伤寒、甲肝、乙肝等传染病都可以经过水源来传染。这也是饮用水必须消毒的一个主要原因。二是过度开采地下水还会造成地质危害。地表下一旦形成空洞，回填不可能十分密实，容易形成下陷，对附近建筑物影响较大，容易造成建筑物塌陷。建筑物周围地下水的大量开采，还可使地下水水位下降，造成房屋地基不平均下沉，使建筑物成为危房。

2. 政府应当采取有效措施解决自备水源出现的问题。按照《中华人民共和国水法》有关规定：严格限制城市自来水可供区的各种自备水源。加强城市水资源的规划和管理，重点加强地下水资源开发利用的统一管理，要科学确定供水水源的秩序，严格控制并逐步减少地下水的开采量，严格限制城市自来水可供区域内的各种自备水源。今后在城市公共供水管网覆盖区域内，原则上不再批准新建自备水源，对原有的自备水源要提高水资源费征收额度，逐步递减许可放水量，直至完全取消。因此，我们不能因为疫情的发生才想到自备水源的安全问题，要认识到关闭自备水源是国家的基本国策，是关系到造福子孙后代的重要举措。严格按照国家的有关规定，采取坚决有效的措施，逐步关闭取缔自备水源。对目前确实没有办法取缔的，要增加消毒设施，配备专职检疫人员，定期进行检验。要不断提高城市公共供水、农村居民集中供水普及率，保障供水水质安全，使所有的人能够享受到符合国家水质标准的放心水。要积极做好群众的宣传工作，让群众知道：饮用不洁的生活饮用水，是引起肠道传染病的主要原因；长期过量开采地下水是严重破坏地质环境的行为，也是造成地面沉降的主要原因；任意开采淡水资源是对整个生态的破坏。

3. 节约用水，保护水资源。近年来，除了自备水源受到污染，我国突发性饮用水源安全的事件发生频率居高不下，对居民饮用水安全构成了很大威胁。一方面，是由自然条件所决定，当地的水质本身就含有有害物质，因为科技水平有限，短期内还不能解决；另一方面，有的地区对污水治理和监管不力，也造成饮用水源受到污染。针对这些问题，一是要加大水源整治力度。对水资源的无度消耗及污染而引发的饮用水安全问题，已对人类健康和经济发展产生不良影响。这一问题也逐渐成为许多国家和地区面临的重要挑战。生产过程中产生的工业废水、工业垃圾、工业废气、生活污水和生活垃圾都能通过不同渗透方式造成水资源的污染，给人类生产、生活带来极坏影响。要加大污水处理的整治和监管力度，坚持从源头抓起，综合治理，杜绝有害水源带来的侵害。二是要认清水资源日益缺乏的严峻形势。从整体上来看，虽然地球表面约有四分之三是被水所覆盖的，但大部分都是不能被人类饮用的咸水（约占97%），而淡水资源中的2%又以高山积雪或冰川的形式而存在，因此仅有不到1%的水资源可供人类饮用。随着社会的发展，人口数量的增加，还有人类对自然环境的过度开发，饮用水的需求越来越大，水资源的供应量远远不能满足人类的生产和基本的生活需要。人类生存所必须的基本生活用水面临着短缺、卫生不达标或获取困难等问题。据联合国儿童基金会和世界卫生组织公布的一份报告称，目前全球有8.84亿人无法获得安全的饮用水，其中亚洲国家约占一半，撒哈拉以南非洲国家约占40%。联合国环境规划署发布报告说，目前全球有11亿人无法获得安全饮用水，这一问题可能因气候变化和人口增长等原因而加剧。甚至有预言警告：如果世界人口持续增加，到2025年，全球三分之一的人口将不得不为获得安全的饮用水而苦恼。三是合理开发利用水资源。水资源面临的局势越来越严峻。如果不改变我们的生活方式，我们很快就将面临全球范围水资源危机。因此，要树立节约用水意识，开展水资源警示教育，把节约水资源作为我们自觉的行为准则。必须合理开发水资源，避免水资源破坏，包括地表水资源开发和地下水资源的开发。事实证明，在人类的供水系统中，能源的消费占有相当的比重，而提高能源利用效率最有效的办法不是节约能源本身，而是要节约用水。要提高水资源利用率，有效利用“中水”，实现水资源重复利用，逐渐实现不同的地方用不同的水。让我们从自身做起，让“节约用水，保护水资源”不再是一句空话。

建立健全禽病防疫体系

——香港启动高级别措施应对禽流感启示

【事件回放】

2010年，香港一名与丈夫和女儿于10月23日至11月1日期间曾到访上海、杭州和南京的59岁女子，返回香港后于11月2日出现咳嗽、发烧等流感症状，其后入住屯门医院，被证实感染禽流感病毒。由于有H5N1禽流感病毒侵犯人类并致人死亡的先例，此次香港高度警惕禽流感的威胁。

最早的人禽流感病例出现在1997年的香港。1997年5月11日至12月28日，以往仅能感染禽类的禽流感（Avian influenza，AI）H5N1病毒在香港特别行政区引起人群爆发，导致18人入院治疗，6人死亡。这是全球首次发现禽流感病毒直接感染人，引起科学界轰动。

1998年6—8月，在广东省汕头市和韶关市先后从9名流感样病例的标本中分离到禽流感H9N2病毒。这是全球首次发现禽流感H9N2病毒感染人类。

1999年3月，香港也发生了禽流感H9N2感染人类的事件。

1999年11月，广州市一名儿童病例再次证实感染禽流感H9N2。

2003年2月，香港又一次发生人感染禽流感H5N1病毒事件，现已经证实至少2人累及，1例死亡（2位发病前均曾到过福建）。

2003年3月，荷兰养殖场爆发禽流感H7N7。随后，禽流感病毒H7N7通过结膜感染80多人，死亡1人。

2003年12月，香港再次证实1人感染禽流感H9N2。

2003年底至2004年2月3日，禽流感H5N1先后在亚洲的越南、泰国、韩国、日本、中国等国家的禽类中发生爆发。后经实验室证实禽流感H5N1病毒已导致了17例发病，其中自2003年首次出现以来，截至2011

年 9 月，H5N1 病毒已经感染了 565 人，造成 331 人死亡。

根据世界卫生组织的统计，中国从 2003 年至今有 40 人感染禽流感，其中 26 人死亡。

【应对举措】

由于之前有 H5N1 禽流感病毒侵犯人类并致人死亡的先例，此次香港高度警惕禽流感的威胁。香港医管局传染病及紧急应变中央委员会已于当天下午召开紧急会议，随后宣布，医管局将配合特区政府的流感大流行应变计划的防感染控制措施，并在公立医院启动“严重应变级别”，实施一系列加强监测和感染控制的措施。在“严重应变级别”下，公立医院将实施更严谨的感染控制措施，包括限制探访，并在第一时间向世界卫生组织报告这一个案。

香港出现人禽流感病例后，深圳市高度重视。疾控部门在麒麟山疗养院举行了人禽流感应急演练，以提高应对疫情的整体反应能力。

应急演练模拟在南山区人民医院发热门诊发现了一名不明原因肺炎发热患者，该患者曾接触过活鸡，医院立即组织院内会诊，初步诊断为“不明原因肺炎，不能排除人禽流感病例”，随后，医院马上上报南山区卫生局和区疾控中心，并以不明原因肺炎病例上报国家疾病监测信息系统。疾控部门第一时进行流行病学调查，追踪密切接触者，开展疫点消毒、健康教育、指导医院进行院内感染控制。区专家组马上采样送市疾控中心检测，病人被同时转运到市第三人民医院。实验室检测确诊为人禽流感，市卫人委发布黄色预警信息，启动三级应急响应。整个应急演习过程紧张而有条不紊地进行。

【评析反思】

1. 充分认识禽流感的严重危害。禽流感，是由 A 型流感病毒（AIV）引起的一种禽类的感染和疾病综合症，主要引起禽类的全身性或呼吸器官性传染病。由于该病传染性极强、死亡率高，国际兽医局（OIE）将禽流感定为 A 类传染病，并列入国际生物武器公约动物类传染病名单。在短短的十几年时间里，先后发生禽流感 H5N1、H7N7、H9N2 病毒跨越种属屏障直接感染人类，引起世界各地流感专家们的高度关注。虽然，目前还没有发现禽流感 H5N1、H7N7、H9N2 病毒具有人传人的能力，但它们均属甲型流感病毒，而甲型流感病毒变异性非常大，就有可能通过抗原变异或通过与人流感病毒发生基因重配，形成重配株，从而具备人传人的能力。禽流感是一种非常严重的疾病，每一次爆发都会给养殖业造成巨大的损失，对国民经济乃至整个世界经济产生重大影响。禽流感的流行不但严重影响养禽业的发展，还波及到猪肉、牛肉和羊肉市场，进一步影响到畜牧业生产，甚至危害到人类健康。禽流感最早于 1878 年在意大利爆发，目前在世界上许多国家和地区都有发生。在韩国、越南、日本、泰国、老挝、巴基斯坦、柬埔寨和印度尼西亚等东南亚国家及我国十几个省份相继爆发高致病性禽流感，大批家禽被紧急销毁。1997 年中国香港地区，2003 年 12 月越南和泰国相继发生 HN 禽流感病毒感染人，引起发病和死亡的病例。2010 年，禽流感由于在人类公共卫生上的意义而备受各国政府与有关部门的高度重视。

2. 禽流感的流行特点。容易感染的动物为大多数家禽、野禽和水禽，均对 AIV 敏感，其中鸡、火鸡和某些禽最易感，鸭、鹅及其水禽多为隐性感染或带病毒。禽流感可以通过消化道、呼吸道、皮肤损伤和眼结膜及吸血昆虫等途径传播；还可以通过种蛋垂直传播，由于通过粪便排出大量的病毒，污染空气、饲料、饮水、动物、衣物及饲养工具等物品，均可成为病原的机械性传播媒介，人员的流动和车辆的来往及消毒不严也是传播重要因素。一年四季均可发生，但多发于冬春季节，尤其是秋冬、冬春之交。气温骤变时期发病率高，夏季发病少，多呈散发。

3. 禽流感疫情给我们的警示。禽流感疫情出现后，各国政府农业、卫生部门反应迅速得当，处理疫情公开透明。这既表明各国政府应对突发公共卫生事件的能力有了很大提高，同时也表明，动物防疫体系正在发挥有效作用。但禽流感疫情的频频出现，仍然给我们严重警示：在全球化时代，病毒传播的形式和速度都发生了变化。一方面，随着人流、物流、商品流的迅疾涌动，丛林与集镇、穷乡僻壤与大都会空间距离的意义愈来愈小，阻遏病毒传播的地理和空间屏障变得愈来愈脆弱，病毒通过动物感染给人，人与动物交叉感染，并很快又传播到另一个地方。这些都给动物防疫工作带来前所未有的挑战；另一方面，在传统农业过渡到现代农业过程中，加强农业社会服务体系建设变得异常重要。人对自然的过度开发，也使得不同生物种群间固有的基因屏障不断遭受挑战。禽流感疫情的出现，再次告诉我们，统筹协调人与自然的关系极端重要，维护生态建设迫在眉睫。

4. 成熟完备的防控应急预案才能成功应对突发疫情。当前，动物防疫工作的形势愈加严峻，随着航空、旅游、外贸迅猛发展，下一次世界流感大流行的传播速度要较以往迅猛，留给我们采取预防和控制的措施时间就更少。有关部门必须做充分的准备，科学制订应急预案，并在反复演练中不断加以完善。专家认为，应对禽流感应该分级处理，根据危害的不同程度相应采取不同的防控预案，这样才能有效应对可能发生的疫情。

第一，加强流感监测（一级预案）。当禽类出现禽流感爆发时，尤其是高致病性禽流感爆发时，动物防疫检疫部门要及时通报卫生部门。卫生行政部门和疾病预防控制机构这时应采取的主要措施是加强流感监测力度，包括医院门诊流感样病例的监测和对养殖、贩运、屠宰禽类职业人群的监测，要适当加大监测频次、采样量。

第二，消灭传染源和切断禽类传播途径（二级预案）。当出现禽流感感染人类，但不具备人传人的能力时，应采取的措施主要是消灭传染源和切断传播途径。首选要彻底消灭传染源，如香港1997年禽流感H5N1爆发时采取的全市杀鸡举措。这里要考虑多大范围、面积消灭传染源和可疑传染源。切断传播途径就是针对一般人群而言，尽可能不与禽类接触。

第三，及时治疗和隔离（三级预案）。当人群出现禽流感爆发或流行、具有人传人的能力时，则应采取的措施最主要的不再是针对病禽了，而是针对人群。这时的措施最为紧急，因为这可能是新一轮世界流感大流行的前兆。这时全人类均是易感人群，对新的或变异的病毒没有任何免疫力。政府及有关部门应采取紧急措施控制疾病的蔓延：用新分离到引起人群爆发的禽流感病毒作为制备应急接种疫苗的候选毒株，及时大量生产疫苗，全人群紧急接种；严格隔离治疗传染源（病人），采取严格消毒、探视制度；若在农村、中小城市爆发，则划定一定区域采取强制封锁措施，限制疫情爆发地人员、物资、车辆流动。

2011年12月21日，深圳一名39岁的陈姓男子出现无明显诱因发热，于25日入住深圳市宝安某医院治疗。12月30日，经广东省疾病预防控制中心实验室检测，患者样本禽流感（H5N1）核酸为阳性。当日，广东省专家组根据中国人感染高致病性禽流感诊断标准及相关规定，诊断为疑似病例，并报卫生部进一步确诊。广东省卫生厅表示，该次疫情发生后，广东省、深圳市卫生部门及时采取了相应的防控措施，全力救治病人，并对患者密切接触者进行严密的医学观察，有效地控制住了疫情的发生和发展。

5. 我国政府要在日常管理中采取措施加大对禽流感的预防。

第一，加强执法力度，贯彻《中华人民共和国动物防疫法》。严格执行有关配套的预防、控制和消灭疫病的各项具体规定。建立健全动物防疫监督机构，加强动物检疫执法队伍的建设，对重大动物疫病实行计划免疫，强制免疫；依法做好动物检疫工作，一旦发生重大疫情，立即组织有关部门坚决扑灭。加强对家禽及其产品的产地检验和屠宰检疫，严禁发病家禽及其产品进入流通环节，确保原料、生产加工、销售和食用全过程的质量安全，确保养禽业生产安全和人民身体健康。加强对兽医和疫苗生产、经营和使用等过程的监督力度，切实加强兽药和疫苗市场整顿，对非法生产销售兽药和疫苗的予以坚决打击，以净化兽药和疫苗市场，积极推行 GMP 认证工作，确保养禽业繁荣健康快速发展。

第二，健全和完善禽病防疫体系。以预防为主的方针，降低家禽疫病的发病率和死亡率，使某些普遍发生和危害性大的疫病得到有效的控制，是我国养禽业持续稳定发展并再上新台阶的重要保证。为此，各级主管部门、生产单位及所有的从业人员都要树立起牢固的防疫观念，并在实际中切实执行。养殖场应制定适合本场具体情况的防疫、消毒及卫生措施；确定科学的免疫程序和检测计划；健全诊断和监测规范化技术；建立疫情报告、登记和技术档案制度；加强禽用疫苗的管理，健全供应网络和冷链体系，完善管理办法，做到统一订购，逐级计划供应，适时应用。加大防疫中的科技含量，依靠科技力量，控制和消灭对当前养禽业危害较大的疫病。加强基层兽医站的基础建设，增强养禽业发展活力。加大对家禽疫病监测、诊断、检疫、动物卫生监督仪器设备的投入和人员培训，使先进的仪器在禽病防治中发挥作用，建设一批辐射面广的家禽疫病诊断与监测中心，形成与现代养禽业相适应的疫病监测体系。

第三，加强专业技术队伍建设。完善和充实基层兽医队伍，提高能力素质，改善基层兽医工作生活条件，使他们安心基层兽医防疫工作，充分发挥现有畜牧兽医推广机构和人员的利用。充分利用高等院校这块阵地，加快畜牧兽医高级技术和管理人才的培养，建立规范化的继续教育制度。加强乡镇畜牧兽医人员和牧场技术人员的技术业务培训，全面实施畜牧兽医从业人员职业技能考核制度。

第四，采取综合配套的卫生防疫措施。一些养禽场平时不注意环境卫生，鸡粪乱堆，病死家禽乱扔，因而传染性疾病不断发生。在此情况下，强调环境因素在养禽防疫中的重要性更具有意义。养禽场应注意加强饲养管理，提高家禽的抵抗力，注意禽舍及周围环境的温度、湿度、饲养密度、通风和卫生，加强对禽舍及周围环境的消毒，消灭病原微生物，杜绝和减少传染性疾病的发生。禽病防制是一项系统工程，应树立依法加强疫病防制的观念，严格执行《中华人民共和国动物防疫法》，贯彻以预防为主、防治结合和防重于治的方针，增强全社会防制畜禽疫病的意识，采取综合性卫生防疫措施，全民总动员，建立健全禽病防疫体系，不断加强对家禽疫病的研究，采用先进的防制技术和监测手段，控制疫病的发生与流行，以促进我国养禽业的持续健康快速发展。

把加强防控体系建设放在首位

——对台湾南部登革热疫情的思考

【事件回放】

自2010年6月下旬台湾南部发现登革热病例以来，登革热疫情在台湾南部出现扩大趋势。台湾登革热本土病例累计达1506例，其中2人死亡；外地移入岛内的病例则创下历年新高，达到293例。

6月7日上午，台“卫生署疾病管制局”又公布了上周新增18例本土登革热病例，这些新增病例大多发生在高雄市。其中高雄市就有13例，其中鼓山区8例、三民区4例、新兴区1例，台南县关庙乡也新增5例。此外，5月外地移入病例多达66例，创下1998年以来的单月最高纪录。除了登革热疫情之外，“疾管局”同时公布两例流感死亡新增个案，分别为台南市80岁女性、高雄市73岁女性。两人都感染AH3型流感病毒，且均未接种流感疫苗。

10月12日，台湾“中央社”报道，上周本土病例达111例，创单周新高；“疾管局副局长”施文仪12日在记者会表示，现已经累计有483例。

10月13日，中评社报道，本周以来，登革热本土病例再创新高，台湾共发现730宗病例。台湾疾病管制部门表示，台湾登革热疫情现存4种病毒类型，主要出现在台湾南部地区，北部仅有零星病例。自8月起，台南市就增加108例，而高雄市则增加了300例，且疫情未见缓解。

11月9日，台湾当局疾病管制部门公布了最新登革热疫情，台湾已有

1031 名本土登革热患者，其中以高雄市最为严重，共有 589 人。综合台湾媒体报道，上周台湾地区新增 128 例本土登革热病例，几乎都集中在高雄市和台南市，其中仍以高雄市三民区疫情最为严重，感染人数最多。

11 月 23 日，台湾媒体报道，登革热病例增加到 1216 例，其中高雄市 708 例、台南市 339 例、台南县 98 例、高雄县 45 例、台北县 15 例、屏东县 6 例、台北市 2 例，桃园县、新竹县及嘉义县各 1 例。其中有 15 例登革出血热病例，造成 2 例死亡。

【应对举措】

1. 官方高度关注，密切跟踪监视。疫情发生后，台“行政院长”吴敦义要求，各相关机关务必全力配合各项防疫工作，加强媒体倡导卫生教育，呼吁民众做好自我保护措施。积极配合清扫居家环境及清除孳生源，踊跃接种流感疫苗，以避免疫情扩大。吴敦义表示，卫生部门虽已针对登革热、肠病毒、红眼症（急性结膜炎）等重要传染病防治采取多项积极防治措施，但为使疫情获得更有效控制，应加强落实疫情监控及通报机制，并适时依法成立流行疫情指挥中心。吴敦义指出，卫生部门最近 1 个月传染病监视数据，显示本土登革热疫情相当严峻，南部 5 县市都有病例；而肠病毒、红眼症疫情持续升高，已发生多起校园群聚感染，流感疫情也即将到来，同时还有“NDM—1 肠道菌感染症”的威胁。

2. 明确防范重点，控制疫情蔓延。针对不断蔓延的疫情，10 月 21 日，台“行政院”宣布成立登革热流行疫情指挥中心，由“卫生署长”杨志良与“环保署长”沈世宏任指挥官，并在南部设前进指挥所，统筹各项防治工作。疫情指挥中心正式启动后，首波防疫主轴将以小区“容器减量”、“清除孳生源”策略为主。拨付 7000 万新台币到南部登革热发生高危险县市支持防疫，同时挹注 400 多人帮助清除孳生源，首要目标就是让登革热疫情在 11 月底前，反转获控制，严防疫情过冬。23 日，台当局“卫生署”和台当局“环保署”拨款 3800 万新台币，动员雇工 2000 多人灭蚊，这笔经费主要用于雇工清扫环境、清除登革热孳生源。

3. 开展联合稽查，加大处罚力度。“卫生署”与“环保署”进行病媒蚊孳生源联合稽查，如果查获孳生病媒等违规情况，将裁罚新台币 3000 元以上、15000 元以下。有鉴于各种疫情升温，“疾管局”即日起提升疫情警示灯号，由黄灯提高为橙灯。12 月 24 日，疫情中心成立近 2 个月以来，透过台当局、地方和民众通力合作，病例已经逐渐减少，台南县市疫情明显趋缓，高雄县疫情稳定，高雄市疫情缓和，主要流行地区的疫情都在控制当中，已经没有跨县市流行的危险。

4. 针对台湾南部发生登革热疫情，我国大陆政府也采取了相应的措施。台湾南部发生登革热疫情并且加剧后，我国大陆政府当即发布了有关台湾南部等地登革热疫情的公告，要求各地加强监测，防止疫情传入。尤其是西南边境、华南和东南沿海地区，气候、地理条件适宜媒介伊蚊孳生繁殖的地方都要加强监测和预防措施。2010 年 9 月 14 日，东莞市卫生局公布了一起登革热聚集性疫情，经调查，这是一起由东南亚输入性病例引起的社区登革热爆发疫情。截至 14 日，本起疫情中共发现 11 例登革热确诊病例，其中 6 例痊愈，5 例住院治疗。据东莞市疾控中心负责人介绍，登革热没有疫苗可预防，其主要的防控措施就是防蚊灭蚊。14 日下午，东莞市政府召开会议并下发紧急通知：9 月 15 日到 11 月 27 日，全民动员灭蚊。广东省启动发热病例应急监测，省卫生厅、省爱卫办和省疾控中心有关领导和专家赶赴东莞指导疫情的防控工作，并发出通知，要求广州、东莞、佛山、汕尾等亚运会主办和协办城市，严防登革热疫情的传入和蔓延。随后，东莞市政府再次召开会议，就关于开展爱国卫生运动，防控登革热作出紧急通知，动员全民消灭蚊子及孳生地，力求在 3 天内将布雷图指数（每百户住户内有伊蚊幼虫孳生的容器数）控制在 5 以内。此外，东莞市疾控中心还启动了发热病例应急监测工作，要求多家医疗机构开展登革热样症状病例的监测工作，一旦发现有发热伴“三红”、“三痛”、有出血现象的病例，要及时报告。

【评析反思】

据调查，首次登革热病例是于 1779 年在埃及开罗、印度尼西亚加达及美国费城发现的，并据症状命名为关节热和骨折热。它的症状表现就是发热，然后是疼痛。发热体温可以达到 39—40 度。它的传播媒介是蚊子，病毒就在蚊子的唾腺线里面增殖，其潜伏期是 5—8 天，发病区集中在热带和亚热带地区。20 世纪，登革热在世界各地发生过多次大流行，病例数百万计，在东南亚一直呈地方性流行。我国于 1978 年在广东流行，并分离出第Ⅳ型登革热病毒。此后，于 1979、1980、1985 年小流行中分离出Ⅰ、Ⅱ、Ⅲ型病毒。到目前为止，还没有这种疾病的预防药物。

登革热具有很典型的流行特征。一是地方性。凡有伊蚊孳生的自然条件及人口密度高的地区，均可发生地方性流行，在城市中流行一段时间之后，可逐渐向周围的城镇及农村传播，在同一地区，城镇的发病率高于农村。二是季节性。发病季节与伊蚊密度、雨量相关。在气温高而潮湿的热带地区，蚊媒常年繁殖，全年均可发病。我国广东、广西为5—10月，海南省3—10月。三是突然性。流行多突然发生，不少国家在本病消匿十余年之后突然发生流行，我国40年代在东南沿海曾有散发流行，至1978年在广东佛山突然流行。四是传播迅速，发病率高，病死率低。疫情常由一地向四周蔓延，如1978年5月，广东佛山市石湾镇首先发生登革热，迅速波及几个市、县。1980年3月，海南省开始流行，很快席卷全岛，波及广东内陆几十个省、市。该病的病死率为0.016%～0.13%，可通过现代化交通工具远距离传播，故多发生在交通沿线及对外开放的城镇。

此次登革热病在台湾南部的集中爆发，据北京微生物与流行病研究所杨佩英教授分析原因有三点：一是从台湾的地理位置来讲，它处在北纬22度以南到18度这个小范围里面，这是埃及伊蚊传播“登革热”的主要媒介所在地带。二是台湾人经常去马来西亚、新加坡、泰国，这些国家都是“登革热”流行比较严重的地区，这种频繁的交往有可能把东南亚的病毒带到了台湾。三是灭蚊措施不够，导致了病毒的传播。特别是台湾民众与中国大陆和东南亚等多种传染病流行疫区互动频繁，对此，我们应有高度警觉，从预防疾病孳生和控制疫情蔓延两个方面来认识和把握。

1. 在前期预防上，必须全面科学地认识当前登革热疫情传播特点，消除蚊虫孳生的环境条件。登革热是我国传染病防治法规定的监测与疫情管理的虫媒传染病，严密加强疫情监测是防控的主要举措。它传播的主要因素有：人口流动大量增加，病毒感染者从疫区进入到无疫区或无免疫力的人群进入到疫区中，导致传播，并通过现代化交通工具扩散；城市化大发展大量人口迁入城镇，基本设施落后，大量的饮用储水容器、垃圾废弃物中的瓶瓶罐罐和废旧轮胎中的积水以及建筑工地的周边的积水，都为媒介伊蚊提供了良好的孳生地，导致蚊媒密度、数量倍增加剧传播；全球气候变暖，蚊虫活动季节延长，活动区域扩大，病毒在蚊体内增繁活跃，病毒能力增强，流行范围向温带扩展，受害人群增多；登革热至今还没有特效治疗办法和预防药物，疫苗研制还未取得突破性进展，采取的控制措施深受人们行为习惯和生活习惯的影响而不能落实，制约着遏制病毒流行的进程。不过，我国自20世纪90年代开展“社区参与、健康教育、环境制约”的控制模式，取得了明显效果。所以，要防止疫情的发生，需要我们的共同努力。要切实按照卫生部印发的《全国登革热监测方案（试行）》，在全国范围内开展常规监测，特别是在我国沿海易发地广东、福建、云南、广西和海南等地区重点监测，全方位严密防控，使传播病毒的蚊虫无处繁衍，无法生存。同时，加强病毒预防和治疗的科学研究，早日攻破难题，研制出有效疫苗和药物，保护群众的生命健康。

2. 在控制蔓延上，必须把加强防控体系建设放在首位，提高疫情防控的整体能力。此次登革热疫情在台湾的爆发，给其他各国和地区做好疫情防预控制工作，提供了一些好的经验做法，同时也给我们带来了反思，我们的疾病预防控制体系建设水平能否抵挡住下一次传染疾病的袭击？一次次的流行疾病危机，提示我们的疾病预防控制体系还比较薄弱，难以满足保障人民健康安全的要求，促进经济发展，构建和谐社会的要求。疾病预防控制体系建设，已经成为今后一个时期政府工作的重点之一。因此，必须把加紧健全完善疾病预防控制体系建设，作为抓好疫情防控工作的首要任务。一是要明确我国疾病预防控制体系面临的首要问题及其影响，分析其形成根源和制约因素。二是对如何解决这些问题，特别是治本策略上，要加大研究力度，提出重建疾病预防控制体系的改革建议和推动步骤。三是要围绕治本策略，研究重建疾病预防控制体系的具体措施，包括：界定我国各级疾病预防控制中心应承担的职能、明确省市县三级疾病预防控制中心的人力配置方式、规范财力配置和基本设施建设标准。四是研究基层卫生防保组织疾病预防控制职能、人力和经费配置。只有通过建立和完善防控体系建设，把各个层面、各个环节的防控工作都纳入到防控体系建设中，固强补弱，整体推进，才能打赢未来流行性疾病的攻坚战。

“抗菌素之殇”对人类的严峻挑战

——对各国发现超级病菌病例的思考

【事件回放】

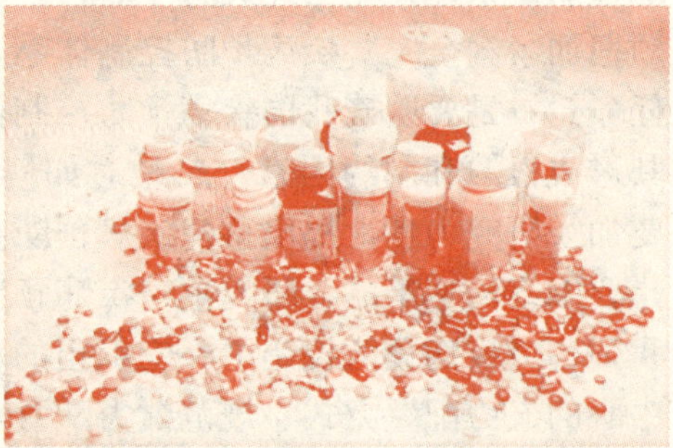

2010 年，英国媒体爆出：在印度、巴基斯坦等南亚国家出现的一种新型细菌变种基因，抗生素耐药性领域的医学专家将这种变种基因命名为 NDM—1，人们称它为“超级病菌”。超级病菌是一种耐药性细菌，这种超级病菌能在人身上造成脓疮和毒疱，甚至逐渐让人的肌肉坏死。更可怕的是，抗生素药物对它不起作用，病人会因为感染而引起可怕的炎症，高烧、痉挛、昏迷直到最后死亡。这种病菌的危险之处并不在于它对人的杀伤力，而是它对普通杀菌药物——抗生素的抵抗能力，对这种病菌，人们几乎无药可用。

现在这种几乎对所有的抗生素都有耐药性的“超级病菌”已传播到英国、美国、加拿大、澳大利亚、荷兰、日本等国家，有数百人感染，至少 10 多人死亡。这种新型细菌变种基因最早出现在印度、巴基斯坦等南亚国家。有不少英美等国的游客前往这些南亚国家接受价格低廉的整形手术，从而使得这种基因得以传播。美国疾病控制和预防中心建议医生们对在南亚接受过手术的病人要特别加以关注。

2010 年 10 月 26 日，中国疾病预防控制中心通报 3 起感染超级耐药致病细菌病例。其中两名为宁夏回族自治区的 7 个月大婴儿，另一名为福建罹患肺癌的 83 岁老人，两名新生儿后痊愈出院，但 83 岁老翁死亡。

无论是人类免疫系统，还是抗生素，要取得人体与感染细菌战斗的胜利，都必须用充足的剂量（或白细胞）来扫除所有感染的病菌。这就使与“超级病菌”的超级感染做斗争的代价像火箭发射一样猛升。如果用更昂贵、更复杂的抗生素用于治疗，必将导致“超级病菌”们更大、更强的抗药性。比如 MRSA 就是一种耐药性细菌，它是耐甲氧西林金黄色葡萄球菌的缩写。1961年，MRSA在英国被首次发现，它的致病机理与普通金黄葡萄球菌没什么两样，但危险的是，它对多数抗生素不起反应，感染体弱的人后会造成致命炎症。20世纪70年代，在上海医院检测到的MRSA感染只占金黄色葡萄球菌感染的5%，1994—1996年上升到50%～77.9%，2001年这一数字已经达到80%～90%。2000年出现的绿脓杆菌，对氨苄西林、阿莫西林、西力欣等8种抗生素的耐药性达100%；肺炎克雷伯氏菌，对西力欣、复达欣等16种高档抗生素的耐药性高达52%～100%。现在，医学专家对NDM—1的出现深感“忧虑”，担心它会很快在全球蔓延。欧洲临床微生物和感染疾病学会说，预计至少10年内没有抗生素可以“消灭”含NDM—1基因的细菌。澳大利亚堪培拉医院传染病部门主任彼得·科利尼翁说：“这类细菌难以对付，更准确地说，我们没有任何药物可以对付它。”

不过也有医学专家持乐观态度。他们认为，尽管世界上存在多种对抗生素具有耐药性的细菌，但是其中并没有任何一种能够成为真正的“超级细菌”和“食肉细菌”。英国伯明翰大学分子遗传学教授克里斯托弗·托马斯说：“我们可能正处于新一轮抗生素抗药性的初始阶段，我们仍有能力阻止它。”他认为，良好的监控和疾病控制程序可以阻止超级细菌传播。纽约大学朗格尼医学中心负责人表示：“这些对抗生素具有耐药性的细菌无疑是带有危害性的，但NDM—1超级细菌比耐甲氧西林金黄色葡萄球菌（MRSA）更令人担忧吗？现在做出判断还为时过早。”MRSA是一种可以抵抗所有抗生素和药物的病菌，能够感染伤口和引发褥疮，引起各种感染，令免疫力弱的人死亡。MRSA呈多重耐药，是临床重点耐药性监测的多重耐药菌之一。实际上，凭着“对抗生素免疫”这件刀枪不入的盔甲，MRSA迅速超过乙肝和艾滋病，跃居世界三大最难解决感染性疾患的首位。NDM—1超强病菌的出现，标志着一场发生在人体内部的新的战争又拉开了序幕，使得现代医学陷入危机。人类能否赢得这场战争，对全球公共卫生领域是一个十分严峻的挑战。

【应对举措】

世界卫生组织呼吁，为控制抗菌素耐药性，全球应做更大努力，通过开发和使用临床诊断手段，并采用日益改进的全球信息技术，追踪和控制耐药性问题的扩散，避免不断出现“超级细菌”。世卫组织说，控制抗菌素耐药性是2011年世界卫生日的主题，这将是一次机会。英国卫生防护局于2011年1月29日发布用于阻止“超级病菌”传播的新规定。卫生防护局要求全英国所有微生物学咨询师和感染控制专家，向医院提供对碳青霉烯类抗生素具耐药性细菌的检测方法，同时重申控制传播感染的手段，如隔离高危病人等。第50届抗微生物制剂和化疗学科会议在美国东部城市波士顿召开，大约12000人与会。“超级细菌”将成为大会焦点之一。法国比塞特尔医院细菌学和过滤性微生物学部门负责人帕特里斯·诺德曼在会上敦促各国医疗机构采取措施，建立起国际监督机制，防范“超级细菌”蔓延。

中国卫生部表示，针对“泛耐药肠杆菌科细菌”的入侵和扩散问题，卫生部门正在严密防控，全力避免中国成为重灾区，并已经做出了具体安排部署，开展了一系列工作。医疗机构正在加强对免疫力低下或危重患者，特别是有相关流行病学史患者进行致病微生物检测和细菌耐药监测，及时采集标本，做到早发现、早诊断，早治疗。卫生部要求各省级卫生行政部门加强本辖区细菌耐药监测工作，组建省级细菌耐药监测网，实现数据共享；还在重点城市遴选重点医院作为监测点。中国于2005年成立“全国细菌耐药监测网”与“抗菌药物应用监测网”。截至目前，全国各地已有约150家医院加入了细菌耐药监测网。卫生部部长陈竺也做出要发挥中医药优势防范“超级细菌”的指示。国家中医药管理局对此非常重视，要求加大对抗菌抗病毒的研究重视和支持力度。据专家介绍，自超级细菌出现后，西医西药束手无策，医药学家和医药企业都开始把目光投向中医药。中药来源广泛，成分复杂，具有多靶点抗菌作用，诸如金银花、板蓝根、穿心莲等中药不但对细菌、病毒有抑杀作用，更包括对人体免疫的调节和保护。有很多文献报道，板蓝根、金银花、穿心莲等中药都有一定的改善耐药性作用。

9月11日，广药集团联合华南新药创制中心等多家科研机构共同启动了《广药集团抗“超级细菌”药物研发大课题》，课题将在白云山板蓝根等抗菌消炎中药基础上，深入研究中药抗生素改善耐药性功能，创新开发中西药联合用药方案和新药“中国中药抗之霸”。广药集团启动抗“超级细菌”药物研发国际重大课题，对于应对“超级细菌”起到了很好的带头和示范作用。

【评析反思】

1. 必须认识到抗生素具两面性。所有的“超级细菌”都是由普通细菌变异而成的，也正是由于滥用抗生素，对变异细菌进行自然选择，从而产生了“超级细菌”。除了吃药打针，我们吃的鸡鸭鱼肉之中也有许多抗生素。因为它们生长过程中被喂了抗生素，侵袭它们的细菌可能变异。等到变异病菌再侵袭人类时，人类就无法抵御了。结果是，研究出来的新药越来越短命。此次发现的“超级细菌”，更为科学的称谓应该是“产 NDM—1 耐药细菌”，即携带有 NDM—1 基因，能够编码Ⅰ型新德里金属 β—内酰胺酶，对绝大多数抗生素（替加环素、多粘菌素除外）不再敏感的细菌。“产 NDM—1 耐药细菌”与传统“超级细菌”相比，其耐药性已经不再是仅仅针对数种抗生素具有“多重耐药性”，而是对绝大多数抗生素均不敏感，这被称为“泛耐药性”。领导这项研究的卡迪夫大学专家蒂莫西—沃尔什认为，这种病毒将迅速成为全球性问题。从 2008 年以来，他们开始观察到病毒在人与人之间的传播，印度被感染人群正在急剧增加。这种病毒正通过飞机跨过边境向全球扩散，一旦达到临界点，它将像“非典”和其他流感病毒那样迅速传播。研究人员说：“大量病例似乎都与前往印度次大陆旅行或者接受手术有关，空中旅行和移居使这种超级病毒可能在不同国家和大陆之间迅速传播。”英国健康保护署报告指出，到目前为止，这种病毒是通过医院中的病人传染的，现在还没有万无一失的方法杀死它们。目前只有两种药物对这种“超级病毒”有效，但其中一种是有 50 年历史的老药，对肾脏损害严重，而且一旦细菌继续扩散，这两种药物的药效将被迅速削弱。英国卫生部宣布，英国已经开始讨论研制新抗生素的办法。

2. 必须认识到滥用抗生素催生了各种超级病菌。由病菌引发的疾病曾经不再是人类的致命威胁，每一种传染病用抗生素治疗都取得过很好的疗效。但抗生素一旦被滥用，病菌迅速适应了抗生素的环境，各种超级病菌相继诞生。对于这个问题，钟南山院士就痛心疾首的警告说：“滥用抗生素后果非常严重，产生超耐药细菌，传播开的话问题将相当严重，以后将无药可用。”在 20 世纪 60 年代，全世界每年死于感染性疾病的人数约为 700 万，但到了医疗科技水平更加发达的今天，这一数字已经上升到 2000 万。死于败血症的人数上升了 89%，其中大部分人死于超级病菌带来的用药困难。

3. 必须认识到我国或将成“超级病菌”重灾区。全世界每年大约有 50%的抗生素被滥用，而中国这一比例甚至接近 80%，中国已成为滥用抗生素最严重国家。国家发改委副主任朱之鑫在十一届全国人大常委会第十八次会议召开的联组会议上说：2009 年，中国输液共计 104 亿瓶，相当于 13 亿人口每个人输了 8 瓶液，远远高于国际上 2.5—3.3 瓶的水平。世界卫生组织一项统计表明，中国感染性疾病占全部总疾病总发病率的 49%，其中细菌感染性占全部疾病的 18%～21%。也就是说，真正需要使用抗生素的病人只占两成，80%属于滥用抗生素。普通的感冒发烧，使用抗生素的情况达到80%～90%，输液似乎已取代了打针、吃药，成了治疗的代名词。不仅输液如此，药店和医院卖药时，也都首推抗生素药。中国的很多老百姓，更是把抗生素当作包治百病的万能药。中国抗生素滥用最严重或将成“超级病菌”重灾区。

因此，我们应对“超级病菌”要有很强的危机感和紧迫感，多管齐下、严密防范。

第一，改变以药养医，切断药医之间的利益链。由于我国医药企业的原创能力不强，药品以仿制为主，众多的药厂都在生产抗生素，同一种抗生素有上百家的药厂生产，这样市场销售就直接导致药品流通渠道的恶性竞争，回扣之风愈演愈烈，许多医院医生的收入直接和用药量水平挂钩。资料显示，我国目前的6000多家药企中绝大部分都生产抗生素，而国内企业生产经营的抗生素大多是重复生产的“仿制药”，如“阿莫西林”，国内的生产企业就几百家，“先锋”的生产企业也有200多家。据了解，我国现有大输液生产企业年生产能力100亿瓶，而市场需求约为40亿瓶，供是需的2.5倍，竞争已呈白热化。就这样，从医院到医生，到医药代表、药商和药厂，抗生素产品形成了一条利益链，利益被层层瓜分。因此，应当采取措施尽快在一些综合医院推行高诊费制试点、医院和医生的收入完全与药费收入脱钩、建立严格的药房管理审计制度。这样才能促使医生规范用药，降低整体医疗费用。同时，卫生行政管理部门要加强监管，对违规使用抗生素的医院严格处罚。2011年2月，据卫生部全国细菌耐药检测网负责人肖永红透露，卫生部将出台抗生素相关使用标准，用量超标严重的医院，将会面临降级的处罚。

第二，加强监管，严格控制养殖业的大量使用抗生素。我们经常会听到我国出口的食物被检测出一些抗生素的残留而拒绝在海关之外的报道。据了解，在畜牧、水产业都存在使用抗生素超标的问题。不管是猪肉、鸡肉、水产品等等，还是其他养殖食品，大量使用抗生素的结果就是食品中会含有药物残留。在环境中和我们的食物中有比较多的抗生素存在，那各种细菌早已接受过抗生素，产生耐药性了，人体如果再获得耐药菌的感染治疗就比较困难。例如，在水生动植物养殖过程中，为防病、治病而使用的抗生素药物在生物体内产生积累或代谢不完全就会产生残留，导致污染。氯霉素在世界各国的水产养殖中，都属于禁药。如果氯霉素用于养殖，大部分会随动物粪便排泄到自然界，还有一部分残留在动物体内，使各种细菌对氯霉素产生耐药性。人一旦再被这些细菌感染，氯霉素就不起作用了。氯霉素本身也有很多毒性，人吃了含有氯霉素残留的水产品，有可能导致再生障碍性贫血等病症。因此，监管部门要加强管理，抬高市场准入的门槛，市场关把严了，养殖中滥用药物的做法才能得到控制。政府要研制采用益生菌等防疫养殖业疾病的新方法，解决养殖过程中添加抗生素的问题。

第三，开展新的疗法研究，应对“超级病菌”。现在，人们致力寻求一种战胜超级病菌的新药物，但一直没有奏效。不仅如此，随着全世界对抗生素滥用逐渐达成共识，抗生素的地位和作用受到怀疑的同时，其研究使用也受到了严格控制。在病菌蔓延的同时，抗生素的研究和发展却渐渐停滞下来。失去抗生素这个曾经有力的武器，我们应该从崇尚自然的角度去寻找对抗疾病的新疗法。在应对耐药的“超级病菌”时，应当大力发展中医。中医是中华民族自己的医学，是中华民族的瑰宝。中医学采用传统中草药为医治工具，拥有几千年的历史，有着强大的文化背景和民族传统，同时有着标本兼治、副作用小、治疗成本低的优点。因此，要积极发挥中药制造商和中医治疗机构在防治“超级病菌”中的作用，寻找应对病菌的突破口。

第四，严密监控，采取措施阻止耐药病菌传播。国际社会和我国都应该采用严密的监控措施，阻止多重抗药性细菌传播，尤其是对那些推广“医疗旅行”的国家。加拿大卡尔加里大学学者皮陶特呼吁，要求那些曾在印度的医院中接受过治疗的外国人在返回本国后先去医院进行筛查。还有科学家指出，要阻止 NDM－1 的传播，必须尽快识别 NDM－1 的感染病例，并将感染者和疑似感染者隔离起来，同时采取其他的控制措施，如对加强对医院设备的消毒等，也能阻止 NDM－1 的传播。据了解，我国超级细菌监测网目前共有 170 多家医院，主要是做一些常规监测。但这项监测存在缺点，是被动监测，时间比较滞后，对新发的耐药现象等发现不够及时。目前的监测是每年出一份报告，这样滞后性大约为一年时间。此外，监测网虽然覆盖全国，但只覆盖了三级医院的 20％左右，应当加大监测网的覆盖力度。

第五，强身健体，提高自身免疫力。每个人身上平时就依附着大量细菌，只要身体健康，抵抗力强，这些细菌就毫无兴风作浪的可能。应大力推广全民健身运动，为健身群众增加科学健身内容，为健身群众提供科学的多样化“运动处方”，形成健康文明的生活方式，提高全民族身体素质、健康水平和生活质量。专家呼吁，预防更多的细菌突变成超级细菌，关键是整个社会要在各个环节上合理使用抗生素，普通人要做到勤洗手，培养良好的生活习惯，提高自身的免疫力是最好武器。

强化免疫是有效的防控屏障

——马拉维麻疹疫情的警示

【事件回放】

2010年，东南部非洲国家马拉维爆发了麻疹疫情。

根据马拉维卫生部门的疫情分析，麻疹疫情自1月开始出现，6月7—13日这一周感染情况达到峰值，随后几周开始下降，最终有77000多人感染，其中197人死亡，是马拉维10年来感染和死亡人数的最高纪录。

同期，非洲东南部地区麻疹发病率激增。7月1日，赞比亚卫生部公布最新数据显示，自4月出现麻疹疫情以来，赞比亚全国已有2858人染病，66人死亡，患者主要为婴儿和青少年。这是2003年以来赞比亚首现麻疹致死病例。同样，在马拉维的邻近国津巴布韦、坦桑尼亚以及乍得、尼日利亚，也出现了麻疹疫情。

截至6月中旬，该地区已有14个国家的64000多名儿童染病，超过1100人死亡。联合国儿童基金会及世界卫生组织警告称，这次麻疹爆发“使近来在减少这种高度传染疾病死亡率上所取得的成果有被颠覆之险”。

【应对举措】

疫情发生后，当地政府的防控措施是针对9～15岁的重点人群展开全国性的疫苗再接种运动，马拉维政府拨款420万美元用于采购疫苗及接种设备。但是部分地区的人们由于宗教原因拒绝接种疫苗，成为政府需着力解决的问题。

2010年6月18日，世界卫生组织和联合国儿童基金会对东部和南部非洲麻疹病例激增表示关切。世卫组织表示，为防止爆发麻疹疫情，各个国家和地区需要确保至少90％的儿童通过接种疫苗获得免疫，而且由于约有15%的儿童在接种第一剂疫苗后不会产生免疫力，建议进行两次免疫。要消除非洲再次爆发麻疹的风险，各国必须每2—4年开展一次后续接种，直至该国卫生保健系统能够为所有儿童提供常规接种和治疗。

在世卫组织、儿基会和其他伙伴提供的技术支持以及联合国中央应急基金、欧盟、英国政府等提供的资金支持下，受到本次疫情影响的大部分非洲国家都采取行动控制疫情的传播，开展大规模接种活动。

【评析反思】

本次东南非地区爆发麻疹疫情的原因，主要是由于资金短缺导致这些国家未能充分开展防控麻疹战略。2009—2010年，该地区防治麻疹的资金缺口达1.76亿美元。马拉维是世界最不发达国家之一，每天生活费用支出不足1美元的贫困人口占总人口的60%以上。在城市里面国家规定的最低工资是当地货币10000元，折合成人民币400元。在马拉维，世界粮食计划署专门开展农业扶持、医疗救助等项目，并在很多地方设有救济粮发放点，每户灾民每月可领取50千克的玉米。但由于联合国募集的粮食数量有限，加上当地交通不便，符合发放条件的家庭中只有55%能够领到救济粮。在粮食短缺时，一些饥饿的马拉维百姓会冒着被鳄鱼伤害的危险，潜入河底挖睡莲根充饥，马拉维饥饿的百姓有不少就是凭此度日的。经济水平的低下使马拉维国民的医疗条件很差。5岁以下儿童死亡率为120/1000；15～60岁男女死亡率（每1000人）分别为554/1000、514/1000。马拉维的医院分为3种：一种是公立医院，每个地区均有公立医院；第二种是教会医院，由国外的基督教教会或其他教会援助的；第三种是私人医院和诊所。一些国家某些特定群体的人，由于宗教原因拒绝让自己的孩子接受免疫接种，这也是麻疹在该地区爆发的一个原因。2009年，东南非地区曾有240多万儿童没有获得常规免疫接种。

麻疹是儿童最常见的急性呼吸道传染病之一，其传染性很强，在人口密集而未普种疫苗的地区易发生流行，约2—3年发生一次大流行。临床上以发热、上呼吸道炎症、眼结膜炎等并以皮肤出现红色斑丘疹，颊黏膜上有麻疹黏膜斑，以及疹退后遗留色素沉着伴糠麸样脱屑为特征。

麻疹患者是唯一的传染源，患儿从接触麻疹后7天至出疹后5天均有传染性，病毒存在于眼结膜、鼻、口、咽和气管等分泌物中，通过喷嚏、咳嗽和说话等由飞沫传播，易感者接触后90%以上均发病，1～5岁小儿发病率最高。使用麻疹减毒活疫苗后，可使发病率下降，但因免疫力不持久，故发病年龄后移。目前发病者在未接受疫苗的学龄前儿童、免疫失败的十几岁儿童和青年人中多见，甚至可形成社区内的流行。婴儿可从胎盘得到母亲抗体，生后4—6月内有被动免疫力，以后逐渐消失；虽然绝大部分婴儿在9个月时血内的母亲抗体已测不出，但有些小儿仍可持续存在，甚至长达15个月，会影响疫苗接种。

研究表明，消除麻疹从理论上可行。麻疹病毒虽然有多个基因型，但血清型只有一个，且抗原性稳定。人是麻疹病毒的唯一宿主，目前我们有可靠有效的疫苗可以预防，疫苗接种后所产生的血清抗体可以保护各种基因型麻疹病毒的感染。消除麻疹从实践层面也是可行的。国际经验证明，消除麻疹是可以实现的，如美洲区从2002年11月起就实现了消除麻疹目标；我国消灭天花和脊灰的经验也证明，疫苗可预防的传染病是可以控制、消除甚至消火的。

马拉维和非洲一些国家爆发麻疹疫情，给我们预防和消除麻疹提出了警示。麻疹曾严重危害我国人民健康。根据卫生部的统计资料，1950—1965年，未进行麻疹疫苗大规模接种前，我国年平均麻疹发病率为590/10万。过去民间一直有“孩子出过疹和痘，才算解了阎王扣”的俗语，这里的痘指天花，疹就是指麻疹。1959年，我国发生了全国范围内的麻疹大流行，报告发病数约1000万，报告死亡人数约30万，年报告发病率高达1432/10万，病死率约为3%。1965年，我国开始使用液体剂型麻疹疫苗，此后发病率不断下降，至20世纪70年代中期，发病率在200/10万～600/10万之间波动，报告发病数在150万～500万例之间。1978年，我国实施计划免疫，并开始建立冷链系统，麻疹发病下降更为显著，发病率下降了近99%。1986年，麻疹疫苗改为有效期较长的冻干疫苗，并对儿童执行8月龄和7周岁两剂次免疫方案，此后报告发病率在4/10万～12/10万之间波动。1998年，我国提出加速麻疹控制的目标，提高了麻疹疫苗的接种普及率，当年麻疹报告发病率为4.5/10万，此后每年报告病例数为6万～10万例左右。2010年，全国报告麻疹发病38159例，比2009年下降了28%，为有疫情报告以来历史最低水平。

1. 要清醒看到我国防控麻疹疫情形势仍不容乐观。2006年，我国所在的世界卫生组织西太平洋地区确定了到2012年将麻疹发病率降到0.1/10万以下，消除本土麻疹病毒传播，实现消除麻疹的目标。为实现该目标，我国制定了《2006—2012年全国消除麻疹行动计划》，提出了综合性消除麻疹策略，其中包括在做好儿童常规免疫的基础上，开展麻疹疫苗强化免疫，以提高人群免疫力；同时开展疾病监测、加强疫情控制、控制风疹、控制医院感染、加强健康促进等。实施综合性消除麻疹策略之后，全国麻疹发病大幅下降，至2009年，全国麻疹报告发病数为5.2万病例，比2008年（13.1万病例）下降了60.1%，发病率达到3.9/10万，每10000例病例中仅有7例死亡。近年，我国的麻疹控制工作虽然取得一定进展，但距世界卫生组织确立的2012年实现消除麻疹1/100万（1300例）的目标还有差距，仍需付出艰苦努力。特别是近年来，由于我国人口基数大、人口流动频繁等原因，麻疹报告发病数一直占西太区总报告数的80%以上，发病水平较高。另外，消除麻疹与消灭脊灰相比，无论从技术措施还是组织实施方面，其难度都要大的多。据世界卫生组织经验总结，消灭天花时人群免疫接种保护水平为70%，消灭脊灰需要90%以上，而消除麻疹必须达到95%以上。因此，防控工作依然任重道远。

2. 接种麻疹疫苗是对儿童健康最有效的保护。我国多年的实践表明：麻疹的流行情况与疫苗接种状况密切相关。接种疫苗是将细菌或病毒经过适当的处理后以无危害的形式引入人体，这些外来的物质会引发人体的免疫系统产生免疫反应，从而产生保护性的免疫蛋白和可杀伤细菌的免疫细胞。一旦真正细菌或病毒进入人体后，免疫系统就能识别出来，并产生更强、更快的免疫反应，这类反应比从未接受过疫苗的人体更强烈，从而保护人体不患上某种疾病。其实每天在我们身边都隐藏着许多看不见的健康“杀手”，每个人每天都可能接触到很多传染病（感染病）的病源，如一些传染病的隐性感染者，他们虽然看似健康，却会在不知不觉中通过各种途径把病毒传染给了别人。

据卫生部免疫规划专家咨询委员会委员刁连东主任介绍，“接种疫苗可以说是预防和控制传染病最经济、有效的方法之一，也日益成为现代人预防疾病的健康生活方式”。接种为健康筑起一道防线，纵观人的一生，从呱呱坠地到垂垂老矣，其间无不伴随着疫苗的呵护。接种疫苗不仅保护那些接受疫苗的个体不必再因疫苗可预防的疾病而遭受病痛或死亡，减轻疾苦和经济负担，告别因病致贫；通过接种还可以形成“群体免疫”，阻止传染病的传播，减少受感染的人数，减少疾病带来的社会负担和治疗费用。疫苗对于全球死亡率和发病率的下降发挥了巨大的作用。全球范围内，每年通过疫苗预防而避免死亡的人数高达300万，75万名儿童因为疫苗而免于残疾，给千千万万的人提供了最有效的保护。预防接种和传染病控制被认为是20世纪最伟大的公共卫生成就之一。因此，接种疫苗防患于未然，是对健康的有效的保障。

3. 切实建立各地联防联控机制。必须加强传染病疫情监测与报告工作，地方各级卫生行政部门要编制本地区防控工作方案。把各项防控措施落到实处。发生疫情后，要采取切实有力措施，及早进行干预，争取在最短时间内将疫情在最小的范围内扑灭。加强对医疗机构疫情报告质量的监督检查，各级疾病预防控制机构要坚持每日审核和分析医疗机构疫情报告情况，主动加强预警预测工作。对于出现的疫情，要主动做好风险沟通工作，按照《卫生部法定传染病疫情和突发公共卫生事件信息发布方案》要求，通过互联网、广播、电视、报纸等新闻传播载体，及时准确发布相关疫情信息，正确引导社会舆论，及时消除谣言传播，维护社会稳定。要加强常规免疫，强化入托入学儿童接种证查验与查漏补种工作。特别是在中小学校及幼托机构等高发地区及重点人群开展强化免疫活动。要广泛开展宣传教育活动，动员全社会参与。开展多种形式的大众健康教育活动，普及传染病防治知识，指导公众做好个人卫生防护，引导大家进行主动防范，倡导科学、文明、健康的生活方式，提高公众的防病意识和自我保护能力，动员全社会共同参与传染病防控工作。深入开展爱国卫生运动，城乡环境卫生整洁行动，进一步加大环境卫生整治力度，抓紧清理卫生死角，清除暴露垃圾和污水坑塘，清除蚊虫孳生地，做好改水改厕和粪便无害化处理，切实搞好家庭、居民区以及中小学校、托幼机构卫生，切断传播途径。要切实加强对辖区医疗机构的人员培训，努力提高临床诊断和救治水平，最大程度地提高重症患者的救治成功率，降低死亡率。

以有效的应急救治来控制疫情发展

——喀麦隆发生霍乱救援启示

【事件回放】

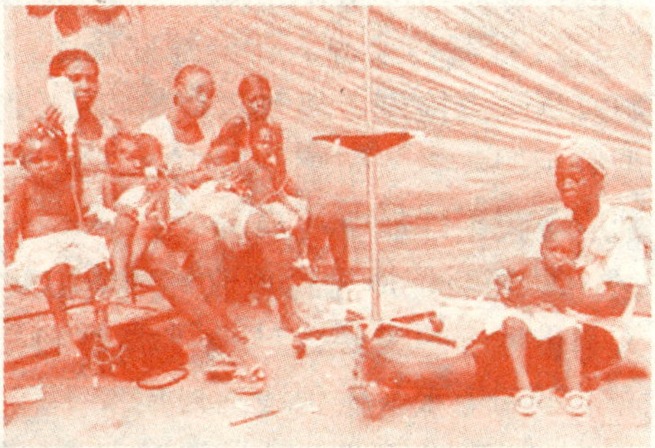

自2010年初开始，非洲的喀麦隆、尼日利亚、尼日尔等国的霍乱疫情持续扩散，霍乱病例迅速增加。5月份，这3个国家的霍乱病死率都远高于世界卫生组织1%的可容忍标准。在喀麦隆北部爆发的霍乱更是自2004年以来在喀麦隆发生的最严重的一次。喀麦隆自从5月6日至7月31日，极北省平均每天新增病例15例，死亡1例。8月至9月上旬，疫情蔓延至北部3个省，平均每日新增病例67例，死亡4例，期间8月15日至9月15日为疫情高峰，平均每日新增131例，死亡6例。截至2011年3月21日，全境发现霍乱病例12811人感染，其中742人死亡。

【应对举措】

霍乱是由01血清群和0139血清群霍乱弧菌引起的急性肠道传染病，发病急、传播快、波及面广、危害严重。病发高峰期在夏季，能在数小时内造成腹泻脱水甚至死亡。19世纪初至今已引起7次世界性大流行。进入20世纪90年代后，随着0139的出现，全球霍乱流行趋势更趋严峻。据有关方面不完全统计，全球每年有500万人罹患这个病，有12万人为此丧生。面对这次非洲喀麦隆的霍乱疫情，世界卫生组织、联合国儿童基金会、世界粮食计划署、联合国难民署以及红十字会和政府各部门合作帮助疫区的民众，尤其是妇女和儿童。世卫组织等联合国机构也联合起来为当地提供必需物资，并进行霍乱防治的宣传。

【评析反思】

霍乱，是一种容易治疗的传染疾病，高达80%的病人可以通过及时服用口服补液盐而成功得到治疗，但是感染速度较快，疾控难度较大。专家称，有效的预防、防备和应对举措可以控制霍乱疫情的发展。但喀麦隆发生的霍乱却致死700多人，死亡率之高出乎意料之外，除了这个国家极度贫困、缺乏干净的食物和水、疾控综合能力偏弱外，还有一个重要原因就是应急救援措施不及时、不到位。这对我们在科学高效应对霍乱疫情方面，提供了警示。近些年来，我国一些地方相继发生霍乱事件，引发了人们对霍乱这一严重传染疾病的关注，特别是个别地方瞒报霍乱疫情造成的后果，更是让人们担忧。在开展霍乱疫情应急救治方面，应做到以下几点：

1. 控制传染源。普遍建立肠道门诊，发现病人立即隔离治疗，对疑似病人行隔离检疫，接触者应检疫5天，对发现的带菌者，在隔离检疫期间可应用四环素预防感染发生。认真做好国境检疫及国内交通检疫工作，特别应重视国际航空检疫。

2. 切断传播途径。改善环境卫生，加强饮水和食品的消毒管理，对病人和带菌者的粪便，其他排泄物和用具衣被等，均应严格消毒。消灭苍蝇，不喝生水，做到饭前便后洗手。

3. 提高人群免疫力。霍乱死菌苗保护率为50%～70%，保护时间为3—6个月，仅对同血清型菌株有效，不能防止隐性感染及带菌者，易使人们产生一种虚幻的安全感，未广泛应用。目前，我国正在研制抗原性强，效力高的菌苗，如佐剂菌苗、口服低毒活菌苗、类毒素菌苗及基因工程菌苗等。B亚单位毒素菌苗，近年证明可获80%的保护率，正在大范围试验。

4. 迅速启动公共卫生应急反应。按照有关卫生法律，依法重点加强对饮食行业、饮水卫生、农贸市场、集体食堂、学校、公共场所、医疗机构的肠道门诊管理和腹泻病人收治等工作监管。根据需要及时组织有关专家和专业队伍对疫情现场指导，参与病例诊断、病人救治和现场处置工作。当出现较大疫情时，政府应该及时启动突发公共卫生事件应急指挥部，统一指挥本辖区内的应急处置工作。出现重大疫情时，除了采取较大疫情应急措施外，应该在上级领导下，组织协调本行政区域的卫生力量参与霍乱疫情应急处置工作，对下一级应急处置工作进行督导检查，并按程序报告，及时向社会发布疫情信息。

5. 积极搞好善后处置。疫情终止后，对疫情发生和处置情况进行总结，分析其原因和影响因素，形成报告备案。对疫情导致特殊困难的家庭予以救助，搞好后续疫情监测工作。对玩忽职守、不履行职责、组织协调不力，以及工作中出现重大失误，造成严重后果的，依据有关法律法规追究当事人的责任。

构建国际合作救援的协调机制

——海地霍乱疫情救援启示

【事件回放】

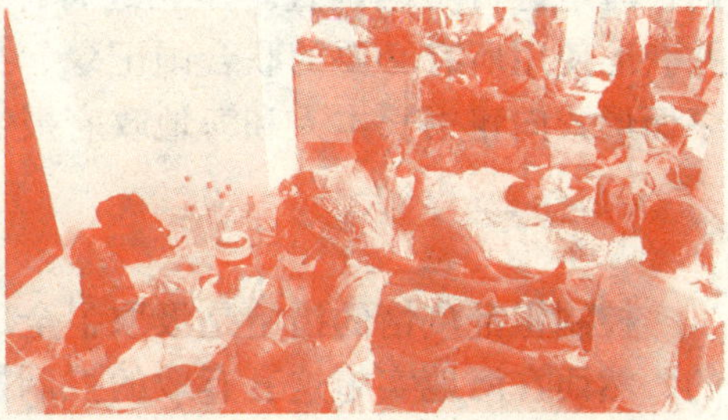

2010年10月21日，海地医学协会主席克洛德·苏雷纳宣布，海地北部地区近日爆发霍乱，造成135人死亡，近1500人染病，而且随着疫情的迅速蔓延，死亡人数迅速增加。截至2012年1月，海地因感染霍乱死亡的人数已经接近7000人。受感染的患者均出现腹泻、呕吐等症状，如果得不到及时治疗，就会在24小时内死亡。当地官员称，这是2010年1月发生大地震以来，海地面临的又一场重大灾难。

霍乱（Cholera），早期译作“虎力拉”，是由霍乱弧菌所致的烈性肠道传染病，临床上以剧烈无痛性泻吐，米泔样大便，严重脱水，肌肉痛性痉挛及周围循环衰竭等为特征。据分析，海地这次疫情与地震后当地人们食用被污染的食物和水有关。

【应对举措】

霍乱疫情发生后，海地政府采取措施，防止霍乱在更大范围内蔓延。来自国际援助机构的医疗队迅速赶赴疫区，展开救治病人和预防工作。但由于缺医少药，以及暴雨阻碍了救治工作的进一步展开，霍乱疫情没有得到有效控制，而且迅速的扩散到邻国。

1. 救助机构积极应对“最坏情况”。海地卫生部门负责人加布里埃尔·蒂莫特25日说，海地疫情蔓延速度已经减慢，但这并不意味着疫情已经到达顶峰，疫情远没有结束，他们正准备应对“最坏情况”，为更大规模爆发做准备。

根据联合国统计数据，海地国内2010年11月可用来治疗霍乱抗生素的存量，足以满足10万名病人需求，静脉注射制剂可应对3万霍乱病人。

联合国人道主义事务协调办公室正采取措施，引导当地政府设立专门应对霍乱的治疗中心，并向海地民众宣传防疫知识，确保他们了解阻止霍乱传播的有效方法。联合国人道主义事务协调办公室正向当地民众发放肥皂、带盖子的水桶等基础卫生用品（用肥皂水洗手等简单的方法可以防病）。

2. 联合国专家组调查霍乱传染源。联合国秘书长潘基文在一份声明中称，确定霍乱爆发的来源对于联合国和海地人民都非常重要。该专家组将确定 2010 年海地霍乱爆发的源头，他们将审查可用的所有信息和数据，并前往海地进行实地调查。声明还称，专家小组的运作完全独立于联合国，并获准使用所有必要的联合国记录、报告、设施和人员。调查结果会通过书面形式向秘书长本人和海地政府报告。

【评析反思】

控制霍乱疫情的措施是汲取了全球过往数百次霍乱爆发的经验而得来的。然而在海地实施这套有效的控制措施时，却出现极大落差，造成疫情蔓延全国，超过十多万人受感染，数千人死亡。分析其原因，我们可以看到很大一部分原因在于当地饮水和生活用水条件恶劣。在太子港爆发霍乱 10 日后，尽管联合国水利卫生集群辖下的援助组织已收到资金，但海地部分城区的居民仍然饮用没有经氯化处理的水。在这个拥有 300 万人口的太子港，也只有一个废物处理中心在运作。海地人收到了大量让他们饭前洗手的手机短信，同时却不得不用未经处理的污水给孩子们洗澡。根据美国疾病控制中心的数据，在海地地震前，海地 980 万的人口中只有 12%的人，可以供应到经过处理的自来水。

卫生和医疗条件很差。到海地首都太子港，发现无国界医生全都不胜负荷，他们已经治疗了超过 75000 名霍乱病人。他们发现，那里的医疗中心都缺乏救命的口服水分补充剂，有些诊所干脆关门了。每位来自国外的救援医生尽最大努力，每天医治好几百名病人，但是只有为数不多的几个组织在采取控制霍乱传播的措施，如向群众分发氯化水和处理废物等。泛美卫生组织对疫情的趋势预测，并没有带来有效的救援部署。大量援助均集中在太子港，但在霍乱盛行的乡郊地区，经验不足的医护人员得到的支持却很少。在地震发生后 11 个月里，海地全国的卫生条件还是很差，以致霍乱得以极速肆虐。

海地本不应该是人道救援系统失效的最新案例。联合国人道主义事务协调厅反复宣称，筹不到足够资金，因而阻碍了援助工作。然而，海地实际上是联合国在 2010 年筹募到最多捐款的国家。2009 年 1 月的地震，它就曾经接受了一次全球最大规模及资金最充裕的国际援助，而且取得了救援成功。另据估计，约有12000个非政府组织正在当地工作。那么，导致救援失利的主要因素是什么呢？

众所周知，在整个20世纪90年代，联合国通过在1992年成立的人道主义事务部（其后改称为联合国人道主义事务协调厅），创立了一个庞大的惯性机制来提供人道救援。同时也令人产生错觉，以为这是一个中央统筹的高效救援体制。2005年的亚洲海啸之后，这个体制又因建立了一个快速应急基金的机制（中央紧急应对基金）而再添美名，并发展“集群”制度来改善救援工作。如今的救援工作，充满了在医疗、住房、食水卫生等各领域的救助集群，尝试将大大小小、救援能力各异的救援组织不切实际地集中在一个旗帜之下。自从海地地震发生后，光是联合国的医疗集群就已经有420个参与组织。但在迅速变化的紧急事件中，这些集群没有为非政府组织提供它们所需的支持，最多只能提供基本信息和少量具体的研究结果。之所以会造成这种情况，是因为没有哪个机构能够真正承担起“风向标”的角色和领头羊的责任，不能进行统一的指挥协调。可见，国际救援机构协调功能的缺失，是导致疫情蔓延的根本原因。由此，我们也应该从国情出发，认真研究应对策略。

1. 在重大灾害和重大疫情面前，在接受国际援助的同时，最根本的还是依靠自己国家的政府。成功应对重大灾难，一方面取决于外部帮助，但主要取决于内部因素。只有自己国家的政府发挥作用，在物质上有着强大的综合国力和坚强有力的救援机制，在精神上不断激发民族自信心和凝聚力，才有能力带领公众战胜重大灾害。政府在应对霍乱疫情时应当注重做好以下几个方面的工作：

第一，疾病初期要重视治疗，更要重视疫情监测。各级医疗机构做好腹泻病人检诊和登记工作，发现疑似霍乱的腹泻病人，应立即进行实验室诊断，并向辖区内疾病预防控制中心报告，无检测条件的医疗机构发现疑似霍乱的腹泻病人，应向辖区内疾病预防控制中心报告，由疾病预防控制中心立即开展实验室诊断。确定疫情发生后，要开展疫区、疫点内人群、环境和食品等霍乱监测，为疫情处理和效果评价提供科学依据。

第二，注重疫情的应急响应。如果确认为严重霍乱疫情后，卫生行政部门按照上级卫生行政部门的统一部署和要求，落实各项预防控制措施；如果确定为较重突发公共卫生事件，迅速组织卫生应急专业队伍开展现场流行病学调查、病人的隔离救治、密切接触者的隔离、环境生物样品采集和消毒处理等紧急控制措施，密切监测事件发展，提出应急工作建议。

一旦确认为较重霍乱疫情，事发地区的政府应立即成立霍乱疫情应急处理指挥部，并做出应急响应，组织有关部门协助卫生行政部门做好疫情信息收集、组织人员的疏散安置、依法进行疫区的确定与封锁、隔离和舆论宣传工作；保证突发公共卫生事件应急处理所需的医疗救治和预防用防护设备、药品、医疗器械等物资的供应。而疫情区周边地方政府应服从上一级政府（应急处理指挥部）的调度，支援突发霍乱疫情发生地的应急处理工作。同时采取必要的预防控制措施，防止突发霍乱疫情在本行政区域内发生。

第三，及时提供疫情医疗救援。初步确诊病人要在医院传染科病房或严格隔离的医疗点治疗。医院、诊所收治霍乱病人后，治疗过程中需严格落实隔离措施，对病人使用的物品必须进行浸泡或高压消毒，尤其应注意病人吐泻物的消毒，防止病原菌随污物排出到医院外。对霍乱病人应就近治疗，避免不必要的转院。对霍乱死亡病例，尸体应进行体表消毒后再予以火葬。

当一个地区集中出现大量病人时，需要综合组织当地的医疗资源开展应急救治工作。同时，根据爆发流行程度和当地医疗资源状况，考虑协调邻近地区或其他地区的医疗资源，协助救治病人和医学隔离观察密切接触者。

设立临时医疗救治站是应对出现不能及时入院治疗的大批病人的医疗救援方式。对于建立临时医疗救治站，需要会同传染病流行病学人员、环境卫生管理人员、医院负责人员、当地政府有关人员共同讨论地点的选择，基本原则是距离爆发点近，周边没有开放的水源水体如池塘、河流、湖泊等，便于卫生管理，有电力供应和防雨、防风、防寒建筑或设施。临时医疗救治站建立和收治病人后，应作为医院传染病房或重要疫点对待，落实隔离、防病、消毒等措施。

2. 在构建救援协调机制方面，既注重国家各级各部门之间的协调，还要完成与国际救援力量的无缝对接。危机管理是一个跨国界、跨区域、跨时段的综合性系统工程，通常不是一个国家政府和部门就能有效完成的，在很多情况下，危机的处理需要国际社会通力协作，积极配合。虽然各国在一些领域设立了专业的危机检测和预警机构，但社会各部门在面对危机时还不能有机结合、团结协作，缺乏有效的内部联动，外部协调机制。政府及非政府组织之间权责不明晰，造成危机应对效率低下。当前，实施国际救援越来越成为各国的共识，在他国遭受重大灾害时，许多国家都能主动伸出援助之手，体现了国际人道主义精神，对抗灾救灾起到了重要的作用。必须看到，加强对各种救援力量的统管和协调，对于成功实施救援具有决定性作用。尤其是在重大灾害面前，各种救援力量交织庞杂，应根据具体情况，明确一个牵总机构进行指挥和统管，建立一个应急机制进行协调，将来自各方的救援力量有机地组合起来，使其各得其所，密切协作，形成合力。这是救援行动的核心所在，也是救援成功的关键。

3. 在救援资源投放方面，既要畅通渠道提高效率，还要实现科学配置。及时将救援物资送到抗灾一线，需要科学高效的指挥协调机制。在灾害现实面前，一是针对受灾面不均匀的实际，准确掌握具体情况，明确当地民众的需求，特别要明确事关生命安全的需求。二是要调配大量人力物力，及时调拨和输送物资。三是密切跟踪后续需求，确保各种保障不断线。

将疫情消灭在萌芽状态

——尼日利亚积极应对霍乱大流行

【事件回放】

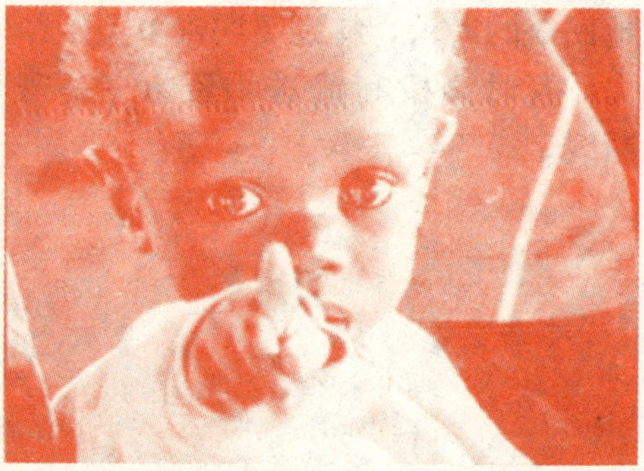

2010年10月22日，联合国儿童基金会发布专题报告说，自2010年年初以来，尼日利亚已报告的霍乱感染病例超过40000例，是2009年的3倍和2008年的7倍，并已造成逾1500人死亡。据当地红十字会估算，患者中有80%是妇女及儿童。这是尼日利亚近年来爆发的最严重的一次霍乱疫情。

尼日利亚卫生部部长奥涅布希·丘库证实了以上消息。他说，爆发霍乱的区域主要集中在尼日利亚北方各州。其中，卡齐纳州的疫情最为严重，在3310个病例中，有781人死亡。

联合国报告称，在尼日利亚，霍乱的死亡率维持在4.5%左右，但在一些遭受洪涝灾害的地区，因霍乱而死亡的比例却超过了10%，在尼北部一些州这一比例更高达20%。

实际上，尼日利亚并非是该地区霍乱肆虐的唯一国家。据世界卫生组织的消息称，已爆发霍乱疫情并造成人员死亡的中西非国家还有贝宁、喀麦隆、中非、乍得、赤道几内亚和尼日尔等国。

【应对举措】

霍乱灾情发生后，尼日利亚政府采取了一系列的救援措施，尽最大能力救援民众。尼日利亚卫生部长奥涅布希丘库呼吁地方政府提供安全清洁的水源，要求居民恰当处理垃圾和废物，防止对饮用水源造成污染。

世界卫生组织也已同意向尼日利亚卫生部提供必要的技术支持。联合国儿童基金会决定向尼日利亚受洪涝灾害困扰的地区提供帐篷，并向当地居民提供医疗救治。目前，约比州卫生局派出的医疗小组已抵达疫情严重地区给患者分发药物，并向当地居民宣传应对霍乱的基本常识。

【评析反思】

1. 正确认识霍乱传染病。霍乱是一种急性腹泻疾病，病发高峰期在夏季，是由霍乱弧菌所引起的，通常是血清型 O1 的霍乱弧菌所致，患病后接受口服补盐液和抗生素治疗后会逐渐康复，但如果错过治疗时机有可能导致死亡。霍乱弧菌存在于水中，最常见的感染原因是食用被病人粪便污染过的水。霍乱弧菌能产生霍乱毒素，造成分泌性腹泻，即使不再进食也会不断腹泻，临床上以剧烈无痛性泻吐，米泔样大便，严重脱水，肌肉痛性痉挛及周围循环衰竭等为特征，如出现剧烈泻吐、电解质丢失、缺钾缺钠、肌肉痉挛、酸中毒等，甚至会发生休克及急性肾功衰竭。据现在认为，该病在许多国家已成为地方病，目前不能在环境中消灭引起霍乱的病原体。霍乱为中国法定的甲级烈性传染病，要求在发现确诊或疑似病例后 2 小时内上报。

2. 霍乱发生的历史背景。据史料记载，霍乱在世界上曾经有过 7 次大流行，每次霍乱大流行，都有成千上万的人死亡。中国霍乱爆发的高峰期在 1991、1992 年，报告病例达到几万例，2000 年之后病例报告数越来越少。1820 年（清嘉庆二十五年），霍乱传入中国，至 1948 年为止近 130 年中，大小流行近百次，而 1961 年在南亚开始流行的则是埃尔托型霍乱（即所谓世界第 7 次霍乱大流行），此型目前已波及世界五大洲 100 多个国家和地区，并于 1971 和 1991 年分别到达非洲和美洲，而且每年都有数十个国家或地区和数以万计甚至十几万的人发病。此型霍乱于 1961 年首次出现于广东沿海，迄今已陆续波及 20 余省（自治区、直辖市），严重危害着人民的生命和健康。

2010 年 9 月 9 日，江苏出现近年来首起集体霍乱疫情，淮安一中学 19 名学生确认感染霍乱。这是近年来报告人数最多的一起霍乱疫情。江苏省卫生厅通报中还表示，疫情已得到有效控制。据有关专家介绍，近年来，中国江苏省的霍乱疫情一直处于散发平稳状态，即使这一次出现了霍乱疫情，也是一个“孤立事件”，只要严格按照程序，完全可以妥善处置。但专家同时提醒，霍乱具有发病急、传播快、波及面广的特点，人群普遍容易感染。感染霍乱后，有的只有轻微腹泻或者根本没有症状，有的表现为剧烈的无痛性水样腹泻。感染霍乱后，如果治疗不及时或不恰当，会引起严重脱水导致死亡。

3. 造成中西非国家严重疫情的原因。一是医疗救治水平低下。联合国人道主义事务协调办公室负责人说，疫情严重与该地区长期落后的医疗水平有关。多年以来，尼政府对当地基础设施投入较少，地方医院缺医少药、设备短缺的现象比较普遍和严重。面对突如其来的疫情，政府也没有应急防控措施。这无疑是霍乱疫情加剧并造成人员大规模死亡的重要原因。二是降水和流动人口增多。世界卫生组织认为，雨季降水过多和人口流动增多等因素是尼日利亚霍乱肆虐的原因。尼日利亚医疗协会主席奥米德·伊德里斯说，尼日利亚 6 月份正式进入雨季后，北方降雨明显比往年充沛，引发了洪涝灾害。洪涝灾害又导致污水横流，并携带大量生活垃圾到处漂流，严重污染当地百姓的生活水源。中西非地区聚集了世界上最落后的国家，而这些国家的环境还在不断恶化，恶劣的气候和地区矛盾冲突引起的大规模人员流动，使疫情更难控制。

4. 从源头上遏制病菌传播是做好防控工作的关键。我国在霍乱防治工作方面，经过多年的努力探索，取得了很多有益的经验，近年来也没有发生大的霍乱疫情。但我们要居安思危，注重借鉴其他国家的经验教训，加强霍乱防治工作方面的研究，不断提高防治水平，特别是在遏制病菌传播和疫情监测方面，要切实加大工作力度。

一是注重预防，从源头上遏制疫情传播。联合国儿童基金会认为，保持饮用水源清洁、确保供水安全是遏制霍乱进一步扩散的关键。在我国许多落后的农村地区，水源质量还存在一些隐患，必须舍得投入，抓紧对这些地区的水源进行有效治理。二是加强监测，充分发挥监测系统的作用。霍乱为中国法定的甲级烈性传染病，要求在发现确诊或疑似病例后 2 小时内上报。敏感监测和及时报告有助于迅速遏制霍乱流行，一个有效率的霍乱监测系统还可改进对潜在霍乱爆发的危险性评估。三是共同参与，加强各部门之间的协调。多部门的协调一致极其重要，涉及的主要部门是卫生、水和卫生设施、渔业和农业以及教育，通信和信息产业部门也起着重要作用。要防止职责交叉，明确各层面各环节的部门职责；同时加强协作配合，做到各负其责，各尽其职。四是讲究个人卫生。养成良好的生活习惯，做到“五要五不要”，即：饭前便后要洗手，海产品食用前要煮熟，隔餐食物要热透，生熟食品要分开，出现症状要就诊；生水未煮不要喝，无牌餐饮不光顾，腐烂食品不要吃，暴饮暴食不可取，未消毒（霍乱污染）物品不要碰。

第四编

社会安全类

【导语Ⅳ】

努力加强和创新社会管理

——社会安全事件警示录

社会安全事件，除少部分是敌对矛盾外，绝大部分是人民内部矛盾。一旦发生社会安全事件，可能会造成重大人员伤亡、重大财产损失，并对部分地区的经济社会稳定、政治安定构成重大威胁，产生重大社会影响。社会安全事件一般包括重大刑事案件、重特大爆炸事件、恐怖袭击事件、涉外突发事件、金融安全事件、规模较大的群体性事件、民族宗教突发群体事件、学校安全事件以及其他社会影响严重的突发性事件。

2010 年，我们是在诸多国内外社会热点的交织中走过的。这一年，全球经济复苏进程艰难曲折，国际安全格局潜藏诸多问题和风险。虽然世界总体和平的趋势仍未改变，但传统安全问题再度升级，局部冲突与热点问题此起彼伏，一些国家政局动荡，中东地区处于多事之秋，亚太地区面临的安全挑战增多，并与气候变化、恐怖袭击、能源资源安全、粮食安全、公共卫生安全等非传统安全问题相互交织，使全球安全局势变幻莫测，安全威胁更加复杂多元。许多热点问题都发生在国际地缘政治和地缘经济的敏感地带，直接或间接牵动世界主要国家在这些地区的战略利益，更增添了大国关系的变数和不稳定的隐患。

例如，中国周边安全的隐患增多。阿富汗、巴基斯坦反恐形势严峻；泰国、缅甸、吉尔吉斯斯坦等政局不稳；柬泰两国边境冲突再起；三股势力活动猖獗，西部边陲安全问题突出；朝核六方会谈搁浅，“天安舰”事件和延坪岛炮击事件引发朝鲜半岛紧张局势。世界各主要力量加大对亚洲的战略投入，地区热点此起彼伏，一些亚洲国家借助外力平衡中国倾向抬头，日本在钓鱼岛海域非法抓扣中国渔民渔船等，使海洋权益争端升温。中国周边频频进行的联合军演——美韩日澳在釜山附近海域进行海上拦截演习、俄印在印北部山区进行联合反恐演习、澳英马新和新加坡在南海军演、美日韩分别在东海和黄海进行大规模的联合军演——给中国和东亚安全带来了新的阴霾。美国高调介入南海诸岛等问题，利用一切机会挑拨中国与东南亚国家关系；以“亚太常驻大国”身份挤进东亚峰会，强调要在亚洲发挥领导作用；与东盟举行第二次“10＋美”领导人会晤，把“海上安全”塞进会后声明；推动“跨太平洋战略伙伴”计划向东亚扩展，将越马韩日纳入其中，有架空或弱化亚太经合组织的趋势。上述种种，都对中国周边安全带来负面影响和不确定的因素。

又如，恐怖主义活动日趋全球化。以美国为首的北约部队在阿富汗进行的反恐战争效果不佳，以“基地”组织为代表的极端势力，再度控制大片农村地区，同本土恐怖分子相勾结，与中亚“乌伊运”、“东突”和“伊斯兰圣战联盟”紧密合作，还在中东整合了“阿拉伯半岛基地组织”，使力量大增，制造了多起恶性恐怖事件。他们人数有限，但组织严密，能量大，科技手段高，活动范围广，网络遍及全球，恐怖活动有所升级。从新的恐怖大鳄现身网络进行蛊惑，到大批新生代恐怖分子浮出水面；从欧洲一些国家提高恐怖威胁等级，到非洲恐怖组织绑架杀害人质，反恐形势重趋严重。同时，海上恐怖活动猖獗，索马里海盗势力不断扩大，武器装备和通讯设备日益现代化，常出没于当地海域，劫持过往商船、油轮，严重破坏了国际航道和贸易安全。

再如，一些国家乱局中隐现美国战略“黑手”。2010年末以来，西亚、北非政局动荡，突尼斯、埃及、利比亚和一些阿拉伯国家相继发生政权更迭，除了内部的腐败、民生凋敝、各派相互角力等原因，更有一些外部势力插手煽动，隐现美国策划、施压的战略“黑手”。以美国为首的西方国家，借助掌控的社交和微博网站及手机短信，大肆散布煽动和颠覆政权的信息，对局势动荡起着推波助澜的作用。这深刻反映了意识形态“心战”和网络空间争夺的严峻性。如今互联网深刻改变着思想文化交流交锋的格局。“谷歌”退出中国的风波中，公司老总只是发了一个博客，美国头面人物就按捺不住了，政府发言人、议长、国务卿、总统就密集上阵，站出来说话。这看似非同寻常的反应背后，隐藏着企图突破中国政治安全“防火墙”的险恶用心。一些反动的、有害的东西，借助互联网一旦撕开口子冲进来，比几百万军队、几个航母战斗群更危险。“风起于青萍之末”，以少数西方发达国家的思维方式、价值观和战略意图为核心的全球网络传播体系，往往凭借技术和舆论上的强势兴风作浪，如不能有效监控和防范，就可能被挑起事端，酿成危险的风波。

对这些国际安全格局潜藏的问题和风险，我们必须引起高度关注。随着2011年“十二五”的开局，我们又正站在新的历史起点上，战略机遇期和矛盾凸显期重叠交织。回眸2010年的社会热点，透过一起起引起广泛关注的“炫富”与“仇富”、“炫权”与“仇官”、“嫌贫”与“欺弱”的社会安全事件，人们能清楚地感到，中国的经济发展就像坐在“高铁”动车组上，时速从250、300到400、480……不停地加速，但公众的安全感、幸福指数并不高，前行中的感动、质疑、批评、困惑和思考等诸多元素，汇聚成一个虽然纠结却很给力、走向进步的中国社会，我们面临的矛盾和问题比以往任何时候都更加复杂、更加突出、更加罕见。简言之，最大的外部挑战，是西方某些强国对中国和平崛起的遏制和围堵；最大的内部风险，是发展失衡、分配不公和腐败问题；最大的安全隐患，是分裂主义势力。对于这些挑战和问题，如果不能有效应对，将会影响到国家主权和安全，干扰国家可持续发展的战略利益。所以，我们要通过一系列社会安全事件深刻反思，举一反三，标本兼治，集中精力把我们自己的事情办好，最大限度激发社会活力、最大限度增加和谐因素、最大限度减少不和谐因素。

从总体上看，一系列社会安全事件和社会管理领域存在的问题，是中国经济社会发展水平和阶段性特征的集中反映。加强和创新社会管理，是确保社会安全稳定的治本之策。地方党委、政府要以解决影响社会和谐稳定突出问题为突破口，提高社会管理科学化水平，完善党委领导、政府负责、社会协同、公众参与的社会管理格局，加强社会管理法律、体制、能力建设，维护人民群众权益，促进社会公平正义，保持社会良好秩序，确保社会既充满活力又和谐稳定。要敢于“正视矛盾、直面民意”，理性对待并积极回应诉求表达，积极缓和并消除对立情绪，切实畅通各种利益表达渠道，健全矛盾协调调处机制，在理性、有序、法制的轨道解决利益纠纷和矛盾冲突。

遗憾的是，不少地方领导苛求基层“绝对不能出事”，只要不发生群体性事件，无大规模上访，无人越级进京上访，就叫“稳定”，评价干部能力和政绩也以此作为重要指标。结果，一些基层干部不敢讲真话，不敢主动向上反映问题，拼命把负面消息捂住，采取各种办法把突发事件封锁住，直到事情闹大了，才不得不向上级报告，被动局面往往已经难以收拾，丧失了处置的最佳时机。我们应当警惕两种不可取的做法：一是在一些领导干部中有一个默认的“成功标准”，就是一旦出现一些群体性事件，不是从根子上解决问题，只追求快速把势态压住，至于手段是否合理合法，对今后社会管理会造成什么负面影响，甚少考虑，结果不是事件反复不断，就是按下葫芦起来瓢；二是有的地方“花钱买稳定”，超出政策界限一味强调只要能把事情搞定，要多少钱就给多少钱，还美其名曰“人民内部矛盾靠人民币来解决”，这就助长一些群体小闹小解决、大闹大解决的错误做法。这样，有钱的“阔政府”超出政策范围花钱买稳定，就给贫困的“穷政府”和单位提出难题，也给其他地方“摆不平”制造了口实。如果把“稳定”变成上面这种消极的“社会控制”，就必然导致“维稳”的代价越来越高。因此，我们必须要有一种“了事”而不“抹事”的“维稳思维”。

——必须构建社会“安全阀”。“安全阀”是现代冲突理论中用以表示社会冲突积极作用的概念，是指各个社会都存在着这样一类制度或习俗，它作为解决社会冲突的手段，能为社会或群体的成员提供某些正当渠道，将平时蓄积的敌对、不满情绪及个人间的怨恨予以宣泄和消除，从而在维护社会和群体的生存、维持既定的社会关系中，发挥“安全阀”一样的功能。我国正处于改革发展的关键时期，社会贫富两极分化严重，各种矛盾和问题层出不穷，社会利益集团之间的冲突有进一步加剧的趋向。这些社会矛盾都有一个发生和发展到激化的过程，将社会矛盾化解在起始阶段，通过疏通释放压力的渠道，避免社会矛盾激化，好比是设置一个“减压阀”，使社会矛盾的压力通过“安全阀”得到释放，从而避免压力长期积聚乃至爆发。有研究人士指出，目前中国弱势群体的规模已有1.4亿～1.8亿人左右，约占全国总人口的11%～14%。中国已经进入了这些弱势群体维权抗争的社会冲突多发期。但弱势群体在社会和政治层面都处于最底层，他们的声音是很微弱的，很难表达出自己的利益诉求。在涉及他们利益的时候，往往要靠政府和大众媒体来为他们说话。与群体性事件增多相伴随的是各种上访的大量增加。漫漫上访路的背后，显示出群众维护自身利益的艰难。当弱势群体诉求压抑过久，在极端情况下不满情绪被引发时，就促成群众与基层政权的对抗，产生巨大的社会危害。

——必须完善利益协调机制。应该切实加强和完善党和政府主导的利益导向机制、利益表达机制、利益调节机制、利益补偿机制、利益约束机制和利益矛盾疏导机制。这是一个相互联系、相互制约、有机作用的体系。一是切实加强和完善利益导向机制。在全社会形成正确的舆论导向，这是利益协调机制发挥作用的基础和前提。价值观念的不和谐是产生社会不和谐现象的深层次因素。在社会转型期，增强价值认同是比利益关系调整更为艰巨的任务。应引导人们理性看待经济社会结构变革过程中的利益分化，合理选择利益目标，自觉调整利益需求，科学选择利益行为，正确处理利益关系矛盾。践行“以人为本”、“以民为先”的价值观，要求我们对涉及群众切身利益的事情，应充分听取群众意见，兼顾好群众的现实利益和长远利益，对大多数群众不赞成、不理解和不支持的事情就不办或缓办，把增进全社会利益和保障每个公民权利，作为评价和衡量制度创建、规范制定和政策实施的终极标准，把人的自由和全面发展作为全部工作的最终归宿。二是切实加强和完善利益表达机制。建立通畅的渠道使各利益主体能够及时顺畅地表达其利益需求，拓宽社情民意的反映渠道，切实维护群众的合法权益，通过民主协商及时化解矛盾纠纷，使群众的怨气、不满和愤怒的情绪，有合理的宣泄渠道，不使“小事拖大，大事拖炸”，这是形成相对均衡利益格局的重要前提。三是切实加强和完善利益调节机制。这是利益协调机制的核心内容。可分为 3 个层次：市场机制及市场中的利益协调机制、国家的宏观调节机制和社会机制。其中，社会机制是指各种社会组织在自愿的前提下，采取慈善、志愿、设立基金和互助等形式，使已经分配到个人的资源重新进入社会配置流程，形成所谓“第三次分配”。四是切实加强和完善利益补偿机制。指针对弱势群体实行的救助制度。包括帮助困难群体解决就业；设立最低工资、最低生活保障制度；廉租房制度；建立欠发达地区利益补偿机制；健全以社会保险、社会救助、社会福利、慈善事业为内容的社会保障体系等。五是切实加强和完善利益约束机制。即以法律制度和道德规范的协同作用，约束人们获取利益的行为。此外，公共权力行使中的社会和舆论监督机制、信息公开机制，社团、行业协会的自律机制等也是利益约束机制的重要内容。六是切实加强和完善利益矛盾疏导机制。政府和民众的对话机制、信访工作机制、劳动仲裁制度、群众组织调解制度、民间调解、基层自治组织调解制、司法仲裁制度等都是化解利益矛盾的有效手段。应增强做群众工作的本领，认真研究、准确把握新形势下群众工作的特点和规律，切实加强基层基础建设，把领导的精力、人力、物力和财力投向基层，不断提高基层组织群众、宣传群众、教育群众和服务群众的本领，维护社会的公平正义。

——必须严防出现“社会燃烧”。有研究表明，当一个国家的人均 GDP 在 4000 美元左右的时候，这个社会便进入向现代社会的转型期，这个时期的一个基本特征就是社会的“碎片化”。“碎片化”，是描述当前中国社会传播语境的一个形象性的说法，原意为完整的东西破成诸多零块。例如，我们以往传统的社会关系、市场结构及社会观念的整体性，从精神家园到信用体系，从话语方式到消费模式都瓦解了，代之以一个个利益族群和“文化部落”的差异化诉求及社会成分的碎片化分割。中科院的科学家牛文元曾提出用物理学的燃烧理论来解释社会现象的“社会燃烧理论”。“燃烧物质”是人与人之间、人与自然之间，人与环境之间的各种矛盾的累积，“助燃剂”是社会心理和舆情民意，“点火温度”就是突发事件。随着社会阶层的分化和利益格局的调整，各种矛盾纠纷逐渐增多，多数群体性事件的组织化程度明显提高，一些危机事件对社会的危害性显著增大。在这些群体性事件中，群众的正当诉求往往与不合法的表达方式交织在一起，多数人的合理诉求往往与少数人的无理取闹交织在一起，群众的自发行为往往与一些别有用心之人的插手利用交织在一起，群众关注的热点问题的解决难度也明显增大。这类群体性事件，涉及面广，参与人员多，且群众情绪激烈，心态动机复杂，组织性强，多种性质的矛盾和利益诉求相互交织，突发、偶发和连锁反映的特点很突出，经常呈现出持续性和反复性的态势，闹事方式不断升级，规模不断扩大，对抗性不断加剧。这里，风险的识别和对风险的防范至关重要，关键是不使矛盾酿成引发社会燃烧的“燃点”。

——必须增强危机弹性。所谓危机弹性，是指政府以外的其他主体，包括公民、社会组织应对公共危机的能力。就像汽车的防震弹簧一样，能减轻汽车颠簸时对车上人的震动。增强危机弹性，就是培育整个社会抵御公共风险的能力。基于政府视角，要求政府在公共危机管理中，应同时关注脆弱性和能力两方面问题：一方面，要求充分识别社会的脆弱性，并努力减少这些脆弱性；另一方面，要求增进公民对危机的应激、应对和恢复能力。所以，在强化政府应急管理能力建设中，除了应做好政府层面应对公共危机的各项准备外，还要为社会和民间组织参与公共安全提供必要的发展空间，以备在应对公共危机中，适时有效地动员社会和民间力量提供应急救援的辅助支持。社会管理不是也不可能消灭所有社会矛盾，抓好源头治理可以尽可能地减少社会问题，但不可能解决所有问题，仍然会有大量社会问题和社会矛盾存在，旧的矛盾和问题解决了，又会出现新的矛盾和问题。为此，必须构建动态调节和化解机制，以使社会矛盾和问题不断得到及时化解和向好的方面转化，尽最大可能，做到不积累、不激化、不蔓延、不升级、不向坏的方面转化，使社会处于动态平衡、动态优化、井然有序、健康运行的状态。

——必须及时建立“防火墙”。社会安全事件一旦爆发，就应积极处置，并把握以人为本、及早化解、依法处理、慎用警力、当地领导负责等原则。在处置过程中，具体采取6种基本方法：一是迅速控制事态，争取由大变小，由热变冷，由强变弱，建立“防火墙”，防止事态蔓延升级。二是启动预案，弄清起因，事态变化，及时有力地做出应对。三是联动协调，精心组织，明确责任，各方联动，重心向下。四是构建平台、对话协商，消除误解、缓和情绪，避免冲突、化解矛盾。五是引导舆论，利用主体媒体做好正面宣传报导，减少和消除不实谣言和传闻的负面影响。六是依法处置，宽严相济，利用归属组织做好疏导教育工作，用法律和纪律约束越轨言行，保护公民合法权益，打击违法犯罪行为，最大限度地避免出现破坏和对抗的事件。一些国家发生的“颜色革命”和国内的一些突发事件告诉我们：当下，要特别重视建立健全虚拟社会综合管理机制的问题。目前，我国有4.57亿网民、8.59亿手机用户、博客用户超过2.94亿，是世界上互联网使用人口最多的国家。虚拟社会对现实社会的直接影响会越来越大，加强虚拟社会管理是当前一项重要而紧迫的任务。要把虚拟社会和现实社会作为一个整体来把握，按照“积极引导、依法管理、整体管控、确保安全”的原则，健全网络管理法律法规，建立网上动态管理机制，加强对网络的实时动态管控，严厉打击网络违法犯罪行为。促进建立网络媒体自律公约，推动网站自我约束、自我管理。健全网上舆情引导处置机制，及时跟踪舆情动态，研判舆情走势，评估舆情影响，积极主动地引导网上舆论。

——必须构筑长治久安的“防浪堤”。做好社会安全事件的恢复重建非常重要，主要是在机制、管理、设施等方面进行评估、改进和修复，亡羊补牢，从根本上防止事件再次发生。健全社会治安防控体系，是维护社会秩序、保障社会健康运行的重要支撑。在防控主体上，要充分发挥公安机关警务力量的主导作用，同时发挥好保安和志愿者的作用；在防控范围上，要建立健全街区防控网、社区防控网、单位内部防控网、视频防控网、虚拟社会防控网组成的治安防控体系，做到社会全覆盖；在防控对象上，要特别加强对重点人群和特殊人群的服务与管理；在防控组织建设上，要加强群防群治组织、110系统以及区域警务协作网建设；在防控手段上，要充分利用现代科技手段，实现人防、物防与技防的有效结合。一些突发事件证明，当前的社会转型期，竞争压力加大，个人心理健康成为社会管理中亟待引起重视的新问题。要教育引导公民特别是青少年，树立正确的世界观、人生观、价值观，加强自身修养，提高自我和谐能力；在全社会开展心理健康知识的宣传，普及相关知识；建立健全个人心理医疗服务体系，大力开展个人心理调节疏导工作，建立心理危机干预预警机制。对因生活和工作等受到挫折而缺乏信仰、法制观念淡薄、对生活失去希望的人要给予更多关注，见微知著，针对不同情况开展疏导、帮助、教育，使其重振生活信心，避免走向极端。

——必须关注公民社会的兴起。改革开放以来，随着社会主义市场经济和民主政治的发展，各种各样的民间组织大量涌现，一个相对独立的公民社会正在中国迅速崛起，并且对社会政治经济生活发生了日益深刻的影响。公民社会就是国家或政府系统，以及市场或企业系统之外的所有民间组织或民间关系的总和，它是官方政治领域和市场经济领域之外的民间公共领域。现代社会日益分化为3个既相互关联又彼此独立的领域：一个是政府或政府组织，也叫公共权力领域，属于政治领域，通常称为“第一部门”。再一个是市场或营利组织，也叫私人领域，属于经济领域，通常称为“第二部门”。还有一个就是公民社会组织，也叫公共领域，属于狭义的社会领域，包括公民的维权组织、各种行业协会、民间的公益组织、社区组织、利益团体、同人团体、互助组织、兴趣组织和公民的某种自发组合等等，组成要素是各种非政府和非企业的公民组织。由于它既不属于政府部门（第一部门），也不属于市场系统（第二部门），所以，人们也把它们看作是介于政府与企业之间的“第三部门”，通常也有学者把“第三部门”称为民间组织、志愿域等名称。“第三部门”相对于“第一部门”，是非政府组织（国外叫 NGO 组织），相对于“第二部门”，是非营利组织（国外叫 NPO 组织）。这三大部门是现代社会的三个实体性组织，各有其存在的根据和运作机制。截至 2011 年，全国依法登记的社会组织已达 44.8 万个，其中各类基金会为 2311 个。绝大多数社会组织在经济、社会、文化等领域发挥着积极的作用，但仍存在发展培育不足、规范引导不够、结构分布不合理等问题。应重视发挥各类社会组织的作用，整合社会管理资源，积极推动建立政府调控机制同社会协同机制互联、政府行政功能同社会自治功能互补、政府管理力量与社会调解力量互动的社会协同管理网络。坚持积极引导发展和严格依法管理并重的方针，形成统一登记、各司其职、协调配合、分级负责、依法监管的政策措施，重点培育和优先发展经济类、公益类、社区类、民办非企业类社会组织，依法加强对政治类、法律类、宗教类以及有境外复杂背景的社会组织的监管。各类社会组织都要深化自身改革，完善内部治理结构，规范行为，增强活力。完善法制监督、政府监督、社会监督、自我监督相结合的制度体系，促进社会组织健康发展。支持工会、共青团、妇联等人民团体依照法律和各自章程开展工作，参与社会管理和公共服务，维护群众合法权益。

高度重视危机舆情

——“7·23”甬温高铁追尾事件启示

【事件回放】

2011年7月23日晚20时30分左右，由北京南站开往福州站的D301次动车组列车运行至甬温线上海铁路局管内永嘉站至温州南站间双屿路段时，与前行的杭州站开往福州南站的D3115次动车组列车发生追尾事故，导致D301次1、2、3列车厢侧翻，从高架桥上坠落，毁坏严重，4车厢悬挂桥上，D3115次15、16车厢损毁严重。D301次列车司机当场死亡，胸口被车闸刺穿。这次事故造成40人（包括3名外籍人士）死亡，约200人受伤。“7·23”甬温线特别重大铁路交通事故是中国铁路交通史上的一起特别重大伤亡事故。

7月23日晚，上海铁路局有关人员到达现场，称脱轨原因是动车遭到雷击后失去动力停车，造成后车追尾。

7月24日14时许，国务院副总理张德江主持召开现场会。会上宣布成立国务院“7·23”甬温线特别重大铁路交通事故调查组，由安全监管总局局长骆琳任组长。

7月24日，铁道部党组决定，上海铁路局局长龙京，党委书记李嘉，分管工务电务的副局长何胜利予以免职，并进行调查。铁道部总调度长安路生被调任上海铁路局局长。新任上海铁路局局长安路生表示，根据初步掌握的情况分析，“7·23”动车事故是由于温州南站信号设备在设计上存在严重缺陷，遭雷击发生故障后，导致本应显示为红灯的区间信号机错误显示为绿灯。他在分析铁路部门的问题时说，在雷击造成温州南站信号设备故障后，电务值班人员没有意识到信号可能错误显示，安全意识敏感性不强；温州南站值班人员对新设备关键部位性能不了解，没能及时有效发现和处置设备问题，暴露出铁路部门对职工的教育培训不到位。

7月27日，温家宝总理主持召开国务院常务会议，要求按照科学、严谨、依法和实事求是的原则，严肃认真地对事故进行调查处理。抓紧查清事实，依法依规追究责任。调查处理工作要公开、透明，结果向社会公布，给人民群众一个真诚负责任的交代。继续全力救治受伤人员，全力减少因伤死亡、因伤致残。准确核实遇难者人数和身份，妥善做好赔偿、抚恤等工作。

7月28日，国务院"7·23"甬温线特别重大铁路交通事故调查组组长骆琳表示，事故原因调查全面展开，调查结果争取于9月中旬向社会公布。

8月10日，召开的国务院常务会议决定，调整、充实、加强国务院事故调查组，调整人员结构，完善调查制度，以提高调查工作的权威性和公信力。事故调查组下设技术组、管理组、综合组和专家组，并邀请最高人民检察院铁路运输检察厅副厅长徐向春等参加事故调查工作。要求调查不仅要彻底查明直接原因，还要追根溯源，查清设计、制造、管理等方面的源头性问题，全面加强铁路安全生产。

9月20日，调查组公布了事故调查的进展情况，初步认定这次事故既有设备缺陷和故障的原因，又有设备故障后处置不力和安全管理等方面的问题，认为是一起特别重大责任事故，下一步调查组将继续加大工作力度，深入调查各方面的原因，严格界定相关单位和人员的责任，严肃提出事故处理及相关整改意见，并及时向社会发布事故调查进展。

【应对举措】

"7·23"甬温高铁追尾事故发生后，在党中央、国务院的领导下，浙江各级党委、政府和人民以强烈的大局观念和大爱精神投入救援。政府和各级组织、解放军和武警部队官兵、社会各界人士等采取相应措施进行应急救援。

1. 紧急应对。7月23日动车追尾事故发生后，胡锦涛、温家宝、周永康、张德江等中央领导分别作出重要指示，指出第一位的任务是救人，铁道部要全力以赴，地方要组织公安、卫生等力量全力支援，要查明事故原因，妥善做好善后工作。

铁道部迅速贯彻落实中央领导同志的重要指示，全力做好事故救援工作。一是接到事故报告后，铁道部立即启动应急预案，部党组书记、部长盛光祖等领导同志第一时间赶到调度指挥中心，制定救援方案。盛光祖部长对救援作出具体部署：立即组织足够力量，尽最大努力，以最快速度抢救伤员，把伤亡降至最低程度；协调地方政府和卫生部门，不惜一切代价，对受伤人员进行救治；对滞留旅客搞好服务和转运工作；对事故进行深入分析，查清原因，深刻吸取教训。盛光祖部长，胡亚东、卢春房副部长，铁总何玉华主席及有关司局负责同志迅速赶赴事故现场组织救援工作。二是铁道部领导紧急与浙江省领导沟通联系，请求地方政府组织力量，对救治伤员、事故救援等工作给予全力支援。三是上海铁路局局长、党委书记立即赶赴现场，组织铁路干部职工，迅速展开伤员救治和事故救援，做好滞留旅客的服务和转运工作。发生事故列车的旅客已转运到温州南站。

7月23日晚，温州市交通局启动了交通运输紧急预案，局长黄荣定、副局长王德奔赶赴事故现场，指挥300余名交通人员参与现场救援与交通疏通，并当场组织了43辆中巴、大巴车投入运送。至7月24日凌晨4点前，滞留在现场的1700名旅客已被全部免费疏运至杭州、宁波、绍兴、台州等地。与此同时，在救援期间，金丽温高速双屿出口，对所有施救车辆免费。

针对事故发生后大量动车班次停运情况，杭州、温州、宁波、台州等地交通运输部门纷纷组织应急运力投入旅客疏运工作。截止到7月24日中午，温州新城站等车站调度客车20余辆，主要加班方向为杭州、宁波、上海方向；杭州长运公司增开了11个班次，其中往温州城区的6个班次，苍南、龙港、水头等为5个班次；宁波加开了温州方向7个班次，比平时多输送了400多位旅客。

2. 加紧救人。温州境内发生列车追尾事故后，浙江省卫生厅高度重视，当晚第一时间组织多支救援队伍火速赶往现场，全力投入救援工作。24日上午，卫生部副部长陈啸宏率卫生部应急办、医政司及4名神经外科、创伤骨科、普外科、重症监护专家也赶赴事故现场指导伤员救治工作。

浙江省卫生厅加强救援力度，统筹调配省市医疗力量，做好药品、设备、用血储备，保障满足救治需求。同时，加强会诊制度，充实医疗队力量，充分发挥省医疗队指导作用，提高各医院医疗救治能力和水平，最大限度地提高重症伤员救治成功率，努力将死亡人数减到最少。晚上9～12点是救援的高峰期，平均不到一分钟就有一辆救护车从现场拉回伤员送到康宁医院、附一医、附二医等医院，附近的丽水、台州等地救援队伍连夜驰援。

23日8时34分，温州市消防指挥中心接到报警后，温州消防迅速调派鞋都中队、勤奋路中队、特勤一中队、特勤二中队、永嘉大队、乐清大队等 22 个中队的 30 多辆消防车和重型起吊车辆赶赴现场救援。2400 名公安、消防和铁路职工、铁路建设者赶到现场，110 名武警官兵和 200 多名解放军战士赶到现场，参与搜救和现场处理。

浙江省卫生厅还组织省血液中心、台州市血液中心、丽水市血液中心做好血液供应准备，共向温州调配救援用血 10 万余毫升，保障救援用血。由于伤员过多，而且多是颅内伤或脏器破裂，温州市血库告急。这一消息经微博转发后，温州市血液中心门口短时间汇集了数千名前来献血的市民，血液中心门口停泊着诸多宝马、奔驰与保时捷。

3. 事故调查。受胡锦涛总书记、温家宝总理委派，中共中央政治局委员、国务院副总埋张德江于 7 月 24 日率有关部门负责同志赶赴温州，指导事故救援、善后处理和事故调查工作。

7 月 24 日 14 时许，张德江主持召开现场会，指示成立事故救援和善后处置工作指挥部，由浙江省省长吕祖善任总指挥，铁道部部长盛光祖任副总指挥。会上宣布成立国务院“7·23”甬温线特别重大铁路交通事故调查组，由安全监管总局局长骆琳任组长。

温家宝总理于 7 月 28 日上午来到温州，他察看了“7·23”甬温线特别重大铁路交通事故现场，悼念遇难者，并看望受伤人员，对伤亡人员家属表示深切慰问。随后，温总理举行中外媒体见面会，向 70 余家媒体和 150 多名记者介绍事故善后情况。

4. 善后赔偿。“7·23”动车事故发生后，24 日中国保监会表示，浙江省保监局已协调组织各保险公司启动应急预案，开启事故核查与理赔绿色通道；温州保监分局于事故发生后第一时间赶到现场，密切关注事态发展，处理赔偿事宜。

24 日上午，温州保监分局迅速召开行业会议，部署各保险单位进驻伤病接收医院，建立一线现场联络点摸清情况，坚持特事特办，开通建立绿色理赔通道，提高理赔时效。事故遇难人员赔偿救助标准为 91.5 万元。

8 月 5 日，“7·23”动车事故救援善后总指挥部公布了“7·23”事故受伤旅客赔偿救助方案。“7·23”动车事故受伤旅客的全部医疗费一律实报实销。

5. 确保安全。8 月 10 日，温家宝总理主持召开国务院常务会议，为深刻反思和总结“7·23”事故的教训，切实做好铁路建设、运营、管理等方面的安全工作，决定进一步采取以下三项措施：

第一，开展高速铁路及其在建项目安全大检查。成立由国家安全监管总局牵头、有关部门和各方面专家参加的有充分权威的国务院检查组，重点检查安全生产制度和责任制落实情况，设备质量和运营安全保障情况，在建项目设计、质量和安全情况，职工教育培训和关键岗位人员合格上岗情况。对发现的问题，要系统梳理，深入分析，有针对性地提出整改意见。检查情况要向国务院报告。

第二，适当降低新建高速铁路运营初期的速度。新建高速铁路运营初期，要根据不同线路实际情况，科学评估，适当降低运营速度，以利于增加安全冗余，改进技术和管理，积累安全管理经验。

第三，对已经批准但尚未开工的铁路建设项目，重新组织系统的安全评估。暂停审批新的铁路建设项目，并对已受理的项目进行深入论证，合理确定项目的技术标准、建设方案。

【评析反思】

一次本不该发生的重大事故，以40条生命的消逝、200人不同程度受伤为代价，教训可谓惨痛。然而，接踵而来的是媒体的质疑追问，全媒体瞬间聚焦放大，网上围观、草根拍砖、跨境讨论，使事件的“蝴蝶效应”凸显，形成罕见的舆情危机。

1. 从系统角度反思“7·23”重大灾难的隐患。“7·23”甬温高铁追尾事故引发的一连串问号至今还没有得到很好的解答。除了死伤名单，人们最关注的无非是事故的真正原因究竟为何？从专业的系统分析和事件分析来看，任何大事故都会暴露出各种各样以往被掩盖的问题。

第一，铁道部和部分专家试图将高铁和动车追尾事故分开，这是不科学的。因为高速铁路上跑的也是动车，很多系统是共用的，只是路轨标准不同而已。在没有确定动车追尾事故原因的情况下，就强调高铁没问题，这是不科学的。事实上，京沪高铁开通后小故障不断，证明还是有不少隐患。

第二，铁道部在动车追尾事故处理过程中暴露出不少问题，比如铁道部的新闻发言人是否了解现场情况，能否履行发言人的责任？从铁道部发言人的尴尬表现来看，带给社会公众的是更大的疑惑和不解，反而产生对铁道部更大的不信任。再如盲目宣布没有生命迹象，结果从车厢中发现了3个生还者。这里要问的是，有没有各级各类事故处理的程序和原则可供执行和参考？

第三，以“雷电影响供电系统”来解释动车出事，这样的理由令人震惊。自然天气的变化是任何一种交通系统都必须面对的共同问题。动车如果对此特别脆弱，这只能证明铁路供电系统在设计上存在严重缺陷。

第四，追尾事故到底是如何发生的？高铁及动车的速度在地面交通中属于速度非常高的车组，那么对于极端天气（如雷击、点击）及地下磁场的影响是否有严格的测试？按照列车运行常识，无论是一般电力机车，还是高端动车，都装载有防止相撞和追尾的安全闭塞系统。这套系统可以有效测定列车速度，对位置进行定位。但这套至关重要的行车安全系统为什么却在最关键时刻失效了。

第五，动车组以及高铁的试运行系统是如何设计、实施的？这样的试运行是否足够科学、足够可靠？法国的高铁通常会进行6—9个月不搭载乘客的试运营，主要调试设备和系统；试运营结束后，高铁正式运营初期还有6个月左右的磨合期。完备的安全预警系统和良好的管理，使得法国TGV高速列车30年来在其自身的铁路线上未出现过一起人员死亡事故。而京沪高铁为什么仅试运行了一个多月就匆忙投入正式运营。

第六，高铁和动车的救生系统和管理系统是否足够？救生系统主要指各种训练和设备的使用。现在的高铁是没有安全带的，很多受害者都是被甩离座位撞到硬物后，头部、胸部、腰部受伤，如果动车有安全带，伤亡可以减少一大半。事故发生时，车厢玻璃无法用车上配备的榔头敲开，没有像飞机那样的紧急逃生出口，也没有像飞机那样的滑梯之类的设备。在管理系统中，高铁乘务员的管理和训练非常重要，这与此前媒体渲染的漂亮“高姐”完全是两个思路。

第七，铁道部应以什么角色承担责任，承担什么责任？铁道部是一个政企合一的机构，既是政府部门又是企业，对这场灾难应该以什么角色来担责？在评价高铁安全和此次灾难原因的调查中，铁道部系统全部应该回避，由第三方机构或上级部门来进行独立调查。铁道部自己调查自己的责任，程序上就存在问题。这个规则处理不好，恐怕很难让公众信服。

2. 反思事故升级为舆情危机的教训。这次“7·23”事件尽管在铁路部门、在局部地方发生，但是全国的媒体持续关注，报道的规模、密度、热度以及负面影响都是近年前所未有的，呈现出全国性的舆情危机。这固然有铁路部门应对不当的因素，但一定程度上也反映了近年来媒体所积累的对官方信息不信任的情绪，一些媒体直接站在了政府的对立面，特别是有的主流媒体与非主流媒体、网络媒体、微博保持同样质疑的立场。大多数都市媒体上都出现了偏激、愤怒等非理性的情绪，对灾难过分的渲染、对受众情绪极度挑逗，一度谣言与辟谣相互交织，偏执与谩骂充斥网络。一些知名的记者在微博中成为议题的设置者，引导舆论越走越远，甚至一些媒体人、一些新闻记者成为谣言的传播者。比如说人民网总结报道了温州动车追尾事故八大谣言，包括“重大事故死亡人数上限为35人，否则领导撤职”、“列车事故后当场掩埋活人”、“遗体未经家属同意被集体火化”、“高铁司机培训只有10天时间”、“坚持救人特警支队长被处分”、“铁道调度系统拘留两无证程序员”、“港人上街哀悼动车追尾事故遇难者”、“吊下动车车厢时有遇难者遗体掉出”等等。这些谣言不但充斥网络，甚至主流媒体上也有。还有的非主流媒体、网络媒体、微博等无限反思、上纲上线，把批评事故的靶子指向了高铁建设，指向了国有铁路体制，指向寻租腐败和政治体制，带来极为负面的影响。甚至有人在微博、手机短信上鼓动遇难者家属到政府、到车站去静坐、抗议、示威，还有人煽动网友到各地的火车站聚集、请愿、悼念。

在与网络媒体打交道方面，当前需要解决一个突出问题，就是让党的声音和政府立场如何深入到以网民自主发帖为主的网络社区，包括BBS、博客、播客、QQ群和微博客等。值得反思的是，在众生喧哗中，如何让党的声音最响亮？让政府的信息最可信？无论哪种媒体都应有政治底线，都不能触犯四项基本原则，否则舆论就会走偏方向，舆情危机就可能会导致政治危机。现在，新媒体与传统媒体相互融合，网络、微博、短信平台发展非常迅速，在“7·23”事故当中，微博已经完全胜过了传统媒体。某些“在地议题”，一旦脱离个案语境，在互联网的作用下，容易被外地“围观”网民过度解读和过激反应，从地区性问题、行业性问题迅速放大成全国性问题、全局性问题。网民在“织围脖”过程中，有可能存在以偏概全、求全责备、侵犯隐私等问题。一些激进的网民甚至已经不满足于网上的“口水战”，随时准备走下互联网，在现实生活中用“行为艺术”表达利益诉求，这给社会稳定和社会管理带来诸多新的挑战。

3. 牢牢把握关键的少数。关键少数的原理也称帕雷托法则（Pareto principle)，这个法则指在众多现象中，80%的结果取决于20%的原因。这里的20%，是概数，是关键。这个少数一般是事物的要害部分，在事物发展过程中起决定性的作用。

从传播学的角度看，危机事件本身就是一个传播的过程，必须抓住3个关键的少数：

第一，应关注“意见领袖”。20世纪40年代，美国传播学者发现，大量的信息经活跃分子中转或过滤，形成价值判断，再传递给大众。这些活跃分子就是“意见领袖”。研究表明，在舆情危机中起重大影响的是不足20%的意见领袖。我国现有网民4.57亿，约占全国总人口三分之一。其中，上网发帖、回帖的占网民数的31.7%，占总人口10.6%。也就是说，约1成中国人经常在网上发声，他们构成“网络舆论”的民意基础，在他们之外，还存在高达9成的网上“无声”的中国人。互联网的出现，极大地拓展了言论空间，从学界、媒体、文艺界和其他专业领域上网人群中，“意见领袖”批量产生，特别是在微博客上各显其能。在每一次群体性事件发生当中，互动平台上的“意见领袖”无一例外扮演着信息传播者和谣言的制造者的双重角色。通过切实的沟通和信息交流，赢得多数“意见领袖”的理解和支持，进而通过他们将这种理解扩散为一种普遍的舆论态度，对引导危机舆情是至关重要。

第二，应对少数瞬间聚焦人气媒体强化舆情监测。研究表明，决定整个危机传播规模和热度的往往是为数不多的人气媒体和网络传播平台。与危机事件相关的信息首先会出现在不同类型的网络平台上，包括论坛、社区、博客、微博等互动平台，人气在很短的时间积聚，意见领袖和网络信息“搬运工”们积极发表意见、扩散信息传播范围；当人气集聚到一定程度，更大的传播平台放大了舆情热度之后，往往会有更多的传统媒体加入，最终从一个网络社区的小话题转化为社会关注的舆情事件。这时，多种意见集中爆发，探究性追问开始引导主流舆论倾向，对事件主体形成强大压力；之后的一到两周时间，社会关注度会维持在一定水平，传播范围却在进一步扩大，人们获知舆情主体的真相要求更为强烈。如果是公共危机事件，往往会伴随着相关部门的介入，事件真相逐渐明朗；最后，事件如果没有更进一步的发展，人们的关注点会转移到新的舆论热点。

第三，应把握“黄金4小时”法则。有关方面研究表明，舆情危机的出现可以分为酝酿期、爆发期、平台期、消退期4个阶段。酝酿期一般有一两天的时间，媒体关注公共危机事件大体有5个发展阶段：4小时谣言四起、轮廓初现；6小时信息多元、广泛传播；8小时第1冲击波—议题明确；12小时第2冲击波—媒体审判；24小时第3冲击波—风口浪尖。在舆情危机大规模爆发前，是控制并影响危机强度和发展方向的关键时期，“黄金4小时”是与媒体打交道最有效的第一时间。守好这一“时间窗”，就有可能控制住“社会濡染”和“舆论绑架”效应，把握转危为机的主动权。

对于舆情危机处理，虽然舆情事件的每一个节点都需要积极的应对策略，但是，从处置效果来看，掌握了这3个关节点，我们就抓住了应对舆情危机的“牛鼻子”。现在一些地方和单位，在处理舆情危机事件时，有很大一部分精力都用的不是地方。例如，“7·23”甬温高铁追尾事件，在危机发生初期对媒体反应迟钝，待第 2 冲击波“媒体审判”的高潮来到的时候，才花费很大的精力和时间灭火，这时已经晚矣；等到24 小时后，第 3 冲击波已经使当事者处于风口浪尖之上时，正面的声音就会淹没在“先入为主”负面的口水之中，任何宣传效果都是微乎其微的。事实上，在负面信息传播过程中，不清晰舆情传播的基本路径，慌了神，见着菩萨就拜，结果只能是越拜越乱。由于缺乏统一的组织，让不同的人分别面对不同的媒体质疑，或者惊慌失措，或者准备不足，或者躲躲闪闪，或者自相矛盾，结果是还未回应清楚，先乱了自己阵脚，形成与媒体和网民的对立，错失舆情危机处理的最佳“时间窗”。假如事发伊始，就做足了20％的功课，关注舆情焦点，完善宣传口径，击败谣言，引领众言，跟进事件，查漏补缺，自圆其说，而不是在查明事因之前先推之“天灾”，急急忙忙追究责任人，那么，也许就不至于陷入众多媒体的“围观”、“拍砖”之中了。

李长春曾经说过：“传播力决定影响力，话语权决定主导权，时效性决定有效性，透明度决定美誉度。”近年来的重大社会事件，不少是媒体事件、网络事件，从中折射出一些党政干部对媒体地位、职能和作用认识不清，在与媒体打交道方面表现出本领危机和知识恐慌，被网民戏称为“菜鸟”。必须认识到，在这样一个全新的传播环境中，一个突发事件，随时都有可能被卷入舆情危机之中，提升对于舆情的敏感性，及时有效地掌控舆情动向，正确处置舆情危机，掌握与媒体打交道的方法和技能，已经成为各级党政领导从事公共管理不可或缺的重要素养。

厘清网络监督与司法调查的界限

——云南“躲猫猫”事件的思考

【事件回放】

一个因盗伐林木被关进看守所的24岁男青年李荞明，于2009年2月8日在云南省晋宁县看守所内受伤，后经医院抢救无效，2月12日死亡，死因是“重度颅脑损伤”。晋宁县公安机关在没有深入调查取证的情况下，公布了李荞明是在放风时和狱友玩“躲猫猫”游戏时，头撞在墙上受伤而不治死亡的情况。这一事件经媒体报道后，在网络上迅速发酵，众多网民纷纷质疑：“躲猫猫”游戏竟能致死人命吗？于是，一场针对“躲猫猫”事件的舆论抨击热潮迅速掀起。

2月19日，在事件成为网络热点后，云南省委宣传部在多家网站上发布公告，征集网民及社会人士组建“网民调查委员会”，赴晋宁看守所对“躲猫猫”事件进行调查。在15人组成的委员会中，有8人是网民和社会人士，其中主任和副主任均由网民担任。

2月20日，晋宁县公安局向网友、媒体代表组成的调查委员会公布对“躲猫猫”事件的调查结果，称是游戏中的意外事件。

同日，网友调查委员会发布调查报告，称查看监控录像和会见当事人的要求都被拒绝，无法介入到事件核心，对晋宁县警方的做法表示质疑，认为探寻真相还是要靠司法机关。两天以后，关于此事的相关新闻至少占据了境内外数千家网站和传统媒体的重要位置。而网络上的反响尤其激烈，其中，大部分是质疑和负面评论。

2月25日，案件移交昆明市人民检察院主办、云南省人民检察院督办，最高人民检察院派员前往云南指导调查，进一步的侦查工作全面展开。

2月27日17时，云南省政府新闻办召开新闻发布会，公布检察机关调查结论：2月8日17时，张涛、普华永等人以玩游戏为名，用布条将李荞明眼睛蒙上，对其进行殴打。其间，普华永猛击李荞明头部一拳，致其头部撞击墙面后倒地昏迷，经送医院抢救无效死亡。

【应对举措】

“躲猫猫”事件发生后，云南省相关部门在应对网络舆论监督方面，公开邀请网民和社会各界人士组成“网民调查委员会”，应该说有非常大的进步，具体表现在：一是官方的反应非常迅速。二是主动做出正面的回应。三是通过让网民和社会人士共同参与，来提升调查的独立性和中立性，加强公信力。所以这三个方面构成了一个官民在知情权问题上的良性互动的标本。

云南省委宣传部的这个“创新”举措，顺应了网民的正常意愿，积极地引导了网络舆情或民意，使网民和公众看到了党和政府对待民众质疑的诚恳态度和积极回应。这是地方政府在倾听民声民意、推动社会公平公正、促进和谐社会方面的一个巨大进步。同时，也充分表达了有关党政部门“还事实于真相”的基本态度和彻查决心，为最终成功地揭示事件真相提供了不可抗拒的推动力。

案发后，云南省检察院和公安机关介入调查事件的真相，经查明，张厚华、张涛、普华永等人对李荞明进行殴打并致其死亡。为逃避罪责，几人共谋编造了李荞明在玩游戏中不慎致死的虚假事实。张厚华等人的犯罪事实及串供行为，已经现场勘验、尸检报告及同监室所有在押人员供述等证实。根据刑法规定，殴打李荞明致其死亡的行为，涉嫌故意伤害罪，已由检察机关移交公安机关立案侦查，并建议对张厚华、张涛、普华永等人实行数罪并究。

检察机关在对该案的调查取证过程中，发现晋宁县看守所存在牢头狱霸殴打体罚在押人员等问题，向公安机关提出整改建议。要求进一步加大监管整改力度；对监管人员涉嫌渎职犯罪的行为立案侦查，并尽快查明真相，依法处理；对晋宁县检察院驻所检察室存在监督不到位的问题，决定免去该室主任赵泽云的职务。

云南省公安厅认为，这起案件暴露出晋宁县公安机关特别是看守所在队伍建设和执法管理工作中存在的突出问题。根据目前掌握的情况，依照有关规定，对晋宁县公安局局长达琪明予以行政记大过处分；对晋宁县公安局分管看守所工作的副局长闫国栋予以行政记大过处分，并免去其副局长职务；对负有直接领导责任的晋宁县看守所所长余成江予以行政撤职处分；对晋宁县看守所分管管教工作的副所长蒋瑛予以行政撤职处分；对负有直接责任的晋宁县看守所民警李东明（负责管理李荞明所在监室）予以辞退处理。

2009年8月14日，云南省昆明市嵩明县人民法院对引起社会广泛关注的“躲猫猫”案件做出一审宣判：原晋宁县看守所民警李东明犯玩忽职守罪，判处有期徒刑1年零6个月，缓刑2年；被告人苏绍录犯虐待被监管人罪，判处有期徒刑1年。

【评析反思】

在“躲猫猫”事件中，网民参与对官方结论的公开调查，在云南乃至全国尚属首次，具有创制性意义。只要严守法律底线，未尝不是一个落实公民监督权的可行之举。但需要厘清的是：网络监督不能替代司法调查，网民调查更多地是形成一种舆论压力，让当事者和调查方知道，他们已被置于众目睽睽之下。现在“公民化”之后的网民表现出很强的力量，折射出社会现实中每一个公民不再弱小，公平和正义应得到足够的重视。

“躲猫猫”事件留给人们的深刻启示是：应对类似公共危机，既要考虑网络舆情，更要考虑法治准则。一切绕开制度路径另谋出路的做法，不仅无助于问题的解决，反而会招致法治的惩罚。正如“躲猫猫”事件中，最佳的出路还在于司法调查归位，以透明、公正的调查信息公开让网民释怀，在民众中重塑对司法的公信和敬畏。即便司法调查的程序一度受到民众怀疑，也不应是司法隐退的缘由。事实上，摆脱以往司法信赖危机最好的办法，也许就是让公众有序参与司法调查。

互联网为人们享有知情权、参与权、表达权和监督权提供了前所未有的便利条件和直接渠道，为政府了解群众意愿、维护人民利益发挥了日益重要的作用。有专家认为，网络媒体所具有的影响力、便捷性，正演化成为网民讨论公共事务、表达意见诉求、进行舆论监督的一个越来越重要的民意平台。如今的网络民意，已开始从民间走进中央高层领导人的视野，成了一些地方政府专门收集网络民意的渠道。已经发生的网络民意事件表明，政府在对待网络民意观念上正在出现一种转变：从防范到疏导，再到良性互动。越来越多的事实表明，“网络民意”在中国已成为一种不容忽视的社会力量。如今，只要社会上发生重大事件，很多网民就会不约而同地聚集到某个网络论坛，纷纷发表自己的意见或评论；一些被严密掩盖起来的政治腐败事件，也开始频频在网络上得以“曝光”。在网络民意一浪高过一浪的声讨声中，一些相关的政府官员无处可逃，惶惶不可终日。正是看到了网络民意的影响力日趋明显，互联网络已成为很多普通百姓维权的工具。如今，在北京、上海等许多大中城市里，几乎每一个新建的社区都建立了自己的网络论坛，一旦这些业主的共同利益受到侵犯，他们就会主动聚集到网络论坛，发表自己的意见，商讨对策。

近10年来，互联网的迅速发展为中国的言论自由提供了一个广阔的空间，也上演了一幕幕网络民意与司法公正博弈的悲喜剧，一些案件借助网络而轰动一时。中国4亿多网民的庞大群体，对传统舆论形成方式来说是革命性的，它带给司法的影响力，也是空前的。与传统舆论监督相比，网络舆论监督有着许多优势，但是也存在着一些问题，如法律缺失、政府管理引导不力、信息失真等。对网络舆论监督，应该强化道德、法律、平衡三种意识，不断地进行规范和正确引导，建立起有利于网络舆论监督的制度与途径，使互联网成为实现构建和谐社会的重要手段。

不可否认，舆论监督在很大程度上促进了司法的公正。细究很多错案冤案，枉法裁判、程序违法、草菅人命都是在审判公开度、透明度不够的时候发生的。“阳光是最好的防腐剂”，法院的审判一旦昭告天下，权力寻租的空间就很难滋生。在过去发生的某些引起社会关注的案件中，我们都可以看到网民的身影。例如，福建省某县公安局副局长陈长春强暴被害少女案，情节恶劣，却被明显地重罪轻判，在网上披露后引起强烈反响，最后经检察院抗诉，二审得以改判。虽然，网民的法律水平并不比经验丰富的法官高，但他们与当事人没有任何利害关系，不会受到来自地方保护势力的压力，更能客观、公正地看待问题。关注司法公正问题的网民，通常受过良好的教育、具有强烈的社会责任、关注底层生存状态、对司法腐败嫉恶如仇，这些品质使得网民成为司法监督的一支生力军。网民舆论的强大合力，使一些传统媒体尚不能报道的司法不公现象不断进入公众的视野。

当然，舆论在某些时候也成为左右司法公正的一种消极力量，妨碍司法独立，形成“舆论审判”。前不久发生的“彭宇案”，一审被告败诉之后，网络上充斥着攻击、谩骂法官和声援彭宇的言论。在对证据、事实尚未认真研究的情形下，很多网民先入为主地认为彭宇是“做好事遭殃”、法官“依情理断案”太糊涂。但是很少有网民知道，法官在证据不足的情形下，依经验和逻辑断案符合法律的规定，民事诉讼中举证责任的分配并不是把责任全部加诸于原告，民事诉讼中有“优势证据标准”和“公平负担原则”。因此，网民的批评虽然不能算完全错误，但这种似是而非的言论大肆流传，完全压制了对法院判决支持的少数专业人士的意见，对二审造成了巨大的压力，很难保证法院在这种“千夫所指”的情形下还能独立做出客观的裁判。

网络的出现，给广大民众提供了可以自由表达的机会，这是司法走向民主化的标志之一。缺少了网民的监督，毫无疑问将大大削弱民主监督的力量。但是，司法同时也是一个高度专业化的领域，需要不受外界影响的独立裁判环境。很多国家，包括崇尚新闻自由的美国，都有一套防止司法受到不良影响的制度，包括媒体不得对未决案件进行实质性报道、法官和陪审团不得在审判期间接受外界信息、在舆论已经造成负面影响时更换陪审团或者易地审理，以及对媒体做失实报道要予以法律制裁。大多数的网民，也能自觉地遵守不干扰司法审判的原则，对法院裁判特别是对事实的裁判不妄加评论。因为在他们看来，只有陪审团和法官亲历了法庭的审判，才对事实具有发言权。法庭上没有出现的证据或者被排除的证据，都应被视为不存在。唯有证据和程序，才是法官要遵循的。网络民意，虽然并无私心，但缺乏专业的眼光会让人忽略必要的细节，冲动的情绪会左右人们清醒的判断，从众和盲目的心理会让人迷失正确的方向。他们的批判和坚持，或许可以纠正某些个案的裁判，但对于程序以及普遍的公正而言，未必是好事。因此，在司法和舆论之间，总是存在着一条不可逾越的界限。

司法公正和言论自由，都是我们社会珍视的价值。在司法独立具有良好制度保障的国家，法官本身能秉持中立、公正的理念，自觉防止受到舆论的影响。但在我国这样一个尚未健全法治的国家，网络的发展远远超过法院制度的建设，一旦舆论的力量对司法形成一种压力，将可能对法官的心证形成预设，最终影响法院审判的独立性。所以，我们在鼓励舆论监督时，还需要防止出现“网民审判”的现象。

当然，在网络信息高速发达的今天，网络上的民意监督有着它应有的作用，但也不可避免地会出现一些互联网发展与管理之间的矛盾，存在一定的负面作用，要清醒地看到网络监督有着自己的突出的优点，也存在着明显的不足，网络上会掺杂很多无效、虚假甚至恶意的信息，泛滥的“人肉搜索”有可能演变成网络暴力，侵犯当事人的隐私权和其他权利。特别是未成年人已成为中国网民的最大群体，2012 年中国将达到 5 亿网民，其中未成年人约占 1/3，这部分人恰恰是社会上最活跃的人群，敢于表达自己的主见，又需要加以积极的引导。这些优点和不足，需要我们认真加以总结和分析，逐步完善有关法律法规，扬长避短，更好地发挥作用。要真正消除网络民意带来的所谓“负面”作用，关键还是取决于政府行政能力的提高，及时了解并化解现实生活中的各种矛盾，只要社会和谐了，网络民意才会朝着一种健康向上的方向发展。

因此，面对类似“躲猫猫”这样的事件，我们要做到以下几点：

1. 切忌迟钝、失语和被动应付。突发事件被网络舆论放大后，一些地方的惯用做法是反应麻木、沉寂失声、避开风头、掩盖真相、删除网站信息等；回应舆论质疑时，大而化之，含混不清；披露细节时，过于疏漏，甚至难以自圆其说，被敏感而机智的网友一再抓住漏洞，一击即中。上述做法只能说是被动应付、蒙混过关的下下策，往往更加激起网民的不满和声讨，不利于挽回事件所造成的负面影响，也不利于党委政府形象的恢复。要经得起检验和考验，要取信于民，最明智的做法就是如实说出事情的真相。应把网络作为日益强势的新兴媒体对待，把关注网络舆情当作一种工作常态来坚持，把引导网络舆情作为一种能力来锻炼，提高网络时代的执政能力，锻炼和培养敏锐的研判力和预见性。

2. 主动回应网络舆情。突发事件一旦被网络放大后，就应打破常规，以一种合适的方式快速地调查事件真相，在第一时间如实告知社会公众和网民，并接受网络监督。对网民的不同意见多宽容、多甄别、多研判，坚持实事求是，不遮掩、不忽悠，以真诚之心，与网民平等沟通，对网民质疑，心平气和地做好解释说明；对不实之说，及时回应并予以澄清；对网上的炒作，应利用主流媒体加强引导，快报事实，慎报原因，用健康积极的主流意识形态引领网络文化、主动出击，唱响网上主旋律。云南地方邀请网民参与调查“躲猫猫”事件真相的做法就普遍被网民认为是一种进步的、智慧的做法。

3. 要善于与网民交朋友。网络的力量在于自由表达，网络在政府与公众之间架起了直接沟通的桥梁。网民是民众的一部分，网络舆情也是社情民意的反映，通过互联网了解民情、顺应民意、汇聚民智，成为各级政府执政为民、改进工作的新渠道，网络上的公众言论正受到前所未有的关注。各级领导经常上网了解公众意愿，有的直接在网上与网民交流，讨论国计民生，回答网民的问题。各级政府出台重大政策前，通过互联网征求意见已成为普遍做法。一些地方主动对与自己有关的网络声音表达回应，甚至建立起专门处理网络民意的工作机制，网民获得了许多传统沟通方式所无法得到的待遇。网民普遍认为，各级党政机关需要真诚听取网民意见，广泛吸收网民智慧，领导干部不能做网络“菜鸟”，要带头“上线”和“触网”，通过在线聊天室、网络直播室、专线电话、博客、微博等途径，就群众关心、关注的问题进行在线回答，认真接纳网络民意，积极与网络舆情互动，形成更加开明、开放、透明的网络监督机制。

总之，此次事件给我们的警示是：在互联网高速发展的现代，任何时候都不能忽视网络监督在社会中起到的巨大作用，云南宣传部门在对待网络民意与网络民智上的开明心态，是值得肯定的。这样的“开创”之举也可以为其他地方提供范例。但是，网民参与舆论监督，理应恪守作为公权力“监督者”这一身份，而不可逾越法律径行“网络执法”之事。

以包容心对待“异质思维”

——河南灵宝王帅案的反思

【事件回放】

2008年5月28日，河南省灵宝市政府以建设五帝工业聚集区为名，“租”用了大王镇农地28平方公里，其中大部分是基本农田，约3万余农民将失去土地。市政府书面公告了地上附着物数量及补偿金额，最终将租价提高到每年每亩1200元，并与农民达成协议。灵宝市24岁的青年王帅的老家在大王镇南阳村，得知此事后，感觉政府所为明显违法，就上三门峡土地局、河南省国土厅网站查询批文，并通过网络在线信访，多次向河南省国土厅递交举报信，但一直未果。

2009年2月12日，王帅在网上发了篇《河南灵宝老农的抗旱绝招》的帖子，以讽喻的手法，批评家乡政府违法占地的问题，希望引起相关部门的注意。此番言论，被当地政府看做造谣、污蔑和诽谤，败坏了政府的名声。

3月6日，灵宝市公安局派人到上海将在沪工作的王帅抓捕并刑事拘留。3月6—13日，王帅在上海和灵宝两地的看守所，一共被关押了8天。

3月26日，王帅向中青在线“主编面对面栏目”发去一份邮件，题为《一篇帖子，狱中八日，幕后故事，谁人敢报》。

4月8日，中国青年报的记者通过调查和走访，发表了题为《一篇帖子换来被囚八日》的报道。

4月10日，灵宝官方回应称《中国青年报》这篇报道“严重失实，概念混淆，误导视听”，并称“王帅诽谤案正在办理中”。

4月16日，中国青年报就河南灵宝违法征地事件本身再次刊发《灵宝违法征地事件调查——占地28平方公里只批了0.33平方公里》，期间还发了《违法征地为何成了新闻盲区》的评论。

4月16日下午，河南省副省长、省公安厅厅长秦玉海做客人民网。在谈到王帅因网上发帖被抓捕一事时，秦玉海指出，公安机关在此事中执法是有过错的，当地公安机关执法中没有严格按照有关法律规定去办理。如果定诽谤罪，王帅这个情况又不符合诽谤罪的构成要件。诽谤罪有两个要件：第一个是自诉案件，另一个是对社会秩序和国家利益造成严重危害。这两条，王帅都够不上。秦玉海感谢各位网友对河南公安工作的监督，表示“在我们省出了这种问题，在工作上我也有责任，我也向大家道歉”。

【应对举措】

三门峡公安局对这起案件做出了撤案处理，并对王帅进行了国家赔偿。灵宝市委宣传部发出了《灵宝市公安局关于办理王帅一案涉及人员的处理意见》，并对相关办案人员及责任领导予以责任追究。

4月16日晚23时48分，人民网舆情频道收到中共灵宝市委、灵宝市政府发来的《关于对“王帅发帖事件”处理情况的答复》内容为：

一是依法纠正王帅被拘事件错误。二是五帝工业聚集区规划、土地征收和补偿的情况：市政府最终确定补偿标准为土地补偿费、安置补助费，每亩按2.89万元的新标准执行，市政府在新标准兑付之前的过渡期，按每亩1200元给群众发放了生活补助。三是将深刻汲取教训，牢固树立依法行政理念。

4月17日，灵宝市公安局长等人亲赴上海向王帅道歉，王帅拿到了国家赔偿款783.93元。当晚，灵宝市委宣传部向中国青年报发去《灵宝市公安局关于办理王帅一案涉及人员的处理意见》。

【评析反思】

让灵宝方面没有想到的是，区区一个“因言治罪”居然引来了国内数十家媒体以及诸多网络媒体的重点关注，成为公共危机事件。在灵宝官方的网站上，挂出了署名灵宝市信息中心的官方回应，不仅声称“现王帅诽谤案正在办理中”，而且认为报道失实，“给灵宝造成了不良影响。特别是一些网民追帖、打电话，肆意贬损、辱骂灵宝市党政部门和市委宣传部的一位副部长，对其形象和身心造成了很大的伤害”。

灵宝被舆论推上了火山口。在王帅发帖之后，更准确地说是在《中国青年报》报道之后，全国舆论几乎出现了一边倒地讨伐。但不难看到，全国舆论讨伐的是灵宝有关方面为了一个公民的帖子跨省抓人，利用公权乱作为。由此带来的后果是灵宝政府的公信力受到损害。

其实，王帅发帖并非是灵宝政府的公信力受到损害最直接的原因。灵宝方面始终把违法征收土地一事搁置一旁，而将王帅的帖子抓住不放，这种本末倒置的做法，本身就具有“眼球效应”。事实上，王帅发帖是在自身利益受到侵害，多次向政府举报无果情况下的无奈之举。试想，如果灵宝方面没有违法征地，让农民每亩地从5000多元的收益一下子缩水至1200元，就不会有王帅的发帖效应。

灵宝方面以“诽谤”治王帅的罪，其实是无稽之谈。现在真相大白于天下，没有谁会拿着王帅的帖子去指责抗旱指挥部门和水利部门的负责人。事实上，王帅的帖子对他们的伤害很小，更何况王帅发帖核心内容指向的是公权部门，而非公权部门责任人，这根本不是诽谤罪的构成要件。法律规定（《刑法》第246条），诽谤罪是指故意捏造并散布虚构的事实，足以贬损他人人格，破坏他人名誉，情节严重的行为。同时，诽谤罪属于“告诉的才处理，但是严重危害社会秩序和国家利益的除外”。显然，王帅的行为并不构成诽谤罪。如果硬要说灵宝的形象受到了损害，也应该是灵宝政府把灵宝的形象给损害了。如果没有灵宝政府违法征地在先，跨省追捕王帅在后，灵宝的形象又怎会受到影响？

看待同样一件事情，有人显得很“淡定”，有人表示“鸭梨”很大；面对同样一桩刑事案件，有人焦虑等待“正义到来”，有人则在寻找“程序瑕疵”；衡量同样一项改革措施，有人双手赞成，有人却提出质疑……当今中国社会，正处在一个思想文化多元多样多变的时代。从一种声音到百家争鸣，从千人一面到丰富多元，反映出思想的极大解放，也体现了中国历史性的变化。在社会转型、改革攻坚阶段，不同利益的调整与博弈，自然带来不同诉求的表达；随着对外开放和互联网的普及，传统与现代、国外与本土，不同文化和价值观也必然产生碰撞交锋。多元表达难免会有“异质思维”，甚至使人产生“鸡同鸭讲”的感觉。在这一过程中，人们欣赏理性平和讨论，期待闻过则喜的态度，但也不无遗憾地看到，一些人在讨论中容不下异见，相互对骂、攻讦，动辄给对方扣上吓人的帽子，用意气之争代替真理追求；一些人对待批评建言，非但不虚心听取，反而搞起了“诽谤定罪”，甚至以权力意志压制不同声音。

把诽谤定罪当作对付批评的工具，是近年来个别地方官员惯用的手法。首先，这是以人治代替法制。动辄滥用专政武器对待普通公民，不仅损害了司法机关的声誉，而且也干预了司法独立，影响了党政部门的形象。其次，反映了当地政府应对危机公关的能力较差。随着公民社会的成长发育，不服从、不听话的老百姓总是会有的，还有可能增多。一个常态的社会不可能只用一个大脑思考，也不可能只发出同一种声音。有不同的声音，这对政府来说是一件幸事，可以督促政府改进工作。半个多月中，中国青年报围绕灵宝王帅事件的报道，持续成为舆论关注热点。在媒体全方位报道下，舆论监督体现出强大的力量，最终灵宝官方承认错误，公开道歉，对受害者给予国家赔偿，并对有关责任人进行了处理。这是舆论监督的一个成功案例，事件的圆满解决更具有典型意义，网民参与监督，彰显了民声、民意，张扬了社会公平和正义，激发着网民的参政议政热情。

河南灵宝王帅案，源于网络的推动，止于问题的解决。对各级政府而言，如何使执政能力与网络时代相适应，已是一个现实问题。网络的规范需要通过道德和法律两个方面来实现。从道德方面来说，网民在网上发帖应做到事实客观、内容真实、言之有据；评论应该公允，不恶意攻击他人。从法律上来说，滥用网络究竟以什么来论处，有待进一步探索和完善。本案中，王帅虽有过激之处，但并未侵犯他人权利。这个事件首先告诉我们，各级政府作出的每一项决策、采取的每一项行动，都应事先广泛吸纳民意。特别在这个网络开放的世界里，政府的任何行为随时可能公告天下。如果不能正确处置网络民意，就有可能成为影响广泛的社会事件。

随着网络对社会生活每一个角落的渗透，执法部门还应该与时俱进，适应网络时代对工作环境带来的新变化、新特点，以宽容的胸襟和理智的态度对待网民的监督与评论。唯有这样，社会才会变得越来越进步，越来越和谐，越来越人性化。

同时，我们也应看到，网络监督正在逐渐成为制约公权滥用的重要手段。当然，问题的最终解决还是要回归到体制内的司法和行政程序。因此，如何建立有效的机制，如何从制度上提供一个通畅的、面向社会大众的监督渠道，这是摆在各级领导面前的一个新课题。

一个政府的良好名声，最终不能通过粉饰和掩盖获得，更不能通过打压和威慑建立。作为最核心的认同资源，政府的名声是其开展工作的民意基础，它与公民的“知情权、参与权、表达权、监督权”一样，成为一个国家和社会公共利益的重要保障。而政府的良好名声只有在公民基本权利受到尊重和保护的前提下，才能最终获得。毋庸置疑，政府的名声至关重要。但政府名声的维护，不能凌驾于法律之上，而是在依法行政之中；不是靠对民声的粗暴压制，而在于对民声的认真听取；不是与民意的对立，而是与民意的良性互动。思想观念的价值，在竞争中才会彰显，在实践中才能检验。“我不同意你的看法，但我誓死捍卫你说话的权利”，这是一种胸怀，更是一种自信。那种扣帽子、抓辫子的辩论方式，“不同即敌对”

的思维模式，本质上都是狭隘虚弱的表现，无助于社会和谐的构建、健康心态的形成。在这个意义上，以包容心对待“异质思维”，在对话中协调立场，在交流中化解矛盾，人们才能最大限度地形成共识，推动思想观念的进步。相对于普通民众，手握权力的执政者尤其需要这种“包容”。如果说前者的狭隘只是语言暴力，后者的狭隘则可能带来真实伤害；如果说前者的包容体现的是素质修养，后者的包容不仅是一种“雅量”，更是执政为民的需要、法治社会的要求。

交通安全岂能成为“镜花水月”

——杭州胡斌飙车撞死行人案反思

【事件回放】

2009年5月7日晚8时左右，年仅20岁的胡斌驾驶大红色改装三菱跑车在杭州繁华的街头与朋友“飙车”，将看完电影、正在穿过斑马线回家的25岁浙江大学毕业生谭卓当场撞飞致死。事件发生后，胡斌的所谓“富家子弟”身份引发公众高度关注。一时间，各大媒体、论坛、浙江大学的学生均对这起交通事故予以极高的关注，事故也在全国产生了广泛的影响。

5月8日，杭州交警召开新闻发布会，认定胡斌驾驶时速为“70码”，由此引发杭州市市民和网民极大不满。同日晚间，浙江大学学生和杭州市市民、网民自发组织了近万人前往事发现场哀悼死者。

5月9日凌晨，胡某因涉嫌交通肇事罪被杭州警方刑事拘留。

5月10日，谭卓追悼会召开。同日，杭州警方承诺将秉公办理此案。

5月11日，杭州警方承认肇事者存在违法超速行为。另据杭州媒体报道，杭州市长称该事件骇人听闻，要严惩。

5月12日，杭州市的部分人大代表和政协委员也发表声明对此事表示关注。

5月14日，杭州市公安局新闻发言人说，公安机关目前已接到鉴定机构出具的杭州闹市“飙车案”相关技术问题的鉴定报告。根据该报告，肇事车辆存在违法超速行为，时速在每小时84.1～101.2公里范围内，肇事车辆被改装或部分改装。

【应对举措】

5月15日，杭州警方以交通肇事罪向检察院提请批捕，并认定本次事故由胡斌承担全部责任。同时，杭州警方也就早前的70码说法向公众道歉。

5月16日，谭卓家属决定暂时不对鉴定报告提出异议。5月20日晚，杭州警方宣布公安机关侦查终结。同日，胡斌以涉嫌交通肇事罪被移送杭州市人民检察院审查起诉。受害者谭卓家属与肇事方已经达成协议，谭卓父母获赔113万元。

7月15日，杭州西湖区人民法院对该案进行了公开开庭审理，20日，法院作出一审公开宣判，以交通肇事罪判处被告人胡斌有期徒刑3年。

【评析反思】

1. 为何判决结果令人“缺乏安全感”？2009年7月20日下午3时30分，杭州市西湖区人民法院对“5·7”交通肇事案进行了一审公开宣判，以交通肇事罪判处被告人胡斌有期徒刑3年。对于这样的结果，双方家长都表示不满意，特别是死者谭卓的家长更是如此，他们早在庭审时就对检察机关以交通肇事罪对被告人胡斌提起公诉表示过不同意见，他们认为胡斌构成的是以危险方法危害公共安全罪，但这意见既未被检察机关采纳，也未被法院所采纳。

交通肇事罪是一种过失犯罪，如果判断胡斌是交通肇事罪，他的主观心态只能是过于自信的过失。所谓过于自信的过失的心理态度，应当是排斥、反对危害结果产生，轻信凭借自身技能及相应的某些外部客观条件可以避免危害结果的产生，或者采取了积极的措施来避免结果发生的。但是，胡斌以每小时84.1～101.2公里的速度在闹市区飙车，这种生死时速，很难说他有什么凭借能避免危害结果发生，他的主观心态也完全可能是明知会发生危害后果而放任后果发生的间接故意，可能构成以危险方法危害公共安全罪。因此，判决的罪名仍然值得商榷。

此外，法院判决胡斌有期徒刑3年，原因是胡斌的行为不符合最高法院《关于审理交通肇事刑事案件具体应用法律若干问题的解释》第四条——关于交通肇事罪其他特别恶劣情节的具体规定。事实上，这一司法解释值得质疑，因为它完全按照交通肇事所造成的后果（死伤人数、财产损失）来认定被告人是否属于“有其他特别恶劣情节”。事实上，一些严重的超速驾车、醉酒驾车、驾驶改装车，虽然没有造成2人以上死亡等严重后果，但其对公共安全的潜在危险和对于民众心理的冲击仍然是巨大的，因此，司法解释理应将这些行为规定为“有其他特别恶劣情节”加重处罚，在“三年以上七年以下有期徒刑”内处罚。

对于胡斌一案法院最终以“交通肇事罪”定罪，对其处以最高刑期3年有期徒刑，并在判决书中对社会和网友质疑的几点问题从法律角度做了解释，这应该说这是法院依据“罪刑法定”原则对胡斌的最高刑罚，但为何还是令人觉得“缺乏安全感”？

现在我们需要思考的是，在社会发展的现实情况下，立法也应与时俱进，任何危害他人生命安全的行为，都应当依法受到严惩。飙车夺命行为之所以引起公愤，就是因为肇事者把自己的一时快意凌驾于他人的生命安全之上，而且这种行为在许多城市都存在，甚至成为一种新的社会公害。但依据现有法律，交通违法成本太低，已经不适应汽车时代的现实需要。因此，在城市里飙车并导致他人人身伤亡，作为一种新型犯罪行为，考虑到其比较常见而且危害较大，相关立法需要及时跟进。

在许多西方国家，对于严重超速驾驶和严重醉酒驾驶的行为，直接就规定为犯罪，进行刑事处罚，将防范交通肇事的关口前移，如果因严重超速驾驶或严重醉酒驾驶造成了交通事故，会加重处罚。以前我国对于这些行为最多只能进行行政处罚，因此，在杭州飙车案、南京醉酒驾驶撞人案发生后，十一届全国人大常委会第十九次会议通过了刑法修正案（八）法条，增设“危险驾驶罪”，首次将“醉酒驾驶机动车”、“在道路上驾驶机动车追逐竞驶”等严重危害公共安全的交通违法行为纳入其中，提高对这种行为处罚的力度，能够起到更好的警示作用，预防恶性犯罪行为发生。

司法公正是民众孜孜以求的治理状态，要树立民众对于司法的信仰，树立司法权威至上的观念，就必须把司法公正展现出来。判决书对量刑理由做了比较详细的说明，而且围绕着舆论焦点——“为何不定危害公共安全罪，为何不算情节恶劣，胡斌有无自首情节？”该案审判长公开进行了详细的解释。固然不能说法院顺服于民意的呼声就能够生产正义；但是，法院不管对于极端的、愤恨的民意，还是理性的、冷静的民意，都不能以“不明真相”、“无稽之谈”这样的说法置之不理，而应该坚持司法的独立审判权，遵循“罪刑法定”的原则，尝试用正义的逻辑去说服民意。

2. 弥合炫富与仇富的社会鸿沟。必须承认，我们的社会由于贫富悬殊已然出现了一条很深的鸿沟。社会上的确存在着仇富的现象，不止仇富，还有仇官。面对这样的社会现实，仅仅责怪怀有仇恨心理的弱势一方，其实意义不大。嫉妒心人人有之，任何社会都是这样。当然，恶性的嫉妒容易导致绝望，绝望是毁灭的源头，一旦嫉妒变成了绝望、愤怒，就可能产生“与汝皆亡”的冲动。

一般来说，产生这种恶性嫉妒的原因，不是富贵本身，而是富贵背后的不公。就像赛跑一样，如果起跑线一致，跑道一样，失败者即使心有不甘，也只能认账。但如果他们发现有人中间坐了一段车，或者吃了兴奋剂，那就不一样了。我们必须承认，在转型时期，富贵背后的不公是大量存在的。民众中对于这种不公的仇视心理，具有传染性，很快会殃及所有富贵人，无论这些人的发迹是否存在权钱交易的问题。

跟仇富仇官现象并存的是，炫富、炫贵的现象在我们的社会也相当普遍。开跑车在城里飙车，就是炫耀之一种。这种炫耀使民众的仇富仇官心理更加激化。

因此，最要紧的是在制度上安排上应突出“公平”二字，免得不公平戕害整个社会的进步。但是，已经富起来的人，握有权势之人，要尽可能保持低调，不要以富贵骄人，同时要教育好子弟。更重要的是，先富贵起来的人要对社会有所回馈，对弱势有所帮助。在历史上，中国社会一向是士大夫和农民并存，士大夫握有政治和文化权力，也大体上过得比农民富足、体面。但是，凡是士大夫，都有义务为社会做公益，不仅要张罗修桥铺路、兴修水利，而且要担负救难济贫的责任，通过这种行为，赢得社会的尊重。凡是不做公益的富人，都不能被列入乡绅的行列，为乡里所不齿。现在的社会，虽然说富贵者不乏有积极参与公益之举，但是，总的说来，尤其是对那些有影响的富豪而言，公益心和博爱之心还是比较欠缺，为社会做慈善、扶贫帮困的心气还比较小。

任何国家和地区，出现贫富差异是不可避免的，但出现这种物质乃至心理上的社会鸿沟，确实值得高度关注。这条鸿沟是由中等收入向高收入国家迈进的障碍，会影响国民的幸福指数和社会和谐稳定；而要弥合这条鸿沟，不仅需要国家的体制机制的改革，更需要在全社会营造一种尊重人、关心人、爱护人的氛围，真正形成以人为本、包容发展的理念。

3. 莫让交通安全成为“镜花水月”。通过这起杭州飙车案，我们可看出两个方面的问题：执法不严和以罚代管。胡斌曾经在高速公路上以 210 公里/小时的车速严重违规超速，却未被吊销执照，这凸显了我国交通管理上存在的漏洞。对于目前交通违规现象的罚款处罚，人们比较认同，但问题是，这种处罚方式最终演变成了以罚代管，罚是罚了，管的意义却没了。一次违规罚个几百块，对于一些生活条件一般的人也许能起到惩戒作用，而对于那些条件优越的人则可能不起作用。交通管理制度上除了

“罚”之外，更需要增加一些涉及到“管”的细则。

罚款，是对交通违规行为的一种常用惩罚手段，有某地高官在整治交通秩序大会时就曾经大呼：“最好罚他一个月三分之一的工资，这样就没有人敢再违章了。”但问题是，罚过之后又怎样？许多地方只罚不管，就好比对待随地吐痰，很多地方罚款几元钱就算了事，如果再随地吐痰，无非再罚几元钱。交通执法者与车主不是在玩一场猫捉老鼠的游戏，罚到了多少款也绝不表示交通治理做出了多少政绩。显然，靠以罚代管是无法制止交通事故发生的。

有数据显示，我国每年有三分之一交通事故受害者是死在低年资驾驶员（驾龄 3 年以内）的车轮下。是谁为这些不合格的驾驶员打开了制造事故的大门？不能不承认，某些不负责任的驾校难逃其责。近年来，有关部门为杜绝“马路杀手”的产生，确实也费了不少苦心，如在驾校实施无纸化电脑答题、红外线桩考仪等。然而，再精湛的科技仍要由人来掌控，再严格的制度也是由人来执行。由于某些环节上的失范乃至失职，看似无懈可击的考试制度也会变成形同虚设。如今不少驾校往往只教学车者技术，而对于安全意识方面的教育却很薄弱。问题就在于驾校教学上的偷工减料。现在，有些驾校的培训课时大幅度缩水，原本需要反复训练的驾车技术几个课时就结束了，所学到的也只是最基本的驾驶方法。开车是一种用时间与经验磨练出来的技术，这样快速“成才”，即使是拿了驾照，也并不能说就具备了上路驾驶的能力。如此培训出来的司机，水平着实令人担忧。这些将公众安全置之度外的违规驾校，无疑使马路上增加了越来越多的交通肇事者。

通过这起事件，我们应该深刻认识到，一方面，社会管理还存在亟待完善的地方，尤其是炫富和仇富等现象，实质是社会不公的外在表现；另一方面，交通执法的力度不够，监督机制存在漏洞，尤其是一些驾校在经济利益的驱使下，存在不规范甚至是违法操作的现象。只有堵住源头，交通安全才不会成为“镜中花，水中月”。

悲剧凸显公交安全的软肋

——成都公交车燃烧事件的教训

【事件回放】

2009年6月5日8时02分，成都市公共交通集团北星公司一辆牌号为川A49567的满载120人左右的9路公交车，在行驶至成都动物园附近、市北三环川陕立交桥下桥处时发生燃烧造成公交车上乘客中27人死亡（24人当场死亡，包括一名孕妇和数名青少年学生），74人受伤，其中17人属于危重病人，8人属于极危重。成都市公安局接到群众报警后，调集消防车辆于8时09分到达事故现场，2分钟后将明火扑灭，并将伤员送往附近医院紧急救治。

据当时的目击者说，公交车先发生了爆炸，然后猛烈燃烧起来。据说有的乘客闻到有异味，就要求司机立即开门。当时车辆正在下坡，司机认为开门不安全，稍微有所拖延。下了立交桥，司机立即停车。司机停车后发现车门无法打开，于是从驾驶位旁的车窗跳出，跑到公车外侧，和当时路边群众一起扒门砸窗，进行救人行动。事故发生后，从车里跑出来的只有10余个人，现场哭声一片，成都军区总医院接到急救信息后，迅速赶到救援现场，组织三十几名急诊人员奋力救援。

事发后，伤者已被转送到成都军区总医院和成都市第二医院。在成都市第二人民医院，据护理部主任余元星介绍，已有4名重伤者被转送到了医院。“他们伤情都特别重，正在重症监护室里接受救治。”成都军区总医院一位参与抢救的医务人员说，该院收治的二三十名伤者中，个别伤者情况非常严重，不排除死亡的可能。

事故发生后，公安机关全力以赴，开展了大量的勘查检验、侦查实验和走访调查工作，认定成都公交车燃烧事件为一起故意放火刑事案件，烧死在车内后部的张云良是故意放火案的犯罪嫌疑人。据警方介绍，张云良，62 岁，是江苏省苏州市人，案发前暂住成都市。他在江苏原籍嗜赌，长期不务正业。2006 年到成都后一直没有正当职业，主要经济来源靠女儿资助。2009 年，女儿因其又嫖又赌，减少了给他的生活费，张云良遂多次以自杀相威胁向家人要钱，并流露出悲观厌世的情绪。6 月 4 日，其与女儿通话中表示“明天我就没有了”、“跟别人死的方式不一样”等内容。6 月 9 日，其家人收到了张云良案发前从成都寄出的遗书。

经调查，6 月 5 日 7 时 40 分左右，张云良携带装有汽油的塑料桶在 9 路公交车天回镇始发站上车。有乘客证实，当车辆由北朝南向城内方向行驶至三环路川陕立交桥处时，张云良在车内倾倒所带的汽油并点燃引起车辆燃烧。

据现场勘查显示，在张云良所坐位置的地板上有汽油向车头方向扩散型流淌痕迹，该区域燃烧程度最为严重，专家组认定为点火区域。通过现场勘验确认，车辆起火的中心区域只有张云良的尸体，在其尸体旁提取到一枚打火机防风罩。尸体倒地的姿势和朝向表明，着火后张云良没有主动逃生意愿。

【应对举措】

事故发生后，成都市政府新闻办公室于 6 月 5 日 10 时 40 分，在事故现场附近进行了简短的新闻发布会，向公众公布了最新伤亡情况，随后又召开了 4 次新闻发布会。

四川省委书记、省人大常委会主任刘奇葆立即作出批示：“迅速救治伤员，处理死者善后，查明事故原因，依法依规处置。”

四川省委副书记、省长蒋巨峰立即赶赴现场，并在途中就全力抢救伤员、做好遇难人员善后工作、调查事故原因等作出紧急指示。四川省政府成立了由副省长李成云为组长的“6·5”重大事故调查组。

【评析反思】

2010 年 7 月 22 日凌晨 4 时左右，京珠高速从北向南 948 公里处，河南信阳明港附近一辆双层大客车发生燃烧，造成 41 人遇难，6 人烧伤，其中 1 人重伤。根据调取的事故车辆 GPS 信息以及出发车站的反馈信息显示，21 日上午 9 时 45 分，这辆车从威海市长途汽车站出发，从售票信息看，当时车上没有乘客。车辆在山东省境内经过威海、烟台、青岛、潍坊、淄博、莱芜、台安、济宁、菏泽 9 个城市部分县市区时沿途停靠拉客。客车限制载客人数为 35 人，实际载客 47 人，属严重超载。据伤者回忆，从客车起火后火势的蔓延速度以及出现火球、火弹等情况分析，车上极有可能携带了易燃易爆物品，结果造成了严重的交通惨案。其实，近些年在不少地方，这样的惨案时有发生。针对成都6月5日发生的空调公交车燃烧事件，6月6日沈阳市交通局召开了公交企业紧急调度会，作出了取消空调车、更换封闭式车窗、禁止携带桶装液体乘公交车等一系列决定。北京市除采取类似沈阳市的做法外，对全市所有公交车的漏油、漏气、漏电、漏液以及车辆消防设施、应急逃生装置进行彻查，力求杜绝故障车上路。广州市也相继采取有针对性的安全整改举措。但是，取消空调车的决定明显有因噎废食之嫌，禁止携带液体乘坐公交车的措施也不具有可行性，当然，所说的"不可行"是相对于执行这项措施的巨大社会成本而言的。保障民众乘坐公交安全的关键，并不是禁止使用空调公交车，而在于技术改造和各种规章制度的严格贯彻。

大凡载客的车辆都有个限制数量，可是公交车没有，只要能挤得上，即使挤破了车也没人管。公交车车少人多，场面根本没办法控制，无论是身上带了什么，提包里放了什么，手上提了什么从来也没有人问，更不要说查。"6·5"公交车燃烧重大事故中有人携带汽油上车，可以说并不是车辆自身引起的原因，而是外因引起。从中暴露出公交安全的软肋是：乘坐公交车太自由，公交安全管理也有些失范。

公交车是市民出行的主要交通工具，公交安全与否直接关系到公众的生命安全，保证车辆无障碍，严防带病行驶是必要的，但是更重要的是改善公交环境，解决公交人满为患。实行公交安检制，不能头痛医头，脚痛医脚，而应该建立长效机制，实行公交优先，增加公交车辆，整治公交秩序，根据不同时段合理的安排调度公交车应急，有条件的地方应配备随车安检员，以保乘客的舒适和安全，这才是解决问题的根本。

一场事故的背后，总有其潜藏的原因，哪怕是"天灾"也终归是有迹可寻。综合相关新闻报道，我们不难发现，此次事故中至少暴露出了几点安全问题：一是公交车上没有备救生锤。在此次事故发生之前，就有成都媒体曾报道过成都很多窗户封闭的空调车上没有救生锤的现象。但是，该报道并没有引起公交公司及相关部门的注意和重视。此次燃烧事故的公交车上，便没有备救命的救生锤。没有救生锤，车内乘客砸不碎玻璃，也就难以逃离公交车。据报道，一位店铺女老板曾带领员工用砖头砸碎玻璃，才救出了几名伤者。假如车上有了救生锤，逃离公交车的人不是会更多吗？虽然有报道说，该公交车上的救生锤是被人盗走的。可被人盗走后，公交公司就应该给予及时的补充，而不是置之不理。二是公交车内乘客过多，也是造成事故发生和事故发生后乘客难以逃生的原因之一。公交车的超载，历来为人们所诟病，也历来是一大安全隐患。此次发生事故的公交车，正是一辆超载的公交车。从死亡人数和受伤人数我们可以看出，该公交车所载人数竟然达到了近百人。据报道，该车发生事故前，由于乘客多，车内显得非常拥挤。公交车超载的现象，几乎在每个城市都存在。人们拥挤在狭窄的车厢里，有时便是呼吸都很困难。这种现象，大家都司空见惯了，也都产生“审美疲劳”，以至于我们不再抗争，也不再在乎我们是否安全，是否会因此而出现事故了。成都公交车燃烧事故告诉我们，公交车超载同样会出事故，同样也会要了人的生命。假如此次事故的公交车没有超载，结果又会如何？或许公交车根本就不会燃烧，也或许不会有那么多人失去生命。最起码人们逃生的几率大了，更不会因为人多拥挤而在车厢里无法脱身。三是公交公司在公交车的安全检查上，过于松懈和麻痹大意。据报道，此次事故的公交车是一辆服役多年的旧车。不仅如此，在发生事故时，因为车门无法打开，才导致了车内的乘客无法及时逃生。车门经常打不开，对于许多坐公交车的乘客来说，已经是一件见怪不怪的事情。不发生事故时，打不开车门没关系，可一旦发生了事故，打不开车门却是致命的问题。

四川省社科院胡光伟研究员说，归根结底的深层原因在于我们的公交管理，其市场性与公益性的关系难以平衡。现实生活中，公交的市场化往往超过公益性。首先，是公交公司管理高度市场化，诸如公交车的发班和回站时间、每公里耗油量、每趟载客人数等，都有明确规定，这些考核指标直接与司机的收入挂钩。在市场手段刺激下，公交司机争分夺秒“抢时间”，容易增加交通事故的几率。其次，地方政府财政投入严重不足，有的城市甚至将政府该承担的公共责任转嫁给公交企业。从某种角度讲，这迫使一些公交企业唯利是图，也为事故发生埋下了隐患。再次，对于处理公共安全事故有麻痹大意心态。如果这起公交车燃烧事故发生后，司乘人员有着高度预警意识，能够有效组织并最大限度展开防护和自救措施，也是能够最大限度地多挽救乘客生命。从事故的突发性来看，恰恰反映出来的是公交公司平时的应急预案不完善、不合理，或存在巨大漏洞。

通过此次事件，我们的国家财政应该在全国范围内拨付专款，对正在运营的公交车、旅行车等大中型乘坐车辆进行技术改造，制定统一的安全标准并强制执行；中央有关部门应该检讨并修改目前实行的公交巴士、旅行车等大中型乘用车辆生产的国家标准，提高其安全性；各级地方政府应该采取财政补贴、银行商业贷款担保、吸收民间资本等多种方式发展地方的公共交通系统，特别是要积极推动城市公共交通系统的民营化改革，从根本上缓解公交车的超载问题，消除火灾隐患。同时，还应加强公共交通的安全教育，提高公众应对公共安全事件的能力。从根本上说，要进行各个层面的制度改良和创新，减少社会摩擦和冲突，促进社会和谐，降低发生人为公共安全灾难的概率。

悲剧已发生，生命受伤害。公共交通管理存在的一系列问题不容我们忽视。成都公交车在不到一年时间里，就发生几起燃烧事件。如2008年7月29日上午9时左右，一辆满载乘客的650路公交车行驶至驷马桥洪山路时，突然发生燃烧，一时间车上黑烟弥漫，幸好疏散得快，没有造成人员伤亡。现在，很多司机为了多拉乘客，几乎都是扯开嗓门让乘客往里挤。比如这辆9路公交车塞了上百人，在这样拥挤的车厢里，出现意外时想逃离车厢是非常困难的。公交车超载，不正是公交公司唯利益为最大化的表现吗？而对于公交车的安全检查、救生锤的设置等，则似乎是可以忽略的。在他们看来，事故不常有，也不会经常发生。可他们想不到的是，人的生命却只有一次，失去了就永远的失去。事故发生了，生命也就无法挽救，也就随着事故永远的失去。如果有关部门尤其是公交的管理部门能够凡事以人为本，将乘客的生命和安全放在第一位，真正地做到重视安全狠抓管理，公共交通安全就不会出现软肋，更不会出现类似的悲剧了。

依法快速处置突发事件

——韶关事件引发的思考

【事件回放】

2009年6月26日，广东省韶关市旭日国际有限公司（原旭日电子玩具厂）内发生群体斗殴事件。经公安机关调查，这是一起因谣言产生误解、摩擦而引发群殴的社会治安案件。

旭日国际有限公司是制造电子玩具的港资企业，有来自多个省市的员工10000多人。2009年5月以来，该公司陆续招收了近800名新疆籍员工。6月16日，韶关家园网“市民心声”栏目，有网民发了题为《旭日真垃圾》的帖子称：在韶关旭日玩具厂里“6个新疆男孩强奸了2个无辜少女”。此谣言帖文被转载到了许多网站，造成恶劣的社会影响。该谣言也在企业员工中很快传播开，导致不明真相的部分员工对新疆籍员工产生不满。

6月25日23时许，一名在广东省韶关市旭日国际有限公司实习的技校女生黄翠玲误入新疆籍员工宿舍内，被几名员工挑逗戏弄，黄翠玲害怕尖叫，并打电话给其带队老师求援，此时正好该厂保安巡逻路过此地，见此情况上前询问，并准备将其中一名为首挑逗黄翠玲的新疆籍员工带回保安室了解情况，但遭到其他新疆籍员工的阻挠未果。黄翠玲回到宿舍后向其他员工诉说遭遇，引发部分员工到新疆籍员工宿舍理论，双方发生争执，随后，围观聚集的员工越来越多，情绪也越来越激动。26 日凌晨 2 时许，聚集的人群引发了群体斗殴，先后有数百人参与。在群殴中，共造成 120 人受伤住院治疗（其中新疆籍 81 人，内地 39 人），2 名新疆籍员工因伤势过重，经抢救无效死亡。

接到报案后，韶关市公安部门组织特警、武警、巡警和武江公安分局等警力 400 人第一时间赶到现场维护秩序、控制局面，疏散、隔离有关人员。凌晨 4 时许参与群殴的员工全部散去。13 名涉嫌聚众斗殴人员被警方刑事拘留。

韶关市及时组织 6 家医院，出动急救车 48 辆次、医护人员 152 人次，将所有受伤人员及时送往医院救治，其中伤势较重的员工被送往当地设备最好、技术力量最强的粤北人民医院抢救。各医院在救治伤员的过程中，派出最好的医生、拿出最好的药物、调配最好的设备全力救治伤员。同时，还安排专门的护理人员，做好病人的日常护理和心理疏导工作，稳定伤员的情绪。出于对部分伤员民族习惯的尊重，医院还特别准备了民族餐，在治疗、护理、生活等方面都为伤员提供最好的服务。

为避免斗殴双方再次发生冲突，防止事件扩大和升级，韶关市委、市政府积极稳妥做好善后工作，调动大巴将未受伤的 600 多名新疆籍员工分 3 批暂时安置在浈江区、武江区和曲江区 3 处临时安置点。对这些员工每人还发放了必需的衣物和棉被、席子，让他们有衣服换穿；卫生部门在每个安置点配备医护人员，让安置人员有病得到及时医治。浈江、武江、曲江三个区政府和民政部门以及企业妥善安排撤出厂区新疆籍员工的生活，确保他们情绪稳定。

【应对举措】

事件发生后，中央和广东省委、省政府高度重视。周永康、孟建柱及汪洋、黄华华等省有关领导同志专门作出指示，要求全力抢救伤员，妥善做好死伤人员家属的安抚工作，做好企业员工的稳定工作，尽快查明事实真相，依法严肃处理有关责任人员。

中共中央政治局委员、广东省委书记汪洋当日下午赶往韶关，与韶关市主要负责同志亲赴粤北人民医院看望了部分新疆籍受伤员工，安慰他们安心养伤，表示广东会对他们的治疗负责到底，同时会依法公正处理这次事件，追查致新疆籍员工死亡的凶手。随后，汪洋主持召开了会议，对下一步事件处理和维稳工作作出部署。

中共中央政治局委员、新疆自治区党委书记王乐泉，也于第一时间就“6·26”事件作出重要批示，自治区党委常委、纪委书记符强亲自部署相关工作，及时派出工作组赶赴韶关市看望慰问新疆籍务工人员，积极配合当地党委政府调查处理该事件，最大限度地做好伤病员救治工作。

由新疆喀什方面派出的工作组于6月27日抵达韶关协助做好善后工作。韶关市委、市政府向喀什工作组详细通报了群体斗殴事件的经过、伤员救治和其他员工的安置复工等方面情况。喀什工作组看望了新疆籍和汉族伤员，了解了被安置新疆籍员工的生活情况和生产车间复工情况，与新疆籍员工代表进行了坦诚的交流座谈，使他们了解到党和政府的高度重视，增强对妥善处理好事件的信心。同时，喀什工作组也要求新疆籍员工正确对待事件，打消各种顾虑，配合韶关市和喀什工作组做好善后工作和案件查处工作，确保“6·26”事件的依法公正处置。在两省区的共同努力下，受伤人员得到积极治疗，员工情绪稳定，两名死者遗体空运至家乡并进行了安葬。

6月28日，警方查获在“市民心声”栏目的发帖者朱某。朱某对其在网上发布《旭日真垃圾》虚假信息的事实供认不讳，称其原为旭日玩具厂员工，辞职后再次应聘被该厂拒绝，因此心怀不满发布了该帖文。警方对朱某依法实行刑事拘留。

10月10日，广东省韶关市中级人民法院、韶关市武江区人民法院分别对2009年6月26日韶关旭日国际有限公司员工故意伤害案、聚众斗殴案进行一审公开宣判。其中，以故意伤害罪判处被告人肖建华死刑，剥夺政治权利终身；以故意伤害罪判处被告人许其琪无期徒刑，剥夺政治权利终身；其他9名被告人分别以故意伤害罪、聚众斗殴罪被判处有期徒刑。

事件发生后，韶关市公安部门共抽调400多人展开调查取证工作。专案组发出并收回了10000多份调查问卷，走访了4000多人，已经形成的材料就有三四百份。从调查的情况来看，可以肯定这是一起没有预谋、没有组织、没有指挥的偶发性治安事件。

【评析反思】

当前，我国正处于社会转型、体制转轨的特殊历史时期。这一时期“人民内部矛盾凸显、刑事案件高发、对敌斗争复杂”，由于城市建设、房屋拆迁、土地征用、企业改制、劳资纠纷等原因引发了一系列的群体性事件。这类事件发生后，如不能及时化解、有效处置，将会直接影响社会稳定。突发事件发生的原因各不相同，但产生和发展过程时间短促，突然爆发，对此必须反应要快，行动要快，处理要快。胡锦涛总书记强调："越是工作重要，越是事情紧急，越是矛盾突出，越要坚持依法办事。"透过此次韶关事件，我们可以深刻地意识到：增强依法处理非常时期非常事务的法治理念，提高依法应对突发事件的能力，是政府推进依法行政的客观要求，是建设服务型政府的迫切需要。

1. 增强依法预警防范的理念，善于防险于未发之前。《突发事件应对法》把预防和减少突发事件发生作为出发点，对突发事件的预防、应急准备、监测、预警等做了制度性规定，体现了重在预防、关口前移、防患于未然、从制度上预防突发事件的发生、及时消除风险隐患的要求。突发事件有其不可预测和不确定性的一面，但任何突发事件并非是"空穴来风"，都会有其酝酿、发生和发展变化的规律，而在这其中必然会表现出一些不易被人察觉的种种迹象和苗头。突发事件的演变一般都有一个过程，这个过程从本质上看是可控的，只要措施得力、应对有方，预防和减少突发事件发生，减轻和消除突发事件引起的严重社会危害，是完全可能的。各级政府应当建立突发事件监测与预警系统，加强危机的预警防范。一是各级组织和领导干部应有居安思危的忧患意识，有见微知著的政治敏锐性，善于从全局的高度观察和分析问题，以小见大，由表及里，举一反三，透过表面现象，掌握事态发生、发展的本质，及时察觉可能造成突发事件的倾向性、苗头性和隐患性问题，防患于未然。二是应建立应急信息系统和形成灵敏高效的信息平台，建立健全基础信息数据库，完善监测网络，划分监测区域，确定监测点，明确监测项目，提供必要的设备设施，配备专职或者兼职人员，重视内幕性、预警性信息处理和危机征兆的评估，对各种潜在的隐患和风险，要增强预警防范能力，把可能发生的危机消灭在萌芽状态。三是应有闻风而动、快速反应的应急预案，从源头上先期处置，把初露端倪的风险化解在基层、化解在内部、化解在始发状态；还应适时修订应急预案，并不断演练完善，统筹安排应对突发事件所必需的设备和基础设施建设，合理确定应急避难场所。

2. 增强依法处理突发事件的理念，善于锁住应急的关键环节。《突发事件应对法》对应急处置与救援的问题明确规定，突发事件发生后，政府必须在第一时间组织各方面力量，依法及时采取有力措施控制事态发展，开展应急救援工作，避免其发展为特别严重的事件，努力减轻和消除其对人民生命财产造成的损害。对危机处置"第一时间原则"是处理危机事件的首要原则。造成突发事件的问题往往十分复杂，瞬息万变，这时切不可犹豫不决、优柔寡断，错失应急处置的良机。应急时刻，对决策者是一个考政治、考智慧、考胆识、考能力的综合测试题，要胆大心细，果断坚决，勇于担当。善于抓住处置危机的“牛鼻子”。一是对危机的识别。能准确判断事件的性质，弄清事发的原委，掌握导致事件诸因素之间的内在联系，斩断危机赖以衍生的深层根源。二是应抓住主要矛盾。依法平息事端，一时解决不了的矛盾，应采取缩减和缓解的措施，先稳住局势，再逐步化解，绝不能激化矛盾或衍生连锁反应。三是联动协调的体制机制。事发后，危险源尚未排除，公众安全受到威胁，潜在的威胁可能升级衍化，需要处理的问题很多往往会造成现场非常混乱，指挥无序或多头指挥，贻误时机。建立统一领导、综合协调、分类管理、分级负责、属地为主的应急管理体制。这是我国应急管理工作的基本制度，也是明确责任、健全机制、整合资源、提高突发事件处置效率的根本举措。韶关事件后，赣州、韶关、郴州三市跨区合作支援的应急联动合作机制正式建立。根据合作协议，三市将按照资源共享、就近救援、协同应对的原则，在突发事件信息、应急保障、应急处置及善后工作等方面进行深度合作，并建立完善相互走访、应急管理工作信息交流、应急管理工作联络网等合作机制，以快速、高效应对处置突发事件，最大限度地预防可能影响三市突发事件的发生，及时处置涉及三地的突发事件，保障三地人民群众的生命和财产安全。

3. 增强依法打造“主动说话”政府的理念，善于引导新闻舆论。《突发事件应对法》对突发事件信息发布、宣传报道问题做了规定。政府统一、及时、准确发布突发事件信息，增加透明度，是社会公众全面、准确了解突发事件信息，增强危机意识，协助和监督政府做好突发事件预防和应对工作的重要环节。别人说不如自己说，被动说不如主动说，应当打造一个“主动说话”的政府。只有舆论引导到位，一些突发事件的处置才会有序、有力、有效，否则，就可能导致事态失控，甚至酿成重大的事端。这要求各级领导干部必须善待媒体、善用媒体，善于与媒体沟通，善于引导舆论，努力营造有利于事件解决的良好氛围。韶关事件之后，当地政府利用主流媒体，及时报道群体斗殴事件的情况，反映党委政府高度重视、有关方面维持秩序和控制局面以及受伤人员被送往医院救治、事态已经得到平稳控制等信息，对稳定局势、引导社情民意起到了积极的作用。但是，在网络媒体十分活跃的今天，如果事发初期，情况不明、事实不清，一旦被虚假信息捅到网上，就可能出现片面误导，甚至混淆视听。正如“破窗理论”所揭示的，对负面信息流言往往推波助澜，补充能量，诱发新的事端，不利于事态平息。“6·26”事件较多报道了官方的声音，漠视了网民的质疑，甚至关闭有关新闻后的跟帖，堵塞了公众的情绪宣泄渠道，社会冲突（夹杂的各种谣言、传言）引发的情绪只得通过大众媒体以外的其他渠道（如人际间传播）得以反映，导致真相、谣言、流言与激化的矛盾和情绪相互作用，媒体未能及时发挥舆论引导的作用。后来这件事被敌对势力恶意炒作，借机煽风点火，制造谣言，蛊惑人心，引发了更大的灾难。因此，应建立健全并逐步完善新闻发布制度，在发生重大突发事件后，力争第一时间发布权威信息，占领舆论阵地，防止舆论失控和负面炒作；高度重视和切实加强网上舆论引导，积极利用网络搭建与民意沟通的平台，理顺网民情绪，化解矛盾纠纷；大力加强法制教育，提升全民法律素质，引导公众依法维权，理性有序地表达诉求，确保社会和谐稳定。

4. 增强依法处理非常事务的理念，善于把化解棘手矛盾纳入法制化轨道。《突发事件应对法》规定了政府应对突发事件可以采取的各种必要措施，同时为防止权力滥用，减少处置突发事件的代价，又对政府应急权力行使的规则和程序作了明确规定。对于突发事件的处置，应讲究策略方法，区分情况依法分类处置。无论自然性事件还是社会性事件，都要找准当事人和关键点。提出的处理意见，务必考虑全面，坚持原则，既要平息当前事态，又要尽量不遗留后患。特别要注意符合政策法规，以法律为准绳，要做到有理、有利、有节。根据当时当场的实际情况，采取正确行动，防止矛盾转移或激化。善后工作应宽严相济，兑现承诺，细致疏导，不掩盖矛盾。对于大多数群体性事件要坚持以人为本，采取说服教育的方法，劝导群众，疏导群众，使群众学会用法律武器保护自己的合法权益，懂得要在法律允许的范围内活动，不能采取极端手段向政府施加压力。对于群众要求基本合理但采取的方法过激，甚至违法的群体性事件，掌握可缓不可急、可冷不可热、分头处置的化解技巧，对群众尽量动之以情，晓之以理，同时，也应明之以法，使广大群众明辨是非，严守法纪。对头面人物应正面接触，正告国家法律法规，晓以利害。一般情况下，应坚持慎用警力、慎用强制措施、慎用武器警械。坚决防止因用警不当、定位不准、处置不妥而激化矛盾。但对演变为冲击党政机关、破坏交通设施、堵路封门、严重影响社会治安等行为，必须依法、及时、有效地控制局势，务必集中足够警力，及时采取强制措施，依法果断处置。现场处置中尤其应注意发现事件组织人员、幕后策划人员和骨干分子，特别对挑唆闹事和借机煽动打、砸、抢、烧、杀的首要分子，必须看住盯牢，搜集固定证据，依法妥善解决。

分裂动乱不得人心

——新疆“7·5”事件的警示

【事件回放】

2009年7月5日20时左右，新疆乌鲁木齐市发生了打砸抢烧严重暴力犯罪事件。一些人在乌鲁木齐市人民广场、解放路、大巴扎、新华南路、外环路等多处猖狂地打砸抢烧。此次暴力事件造成一些无辜群众和武警被杀害，部分群众和武警受伤，627部车辆被烧毁，291家商店被砸被烧，633户房屋受损。事件中共有197人死亡，1721多人受伤，居民财产损失惨重。经查实，这是一起由境外遥控指挥、煽动，境内具体组织实施，有预谋、有组织的暴力犯罪，是以广东韶关“6·26”群殴事件为借口故意挑起的打砸抢烧极端暴力事件，目的就是以暴力制造分裂。

震惊中外的严重暴力犯罪事件，揭穿了以民族分裂分子热比娅为首的一个叫做“世界维吾尔代表大会”的层层伪装。确凿的证据无可辩驳地证明：“世维会”极尽挑拨民族关系之能事，居心叵测煽动暴力恐怖活动，是乌鲁木齐“7·5”事件的幕后操纵者。

“世维会”对这次事件预谋已久，在韶关“6·26”事件发生后，“世维会”主席热比娅在电话中和“世维会”副主席塞依提吐木吐鲁克这样说：“要重视这次事件，这是一个很好的机会。”

6月27日，“世维会”下属机构“东突信息中心”发表声明，肆意夸大韶关“6·26”事件冲突程度，并诬称“维吾尔族人沦为内地汉族老板的奴隶，遭受严重剥削、屈辱和歧视”。

6月27日之后，“世维会”前宣传部负责人肖合来提分别与新疆乌鲁木齐、喀什、哈密、伊犁、吐鲁番、阿克苏和广东广州等地区的情报员联系，要求搜集有关“6·26”事件的情报。

6月29日，在广东的库尔班喀依木通过互联网向肖合来提等“世维会”成员发送假信息。此后，肖合来提等“世维会”成员根据这些假信息，编造“6·26”事件中“有18名新疆工人死亡，300多人受伤”，并将一段CNN曾经播出的伊拉克库尔德族民众对本族女孩实施石刑的视频谎称为“维族红衣少女被汉人殴打致死”在网络上广为传播，借机煽动民族情绪和民族冲突。

6月29日，“世维会”秘书长多里坤艾沙与“世维会”下属各机构领导层人员就在各国举行游行抗议活动进行商议。

6月30日，“世维会”发布了《在世界范围内举行抗议活动的号召书》，呼吁“全世界所有维吾尔人”在7月4日和5日“行动起来，向中国政府施压”。

6月30日16时，“清风网”管理员艾合买提吐尔逊通过其核心组织加紧与境外勾联，进行串联、煽动、密谋策划并制定了“7·5”非法聚集闹事活动计划，召集木合塔尔等6人在乌鲁木齐领馆巷附近的大盘鸡店开会，认为应响应境外号召，行动起来，制造大的影响，引起国际关注。他们研究和策划了非法聚集闹事的具体方案：一是确定非法聚集闹事时间为7月5日17时。他们认为“周日游行参加的人会很多，而且警察休息，可以把事情搞大”。二是确定乌鲁木齐非法聚集闹事的地点是人民广场。艾合买提吐尔逊称“人民广场人多，可以见到大官，影响力大”。同时，还确定在喀什、和田、阿克苏、伊犁也要在同一时间举行非法聚集闹事活动。三是明确了组织分工：艾合买提吐尔逊和木合塔尔负责制作有关非法聚集的信息，其他人员负责在网上进行发布，木合塔尔负责在“校内网”上发布，古丽米拉负责与境外联系，发送现场消息。像这样的会议，他们在6月28日、7月1日、7月3日先后召开了3次，甚至叫嚣：“把事搞大，如果有机会，命都可以不要。”

艾合买提吐尔逊与肖合来提和自由亚洲电台维语部通过网上进行联系；利用“清风网”网站与自由亚洲电台维语部、“世维会”网站等进行串联；通过古丽米拉分别与“世维会”副主席兼挪威维吾尔协会主席阿卜杜塞梅德阿卜拉等以及“世维会”网站管理员艾尼瓦尔吾买尔等进行勾联……通过这些运作，艾合买提吐尔逊的核心组织在境内外形成了暴力犯罪的组织指挥体系。

7月1日，“世维会”专门召开紧急电话会议，要求境外“东突”分子通过网络聊天、打电话等多种形式，动员新疆维吾尔族群众，近期要以煽动境内、“特别是劳动力输出较多的喀什地区的维吾尔人闹事为重点”；“将国内同胞动员起来”，“号召他们不怕牺牲，积极开展活动”……这些极尽煽动之能事的“号召”，都是在这次会议上炮制的。

在“世维会”的鼓动之下，7月3日之后，部分“东突”分子到我国驻美国、法国、奥地利、土耳其等国家的22个使领馆前滋事，总人数逾千人。

7月4日，“世维会”网站的一名评论员在“新唐人电视台”录制节目时公然叫嚣：“只能用暴力的方式把法律拿到自己手里来处理这个事情。”这些言论通过互联网、手机短信传播，形成了一定的炒作氛围，其计划也步步深入，开始将言语煽动转变为实质行动。

7月4日，艾合买提吐尔逊在电脑上制作了7月5日17时在人民广场非法聚集的维文文字信息，然后拷屏制成图片信息。为了制作、张贴“7·5”非法聚集闹事信息，吐尔逊买海提指使其女儿艾迪亚吐尔逊于7月4日凌晨上网找到了非法聚集的图片信息，并改成汉语文字信息“明天下午5点，在广场有 namyixa（游行），你们去吗？是维族就去把（吧）”，并于7月4日22时17分在“兄弟”QQ群中发布。据统计，该汉字信息至7月5日17时共被1245名网民在3357个QQ群中转发了4720次，受众达50000余人。此外，大量包含了许多煽动性暴力言语的信息在网络中传递，“以牙还牙、以血还血”等字眼充斥其间……

7月5日1时30分，艾合买提吐尔逊等人在“我们的维吾尔”QQ群内开会，商定当日17时一起赴人民广场参加非法聚集的暗号：“你是广东人吗?”“是!”

7月5日11时，热比娅与其乌鲁木齐的弟弟买买提卡德尔联系，称：“我们知道发生了很多事，晚上乌鲁木齐可能要发生一些事情。”

7月5日17时，在“世维会”的策划、组织和煽动下，数千名暴徒分散在乌鲁木齐市区多处猖狂地打砸抢烧，杀害无辜群众。有关部门查明，在“7·5”事件现场组织实施和参与打砸抢烧的犯罪团伙有54个，涉及成员400余名。在现场打砸抢烧犯罪活动中，有组织的犯罪团伙起到了骨干作用，一些原来治安混乱的地方成了“7·5”事件中实施打砸抢烧严重暴力犯罪分子的“窝藏点”。

新疆公安厅指挥中心 7 月 5 日 21 时的信息显示，乌鲁木齐全市 50 多个点，先后爆发打砸抢烧，针对行人、公交车、私家车和商店、居民住所、政府机关、公安武警等进行暴力袭击。其中，以阿不都黑力力巴克为首的“伊扎布特”团伙在热比娅大厦率先打砸抢烧后，引领解放南路的打砸抢烧队伍向东南行进，沿途煽动、裹挟大量社会闲散人员参与，在解放南路、金银大道、后泉街形成 3 处犯罪重点区域，造成 22 人死亡、72 辆汽车被砸烧……

7 月 6 日凌晨，“世维会”召开紧急电话会议，对事件进行商讨，并拟定声明、对策，企图继续煽动境内维吾尔族民众扩大事态，并拉拢国际社会向中国施压。

【应对举措】

1. 中央全面部署维稳工作。正在外事访问的胡锦涛总书记在结束对意大利国事访问后，于当地时间 7 月 8 日凌晨提前回国，主持中央政治局常委会会议，专题研究部署维护新疆社会稳定工作。会议听取了有关部门关于处置新疆维吾尔自治区乌鲁木齐市打砸抢烧严重暴力犯罪事件情况的汇报。会议指出，维护和保持新疆社会大局稳定，是当前新疆最重要最紧迫的任务。要充分发动新疆各级党政机关、农村基层组织、街道社区、企事业单位、学校等的党员干部组成工作组，深入基层开展工作，把工作做实做细，努力把党和政府有关方针政策和工作部署落实到每一个单位、每一个人。要充分发挥基层党组织的战斗堡垒作用、各级干部的模范带头作用、广大共产党员的先锋模范作用，号召广大党员、干部在关键时刻经受住考验。要坚持党的群众路线，加强群众工作，加强思想政治工作，紧紧依靠各族人民群众，形成维护社会稳定的强大力量和牢靠基础。特别是要在新疆各族干部群众中强调稳定压倒一切的思想、坚决服从维护社会稳定这个大局。

会议强调，要高举各民族大团结旗帜，大力发扬新疆各族干部群众同呼吸、共命运、心连心的优良传统，牢固树立汉族离不开少数民族、少数民族离不开汉族、各少数民族之间也相互离不开的思想，引导各族干部群众倍加珍惜各民族共同团结奋斗、共同繁荣发展的大好局面，不传谣、不信谣、不受挑拨煽动、不参与违法活动，坚决同不法分子的违法犯罪活动作斗争，自觉维护民族团结和社会稳定。

会议号召，各级党委和政府要增强政治敏锐性和政治鉴别力，切实把思想统一到中央对形势的分析判断和对工作的决策部署上来，扎扎实实做好工作。各有关部门要齐心协力、加强协调，形成做好工作的合力。各级干部特别是领导干部要增强工作责任感，团结带领群众坚决做好保增长、保民生、保稳定各项工作。

2. 启动应急预案。事件发生后，新疆维吾尔自治区党委、政府高度重视，按照中央的统一部署，及时做出具体应对方案，并采取措施果断处理和平息了事态。

7月5日凌晨，自治区公安厅启动应急预案，共调动20000名武警特警赶赴现场，消防武警、医院救护车也及时赶往现场救治。

7月6日零时30分，乌鲁木齐人民政府发布《关于维护社会正常秩序的紧急通告》，宣布6日1—8时，由公安机关对乌鲁木齐部分区域实行交通管制，开始部署抓捕犯罪分子和后续防控工作，至6日晚24时，警方共留置、审查犯罪嫌疑人1000余人。同时，对新疆互联网业务实行管制，直至2010年5月14日后全面恢复。此前，商业网站的访问和手机短信等业务已经恢复。

7月7日21时至8日8时，乌鲁木齐全面实行交通管制。与此同时，新疆军区、兰州军区派维稳官兵向乌鲁木齐集结，迅速控制局面，对暴力分子形成有效威慑，保护了新疆各族群众和生命财产的安全。

7月9日，政治局常委、中央政法委书记周永康，国务委员、公安部长孟建柱到新疆慰问和落实维稳部署。

3. 及时发布事件动态，保持社会秩序稳定。7月6日上午，新疆维吾尔自治区召开干部大会，通报乌鲁木齐“7·5”打砸抢烧杀严重暴力犯罪事件的起因和发生过程，同时对做好当前维护稳定的相关工作作出部署。选派1500名少数民族干部和公安民警深入维吾尔族聚居区的街道和社区，面对面地做群众的思想政治工作，宣传政策、疏导情绪、排查隐患和稳控局面。

自治区党委书记王乐泉要求，党政军民要严阵以待，保持高度警惕，不允许再出现任何破坏活动，不允许在其他地区蔓延。他还要求全疆各族干部群众要始终保持头脑清醒，看清敌对势力的动机和企图，认清敌人的反动面目，要同仇敌忾，把仇恨集中在以热比娅为首的“世维会”和境内外敌人身上，集中在打砸抢烧严重暴力犯罪分子身上，不能集中在我们民族兄弟身上，绝不能让敌人的阴谋得逞。

自治区主席努尔白克力对维护全区社会政治稳定作了工作部署：一要采取强有力措施，坚决稳控社会局面，确保人民生命财产安全。二要迅速开展强有力的正面宣传，深入揭批“三股势力”的滔天罪行，高度统一广大干部群众的思想认识。三要抓紧审理抓获的案犯，挖出幕后操纵者。四要认真做好各项善后工作。五要加强舆论引导，形成正确的舆论导向。六要充分发挥全体党员干部特别是少数民族领导干部的表率作用，团结广大群众共同对敌。

4. 积极做好善后安抚工作。事件发生后，有关部门及时做好民众的思想安抚和善后工作，稳定了民众的情绪。自治区司法鉴定协会选定了8家司法鉴定机构，配合有关部门做好“7·5”事件中无辜伤亡群众的个体识别（DNA鉴定）、伤残等级认定、财产损失评估等司法鉴定工作。民政部和自治区政府为事件中无辜死亡的群众一次性发放特殊抚恤金每人20万元、丧葬补助金每人1万元。同时，政府还全额承担事件中无辜受伤群众住院、治疗及生活费（包括家属陪护费用）。全国部分省份、企业集团及社会各界纷纷捐款，自治区发出《关于向乌鲁木齐打砸抢烧严重暴力犯罪事件无辜受害者开展民族团结捐款活动的公告》。在新疆有投资业务的66家国有企业共同为“7·5”事件受害者和财产受损失的群众捐款1.7亿余元。从各地募捐到的资金，专项用于救助遇难者家属、受伤的无辜群众和财产遭受损失的群众。驻新疆的多家公司也启动保险业应急预案，对“7·5”事件受害者开展相关赔付工作。

5. 依法严惩暴力犯罪。中国是社会主义法制国家，法律的尊严不容践踏，人民的利益不容侵犯，任何破坏社会秩序、危害人民生命财产安全的犯罪行为，都将受到法律的惩处。“7·5”事件这一案件的侦办、起诉、审判工作都是依法有序地进行。到2010年3月为止，已经审理和审判了97案、198人。受到法律制裁的犯罪分子，都是罪大恶极的故意杀人、抢劫、放火、毁坏财物的罪犯。对他们的审判，事实清楚，证据确凿，量刑准确，完全符合宪法和法律规定，是众望所归、人心所向，是对法律尊严的捍卫和对社会公平正义的伸张！

【评析反思】

新疆“7·5”严重暴力犯罪事件震惊了中国乃至全世界。事件的幕后策划者就是“疆独”头目热比娅及其麾下的“世界维吾尔代表大会”。早在热比娅保外就医到美国之后，她就开始积极地参与各种各样的分裂国家的活动。在敌对势力的包装、举荐和安排之下，她进入了“世维会”，并担任了“世维会”第二次代表大会的主席，之后更变本加厉地从事分裂祖国的活动。“世维会”是一个彻头彻尾的境外分裂组织，在“9·11”事件之后，他们就开始积极地谋划，要以“世界维吾尔代表大会”的名义成立一个“疆独势力”的组织，其目的昭然若揭，就是要挑起事端、制造分裂。

事实证明，新疆“7・5”暴乱事件有着复杂的政治背景，是境内外“三股势力”(境内外民族分裂势力、宗教极端势力和暴力恐怖势力）精心准备、策划的，是敌对势力内外勾结策动的有预谋有组织的严重暴力犯罪行为。这既有境外分裂主义势力及西方反华势力幕后策划煽动的原因，也与长期以来东突分子在新疆的渗透、发展有关。

对于新疆“7・5”事件的本质，应当有着清醒的认识，虽然此次新疆“7・5”暴乱事件与过去历次事件相比，具有事发突然、参与者众多、破坏性强、损失惨重等特点，但是这次事件既不是民族问题，也不是宗教问题，而是一系列有预谋、有组织的严重暴力犯罪事件，具有反国家、反民族、反人类的性质。新疆“7・5”事件虽然已经成为过去，但是面对惨痛的现实，面对随时而至的威胁，人们又应该做些什么呢?

1. 增强国家安全意识，完善国家安全战略，健全科学、协调、高效的工作机制，有效应对各种传统安全威胁和非传统安全威胁，严厉打击境内外敌对势力的渗透、颠覆、破坏活动，确保国家政治安全、经济安全、文化安全、信息安全。种种迹象表明，“疆独”势力对“7・5”事件进行了较长时间的精心准备。“世界维吾尔代表大会”利用互联网和手机等现代通讯工具，在境外直接遥控指挥境内的民族分裂分子，利用网络散播谣言，迅速聚拢起大批不明真相的群众上街聚集，导致事态迅速扩大升级，酿成骚乱。如此规模的准备，很难做到“神不知鬼不觉”，但“7・5”事件前，有关方面和社会公众可以说是没有充分的防备，这也反映出我国社会安全预警体系的缺失。由于我国社会安全预警体系尚不够完善，缺乏对内幕性、倾向性、苗头性和隐患性预警信息研判和危机征兆评估，对各种潜在的隐患和风险预警防范能力较弱，不能及时把可能发生的危机消灭在萌芽状态，使得情报研判与应急处置之间形成空挡。当社会安全事件发生时，处置力量依据具体指令展开行动，通常缺乏充分准备和预防措施。社会公众作为潜在被袭击对象，更是缺乏足够的警惕和防范，进而导致极其严重的后果。当然，“7・5”事件的规模和危害的不确定性很强，时间、地点和方式也很难预测，这也是事件造成严重后果的重要原因。因此，要有效防范日益猖獗的“疆独”犯罪活动，一定要注重敌情预警，提高情报分析的准确性和预警体系的完备性。

2. 切实贯彻宽严相济的刑事政策。“7・5”事件中的少数犯罪分子大肆杀人、纵火，侵害包括老弱妇孺在内的无辜平民，其行为与民族习惯、宗教信仰、生产生活方式并无联系，而是违背了现代法治社会乃至人类共同的伦理价值。对于那些手段残忍甚至具有恐怖主义色彩的犯罪分子，应根据其社会危害性与人身危险性，依法及时从严惩处。在果断处置"7·5"事件的同时，当地政府还组织警力依法留置、审查打砸抢烧犯罪嫌疑人1000余名。尽管"7·5"事件造成了极为严重的后果，公安、司法机关在处理这一事件时，贯彻了宽严相济的刑事司法政策，对这起事件的策划者、组织者及骨干分子，对严重暴力犯罪分子，依法予以严厉打击；对被煽动、被蒙蔽的一般群众，切实做好教育管理工作。宽严相济是我国的基本刑事政策，它对刑事司法活动具有重要的指导意义，对维护社会稳定和国家安全具有重大的影响。同时，还应根据局势变化对宽严相济刑事政策之"宽"和"严"的幅度与比例进行微调，适时强调打击和感化，切实达到"相济"的要求，以收到良好的法律效果、社会效果和政治效果。

3. 高度重视善后恢复立法。"7·5"事件的直接后果是重大人员伤亡和财产损失，但对社会来说，其最大危害莫过于社会秩序遭到破坏，并由此带来的社会心理恐惧。随后，新疆一些地方连续发生的"针刺伤害"案件，是乌鲁木齐"7·5"事件的继续，是在民族分裂势力煽动下，一些不法分子预谋、策划、制造的，他们的目的是破坏民族团结、制造民族分裂。为消除此次事件带来的危害和影响，当地政府迅速组织各部门维护各民族群众生活秩序，采取了各方面的措施，保证了生活必需品的供应和调运。同时，事件的善后工作也在迅速开展，除了鉴别死者身份之外，乌鲁木齐市政府还准备了1亿元的抚恤资金，对受害人的人身、财产损失进行了弥补。但是，就目前我国针对严重暴力犯罪的善后恢复立法的现状而言，尚处于空白状态，没有建立稳定的长效机制。应该说，在类似事件发生之后，完善的法律机制可以使恢复工作迅速有序地展开，弥补各民族群众的物质创伤与精神创伤，确保社会秩序的稳定和社会生活的连续性。

千百年来新疆发展的历史一再证明：在新疆，没有民族团结，没有社会政治局面的稳定，一切都无从谈起。正如胡锦涛主席在中央新疆工作座谈会上强调的那样，"始终把加强民族团结作为长治久安的根本保障，始终把维护社会稳定作为发展进步的基本前提，努力推进新疆跨越式发展和长治久安"。所以，"7·5"事件让人们充分感受到维护民族团结之重要，充分体会到稳定和谐的社会环境之珍贵，更加充分认识到团结稳定是福，分裂动乱是祸。这是被历史反复证明了的真理。

“一根指头”追回的公平

——对上海两城区钓鱼执法事件的思考

【事件回放】

1. 张晖案。事件发生在 2009 年 9 月 8 日中午。当时，圣戈班集团中国磨料磨具公司市场经理张晖在去单位的路上，一位路人拦住张晖的车自称胃痛要回家，但是打不到出租车，张晖出于好心搭载，结果却被上海市闵行区城市交通执法大队认定为“载客黑车”，属于“非法营运”，遭到扣车与罚款 10000 元的行政处罚。

9 月 10 日，张晖以网名“善良的被骗”在爱卡汽车网上发表了《无辜私家车被以黑车罪名扣押，扣押过程野蛮暴力》的网帖。这篇帖子随后被韩寒的博客转载，随即引发网友热议。

9 月 15 日，东方早报引用该贴，上海电视台新闻夜线栏目和东方新闻周刊头版均对此事进行了报道。

9 月 16 日晚，闵行区交通行政执法大队大队长刘建强走进上海本地电视台的新闻节目，对主持人提出的几点质疑均以“不清楚”、“不能透露”、“这是工作秘密”作答，大多网友对此表示不满，并称此事仍然疑点重重。

9 月 28 日，当事人张晖向上海市闵行区人民法院提起行政诉讼，要求依法判决撤销行政处罚决定，退还罚款。

10 月 9 日，闵行区人民法院依法立案受理。11 月 19 日，上海闵行区“钓鱼执法”案在闵行区法院开庭审理。经过一个小时庭审和半个小时的休庭后，法官当庭宣判，被告闵行区交通执法大队在 9 月 14 日做出的行政处罚决定违法。

2. 孙中界案。2009 年 10 月 14 日，河南籍青年孙中界驾驶的公司车辆被上海市浦东新区城市管理行政执法局以涉嫌黑车营运为由暂扣，为证清白，孙中界自断手指。孙中界的遭遇引起了全国媒体和广大网民的高度关注，并推动此前已然火爆的上海运输管理部门“钓鱼式执法”的舆论争议继续升级。

10月20日，上海市浦东新区城市管理行政执法局召开新闻发布会，公布了“10·14”事件的调查报告，称不存在所谓的“钓鱼”执法问题。当晚，央视新闻频道《新闻1+1》和经济频道《经济半小时》都聚焦了上海“钓鱼执法”，并在报道中对调查报告提出了质疑。

【应对举措】

张晖事件发生后，上海市闵行区政府成立了调查组，并于2009年10月26日宣布：经调查组查明，张晖驾车载客一案的行政执法行为取证方式不正当，导致认定事实不清。区交通执法大队在区建设和交通委员会责令下已撤销行政处罚行为。

孙中界案发生后，上海市浦东新区政府成立“10·14”事件调查组。调查组由11名成员构成，分别来自人大、政协以及媒体，调查组采取分组行动的方式进行调查。

10月26日，上海浦东新区召开新闻通气会，公布“10·14”事件处理意见。浦东新区区长姜梁在通气会上表示，“10·14”事件中确实存在使用不正当取证手段，浦东新区城市管理行政执法局10月20日公布的调查结论与事实不符。浦东新区政府为此向社会公众做出公开道歉，并责成浦东城管执法中止该调查程序，归还被扣车辆。同时，向孙中界表示诚恳的道歉，孙中界的一切财产损失可以协商或提供国家赔偿。

针对“钓鱼执法”事件，上海市政府积极采取措施，明确要求必须坚持“两个坚决”，即：坚决依法整治非法经营行为，维护交通营运市场的正常秩序；坚决禁止交通行政执法过程中的不正当调查取证行为，坚持依法行政、文明执法，切实维护合法经营者和消费者的权益。并决定成立由分管副市长任组长的整顿交通营运市场秩序、规范交通行政执法行为专项工作组，采取合法有效措施，加强对交通营运市场的监管，加大打击非法经营行为的力度，开展全市规范交通行政执法行为大检查，杜绝不正当不规范的行政执法行为。

【评析反思】

中央政治局委员、上海市委书记俞正声在谈到“党员干部在新时期存在不适应”的话题时，讲到对“钓鱼执法”的看法。他表示，依法治国的方略、宪法和法律至上的原则，部分干部恐怕有认识不足的问题。“最明显的是所谓的‘钓鱼事件’或者说‘倒钩事件’。这种钓鱼式执法行为，不是一概都不能采取的，但是它是要在特定的范围和特定的授权下才能实施的。我们在某些打击犯罪的场合，也实施这一种办法。但是这种办法用在治理非法营运车辆的时候是错误的，这肯定是错误的。那么这个错误的原因是什么呢？不是某一个人突然想起来要采取这种办法，而是我们在这种执法中间实行的那个叫做有奖举报的制度。这种有奖举报的制度如果不加限制地使用，必然会产生职业举报人，利用这种有奖举报的制度来挣钱。我们在实行这个有奖举报制度的时候，没有从法律的层面上，认真地加以审核，评估一下这种制度会导致什么样的局面。这说明什么呢？说明法治观念的不强。它是一种制度性措施的错误，说明我们的同志法治意识淡薄。”

1. “钓鱼执法”的原因。一是打击黑车取证难。在行政执法业内人士看来，“钓鱼执法”之所以存在，主要是因为打击黑车让执法人员面临取证难的问题。目前，认定黑车司机非法营运主要依靠乘客的证言，黑车难治，与取证难有很大关系，加上一些地方执法环境不好，难免会在执法手段上想办法。二是“罚款经济”作祟。一些执法单位年终总结要“成果”，罚款多少万、查处非法营运车多少辆等等，使违规执法有了任务和指标的理由。此外，对执法人员的“奖励”也是一个为违规执法推波助澜的因素。三是受处罚的当事人怕惹事、怕麻烦，花钱买平安。一些群众面对不公正的执法处罚时，怕惹事、怕麻烦、怕报复、怕影响，不愿和执法者理论，也不愿向有关单位举报或反映，更不愿通过法律途径为自己维权，致使个别执法单位和个人，不收敛或纠正自己的违规行为，将人民赋予的执法权作为随意处罚的“尚方宝剑”，借此捞钱牟利，影响了执法者在群众心中的形象。

2. 对“钓鱼执法”事件的反思。此次上海“钓鱼执法”事件中，存在一个“诱惑性侦查”的问题。刑事证据法中有一个“诱惑性侦查”，但对这种侦查手段的使用，法律也是有严格限制的，即在严重的犯罪行为已经发生，非常有可能损害到公民权益，而且公安人员已掌握了基本证据，经过上级部门的批准之后才能使用。使用这种侦查手段，法律确定了比例原则，即执法人员付出的成本与所要达到的目的相称。而“钓鱼执法”，只是一种行政执法，使用这种“引诱”方式，不仅成本太大、损害政府的公信力，而且明显违法。

为了社会公共利益，诱惑侦查又是必须的：从全球情况来看，20 世纪 60 年代以来，刑事犯罪发生了巨大变化，贩毒、贿赂、伪造货币、洗钱、卖淫等“无被害人犯罪”日趋隐蔽化、复杂化和智能化。“魔高一尺，道高一丈。”对于这些犯罪必须使用诱惑侦查的手段，否则往往难以破获，反而会对人类社会带来更大的不利影响。因此，诱惑性侦查的做法值得赞同，但这需要法律明确的规定，把这些情形作为一种例外侦查手段来处理。

“诱惑取证”的目的是取得那些有违法意图、违法行为者的违法证据，而不是引诱、教唆那些没有违法意图的人去违法，否则就违背了执法的正义初衷，沦为“执法钓鱼”、“放倒钩”，或者叫执法圈套。“执法圈套”，这是英美法系的专门概念，它和正当防卫等一样，都是当事人无罪免责的理由。从法理上分析，当事人原本没有违法意图，在执法人员的引诱之下，才从事了违法活动，国家当然不应该惩罚这种行为。“钓鱼执法”即属于执法圈套。

在此次事件过程中，在发生了“张晖事件”之后，上海市相关部门在舆论的压力下，仍然一意孤行，甚至坚持自己的错误，直到发生“孙中界断指事件”，在新闻媒体的压力下才做出相应的表态，这极大的伤害了民众对政府的信赖。所以，要正确区别黑车和拼车概念。拼车是合乘者路线一致、目的地相近；多为与车主相识的熟人、朋友、居民等“特定群体”；车主不以谋利为目的，只为降低养车成本，搭乘者以不同方式为自身受益做些许酬谢；上车在固定点或顺路上车；拼车族用车时间多为上下班或旅游休假。而黑车无固定的路线和目的地；无特定的乘坐群体；以低价、议价揽客或加价宰客为特征，谋取不当利益；在交通枢纽、地铁、汽车站、商业中心等地揽客或甚至在公路、干道上拉客；不分昼夜，甚至结伙经营欺行霸市，破坏正当的营运秩序。

政府部门应该在规定的权力范围内，依法维护正常的交通营运秩序，依法维护合法经营者、消费者的合法权益，合理降低出租车的准入门槛，给与低收入家庭一个合理的经济来源。在美国、德国、新加坡等发达国家，对交通高峰时期单人单车出行的车辆将重罚，同时对拼车行为进行鼓励（甚至发奖金）。在德国和美国，设有拼车专用停车点和拼车专用道路，已经把拼车看作公共交通的一部分来加以建设和管理，但政府的投入却远比单纯发展公交车要节省。中国的部分大城市交通压力巨大，拼车不仅在一定程度上有效缓解交通压力，也符合中央提倡的节能减排，减少汽车的使用量，符合环保观念。降低道路上单人单车率和空座率有利于缓解交通拥堵，提高单位能耗载客率有利于节能环保，这是利国；方便居民出行，特别是在公共交通无法完全解决问题的时候方便居民出行，这是利民。如此利国利民的事，在中国没有制度约定没有法律保护，出现责任事故时法律责任不清，一直处于灰色地带。立法机构可以给与这类情形合理的法律解释。在打击查处黑车的时候，要人性化执法，第一次给予“警告”、记录，再次则给予相应的处罚，杜绝粗暴执法。

此次“钓鱼执法”事件，不仅反映出执法部门法律意识淡漠，依法行政观念不强的问题，而且也暴露出一线执法人员大胆越界随意行政的执法恣意，似乎为了达到处罚的目的，可以任意创造执法方式，用奖励的方式将国家法律赋予的执法权让渡给牟利的个人（钩子和钓头）。“钓鱼执法”存在违反诚信原则、比例原则，其合法性大打折扣，严重损害了政府的依法行政、公开透明的阳光政府的形象，伤害了公民对政府的信任，同时也削弱了法律的公正性和严肃性。再者，“执法钓鱼”也撕裂了社会成员间朴素的情感，撕裂了社会成员间基本的和谐与互信，使社会公德每况愈下，人们的善良、同情、友爱之心被迫穿上了重重自我保护的盔甲，使那些社会上的弱者再也得不到人们的同情和帮助，还有可能随时随地陷公民于危险和不安甚至生命安全都得不到保障的境地。

通过上海“钓鱼执法”事件，我们要清楚地意识到对手握权力的执法者和执法部门实行多种监督的制度。一个没有监督的社会容易产生狂妄。对于城市管理、公安、工商等直接执法的部门，政府需要设立相关的独立监督部门，明确执法的界限，杜绝权力的滥用。可以结合民众监督、投诉的方式，监督部门要尽职尽责，维护好政府的执法公信力。坚决禁止不正当取证，钓鱼执法明显就是一种惩善扬恶的行为，这是对善良的践踏。后“钓鱼”时代，谁还敢让路边一个胃痛者搭个便车呢？这和弘扬我国的社会公德助人为乐爱心帮忙南辕北辙。执法人员采用引诱的方式，欺骗民众的善心，敲诈勒索，这严重的破坏了政府执法的形象。

此次事件能够及时得到纠正和解决，应该说是网民的胜利，是正义的胜利，是媒体监督的成功范例。它告诉我们，在经济社会高速发展的新的历史条件下，在公众政治参与热情高涨的今天，在网络、手机等现代媒体技术日新月异的背景下，民意对政府的监督已经进入了一个新的阶段，这是社会发展的必然。公权力的行使者应意识到这一新的历史时期的独特性，意识到自己肩上的责任，时刻警醒自己严格依法行政，自觉接受监督，才能取得人民的信任，履行好自己的职责。

官民良性互动的样本

——番禺停建垃圾焚烧发电厂事件的思考

【事件回放】

2009年9月，广州市番禺区生活垃圾焚烧发电厂即将开建的消息传出后，周边10公里范围内的丽江花园、广州碧桂园、海龙湾等众多楼盘小区居民发起反对建设垃圾焚烧发电厂活动。小区居民自发组织起来，通过收集签名、集体上访、行为艺术等多种方式发出抗议声音，极力地反对和阻止垃圾焚烧发电厂项目的开建，广州市本地及全国媒体亦积极介入，连续报道，使得“番禺垃圾门”事件引起全国的关注。

12月20日，广州番禺区委书记谭应华受丽江花园业主代表邀请，与来自另外几个小区的约50名业主代表参加座谈会，表示番禺会江村的垃圾焚烧发电项目已经暂停，该项目暂缓选址。随后，广州市领导也表示，对于拟议中位于番禺的垃圾焚烧项目，如果项目环评不通过，绝不开工，如果大多数群众反对，也绝不开工。至此，事件告一段落。番禺事件被视为公民理性维权、官民良性互动的样本。

垃圾处理问题，一直是个困扰着各个城市尤其是发达城市的现实难题。随着城市规模和人口的扩大，过去把垃圾埋在地底下的做法，在寸土如金的今天已不合时宜。以广州为例，日处理生活垃圾7000吨的兴丰生活垃圾卫生填埋场于2011年填满封场；日处理生活垃圾1200吨的番禺生活垃圾填埋场将于2012年填满封场，如果不加快生活垃圾处理设施建设，全市将面临“垃圾围城”的巨大危机。在广州市番禺区政府来看，建造生活垃圾焚烧厂是一件利国利民的大好事，但当地市民却认为，他们的利益

“被代表”了，建造的垃圾场焚烧垃圾时会造成附近居民受二恶英污染、给他们的生活带来种种不便，等等。

广州市番禺区生活垃圾处理系统规划于1999—2001年编制完成，2006年初步确定大石街会江村现大石简易垃圾处理厂作为新建生活垃圾焚烧发电厂的选址。但由于此次事件的发生，规划中的选址将要重新确定。

【应对举措】

1. 政府在事件中的表现。承认并接纳公民的抗议权利行使，官员的执政能力才会在与民众的互动中成长。广州市常务副市长苏泽群在接待上访群众的每一次讲话都留有余地，没有把不同意见逼到死角。番禺区区长楼旭逵在接受央视记者采访时，诚实地说出项目运作中不够尊重民意的事实，而且迅速响应民众提出的垃圾分类主张。番禺区委书记谭应华在座谈会上直言，有关垃圾焚烧发电厂项目已经停止。垃圾处理以某种方式落在什么地方，要周边的人大多数人同意才行，这个比例要达到75%。

政府的表态使官民争端出现了根本转机，这主要就是政府决策尊重民意并承认公民参与的合法性。政府的表态表达了一个民主社会的基本常识：“人民政府为人民”，政府决策需要公民参与；也只有公民有效参与，政府决策才能理性满足社会需要。市政府决定建厂的初衷是好的，确实是为了多数市民的公共利益，但是这个焚烧厂究竟应该建在哪里、如何建、垃圾在焚烧之前是否应经过分类处理等一系列问题，并非有了良好意愿就能自动解决。尤其是垃圾焚烧厂固然会给多数市民带来生活便利，但是也必然会给生活在焚烧厂附近的市民造成种种困扰。既然如此，市民关心垃圾焚烧厂的决策就很自然，他们对决策过程的参与也理所应当。事实上，公民参与不仅对保护人民自身的利益有好处，对政府同样也是一件好事。一是公民参与确实促进决策理性，有助于防止非理性决策事后产生不可挽回的种种后果。二是公民参与并影响决策不仅提高了政府决策的正当性和公信力，而且也有助于政府决策的贯彻执行，群众赞成的方案肯定比普遍反对的方案容易执行。因此，政府应该为积极参与公共事务的市民文化而骄傲，政府也应该庆幸自己的市民有如此高的参与热情。其实公民参与也是情理之中，市民只是关心自己的生存环境，而不是故意为难政府，公民参与的最终结果也是维护而非损害政府形象。因此，从此次事件政府官员的表现中，尤其是变被动接触民众为主动邀请民众参与，我们看到的是政府执政为民的“绿芽”。

2. 番禺市民在事件中的表现。从事件发生各大媒体集中报道时算起，此次事件的持续时间不到3个月。其中的大多数日子，番禺居民们都在寻找材料，分析现状，理性探讨，从而找出了切实可行的对策。他们极具创意地提出了非常有本地特色的口号“不被代表”。同时，番禺居民从阻止项目建设到身体力行地推动垃圾分类，番禺居民不仅仅是要到了一个停建的承诺，而是对政策进行了全盘考虑，希望在垃圾处理等类似问题上找到官民互动更好的路径。这就是公民在此次事件中本身应该起建设性作用，也就是“我们不仅仅抗议，而且愿意去做建设性的工作”。

3. 媒体和网络的作用。即时的、多点的、广泛的信息传播对与公众的行动和决策起着特别重要的作用。现代社会跟过去不一样，媒体可以把相关抗争的信息联系起来，每个人都可以通过网络去获得所需要的信息。信息的相互传递会增强普通人辩论的信心、知识和力量。这种网络传播的新格局使得市民能够在相关问题上得到知识、得到信息、得到外国案例，而且能够相互沟通，这些都有利于问题的有效解决。

【评析反思】

垃圾处理是城市的大问题，考验着城市管理者的执政能力。在现实生活中，人人都是生活垃圾的制造者，又是垃圾处理的受益者。垃圾怎么处理？在什么地方处理？要不要建垃圾焚烧发电厂？在什么地方建垃圾焚烧发电厂？政府的民心工程，如何真正让市民受益？只有做得公正合理，尊重群众的知情权、参与权，符合多数居民的根本和长远利益，公众才会理解。

此次番禺停建垃圾焚烧发电厂成为了“听取民众意见，改进公共决策”的典型，说明政府网民良性互动格局初步形成。这是近年来抗议时间最短、冲突最少、政府官员最主动、参与者最轻松的一次公共事件。在与政府的互动中，市民由开始单纯反对在家门前兴建垃圾焚烧厂，转变、提升为具体公共环保理念的“垃圾分拣、分类”；而政府也在与市民的互动中，由“坚定不移地推行垃圾焚烧发电”、隔山喊话，转变为直接面对市民座谈、讨论，诚恳听取民意，修改政府决策。它改写了群体性事件的定义，使其不再是面目狰狞的负面概念，而是一个官民互动的民主通道。

事件中我们看到区政府因决策未能广泛协商而导致的被动局面，看到区政府为平息民愤而主动宣布暂缓的积极态度表示；事件中我们也能看到番禺居民为保护本地环境而与政府不够公开的决策抗争的态度，也看到了许多理性意见的表达，从而使垃圾焚烧事件转化一个社会公共事件。事件推动了政府改变垃圾处理的传统方式，着手实行垃圾分类。市民的抗议、参与没有使得政府和市民之间形成对立的僵化局势，双方在博弈的过程中，老百姓跟政府之间依然是控制在理性并且是积极的层面上。这样促进了政府公共管理方式的转变和水平的提升，而市民也将因这样的转变获得长久的利益，也就是说可以享受善治带来的好处。同时，在这个博弈的过程中，不仅是公众和政府之间形成对话机制，番禺居民之间、不同小区之间，也在形成一种意见机制的良性互动，这不能不说是中国社会迈向进步的一种可贵操练。

通过此次事件，我们可以看到：一是为社区利益而发生的公民行动将对地方政府的公共决策产生越来越大的影响。厦门事件和番禺事件的结果是接近的，就是项目最终要么废止，要么暂缓再议。虽然政府宣布尊重民意，但事件中公民的行动起着至关重要的作用。公民行动的诉求已经不再是经济的高速发展、多少个大型项目和工程，已经将社区居民的生命、健康、长治久安作为首要的诉求。当然不排除一些居民和网民的非理性态度和语言，但如果是为了自身所在社区的利益而发表意见，还是可以理解的。番禺事件与厦门事件不同的地方在于垃圾处理不是为了发展经济而搞的大型企业项目，而是为了社区居民的公共生活，所以，只要决策能够符合大多数居民的利益，还是能够得到支持的。公民行动虽然借用了网络和手机短信的传播手段，但是居民们已经意识到单个人的行动远没有集体行动产生的影响力大，所以很自然选择了集体行动，这也是一种理性选择。二是没有经过社区公民参与的公共决策将难以获得公民的支持，而经过了公民参与的公共决策则更能够符合社区居民的基本利益。垃圾焚烧本来是垃圾处理中比较好的一种处理方式，但是因为选址时没有经过公民参与，所以使得区政府不得已宣告暂缓。在围绕选址而进行的讨论中，一些居民已经认识到垃圾处理必须选择更高效环保的方式，一些网民的意见对改进垃圾处理有很好的参考价值，有不少居民提出可以通过垃圾分类达到垃圾减量、减少焚烧后产生的二恶英污染物的含量，这对社区事务治理来说是很有意义的事情。政府要改变治理理念，不要把反对者当成社会不稳定的根源来对待，饱含善意的公共决策自然会得到支持。然而，现实条件下，存在着诸如决策信息封闭、民意表达渠道不畅、政府回应机制不健全和保障民意表达的法律、制度缺乏等问题，很大程度上阻碍了政府与民众间的良性互动。为此，地方政府须建立一套在程序、制度、理念及方式上相对完善的民意表达机制，进而提高地方政府制定公共政策的质量和效率。三是多元共治是未来地方公共事务治理的主要模式。在这次事件中，事实上居民并非都是反对垃圾焚烧，而是对垃圾焚烧后排放的气体对人的生命健康造成的潜在危害而有所顾虑。居民们在讨论中也逐渐意识到焚烧是一种比较好的垃圾处理方式，在讨论的过程中公民的环境意识也在提升，所以经常性的公民参与对社会发展、对政府管理、对社区治理其实有非常好的意义。参与不仅有助于改进决策质量，而且也有助于提高公民的社区责任感和参与意识。相对而言，当前首要是地方政府需要理解这种多元共治的积极意义，并将大部分的社区公共事务纳入多元共治范畴，摸索出一套成熟的多元共治模式，这样的模式其实并不复杂，尤其在网络非常发达的时代，政府与居民的沟通其实是很方便的。公众参与机制的逐步完善有助于推进我国公共决策的科学化和民主化进程。大胆借鉴、吸收人类政治文明的有益成果和合理成分，从制度安排层面推动公众参与决策过程，着力于提高公共决策的质量，防止决策无能或决策失败。实现决策的科学化、民主化，改革和完善决策机制是党的十六大提出的政治建设和政治体制改革的任务之一。公众参与不仅是重塑政府的动力，也是政府改革的重要目标，公众参与政策制定是保证公共政策制定科学化、民主化、法制化的重要途径。无数的案例证明，只要政府真正尊重民意并有效落实参与程序，公民参与自然就有序了。

从事件发生到最后，广州市政府也一直在不断地研究和探讨。广州市政府常务会议后来通过了一项新的规定，要求今后环保、物价、拆迁等领域与群众利益密切相关的重大决策，都要经过重大民生决策的拟制、审核、公示、审定4个阶段，广泛听取民意，充分调查论证。虽然没有明说跟反对垃圾焚烧项目的关系，但是番禺居民仍然可以为此骄傲。

然而，2011年，仍是这个垃圾焚烧项目在番禺再起争议。1月13日，一则标题“内部消息”的帖子出现在广州丽江花园江外江论坛上：“据可靠消息，番禺区政府目前正在就会江处的垃圾焚烧厂的选址合理性进行论证，市规划局现在在制定全市的垃圾处理厂也包括垃圾焚烧厂的布局规划，明确还是要以焚烧为主，还是建议维持会江处的选址。”与18个月前那场维权运动的情况相似，在每一次反垃圾焚烧发电厂的关节点上，总是会有“内部消息”在“江外江”上发布。有网友说，华南板块住着来自各个政府部门的公务员，他们同样反对建垃圾焚烧发电厂，一有动静，他们就是“深喉”。就在上文的“内部消息”发表不久的3月份，媒体就发布了番禺区政府决定就垃圾焚烧厂重新进行选址论证的新闻。3月23日，市城管委接访时透露，番禺区垃圾焚烧发电厂选址已进入“五选一”阶段。大石会江村仍为选址之一，其余4个选址暂未公布。但直到2011年年底，番禺区所有新的垃圾处理项目仍处处受阻，圾圾焚烧建不起来。焚烧项目是否继续？选址最终确定何地？民意能否再次取得胜利？人们还在拭目以待。

此次事件给人们最大的启示在于：主权在民，政府的合法性在于由人民选举产生、是人民利益的忠实代表，应对人民负责，政府的每一项决定都应广泛的征求并尊重人民的意愿，与广大的人民群众的意见达成一致，才能充分体现民主决策、科学决策、以人为本、为民服务的执政理念。

斩断伸向花朵的魔掌

——40天发生5起校园血案的警示

【事件回放】

血案一："3·23"福建南平凶杀案

2010年3月23日早晨7时25分许，正逢学生上学时间，福建南平市延平区文体路实验小学门口发生一起恶性杀人案件。一名中年男子手持砍刀，连续砍杀13名小学生，造成8人死亡，5人受伤，伤亡人员均为南平实验小学学生。歹徒郑民生，43岁，曾任南平市某社区诊所医生，于2009年6月辞职，疑似精神病患者。

血案二："4·12"广西合浦县凶杀事件

2010年4月12日下午16时30分左右，广西合浦县西场镇西镇村委14村小组发生一起惨案。一名叫杨家钦的疑似精神病患者在自家门前手持一把菜刀追砍过往行人，砍伤3名西镇小学学生和4名群众。其中，一名小学生和一位老人经送西场镇卫生院抢救无效死亡。

血案三："4·28"广东雷州校园凶杀案

2010年4月28日下午14时50分左右，广东湛江雷州市雷城第一小学发生一起砍伤16人的刑事案件。犯罪嫌疑人陈康炳冲进校园，持刀砍伤15名学生和1名老师，犯罪嫌疑人被该校老师奋勇制止后被公安人员制伏。公安机关当场将犯罪嫌疑人陈康炳抓获。被砍伤的学生及老师分别在雷州市人民医院及中医院接受治疗。

血案四："4·29"江苏泰兴中心幼儿园发生砍杀幼儿事件

2010年4月29日上午9时40分，江苏省泰兴市泰兴镇中心幼儿园发生了一起持刀杀人案。32人受伤，5人重伤，其中有2名小孩、1名保安、1名老师和1名志愿者，无人死亡。犯罪嫌疑人徐玉元，47岁，为泰兴本地一名无业人员。他原在当地一家保险公司工作，于2001年被单位辞退，此前曾从事过违法传销活动。徐玉元作案现场为该幼儿园小二班教室，其曾在事发地幼儿园当过保安。

血案五："4·30"山东潍坊校园血案

2010年4月30日7时40分左右，山东省潍坊市坊子区九龙街道尚庄村45岁的村民王永来不顾尚庄小学值班老师的阻拦强行闯入尚庄小学，用铁锤打伤5名学前班学生，然后将汽油浇在自己身上并抱住2名学生点燃，学校老师奋力将学生抢出。王永来被当场烧死，5名学生受伤。

【应对举措】

血案一：案情发生后，南平市委书记雷春美在现场当即主持召开紧急会议，安排事件应急处置工作，强调指出：一要全力以赴，不惜代价，抢救伤员，逐人成立抢救小组。二要维护好社会稳定，集中力量做好善后工作，对受害人亲属逐户进行慰问。三要迅速调集公安精兵强将，查明真相，快侦快破。四要加强校园周边安全管理，全面展开校园安全隐患排查，尽快恢复正常的校园秩序。五要加强舆情引导，第一时间向社会公布事件真相。会上，市委、市政府成立事件处置领导小组，下设伤员抢救组、善后处置组、安抚稳定组、案件专案组、宣传信息组、学校秩序维护组6个小组统筹处置相关事宜。

事件处置过程中，南平市委市政府先后召开了4次新闻发布会，向新闻媒体和社会各界通报事件处置进展情况。

血案二：接到案情报告后，合浦县委、县政府和相关部门领导赶到合浦县人民医院指挥抢救，县领导与西场镇及有关部门负责人在县人民医院会议室召开紧急会议，研究善后处理方案。要求西场镇及相关部门要对受害者家属进行安抚，做好善后工作。卫生医疗单位要全力抢救伤员。此外，该县领导还要求各乡镇和民政部门要切实做好对精神病患者的监控工作，防止出现类似事件再度发生。

血案三：案件发生后，广东省教育厅厅长罗伟其立即作出批示，要求湛江市教育局、雷州市教育局做好相关工作：积极救治被砍伤的师生，尽最大努力保护师生生命安全；尽快摸清情况，及时上报省委、省政府和省公安厅、省教育厅；主动向新闻媒体通报事件真相，防止炒作；做好师生心理干预和疏导工作，稳定师生情绪；妥善处理好此次事件，尽快恢复学校的教育教学和生活秩序，维护学校的稳定；加强与当地公安部门的沟通联系，建立起有效的校园安全防范体系，防止类似事件的发生。

根据广东省委、省政府领导的指示精神，广东省教育厅连夜向全省各地级以上市教育局、各高等学校和省属中等职业学校下发了《关于加强学校安全防范工作的紧急通知》，要求各地各校切实加强学校的安全防范，维护师生的生命安全；切实加强校园及周边安全隐患排查整治；切实加强校园安防建设；切实落实校园安全管理责任。

血案四：5 月 4 日，全国综治维稳工作会议召开，一场全国性的加强校园安全战役正在各地展开。中共中央政治局常委、中央政法委书记、中央综治委主任周永康在全国综治维稳工作电视电话会议上，要求维护学校、幼儿园安全，党政一把手要负总责、亲自抓。

血案五：案件发生后，教育部立即成立了应急管理咨询专家组，该专家组负责包括师生安全在内的社会安全、事故灾难等多领域的应急咨询工作。

各地学校随即展开行动：5 月 1 日之后，70 名配备警棍、辣椒水等装备的校园保安入驻南京市的学校；武汉市教育局向该市近 2000 所市属高校、中小学和幼儿园下发紧急通知要求各校制定暴力防控预案；长春市教育局召开紧急会议制定出相关强化措施。

教育部等部门联合下发的《中小学幼儿园安全管理办法》规定：学校应当健全门卫制度，建立校外人员入校的登记、验证制度。学校门卫应当由专职保安或能切实履行职责的人员担任。

【评析反思】

从曾经震惊一时的福建南平杀人案犯郑民生，到江苏泰兴幼儿园凶杀案犯徐玉元，从福建、广东、广西、江苏到山东，40 天当中发生了 5 起校园惨案，让世人为之震惊，这不仅是被害的学生以及他们家庭的悲剧，更是整个社会的悲剧。一桩桩校园惨案的背后，是令人发指的极端作案手段和惊恐幼小的无辜心灵，这场景叫人扼腕。面对一双双天真无邪的眼睛，面对一个个灿烂可爱的笑脸，手持尖刀的歹徒全无点滴慈悲心肠，心中充满的只有仇恨，无比的仇恨。尖刀，在他们看来是发泄仇恨的唯一利器。我们对凶手深恶痛绝之余，一个最初始的疑问就是：为何残暴的凶手总拿校园里的孩子来充当“泄愤”的工具？面对这一系列惨案的发生，我们这个社会大家庭中的每一个成员都应该做出深刻的思考：这一现象背后的症结究竟在哪里？

对比惨案的凶手，从女友弃他而去、自己被单位开除待业在家的郑民生到被校方要求停课病休的老师陈康炳，再到拆迁受到不公平待遇的徐玉元；不难发现，受到心中所谓的“不公平待遇”的3名凶手的作案动机就是报复社会，自认为是这个社会被人欺负的“弱势”，挑选了一个比他们更要“弱势”的群体小学生下手正是他们所谓最好的“选择”。这是一种社会心态问题。社会心态是一定社会环境条件下，社会成员对社会生活现状的心理感受和情绪反映。经过改革开放30多年的洗礼，主流社会心态无疑是积极、健康、向上的。但不容否认，从多起校园极端暴力事件中也折射出了当前一些人社会心态方面存在的问题，如认知方式的偏激，心胸狭窄、嫉妒心强，容易冲动，暴虐浮躁，情感冷酷、迷茫困惑，以及心理不平衡、自卑感强等等。这些心态往往难以适应正常的社会生活，在受到挫折时或者特殊刺激下容易引发极端行为，诱发报复他人和社会。这些负面的社会心态尽管不是主流，但对社会和谐稳定的影响也不容忽视。

事实上，惨案的发生固然有其深层次的社会原因，制造惨案的凶手也有着惊人的相似。他们人到中年，事业未成，婚姻失败，家庭失和，人际关系紧张，同处于社会弱势群体的行列，之所以走上犯罪的道路，其原因是多方面的，但主要还是由犯罪者的心理原因造成的。根据对几起校园案件的审理情况来看，杀害孩子并不是凶手行凶的目的，只是他们泄愤的手段。他们的动机是对自己境遇的不满，是对社会不公正的不满，是对一己私利无法满足后的愤怒转移。或许他们的确是社会的弱势群体，或许他们确实受到了不公正的待遇，但是当他们选择比自己还弱势的群体进行报复的时候，他们心中的那一点人性的良知已然丧失殆尽，代之而起的只有野兽一般的任情宣泄。也许，乐观的人面对社会竞争的残酷，还能积极对待，但往往对于一些处于社会下层的人来说，当受到来自社会的不公平待遇时，极有可能会激发他们心中残忍的报复欲望，以至于他们选择可能比他们更要“弱势”的群体加以报复。

人在起心动念的一刹那便决定了将要造成的后果。生活中出现了问题，首先应该分析问题的成因和解决之道，如果时机不成熟切不可勉强从事，否则导致失败后势必会大受挫伤而致使心理紊乱，丧失理智。即便是遭到别人的误解甚至打击，也不应立生怨恨，更不应转嫁于无辜者身上。应该明白，由怨恨心而发起的各种举动，最终导致的结果一定会是错误的，不但不利于最终解决问题，还极易殃及无辜，造成他人无端受到伤害。

犯罪者大都对世间的名利、地位等等身外之物看得非常重要，希望能永远占有。但往往事与愿违，美好的事物和情境在他们面前仅仅是昙花一现，无法永恒。企求掌握自身不可能掌控的一切，过度地期望把握一切，只会使内心压力越来越大，直至导致心理失衡。诚然，生活在尘世间，人的内心难免会有怨、有苦、有种种不如意，但是人的内心更应该有慈、有悲、有宽恕。当发现自己已经心中不快，当发现自己即将动辄失控时，不妨努力向内观照，用和谐的方法和思维方式认识事物、处理问题，以积极的心境看待一切，以开阔的胸怀评价自己与他人，建立真正的心理健康机制和对消极情绪的觉察和管理机制，对身外的世界保持正确的接纳态度，从而保持内心的平衡状态。试想“郑民生们”如果能够认识到这些道理，又如何会制造那样的惨剧，怎么会给众多的家庭带来灾难?

拿最没有抵抗力的孩子下手，或者说，选择社会最脆弱的地方报复社会，郑民生和陈康炳的犯罪手法如出一辙。现在，郑民生已经被依法枪决了，他罪恶的生命已经终结了，可类似的校园血案却并没有随之消失。在南平惨案、广东雷州惨案之后，各学校究竟有没有吸取教训，在防范措施方面有没有相应的增强呢？虽然，随着校园惨案的不断发生，校园治安加强升级的消息也不断传来，从南京专职保安进驻校园到一民营企业老板以月薪万元聘请保镖护送 6 岁女儿上学放学，皆是这方面的反映。但是我们更要注意的是只靠这些治安措施的加强就能真正解决校园的安全问题？显然这是远远不够的。同样的惨案一发再发，错误一错再错，这实在叫人心痛无比。终结校园惨案不是一时所能做到的，这也就为校园的安全漏洞提出巨大的考验。终结校园惨案最终是需要整个社会一起努力。当达到绝大多数社会民众的权益得到合理保护、环境得到公平对待，这样可能就不会再有人学着“校园惨案”的模式来报复社会。虽然这只是个理想的社会状态，但只要社会在不断的进步，各项保护人民利益的措施得到真正的实施，孩子们的安全才有可能真正得到保护。他们的安全不是一个人、一项法规就能全面保护的，更多的还是整个社会的共同维系。我们寄希望于人类心灵的宁静和谐，并深深祈祷悲剧不再上演，噩梦不再重现。

“被民主”的悲剧

——河南孟津县初级中学雷梦佳事件的思考

【事件回放】

事情发生在2010年4月6日，当时河南省洛阳市孟津县西霞院初级中学初一学生雷梦佳因和同年级其他班另一个女同学打架，班主任周老师在4月7日组织全体同学投票。投票之前，周老师让雷梦佳先回避，然后让全班同学就雷梦佳严重违反班纪班规的现象做了一个测评。测评是道选择题：是留下来给她一次改正错误的机会，还是让家长将其带走家庭教育一周。结果对雷梦佳不利。26个同学选择让她回家接受教育一周，12个同学选择再给她一次机会。

投票结果出来后，班主任周老师打电话给雷梦佳的母亲，让她来接女儿回家。但是，雷梦佳已在学校附近的黄河渠边的青石板上留下了3句遗言：“雷梦佳生命就此结束！爸、妈，对不起，你们的恩情来世再报！辉辉，来世再做好朋友！”

15岁花季少女留下遗言，投渠自杀。

【应对举措】

4月14日，媒体报道雷梦佳的事件后，孟津县教育局给洛阳市教育局递交了《关于白鹤镇西霞院初中学生雷某擅自离校后溺水身亡事件的调查及处理情况的报告》。

4月15日，经孟津县白鹤镇政府、学校和死者家属等5方多次协商，达成协议，由镇政府、村委会、西霞院初级中学、教师本人等给死者家属一次性补偿90000元。

4月20日，为搞清这次民主投票的前因后果，记者赶到西霞院初级中学，采访了该校负责人李校长。负责人李校长说，恳请媒体放过老师。因为目前电视、报纸、网络轮番上阵，矛头直指老师和学校。当事的周老师，目前精神恍惚，已在家休息。周老师家属找学校多次，说周老师现在精神状态很不好，实在不宜接受采访。李校长说，雷梦佳出事后，周老师就被教育局领导批评了，包括自己也被停职，目前自己是代理校长，眼下全校 48 名老师，人人自危，不敢管学生了，学校的教学管理工作面临崩溃。同时，从 4 月 10 日开始，学校已经对全体老师进行了 4 遍培训，下一步还要对老师进行再教育。不过，一位学校老师告诉记者，和雷梦佳打架的另一名女同学，也受到了老师批评，但没有遭受被同学投票赶走的命运。

【评析反思】

事后，雷梦佳的班主任和校长都认为组织同学投票是学校民主管理和教育的创新。那么，我们有必要先搞清楚“民主”的涵义。“民主”一词源于希腊字“demos”，意为人民。其定义为：在一定的阶级范围内，按照平等和少数服从多数原则来共同管理国家事务的国家制度。同时，民主的实现应具备 3 个前提：国民经济的繁荣、社会制度以及在这种制度下的法制建设和良好的国民文化积淀，即国民素质，三者缺一不可。

然而，民主本身就有着自己的缺陷，而这正是一起又一起悲剧发生的原因。它的缺陷就在于多数人所赞同的意见未必是对社会而言最好的意见，由于各种原因的限制，社会中的多数可能受到错误的诱导，并做出错误的判断。

我国没有足够完善的民主制度。以雷梦佳事件为例，如果在一个健全制度的保障下，雷梦佳应该有自己的申述权。而在雷梦佳的悲剧中，没有看到保障她的权利的制度、申诉与申辩权。这样片面的民主带来的，很可能是大多数人对少数人以民主的旗帜的利益侵犯。只有在考虑大多数人利益同时，还保障少数人利益的民主制度才是真正的民主，才能成为社会发展的推动器，不然民主只能流于形式，成为“伪民主”。

具体到“雷梦佳事件”，明显违背科学理性的，有三个突出要点：一是未成年人无权投票决定另一个未成年人是否应该终止接受义务教育。法治精神，本是科学精神的具体表现之一。二是在雷梦佳不止一处留下遗言自寻死路后，从校长、老师甚至好友，都不愿接受她自杀的冷酷现实，纷纷寻找各种牵强的理由，否定雷梦佳被逼死的事实。不能实事求是，是科学精神的大敌。三是雷梦佳从高票当选班长，到高票出局，不能不令人深思。知名度高到连校长都忍不住要为她取外号的地步，那么多的成年人，从父母到老师，无一尽力探求她的异常心态、异常行为的根由，更不要说求助心理医生进行科学治疗。难道就没人想到，这个被父母冷遇的孩子，在自尊心最为敏感的青春期，用一种自己也无法控制的出格行为，去为自己赢来她极其渴望的群体“关注”，让她感到自己在群体中还是有“地位”的，感到一丝异样的温暖。然而，投票带来的最后一击，让她的群体归属感彻底断裂，也让她的自尊心荡然无存，在没有任何心理救援的环境中，死，就成了这个糊涂孩子“必须的”选择。

让人不寒而栗的是，这三条明显的悖论，并不仅仅出自未成年人群体，而是牢不可破地盘踞在雷梦佳身边几乎所有成年人的心头，父母、校长、老师，无一例外。这是一张盲目的、愚昧的、冲动且自以为是的弥天之网，它理直气壮地席卷了一切，让科学理性无处立足。西霞院中学的所谓民主，只是让盲目、愚昧、冲动且自以为是有了一个堂皇的冠名，以便招摇过市，自欺欺人而已。

雷梦佳之死，不是民主的悲剧，是她身边既愚且盲的教育工作者的悲剧，是教育体制竟能容忍这样一些既愚且盲的事件长期、大量发生的悲剧。

该事件中的老师所采取的教育管理方式确实存在问题。陶行知先生曾撰文说，自主管理是为学生预备种种机会，使学生能够组织起来，养成他们自己管理自己的能力。苏联著名教育家苏霍姆林斯基在《给教师的一百条建议》中曾经说过：“自我教育需要有非常重要而强有力的促进因素——自尊心、自我尊重感、上进心……”郑州市教育学会会长陈明魁认为，西霞院初级中学采用伤害学生自尊心的方式，来进行学生自主管理、自我教育，如此南辕北辙的行为，不能和自主管理画等号。

人权，最基本的是要尊重别人的基本权利。自主管理，不能是剥夺人的基本权利。初一的孩子，接受教育权，是我们国家《义务教育法》所规定的。不要说同学老师们不能随便剥夺，就连学校和教育部门都很难随便把学生开除。这是国家规定的受教育权利，算是基本人权一部分，任何人不能随便剥夺。

作为初中学生，他们的自我意识已经开始萌发，强烈的自尊意识已经凸显，具备了一定的思维、判断能力，但是他们毕竟还是学生，心理比较脆弱，容易因一点挫折而丧失理智。采用全班投票的办法选择一个学生的去留，在老师看来可能没有什么，但在孩子的意识里却是一件很大的事。被留下来当然相安无事，反之，对一个心智尚不成熟的学生而言就是一个相当大的打击。不难判断，老师并无伤害学生的主观恶意，但是作为一个具有教育常识的成年教师完全能在如此处理学生之前考虑到这些问题：自己这样大张旗鼓的处理一个15岁的孩子，她是否受得了？她内心恐惧吗？处理后，她会有什么样的反应？打架事件的发生是不是自己的学生完全背理呢？考虑到这些问题，老师应该不会采取投票的方式来决定一个学生的去留了，悲剧也就不可能发生了！

这起事件还有一个值得我们关注的核心点在于：雷梦佳之死并非自然式的生命终结，而是源于一次“很特别”的投票事件。而班主任周老师所采用的投票法并不新鲜，不同的是投票的结果不同或者是投票结果和本事件一样，但却并没有引发惨剧发生。从历史来看，因受到学校的严厉教育而导致自杀行为发生也并非没有。值得深思的是：为什么总有学生在遇到一点挫折就选择走向极端呢？

“雷梦佳事件”是令人痛心的，教训是惨痛的，是深刻的。痛定思痛，细细剖析“事件”，分析悲剧发生的原因，不难发现，教师的方法是有些不妥，但主要是该学生心理脆弱，遇到挫折无法面对，经受不住挫折的打击。此事件的发生，有偶然性，同时又有必然性。因此，对学生进行挫折教育刻不容缓。

1. 加强开展心理疏导。一方面，教育学生正确认识挫折的必然性，告诉学生人的一生中随时都会遇到挫折，要有心理准备，不可能任何事情都顺顺当当，称心如意。没有坎坷就没有平坦，没有失败就没有成功，多给学生讲述在逆境中要坚强，要保持健康、快乐的心理状态，自我安慰，自我解压，想办法尽快走出逆境。另一方面，正确对待挫折。人生道路上，遇到挫折是必然的，遇到挫折并不可怕，可怕的是受到挫折束手无策，无法应对，丧失信心，失去理智。要有正确的心态，鼓足勇气，勇敢、理智对待。

2. 开展活动磨炼意志。根据学生年龄特点，教师适当安排一些活动，对学生进行挫折教育，锻炼学生吃苦精神，锤炼学生耐力，磨炼学生意志，锻炼学生韧性，培养学生的自我解决问题的能力。但是，在活动之前，教师千万务必要精心策划，考虑周全，要有目的，有预见性，考虑学生受到挫折时教师采取何种方法措施，适时对学生进行应对挫折的教育，教给学生应对方法。

雷梦佳事件警示教育者，现代学校丰富教育内涵刻不容缓。现在，全社会都形成了一个共识，评价学生是否成才，不能只盯着分数，要看学生是否全面发展。评价方式的转变呼唤着学校教育内涵的不断丰富来与之对应，亦即学校教育不但要承担授业解惑的重任，让孩子变得有智慧，还要对学生加强挫折教育，让学生能够承受一定的心理压力。这对学生的成长成才至关重要。现代社会的一个显著特征是独生子女越来越多，独生子女大多受到父母的宠爱，情感格外脆弱，稍有不慎，极易受到精神上的伤害。教育者不深入分析独生子女的心理特点，盲目地采取传统的教育方法，不生事端倒会成为意外了！

如果一味将责任推给学校也不太合适，因为家庭教育毕竟是学校教育的一个重要补充，它发挥着学校教育无法替代的作用。作为孩子的父母，从小就应该针对孩子的心理特点进行润物细无声式的经常式的教育，让孩子从小就品尝表扬的甘甜和遭受批评的苦涩。有了丰富的心理体验，就等于为孩子的健康成长上了一把锁。可惜的是，现在不少独生子女的父母并不注重学习育儿经验，教育的盲目性和随意性太大，“放羊式”的教育确实体现了家长对子女的“爱”，却也为孩子的健康成长埋下了不小的隐患。

雷梦佳事件是一个极端个例，它留给家庭、学校的思考太多太深，家庭和学校十分有必要重新审视自己的教育观念，采取科学有效的教育方法来引导学生更健康地成长。

莫让校园重演“多米诺骨牌危境”

——新疆阿克苏发生踩踏事件警示

【事件回放】

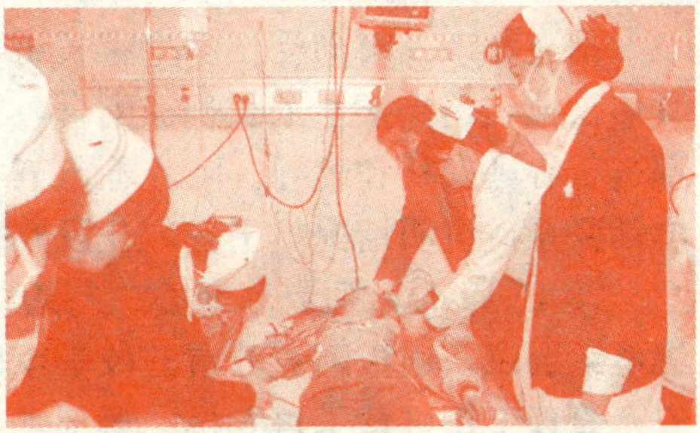

2010年11月29日中午12时许，正是新疆阿克苏第五小学学校课间操时间（乌鲁木齐和北京有两个小时的时差，12点钟也就相当于北京的10点钟）。距乌鲁木齐千余公里的新疆阿克苏市第五小学发生了一起踩踏事故。学生们下楼至楼梯口时发生拥挤，在教学楼二楼通往一楼狭窄的楼梯上，前面的学生摔倒后，后面的学生冲下楼梯引起踩踏，当时铁制的楼梯扶手被挤歪变形，造成学生被挤伤、摔伤，共有123名学生被送往阿克苏地区第一人民医院进行救治。41名住院学生中有1人因脏器严重受损病危，有6人重伤，另有34人为轻伤。

阿克苏市120急救指挥中心于12时09分接到电话后，共派出5辆救护车，往返学校医院12次，对受伤学生迅速救治。

【应对举措】

阿克苏第五小学踩踏事故发生后，自治区党委、政府立即成立由一名自治区副主席带队的工作组，赶赴当地指导事故救治和调查工作。自治区领导指示，要组织最好的医护专家尽全力救治受伤人员，必要时将受伤人员转入乌鲁木齐医疗机构进行救治。同时，要彻查事故发生原因。

事故发生后，校方立即疏散学生，紧急通知120急救车将受伤学生送往阿克苏地区第一人民医院进行排查治疗，积极配合市公安、教育、安监等部门进行相关善后处置工作。

事故发生后，阿克苏地委、地区行署高度重视，立即启动应急预案。地委书记黄三平，地委委员、行署常务副专员李刚，地委委员、阿克苏市委书记高国飞，行署副专员李更生及地市相关部门负责同志，第一时间赶赴学校和医院了解情况，指挥救治，看望受伤学生，安抚学生家长，研究救治方案，成立了以地委书记黄三平为组长的应急救治领导小组，并就做好受伤学生救治及相关工作进行部署。

当地紧急抽调地区和农一师医疗专家组成专家救治组，对每一名入院学生进行诊断会诊，安排专门医生、专门病房、专门药械，对所有受伤学生进行4小时特殊治疗和护理。对伤情较重的学生联系自治区权威专家进行网上远程会诊，拿出治疗方案，全力以赴做好受伤学生特别是伤重学生的救治。医疗救治费用统筹解决。

阿克苏市及时向受伤学生家长讲明事故发生情况和地委、行署采取的具体措施，引导学生家长积极配合，对每个受伤学生家庭都安排了两名干部进行心理安抚和疏导。阿克苏市五校迅速组织教帅同所有学生家长进行电话联系，讲明情况报平安，让没有受伤学生的家长放心。

29日18时，阿克苏地委、行署专题召开全地区学校安全工作紧急电视电话会议，通报阿克苏市五校学生踩踏事件发生情况，对做好当前学校安全管理工作进行了再安排、再部署，提出了明确的要求，防止再次发生事故。

【评析反思】

在拥挤行进的人群中，前面有人摔倒，后面不知情的人若继续前行的话，那么人群中极易出现像“多米诺骨牌”一样连锁倒地的拥挤踩踏现象。专家分析认为，在人多拥挤的地方发生踩踏事故的原因有多种，一般来讲，当人群因恐慌、愤怒、兴奋而情绪激动失去理智时，危险往往容易发生。

1. 因民众恐慌造成的踩踏事件在国际上也并不鲜见，仅2010年以来全球发生的重大踩踏事件有：2010年1月14日，印度东部西孟加拉邦发生一起因参加宗教活动人员拥挤登船而引起的踩踏事故，造成7人死亡，另有17人受伤；2月25日，马里西北部城市通布图一座清真寺发生踩踏事故，造成24人死亡，20多人受伤；3月4日，印度北部北方邦一寺庙发生严重踩踏事故，造成62人死亡，上百人受伤；3月8日，印度孟买北部一个警察招募营地发生踩踏事故，造成1人死亡，11人受伤；3月26日，乌干达首都坎帕拉市郊卡苏比王陵发生踩踏事故，造成1人死亡，146人受伤；4月30日，大约10万人在印度西北部哈里亚纳邦进行宗教活动时突发踩踏事故，造成5名妇女死亡和数人受伤；5月16日，印度首都新德里火车站发生踩踏事故，造成2人死亡，15人受伤，其中6人伤势严重；

7月24日，德国西部鲁尔区杜伊斯堡市举行“爱的大游行”电子音乐狂欢节时发生踩踏事故，造成18人死亡，80人受伤；11月22日夜，柬埔寨送水节欢庆活动的最后一天，在金边钻石岛连接市区的钻石桥上发生了一起严重的踩踏事故，共造成456人死亡，700多人受伤；2011年1月1日，南非西北省一家酒吧发生踩踏事故，导致10人死亡；1月14日，印度南部喀拉拉邦踩踏事故造成至少104人死亡，超过50人受伤；2月21日，马里首都巴马科一座体育场发生踩踏事故，造成36人死亡，64人受伤；3月2日，柬埔寨金边郊区一家服装厂发生踩踏事故，造成至少30人受伤；11月8日，印度北部北阿肯德邦的宗教圣地赫里德瓦尔在举行宗教活动时发生踩踏事故，造成至少16人死亡，另有20多人受伤；11月21日，在雅加达举行的东南亚运动会足球决赛中发生球迷踩踏事故，两名印度尼西亚球迷丧生，另有多人受伤；2012年1月10日，数以千计的学生和家长涌入南非约翰内斯堡大学递交入学申请引发踩踏事故造成1人死亡，10多人受伤；2月20日，印度湿婆神节发生踩踏事故，造成至少6人死亡。

2. 校园踩踏事件频繁发生，拷问教育者为何不痛定思痛？近年来，国内在中小学校园内也曾多次发生踩踏事件，如2002年9月23日，内蒙古乌兰察布盟丰镇市第二中学发生学生拥挤造成楼梯护栏坍塌事故，21人死亡，47人受伤；2005年10月17日，阿克苏一所小学发生集体踩踏事故，造成13名小学生受伤，其中1名二年级女生经抢救无效后身亡；2005年10月25日晚，四川省通江县广纳镇中心小学学生下晚自习时发生拥挤，8名学生遇难；2006年11月18日，江西省都昌县土塘中学发生踩踏事故，致使6名初一学生遇难；2009年12月7日，湖南湘潭育才中学下晚自习时，楼梯内发生踩踏，造成8名11～14岁年龄段的学生遇难，26人受伤；2009年12月，湖南省湘乡市私立育才中学发生一起伤亡惨重的踩踏事故，造成8人罹难，26人受伤；2010年3月，乌鲁木齐八一中学附小发生拥挤踩踏，导致学生一死三伤；2011年10月18日，湖南省湘潭市辖内的湘乡市私立育才中学发生一起伤亡惨重的校园踩踏事故，造成8人死亡，26人受伤；2012年1月6日，参加湖北非美术类外省高校艺术校考的考生在进入考场时发生踩踏事故，造成多名考生受伤。面对一次又一次的学生校园踩踏事件，人们的心情甚为沉重。发生事故后，从中央到地方，也无不要求各地学校检讨安全管理，加强安全教育，但是为什么这样的踩踏事故却还是一再发生呢？血淋淋的事实让人不忍卒睹，孩子痛苦的呻吟仿佛是对教育者的拷问，为何总是一痛再痛，而不是痛定思痛呢？

3. 踩踏悲剧都有一个共同特点：场地狭小，人海如潮，拥挤混乱，场面失控，最终酿成悲剧。此次新疆学生踩踏事故，课间操学生下楼，因为一名学生摔倒而导致此次事故。试想，如果学生讲文明、懂礼貌，相互谦让、照顾，不追逐、打闹、推搡，听从现场老师指挥，那么类似事故就可能避免。2005年，教育部就曾专门下发通知，要求各地把学生安全放到首要的位置，迅速进行安全检查，强化学生安全管理。每学期组织一次应急演练，学生做操集合上下楼时错开时间，防止校园踩踏事故的发生。这些要求，具有很强的针对性。然而，为什么一而再、再而三地在学校发生类似事故呢？绳子总是在细处断。我们应重视事后总结，亡羊补牢。首先，应强化校园安全意识，不能只花钱去加固学校安全防护设施，而没有认真反省学生安全管理工作的漏洞。其次，应强化学生安全教育，提高学生防范风险的能力，有应对复杂局面的心理准备，增强危机弹性，使学生在灾难到来时，处乱不惊，淡定、沉着、有序。再次，应培训学生逃生避险技能，适当开展校内安全疏散演练等情景模拟，培养学生识别险情、紧急避险的能力，增强自身的安全防范意识和自救能力。

谨防公权力成为私利的保护伞

——校园撞人“李刚门”事件的启示

【事件回放】

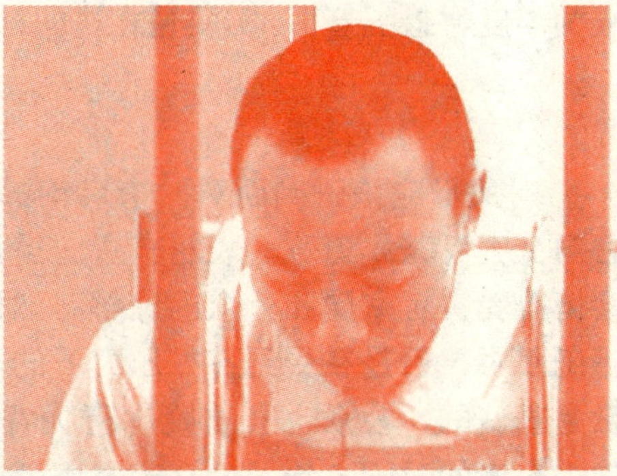

2010年10月16日22时左右，一辆黑色轿车在河北大学新校区门口撞倒两名女生，其中一名抢救无效当晚死亡，另一重伤者脱离危险转院治疗。

当时在挡风玻璃被撞碎的情况下，司机不但没有停车，反而继续去校内宿舍楼接女友。返回途中司机被学生和保安拦下，但该李姓年轻男子竟说：“看把我车刮的！你知道我爸是谁嘛？我爸是李刚！”后经了解，该男子为酒后驾车，其父亲为保定市某公安分局副局长。

事发后，李启铭的父亲李刚并没有在第一时间去向受害者家属道歉，而是在5天之后，李刚公开道歉：“孩子做出这样的事情，给对方造成这么大的痛苦，我心里非常地痛心。这几天，我也是吃不下，睡不着。作为李启铭的父亲，作为他的家长，我代表我全家，也替孩子向受害者及其家属表示深深的歉意（李刚深深地鞠了一个躬），对不起……对于我来说，态度非常明确，我决不袒护我的孩子。不过这件事，换位思考，将心比心，我也非常理解，受害者的心情一样。不过我一定尽我所能，尽我最大努力，积极配合救治伤者，真正地给受害者及家属安慰和最大的抚慰。对于孩子的教育，作为父亲，我没有做好，我真的很痛心，很内疚，也非常地惭愧。”

事发后，河北大学深陷“封口令”的漩涡之中，校方没有及时配合证明事故，却在车祸调查中使所有目击者选择了“集体沉默”，不愿出面作证。显然，面对网民海啸般的愤怒和质疑，相关部门又一次习惯性地以掩盖、强力平息、冷处理等常用手法来处理后续事态。

李刚事件，民众由气愤、谴责变为调侃、冷嘲热讽。李启铭的一句

“我爸是李刚”引起社会各界的广泛关注和热议，并已经成为当下最热门的网络流行语。据《法制晚报》报道，网民在猫扑网、新浪微博等论坛和网站上相继发起了“我爸是李刚”的造句活动，参与者迅速过万。据不完全统计，相关评论帖子超过36万条，形成了如普希金版“不要悲伤，我爸是李刚”；李白版“床前明月光，我爸是李刚”；凤凰传奇版“我在仰望，月亮之上，我的爸爸是李刚”以及特仑苏版“不是所有爸爸都叫李刚”等众多版本。紧接着是官二代门、李刚道歉门、学校封口门、校长抄袭门、李刚房产门、禁止报道门、速度鉴定门、尸体解剖门……“我爸是李刚”成为年度“最强音”，实质是在拷问社会公义！

【应对举措】

1. 父母应该正确面对。李启铭的父亲李刚应该在事发后的第一时间，去向受害者家属道歉，表示自责。虽是无法挽回受害者的生命，但也仍然会博得受害者家属和公众的谅解。然而李刚的做法，一开始在回避，没有正确面对，后是在受到各方压力下的5天之后公开道歉。这时即使你的道歉是真诚的，公众也会质疑你行为背后的动机，不会相信你会有善意的。白白流淌的时间，给了公众和受害者家属不信任的充分理由；再者，当今有些官员宗旨意识比较淡薄，凡事不作为，遇事缺乏公仆心，以权谋私，违法违纪，严重脱离群众，说话没人听，干事没人跟，造成党群、干群关系紧张，出现了信任危机。

2. 政府应该积极回应媒体的呼声。每次公共事件发生后，随之而来的是各种传言，传闻是真是假，往往莫衷一是。国务院新闻办把突发公共事件的舆论引导策略概括为“四讲”，即：尽早讲，政府要尽快抢占信息发布制高点，第一时间表明对事件的态度及应对措施；持续讲，向公众不断披露事件进展情况；准确讲，发布信息真实全面，争取公众的认可；反复讲，采取各种方式对公众进行答疑解惑。这是说的突发公共事件，放在这里同样适合，如果河北大学积极正视公共事件，如果相关部门面对网络传言和公众疑问，该证实的证实，该证伪的证伪，就不会如此被动，不会让公众如此纠结！

事件发生后，河北省省长陈全国表示，对于发生在河北大学的醉酒交通肇事案要“依法严肃处理”，省委成立了工作组处理此事。陈全国强调，该事件已经对河北省的形象造成了恶劣影响，绝不会因为肇事者李启铭的父亲李刚现任保定市公安局北市区分局副局长的职位而对司法裁决的结果有所影响。至于有消息称李刚“被曝有五套豪宅”，则需纪委经过审查后做出处理。

省长表态了、成立工作组、案子要异地审理……群众的“公平焦虑”、“愤怒情绪”终于找到了信任端口，喧闹的“李刚门”或许会暂时平息。但一个简单的肇事案之所以演变成轰轰烈烈的“信息炸弹”，甚至还因为一句“我爸是李刚”衍生出“讽喻诗”的“造句比赛”，恐怕也正是因为有关部门、相关官员起初对此事遮遮掩掩，迟迟没有亮明正确态度。当地公安局、市委市政府，自始至终没有发表看法，信息不透明加上信任危机，让监督群体越发焦虑。于是，“传”出的河北大学校长的抄袭和李刚的多套房产的信息，都可能成为再度“拍砖”的导火索。如果说，有的网友不够理性，这种不够理性与政府对公共事件的旁观、失声、缺乏互动，是有着密切关系的。

案发后，李启铭家长对受害者家属积极赔偿，赔偿死者陈晓凤家属 46 万元，伤者张晶晶 9.1 万元，取得对方谅解。法庭鉴于李启铭认罪态度较好，其亲属积极赔偿被害人损失，酌情从轻处罚。望都县人民法院于 2011 年 1 月 30 日以交通肇事罪判处犯罪嫌疑人李启铭有期徒刑 6 年。

【评析反思】

李启铭酒后驾车在校园内交通肇事后，不是停车救人，反而继续行驶，对人命是那样的轻视冷漠。在校门口被拦截住，他不但没有悔过之心，而是抱怨车被撞坏了，还口出狂言：“有本事你们告去，我爸是李刚。”

李启铭的言行表现，原因是他有个有权有势的官爸爸当保护伞，平时就养成了高傲、跋扈、霸道的恶习。随后网络疯传的“造句行动”看似幽默搞笑，其实它的背后是人们自发形成的对权力阶层骄横的一种声讨。不管是“官二代”还是“富二代”，都表达出了“老子是儿子的通行证”的潜台词，体现了公权力成为个人利益的保护伞。

提起人们对交通肇事的关注，不由得会追溯到 2009 年 5 月的杭州“70 码”事件，当时，人们称之为“富二代”的拙劣行径。然而这次事件的主角虽非“富二代”，但却是“官二代”的悲哀。

李启铭胆敢喊出“我爸是李刚”是与李刚手中握有实权有关。李刚作为保定市公安局北市区分局的副局长，手中权力是不言自明的，而李启铭正是对于这种权力的迷恋，才能在外面报出他父亲的“名号”，好让人知难而退。在他的眼中，没有法律只有权力，所谓民众和法律也只是服从于权力的附庸品，而权力是拥有者的私人用品，任凭拥有者随意支配。如此逻辑实在是让人瞠目结舌。

平心而论，甭说李刚，就是作为外界当长辈的，当人们看到李启铭，或者其他“官二代”、“富二代”说出“我爸爸是李刚”这类雷人雷语时，是不是应该反思反思？

当今的社会，科技在进步，中西文化在交融，互联网在迅速普及，人们在享受社会进步成果的同时，色情、暴力等一些社会暗流却日益腐蚀着人们的心灵，特别是对涉世未深、自控能力很弱的新一代社会接班人的健康成长影响尤为严重。在“一对夫妇只生一个孩子”，“80后”、“90后”、“官二代”、“富二代”、“民二代”不断成为社会热点术语的今天，加强新一代社会接班人的教育，促进他们德、智、体、美、劳全面发展，已成为全社会必须共同承担的责任和长期的工作任务。

政府对待网民的这种失声，在信息闭塞的年代还可以理解，可当下互联网凭借虚拟、开放、互动、即时、海量等特点和优势，把人们都带到了“大众麦克风时代”。如果网上已经吵吵嚷嚷了，政府仍然失声、迟钝，那就会使得网络舆情错综复杂，难以控制。网民不懈怠地“拍砖”、“加精”、“置顶”，已不单单纠结于李启铭案的公正，这里面也包含着对于正常官民互动生态的渴望与期待。

目前，我国正处在发展黄金期，也进入了突发公共事件频发期。在这种情况下，网络因为传播速度快，隐蔽性强，更容易成为群众的“发泄阵地”，酿成公共事件。如果依法、理性、坦诚互动的局面迟迟不出现，事件就很可能不断发酵，愈演愈烈，最后就会上升为伤害权力公信与政府形象。

“李刚门”对所有的地方政府都是一个生动教材，在各种公共事件中，如何提升官员和网民的积极互动和回应意识，应该成为行政素质的重要构成。不要总是让政府和官员跟在网民的屁股后面，亦步亦趋，被动难堪，政府形象经不起这样的折腾。

如今公权力滥用的现象还时有发生，并且在侵害人民大众的利益。当然，公权力也是由人行使的，行使公权力的人同样不是天使，从而使权力滥用、公权力异化成为个人的保护伞的现象难以避免。人们创设政府，选举或委托“公仆”行使公权力，其目的在于让他们为人民提供服务，为社会提供“公共物品”，但是，倘若“公仆”们运用权力为自己服务，运用权力去侵犯授予自己权力的“主人们”的权益，那么，我们有办法防止这种公权力异化现象吗？又如何制约作为“公仆”的政府机关和政府机关工作人员对公权力的滥用呢？杜绝公权力成为个人的保护伞，这是一个值得我们探讨的问题。

道德良知和社会责任的缺失

——药家鑫事件的警示

【事件回放】

药家鑫，西安音乐学院大三学生，于2010年10月20日深夜，驾车撞人后又将伤者刺了8刀致其死亡，此后驾车逃逸至郭杜十字路口时再次撞伤行人，逃逸时被附近群众抓获，后被公安机关释放。

10月23日，药家鑫在其父母陪同下到公安机关投案。

2011年1月11日，西安市检察院以故意杀人罪对药家鑫提起公诉。2011年3月23日，该案件在西安市中级人民法院开审。

4月22日，西安市中级人民法院一审宣判，被告人药家鑫犯故意杀人罪，被判处死刑，剥夺政治权利终身，并处赔偿被害人家属经济损失45498.5元。

肇事者药家鑫家境殷实，所驾车辆为私家车。其父亲药青伟曾经是总后西安军事代表局驻西安北方华山机械有限公司军代表，母亲是该厂职工。

2010年10月20日23时许，药家鑫驾驶红色雪佛兰小轿车从西安长安送完女朋友返回西安，当行驶至西北大学长安校区外西北角学府大道时，撞上前方同向骑电动车的张妙。后药家鑫下车查看，发现张妙倒地呻吟，因怕张妙看到其车牌以后找麻烦，便产生杀人灭口的恶念，遂转身从车内取出一把尖刀，上前对倒地的被害人张妙连捅数刀，致张妙当场死亡。杀人后，被告人药家鑫驾车逃离现场，当车行至郭杜十字路口时再次将两情侣撞伤，逃逸时被附近群众抓获，后被公安机关释放。10月23日，药家鑫在其父母陪同下到公安机关投案。经法医鉴定：死者张妙系胸部锐器刺创致主动脉、上腔静脉破裂大出血而死亡。

死者张妙，26岁，初中毕业后就一直待在家中，4年前出嫁到同乡宫子村，两年半前，生下一个儿子，如今已经两岁半。

据张平选（张妙的父亲）回忆，10月21日凌晨3时许，他听见大门外有人敲了好长时间的门，黑暗里听见是堂侄张凯的声音。打开门，堂侄张凯告诉他，一块去大学城附近一条马路上。等赶到现场，张平选发现，几十个人将马路中央团团围住，现场有一大摊血，血泊中，张平选老远看见了女儿躺在地上。

据王辉（张妙的丈夫）讲，这段时间，他几乎什么心思都没有，每天就是辗转于派出所和长安分局等各部门。“我只想着尽快为死去的妻子讨个说法，至于以后的日子，我想都不敢想，两岁半的娃丢给我，咋办呀。”让王辉觉得纠结的原因有两个：一是妻子遭遇车祸之后，为何又被人捅了8刀。二是从事发至今已经一个多月了，妻子仍旧躺在太平间，无法下葬。经王辉打听得知，妻子左手上有3道划痕，前胸有一道刺穿伤，后背中4刀。案件已经到了检察院，警方告诉王辉嫌疑人已被批捕，家属也可将受害者下葬了。将来待法院开庭审理，家属可提出刑事附带民事诉讼的诉求。

王辉从警方处得知，10月20日晚事发时，妻子张妙骑着电动自行车回家，被一辆雪佛兰科鲁兹轿车撞倒在地，当时妻子的眼睛还睁着，只是左腿骨折，后脑磕伤，充其量是个轻伤，有绝对的时间进行抢救。但是肇事男子下车后，发现张妙睁着眼，看见了自己。当时，张妙试图去看车牌号，招致该男子持刀杀害。

10月22日，专案组将犯罪嫌疑人药家鑫抓获。经审讯，药家鑫起初没有供述自己撞伤人持刀杀人的犯罪事实。直到10月23日，当其父母再次带他到专案组后，经进一步审查，药家鑫这才交待了自己于10月20日晚将受害人张妙撞倒后又杀害的犯罪事实。

据疑犯药家鑫供述：案发当晚11时许，自己驾驶枣红色自家的雪佛兰科鲁兹轿车前往事发地附近的某高校看望女友。在返回途中，到翰林路中段时将正在骑电动车同向行驶的女子撞倒。“我担心受害人记住我的车牌号码。”药家鑫向警方称，自己遂下车用携带的一把单刃切肉刀连捅受害人8刀致其死亡，后驾车逃跑。

【应对举措】

10月22日下午，在郭杜派出所里，公安长安分局召集刑侦、交警以及韦曲、郭杜、兴隆、细柳派出所等单位召开案情分析通报会。专案组通报案情和前期侦查情况。

警方摸排走访群众580余人次，汽车修理厂40余家，车辆500余台次。调查中，交警大队民警提供了一个可疑的交通肇事逃逸案的重要线索。通过郭杜车祸现场痕迹鉴定和“10·20”杀人案现场遗留的被撞电动车比对，警方认定，郭杜南村村口的此辆肇事车和杀人案现场车辆相符，而雪佛兰科鲁兹车主有重大作案嫌疑。

11月23日晚，疑犯药家鑫被长安警方依法刑事拘留。

11月25日，经长安检察机关批准，因涉嫌故意杀人罪，疑犯药家鑫被依法逮捕。

11月29日晚9时，西安市公安局新闻发言人、新闻中心主任郑朝刚就此案赶到公安长安分局。之后，警方向媒体通报了相关案情。公安长安分局局长周荣生立即会同值班的副局长韩和平、主管刑侦的副局长赵新茂等人带领刑侦大队刑侦技术人员急赴现场。警方当晚确定，这是一起极其罕见的性质恶劣的杀人案。长安警方当即抽调刑侦大队、郭杜派出所、交警大队数十民警组成专案组，全力侦破此案。

备受关注的西安音乐学院大三学生药家鑫开车撞伤人后又连刺数刀致对方死亡一案，于2011年3月23日9时45分在西安市中级人民法院开庭审理。包括受害人张妙丈夫王辉在内的近30位亲属到庭旁听，中央电视台等数十家中省媒体及400余名在校大学生到场旁听。

4月22日，西安市中级人民法院一审宣判，被告人药家鑫犯故意杀人罪，被判处死刑，剥夺政治权利终身，并处赔偿被害人家属经济损失45498.5元。宣判后，药家鑫提出上诉。陕西省人民检察院认为该案事实清楚，证据充分，建议二审驳回上诉，维持原判。陕西省高级人民法院经依法审理，于5月20日依法做出裁定，驳回药家鑫上诉，维持原判，并依法报请最高人民法院核准。经最高人民法院核准，故意杀人罪犯药家鑫于6月7日被依法执行死刑。

2010年12月3日，中共陕西省委教育工委、陕西省教育厅发出了《关于以药家鑫事件为反面教材在全省大学生中集中开展法律法规学习和思想道德教育的紧急通知》要求：

1. 各高校要向学生全面通报药家鑫交通肇事行凶杀人犯罪事件，并就事件发生给受害者家庭造成的重大伤害、给社会造成的恶劣影响、给高校造成的负面影响进行分析和宣讲，组织师生展开讨论。

2. 组织大学生集中开展法律法规知识学习和宣传，举办思想道德教育专题报告会。各学校及院系领导要带头走入学生中间、走上讲台作报告，与学生面对面进行交流谈心。还要通过作法律法规专题报告、组织大学生开展法律法规、思想道德知识答题竞赛等多种方式，增强广大学生的法制意识和道德观念。结合校纪校规、大学生行为规范等内容，加大教育引导的力度。

【评析反思】

药家鑫事件是一场社会悲剧。这绝非一个孤立的事件，而是表明我们的制度和社会，出现了某种“神经症性紊乱”。健全的人性与制度的腐败从来就不共戴天。近年来，一些地方政府漠视人的生命和尊严，危机就隐藏在一系列社会事件中，如宜黄事件等种种强拆悲剧、赵作海冤案、跨省追捕等。一些部门在制定法律、政策的时候，往往千方百计规避自己的责任和义务，更多留给自己的是权利和无责任。权力出了问题，聚敛财富并按亲疏远近分配资源，就会撕裂社会的道德和人与人的关系——而它们又把其效应“传导”给人性，使人性出现大规模的败坏。

权力紊乱让社会变得疯狂。权力的神经症性紊乱传导到社会上，只能让一个社会变得疯狂。2010 年，“我爸是李刚!”成为经典名言，“官二代”、“富二代”飙车撞人构成当代奇观。这些现象表明，权力和金钱在社会上已经牢固地确立起主宰性的意识形态，穷人在遭受羞辱，贫富悬殊必然埋下冲突的种子。社会上的权钱崇拜与无视法律的尊严的思潮是否要承担一些责任呢？一定意义上讲，恰恰是社会上的一些不良风气助长了“富二代”或“官二代”，同时也为他们提供了适宜其生长的土壤。“用钱摆平”和“用权摆平”的事件也是你方唱罢我登场。可糟糕的是，众人不仅是审丑疲劳、见怪不怪，甚至也在向“丑”靠近，期冀靠“钱”与“权”拥有法外特权。不得不承认，一种社会心理真正相信什么，崇尚什么，一个拥有了“流行因素”的个体就会应验什么。而我们的执法者，面对权贵阶层与生俱来的优越感，也常显得底气不足。回首以往诸多公共事件，真正激怒众人的，也许并非是案件本身，也不一定是当事人悲惨的命运，而是一个权贵人员凭借金钱或权力为所欲为，凌驾于法律与规则之上，敢想也敢做，东窗事发后竟能冠冕堂皇地使出若干招数，或“出钱私了”，或“声明道歉”，以此来逃避或减轻法律制裁，并最终成功了。在具有很大风险的时候，冲突不会冒出社会的地表，而是会以“潜规则”盛行、社会泄愤、诚信缺失、疯狂拜金等形式出现，它们构成了权贵者替代性的发泄渠道。

药家鑫事件还反映了一种社会心理。人的心理事件不过是社会事件的心理层面。不受制约的权力和疯狂的社会，对于人的心理结构的影响是巨大的。观察一下社会心理就是：焦虑、怨恨、冷漠、恐惧、不安全感、不确定性弥漫于中国社会。失去正义和道德的看守后，人性的残忍和暴虐便随时等待机会发泄。正是在以上背景下，有了撞人后又杀农妇的西安大学生药家鑫的残忍。对于我们的社会，以及我们社会的每一个部分或者个体，都应该由此案件引起高度的警醒，进行深刻的反思。

就社会层面来看，从药家鑫开车撞伤人后下车查看，发现受害者倒地呻吟，因看着对方像农民，怕其看到自己的车牌号以后找麻烦难缠，便产生杀人灭口之恶念，连刺数刀致对方死亡的情节来看，是否可以认为，在现代社会，尽管我们已经开始在采取一些缩小城乡同时也是城里人和乡下人的差别的措施，但由于我们在平等互爱、相互尊重方面做的工作还较为欠缺，营造的氛围和情境还远远不足，在相当一部分人的意识中，鄙视他人特别是社会底层的观念依然根深蒂固仍未消除，我们需要付出的努力还有很多。换另外一种角度审视，在我们的农民阶层中，是否也有这样一些人，因为贫困的缘故，不够通情达理，遇事唯我自私，已经到了令人恐惧的地步。

从家庭层面来看，药家鑫的家里并不富裕，父亲复员没固定职业，母亲下岗工资只有六七百块，家里没有多大积蓄，却不惜在孩子 4 岁时就给他买钢琴，雇请一节课 120 元的音乐老师进行辅导，并不惜借钱给其买车。药家鑫考上西安音乐学院时，外公竟给他奖励了 10000 元。对这样一个要求非常严厉，不允许出错，凡事要做到超过别人甚至尽善尽美，一心希望孩子成龙的一边是过分的严厉，一边是一味的宠爱，一切为孩子设计好，让孩子只在学校、家庭、家教地点中间过着三点一线的单调生活的家庭，对子女成长过程中自私、自闭、叛逆、极端性格的形成，究竟应该负有什么责任？

从学校教育方面看，作为大三学生，依照一般推理来说，药家鑫至少已经接受了 15 年正统的国民教育。在这一人生较为关键并且不算太短的过程中，如果我们的学校像重视智育一样的重视德育，如果教过药家鑫的某一位老师能够更多地从心理健康成长的层面对其进行世界观、人生观、价值观和道德观的一些正确引领，也许药家鑫就不会沦为合格社会人的对立面。从此意义上说，我们的学校教育是否应该吸取更深刻的教训？

从药家鑫个人层面看，或许真如其所言，自我内心的封闭，很少有朋友，很少和父母沟通的性格，是导致药家鑫由一个文静、内向、学习好的好孩子最终蜕变为“激情杀人”原因的一个方面。但无论出于何种原因，处于何种困境，在药家鑫撞伤张妙之后可以做出的多种选择中，假如他想一想自己以外的其他人包括自己的父母和家人，假使他本人能够恪守“无论怎样选择，都不能伤及无辜，都需要符合社会的基本道德规范”的道德底线，他就不会丧失做人最起码的良知，哪怕是他选择了逃逸而不是向张妙凶残地连刺 8 刀，我们今天所探讨的结局也就不会出现。

在今天社会畸形心理下所形成的“道德陷阱”，在特殊社会关系下某些人的特权心理，已经成为了普遍的社会现象。当一个大学生可以随便拿出刀将一个人的生命终结时，当生命得不到平等尊重时，如何建设和谐社会？许多年轻人对生命的漠视，对法律的无知，不得不让我们反思当下的教育到底出现了什么问题，应该怎样教育我们的下一代。

悲剧已经酿成，而悲剧不是可以用泪水和忏悔洗刷或避免的。但愿我们所有的人，都能通过这一案件深刻反思，从各个方面担当，为自己、为他人、为社会负起责任。

用"监管"和"诚信"涤清考风

——吉林四平考研作弊事件的深层思考

【事件回放】

2011年1月15日，是全国研究生入学考试的日子。全国2011年共有151万人参加了考试，竞争可谓相当地激烈。然而在吉林省四平市，在考试前就有人声称可以帮助考生作弊，还能保证通过分数线。他们可以提供全套作弊工具，包括接收答案的耳机和两种不同的接收器。央视《焦点访谈》记者对此进行了调查，揭开了考研作弊的内幕。

2011年的研究生入学考试从1月15日开始。考试前，在位于吉林省四平市的吉林师范大学，图书馆和食堂边的信息栏上就出现各种出售考研答案的小广告。广告上写着考研保过，还提供设备，并且考后付款。不仅大学的信息栏里贴上了这些考试作弊的小广告，一些考生的手机上也收到了类似的短信。记者首先拨通了广告上的一个电话。卖家称他们手里有器材，考试的时候带着器材进去就可以了。

通过电话联系，记者约好和一个卖家见面，他把见面地点选在了四平一中附近。四平一中是当年四平市研究生入学考试唯一的考点。卖家提着一个包裹严实的纸箱子，把记者带到了附近居民楼里的一个空房间。一进房间，卖家打开箱子，开始熟练地组装无线电发射设备。

随后，卖家又拿出一块手表，告诉记者，这是接收设备。考试时从考场外发射答案，考生戴上这块特殊的手表在一中考场内就能收到答案。为了展示这套作弊设备的功效，卖家让记者戴着作弊用的手表来到400米开外的四平一中的大门旁边，而卖家则在房间里传送信息。记者手表上的屏幕上显示出卖家发来的信息。看来这是一套通过远距离发送文字信息作弊的工具。

在随后的调查中，记者了解到，除了通过发送文字信息作弊外，还有卖家声称有更先进的作弊方式。

根据信息栏上留下的电话号码，记者又联系到了一个卖家，他自称可以在考试中利用无线耳机给考生传答案。几经周折，记者在吉林师范大学的宿舍区见到了这位卖家。他把记者带到了校园里的一个便利店里，拿出了一个黄豆大小的东西，向记者展示起这套先进的作弊设备。卖家说，这个设备离耳机越近，声音越大，能藏在衣服里，而且由于是炭棒，金属探测仪探测不出来。

随后，记者又联系了一个卖家。这个买家约记者在四平市加州旅馆见面。来到约定的房间，记者发现里面进进出出有好几个人，似乎有不同的分工。这个女孩也拿出一套无线耳机设备，指导着记者戴上。在这里，记者意外看到了传送答案的发射设备：这是个类似电台的设备，看上去体积不大，携带方便，在窗台上还连着一根天线。这位卖家说，14 日还有测试。

1 月 14 日是正式考试的前一天，也是考生们来看考场的日子，而卖家也利用这个机会调试作弊设备。卖家让记者戴着一个作弊耳机来到了四平一中。按照约定的时间，下午 3 时，耳机里果真传来了声音。

如果真有考生试图用这种耳机来作弊的话，他们势必也会在这时来考场试设备。于是，记者注意观察身边的考生，发现一名女生手里正摆弄着一个作弊耳机。她告诉记者，她花了 4000 元买了两科的答案。另一位男生告诉记者，他买答案花了 10000 元。

1 月 15 日是研究生考试的第一天，上午考政治，下午考英语，这两门是全国统考，也就是作弊者声称可以提供答案的考试。15 日一早，记者来到了四平一中的围墙旁边。

上午 8 时半，考试开始。记者在耳机里听到的只是一些杂音。据了解，这是考场里无线电屏蔽器发出的声音。按照卖家的约定，答案会在开考后一个小时开始传送。9 时 20 分，考试开始后还不到一个小时，记者发现，作弊耳机里的杂音消失了，转而传来清晰的念答案的声音："6—10 题 23122，11—16 题 133141……"

过了一会，另一个作弊耳机里也传来一位男声，念的是论述题："鞍钢，鞍山钢铁厂的鞍钢，革命的革右侧加个安全的安……齐大山，齐天大圣的齐，齐大山，大小的大，山峰的山……38 题一共四点，第一点，当今世界总体和平，但局部冲突和战争仍此起彼伏……”

上午的政治考试结束后，记者来到考场门口，一群群考生正在往外走。记者注意到，一名女生一出考场就在掏耳朵，而掏出来的就是一个作弊耳机。这位考生说：“有干扰声，但听得非常清楚。我还能听到别的人念的答案呢。”

1月15日下午是英语科目的考试，记者在作弊耳机里又听到了答案声：“各位考生请注意，下面我开始念小作文。开头顶格大写D，MY空，FRIEND，逗号，重复……”

卖家传送完了所有的答案。耳机里传来这样的声音：“所有题都念完了，除了36题。为了防止雷同卷，我们把36题简单地给你念了一下，你能蒙就蒙点，现在所有题已经超过70分了，听清楚了就涂卡，完事了。”

16日，一些教育机构在网上公布出了研究生统一考试的答案，记者将作弊者提供的答案和网上公布的参考答案进行了对比，发现不仅这两门课的论述题和作文的答案内容和题目都对得上，而且选择题的答案准确率相当高，能达到百分之七八十。

【应对举措】

四平作弊事件曝光后，吉林省委、省政府高度重视，主要领导同志当即作出重要批示，要求迅速查清事实，依法严肃处理，分管副省长当晚召集教育、工信、公安、工商等部门及四平市政府相关领导，对报道反映的问题进行分析研究，对下一步工作进行安排部署。吉林省教育厅连夜召开党组扩大会议，明确责任分工，确保研究生入学考试剩余科目考试不发生任何问题。省纪委纠风室、省教育厅、省公安厅连夜成立专门工作小组，赶赴四平指导督查工作。目前四平所有研究生试卷暂时封存，待情况查明后再作处理。

据四平市委宣传部副部长唐亚民介绍，目前该市已成立由教育、公安、工信等部门组成的联合调查组，公安机关从16日晚开始介入侦查，17日上午已从长春市抓到了两名售卖考试作弊工具的犯罪嫌疑人。

据悉，2011年四平市研究生考试设考点一处，为四平一中，72个考场共容纳2152名考生，缺考265人。“考试期间，共查处违纪考生19人，其中利用通讯工具作弊7人，替考1人，抄袭11人。”唐亚民说。

针对考前校园内出现售卖作弊器材广告一事，唐亚民说：“这一现象确实存在。”他表示，目前当地政府已要求吉林师范大学认真对待作弊广告现象，并要求学校查清。

据介绍，联合调查组对吉林省研究生入学考试试题的运送、交接、分题、入库和保密室监控录像等进行回顾检查，并先后 3 次核对试题及备用题无误，各工作环节均按相关规定执行，可排除试题由四平市泄露的可能。省招生办组织人员对四平市考点全部监控录像进行回放审查，整个考场组织规范、秩序正常。初步查清报道中所提作弊器材，主要在网络上和非法商贩中购买。

根据四平市工信部门提供的无线信号压制设备工作报告，对发现的可疑频率进行了全程压制，似可排除大规模舞弊嫌疑。

吉林省及四平市相关负责同志表示，将严肃处理相关责任人。凡作弊考生按教育部规定一律取消全部考试成绩，记入考生诚信档案，下一年不得报考。其他人员一律按省纪委下发的《关于对普通高等学校招生考试中违纪行为责任追究的暂行办法》，从重从严查处。对售卖作弊器材、参与和策划作弊的组织人员，凡构成犯罪的，一律移送司法机关处理。

据悉，吉林省招生考试办公室已于 16 日晚开始对四平市所有监控录像进行回放审查，重点查看考场秩序，考生有无开考后不答题、一小时后答题现象，是否有考试频繁看手表（显示器）、摸耳朵（无线耳机）等现象。吉林省招生考试办公室有关负责人表示，未来将根据违法违纪事实，依法依纪，坚决严肃处理涉案人员和渎职人员，尽快把案件情况和处理结果向社会公布。

“现在市里正要求教育部门对所有考生都要甄别，询问其考试期间是否作弊，是否受到作弊信号干扰，对所有的考卷都要核对，要求把作弊者彻底清查出来。”四平市委宣传部副部长唐亚民说，“同时对监考人员也要调查，如果参与作弊将一并查办，要求公安部门尽快破案，查清作弊考试背后的利益链条。”

事件发生后，教育部于 17 日上午召开会议专题研究部署相关工作，责成吉林省教育厅配合省有关部门迅速展开调查，严厉打击作弊团伙，对所涉作弊人员，均要一查到底，严肃处理，绝不姑息，以切实维护教育考试公信力和公正公平。此外，教育部还派出工作组赴吉林省督促调查处理工作。

【评析反思】

吉林四平考研作弊事件可以看做是我国目前各类考试作弊事件中的一个缩影，从本质上反映了当前我国考试制度和考试管理的漏洞和弊端。作弊事件的发生，从根本上来说破坏了教育的公平、公正，其核心还是诚信教育的缺失。关于考试作弊的新闻近年来屡见不鲜，无论是广东电白、吉林松原，还是吉林四平，考试作弊的性质越来越恶劣，手段也越来越先进。那么，我们为何就遏制不住这屡屡出现的作弊行为，使得学生和家长不断碰触法律的高压线，不惜花重金去购买答案呢？究其原因有以下几点：

1. 高风险铸就未来的软黄金。无论是高考、考研，还是公务员考试等其他各类考试的背后都蕴含着巨大的利益。这些考试本身的含金量是很高的，承载的价值很大，一旦成功未来的命运将发生很大的变化。一份小小的成绩单，不仅仅代表了个人在专业方面的能力，更是负荷了包括房子、车子、社会地位、福利待遇等一系列副产品。因此，许多人甘愿冒着巨大的风险去博弈未来的幸福。

2. 作弊的成本低廉回报率高。现在的各类考试，只要有利可图，都会有不法分子顶风作案。利用各种简便的作弊方式，与辛勤付出劳动的学生相比，那些不学无术的人，仅需付出很少的成本，便会有很大的成功概率来赢得付出一年、两年甚至10年、8年都不一定得到的东西。

所以，对作弊的纵容，不仅仅是对当事人不公，也是对诚信的亵渎。研究生入学考试本是一件十分严肃的事情，学生们为了实现自己的梦想，努力了一年甚至更长的时间。只要是走过这条路的人，无论走通与否，都知道这条道路是何等的难走，那段经历是多么的艰辛，正是用辛勤与汗水铸就了研究生的含金量。然而，将高科技应用于考试作弊，使其成为一种作弊工具和手段，受到严重伤害的不仅是教育的公平，更重要的是伤害了那些付出无数艰辛、承载家人重托的莘莘学子们的心。相反的是使那些不法分子有机可乘，助长了不劳而获之风。

从这次四平考研作弊案中，我们确实要重新考量我们的教育是否存在很大的问题。要知道，参与研究生考试的考生，至少也已经接受了16年的教育了，先不论知识掌握得如何，做人最基本的诚信就已经不及格了。中国的教育，难道就只会教知识吗？那么学生的品格呢？这由谁把关呢？

某些师范类学校，已经把考试作弊列入了严重过失当中，已经证实考试存在作弊，立刻取消学位！虽然这种处罚在某程度上是抑制了作弊现象，可是这也并非长远之举。要真正消除考试作弊现象，还是必须要回归教育，从品格教育入手，诚信是需要人的主动监控的，而并非强迫出来的。

诚信是全人类共同追求的美德，世界各国特别是美、日、德等发达国家都非常重视对下一代进行诚信教育，但各国的特色又各有不同。

美国从幼儿园和小学起就重视对孩子的诚信教育。波士顿大学教育学院设计的基础教材中突出了诚信方面的内容，其中一篇课文讲述了这样一则故事：一位国王要选择继承人，于是发给每个孩子一粒花种，约好谁能种出最美丽的花就将谁选为未来的国王。当评选时间到来时，绝大多数孩子都端着美丽的鲜花前来参选，只有一个孩子端着空无一物的花盆前来。最后，这个孩子却被选中了。因为孩子们得到的花种都已经被蒸过，根本不会发芽。这次测试，不是为了发现最好的花匠，而是选出最诚实的孩子。教材建议老师在班上组织讨论，向学生介绍诚实是最好的处世之道这句谚语，并且要求学生制作诚信的标语在教室里张贴。

德国的教育心理学家普遍认为，孩子在四五岁时是培养其价值观和辨别是非能力的最主要的时期。因此，在德国的青少年教育体系里，家庭是道德教育的重要场所，父母则是孩子道德教育的启蒙者。德国在教育法中明确规定，家长有义务担当起教育孩子的职责。德国家长也都非常注重为孩子营造一个诚信的氛围。家长们普遍遵守这样一个原则：教育孩子诚实守信，家长必须做出榜样。在德国一个小城的路口有一块牌子，上面写着为了孩子请不要闯红灯。据当地居民讲，自从立了这块牌子后，闯红灯的行人和车辆明显减少。因为家长带头为孩子做出遵守交通规则的好样子，孩子自然也会这样做。这种诚信氛围不仅培养了孩子良好的道德品质，同时也规范了成人自觉遵守社会秩序，诚信待人。

日本的诚信教育几乎贯穿人的一生，在家庭中父母经常教育孩子“不许撒谎”，到学校里耳濡目染的是“诚实”二字，到公司里“诚信”几乎是普遍的经营理念。

所以，正确对待作弊问题，既要有强有力的惩戒手段，要有立法作保证，还要从诚信教育长远着手，不能就事论事。无论是高考、国考还是公考……这不仅关乎个人的命运，更关乎社会、国家的未来。如果这些考试“选拔”的是庸才，而让有才能者徘徊在社会的底层，社会未来也就失去了希望。因此，肃清考纪需“监管效度”和“诚信教育”两只手的齐抓共管。

政府的信息应跑在谣言的前头

——山西民众半夜等地震引发的思考

【事件回放】

2010 年 2 月 20 日（农历正月初七）下午，一条谣言竟然瞬间将半个山西省的人忽悠出了家门。人们相互转发着手机短信，信息大意是：“家人们，明天早上 6 点以前太原地区有地震，请大家一定要注意，并转告身边的朋友们，切记!!!”山西省太原、晋中、长治、晋城、吕梁、阳泉六地几十个县市的人们纷纷走出家门，萎缩在寒风中等待地震的来临。而依据众多亲历者描述的时间点计算，谣言在几个小时内将此事件推向了高潮。在晋中的祁县、平遥、左权等地，各乡村通过广播叫醒熟睡中的村民起床躲避灾害，有的村民为了财产安全，把家电全部搬到了街道上，来减少财产损失。各地许多民众纷纷从家中跑出，聚集在街头、公园、广场、交通干道的空旷地带。不少市民将家中的汽车开出，在加油站加满油后，开始奔往小店，抢购矿泉水和饼干之类等物品。

21 日 6 时以后，大地平静如常，人们终于等来了政府公告。6 时 20 分阳泉地震局网站转发山西省地震局紧急公告：地震系谣言。

有人士认为，这次的“等地震”事件与政府辟谣速度慢，与 1 月 24 日运城、河津等地的“4·8”级地震以及 1 月 21 日政府事先辟谣“不成功”有很大关系。

据《山西青年报》1 月 19 日报道：1 月 15 日，家住太原的王先生收到朋友转发的一条手机短信，短信称：“最近各大医院正在搞防震演练，并且储备医疗用品，还选派很多医生和护士作为地震应急人员，看来太原近期会发生大地震，请做好防震准备，尽量不要在建筑物内逗留。”此后，“地震传言”进一步升级，有了另一个版本：“我已经看过山西省地震局网站上的地震目录，上面写着 6 级以上地震。”

山西省为努力提高防震减灾综合能力，在2009年3月曾修订了《山西省地震应急预案》，并根据省政府安排，在2010年1月6—13日，对预案涉及的军区、卫生、民政、宣传等部门进行为期一周的检查。为此，很多部门还专门开展各种地震应急演练活动。正是医院等单位的正常演练活动，遭到部分市民误解，以为要发生地震了。

1月19—22日，山西有媒体就此事进行了辟谣报道，说近期山西不会发生破坏性地震。

屋漏偏逢连天雨，1月24日，山西运城、河津发生了4.8级有感地震，部分房屋受损。当日，山西省地震局出面辩称，此次地震不属于破坏性地震，说震前辟谣无错。

【应对举措】

针对“地震谣言”引发的社会恐慌情绪，山西省主要领导要求采取有效措施，迅速平息谣言，确保社会稳定。各市、山西省地震局通过电视、广播、网络、手机短信等多种形式，持续播发澄清信息。与此同时，山西要求公安部门迅速查出“地震谣言”来源，依法采取处理措施。

2月21日上午，山西地震局在地震局网站辟谣发布公告称：“‘近日有地震’的传言，请大家不要信传。保持正常生活、生产秩序。根据《地震预报管理条例》，只有省政府才能发布地震预报，其他任何单位、个人都无权发布。”

山西省地震局局长赵新平提醒广大群众，不可轻信谣言，以免引发不必要的恐慌，地震局如果监测到地震前兆或临震信息，会进行科学判定并及时向社会发布。

通过一系列宣传和引导，到21日中午，山西各市、县的恐慌情绪才逐渐消除，社会秩序趋于平稳。

对这场谣言，避过震的居民怨声连连，网络上骂声不绝。事发后，当地网友展开人肉搜索。事后，已经无法确定谣言到底有多少种版本，但其所造成的恐慌和混乱令人惊诧。25日，山西省公安机关查获了在网上散布地震谣言的嫌疑人，依法对5名造谣者予以刑事拘留。经审理，他们都对自己的违法行为供认不讳。

【评析反思】

谣言历来是突发公共事件的伴生物。而在当下，不论是在突发公共事件是否已经发生的情况下，谣言之所以被公众相信，不仅仅是因为谣言本身具有的杀伤力，更是由于人们面对正在发生的危机以及无法掌控信息的前提下，为自身预设的恐慌，隐藏在其背后的事实就是“政府信息发布跑不过谣言”。

同一省份一个月之内两起地震谣言的传播，本身就说明地震预报与预防体系存在着一定的问题，特别是没有在“黄金四小时”内做出应对措施。

人民网舆情监测室基于当下媒体环境提出了“黄金四小时”原则。“黄金四小时”指的是新闻发布的及时性，政府要第一时间发声，政府要第一时间处理问题，做突发事件的“第一定义者”。

山西在处理第一次谣言事件时，犯了两个错误。一是没能主动承认失误，降低了自身的公信力。二是没能吸取教训，乃至事件再次发生时同样手足无措。面对谣言，政府最规范的应对措施应该是召开新闻发布会，但山西省地震局只是在自己网站上发布“紧急公告”辟谣，且是在21日早晨6时才发布。公共事件发生之后的“黄金四小时”，却没有及时公布信息，平息谣言，原因为何？

另据报道，事发时，山西省地震局网站久久未能打开。恐慌持续的几小时中，某些县市的政府工作人员选择了沉默。事后也有网友称，山西地震官方反应太慢，由于相关部门的延迟行为，面对地震谣言，群众无所适从，最终选择相信，从而助长了谣言的传播速度及范围。

当地政府在发布信息时不仅速度较慢，而且在信息内容上也存在公开透明不够的问题。纵观山西第二次针对地震辟谣的用词，仍然呈现简单化和口号化的特征，并没有说明谣言的出处，也没有解释谣言形成的原因，对于地震谣言的真相也开始扑朔迷离。再如在地震应急演练时，当地却一直“保密”到家，事先没有公开信息，事情非得等到全省人民群众恐慌起来，他们才来“采取措施应对，迅速平息地震谣言”。那么多部门在那里演练，想民众不误解也难。两次地震谣言，说明在地震信息公布、谣言预防以及防震知识的传达等诸多方面，地震部门并没有做足功课，甚至还停留在走一步看一步的阶段。

每一起公共突发事件，都让我们见识了谣言的杀伤力，其传播速度和影响范围已经到了令人惊讶的地步。当谣言初步形成时，公众若无法从政府那里获知权威信息，就只好轻信小道消息，以致引起恐慌，这必将伤害政府公信力。而只要处置得当，民众也就不会轻信小道消息。可惜，一些地方政府处理谣言的方式是先堵再伺机处理，最终延误了最佳时机。

显而易见，谣言人为制造公众恐慌情绪，扰乱了正常的社会生活秩序，政府部门为了辟谣不得不耗费大量的公共行政资源。谣言的屡屡出现，可说是让政府部门大皱眉头，也绝非公民社会之福。

谣言的传播，会在很大程度上不真实地呈现事件的情境，所以谣言本身能够成为整个事件过程的重要因子，并可能导致治理的失效，使其在更深层次上蔓延甚至持续下去。正如学者奥尔波特所言："谣言的散布，一直是重大的社会和心理问题，在危急时刻更是如此，每当社会局势紧张，不实的报道便恶毒地增长。谣言或散布不必要的担忧，或夸大希望，从而使道德遭到破坏，国家安全受到威胁，尤为有害的是，它们传播敌视和仇恨的有害偏见。"因此，我们有足够的理由要求"政府信息走在谣言前面"。

当然，在"政府信息发布跑过谣言"的过程中，我们更要进入事件的机理进行认识，从制度层面寻找对策，满足公众信息权，让公众可以辨认和检测社会的状况。而在满足公众信息权的同时，政府的公信力也得以提升。常识告诉我们，谣言止于智者，更止于信息及时公开、透明，止于法治，止于科学，止于通畅社会空间的建立。信息透明是稳定社会的基础，尤其是在信息现代化时代。信息不公开，往往就引起猜疑，而猜疑或谣言没有得到权威的否定，人们会以为政府默认或者隐瞒真相，便会把谣言当成真相，引起人心不安，社会不稳。从根本上反击谣言、消除谣言的最好办法就是官方在对待突发事件时，应第一时间高质量公开相关信息，及时回应，明确释疑，使得谣言在尚未形成之前就丧失其生长的土壤。

公众从来不会因真实信息而恐慌，而只会因虚假信息而恐慌，结果给社会稳定造成更大的影响。谣言不可怕，就怕"政府信息跑不过谣言"，就怕"谣言当家"。

当然，谣言盛行，还与多数公众对地震知识的无知有关。地震部门要想缓解自身的忙与累，首先要做的事情是扫除"地震盲"，让公众熟悉地震科学常识。目前，很多公众连"只有县级以上相关部门才能发布地震信息"之类的发布程序都不清楚，其辨别谣言的水平当然有限。我们的地震部门在辟谣时，常用的一句话是："传言毫无科学根据"，但究竟什么是"科学根据"却常常语焉不详。

常言说："谣言起于无知，止于智者。"如何让公众从无知上升为智者，仅靠辟谣，肯定会把相关部门给累趴下，收效也必然不显著。尽管地震部门在澄清谣言时，通过传媒临时性提供了识别谣言的"方法"，但谁能保证人人都会看报纸电视，尤其是能看到相关部门发言的当期报道？又有谁能保证那些识字不多的人能掌握要领？

汶川大地震检验出公众敏感的神经，同时也让公众发现，原来我们的地震知识如此贫乏。我国是一个地震活动比较频繁的国家，按理，人人都应充分掌握地震的基本知识才对，人人都不应当对那些“毫无科学根据”的低水平传言如临大敌才对。我们的邻国日本，同样地震多发，但谣言在该国很难有立足之地，即使发生大地震，也甚少出现巨大的伤亡。原因当然在于在他们的国民教育中，地震科普是不可或缺的课目。教科书、学校演练、大建地震博物馆与地震学习馆，都是日本地震科普的常见形式。

知己知彼方能百战百胜是我国古代军事家孙武的重要思想。要想使我国的公众不惧怕地震及地震谣言，务必让地震科普深入公众的学习与生活之中，不能仅凭临时抱佛脚式的辟谣；应在谣言或地震发生之前，就在各地广泛建立地震博物馆与学习馆，不应一发生地震，就仅在发生地建一个这样的馆。

这一事件说明，政府面对重大灾害的预防举措是需要加强的，否则事件本身带来的恐慌将会超过灾害本身。

问责与公开终结信任危机

——故宫博物院“十重门”事件的反思

【事件回放】

2011年5月上旬到8月下旬，短短3个多月，故宫经历了失窃门、会所门、瞒报门、封口门、拍卖门、逃税门等大大小小的“十重门”，承受着前所未有的公信力拷问。

1. 失窃门。2011年5月8日晚至9日凌晨之间，故宫博物院发生展品离奇失窃事件。被盗藏品是香港知名私人博物馆——两依藏博物馆与故宫合作举办的《交融——两依藏珍选粹展》中的部分展品。经查，丢失物品为该博物馆在故宫博物院临时展点内展览的近现代工艺品，具有一定历史价值。

2. 错字门。北京故宫博物院失窃案告破后，2011年5月13日，故宫博物院副院长纪天斌等相关负责人来到北京市公安局赠送锦旗，对市公安局迅速破获故宫博物院展品被盗案表示感谢。然而，一面写有“撼祖国强盛，卫京都泰安”的锦旗却赫然将“捍祖国强盛”的“捍”字错写成“撼”字。事后，故宫相关负责人表示，“撼”字没错，显得厚重。跟“撼山易，撼解放军难”中“撼”字使用是一样的。

3. 会所门。2011年5月14日，“故宫建福宫被曝已成高级会所，可敛财5亿元”的事情后，网上陆续曝光故宫建福宫会所的入会协议书，入会费是100万元。据一些知情人士透露，4月23日下午，受举办方故宫下属的北京故宫宫廷文化公司的邀请，许多知名人士去故宫参加了建福宫一会所的开幕式。举办方表示在建福宫成立会所，开始向全球限量发行500籍会席，成为会员可享受在建福宫吃饭、宴请、开会等服务。参加完开幕式后，相关知情人收到了《入会协议书》。据受邀参加建福宫会所开幕式的知情人表示，建福宫会所要向全球限量发行500籍会席，故宫建福宫将被改建成全球顶级富豪私人会所。

4. 哥窑门。即“哥窑瓷器受损门”。2011 年 7 月 4 日，一件国家一级乙品文物宋代哥窑代表作品“哥窑青釉葵瓣口盘”在进行无损分析测试时，发生了严重的文物损坏，经过 26 天的调查认证，初步判断为科研人员操作失误所致。

5. 瞒报门。即“文物损伤瞒报门”。2011 年 8 月 2 日，网友“龙灿”微博爆料故宫曾经有过 4 起文物损伤。一是 2006 年 6 月 9 日，宫廷部两名职工在处理北五所寿药房库内存放的装运文物的木箱时，由于漏检，造成存于木箱最底层苯板下的黑漆描金小石编磬一组 16 片（未定级）连同箱子一起被集中至院内古建修缮中心。当时在岗的故宫博物院修缮中心职工孙会生发现后，对文物进行了妥善保护，并及时通知了有关部门马上取回。二是 2004 年 5 月 27 日和 9 月 6 日，宫廷部两名职工在整理核对文物时，分别造成清代黄釉盖登（未定级）的盖部和绿地粉彩八宝之“鱼”（未定级）底座的损伤。三是 2008 年佛堂旧址二级品佛像损坏。四是 2009 年宫廷部搬运一对晚清时期的玻璃花插（未定级）后发现其中 1 件花插的 1 根玻璃枝杈断开。

6. 屏风门。即“挂屏水泡门”。2011 年 8 月 9 日，财新网刊发题为《故宫又有重要文物被损坏》的报道，称继 7 月 4 日宋代哥窑青釉葵瓣口盘碎裂后，故宫又有重要文物被损坏，故宫相关部门再次选择瞒报。文章称，此次出事的文物是由故宫宫廷部负责保管的清宫旧藏木制屏风，该屏风在文保科技部进行修复时被水浸泡。

7. 封口门。即“私分票款封口门”。2011 年 8 月 9 日，财新网刊发题为《10 万元封口费悬案》的记者手记，称 2009 年故宫曾发生一起内部人士自导自演的私分票款案，事情败露后被知情者勒索 10 万元“封口费”。

8. 拍卖门。即“宋人书札牟利门”。2011 年 8 月 5 日，中国青年报记者以《五件宋代书札拍卖之谜》为题刊发独家报道，疑故宫博物院私自拍卖了 5 件北宋名人书札（富弼《儿子帖》、吕嘉问《与元翰札》、左肤《与通判承议札》、何栗《屏居帖》和石介《与长官执事札》）。

9. 古籍门。即“故宫图书馆丢失古籍门”。2011 年 8 月 18 日，一名自称“故宫职工”的举报者，称故宫图书馆善本书库部分图书丢失，上报副院长陈丽华后，此事被压下不让追查。据举报者称：“2009 年，故宫图书馆善本书库发现文物账上的图书，库房里却没有，经过反复查找仍然没有找到，后上报主管图书馆的陈丽华副院长，陈丽华不让追查。现在此事仍然被隐瞒，国家的文物就这样莫名其妙找不到了并且没有任何人承担责任。”

10. 逃税门，即“端门外西朝房展览逃税门”。2011 年 8 月，原国家外汇管理局资本司副司长、国家行政学院决策咨询部副主任陈炳才在其实名认证的微博爆料，称故宫非法经营，在端门地区开设多处展览，门票为 5—10 元不等，但游客门票上却不见税务章和公司财务章。陈炳才指责故宫博物院借此敛财，涉嫌逃税。据了解，这些展厅虽然不在故宫内部，但场地归故宫所有，门票收入也都上交故宫，工作人员为故宫聘用制员工。

【应对举措】

从展品被盗到网上爆出的“逃税门”，3 个月里，故宫被打开的“十重门”，亮出了故宫管理运营存在的重大漏洞和隐患。故宫博物院院长郑欣淼回应说：“爆料虽然情况不一，有的与事实有出入，有的还没有查实，但都指出我们的管理确实存在很多问题和漏洞，已着手进行整改。”

1. “失窃门”：斋宫展品被盗，深刻检查。故宫博物院认为，这个案件暴露出闭馆清场、报警设施设置、重大作案预判及相关措施等关键环节出了问题。院领导班子都做了深刻检查，对分管院领导和各级相关责任人追究责任，按规定分别做出行政警告、记过、记大过和开除、留院察看的处分，以此教育、警示本人和全体干部职工。

2. “错字门”：赠锦旗字写错，认错晚了。故宫方面认为，出现锦旗错字，故宫声誉受到严重损害，事情发生在具体部门和承办人，根源还在院领导。由于纠错不够及时果断，又强调责任在下属，故宫方面深感自责。

3. “会所门”：建福宫办起会所，责成停业。故宫博物院表示，院领导班子从未有过在故宫开办任何会所的动议。鉴于合作方北京故宫宫廷文化发展有限公司严重违反双方协议，故宫博物院已经责成其停业整顿，终止并将修改协议书。

4. “哥窑门”：哥窑盘子碎成 6 瓣，上报迟了。故宫方面认为，这个事件的教训在于：事先文物保护实施方案不够周密、预判性不足，人员培训针对性不强不细，致使珍贵文物损坏。事后没有在第一时间向上级部门报告，故宫博物院对此负有不可推卸的责任。

5. “瞒报门”：4 起文物损伤遭瞒报，查了罚了。针对 4 起文物损伤遭瞒报的事件，故宫方面表示：一是关于“扔废弃木箱时将 10 多件佛像一并扔掉，由外单位送回”的情况。2006 年 6 月 9 日，宫廷部两名职工在处理装运文物的木箱时，由于漏检，造成黑漆描金小石编磬一组 16 片连同箱子一起被集中至院内古建修缮中心。修缮中心发现后，通知有关部门马上取回。经核查16片石编磬也均未出现新的伤况，对主要责任人给予了处罚。二是关于“2004年前后清代一级品法器人为损坏”的情况。2004年5月27日和9月6日，宫廷部两名职工在整理核对文物时，分别造成清代黄釉盖登的盖部和绿地粉彩八宝之“鱼”底座的损伤。博物院根据规定对当事人给予了处罚。三是关于“2008年佛堂旧址二级品佛像损坏”的情况，经查，多年来未发生过原状佛堂内文物损伤事故。四是关于“任万平主任的胳肢窝没夹住那件沉重的历史，碎了”的情况。2009年，宫廷部搬运一对晚清时期的玻璃花插，后发现其中1件花插的1根玻璃枝杈断开。宫廷部工作没有违反操作规范，但预案不够细致，考虑不够周密，被责成做出检查说明交院备案。

6.“屏风门”：紫檀嵌玉挂屏被水泡，未见新伤。故宫方面表示，2011年6月15日，宫廷部工作人员将紫檀嵌玉花鸟图挂屏一件送文保科技部综合工艺科漆器镶嵌室除尘修复。该器物本身存在伤况。7月25日早晨，工作人员发现，自来水管接口处有一小的裂缝致使挂屏上覆盖的棉垫被部分散落的水珠打湿，并渗透到挂屏上。专家一致认为该件挂屏未因遇水而出现新的损伤。

7.“封口门”：花钱掩盖私分票款，是奖励费。故宫方面称，2009年7月中旬接到举报信，反映故宫午门工作人员与导游勾结，私放旅行团进入故宫，从中牟利，且声称有影像资料作为证据，但要求故宫给予举报奖励15万元。故宫博物院应允如证据属实可对举报人予以奖励8万元。后由于举报人提供证据信息属实，并配合抓捕成功，参照查补逃票奖励规定，从该项资金中付给举报人举报奖励费。

8.“拍卖门”：购买书札又卖出牟利，院史有误。故宫方面称，1997年北京翰海拍卖有限公司春季拍卖会上拍五通宋人书札。当时，故宫博物院与拍卖公司接洽。但由于申请经费未获批复，此项收购未实现。2005年出版的《故宫博物院八十年》一书和官网“院史编年”栏目有此项收购的记载，是由于误以上报申请经费文件为依据所造成的。

9.“古籍门”：故宫图书馆丢失古籍，存疑在案。故宫方面表示，故宫在过去长达7年的清理古籍过程中，要求发现的疑点都必须记录在案。到2009年的阶段性统计，约20万册书籍中，还有100多册不能完全对上账（其中有普通古籍，也有一般线装书和印刷品）。由于涉及1950年以来延续半个多世纪的历史遗留问题，情况比较复杂，当时决定作为阶段性存疑记录在案，继续清查，至今仍未停止，尚不能做出丢失的结论。但是一旦清查清楚确认丢失和责任人，将依法依规处理。

10.“逃税门”：端门区域卖票不盖章，尚在收回。故宫方面表示，端门区域过去不属于故宫管理，这些商户举办的展览已经存在了多年。目前，故宫方面尚在办理收回这些商户所用房屋的过程中，明确在全部完成接收后将改造成售票、咨询、疏导等观众服务区，不再举办展览。

【评析反思】

故宫是明、清两代的皇宫，为世界五大宫殿之首。故宫博物院是中国最大的古代文化艺术博物馆。有博物专家赞叹：“中国之美，美在文化艺术，文化艺术之美，尽在故宫。”作为中华文明瑰宝，故宫在公众心目中极为崇高和神圣，公众不能容忍这世界文化遗产受到任何伤害。但就是这个顶级的文物保护机构，短短3个多月内却曝出“十重门”，折射出故宫平时管理工作的缺陷、漏洞和不到位，也引起了社会各界的惊愕和广泛关注。

然而，面对一次又一次地被曝光、被质疑、被审视，故宫方面反应总是慢一拍，态度也不够坦诚，所以一直未能赢得公众的信任和谅解。故宫博物院的领导却振振有词：“我们的文物保护有关规章制度是历经多年经验、逐步完善起来的。通过这些规章制度，使得文物不论是在库房中的‘静态’，还是在利用环节的‘动态’中，都处于可控状态。”社会公众对这种掩耳盗铃式的“自恋”自然不屑一顾，但对故宫官僚衙门式的管理体制却忧心忡忡。如果说一次事故是因为“不小心”，那么接二连三出问题，就绝不是所谓“疏忽”、“失误”就可以解释的，必定和管理漏洞、制度不严等息息相关。故宫不是机关衙门，不是文物仓库，而是一所公共文化机构。“十重门”也告诫我们，故宫确实需要在管理制度和体制上动一番大的手术了。

让人感到忐忑不安的不仅仅是“十重门”，更是故宫管理层对于“十重门”后的公众信任危机所进行的令人失望的危机公关处理。问题接踵而至，社会已然掀起轩然大波。而面对公众的指责和媒体的考问，故宫管理层的反应是“宫门深锁”，“云山雾罩”。要么“犹抱琵琶半遮面”——信息披露遮遮掩掩，什么“内部规定，不便对外”，什么“爆料虽然情况不一，有的与事实有出入，有的还没有查实，但都指出我们的管理确实存在很多问题和漏洞”；要么“王顾左右而言他”——什么“纠错不够及时果断，强调责任在下属”，什么“我们过去对此的认识和理解是远远不足的，总以为自己专业内的事，向社会说不清楚”，如此等等，含糊其词，文过饰非，敷衍塞责。

“十重门”的这些问题，不是单纯的故宫的问题，种种问题像重磅炸弹一样波及正在快速发展的博物馆事业，它暴露的是现有文化管理体制下，公共文化服务机构共同面对的问题。公共文化究其实质，一要“姓公”，二要有文化。所谓公共文化的“公共性”，体现在普遍性、均等性和非营利性上。仔细分析故宫出现的这一系列问题，大多数可以归结为“公共性”和“营利性”之间的冲突。正是淡忘或忽视了博物馆的公共性，才导致故宫为了逐利而变公共文化设施为私家会所，成了某些部门的营利工具。公共利益的部门化才是问题的关键。因为是部门的小圈子、自留地，因此长期以来，包括故宫在内的公共文化机构缺乏社会监督，资金、人事等管理运作的过程不公开、不透明，为营私舞弊、以权谋私提供了便利条件。让公共文化机构回归公益、回归公众，接受社会监督，才是杜绝此类问题的必由之路。

面对重重责问，故宫的最高主管官员郑欣淼院长亲自上阵，就“十重门”事件，向公众致歉，并作出说明，一改此前的消极姿态，让人有耳目一新之感。从郑院长的正面回应中不难看到，故宫对于“十重门”的反思和总结，有着两个关键词：一是问责。关键是抓好“人”的问题，必须要加强责任感的培养和责任制、问责制的落实。二是公开。长期以来，故宫处于一种相对封闭的工作状态，缺乏与社会及时、充分的互动与沟通，特别是要保证公开透明。然而要注意的是，问责和公开，不能仅仅停留在思想上的检讨层面，也不能跳出现在只看“未来”。就眼下故宫“十重门”的处理，以问责和公开两个原则观之，还有着诸多的不足，对此，故宫院长亲自回应“十重门”，希望不是一个句号，而应被视作重塑公信力的开端。

我们注意到，郑欣淼院长表示：“我们目前提出的一些整改措施，还只是应急性的，先保障目前工作的正常和安全运转……下一步，我们将不断向公众汇报整改的阶段性情况，主动接受社会各界的监督。”希望这一承诺能得到兑现，让问责和公开，终结“十重门”的信任危机；更希望故宫能以史为鉴，举一反三，知错就改，知耻而后勇，真正使中华文明瑰宝——故宫博物院成为人民心中的文化重地。

从“官本位”回归“民本位”

——河南睢县“茶杯门”事件的思考

【事件回放】

2010年3月22日，在河南省商丘市睢县城郊乡发生了一起农民魏克兴（65岁，河南睢县城郊乡魏堤口村人），因找乡长蒋友军说事时，无意中拿起乡长的茶杯喝水时被乡长喝止，两人发了肢体冲突的事件。乡长蒋友军打电话给派出所，将魏克兴带走，并拘留7日。此事被媒体予以曝光，被称为“茶杯门”事件，引起各方关注。人们纷纷指责乡长“官本位”思想严重，存在滥用公权力的嫌疑。

据魏克兴之子魏志雄称，他父亲22日和魏堤口村5位村民7时30分许到乡政府找乡长蒋友军，但乡长一直不在。11时许，乡长来到办公室。在办公桌后坐稳后，乡长问村民什么事。魏克兴又渴又饿，看到办公桌上有一个水杯，就说，先喝口水再说，伸手去拿水杯。乡长立即喝止，极不情愿地说，这是我个人用的水杯，你不能用，你要喝有一次性杯子。因为当时乡长“凶巴巴”的样子，魏克兴就把茶杯往桌上一搁，说你这不是给人用的吗？蒋友军称，魏克兴这是在骂他。乡长大怒，起身冲到魏克兴跟前想“跟他理论”，结果两人发生了肢体冲突。随后，乡长当场打电话给派出所。派出所来人将魏克兴带走。

25日一大早，该乡派出所所长张玉辉和乡政府另一干部赶去相邻的民权县拘留所，准备把魏克兴放出来，但是劝说了一小时，魏克兴拒绝出来。要求乡长蒋友军去接才出来。对此，蒋友军说：“魏克兴的要求太过分了”。他表示，自己想辞职不干了。这样下去没法干了，“我在城郊乡干了5年了，从来没有拘过人。这事你们报道老百姓还可以，我一个乡长，现在被网友这样评论，你说我还咋干？”

【应对举措】

3 月 25 日下午，睢县召开县委常委会讨论此事，成立以县委副书记梁万涛为组长的调查组，调查组由该县检察院、公安、宣传、组织和纪检 5 个部门组成。经调查，城郊乡乡长蒋友军在接待群众过程中，工作方法简单，群众观念淡薄，处理问题草率，且有干预司法警务行为。

3 月 28 日，睢县县委作出决定，免去蒋友军乡长职务，并做出深刻检查；责成睢县公安局免去城郊乡派出所所长张玉辉的所长职务。

据了解，事前该村民土地被非法征用，补偿 3 年未兑现，魏克兴就是去找乡长反映此事。魏堤口村多个村民说，该村因征地被拘留者，有一二十人之多，但“很多被吓破胆，不敢再站出来”。不仅如此，在征地受阻时，睢县县委县政府组织公职人员入村做工作。这些公职人员都是在魏堤口村有亲属或亲戚的。他们被告知，若不能说服亲人同意征地，将被待岗。由此可见，乡长茶杯只是个导火索，而征地冲突才是地雷，就是今天不爆炸，那么明天后天也会因其他诱因引发爆炸。乡长、派出所长虽因冲动自食苦果，表面上看咎由自取，实质上他们也是违法征地的牺牲品。

【评析反思】

“茶杯门”事件虽然过去了，但它值得我们深思。在“全民啄木鸟”的时代，通过网络曝光，大量违纪违法官员和腐败案件受到查处，也使得一些政府部门和领导干部不得不谨慎小心，收敛不当言行。但是，捂着盖着不能解决问题，“一撤了之”也不能满足监督的要求，关键是要如何改进工作，杜绝类似矛盾的发生，这才是真正尊重人民的知情权和监督权。

“茶杯门”事件的处理结果似乎忽视了最重要最关键的环节，那就是这起事件的起因。从表面看是前来上访的农民动了乡长的杯子，引发争执，背后却隐藏着政府涉嫌非法征地的问题。“茶杯门”本质上是“征地门”。我们更应关注的是其背后的农村基层利益博弈以及天平的失衡。通过媒体的报道，城郊乡存在大量的非法征地，且过去 3 年了，包括魏克兴在内的农民也没有拿到补偿款，显然，这才是老农魏克兴与乡长蒋友军矛盾激化的根源，而“杯具”至多只是一根导火索。

与以往不同，如今农村的主要矛盾不再是税费征收，大多数纠纷是因土地问题引发，尤其对于城中村和城郊村，由于利益巨大且空白点较多，征地和拆迁问题更是凸显。在这种城市化进程中，最基层的官、商、民被推到了时代浪潮以及矛盾的第一线，他们之间交叉式的利益博弈日显激烈。

当前我国城乡分割的二元体制没有得到彻底打破，一些深层次矛盾依然在农村地区存在，农村社会不同利益群体之间、干群之间，也积累了一些错综复杂的矛盾，这些都成为新农村与和谐社会建设的隐患和阻碍，不可不察，不可不纠。

从表面上看，这些事件的发生是由生活小事引起的，是发生在农民和乡长两个人身上的事，但是，如果从深层来看，这是“官民矛盾”激化的一个典型案例，反映了基层官员化解矛盾的能力已退化。主要原因表现在3个方面：

1. 诚信观缺失。农民土地被征都过去3年了，而政府征地时承诺的每亩给20000元的征地补偿费却迟迟没有兑现，这说明什么？不就说明了城郊乡是个不讲诚信的政府吗？而城郊乡的不诚信，从某种角度来看，也就是乡长蒋友军的不诚信，因为他在城郊乡干了5年，征用农民土地都是他一手操办的。由此可见，诚信观缺失是城郊乡发生“茶杯门”事件的诱因之一。

2. 利益观变异。从报道中可得知，城郊乡征地目的是为了城郊乡的发展。但为了留住投资商，城郊乡的乡长把利益的砝码偏向了投资商，这样，无疑也就损害了当地农民的利益。因此，城郊乡乡长虽然是为了当地的发展，但作为乡长，作为人民的“父母官”，忘记了“权为民所用、情为民所系、利为民所谋”的执政理念，就等于利益观已变异，执政基础已失去。

3. “官本位”作祟。城郊乡乡长蒋友军就“水杯门”事件的表现和事后的表态，令人感到蒋友军就是个周身充满“官本位”思想的官僚。在河南商丘市以及睢县的领导给“茶杯门”一方当事人蒋乡长打电话过问此事时，他显得很不高兴，说自己原计划把魏克兴关个三四天，25号即会同意公安把他放出来。事件被曝光后，他觉得自己变得骑虎难下，如果把老农放出来，岂不是承认自己错了？蒋友军认为，群众侮辱了他，他这样处理，没有错。他表示，如果公安没有征得他的同意，提前释放魏克兴，他要告公安局，甚至表示，想辞职不干了。从该乡长的一番言语中，我们读出了其中的真正含义，老农之所以被予以拘留，就是乡长动用公权力泄私愤，为自己树立威信，暴露了其过分追求名利得失的真实心理。在该乡长眼里，茶杯就是一种象征，象征着权力高高在上不容侵犯。而与自己发生争执更不得了，小小百姓竟然敢与官员作对，让乡长丢了面子，威信受损，不给老农一点颜色，还能算一乡之长吗？

综上分析，“茶杯门”事件的三大诱因，不仅反映了当前官员化解“官民”矛盾能力的退化，而且还是诱发社会矛盾的“命门”所在。

引发网友们热议的“茶杯门”事件，随着乡长、派出所所长的免职、深刻检查及公安局撤销对农民拘留决定，似乎已是一个完美的结局，对民众似乎也有了一个可以交出的“答复”。但是，反思“茶杯门”，我们依然不能感到丝毫地轻松。

诚然，我们为有关部门的迅速处理喝彩——免职处理及时地回应了民意，让痛快表达的民意得到了回应，得到了落实解决，这无疑是尊重民意、体恤民生的具体表现，让我们感受到有关部门的政治意识、责任意识与务实意识。然而，“茶杯门”免职事件能否给我们的领导干部必要的警示，能否从而带动亲民爱民之风的营造呢？能否从“官本位”回归“民本位”呢？这是一个从“茶杯门”延伸出来引人深思的话题。

我们必须承认，类似于“茶杯门”事件的态度蛮横、作风粗暴的行为在基层政府是屡有发生的。无论拿茶杯喝水的农民为何事到乡政府找领导，按照我们常规与合理的做法都应该是：必须热情、耐心、细心的接待，让农民倾诉，给农民表达的权利。但是曝光的“茶杯门”让我们看到，基层政府在服务群众方面的“涵养”仍然不够，仍然有让群众不满意、不愉快的事情发生，仍然需要在监督与批评的教训中学会进步、学会俯下身子接受群众和服务群众。这些都是“官本位”的思想在作祟。

“官本位”思想的基本特征是以“官”的意志为转移的利益特权、“唯上是从”的制度安排、以“官”为本的价值取向、以是否为官和官职大小评价社会地位的衡量标准，这种思想，是对我国法律的侮辱，是对“全心全意为人民服务”宗旨的亵渎，更是对“人民民主专政”国体的蔑视。

类似于“茶杯门”事件折射出来的干部低级素质在基层政府仍然没有实现有力的杜绝。可以说，领导干部素质的高低，是决定服务质量与水平的关键因素。从一个小小的“茶杯”，我们的领导干部值得反省的实在太多了！单单是提高为人民群众服务的宗旨意识、增强服务人民群众的主动性与自觉性，提高自身的亲民爱民素质，就是一个“茶杯”衍生出来的大课题。

我们应该深知，权力必须为人民群众服务，而且应该提供的是优质的服务，这是确保权力不出轨、领导干部不出问题、人民群众真心满意的先决条件。因此，当我们身处公权机关的位置的时候，一定要管好掌握着权力的手，管好跟人民群众说话的口，否则，以权力寻租致腐败，以低级词语伤民心，远离了亲民爱民之举，必然会导致站在人民群众的对立面，必然会成为不得人心的“伪公仆”。

强行拆迁引出对法律的追问

——成都拆迁户唐福珍自焚事件的思考

【事件回放】

2009年11月13日，成都市金牛区天回镇金华村村民唐福珍在前夫胡昌明房屋被强行拆迁时，点燃汽油自焚，后因抢救无效于11月29日不幸死亡。

事件要追述到1996年8月。当时，胡昌明和唐福珍夫妇被金牛区天回镇金华村以招商引资的形式邀请回去投资建厂，胡昌明与金牛区天回镇金华村签订了《建房用地协议》，当时总共交了几万块钱，随后胡昌明建设了共1600平方米的服装厂厂房和自住房屋。1996—2005年，他们夫妻俩被评为各种各样的劳模，纳税交了，然后解决了就业，得到了各种表彰。唐福珍于2004年与胡昌明离婚，并协议此处房屋归胡昌明所有。

2005年，金牛区有关部门开始告诉胡昌明其所建厂房和自住房屋手续不全，属违章建筑，但在1996—2007年的这11年间，这违章建筑就一直违章地存在着，没有任何有关部门对此提出过质疑。因此，虽然从法律条文上来说，也许他没有合法建筑相关的手续，但是背后是不是也是相关部门的默许导致的结果呢？并且在这几年前，胡昌明就试图补上有关手续，但一直都没补成。

2007年8月，成都市为修建市政道路金新路，金牛区有关方面就胡昌明的房屋拆迁进行沟通。金牛区有关方面认为，按照有关法律法规，胡昌明的房屋属于违章建筑，违法建设拆除是不予补赔偿的，考虑到历史因素，仍然拟以不低于1996年时土建及装修成本的价格给予适当补偿。但胡昌明拒不接受，提出了高达800多万元的要价。

2007年10月，金牛区城管执法局依法向胡昌明下达了《限期拆除违法建设决定书》，并告知如对执法决定不服，可通过行政复议等法律途径解决。胡昌明对限期拆除决定不服，于2007年12月提起行政复议。2008年2月，成都市城管执法局经审查，依法维持了金牛区城管执法局作出的限期拆除违法建设的决定。对成都市城管执法局的行政复议决定，胡昌明未在法定期限内向人民法院提起诉讼。此后，金牛区有关方面继续做工作要求胡昌明自行拆除违法建设，胡昌明仍然拒不拆除。

2009年4月10日，金牛区城管执法局依法对胡昌明违法建设实施拆除，唐福珍组织亲属多人暴力阻挠执法，此次执法行动终因唐福珍采取往自己身上倾倒汽油的极端方式相威胁，为避免意外情况出现而终止。

11月13日凌晨5时，金牛区城管执法局再次对胡昌明违法建设实施依法拆除。唐福珍组织唐、胡两家亲属10余人，向执法人员投掷自制汽油燃烧瓶、砖头、石块，在楼道、平台泼洒汽油并点燃等暴力方式阻挠执法。执法人员对其进行劝说并发生了肢体冲突，相持两个多小时后，拆迁人员开始进入唐福珍家。当日上午8时许，唐福珍在组织亲属阻挠执法的同时，两次向自己身上泼洒汽油，约10分钟左右，唐福珍突然用打火机引燃身上汽油，执法人员立即用泡沫水枪喷洒灭火。10分钟的时间，底下有消防队员、有医务人员、有警察、有城管，对于执法者来说，其实完全有时间去挽救一个人的生命，但惨剧却还是发生了。金牛区在将唐福珍送往医院进行救治的同时，对其房屋实施了拆除。

11月13日，金牛区公安分局以胡昌明及部分唐、胡两家亲属在此次暴力阻挠依法拆违事件中涉嫌妨害公务犯罪，进行立案侦查。11月21日，依法对5名涉嫌犯罪的唐、胡两家亲属实施刑事拘留，4名实施监视居住。11月23日，对胡昌明实施刑事拘留。11月24日对2名涉嫌犯罪的唐、胡两家亲属实施刑事拘留。

11月29日23时23分，唐福珍经抢救无效死亡。

12月7日，北京大学法学院沈岿、王锡锌、陈端洪、钱明星、姜明安5位学者上书全国人大常委会，认为《城市房屋拆迁条例》涉嫌违宪，建议全国人大常委会修改《城市房屋拆迁管理条例》。

【应对举措】

2009年12月3日晚，成都市召开金牛区拆迁自焚事件初步调查处理情况新闻通气会，就金牛区“11·13”暴力阻挠依法拆迁事件初步调查情况进行了通报。初步认定：

1. 胡昌明所修建的位于金华村四组的房屋属违法建设，应当予以拆除。

2. 金牛区城市管理执法局拆除胡昌明违法建设，主体合法，程序合法。

3. 胡昌明及部分唐、胡两家亲属已涉嫌妨害公务犯罪，公安机关对涉案人员采取刑事拘留、监视居住等措施，是司法机关依法办案的行为。

4. 区政府已于12月2日对相关责任人做出处理建议：区城管执法局局长钟昌林停职接受调查。

2009年12月16日，国务院法制办召开专家研讨会，听取了包括北大5名教授在内的民法、行政法方面的专家对《城市房屋拆迁管理条例》修改工作的意见。

2010年1月20日，国务院法制办再次组织专家座谈，听取专家的意见。在多次征求各方面意见的基础上，国务院法制办会同住房城乡建设部经反复研究、修改，形成了《国有土地上房屋征收与补偿条例（征求意见稿)》，并于29日公开征求民意。

2011年1月19日，国务院第141次常务会议通过《国有土地上房屋征收与补偿条例》。1月21日，国务院总理温家宝签署国务院第590号令，公布并施行。这部条例有很多新的内容。比如，条例中规定：保障被征收房屋所有权人的合法权益。补偿决定应当公平，应当先补偿，后搬迁。条例中还规定：任何单位和个人不得采取暴力、威胁或者违反规定中断供水、供热、供气、供电和道路通行等非法方式迫使被征收人搬迁；禁止建设单位参与搬迁活动等。这些变化引人关注，这部条例与我们国家的发展和每个人的利益都息息相关。

【评析反思】

当前，我国城市化正进入高速发展时期，与此相伴，城市征地拆迁也成为了备受关注的社会热点问题。近年来，由各地所发生的各类大大小小的拆迁事件可以看到，因拆迁而引发的“暴力抗法”或自焚式抵抗已不是个别现象，如江西宜黄、安徽池州、江苏东海等地都发生过。而发生于2009年11月13日的四川省成都市金牛区唐福珍自焚抗拒暴力拆迁事件，就是近年来拆迁问题不断升级的典型案例之一。一次正常的拆迁工作，最终导致了当事人死亡、政府声望受损二者皆输的结局，显然不是人们希望看到的结果。人们不禁要问，一种正常的拆迁工作，为什么会不断地演变为一幕幕悲壮的惨剧？拆迁工作引起如此严重的官民对立，这其中的原因究竟是什么？唐福珍的生命虽然以悲剧的方式结束了，但这件事留给人们怎样的思考?

执法理念的缺失是酿成强拆自焚的原因所在。对胡昌明的房屋，如果当地国土、规划等管理部门认定为违法建筑，应根据相关法规予以处罚，并允许胡昌明对相关处罚提起诉讼，如果处罚最终被依法认定为合法，管理部门可以申请人民法院执行相关处罚决定，应该说区政府本身是不具有实施强制拆迁的主体资格的，同时也没有任何合法的拆迁手续，成都市金牛区政府的行为，与我国现行的法律法规是严重相违背的。本案的发生，究其原因，是地方政府的某些官员把政绩放在首位，根本不把群众的利益放在心上。就本案而言，大批的地方官员在现场，眼看着一个被拆迁人举火自焚，竟然还下强制拆除的命令，就不仅仅是法律理念的缺失了。

面对强拆自焚，地方政府难脱不作为之责。一条鲜活的生命，在众目睽睽下举火自焚，这无论是什么原因造成的都应当视为一场悲剧。然而，悲剧已经发生后，当地的政府却用了如此经不起推敲的“暴力抗法”字样来定性，其将主要责任推给死者方面的目的昭然若揭。从整个事件的发展我们可以看出，就算死者唐福珍及其亲友有错在先，当地政府和执法者们也难逃避执法不力、执法无能和不作为的责任！面对已经发生的悲剧，作为一方水土的父母官，用“意外”等字眼来搪塞工作中的失误与无能更让人心寒！一个在已经出了问题后只想到保全自己、推诿责任和拒不认错的地方政府，如同他们急忙定性的“暴力执法”一样，只会从根子上显示他们的无能和心虚！

对于政府部门来说事件已经发生了，已经酿成了悲剧，政府部门该想些什么？该如何处理类似事件？难道要悲剧酿成了，才去考虑什么导致了这一切么？这是一个从开始就犯错的悲剧性事件。如果说世界上的所有事情，都有上、中、下三种结局的话，成都市金牛区相关部门在本次事件中的每个关键节点，都本能地选择了“下”——强拆之前，在说服与强攻之间，选择了强攻；唐福珍情绪失控时，在安抚与激化之间，选择了激化；在事情发生之后，在公开信息平息纷争与不愿面对推脱责任之间，选择了后者。政府有错么？这也是值得我们考虑的问题。

由此来看，有法不依、执法不严是引发当今拆迁问题的根本原因。但是，是不是严格按法律办事就能彻底解决拆迁中存在的问题呢？问题也并不如此简单。唐福珍案例显示，他们的房屋属于违章建筑，按理说他们应该主动拆除才对。可是实际情况是，他们不但不主动拆除违章建筑，而且还和拆迁机构城管局对抗上了，最后落下个两败俱伤的结局，问题又出在哪里呢？这其中存在历史事实与现实需要的冲突。换句话，在解决大量拆迁问题时，相关部门应该把尊重历史和注重现实结合起来。

从事件中可以看到，胡、唐所属的房屋建于1996年，距事件发生已有13年的时间。在这13年的历史中，城管部门应该是知道存在这样一幢违章建筑的，可他们却从没有对此采取过什么措施。及至2007年因为建设用地的需要，才宣布两人的房屋为违章建筑。在这种情况下，谁又会接受或承认自己的房屋是违章建筑呢？唐福珍的行为被定性为暴力抗法，但从4月到11月近半年的时间里，有关部门却没有对她的暴力抗法行为采取任何积极的应对，而她这种极端的示威行为也没有能引起拆迁部门足够的警觉。法是不是一个松紧带呢？值得我们深思。我们换一个角度去思考，既然相关的执法部门已经认定唐福珍行为属暴力抗法，并违反了法律相关规定，如果能及时的对唐福珍做出相应的处理，那么会不会使唐福珍不至于付出生命的代价？

对于普通老百姓来说，他们是不太可能整天钻在法律的字眼里的，他们恐怕更多地是尊重既成事实。就像婚姻一样，当今中国仍然存在不领结婚证的夫妻，但没有人不承认他们是夫妻，他们自己也理所当然地认为自己是合法夫妻。如果不出大的意外，他们大多也就这样过一辈子夫妻生活，此乃所谓的事实婚姻。婚姻如此，大量的社会事件对于老百姓来说也是如此，这就是习惯法与规范法的差别。就唐福珍案涉及的房屋来说，在一般老百姓看来，自己的房子既然建了，也没有出现什么意外，自然也就认为是合理合法的了。虽然学理上不能就此称之为“事实房屋”，但作为一种既存的法律事实，在实际工作中是必须面对的。更何况由于中国社会处于急剧的变迁之中，许多事情本没有很好地衔接，自然给实际工作带来很多麻烦。面对这种情况，相关部门工作者就不能简单地认为自己合法就理直气壮了，这样只能加剧双方的对立与冲突。

在今天的城市拆迁过程中，同样既要尊重历史，又要结合现实。唐福珍案如此，更多的强拆案同样如此。说他们违法，一点也没有错，错就错在长期都没有人过问，等到巨大利益来临时，就断然宣布他们的住房是违章建筑，这种做法恐怕有不“尊重历史”的嫌疑。所以，在处理大量拆迁事件时，除了严格按法律办事外，还要坚持“尊重历史、结合现实”的原则，如此才能让老百姓心服口服。法律的终极目的无外乎是维护社会秩序，如果因为严格执法而破坏了现有秩序，这样的执法就可能或多或少存在一些问题，需要引起执法者的注意。

在物理学上的系统中，有“熵”这个概念，表明系统混乱程度。所有的征地和拆迁都是官、商、民三者利益的博弈。“行政强拆→低成本储地

→高价转让→地方政府、企业双赢”的逻辑链面临“血拆”的拷问，在地方政府、开发企业、被拆迁户之间，各自利益追求并不完全一样，拆迁补偿是核心问题，如何使三者利益能够协商统一到一个相互可接受的合理区间，是降低“熵”的指数的关键。《国有土地上房屋征收与补偿条例》现已公布施行。“取消行政强拆，要用强拆时走司法程序”成为新条例最振奋人心的焦点。今后，政府行使国家征用权有偿征收私人财产，需满足3个条件：为了公共利益的需要、对拆迁户提供“公平补偿”和通过正当的法律程序。这标志着行政强拆已退出历史，那些死于“血拆”的悲剧将不再重演。死者已逝，生者当引以为戒！“拆迁变法”的意义不仅仅是法制层面的，更重要的是成为民意参与并影响决策的又一个案例。

集体土地上的拆迁悲剧

——江苏东海县父子自焚事件的思考

【事件回放】

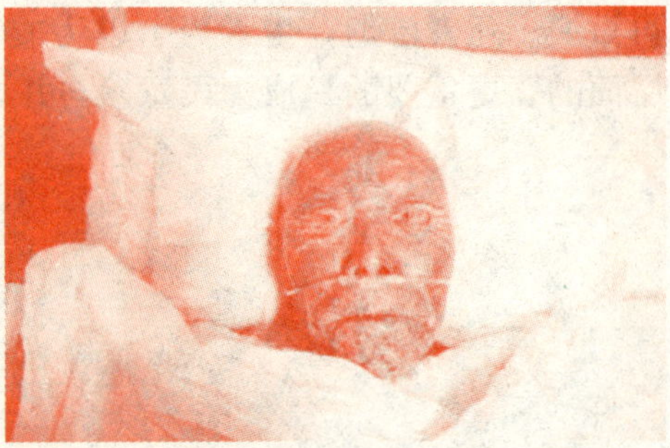

2010年3月27日，在江苏省东海县黄川镇，发生了一起自焚案。原因是为了阻拦镇政府强拆自家养猪场，68岁的陶惠西和92岁的父亲陶兴尧浇汽油自焚，造成儿死父伤的惨剧。据目击者称，两人自焚后，拆迁工作人员并未施救，拆迁也未停止。

陶惠西一家于1995年到东海县桃李工业园建养猪场，投资20多万，在2亩地上建起了养猪场，并将家安在此处。2009年，东海县在建的310国道准备从桃李工业园通过，需拆除陶惠西家以及周围的4户人家。此前，其他4家已拆迁完毕。东海县委宣传部称，310国道改线系江苏省国省道干线改善工程，按照规划要求，黄川镇人民政府依照国家拆迁相关规定，于2009年3月张贴公示并向涉及拆迁的户主送达了房屋拆除通知书。2009年8月13日，镇政府聘请一级资质的地产评估咨询公司对拆迁房屋进行准确规范的评估，其中对陶惠西房屋的评估金额为75004.36元。陶惠西认为费用太少，并先后提出50万元和100万元的拆迁补偿要求。此后，镇里多次上门做工作未果。涉及拆迁的其余4户已于年前拆除，但由于该房屋没有拆除，黄川镇310国道施工标段停工近3个月。

2010年3月27日7时40分，黄川镇政府拆迁工作组在镇长朱文军的带领下，镇上多个部门近百人来到陶家。陶惠西和陶兴尧反锁房门，并向门口倾倒汽油。据陶惠西的儿子陶秋宇说，五六个人将其母亲、妻子和姐姐架走，塞进一辆面包车，开走了。上午8时许，拆迁人员继续砸门，推土机也强行推进。陶会西便将汽油浇在身上，但“来人不予理会，继续砸门”。陶惠西便将身上的汽油点燃。这时候“他们来拆迁的好多人就跑来救火了”。火被扑灭之后，陶惠西倒在地上，但还活着。陶兴尧也被烧伤。

进来救火的人给陶惠西找来一床被子盖上，任陶惠西在里面动弹、叫喊，也置之不理，直到他不再动弹。

陶秋宇说，来拆迁的这群人，派村干部将陶兴尧送到连云港市第一人民医院，将陶惠西的遗体带走，并留下部分人在现场看守，其余的人就离开了。

12 时许，被送到外面的母亲、妻子、姐姐陆续被送回来。她们告诉陶秋宇，她们被分别送到了荒郊野外，看守他们的人用电话与现场联系。直到现场的人接到撤的命令，她们才重获自由。

陶秋宇承认，父亲自焚、爷爷也被烧伤时，他并不在现场。“我在镇里面有熟人，他们叫我不要露面，如果露面，也会像我妈妈、姐姐那样被抓起来。”

所有的现场细节都是他通过目击者的叙述得到的。“但我保证我说的都是实情，我可以给你提供证人的书面证明。”陶秋宇强调，“我不能诽谤人。”

【应对举措】

事故发生后，东海县政府于 30 日积极做出回应。由东海县监察局牵头的工作小组对事故进行调查问责，由于黄川镇政府对突发性事故处置失当，东海县委研究决定，暂停黄川镇镇长周文君职务。

家属与镇政府已达成赔偿协议，对陶惠西死亡赔偿 90 万元。陶惠西的遗体于 4 月 2 日火化。

陶兴尧烧伤后的脸庞已成碳色，身上布满纱布，焦煳味仍旧可闻。陶兴尧，这名曾参加过金门战役的老人，双目紧闭，躺在病床上，不断晃着脑袋。烧伤的陶兴尧老人在市第一人民医院得到治疗。东海县积极协调市第一人民医院，从北京积水潭医院请来烧伤科专家为其会诊，制订了科学的治疗方案。目前，伤者生命体征平稳，伤情得到进一步控制。东海县政府新闻发言人李宝福表示，伤者陶兴尧所有费用都是政府出，因为“不管怎样，镇政府在处理这件事上存在失当行为，才造成惨剧的发生”。

【评析反思】

随着城市框架的不断拉大和城市周边农村集体土地的大量被征用，农村房屋拆迁数量也在不断的增加，尤其是近几年迅速上升的态势已达到历史高峰。与此同时，由于因集体土地征用而产生的拆迁问题是工业化、城市化加快发展所引发矛盾的集中体现，其中涉及多方主体，交织着多种法律关系，背后又掺杂着多种利益冲突。人们总是自然而然地将之与“扯皮”和“暴力”挂钩。而如同此次江苏东海父子拆迁自焚案一样，集体土地上的拆迁悲剧正在不断的上演。

我国的土地所有制分国有土地所有制和农村集体土地所有制两种形式。城乡二元土地管理体制在现实中产生了诸多问题，如同样备受争议的小产权房问题、户籍管理问题、就业、社会保障问题等等。农村土地征用和拆迁的结果是土地所有制性质的变化，农民因失去了土地，也就失去了作为“农民”身份的依据，意味着融入城市社会的开始。集体土地房屋拆迁实质上意味着城郊乡村社会的拆除，是乡村城市化的开端。从表面上看，集体土地房屋拆迁是拆除了城乡间的隔离墙，拉近了农村和城市的距离，但实质上却集中和突出暴露了城乡“二元”土地管理体制的矛盾。在“农民”完成向“市民”身份转化的长链条中，要完成这个过渡，在中国的各项法规缺失、各种社会保障极不健全的情况下，拆迁难是自然的。一方面，城乡“二元”体制的某些历史遗留问题在集体土地房屋拆迁中凸显出来，如由户籍制度引起的“农嫁居”问题、子女上学问题等；另一方面，农民并没有因征地和拆迁变成真正享有5大福利保障的市民，而是沦为既非农民又非市民的“边缘人”，这在城乡结合部表现得尤为突出。拆迁矛盾突出的地方，几乎都是城乡结合部，有的甚至就是“城中村”。因此，集体土地征用和拆迁难实质上是城乡“二元”土地管理体制瓦解前的阵痛，是农民对被人为地分为“农村人”而区别于“城市人”并享受不平等待遇的呐喊。

土地是不是商品？所有权最终归谁？谁有最终的处置权？对这些问题的不同理解，也是拆迁双方难以达成共识并造成拆迁难的原因。村民认为，土地归集体所有，集体就有所有权，即拥有使用权、收益权和处置权。村民与集体签订了土地使用承包合同，也同时拥有了使用权、收益权和一定限度的处置权。有的法律工作者就认为土地使用权不应仅仅体现为承包经营权，还应是独立的物权。既然是独立物权，村集体和土地承包人就有权决定土地是否出让，拆迁人要征用土地就必须取得被拆迁人的同意，就必须按被拆迁人的标准提供补偿；如果被拆迁人不同意出让，即使拆迁人出“天价”，拆迁工作可能也难以顺利进行。而拆迁方则认为，不管是土地国家所有制还是集体所有制，土地实质上都是国家的，国家要征用，就得按国家规定执行，按既定的标准获得补偿，不能讨价还价，多要多补。根据有关法律规定，农民对土地的权利主要是土地承包经营权，该权利除具有物权的一般效力外，主要是占有权、使用权、收益权、优先继承权、处分权、相邻权和获得补偿权。其中的处分权也仅仅是出租、转让、互换和转包等有限的处分权，并没有赋予“卖与不卖”的权利。

我国的土地管理制度确立了农民通过宅基地依法取得集体土地的使用权。但没有确立集体土地上房屋的房屋登记即产权制度，即农民对其房屋并没有法律确认的所有权。这就使农民家庭最重要的建筑物——房屋的补偿成为了一个并没有法律确认的地上附着物，在补偿中极易引起纠纷。同时，集体土地上的房屋拆迁和城市房屋拆迁一样，涉及很多法律关系。如拆迁农村集体经济组织以土地使用权入股联营等形式与其他单位、个人共同开办的企业所有的非居住房屋涉及的补偿费问题及因拆迁造成的停产、停业损失及预期收益的补偿问题，对利用宅基地内自建房屋从事生产经营并持工商营业执照房屋的拆迁安置问题，拆迁农房租赁户时涉及的租赁法律关系等等，其中既涉及房屋所有权人的权益，同时又涉及房屋所有人以外第三人的权益。由于我国目前尚无明确的法律、法规对上述问题进行规范，相当一部分地区对上述问题比较忽视，在实际拆迁时，只将房屋作为集体土地上的附着物进行补偿，并不细化区分农村房屋的用途、性质及相关的权利，严重损害了房屋所有人和第三人的合法权益。

虽然，我国《土地管理法》第四十七条第二、第三款对耕地征用的补偿费，安置补助费进行了规定并有具体的计算标准，但对因土地征用而引起的农民在宅基地上自建房屋的拆迁却没有补偿标准。现实中，一般是由政府参照《城市房屋拆迁管理条例》及《细则》进行补偿，由于城市国有土地上的房屋和农村集体土地上的房屋在土地所有权性质、所有权主体、土地管理方式以及拆迁安置对象等方面均有差异，所以，《城市房屋拆迁管理条例》并不具有直接的参照性，导致在执行过程中，各级政府制定的补偿标准随意性很大，拆迁程序和补偿标准十分混乱。这种随意性不但造成了补偿标准不统一，也造成了补偿标准的不合理性，因此也就不可避免地产生了许多纠纷，不仅极大地影响了党和政府的声誉，也直接影响了拆迁的进程和效率。在一些地区，政府为了引进投资，制定较低的补偿标准，以牺牲农民的利益换取所谓的投资环境，使农民的利益得不到应有保护。法定补偿标准的缺失导致此类纠纷矛盾尖锐，处理难度加大。

农民通过宅基地依法取得集体土地的使用权，农民在宅基地上所建的房屋属农民私有财产是无可非议的。但在征用农村集体土地的现实中，由于缺乏相应的法律规范对农村集体土地征用补偿法律关系进行明确的界定和规范，地方政府与村组签订《土地征用协议书》，协议中却将属于农民私有财产的房屋一同处分。这种协议将私产与公产混为一谈，其违法性显而易见。从法理而论，房屋作为农民的私有财产，农民是房屋所有权的主体，只能由农民自己进行处分，所以关于集体土地上房屋拆迁的补偿应从土地征用补偿中分离出来。

与此同时，房屋拆迁补偿协议作为一种民事法律关系，应当由拆迁人和被拆迁人协商一致达成补偿协议。但是由于《土地管理法》将集体土地上的房屋纳入到了土地征用补偿之中，房屋所有权主体作为被拆迁人不直接参与协商，对被拆迁人的房屋进行价格评估亦不通知被拆迁人到场，而是由拆迁人单方指定的评估机构进行评估，有关拆迁补偿和安置通常是由开发商一方说了算，协议中的一些规定属于霸王条款，加之一些地方政府为了“优化”当地投资环境，加大了行政权力的介入，被拆迁人无论是否同意都得拆，剥夺了农民作为被拆迁人在整个拆迁过程中表达自己意愿、维护自己权益的机会，严重侵害了被拆迁人的权益。实际上，一揽子包括在土地征用费中的房屋拆迁安置补偿费就是农民作为被拆迁人时丧失房屋所有权的对价，他们对此岂能没有发言权？这显然违反了民法上的意思自治原则，更不能体现拆迁人与被拆迁人作为法律意义上的平等主体关系。

由于《土地管理法》并没有将农民的房屋从土地征用中分离出来，而是将其包含在“地上附着物”中，所以在具体操作时，征地单位通常是将土地补偿费及“地上附着物”补偿费按照补偿方案一揽子支付给政府或村组，关于补偿方案又是政府或村组与征地单位协商。根据《土地管理法》的规定，补偿方案要经有关政府批准，对补偿方案有异议或不能达成协议的，由政府部门处理。从法理而言，当一个私权利受到另一个私权利侵犯时，当事人一方或双方可以采取到法院提起民事诉讼等方式去解决，而当私权利受到公权侵犯时，只有一个办法，就是提请行政复议和提起行政诉讼，告的必须是具体行政行为，因为在我国当事人不能起诉政府的抽象行政行为，同时，依据《行政诉讼法》的有关规定，被征用方与征用方就征用补偿有关问题达不成协议，对行政裁决又不服，可以向人民法院提起行政诉讼。由于农民个体作为被拆迁人时不是土地征用的一方当事人，所以就不能行使这种诉权，农民只能被迫接受政府裁决的方案。

此次江苏东海县父子自焚事件，暴露出的正是农村集体土地上因为征收而导致的诸多无序。正因为集体土地上房屋拆迁程序和实体补偿要件的缺失，导致了在城市化进程中屡屡发生官民冲突，并产生了诸多群体性事件，而东海市父子的自焚案，只不过是以最为激烈的方式上演的一幕而已。此次自焚，将集体土地上房屋拆迁的各种无序状况显示得一览无余：镇政府并没有办任何的拆迁程序，对相关土地的补偿价格也没有法律依据，而只是政府的随便估价。当政府指责陶兴尧父子的养猪场属于违章建筑败诉之后，并没有其他任何办法，将本来已经被国土部门征收为国有土地的养猪场进行拆迁。

不过需要指出的是，抛开执政伦理不谈，黄川镇的做法在现有的法律框架下也是实属无奈。由于法律和行政法规没有关于集体土地上房屋拆迁的程序性和实体性规定，当县一级人民政府宣布对集体土地进行征收之后，具体的拆迁工作则是由乡镇一级政府来落实。由于拆迁方和房屋所有方缺乏可以相互沟通的法律，当政府的补偿要求被被拆迁方拒绝，而被拆迁方要求政府出具法律规定而不得之后，丧失执政伦理者，立刻启动最为原始，但却是行之有效的方式，来保证建设项目的顺利开展，其结果就是陶兴尧父子以自焚的行为来对抗。

中国的城市化进程还将持续二三十年，在这里将会有无数的集体土地上的建筑被拆迁，如果今后的拆迁还是以目前的方式运作，难保陶兴尧父子的惨剧不会再发生。集体土地拆迁问题能否解决好，关系到加快城镇化建设的进程，关系到新农村建设目标的实现，关系到人民群众的根本利益的维护。当务之急是要完善集体土地征地拆迁的立法工作，唯有此，才能够让征迁工作顺利进行，同时也有利于厘清政府和农民的利益关系，保证城市化进程合法合理且有序进行。

谁来监督“监督者”

——江西宜黄县拆迁自焚案的思考

【事件回放】

2010年9月10日上午，江西省抚州市宜黄县凤冈镇在拆迁期间发生了一起烧伤事件，拆迁户3人因自焚被烧成重伤，其中一人因伤势过重医治无效死亡。

事件发生在江西省抚州市宜黄县凤冈镇东门郊外农科所23号。这是一栋3层的小楼，住着钟如奎一家，共3套房产证，拥有人分别是钟如田、钟如奎、钟如满三兄弟。宜黄县房管局局长李小煌在接受媒体采访时介绍，钟如田一家20多年前购买了现在居住的地块，建了一幢3层楼的住宅，宜黄县政府相关部门为其颁发了土地证和房产证。

2007年，宜黄县政府兴建河东新区客运站，项目得到了上级部门的批准，开始对涉及该项目的居民住宅进行拆迁，由宜黄县投资发展有限公司负责拆迁工作。一直到2009年年底，该公司拆迁范围内的大部分居民住宅才得以拆除，而钟如田家的3层楼房则成为了最后拆迁的对象。协调多次，双方无法就安置和拆迁条件达成一致。

宜黄县房管局局长李小煌表示，宜黄县根据相关政策和实际情况，对钟如田家提出了3个安置条件。一是在钟如田现在所居住的位置向郊区前进50米，建造一栋7层楼的安置房，按照钟如田家现有的面积，提供3套住房给予钟家，平均每套130平方米左右，总面积与现有住房面积持平。二是在离钟家现有住址的下方1000米处，现较偏僻地段，按照钟家现有的13口人的总数，提供300平方米左右的集体用地，可以建筑3层楼的房屋。三是为钟家13口人提供10年左右的低保。这些条件均遭到了钟如田的拒绝。鉴于现实情况，为了让拆迁工作能顺利进行，宜黄县政府给宜黄县供电公司下了政府抄告单，要求供电公司不准给钟如田一家开户供电，准备强制拆迁。

从 2010 年 4 月 18 日起，这栋房子就被停止供电，钟家全家的生活受到了严重影响，钟家几兄妹都是打零工维持生活的。妹妹钟如翠说，9 月 10 日上午 9 时多，警察、城管大概 40 多人来到他们家，说有人举报钟家有汽油，要进屋检查汽油。当时钟家在家的人有：钟如翠和妹妹钟如琴（31 岁未婚）、母亲罗志凤（59 岁）和父亲的结义兄弟叶忠诚（79 岁）。钟如翠在门外与警察城管吵了起来，其他家人将大门锁上。几分钟后，警察把门打开，冲了进去，钟如翠也跟着一起往楼上跑，试图阻止他们，但她被人拖回到了一楼。

根据现场照片拍摄显示的数据来看，罗志凤和叶忠诚上了楼顶，约 1 分钟后两人身上就着了火。钟如翠说，当时她被摁在地上，也不知道火是怎么着的。从其他照片数据看，两分钟后，2 楼的钟如琴像个火球一样从楼上跳了下来。钟如琴跳楼后，钟如翠和闻讯赶回来的哥哥钟如奎一起用沙子将钟如琴身上的火扑灭。钟如翠听到其母亲罗志凤在屋顶上叫着："女儿啊，救我！"

根据照片时间，起火后 6 分钟，钟如奎跑上房顶，将罗志凤和叶忠诚两人救了下来。起火后 14 分钟，罗志凤和叶忠诚被救下楼，送到了救护车上。3 名伤者首先被送到宜黄县医院抢救，下午 1 时许转至抚州医院，最后于当天下午 4 时许送到南昌大学第一附属医院烧伤中心。18 日凌晨 1 时左右，伤者叶忠诚因伤势严重经抢救无效死亡。

【应对举措】

事件发生后，宜黄县委、县政府高度重视，本着"生命为大，救人为先"的原则，迅速采取了如下紧急措施：

1. 全力救人。县政府主要领导在第一时间召集相关部门召开善后救治工作协调会，成立医疗救治工作小组。为让患者得到更好救治，派出医疗专家和城建工作人员将伤者送往江西省一附院救治。同时，安排专人日夜陪护，帮助伤者家属解决实际困难。

2. 迅速报告。事件发生后，县委、县政府及时形成书面文字材料，分别向上级有关部门进行报告。同时，公布事件真相，对关注此事的干部群众说明事实经过。

3. 开展调查。事件发生后，迅速成立事故调查组赶赴现场，调查、核实事情经过，要求一切以事实为依据，以法律为准绳。

9 月 17 日晚，江西抚州市委对宜黄县"9·10"拆迁事件相关责任人做出处理。宜黄县委书记邱建国、县长苏建国对“9·10”拆迁事件负有重要领导责任，市委决定分别对其两人立案调查，并免去邱建国宜黄县委书记和苏建国县委副书记的职务，苏建国的县长职务也被提名免去。同时，该县多名局级官员受到处分。

【评析反思】

从这起事件的过程来看，确实让人很痛心，虽然在这个事件的发展过程中，媒体的介入在很大程度上保障了社会公平正义的延续，但是整个事件拷问了我们的一些执法人员最基本的“守法意识”。很长时间以来，我们的执法人员总是把自己放在“监督者”的角色中，但忽视了作为“监督者”本身，也是需要接受群众的监督。

此类事件最大的问题不在于拆迁本身，而在于“执法方式”的严重“扭曲”。众多的官员去围堵两个维权的“钟家姐妹”，还上演所谓的“厕所攻防战”。让我们感受到的是执法机关的“严重不自信”。总想着通过“围追堵截”，把问题压下来，可惜忘记“纸包不住火”的原理，今天的网络如此发达，信息在一秒钟之内便可瞬达千里，如此低劣的“解决手法”，让人心寒，更值得我们深刻的反思。

目前，我国社会正处在“转型期”，各种矛盾的爆发是必然的，我们不必将焦点放在“矛盾”本身，而应思考现今解决这些“矛盾”的方法是否正确，抑或者根本没有相应的方法。所以，“方法论”的缺失以及方法论的“与时俱进”，将是问题的关键所在。但是从一出出“矛盾闹剧”中，我们会深刻感受到，现阶段一些地方政府官员的执政能力，值得我们担忧。通过“宜黄拆迁事件”，其实“自焚”本身并不是让广大网友、群众“反感”的关键。问题出在“对上访者人身权利的侵犯”，触碰了公民“权利意识”的底线，才让网民“忍无可忍”。而“自焚者”以身体当筹码，用生命要权利，无奈的选择折射出的是诸种公力救济方式的失效。

行政救济成为“自纠游戏”。参与拆迁、甚至在拆迁中获利的相关管理部门，也是拆迁纠纷的行政裁决机关，既当运动员，又当裁判员，这样的行政裁决难免失效；司法救济同样“鞭长莫及”——发生矛盾时，拆迁方往往先申请裁决，使得被拆迁者只能提起行政诉讼，而法院就只能对行政裁决简单做出维持或者撤销的判决，难以真正解决问题。而听证等救济方式，也因为拆迁双方信息、资本等资源的不对称而难以生效。对于拆迁的种种问题，不能仅仅寄望于某一部法律的完善，更重要的是疏通各种权利救济的渠道。完善权利救济机制，不仅给被拆迁者的权利主张找到合理出口，也能提高他们的抵御能力和补救能力。权利救济不能等到矛盾激化的那一刻。被拆迁者通常处于弱势地位，谈判筹码与谈判能力都相对弱小，保障他们的知情权和参与权，对其权利救济有积极意义。拆迁房屋评估制度、听证制度等的完善，是在拆迁之前就应有的救济手段。救济，只是权利受损后的补救手段。或许，更重要的，是赋予公众、社会更多的权利，以平等的协商、有效的程序，在不正当行为发生之前，就扑灭可能引燃自焚者的火星。因此，我们认为面对拆迁应努力做好以下几个方面的工作：

1. 先补偿后拆迁。政府为公共利益进行的拆迁，必须通过正常的程序，即在取得被拆迁人的同意、给予充分补偿的基础上，才能进行房屋的拆迁。而商业性开发，也必须由开发商与业主先进行谈判，在达成协议后才能进行拆迁。如果谈不拢，业主完全可以拒绝让出房屋。只有这样的条款写入法律，才能够真正保护被拆迁人的权益。

2. 彻底分开公共利益和商业利益。在土地征收过程中，将公共利益与商业利益彻底分开后，可以将利益关系明确化，这样在商业拆迁过程当中，政府才可以真正地作为一个中间裁判的角色对于拆迁人和被拆迁人之间的利益关系进行评判，就不会出现政府和开发商搅在一块的现象。这样一种改变，至少能够减少暴力拆迁的发生。而政府只有出于公共利益（国防、交通、公立医院、学校等）的需要才有权征收公民的房屋，并给予补偿。

3. 确定争议解决的机制。原则上补偿的标准应该确定为房屋的市场评估价，只有这样才能保证公民的房屋因公共利益需要被征收能够得到应有的补偿。需要明确的是，被征收人与政府之间就征收是否为了公共利益需要以及征收的补偿是否合理产生争议后，应该明确由哪个权威机构居间裁判较为合适。

“掀车”背后的民意诉求不可轻视

——安徽池州强拆事件的深层思考

【事件回放】

自2010年11月4日以来，一则主题为“安徽池州强拆，市长遭村民暴打”的帖子在天涯、猫扑等网络社区广为流传。该网帖称，11月3日，安徽省池州市市长方西屏带城管、公安等力量参与该市贵池区梅龙镇的拆迁谈判，声称“不做市长，也要在20天内把梅龙镇铲平”，激起当地村民的愤怒，其座车被掀翻，本人“仓皇逃走”。记者调查发现，市长座车被堵路村民掀翻确有其事，导火索是一场“突如其来”的征迁风波。围绕征迁问题的政策博弈和利益竞合，使得池州这座长期欠发达的皖江城市，成为全国性的征迁困局的一个“缩影”。

“村民说你把警报器关掉，不关掉就把你车子砸掉。”11月3日10时许，安徽池州某私立医院的医生吴福全出诊归来，当救护车回到早上经过的九华河大桥时，他痛苦地发现，回医院的路跟前一天一样，又被当地村民堵死了。

在一群人的喝令声下，吴福全打开车门，跳了下来。他跟堵路的人商量，自己是医生，救护车关乎患者性命，希望“行个方便”，但到中午也没说通。

在混乱的僵持中，吴福全和众多经过贵铜公路该路段的车辆驾驶员或被骂或被打，石块、砖头齐飞，一些急于离开的人先后“挂彩”。气愤之极的吴福全听了半天才搞明白，聚集的人群是为了反映当地征地拆迁情况，拦路“喊冤”的。

1. 征地引发的掀车事件。“省里规定一亩田给30000多，政府只给我们10000，20000多强制交养老保险，老百姓才闹的。”梅龙村藕塘组的村民徐少华说。10月30日，几个村的村民接到征迁通知，11月2日就开始堵路了。

“最先是几个老年妇女到路上去拦车子，见到人就要反映问题。车子上的人不听，把车子往前开，还拖伤了人。许多村民就跑到梅龙（街道办事处）和（江南产业集中区）管委会去了。”徐少华回忆，那两天，围堵公路和江南产业集中区管委会办公室的群众少时几百人，最多时达上千人。

11月3日正午刚过，一辆牌照为“皖0—00336”的黑色奥迪车突然出现在大桥路口，堵路的人群迅速将该车团团围住。

“刚开始只知道这个牌照不一般，应该是个当官的。”进步村村民王桂生回忆道。蜂拥过来的人群像喝止其他经过的车辆一样，要求司机和车里面的“大官”出来，“给老百姓一个说法”。然而，无论怎么喊，怎么骂，里面的人就是不出来。失去耐性的人群显然被激怒了，有人高喊“滚出来”，有人给车轮胎放了气，有人直接拿起石头、砖块砸向车头车窗。一位妇女忽然大喊一声：“这不是市长方西屏么?”

又一阵骚动。

“老百姓要把车子掀翻，但是掀不动，那个奥迪车很重，我没看见市长，只看见驾驶员在里面不敢出来。我马上打电话报警，我讲这边马上要出人命了。”吴福全说。远在桥对岸江南产业集中区管委会维持秩序的上百名特警、公安冲到了市长的座车前，“当时很混乱，有人看见市长下了车。特警迅速掩护其转移”。“一些人在后面追，看见市长被送上一辆路边的摩托车，随即离开现场。”徐少华说。

11月4日，有关池州市长方西屏“率队强拆”，誓言“不干市长，也要20天内铲平梅龙”的帖子，配以事后被彻底掀翻的奥迪A6座车照片，出现在网上。

2.18亿亩红线内的被征耕地。“你看这片良田，原先都是沼泽。”11月15日，年过古稀的徐少华背着双手走在梅龙村田埂上，背影消瘦，语调低沉。圩埂下，丰收的大地一片金黄。20世纪60年代，作为当时生产大队的党员干部，徐少华第一个走向沼泽，带领群众10年间开荒7000余亩，让1000多户村民有了40多年的生活保障。

“不是说要守住（18亿亩耕地）红线吗?这些田都在红线内啊，怎么说征收就征收了?”回到家里，徐少华将一本《江南产业集中区征迁安置宣传手册》给记者看，手册“征地范围”一栏赫然写着：江南产业集中区规划“红线”范围内。该手册由贵池区江南产业集中区征迁安置工程指挥部办公室印制，内文涉及征地公告、拆迁补偿安置方案、土地征收方案、安徽省政府关于征地补偿标准的通知、被征地农民基本养老保险试行办法等内容。

近年来，为承接长三角产业转移，安徽提出“东向发展战略”，启动了包括池州在内的皖江城市带建设，并设立了江南、江北两个产业集中区承接长三角地区产业转移。集中区管委会由安徽省政府直管，为正厅级单位。

其中，江南产业集中区最终落户贵池区梅龙镇，规划面积216平方公里，这被视为推动池州发展的重大历史机遇。

据江南产业集中区管委会办公室主任陈安源介绍，早在2010年七八月间，江南产业集中区管委会与当地签订协议后，就将池州市贵池区梅龙一带的征迁补偿款一次性汇入了当地政府的财政账户。这笔补偿款主要来源于银行信贷融资，将从园区招商引资项目中偿还。

村民们表示，虽然年初开始就有传言，但直到这份小册子10月30日下发到各村民组，他们才获知，世代耕种的良田和房屋被规划为“江南产业集中区”起步区内，征收面积为12.4平方公里。各村还被要求在11月30日前完成征地补偿登记。

3. 莫名缩水的征地补偿。据安徽省2009年12月31日制定的征地补偿标准，池州市贵池区梅龙村、郭港村的农用地补偿标准为每亩32120元（含土地补偿费10220元，安置补助费21900元），建设用地及未利用地补偿标准为每亩16060元（含土地补偿费7300元，安置补助费8760元），其他村组的标准最低分别为每亩30800元和15400元。

然而，令当地百姓倍感意外的是，当地却自行规定：政府将从安徽省制定的补偿标准里直接支付被征地农民农用地每亩10000元，建设用地及未利用地每亩6000元，剩余的大部分补偿作为被征收农民参加养老保险的“家庭缴费资金”，由“用地单位”代为缴纳。

对这一直接“修改”安徽省补偿标准的做法，贵池区委宣传部负责人三缄其口，不愿回答。一位了解内情的江南产业集中区管委会工作人员私下告诉记者，这一做法是当地政府参照了池州其他地区以往的征迁标准。

“以往给他们一亩补偿9000元也没出事，这次何必给你30000多?”该人士还表示，“给多了”反而会引起以前被征地的群众的不满。

此外，在宣传手册中，当地村民的房屋根据“半砖瓦”、“砖木结构”到“混合结构”、“框架结构”，被明确为补偿450元/平方米到840元/平方米不等。进步村村民郭晓菊一家5口，人均耕地面积为2.5亩，每年种三季作物，据她“保守估计”，每亩田年收入可达2000元，全家一年的收入可达25000万元。“一亩地给我们10000元，我们家总共只有125000，等于我家5年收入。”郭晓菊担心5年后生活“完全没有保障”，而养老金要到55岁（女）或60岁（男）才能领。“生意开张7年了，地价、建房加装修，花了18万，每年还能挣个五六万元。”梅龙村“桥头饭店”的刘老板说，他的饭店被确定为“混合结构”住房，一平方米补偿760元。算下来，200平方米获得的补偿还不够建房花的钱。

廉价的补偿和突如其来的限期征迁政策让许多人措手不及。村民们“怨声载道”，终于酿成了一场掀翻市长座车的群体事件。

【应对举措】

事件发生后，11月12日下午，池州市委召开常委扩大会议，研究部署“江南产业集中区征迁安置工作”。

贵池区委也紧急召开了“四套班子”会议，决定从该区30多个区直机关和直属单位中抽调力量，组成42个工作组，赴各村开展挨家挨户的动迁工作。当地政府出台了每平方米3元钱的过渡费。

【评析反思】

因强拆引发的暴力事件并不鲜见，但类似行政长官坐驾被掀翻的还颇为罕见。尽管当地宣传部门指责网帖有夸大之处，但从新闻图片来看市长车被掀翻确有其事，导火索就是一场“突如其来”的征迁风波，而方市长本人似乎亲自“指挥”了此次强拆行动。

目前，或无法证实市长先生放出的狠话的真实性，但是从事态严重性来看，这位市长大人的“铁腕”拆迁手段不仅不管用，反而惹了众怒。官员为民服务，为何会如此不受待见？既然说拆迁是为了老百姓，又为何不敢正面面对群众，与之对话，耐心答疑？透过现象看本质，引发此次事件的深层原因无非有两个方面：一是当地政府“篡改”了相关拆迁补偿政策。二是政府漠视群众利益，不主动做工作，而是靠行政手段实施强拆，决策失当，方法简单粗暴。

近年来，围绕征迁引发的矛盾、纠纷不少，掀车事件无疑是一个“缩影”。强拆之谬显而易见。靠拆迁发展的思维，急功近利，亟待“叫停”。

这起事件反映了行政性的强拆与强征，是导致当下政府与民众间矛盾的重要缘由。那些“没有强拆就没有中国的城市化”、“每个人其实都是强拆政策的受益者”的谬论，在池州事件中，又有了新的演绎。

征地拆迁，关乎公平与尊严。征地拆迁的博弈，首先是制度博弈。制度不公，是最大的不公。部门立法、闭门立法，不是民主立法，不是博弈立法，而是“独老大”立法。这个新拆迁条例，千呼万唤难出来，让人感到几乎要夭折了。老拆迁条例为何成了“钉子户”，一直难以被“拆迁”？原因是强权在作祟，很多地方政府反对修改拆迁条例——有了强权，就有强拆，同时也会强行护卫老规矩。希望池州这个事件能够促使新拆迁条例尽快出台，我们期待一个能从根本上改变拆迁悲剧的法规诞生。当然，我们也可以乐观地说，社会进步的潮流终究无法阻挡，强制拆迁的裁决权归由司法，定是一个必然。

我们一再表达过这样的观点，拆迁这个名词，本身并没有过错，拆迁行为甚至是一个社会城市化进程中不可或缺的举措。城市要发展，危房要改造，都涉及到拆迁工程。没有拆迁，就没有变化，就没有旧与新的交替。回顾过去，一座座中国城市在不断的拆迁与建设中，一点点地实现现代化的梦想。

我们也认为，如果出于公共利益的需要，那么强制拆迁亦未尝不可。这里的关键在于，强制拆迁是出于公共利益，而不是出于某个小集体乃至个人的利益，更不是那些见不得阳光的非法利益。同时，强制拆迁需要利益平衡的机制，经过各个利益主体充分的、平等的博弈。若没有这样的博弈过程，则强制拆迁很有可能落入暴力强拆的陷阱。

无可回避，在过去若干年里，各地并不鲜见的暴力强拆事件，已经造成了许多血淋淋的悲剧。恶劣的暴力强拆与扭曲的利益诉求结合在一起，罪恶由此衍生出来。暴力强拆行为引发了民众的极度愤怒。一些公权力的滥用与民生之困，得到充分的暴露。

回看过去的暴力强拆事件，原因都不复杂。归结起来主要有两个方面：一是行政权力约束不够，有些权力被滥用。二是制度建设没有跟上。不少时候，一些地方官员依法行政的精神相当淡漠，个别人甚至与开发商相互勾结，“绑架”公众利益，公民的权利与民众的利益被严重漠视。同时，在制度层面上追问，的确也存在政府部门既当“运动员”，又当“裁判员”的情形。在这样的条件下，实施强拆行为的官员，其权力的约束往往只能靠他们的良心，而难有制度的压力。

现在，新拆迁条例已经出台，由司法权代替行政权进行裁决，必将有助于抑制暴力强拆行为的发生。但是，由行政强拆变为司法强拆的危险依然存在，老百姓不会管你是政府还是法院，只要未达成利益共识依然会抵抗，会自焚。因此，由司法权代替行政权裁决强制拆迁行为，其思路本不复杂。在过去很长一段时间，也一直有关切民生者不断吁求。这种权力让渡的本质，实为行政官员的依法行政。也就是说，那些即便是符合规定应该搬迁而房屋所有者未能搬迁的，也理应按照正常程序，最后由司法机构来强制执行，而不是行政部门，更不是开发商。所以，司法拆迁必须要保证司法的公平、公正这才是防止由行政强拆变为司法强拆的危险的关键所在。

中国仍处于城市化的进程当中，这个大背景决定了城市建设过程中围绕拆迁问题需要面对的矛盾与冲突。无疑，在这个时代背景下，新拆迁条例越完善、实施越及时，都将有助于化解其中的矛盾与冲突。在制度的佑护之下，拆迁讲的是规矩，是以公共利益为依归。那些处于弱势地位的民众的合法权益，也能够更好地得到保护。

对正义的焦虑与追求

——一起跨省自首案引发的思考

【事件回放】

2010年11月18日，武汉市洪山区土库村村民童贻鸿，因为面对强大的拆迁队伍，在自己的房子被一伙不明身份的人攻击时，扔砖块以图维护自身权利。但他没想到的是，第二天警方就以前一天晚上扔砖块将人砸成重伤为由，传唤其做笔录。由于不信任当地警方，童贻鸿搭乘飞机前往北京市朝阳双井派出所“自首”。后北京警方将童贻鸿移交给武汉市洪山公安分局关山派出所警方，11月22日，武汉市洪山公安分局关山派出所向其家人出示了跨省自首的童贻鸿被控以涉嫌寻衅滋事拘留通知书。关山派出所的民警将拘留通知书送到童贻鸿家。

拘留通知书显示，根据《中华人民共和国刑事诉讼法》第61条规定，童贻鸿因涉嫌寻衅滋事被刑事拘留，现羁押在洪山区看守所，但通知书上未填写具体拘留的时间。据童贻鸿的哥哥童贻军说，已有两位北京的律师和他联系。他对热心的北京律师表示感谢，他仍然坚持童贻鸿没有伤人，并再向律师进行咨询。12月6日，当地警方向其家人送达通知书，其罪名为故意伤害。

其实，童贻鸿未必不明白他的案子还是要发回湖北审理，但他还是来北京“自首”。这表示他对北京——国家司法的信任，却不再相信当地的司法机关。本案折射出深层社会意义是：对正义的焦虑与追求。

【应对举措】

事件发生后，当地政府并没有参与到事件中来，司法机关也只是按照一般的刑事案件走正常的司法程序，可是社会上却对这起事件的评论很多。事件的当事人讲："在 11 月 18 日下午，看到不明身份的 30 多人，开着巨型的拆机，强行冲破自家楼下的铁丝网，快冲到门边，于是从楼上扔下砖块，由此僵持了 5 分钟，并没有看到有人被砖块砸中，但意想不到的是，在事隔 10 多小时后的第二天，当地警方却以重伤一人为由，以寻衅滋事罪传唤其做笔录。"如果童贻鸿扔砖头致人重伤，那么他的确可能涉嫌违法犯罪。但童贻鸿扔砖头是因为什么？而这伙人的行为又构成了什么？当天，30 多人跟随一辆破拆机来到其住宅楼下，他们未表明身份，直接撕开童家的铁丝网，将破拆机开到楼边，打算强拆。其一，未经主人允许，擅闯他人住宅，涉嫌非法侵入住宅罪。其二，未签订补偿协议，单方面欲拆毁他人的房产，涉嫌故意毁坏财物罪。其三，明知屋里有人居住，却妄顾他人生命安全，还要动用大型破拆机拆房，涉嫌间接故意杀人……这种种的原因，才使面对威胁的童贻鸿扔的砖头。据童贻鸿称，他扔下砖头后，并未看到有人受伤。

另外，此案还有许多的疑点：当地警方在北京警方移交童贻鸿后又以重伤的理由，对原控罪寻衅滋事更改为故意伤害批捕；为何警方在第二天才表示强拆方有人受重伤？强拆方是在 18 日向洪山警方报警还是第二天？而关于重伤者为何人？受重伤之人何时入院？重伤的程度几何？送往哪家医院？由哪位医生做出鉴定？有哪些值班护士在场？重伤一说，经过哪个法医部门鉴定？这些当地警方都拒绝透露消息。

近年来，一系列暴力拆迁案，牵动国人的神经，我们惊诧于受害者的苦难，也同样惊诧于公共权力保护公民财产的苍白无力，甚至有时公权还直接冲到暴力拆迁的一线。这就是童贻鸿不愿相信当地警方的原因所在。在各地发生的许多拆迁血案中，往往都有一个惊人相似的情节，血案发生前，拆迁方往往利用黑恶势力，采取各种违法手段威胁拆迁户，对此，拆迁户往往四处求告无门。例如，江苏省宿迁市的王马玲因不堪忍受拆迁人员逼上门的不断骚扰与折磨，在遭受拆迁人员的多次打骂、王马玲等人报警无济于事的情况下，砍死拆迁者。再如，一些所谓"拆错房"案中，主人出门买菜，回家时却发现家已被拆。明摆着谁是责任人，但很少有警方去追究违法者。这也是童贻鸿不愿相信当地警方的原因所在。

当法律不能在公民需要时给予保护，那么法律就难以得到公民的敬畏。当地警方追究童贻鸿罪行的同时，也应该追究拆迁方涉嫌的上述犯罪，才能昭示法律的公平和严肃，才能打捞起司法公信。

2010 年 5 月底，国务院办公厅下发《关于进一步严格征地拆迁管理工作切实维护群众合法权益的紧急通知》。通知要求，各地不能强行实施征地，对于群众提出的合理要求，必须妥善予以解决。同时，还要严格按照各级人民政府公布的征地补偿标准对拆迁户进行补偿。尚未公布新的征地补偿标准的省区市，必须在6月底前公布实施。已公布实施但标准偏低地区，必须尽快调整提高。

对于程序不合法、补偿不到位、被拆迁人居住条件未得到保障以及未制订应急预案的，一律不得实施强制拆迁。我们有理由相信童贻鸿赴京自首是为获得更多的舆论支持，把抗拆和强拆的事情公开化，让舆论的焦点聚焦于该事件之中，使当地执法者能在执法的过程中秉持公理与正义按照国家政策依法办事。此次跨省自首案背面呈现出来的，绝对是当地执法机构公信力的失败。

【评析反思】

这又是一起与拆迁有关的案件。在当今的中国，拆迁已经成为一个绕不过去的话题，与拆迁相关联都是些暴力事件、钉子户等词汇。这次又出现了新鲜的花样，那就是跨地区“自首”事件。之所以如此，在于其对地方警方的不信任。这种不信任来源于现实的逻辑，假如这样的趋势蔓延的话，就会导致人们宁愿相信小道消息，也不会相信官方说辞的被动境地。归根结底，这是官民之间的矛盾，在官民之间渐渐形成一堵墙，阻碍着信息的交流和传递。

这起事件反映出的是当地执法部门公信力的失败。在拆迁中的童贻鸿之所以千里迢迢跑到北京，就是因为武汉警方的处理造成了其不信任。按照武汉警方的说法，他由于投掷石块导致一个人重伤，但这个说法不是当天的说法。按照普通人的逻辑，假如真的受重伤了，还用等到第二天吗？我们有理由不相信这样的说法是真实的。对于具有捏造嫌疑的事件在先，该村民自然不会相信其接下来的笔录。因为这样的笔录很有可能是将其置于死地的行径，这就不难理解其不信任了。

警方在整个社会中的角色是相当敏感的，一方面，需要维护社会的安定局面；另一方面，还需要严格秉持事实依据进行执法，而两者之间总会有这样和那样的失误存在。维护安定的局面不能依靠打压，严格执法不能依靠捏造事实。两者归结到一点上就是依法行政，只有严格按照法律的原则行事，才能够将依法行政进行到底。但这个要求对于很多警方尤其是地方警方来说无疑是个很大的难题，因为他们需要面对地方的那些他们所谓的眼中的“刁民”。

当民众对于警方不信任的情绪升级，就会导致政府公信力和权威的丧失。公信力和权威的丧失将是一种极大的社会资源的浪费，这种社会资源一旦浪费之后希望再次弥补将是一个相当困难的工程，或者说这就是对于官民之间矛盾对立的形成的根源。这样的逻辑成为一个思维定势的话，一个是上情下达将会成为一个问题，另外一个就是下情不愿意上达。

每一次对权力正义的期待都寄托着人们重新信任权力的愿望。所以，勇于承认和面对曾经的“不信任”并不可怕，如何阻止其加剧乃至重建信任才是关键。必须承认，迄今为止，在这起事件中，谁也无法找到当地警方存在任何不公的瑕疵。所以，任何以“进京自首”为由去苛责相关警方，都很不理性。但是，公民童贻鸿不信任当地警方是事实，他花费不菲代价北上自首以及当地警方派人进京与北京警方接触也是事实。事实的结果，就是巨大的资源浪费。一方忍痛花自己钱，一方花纳税人的钱。如果公民与权力之间有笃定稳固的信任关系，还需要支付这些代价吗？群众有冤无处申想到北京上访鸣冤，现在群众“投案自首”也想到北京了。群众把目光投向北京的目的很朴素也很明白，无非就是为了能讨到一个公正的说法，而这本是个地方政府能办到的也完全应该办到的。但事情的发展却从原来的上访讨说法到现在的自首求公正，性质愈演愈烈，这不得不引起我们的反思。

那么，是什么原因造成了这种糟糕的不信任？这些年，关于警察滥权与权力虚伪的丑事，恐怕让很多人除了惊悸，就是多了一些浅显的生存智慧。“跨省自首”就是这样的选择。事实上，这两年发生在看守所里的那些非正常死亡，就离奇得令人无比惊愕。诸如“躲猫猫”、“喝开水”、“上厕所”之类令人不堪的死亡情境，足以让任何一个正常人对这类权力场域心生恐惧。特别是在这类公共事件背后，相关嚣张与伪善的权力已经丢尽了脸，伤透了人心。应当说，民众的这种“思维定式”对政府的公信力是致命的。“跨省自首”就是因为无法预期地方司法力量的公正性，才把寻求救济的目光投注于更远的地方。

民意不可侮辱，民智不可轻忽。问题在很多时候，民意已经过河，有些权力还在摸石头。不要再把“跨省自首”的原因简单归为童贻鸿的不理性，或许那真的就是童贻鸿最理性的选择。这种做法是在寻求更大的更加独立的力量救济。而且，与很多“进京上访”不同，“进京自首”并不只是寻求更大的行政权力救助，而是力求不偏离于法治的轨道。

童贻鸿“跨省自首”了，但他仍然会被移交武汉警方处理。不同的是，在媒体的关注之下，他是否砸伤了人，应该受到怎样处理，或许会得到警方与法院公正的裁决，但“跨省自首”毕竟不是一个常规手段，“跨省自首”不应该被效仿。问题在于倘若不“跨省自首”，不“把事情搞大”，拆迁户们的合法权益能得到保障吗？这恐怕是司法机关与各地政府需要思考的问题。其实，法律面前人人平等，在同一个国家，遵守的都是同一法律和规则，这些都是不会因人而异、因地而异的。

相反的是，一旦不公正的事情出现，民众便要自残一下，方可证明他本人的正确，方可能道出当地当时规则的不合理。然而，这种不断地“开胸验肺”式的救赎，唯有如此才能换得正常权利的申诉，是否代价太大。更为重要的是，先要承认自己错误了，最后要证明自己没有错，这种自相矛盾的证明法，一旦成为社会通行的新规则，那么正常的权利诉求就变得更遥远了。

无论哪个国家的政府，都没有任何理由对民众的不信任掉以轻心。要跳出信任危机，避免演变为重大的社会危机，必须建立起中央政府同基层政府以及社会民众的直接关系。

总之，此次事件给我们的警示是：只有当社会成为权力产生和使用过程的内在部分的时候，政府才能建立起社会的真正相互信任，社会也才能找到信任政府的根本而牢靠的理由。只有建立起公平的、人人都必须遵守的法律法规，只有国家的法律能够真正的执行，居民的合法财产都得到保护，“跨省自首”一幕才不会重复上演。

何来的“舆论审判”

——湖北巴东邓玉娇案引发的思考

【事件回放】

事件发生在 2009 年 5 月 10 日晚 8 时左右。当时，湖北省巴东县野三关镇政府 3 名工作人员在该镇雄风宾馆梦幻城消费时，涉嫌对当时在该处做服务员的邓玉娇（22 岁）主动进行骚扰挑衅。邓玉娇用水果刀进行自卫，其中一人被刺伤喉部、胸部，经抢救无效死亡。事发后，邓玉娇当即拨打 110 报警。次日，警方以涉嫌“故意杀人”对邓玉娇采取强制措施。

本次事件中的死者名叫邓贵大，44 岁，是野三关镇政府招商办公室主任。另一名伤者叫黄德智，以前是该镇农业服务中心副主任，2009 年年初被抽调到招商办工作。还有一名工作人员也是邓贵大的同事，他们 3 人均在同一间办公室。

此事件在网络上传开后，因死者邓贵大原系巴东县野三关镇政府招商办公室主任，故被称作：邓玉娇刺官案。

5 月 12、18 日，巴东警方先后发布案情通报，由于发布的案情细节有所出入，引起了媒体和网络的热议。邓玉娇事件也以巴东县政法委书记、公安局长杨立勇接受本报记者访谈为转折点。

同时，恩施州电视台《今晚九点半》节目就邓玉娇案件进行了报道，并播出了邓玉娇被捆在病床上哭喊“爸爸，他们打我”的画面。

5 月 14 日，网友“超级低俗屠夫”吴淦在“猫眼看人”论坛上发帖，认为此案是邓玉娇在面对几个男人对她的强奸威胁时做出的正当防卫。并来到巴东帮助邓玉娇家人联系到了北京华一律师事务所律师夏霖、夏楠，向邓玉娇提供法律援助。正是恩施电视台《今晚九点半》栏目的报道和网友屠夫的介入，推动邓玉娇案走向舆论狂潮。

5月21日，邓玉娇的代理律师夏霖、夏楠从看守所会见出来，痛哭失声，爆出“邓玉娇遭受性侵犯”的内容，形势急转。律师对性侵犯的指控符合网民“烈女抗暴”的想象，巴东政府受到了此前并未有过的舆论压力。随着事态升级，前来巴东的媒体也越来越多。随后《重庆晨报》、《中国日报》、《新京报》、《时代周报》、《南方人物周刊》、《南方都市报》以及《广州日报》纷纷到场对事件进行报道。在这一阶段，民众心理发生了微妙的变化，如果开始网友把事件中各人物“脸谱化”了，那么，随着事态的发展，网友已经把邓玉娇想象成自己的化身，这些人物开始逐渐被“符号化”，成为民众表达情绪的一个符号。而网络上出现《烈女邓玉娇传》、《侠女邓玉娇传》、《生女当如邓玉娇》等赞美之文，舆论几乎呈一边倒——纷纷攻击黄德智、邓贵大等人。

随着媒体的报道和网友的强烈关注，“邓玉娇案件”已经演变成为“邓玉娇事件”，巴东县政府正式介入此事。5月22日，巴东县政府成立了“邓玉娇案”新闻信息发布中心，原先该案的信息都是由警方发布的，从这一天起改由政府发布，新闻发言人欧阳开平也正式亮相。

5月22日，全国妇联也在官方网站上发布消息，表示高度重视邓玉娇事件并密切关注事件进展。

5月23日，巴东官方网站长江巴东新闻网在得到张树梅（邓玉娇的母亲）完全同意之后，即发布声明，“解雇”夏霖、夏楠两位律师。

5月24日，巴东县“邓玉娇案”新闻信息发布中心发布通告称：据巴东县公安局证实，邓玉娇的母亲张树梅在解除原聘夏霖律师后，另聘湖北立丰律师事务所汪少鹏律师和湖北诚业律师事务所刘钢律师共同担任“邓玉娇案”在侦查阶段的代理律师。

从5月27日开始，各大媒体的记者被纷纷召回。在巴东县政府的允许下全国仅《楚天都市报》一家媒体独家连续报道邓玉娇事情的进展。

由于有网民发表声明要到巴东声援邓玉娇，对当地的稳定造成了压力，同时鉴于一年前瓮安事件的教训等原因，5月28日开始，当地政府便以“防雷击”为由，截断巴东市野三关镇全镇的电视广播，宽带上网亦被中断。同时，还关闭了通往巴东的水、陆两条通道，在路上设置关卡，并在全州范围内排查娱乐场所以及宾馆。并以“打击违法犯罪，整顿治安环境”为由，把市内的外地人全部送到特定宾馆监视。但在此期间内，还是发生了记者被打事件。

5月31日，湖北省恩施州公安局认定邓玉娇“防卫过当”，移送检察院起诉。巴东县纪检委则开除黄德智党籍，县公安局对其治安拘留。

2009 年 6 月 5 日下午，邓玉娇两位来自湖北的辩护律师收到巴东县法院依法送达的起诉书。检察机关认为邓玉娇具有防卫过当、自首等从轻、减轻或免除处罚的情节。网民继续声援支持邓玉娇。

【应对举措】

2009 年 6 月 16 日，备受各界瞩目的“邓玉娇刺官案”在湖北巴东县法院一审开庭。巴东县人民法院认为，邓玉娇在遭受邓贵大、黄德智“无理纠缠、拉扯推搡、言词侮辱”等不法侵害的情况下，实施的反击行为具有防卫性质，但超过了必要限度，属于防卫过当。被告人邓玉娇故意伤害致人死亡，其行为已构成故意伤害罪。案发后，邓玉娇主动向公安机关投案，如实供述罪行，构成自首。经法医鉴定，邓玉娇为心境障碍（双相），属部分（限定）刑事责任能力。据此，依法判决对邓玉娇免予刑事处罚。其理由是：此案中，邓玉娇有 3 个减免情节，对方过错在先、投案自首和有精神病史。所以，最终判决结果为免于刑事处罚。

而巴东县政法委书记、公安局长杨立勇也为“擅自”接受媒体采访付出了代价，之后他被免职，调离巴东。

6 月 17 日，邓玉娇被送往恩施州优抚医院接受免费治疗。9 月，家属请求出院，政府又为邓玉娇在恩施州电视台微波站安排了工作。

11 月底，中央政法委派人赶赴巴东录制了“邓玉娇事件”全过程，与“瓮安事件”并列为四大群体性事件警示片。这起定性为“泛政治事件”的案件，在内部代号为“5·10”案件。

据《北京青年报》报道：2010 年 3 月 8 日，湖北省省长李鸿忠表示，对于该省 2009 年发生的邓玉娇案、石首事件等负面事件，不怕媒体报道，只要报道客观、公正就好。他还表示，湖北省欢迎媒体监督。李鸿忠说：“我们平时讲人大的法律监督、政协的民主监督以及新闻媒体的舆论监督，政府要接受这些监督。我理解‘让权力在阳光下运行’这句话的意思，就是权力运作，行政运作整个过程要透明，让人民群众看得见。负面事情不怕报道、不怕公开，只要报道得客观公正就好。公正、如实，这是最高标准。”温家宝总理在政府工作报告中提出：“创造条件让人民批评政府、监督政府，同时充分发挥新闻舆论的监督作用，让权力在阳光下运行。”对此，李鸿忠认为，党和国家一直是这样做的。最后，李鸿忠说，湖北欢迎法律、民主等监督形式，同时也包括媒体监督。

【评析反思】

在转型期中国社会的大背景下，卷入群体性事件的各方角色，不可避免地产生错位，这是横亘在民众与政府之间的矛盾。对于司法机关来说，司法独立应当是“出淤泥而不染”的独立，而不应是“乃不知有汉，无论魏晋”的独立。他们只能也必须在纷纷扰扰的社会中坚守自己的价值取向，他们有责任对一切有可能影响司法公正的外来因素保持足够的免疫力。

而在邓玉娇案件中，民众强力关注司法并实施监督，本身是法制进步的表现。如果民意监督司法时在感性中添加一些理性，在建言前多参考法律，对违法行为坚决反对，对合法行为给予理解，或许司法与民意之间的关系会更趋良性。同样，司法是群众解决纠纷的最后一道程序，民众对其寄予厚望，司法的权威需要民众共同维护。如果以不理性的方式损害司法权威，结果会使司法权威下降，民众寻求公理会更难。因此，在立法、制度层面之外，提高司法公信力，维护司法权威，更需要公众的良性参与。

那么，我们要问“舆论审判”真的存在吗？首先，舆论没有司法权，舆论虽然可以对案件任意评论，但它能不能影响司法则完全取决于司法机关是否采纳其声音。其次，司法独立本身就意味着司法机关不受社会舆论的干涉，舆论自身完全有可能“用愤怒的情绪淹没理性的思考，用首先的判断代替法律的分析”，但司法机关不会也不应如此。

当然，社会舆论有被滥用的可能性。舆论中通常掺杂有许多情绪化和非理性的东西。社会心理学的研究也表明，在群体讨论的环境下，各种观点的碰撞和对抗，会使每个人都倾向于将自己的观点极端化。特别是在网络虚拟环境下，最初的正常讨论常常会一步步演变为追新逐异的大放厥词甚至人身攻击。对此类过火行为，我们无疑应当共同抵制。但是，我们也应当对社会舆论保持宽容。民众不是办案人员，他们不可能对案件事实有准确的把握，民众不是教授学者，不可能出口成章，他们就偏爱自己的俗言俗语。因此，民众对案件的某些言论，哪怕有很多臆想和偏见，哪怕非常天真和幼稚，哪怕是满腹牢骚或一腔怒火，都情有可原。因此，绝不能动不动就给正常的社会舆论扣上“舆论审判”的大帽子。公民只要其言论不直接伤害公共利益，不涉嫌侮辱、诽谤，不触犯法律，就是合法的言论。由这样的言论集合而成的社会舆论就当合法合理，应受保护。

在邓玉娇案中，各路网友“占山为王”，派别林立，每派都有自己的意见领袖。虽如此，各派对事件的道德审判出奇地一致，在一个社会价值观如此多元的今天，能出现这种高认同度，不能不说是网络领袖们很懂得掌控网友的情绪和想法，牢牢掌握着把控舆论的技巧。

毋庸置疑的是，媒体有表达民意的责任，更有客观、公正的报道事件的责任。对邓玉娇事件的报道中，媒体表达民意，却并没有受制于民意，当民意癫狂时，媒体并没有与众共舞，这正是媒体日臻成熟的表现。

“邓玉娇事件”给我们的警示是深刻的，正如温家宝总理在政府工作报告中提出：“创造条件让人民批评政府、监督政府，同时充分发挥新闻舆论的监督作用，让权力在阳光下运行。”

以"刮骨疗伤"的勇气吸取教训

——对河南赵作海冤案的反思

【事件回放】

赵作海，男，1952年出生，河南省商丘市柘城县老王集乡赵楼村人，被称作河南版"佘祥林"。1999年，因同村赵振晌失踪后发现一具无头尸体而被拘留，2002年，商丘市中级人民法院以故意杀人罪判处死刑，缓刑2年。2010年4月30日，"被害人"赵振晌回到村中。2010年5月9日，河南省高级人民法院召开新闻发布会，认定赵作海故意杀人案系一起错案，宣告赵作海无罪，同时启动责任追究机制。

这次事件还要追溯到1998年2月15日。当时，商丘市柘城县老王集乡赵楼村赵振晌的侄子赵作亮到公安机关报案，称其叔父赵振晌于1997年10月30日离家后已失踪4个多月，怀疑被同村的赵作海杀害，公安机关当年进行了相关调查。

1999年5月8日，赵楼村在挖井时发现一具高度腐烂的无头、膝关节以下缺失的无名尸体，公安机关遂把赵作海作为重大嫌疑人于5月9日刑拘。1999年5月10日至6月18日，赵作海做了9次有罪供述。2002年10月22日，商丘市人民检察院以被告人赵作海犯故意杀人罪向商丘市中级人民法院提起公诉。2002年12月5日商丘中院做出一审判决，以故意杀人罪判处被告人赵作海死刑，缓期2年执行，剥夺政治权利终身。经省法院复核，于2003年2月13日做出裁定，核准商丘中院上述判决。然而，戏剧性的一幕是2010年4月30日，赵振晌回到赵楼村。经调查，1997年10月30日夜，赵振晌携自家菜刀在杜某某家中向赵作海头上砍了一下，怕赵作海报复，也怕把赵作海砍死，就收拾东西于10月31日凌晨骑自行车，带400元钱和被子、身份证等外出，以捡废品为生。因2009年患偏瘫无钱医治，才回到村里。

2010年5月5日下午，省法院决定启动再审程序。2010年5月7日下午，商丘中院递交了对赵振晌身份确认的证据材料。2010年5月8日下午，省法院召开审委会，认定赵作海故意杀人一案是一起明显的错案，宣告赵作海无罪，承诺安排好赵作海出狱后的生活，并启动国家赔偿程序。2010年5月13日上午，河南省高院召开新闻发布会宣布：给予赵作海国家赔偿及生活困难补助共计65万元，商丘市中级人民法院宋海萍院长亲手将赔偿金交付给了赵作海。2010年5月29日，导致赵作海冤案的“1999·5·8”杀人碎尸案顺利告破。

【应对举措】

事件发生后，2010年6月29日，河南省高院关于赵作海案件大讨论活动总结会上，河南省高院院长张立勇在总结赵作海案惨痛教训的同时，就赵作海案发生的深层次原因以及如何避免类似赵作海案件发生从多方面进行了总结。

总结会上，省高院认为赵作海一案对全省法官来说有6个方面的教训值得深思：一是先入为主的传统思维。二是背离了公检法互相制约的立法本意。三是控辩双方严重失衡的审判格局。四是一边倒的社会舆论给审判带来压力。五是法院监督制约机制出现故障。六是法官职业操守缺失，使法院刑事审判成了“过场”。

省高院举一反三，总结出可避免赵作海错案再次发生的8招：一是必须坚持惩罚犯罪与保障人权并重的原则。二是必须坚持“以事实为根据、以法律为准绳”的原则。三是必须发挥审判机关在司法格局中的权力制约作用。四是摒弃先入为主、有罪推定的传统思维模式和疑罪从有的刑事司法理念。五是必须以如履薄冰、如临深渊的心态，以高度的责任心为人民掌好“刀把子”。六是必须坚定秉公执法、树立法官的神圣职业形象。七是建立健全刑事审判的制度。八是必须牢记惨痛教训，把错案警示日长期坚持下去。而且强调要牢记赵作海案件的沉痛教训，要在每年的5月9日，河南省全省法院都要进行总结反思，做到警钟长鸣，坚决避免错案，决不让赵作海案件重演。

【评析反思】

1. 导致赵作海冤案迟迟不能昭雪的原因。

第一，民众法制观念淡薄。作为一般公民都相信公权力，相信公检法的办案结果，这使得赵作海周围的乡亲也认为赵作海确实是杀人犯，这在一定程度上也对办案人员的判断给予了心理暗示。作为赵作海也认为自己申诉无望，而放弃了自己的权利。

第二，刑讯逼供。《刑事诉讼法》已在该案庭审8年前修订过，防错制度可谓相对完备，控辩双方对抗式的案件审判模式，无非是希望未来的刑事诉讼能贯穿以下3个常识理念，即疑罪应当从无、非法证据应当排除、证人应当出庭作证。为什么还会出现这样的错案呢？答案其实很简单：制度貌似完备，常识未必深入人心，程序制裁存在严重不足。

刑讯逼供的危害众所周知，然而，“非法证据排除”这样的程序性制裁规则并没有建立。被告人没有权利就刑讯逼供问题单独进行听证，不能就此问题上诉和要求提供人身保护；刑讯逼供的事实认定由谁来举证，被告人和控方的证明标准是什么，都没有确立；警方重大案件讯问“全程同步录音录像”也没有建立。实践中，最多由警察出庭表示没有刑讯逼供了事，刑讯逼供所获取的证据的排除往往成为一句空话。对于警察惯用刑讯逼供，通常的解释是：在破案率的压力下警察为了追求效率而违反程序。同时，从心理学来说，也是害羞心理（由美国著名心理学家津巴多提出）作用的结果。

第三，“控辩审三角结构”变为“公检法流水作业”。许多法律上所确立的原则和机制也常常为司法的“潜规则”所规避和架空。刑事诉讼的架构并没有沿着修正后的《刑事诉讼法》所确立的法官居中裁决、警方和检方的主张要在法庭上得到确认这种“三角模式”进行。司法实践中，公检法联席办案、提前介入和政法委“协调办案”以及公安机关地位逐年提高，都使得警方在刑事诉讼中成为最重要的主体。警方制作好“饭菜”、检方照端、法院照着吃的“线性结构”依然被延续。而当初赵作海案的死缓结果本身就说明，法官对凶案是否确系赵作海本人所为，内心也无法形成确信，只是迫于某种压力，才作出了被行内戏称为“留有余地”的判决。

第四，敏感逼迫政绩化。命案必破对于警方的意义，正如GDP对于地方官员的意义。有些公安机关将命案的破案率作为政绩考核的标准，然而命案必破听着是好事，但如果司法权力不受制约，却也是冤假错案的催化剂。

在命案的侦破上，根据公安部公布的数据，2005年我国命案侦破率为89.6%，已接近日、德、韩等国，超过英国（87%）、法国（81%）、加拿大（78%）、美国（63%）等。他们的科技水平显然高于我们，就算我们组织有力、协调办案等各方面的“优势”因素，我们也不可能大大超过他们的水平，更不用说命案100%能侦破。因此如果要强行追求命案必破，那么就会产生两种结果，要么破坏正当程序搞刑讯逼供，要么是弄虚作假，搞假数字和假案子。然而，这种危害甚至是比命案没有破更严重。

第五，申诉权不彰。为何被冤枉却不申诉呢？赵作海的解释是：之前在社会上生活并不好，入狱后感觉“生活稳定”，就不想再折腾，安心服刑，以求早日出去。如果这是赵作海真实的意思表达，监狱让人留恋，自由成为负担，这种反常的思维是对社会正义和现实更大的反讽。

但是，另一个原因应当是在案件审讯室，赵作海被刑讯逼供、屈打成招，已经对“依赖法律讨回公道”失去希望，甚至会认为自己的鸣冤和申诉会换来更让他受不了的刑讯逼供，因此，他认为申诉根本没有任何希望。

第六，问责不足。司法体制中并不缺乏“悔判”的制度设计，诉讼程序上有审判监督制度可兹援用。但一个无法绕开的难题在于：案件的对与错在很多时候并没有一个客观的标准，长期沿用的层层审批与集体讨论又使得个案的责任人不甚明确。因此，错案责任追究制虽然初衷是良好的，但一出台便难以操作。在一些地方的司法实践中，这一制度的运行甚至走向了反面。在错案追究的风险评估面前，要靠司法自纠来清理司法误判，实在有些过于理想化。自己做错事，真要打自己耳光，需要的不仅是事实和法律，更需要“刮骨疗伤”般的勇气。

2. 冤案昭雪之后的反思。作为冤假错案的典型，河南省商丘市赵作海案在经历司法机关纠错、国家赔偿、几名法官被调离或停职之后，已基本淡出公众视线。但是，当初舆论风暴中的河南省高院并未停止反思，而是在全省法院开展了为期一个月的总结赵作海案件教育大讨论活动，以期吸取教训，避免错案重演。

在赵作海冤案的善后处理上，河南省高院以其诚挚态度和快速反应赢得了舆论的赞赏，同时，又自揭“6大教训”，这6大教训有的指向法官个人素质，有的指向审判格局和机制，堪称宏观微观兼具，更显示了其直面失误、勇于担责的精神。但从另一方面看，赵作海冤案并不是一个偶然的概率极小的事件，深入剖析其发生学原理，总结教训，也就不宜仅仅停留于个案，而应该放在更广阔的法治背景下进行反思。

出于以上考虑，对河南省高院总结的一些教训，不乏令人困惑之处。比如特别把此案“充分说明主审法官一人说了算”作为第5条教训，就很费解。现行审判程序已经决定了，在刑事案件尤其是死刑案件中，不可能由主审法官“一人说了算”。“省法院复核阶段合议庭合议笔录仅有161个字，连审委会也没上”，这一点与其说充分说明主审法官一人说了算，倒不如说正好暴露了审判过程中的权力与责任极不清晰的尴尬。不言而喻，审委会上还是没上合议笔录，根本非主审法官个人能够左右。

法官对于由其审理的案件独立负责，这是近现代审判程序中的一项重要原则。如果反思赵作海案得出的教训是要进一步限制法官的独立裁判权，岂不是与司法改革的目标南辕北辙？其实，从很多司法实践中人们已经看得很清楚，重要的问题并非赋予法官的权力过大，而是法官的权力和责任往往很不明确。应该清楚的是，独立负责既意味着权力的独立性，也意味着对于行使权力者的一种明确的个人责任追究机制。只有这二者结合，法官所拥有的独立裁判权才可能既廉洁又高效，而权力一旦与明确的个人责任分离，就有被滥用的现实危险。

河南省高院总结出的一些教训，是我国法治进程中所普遍存在的现象。河南省高院认为，本案中法院“过分倾向公诉机关的意见”，“背离了公检法相互制约的立法本义”，更堪称中国法治的点睛之笔。在公诉案件中，法院为什么总是“过分倾向公诉机关的意见”？这样一种司法格局，将给公众和社会带来什么样的影响？这些值得所有关注中国法治进程的人深思。众所周知，在公诉案件中，控方代表着国家权力，辩方是普通公民，这两者的力量本来是很不对等的，所幸的是在现代权力格局中，司法机关的审判权能够对此给予矫正，可以依托其中立地位保障裁判的公正性。但如果司法机关如河南省高院所说，“过分倾向公诉机关的意见”时，一种可怕的局面就注定了：审判权与控诉权事实上已经合二为一。在这个时候，哪怕是冤屈似如赵作海者，面对强大的国家权力，他所期盼的司法公正又怎么可能出现呢？

刑事案件的冤案值得反思，民事案件的冤案同样值得反思。广州市越秀区人民法院在处理广州市越秀区犀牛路农本新村地块的拆迁冤案更是如是。超越个案，把中国的法治推进一步，作为反思赵作海、佘祥林之类冤案的一面明镜子，做到有错必纠，才是我们真正值得去做的事情，否则，道歉也好赔偿也好，也许仅仅只是对赵作海个人有意义。

劳资博弈的背后

——本田罢工事件引发的启示

【事件回放】

2010年5月17日，本田汽车零部件公司近百名员工因工资低、福利待遇差，开始罢工。5月21日，因传言公司已赴湛江等地大量招聘新工，公司不会给员工加薪，员工们开始第二轮罢工。5月22日13时许，公司通过广播宣布与“参与集体怠工、停工、集会，无正当理由不服从公司命令”的两名停工者解除劳动合同。当天14时许，停工员工复工。

5月24日，公司公布了对停工事宜的解决方案：本田零部件公司员工的补贴提到120～155元不等。5月25日，本田零部件公司首次公开表态：“正以积极的态度希望可以通过协商，尽快解决问题。”对于员工的要求，本田回应：“员工对工资、福利、教育制度等方面的不满，公司会带着诚意去改善。为此，经各个方面带来的不良影响和麻烦，我们深感歉意。”

5月26日，本田零部件公司16时许通过工厂广播宣布了新的加薪方案，正式员工工资和补贴将增加355元。本田零部件公司工人表示对于该方案并不满意，停工仍在继续。

5月27日，此次劳工纠纷波及范围进一步扩大，除了广汽本田、东风本田整车厂受到影响外，东风本田发动机厂也同时停产。随后，本田公司发布消息，称该公司位于中国广东省佛山市的零部件工厂因中国工人发起罢工要求加薪而停工。由于零部件供应中断，4家在华整车工厂也被迫停产。

本田汽车零部件制造有限公司罢工事件最终在6月4日晚上宣告结束。在广州汽车集团股份有限公司集团副董事长、公司总经理曾庆洪的周旋下，公司与南海本田中方工人派出的15名代表进行长达6个小时的谈判后达成协议，确定将薪酬上调34%，约增加500元，工人的月工资大约提高到2044元。

【应对举措】

1. 集体谈判。集体谈判是指一个雇主或者一个雇主团体与一个或者数个雇员组织就雇佣条件与相关事项进行的谈判，谈判目的是为了签订一个通过双方妥协后所达成的集体合同。因此，一旦工人采取罢工行动，大多数企业采取的都是对抗性和压制性的应对措施。本田罢工事件爆发的开始阶段，企业采用多种威胁手段试图平息罢工，结果却是激怒了更多的员工参与罢工，使工人罢工的时间延长。最终造成本田集团因全面停产而造成几十亿的损失。如果企业能够及时与工人代表或企业工会进行集体谈判或集体协商，不仅可以在谈判期间保证生产的继续进行，而且也可以和员工达成具有积极意义的妥协，从而使工人能够继续安心的工作。

本田罢工事件的解决，实际上为企业提供了一些值得借鉴的经验。

第一，在罢工发生之后，企业的管理者不要出现慌乱的情绪。应该首先和当地政府的劳动部门接洽，让政府作为第三方来促成劳资双方尽快进入谈判阶段。

第二，专家的介入是十分必要的。目前我国尚缺乏能够处理罢工和集体谈判的人才，因此，能够邀请一些精通该方面知识的专家介入，作为劳资之间的斡旋人，也可以增加平息劳资冲突的效率。

第三，企业的人力资源管理部门要认真学习我国有关集体协商和集体合同的相关法律和制度，并能够根据企业自身的特点，制定出具有不同反应层级的谈判策略。具体来说，就是根据企业的经营状况和管理状况，制定出一些不同层级的利益交换和利益妥协的参考标准，以便在集体谈判过程中更加能够维护自身的合法权益。

第四，企业工会与员工的有效沟通，实际上，不仅能够让工会更加准确地表达工人的意愿，而且，也可以让工会和工人之间建立更好的互信关系，更高效的促成谈判。

2. 员工福利。除了罢工发生之后的应对措施之外，在罢工之前的预防措施更为重要。但是，在企业建立预防罢工机制之前，要明确一个前提条件，即企业应该谋求长期发展。短视的企业只会重视依靠低劳动力成本换来的短期的暴利。在这样的企业发展思路中，必然也不会重视如何不断开拓新的产品市场，如何通过增强员工的激励机制和凝聚力来增强企业的竞争力，这样的发展模式也必然导致该企业昙花一现的生命。而具有智慧的企业，则应该从员工福利和利益表达两个角度着手，制定有效的预防罢工的机制。即从福利角度考虑：一是利益型福利，即给员工增缴保险类型、给员工适当的增加奖金额度、给员工的住宿交通提供补助等。二是心理型福利，如组织员工参加唱歌或旅游等文娱活动、组织员工聚餐等，并能够借这样的机会对他们为公司做出的成绩表示尊重和褒奖。

【评析反思】

1. 罢工发生的原因分析。当时在一段时期内发生的系列罢工事件，涉及到的多是日本、韩国的合资企业以及台资企业。分析这些企业，引起罢工的原因主要是：

第一，一线职工工资偏低、工资增长缓慢导致不满。以本田为例，一线工人的工资在加薪之前只有1500元左右，工资每年的增长幅度仅为二三十元人民币。这在生活成本高的广东，物价上涨导致生活支出增加的今天，工人连维持基本生存的条件都很困难。

据本田公布的2009/2010年度财报显示：受益于亚洲销量的增长以及成本削减，公司营业利润为3637亿日元，同比大增91.8%，公司净利为2684亿日元，同比大增95.9%。由此推断，当时南海本田的盈利能力并不是很糟糕。问题的关键是工人工资福利与企业收益脱钩，不能分享企业发展的成果。这进一步激化了工人的不满情绪。

第二，企业缺乏以人为本的文化氛围。外资背景的这类企业，在经营中往往只关注赢利性等经营结果，内部缺乏以人为本的文化氛围。体现在企业管理上，对员工往往采取简单、粗放的管理，工人工作生活环境差、劳动强度大、得不到公平的对待、身心健康被漠视等。长此以往，工人和企业的矛盾越积越深。

第三，维护职工权益的法律制度不健全。一线职工工资偏低、工资增长缓慢既然不是个别企业存在的问题，必有其深层次的原因。除了职工在这些企业中处于弱势方，缺乏"话语权"外，更深层次在于工人权益缺乏法律制度保障。

第四，职工缺少能给自己撑腰的组织。职工要维护自身权益，除了采取"罢工"这种激烈方式外，更理性的方式应是通过组织工会，增强职工的谈判能力和话语权，与资方集体谈判协商。西方工业化国家发展过程中工人运动的历史，已经清楚地表明了这一点。现在问题的关键是：虽然有关企业也成立了工会组织，但不能充分发挥作用，难以担当职工的利益代言人。

第五，职工维权意识提高。目前，80、90后逐渐占据了农民工的主力阵容。据统计，在全国目前约1.5亿农民工中，新生代农民工已占到60%左右，并且，这个群体还在以每年800万～900万人的速度递增。新一代工人，尤其是80后和90后们，具有较高的教育程度，随着社会整体进步，对工作环境、薪资待遇的要求较之前都有了一定程度的提高，维权意识也得到增强。

另外，近年来社会上各种矛盾的积累、罢工事件的“示范效应”和网络、媒体对此类事件的渲染等等，也是重要的外部诱因。

2. 从企业角度的几点反思。罢工对于企业来说并非是洪水猛兽，只要应对得当，便可以最大限度的预防。然而，归根结底，无论是雇主还是管理者都要对中国的劳资关系变化具备一种理性的认识和分析。在劳资关系中，由于环境的变化，劳资双方都会出现不同程度的变化。企业的人力资源管理者对待劳资关系管理也必须持有一种变化的意识。

企业追求效率与员工追求公平是一对矛盾的共同体。这两种诉求在劳资关系之中的相互作用，造成了不可避免的劳资矛盾。为了解决矛盾，作为具有资本优势的企业，就更需要倾听员工的声音，建立其利益表达的机制。只有这样才能真正的预防和消弭劳资之间的矛盾和冲突。

由“本田罢工事件”引发的社会思考是广泛的、多角度的。从事件发生企业的角度出发，以下几个方面值得深入思考。

罢工并非近年来才有的新鲜事，它是市场经济条件下正常的经济现象。中国市场化改革以来，罢工就注定成为社会发展进程中不可避免的一部分。

近几年各地罢工事件频发，说明问题已经日益突出并逐渐激化，进入了“密集爆发”的时期。一方面，我们不能简单认为罢工就是“违法行为”。中国人民大学劳动关系研究所教授常凯指出，中国法律并没有“禁止罢工”的规定，也没有“罢工罪”的说法。虽然中国法律也没有明确规定工人享有罢工权，但现有法律规定实际上在相当程度上，已经认可了劳动者集体争议行为的合法性。另一方面，我们也不能简单认为罢工就是“过激行为”。局限在企业内部的停工行为绝非“过激”，但如果发生破坏厂房机器、阻塞交通甚至故意伤人，属行为“过激”，罢工方必须杜绝此类行为。

此次本田工人的罢工，就很好地把握了这一尺度，在此基础上通过集体谈判来解决劳资纠纷，这是一种理智的行为。但本田厂方开除带头罢工工人的做法却不是明智之举。要防止采取随意开除、处罚参与罢工工人的“施压对策”等，以免进一步激化矛盾。

相关企业要充分认识到，员工利益与企业利益从根本上是一致的。员工在企业中绝不仅仅是被利用的“工具”，而是企业财富的创造者，理应分享企业发展的成果。优秀的人力资源是企业竞争力的重要组成部分，增强这一竞争力要求让员工分享企业发展的成果。

如果工人工资长期处于低水平，对企业发展也是不利的。这会导致工人没有责任感，流动性强，成熟技工流失。因此，在考虑企业效益水平、社会总体生活水平、物价水平的基础上，对员工增加薪酬水平的合理诉求，企业应予以满足。同时，企业要在内部建立健全员工薪酬正常增长机制，通过工资集体协商等方式，架设起企业与员工有效沟通的桥梁，使员工薪酬正常增长实现制度化、程序化。

企业应平衡不同员工之间的收入差距。员工对薪酬水平不满，只是导致工人罢工的直接诱因之一。在本田罢工事件中，工人强烈不满的一个方面，是企业在收入分配上搞内外双重标准。相对于中国一线工人普遍收入低和晋级难的困境，被工人称之为“支援者”的日方员工，除了每月可以领到数万元的工资外，福利方面的优待更是令中国工人“垂涎”。尽管内外标准不同可能有一定的合理性，但企业也要把握合理的“度”，差距不能拉得过大。由此延伸开来，在增强“以人为本”的发展意识、改善工人工作生活条件、保障工人的休息休闲权利、更公平地对待员工、管理更加人性化、更加关爱员工的身心健康等方面，相关企业还有大量的工作要做。

企业工会的实际“权力”应加强。在本田罢工事件中，工会不仅没有成为维护工人权益的强大后盾，反而成了矛盾的焦点，反映出这些企业工会当前存在的问题。要更好地贯彻国家有关法律法规，使企业工会真正成为维护工人权益的代言人。同时，要加快工会自身的改革。尤其是外商独资或控股的企业里，积极试行以更加民主的方式选举工会领导人，使工会能更好地代表和维护广大职工的利益，并积极建立健全党的组织，主动开展工作，引导和监督企业遵守国家法律法规，领导工会、共青团等群众组织，发挥党员先锋模范作用，团结凝聚职工群众，维护各方的合法权益，促进企业的良性健康发展。

提升竞争力，加快企业转型升级。企业要想在新的环境中获得竞争力，必须逐步摆脱对低成本劳动力的依赖，以科学发展观为指导，加快转变发展方式，推动企业转型升级。增强自主创新能力，加快技术进步，加快产品结构调整，加强品牌建设，加强人力资源建设，提高产品附加值，提高生产率，提高在全球价值链中的分工地位。只有这样，才能在促进企业发展的同时，也能充分保障员工的利益，实现企业与员工在更高水平上的共同发展。

此次事件对我们的警示在于：一是要理性认识和对待罢工行为。二是要建立健全员工薪酬正常增长机制。三是要加强企业人性化管理和企业文化建设。四是要加快工会自身的改革。只有这样才有可能预防今后类似问题的发生，也才能真正杜绝罢工事件成为常态化。

“学术监督”应该良性互动

——方舟子遇袭案反思

【事件回放】

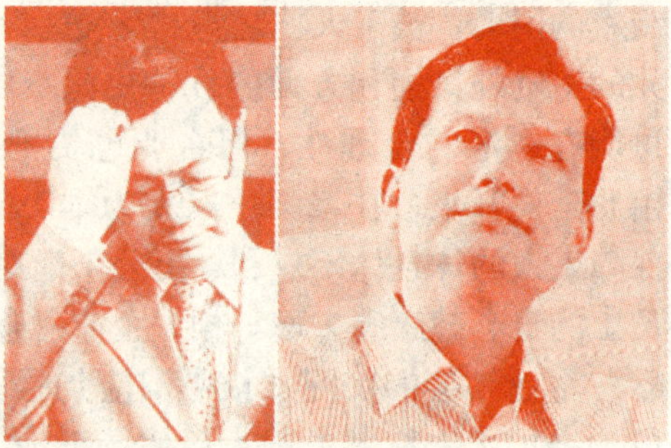

2010年8月29日，“打假斗士”方舟子在家门口受到了两名男子尾随袭击，被铁锤砸中腰部，导致其腰骶部皮肤挫伤。

方舟子遇袭后对媒体称，凶手欲置他死地，是100%买凶报复。他以前也接到过恐吓电话，也有人上门跟踪、恐吓，当时也有报案，但没有引起重视，只是警方做了笔录，没有专门查。他表示，类似的恐吓一直是真实存在的，最近的一次是在7月2日。至于遇袭的原因，方舟子同时表示，他没有任何私人恩怨，就是因为揭露了某些人造假，触及到了一些人的个人利益，招致别人买凶来报复。

9月21日，北京警方召开新闻发布会，称方舟子、方玄昌遇袭案已并案告破——曾在案发后对媒体宣称“方舟子打假案”的国家“973”计划项目首席科学家、华中科技大学同济医学院附属协和医院泌尿外科主任肖传国，当天下午在浦东机场被警方控制。肖传国就是此次事件的幕后指使人。

肖传国被拘的消息传出后，不少武汉地区医疗界人士和高校老师在网上发帖称，肖传国在科研方面有成果，并且有发展空间，很遗憾他做出这种举动。华中科技大学发表声明称：我校附属协和医院泌尿外科教授肖传国涉嫌故意伤害罪被警方拘留审查，我们深感震惊。肖传国涉嫌故意伤害属个人行为，我校将密切关注，待司法机关做出认定后，按有关规定进行处理。中国工程院院士、华中科技大学校长李培根在接受记者采访时表示，他本人实在难以想象大学教授会做出这种事，学校坚决支持警方依照国家法律惩处。

10月10日，北京石景山法院一审认定5名被告人构成寻衅滋事罪，主犯肖传国被判处拘役5个半月，其他4名被告分获5个半月到1个半月不等的拘役。受害人方舟子、方玄昌和被告肖传国等人均不满这一判决结果，并提起上诉。

方舟子“打假”打了10年，最后还是被人打了，不过，出乎意料的是，出手的人竟然是另一个高级知识分子、中科院院士候选人肖传国。其实，任何群体内部都有矛盾争执，即使是受过高等教育的文化人。肖传国却使用最极端的暴力方式来解决他与方舟子之间的问题，归根到底还是因为方舟子曾去调查接受过肖传国“肖氏反射弧”手术的病人。据他称，有40%的病人在接受手术后都有不同程度的残疾。在得到部分病人的支持后，他开始为这些病人维权，而这种维权带来的直接影响就是严重冲击肖传国的手术量。2005年9月21日，方舟子发表文章《脚踏两只船　中国院士越选越滥》，称“肖氏反射弧”是肖传国本人自吹自擂，其成果并未得到认可。

因为这篇文章两人正式结怨，两人初期还是保持着文化人解决矛盾的传统手段——打“口水仗”，在报纸、杂志、电视和博客上口诛笔伐，指责对方，慢慢地演化为一场暴力冲突。

方舟子曾讲到，一己之力推动打假很吃力，应当是国家部门或者专家来打假，民间力量是很有限的，民间缺乏资源。他一直盼望能有一个具有公信力的政府部门，来管这些造假的事，民间人士本来就不应承担这么大的打假风险。

多年的口水仗，华中科技大学同济医学院教授、973国家重点基础研究发展计划首席科学家肖传国与知名“打假斗士”方舟子之争，终于以一场轰动一时的“雇凶伤人”案为节点暂告一段落。为此，肖传国一度被媒体戏称为“铁锤教授”。

2011年3月17日，肖传国悄然出狱。10天后，华中科技大学同济医学院泌尿外科研究所所长办公室，肖传国出狱后首度开口，接受《新快报》记者独家专访时，回应长达10年之久的方肖之争和这半年来命运的大起伏。

“我不服判决！网上的文章没有一篇没造谣的。说我花了10万元雇凶，完全没这回事。我没有雇凶，是我们自己的亲戚，之前他的孩子上不了大学，我们帮过他。方舟子一直污蔑我，他实在看不下去了，说要去打方舟子。他和我说了，我没拦他。法院的判决书上也写的是我接受戴建湘找人殴打‘二方’的建议，你可以去查。”当谈及为什么不拦时，肖传国说：“一条疯狗围着你10年，你怎样也要踢一脚啊。法院的判决书上说起因是学术争议，其实他（方舟子）什么都不懂。之前我通过法律手段起诉过他多次的造谣，但是通过正常的途径都找不到公道。”肖传国表示，他认为寻衅滋事的罪名有误。为此，他已经对案件提出了申诉。而另一方面，方舟子也认为判决过轻，提出了申诉。

方肖的斗争尚未结束。肖传国在其实名微博上称：“我从没犯罪，更没‘认罪’。所谓‘十万买凶伤人’、‘雇凶伤人’均属造谣、诽谤。详细内情待我将手头一些国内外病人来信回复完毕后向大家公布。中国的法律也就是个笑话。中国的媒体也就是个笑话。”方舟子立即对此微博做出回应：“肖传国一放出来就矢口否认自己犯罪、认罪，‘雇凶伤人’成了谣言、诽谤，中国法律成了笑话……那些全国人民都看到的认罪视频、供词全是公安局伪造的?”

【应对举措】

1. 打击学术造假应该有法律保障。当下学术腐败现象的严峻态势，意味着我们的学术机制存在着某种弊端。在国家大力投资高校科研，开展“人文社会科学繁荣计划”的同时，如果没有一套严密有效的制度性监督机制相配合，有可能激发急功近利的欲望，这势必会导致虚假浮夸的“学术生产大跃进”。对此，仅有道德的呼吁和舆论的力量是不够的，我们需要发展和实施严格的监督处罚制度，还应建立起一套有效的制度化的学术反腐机制。

在学术问题上，个人的打假活动既不值得提倡，也不应盲目反对。这并不是说个人不可以参与，而应鼓励通过向有关机构举报等恰当的方式来揭露问题，最终结论也不应由个人来决定和宣布。的确，在目前的“学术打假”中，一些个人确实存在着其他一些问题。比如，当你看到某人不受制约地在许多并非他本专业的领域中充满自信、所向披靡地挥舞着“学术打假”的大棒时，首先就要对这种打假行为本身有所怀疑。

2. 国外对学术打假的处理。美国著名学府麻省理工学院的副教授范·帕里耶斯，在被发现编造和修改科研数据、杜撰合作者姓名之后，被学校正式开除。在学术诚实问题上美国人极为严肃。麻省理工学院的处理，给人深刻印象的首先是原则立场明确，态度极为严肃认真，没有半点含糊的余地。学院负责科研的副校长艾丽丝·盖斯特发表声明说，科研诚实是该校的“根本原则”，开除范·帕里耶斯表明校方“极其严肃地对待这些问题”。

在加州理工学院，曾做过范·帕里耶斯导师的该校校长、诺贝尔奖获得者戴维·巴尔的摩，对这一消息表示“极其震惊”。他发表声明说，加州理工学院已开始调查范·帕里耶斯曾参与过的所有研究工作。此外，哈佛大学、加州大学旧金山分校等范·帕里耶斯工作过的地方，也发起了类似调查。在这之前，在接到举报和调查后，专业刊物《分子医学当代观点》罕见地发表了一份撤稿声明，称范·帕里耶斯发表的一篇论文“因作者无法提供清楚的支持文件”而撤销。

【评析反思】

当方舟子被袭案处理告一段落的时候，人们的心头不是轻松，反而是阵阵揪心的痛。这已远非知识分子间的学术之争，而变成了学术良心的叩问与职业道德缺失之间的较量。我国高级人才的道德缺失，反映了长期以来人才评价导向“德才兼备”原则未能坚持到底。这急需有关部门通过观念的转变、机制的革新、环境的引导以及行为的示范，有效解决高级人才的“道德短板”问题。

此次事件中折射出的少数知识分子道德感丧失、缺乏学术监管机制等问题，仍令人痛心。如果科技界、教育界主管部门不尽快出台行之有效的监管措施，变“个人打假”为机制监管，一定程度上将无法避免此类事件的重演。近些年来，随着“科教兴国”等方针的提出，科技界、教育界获得的政策、资金支持与日俱增。这本是一件好事，但由于现行制度存在种种缺陷，在个别知识分子中，科研工作与名利挂上了钩，由此造成了学术界的功利化趋势。

这些人的作祟心理就是功利化看待院士称号。院士是国家设立的科学技术方面的最高学术称号，是一种无上荣誉。但不可否认的是，和院士称号相伴随的，还有各类资源，包括课题、经费、种种特殊待遇等。片面、错误地看待院士称号，令他们将评选院士作为个人晋升的重要途径，甚至是唯一手段。于是，“功名路”一旦被断，就让他们恼羞成怒，不惜纵容他人操起凶器害人，学术质疑由此变成个人恩怨。

从 10 多年前的核酸营养品，到后来接二连三的唐骏、张悟本、李一等，方舟子一直被视为打假斗士。此次被袭案件告破后，向来行事低调的他更被捧为英雄。正如互联网问题专家刘兴亮所言，因为打假而遭遇打击报复，这本不应该是由个人来承担的结果。如果大部分学术界人士都是“方舟子”，那么“买凶报复”这种事件也不会上演。

1999 年以来，方舟子设立新语丝网站，通过发表自己和网友的文章，揭发中国学术界的腐败现象。但由于他是“孤军奋战”，没有主管部门

“接棒”，不少曾经被方舟子揭发过的造假者，如今依然活跃在学术圈，并未受到应有惩罚。照此下去，莫说学术规范的真正重建，就连打假者的个人安全恐怕都难以保障。

所以，对于学术造假问题，我们既要在制度上给予学术以自由，不能将其量化，仅仅作为评级晋升的硬性指标，使其丧失原有的意义，也要建立起个人打假维权和学术监督的公共保障体系。只有这样才能更有效地禁绝学术造假的根源所在——功利化，才能切实的防止学术造假的频频发生，才能使学术真正得到回归。希望这场长达 10 年之久甚至还在持续的“口水仗”尽早结束，希望今后不会再出现类似的“斗争”。

警惕商业背后的政治化倾向

——谷歌退出风波的反思

【事件回放】

2010年1月12日，Google企业发展部高级副总裁、首席法务官David Drummond发表官方博文“A new approach to China”，声称Google正在考虑退出中国市场。该声明表示，退出中国市场原因有两点：一是“来自中国有针对性的攻击”。二是不愿再审查其搜索结果。此次事件引起了一场谷歌退出的风波。

2006年1月26日，谷歌正式推出中文搜索引擎Google.cn，并承诺根据中国法规对其搜索结果实施审查。一经面世，谷歌中国公司成为谷歌全球增长最快的市场。市场研究公司易观国际的数据显示，2009年谷歌中国的收入达22.74亿元。

然而，谷歌在巨大商业利益背后的政治化倾向使它的处境就难免变得尴尬起来。谷歌进入中国市场之后麻烦争议不断，谷歌在中国的故事从一开始似乎就已经暗伏着最后的结局。在这场夹杂着商业、政治和道德的多重博弈中，谷歌的惊人之举，无论是在坚持所谓平等传播和开放互联网的价值观，还是利用所谓“互联网自由”掩饰自己的商业失败，抑或寻求更好的谈判筹码，可以肯定的是，如今的局面是从谷歌进入中国后，其总部、大中华区和中国监管机构三者间累积的种种矛盾的一次总爆发。

进入中国之初，谷歌先是被曝无照经营。身为全球最大的互联网搜索公司，竟然“偷渡”中国，引起巨大非议，是为“牌照门”。

2007年年初，网友发现谷歌的沈阳市卫星照片的标注竟然沿用日军侵华地图，此举无疑是在往国人伤口上撒盐。一石激起千层浪，民怨沸腾，是为“地图门”。

2007年4月，谷歌高调推出谷歌拼音输入法，涉嫌抄袭搜狗输入法词库却拒不承认，后见证据确凿方才道歉，是为“词库门”。

2008年初，前谷歌全球副总裁、大中华区总裁李开复本人涉嫌偷税，金额高达500万元，谷歌中国对此解释为“延迟缴税”。曝光后，李开复补缴了巨额税款，但事件仍构成了“纳税门”。

2009年6月18日，谷歌中国被中央电视台“焦点访谈”栏目曝光，称其搜索结果包含“大量淫秽色情和低俗信息”。同日，李开复被来自中国互联网监管相关部门的官员约谈，民间戏称为“色情门”。至此，谷歌中国4年之内就走了“五扇门”。

2009年9月4日，李开复最终宣布辞去谷歌大中华区总裁一职。

2010年1月12日，谷歌公司在事先未与中国政府有关部门通气的情况下，公开发表声明，声称受到了中国政府支持的黑客攻击，不愿在中国运营“受到审查的互联网搜索引擎”，并“考虑退出中国市场”。

1月13日，谷歌高级副总裁和首席法律顾问大卫·多姆德在官方博客中表示，公司已经决定不愿再对谷歌中国上的搜索结果进行内容审查。谷歌表示，如果不能达成协议，将会关闭谷歌中国，甚至是谷歌中国办事处。

就在博文发表后不久，中国政府尚未对此做出回应之时，美国政府迅速表态。1月14日，国务卿希拉里称：“美国正等待中国政府说明这一引发严重关切与质疑的事件。”

1月14日，中国外交部对此事做出回应称：中国的互联网是开放的，中国政府鼓励互联网的发展，中国欢迎国际互联网企业在中国依法开展业务。

1月17日，谷歌否认媒体报道关闭谷歌中国网站和办公室的新闻。谷歌CEO施密特接受媒体采访时表示，希望与中国政府协商取得一致后继续留在中国。

1月29日、2月25日，中国政府有关部门负责人先后两次与谷歌公司负责人接谈，就其提出的问题做了耐心细致的解释，强调外国公司在中国经营应当遵循中国法律，如谷歌公司愿遵守中国法律，我们依然欢迎谷歌公司在中国经营和发展；如谷歌公司执意将谷歌中国网站的搜索服务撤走，那是谷歌公司自己的事情，但必须按照中国法律和国际惯例，负责任地做好有关善后工作。

3月2日，谷歌副总裁黄安娜在美国国会听证会上称，谷歌公司正在与中国政府对话。

3月6日，中国工业和信息化部副部长苗圩却表示，中国政府至今为止没有接到谷歌退出中国的任何申请，以及要进行正面接触和谈判的任何报告。

3 月 11 日，美国《华尔街日报》报道称，谷歌可能最终停止在中国对搜索结果进行审查。

3 月 12 日，工信部部长李毅中表示，如果谷歌非要做出违反中国法律法规的事，就是不友好、不负责任，后果谷歌自己负责。诚如中国政府对谷歌事件的一贯表态，中国在互联网依法监管这一问题上不会动摇。在网络安全、知识产权保护等方面，中国立场十分坚定，我们的做法也完全符合中国国情和国际惯例，因而不会有所让步。为了建立健康、安全、和谐的网络环境，中国进行适当的网络管理是无可厚非的。

3 月 15 日的十一届全国人大三次会议中外记者见面会上，国务院总理温家宝在回应谷歌等外企在中国的投资环境问题时也表示，欢迎外国企业到中国依法经营，中国的法律会保证其享受应有的公民待遇。

3 月 16 日，外交部发言人秦刚在例行的记者会上指出：谷歌公司如果撤出中国，这只是一个商业公司的个别行为，不会影响中国的投资环境，也不会改变大多数外资企业，包括大多数美国企业在华经营良好以及赢利的现实。

3 月 23 日凌晨 3 时 03 分，谷歌公司高级副总裁、首席法律官大卫·德拉蒙德公开发表声明，再次借黑客攻击问题指责中国，宣布停止对谷歌中国搜索服务的“过滤审查”，并将搜索服务由中国内地转至香港。谷歌中国的两个域名 google. cn 和 g. cn 被重新定向至谷歌香港域名。

【应对举措】

国务院新闻办公室网络局负责人于 2010 年 3 月 23 日凌晨就谷歌公司宣布停止按照中国法律规定对有害信息过滤、将搜索服务由中国内地转至香港发表谈话并指出，外国公司在中国经营必须遵守中国法律。谷歌公司违背进入中国市场时做出的书面承诺，停止对搜索服务进行过滤，并就黑客攻击影射和指责中国，这是完全错误的。我们坚决反对将商业问题政治化，对谷歌公司的无理指责及做法表示不满和愤慨。

中央政府在 3 月 23 日的新闻发布会上指出，关于谷歌公司将其搜索服务退出中国大陆市场一事，无非是一起商业公司的个别行为，不应该把这个问题和中美关系挂钩。中国政府依法管理互联网，这一立场不会动摇，这也是国际上的通行做法。中国政府鼓励和推动互联网的发展，在中国，互联网是充分开放的，我们要防止的是对国家安全、社会公众利益有害的信息在互联网上传播。作为互联网的运营商，如同任何在中国境内经营的中外企业一样，要遵守中国的法律和规定。在其他国家，有关公司的经营也要遵守当地的法律和规定。同时强调，中国坚定不移地奉行互利共赢的开放战略。欢迎各国企业来中国依法投资和经营，愿意为他们提供和创造良好的投资环境。中国的市场是充分开放的，但前提是必须遵守中国的法律。

【评析反思】

这场由一家跨国公司引爆中美摩擦的事件，由本身就带有政治色彩的一起商业纠纷最终上升到美国总统、国务卿、议长等高层集体发力“围剿”，演变成国际政治的又一新课题，本身就值得深思。网络外交、网络主导权和控制权是如此重要，以至于高层在决策时，不得不考虑广大公民的声音。如果说在传统的领域，诸如维护国家领土问题上，与公民个人利益的联系还不是那么强烈，那么在网络领域，正是关系到每一个网民的信息隐私和信息自由等个人权利，每一个网民的切身利益是如此深切以至于超越国界而遵从普遍的网络价值观，即每一个网民都有权利享受网络的畅通而不受控制。个人信息自由、国家安全和普遍价值观三者的冲突让国家在冲突中反而变得弱势起来，网络市民社会的崛起赋予每个公民维护自身利益神圣的使命，否则，个人的网络自由就会被剥夺。在此次谷歌事件中，也正是这三者的冲突，让我们看到了横亘在全球化和信息化时代面前的新课题。

美国极力标榜和鼓吹互联网自由，而实际上，美国对互联网的限制相当严格。2010 年 6 月 24 日，美国国会参议院国家安全与政府事务委员会通过对 2002 年国土安全法案的修正案《将保护网络作为国家资产法案》。修正案规定联邦政府在紧急状况下，拥有绝对的权力来关闭互联网，再次扩大了联邦政府在紧急状况下的权利。这只是目前美国政府对互联网限制的第一步，第二步是运营网站须经政府许可以及个人身份信息验证。美国一向在互联网自由问题上对人对己实行双重标准，对外要求别国提供不受限制的“互联网自由”，并以此作为外交施压和谋求霸权的重要工具，对内则对互联网进行严格管制。BBC 于 2011 年 2 月 16 日刊文指出，美国政府在鼓动“封闭社会”的人民争取互联网自由并对这些国家政府的新闻管制提出质疑的同时，却在本国设立法律封锁以缓解维基揭秘网发起的挑战。美国政府在国内对电子信息的自由流动非常敏感，但在国外却设法对互联网尤其是社交网络运用外交手腕。美国《外交政策》网站的文章也承认："美国政府对互联网的态度依然充满问题和矛盾。"

在以往的对外事件中，网民的一边倒所表现出的高度民族主义，让政府看到了舆论的风向标，在对外表达抗议和谴责上也显得底气十足。在关切到人类的正义和国家的主权等问题上，政府和民意高度一致，这个时候，少量的不同声音不仅淹埋在巨大的讨伐式声浪中，还是关乎正义和非正义划分上的良心或爱国的区别。涉及到政治议题，民族主义和民粹主义的相递演进，在国家的转型和大国的崛起阶段，这两种趋势表现得都很明显。

然而，谷歌事件中，网民分裂为两种主流意见，其中，"挺谷派"主要集中在对政府审查和限制异见的不满上，"贬谷派"主要是对谷歌的政治意味太重已嬗变成美国的"御用工具"的不爽上。在这里，抛开意识形态的派别划分，导致网民分裂的原因主要有以下几个方面：

首先，谷歌本身的地位和魅力。作为全球网络巨擘，在世界的影响力和地位不可小觑，良好的业绩和公司治理、"不作恶"的道德原则、理想的口号，在全世界其他国家畅通无阻，颇有影响力。

其次，谷歌的"攻心"战术。谷歌强调对个人信息自由的尊重，在宣布退出中国的时候，既借重对GMAIL电邮账户的非法入侵导致个人信息泄露，引发大家对有关方面不尊重个人隐私的厌恶，也借口严格的新闻审查是对自由的"蔑视"和人权的侵犯，激发大家对中国的新闻审查制度和舆论监管的不满。政府在这方面既缺乏有效的管理手段，也缺乏必要的法律规范，导致很多人的个人隐私得不到应有的保护。对不利于政府的言论的屏蔽和网络言论私下打压，以及在互联网上很多针砭时事的言论被"和谐"，导致很多人对政府"该管的不管、不该管的管死"的做法不满。但是，这种不满情绪未能得到管理部门的积极回应，谷歌要求中国政府放松对信息的屏蔽和管制，正迎合了部分网民在虚拟世界随心所欲的心态，谷歌的鼓噪，使不明其深意的一些响应者跟着哄哄。

再次，谷歌公司本身的商业外衣。正所谓在商言商，在事件本身尚未超出谷歌的控制范围内，这种商业的纠纷不会引发强烈的民意反弹，除了与广大网民本身的知识结构相关外，还在于商业纠纷本身所波及的国际政治层面的影响可控性。与此同时，中国本身的商业环境尚不够完善，而一个执行"不作恶"的商业公司本身就有很大的蒙蔽性。

此次事件中，从中国政府的表态可以看出，中国政府对谷歌事件的处理方法一开始就是试图控制在商业范畴，并只希望当个案来处理，这与美国不断政治化的做法形成截然相反的对比。之所以这样，在于在商言商，中国巨大的市场潜力和第三大经济体的地位对跨国公司来说，商机无限，放弃中国市场，就是放弃了未来在国际经济竞争中的一席之地。正如，王岐山在欧洲听取欧洲企业家做商业汇报时所言："无论我听不听，你们都要到中国去的。"在明知谷歌不可能放弃中国市场的前提下，谷歌与中国的博弈最终也只是谷歌继续接受中国的审查，在第一轮谷歌与中国的博弈中，中国政府占据主导权。总之，不希望把谷歌事件政治化的中国政府，还希望谷歌不要借所谓民主、人权问题说事。

其实，针对谷歌所谓的对人权人士邮箱的入侵和遭受中国政府的黑客攻击，完全可以进行反击。例如谷歌不是声称尊重个人信息隐私吗？那么它是如何区分人权的？针对其声称的中国政府有组织攻击，就需要谷歌拿出证据，如果拿不出证据，完全可以起诉谷歌，这样的先例不是没有。这样做，不仅驳斥谷歌的借口，还给国际社会一个证明中国政府自身的机会，澄清了其他国家对中国的"网军"指责，同时还向国际社会表明中国政府建立法制政府的决心。

2011 年 6 月 1 日，谷歌公司有关负责人在博客上称，该公司数百名邮件用户受到"网络钓鱼"攻击，黑客来自中国济南，受影响的包括一些美国政府官员、"中国人权活动人士"及外国记者等的邮箱。事实上，这已经不是谷歌第一次诽谤中国了，但至今仍未能拿出任何证据。不少国际观察人士认为，谷歌的所谓指控具有极浓的政治色彩，不排除有借机挑起新的中美互联网安全争端的险恶意图，为美国的网络战略找靶子。如今的谷歌让人扼腕，曾经领衔创新的互联网标杆，已经沦为诽谤他国的政治工具；曾经领唱开放共享平等的领袖企业，如今却背弃了互联网精神。其实，谷歌不应该过多卷入国际政治斗争、充当政治博弈工具，一旦国际风云有变，恐怕会成为政治牺牲的对象，也将会被市场抛弃。

玩的是逻辑大比拼

——天安舰事件引发的思考

【事件回放】

2010年3月26日9时45分左右，在西海白翎岛西南方1.8公里海域，韩国海军第二舰队司令部所属的一艘导弹护卫舰因发生不明原因的爆炸事故而离奇倾覆沉没，死亡46人。

经证实，这艘护卫舰是1200吨级“天安舰”。该舰主要用于沿海反潜和巡逻。首舰于1984年加入韩海军，最后一艘1993年服役。该级舰共生产了24艘，是韩海军装备数量最多的舰艇。由于数量多且为多个船厂建造，因此该级舰之间或多或少有些差异。在韩国海军历史上，护卫舰级以上大型战斗舰因爆炸而沉没这还是第一次。据悉，爆炸是在船尾一侧发生。

对这艘战斗舰爆炸的确切原因，韩国展开调查，围绕各种可能性进行分析。暂时认为可能不是朝鲜对舰导弹或海岸炮攻击所为，但从战斗舰突然沉没来看，也不能排除朝鲜用潜艇鱼雷或水雷进行攻击的可能性。之后，韩国军民联合调查团7日就在“天安”舰船体发现的火药痕迹做出结论，认为是鱼雷弹头爆炸时留下的痕迹。韩国政府的一位高官当天表示：“在‘天安’舰烟囱、折断面、与船尾折断面接触过的海底面被检出的火药成分是来自炸药‘RDX’(环三亚甲基三硝胺，俗称‘黑索金’)。”该炸药通常被用于鱼雷，因此联合调查团做出了鱼雷爆炸导致沉船的结论。该人士称：“在折断面周围发现了3～4个合金碎片。”分析发现，这些碎片是鱼雷外壳的材料——铝和镁。

3月30日，美国副国务卿詹姆斯·斯坦伯格说，他对朝鲜是否参与了沉船事件表示怀疑。

4月6日，驻韩美军联合司令沃尔特·夏普在新闻发布会上说：“驻韩美军联合司令部和韩国参谋长联席会议每天都在观察朝方动向，我们没有发现（沉船）当时（朝方）有任何异动。”因为天安号沉船事故发生在3月18日到4月30日的代号为“关键决心/秃鹫”的美韩联合军演期间和水域。就有关军演的安排问题，夏普于3月4日发布关于军演的安全警告说：“一起事故可以破坏你们在演习期间受训的意义。”

4月1日，美国总统奥巴马就沉船事故向韩国总统李明博表示哀悼，同时也表示愿意让李明博主持2010年的下届核安全峰会。就此消息，当时法新社说“这一宣布令许多人吃惊”，认为对奥巴马这一姿态最可信的解释是：非常有必要安抚韩国有可能会对沉船是友军所致的愤怒情绪，同时掩盖美国可能参加了鱼雷攻击友军的行动。

4月16日，朝鲜在内部宣传“天安号”事件是韩国“自导自演”。

4月17日，美派遣“天安号”事件调查团，任命最高级水下武器专家埃克斯准为团长，认为“现在是有力提出‘天安号’沉没是由朝鲜潜艇发射的鱼雷攻击造成的可能性的时候”。

4月19日，李明博在全国播放的电视讲话中说：“作为总统，我将对‘天安舰’沉没的原因彻查到底。”但他没有提到朝鲜。

4月24日，舰首出水，舰体呈现受到外力强力冲击的痕迹，但没有发现军舰受到直接攻击的“窟窿”。

5月4日，朝鲜社会科学院金明哲博士发文指出：“尽管朝鲜坚决否认涉入其中，并且对遇难韩国同胞表达了同情，但天安号事件的矛头仍然指向朝鲜。”

5月16日，美国和韩国“外交人士”开始改口，说两国的情报机构得知，朝鲜一个军事特别小组在2009年的水下行动比一年前“增加了四倍”。力图推翻4月6日驻韩美军联合司令沃尔特·夏普在新闻发布会上曾经说过的“我们没有发现（沉船）当时（朝方）有任何异动”的讲话，为嫁祸朝鲜制造伏笔。

5月18日，韩方首次公开声称在沉舰现场发现鱼雷残片。他和李明博呼吁朝鲜不要再“对邻国采取敌对行为”，但并未指出朝鲜应对此次海难负责。

5月20日，韩国宣布正式“调查报告”，称北韩潜艇进入韩国水域用鱼雷攻击了韩国军舰。韩国“天安”号军民联合调查团公布的正式调查结果说，综合各种证据来看，韩国海军的“天安”号警戒舰是遭受朝鲜小型潜水艇发射的鱼雷攻击而沉没的。调查团说，在“天安”号沉没海域搜集到了螺旋桨等鱼雷零部件，与朝鲜生产的CHT—02D鱼雷设计完全一致；

在鱼雷内部发现的朝鲜文“1号”，也与朝鲜其他鱼雷使用的字体相同；朝鲜在西部海域海军基地的部分小型潜水艇等在事发两三天前离开基地，在“天安”号遭受攻击两三天后才返回。这些“决定性”证据表明，“天安”号受到了朝鲜小型潜水艇发射的鱼雷攻击。

5月26日，朝鲜国防委员会发表声明，拒绝接受韩方调查结果，称沉舰事件是韩方策划的“阴谋和骗局”，指出调查结果纯属“捏造”，要求派员前往韩国鉴定“证据”。

5月20日，韩国防长金泰荣就朝方提出派员赴韩检查证据问题时说：“这是与罪犯要对犯罪现场进行检查同样的逻辑，是很离谱的行为”，拒绝了朝鲜的要求。

5月21日，希拉里访日，在被问及美国会否因为“天安号事件”而把朝鲜重新列为支持恐怖主义国家问题时，希拉里避而不答。

【应对举措】

1. 美国和韩国就事件发生商讨措施。4月7日下午，韩国和平外交企划团团长金烘均和美国国务部负责东亚太事务的助理多诺万在首尔举行会晤，集中商讨了“天安”舰事件的应对措施。

4月6日，第25次韩美安保政策构想（SPI）会议在韩国国防部举行，韩美两国就“天安”舰沉船原因调查情况交换意见，并商定根据调查结果，为加强必要的安全措施进行政策上的合作。韩国国防部表示，在此次会议上，美方向牺牲官兵表示了深切哀悼和慰问。双方将根据调查结果采取必要的安全措施，以防止类似事件再次发生。此外，双方还评估朝鲜半岛的安全情况，讨论迁移驻韩美军基地等问题，并重申美国将继续维持对韩国的防卫条约。韩国国防政策室长张光日（音）和美国国防部负责东亚事务的副助理部长薛迈龙（Michael Schiffer）分别率团出席了会议。

2. 世界各国对这一事件的反应。

日本：全力支持对韩国对应，考虑对朝鲜加强制裁；扩大有关朝鲜船舶的入港禁止措施，对朝汇款上限额及访朝时可带现金限额的下向调整等。

加拿大：支持韩国对朝对应的及打算加强对朝的制裁，断绝与朝鲜的外交关系。

阿根廷：批评朝鲜的挑衅行为。

墨西哥：关注证明朝鲜责任的调查结果。

库尔德KRG政府：批评朝鲜的行为。

乌拉圭：支持韩国政府的决定。

土耳其：作为血盟国，在国际舞台上全力支持韩国的对应决策。

荷兰：适合提交 UN 安保理决议。

【评析反思】

对于此次“天安舰事件”韩国公布的调查结果，有关方面进行了分析，认为有许多难以解释的疑团。假如确认是朝鲜实施了攻击，韩方为何始终无法说明朝鲜实施攻击的动机是什么？朝鲜此举要达到什么目的？反而是各路媒体力图挖掘其中的原委。3 月份发生的事情近至 6 月才提出议论，韩方为何迟迟拿不出沉舰原因的明确结论？美国军方在关于涉朝问题的讲话为何前后自相矛盾？在美韩军演严浩的战场高科技环境下，朝鲜的潜艇何以神不知鬼不觉地闯入美韩正在军演的水域？美韩当时正在进行的联合军演的目的就是为了要更严密地监视朝鲜，为何偏偏这时受到朝鲜的致命攻击？朝鲜潜艇何以在美韩几十艘最先进技术的超级军舰中击沉韩国的反潜舰后能安全撤离而没有蛛丝马迹？事件发生于美韩联合军演的时间和水域，两战事同时重叠如何鉴别攻击发生的真正来向？韩方声称要取得“科学、客观”的调查结果，但为何整个调查过程始终没有邀请中俄两国？在“天安号事件”的调查问题上美韩为何如此不讲究其“可信度”以取信国际社会？韩方为何要以不成立的理由拒绝朝方提出派员赴韩直接检查“证据”的要求？在茫茫的争议海域古战场中找到一件战争文物轻而易举，来历不明的“证据”何以为证？爆炸后水泡不到一个月时间的鱼雷机件，为何有如此严重的水生物附着，为何如此锈迹斑斑？脱离常规备战鱼雷机件表面膜化处理或油封保养的标准和规范，鱼雷何以处于战斗状态？为达“致命攻击”，“直走鱼雷”都是触发性爆炸，为何要采用“非接触的磁性感应爆炸”的“新型鱼雷”？近两个月的海底搜索，韩方提供的鱼雷残片“证据”为何只有一件孤品，不能形成“证据链”？朝鲜一再声明：如美韩胆敢因此制裁则不惜全面开战，航母摆在家门对朝历来强硬的美韩为何始终不敢回应？在韩国国内，为何会有超过 40%的韩国民众对“朝鲜攻击”的真实性存在怀疑，认为“政府似乎在隐藏什么”？只有厘清这些问题，才有助于真正解决朝韩问题。

在国际争端中，为争取同情和支持，任何调查都是以得出中立可信的结论为目的。而美韩这回却是反其道而行之，刻意回避其“可信度”，为何？有人分析，这是因为如果这 46 名官兵的死亡是韩美这次演习的误伤，其责任美韩当局无论如何不敢承担。因为这不但直接影响到韩国朝野“6·

2地方选举”，也直接影响到美国在韩国长期军事存在的合法性。惧怕因此事而又一次激发韩国民众的反美情绪，美韩不惜欲盖弥彰实施政治投机，用上多年来炮制的朝鲜“无赖好斗”的宣传，以化解和转移问题的焦点来个金蝉脱壳，强行迫使国际社会认定“朝鲜是唯一可能的攻击者”。

有媒体认为，“天安号”沉舰“调查结果”的出笼是由韩国炮制，美国拍板，澳大利亚、英国、瑞典、日本附和的产物。朝鲜一早就把其称之为“自导自演”。俄罗斯潜艇专家根据专业指出美韩“故意隐瞒足够的信息”，“反潜护卫舰被潜艇击沉”的“沉舰调查”不可信。甚至有人认为，“天安号”沉舰事件的“调查结果”是美韩厚颜无耻的政治把戏。

半岛局势长期不稳定和处于紧张状态，是美日打压中国的全球战略需要，因为如果半岛局势一池春水，美国就没有在韩长期驻军的借口，日本也失去了制造“中国威胁论”和扩军备战的理由。朝鲜半岛动荡的形势是美国霸权本性的反映；反之，半岛动荡又是因为朝鲜是在十分艰难的条件下坚持独立自主，拒不向美日韩妥协和屈膝的正当反应，其紧张关系是其“恐怖平衡”。

当然朝鲜的对外对内政策不是“封闭”，而是被“封锁”。孤立朝鲜是美国的策略需要，而不是朝鲜的自愿选择，也不是朝鲜“不了解”当今的世界形势。正如是当年资本主义国家封锁中国，朝鲜现正处在当年中国的环境一样，也就只能采用当年中国的对外政策。为此，朝鲜可以设法冲破阻力，扩大国际视野，加强国际交流，吸取先进经验，强化国家建设，打破美国封锁。

世界卫生组织总干事陈冯富珍经过对朝鲜进行实地考察后称道：“朝鲜的医疗体系令人善慕。”可见尽管面临“各种挑战”，真实的朝鲜也并不是那么的“高压统治”和“妄顾老百姓死活”。问题是它要面对美日强加的困难，经济被拖累，生存环境恶劣，老百姓生活就苦，原因和结果不能混淆。面对美日韩的联手打压，朝鲜只能“好斗”，也必须“好斗”。但朝鲜并不生性好斗，回顾在金大中与卢武玄实行的“阳光政策”时期，朝鲜和韩国的运动员在奥运会开幕式上就兴高采烈携手进场，也达成很多合作。在克林顿主政后期，美朝几乎实现了关系正常化，只因克林顿当时把重点放在巴以和谈而失去了时间，克林顿对此后来也表示悔惜。也正因有如此的美朝“蜜月”，才有后来克林顿得其面子，赴朝会见金正日之后为布什带回两个美国女人质。美朝关系后来产生的“死结”，是布什上台后一反克林顿的对朝政策，单方面改变游戏规则，侮辱性地把朝鲜定性为“无赖国家”，对朝实施以强凌弱的打压和挑衅。李明博上台立即附和美国，一反“阳光政策”，美韩联手一唱一和，不断制造难题，朝鲜穷于应付，不得宁日。所以半岛局势的动荡不是“朝鲜好斗”所造成，而是美日韩对朝打压形势所造成。

然而，在经济上，朝鲜的日子更不好过，原因错综复杂。但这很大程度上是美国对朝实施孤立制裁政策的结果，美国的目的就是要制造一个“内外交困”的朝鲜，鼓动其国内动荡，胁迫朝鲜屈服向其投降，最终“融入韩国”，投靠美国，进而挤压中国，所以对美国的企图要有清醒的认识。为了不让美国的意图得逞，朝鲜要搞好经济，让经济不成为问题。只要朝鲜在经济政策方面做适当的调整，加大改革力度，增加国民收入，有中朝传统友谊为基础，加强与中国的互信，以中国为复地，借鉴中国的成功经验和鼎力帮助，朝鲜追赶韩国创造出经济奇迹并不是难事。

而很多人不理解朝鲜对美的抗争，盲目相信美国制造的关于朝鲜是个“无赖国家”，担心朝鲜可能会随意动用核武器。但拥有几千枚核弹的美国，连就“不首先使用核武器”都拒不做出承诺，为何这些人就不担心美国随意动用核武器？美国拥核进行核威慑的核政策是来真的，美国制定对中国投放原子弹的计划不少于3次，美国就那么值得相信吗？“核武”是美朝都不敢使用又最喜欢玩弄的“边缘游戏”，双方奈何不得，因为大家都不敢越过谁用核武谁就是“人类罪人”的底线。

关于朝鲜核武问题，只要从现实去理解其结论就会与美国追随者的见解相反，核武是作为弱者一方的朝鲜的一着“高棋”，其意义和作用正如当年中国的核试爆一样。日韩有美国公开的核保护伞，日本和韩国就部署有美国的核武器，而中国从来没有对任何国家承诺过提供核保护，是美韩的战略打压迫使朝鲜实施了核武装，所以朝鲜核武在客观上有着逻辑的正当性。

当然，我们更要从中警惕美国卑劣的阴谋，要始终明白唇亡齿寒的道理，这也是中国和朝鲜的真实关系。半岛形势长期以来纷争不断，不少人认为是朝鲜给中国带来了“麻烦”。然而稍做深入的分析，就可理解正是朝鲜对美日的抗争维护着中国。所以中国维护朝鲜乃天经地义，无可选择。

保护朝鲜就是保护中国。既然美韩有求于中国，那么中国就可以行使包括否决权在内的权利。要知道在“天安号”沉舰事件问题的解读中，没有是非，只有逻辑。在复杂的国际政治争斗中，我们只有坚持原则作策略的周旋，用逻辑的规则去梳理美韩“调查结果”中的自相矛盾，用美韩的“证据”去堵截美韩的目的，中国外交又一次面临不是分辨是非，而是比拼逻辑的大考。

博弈与实力

——中日撞船事件的思考

【事件回放】

2010年9月7日10时15分左右，在钓鱼岛海域久场岛西北偏北约12公里海域，中国拖网渔船“闽晋渔5179”与日本海上保安厅巡逻船“Yonakuni”（与那国）号发生了碰撞，船长詹其雄及14名船员被日方扣押。

日本石垣海上保安部9月8日凌晨，以涉嫌妨碍执行公务为由逮捕了和日本巡逻船发生碰撞的中国拖网渔船船长詹其雄。9月10日，冲绳县石垣简易法院批准拘留船长詹其雄10天。9月13日，日本海上保安厅释放14名中国船员和渔船，但船长詹其雄依然被扣。9月19日，日方宣布扣押中国渔船船长时间延长10天。9月24日，日本决定放还所扣押我国渔船船长。9月25日，詹其雄返回国内。

【应对举措】

1. 我国政府采取有理有利有节的积极外交策略。事发当日，中国外交部发言人姜瑜在例行的记者招待会上表示中共政府对此事的“严重关切”，重申了中国对钓鱼岛的主权。随后，中国的外交反应逐步升级：中国外交部在24小时之内两次召见日本驻华大使丹羽宇一郎，对日方提出强烈抗议，要求日方立即放人放船；中国驻日本大使程永华也紧急向日本外务省提出交涉。事发后第3天，姜瑜再次在记者招待会上斥责日本在钓鱼岛运用其国内法为“荒唐”、“非法”，并且明确表示，如果此事得不到合理解决，将必然“影响中日关系的大局”。事发后的第4天，中国外交部长杨洁篪召见日本驻华大使，再次强烈要求日本无条件释放中国渔船船长。

日方于9月19日声称将继续扣押中方船长。中方要求日方立即无条件放还中方船长，并申明日方如一意孤行，错上加错，中方将采取强烈反制措施，一切后果由日方承担。

9月21日，国务院总理温家宝在出席联合国千年发展目标高级别会议前会见在美侨胞时讲道："我强烈敦促日方立即无条件放人。如果日方一意孤行，中方将进一步采取行动，由此产生的一切严重后果，日方要承担全部责任。"严正重申了中方的立场。

截至9月22日，外交部已经多次召见日本驻华大使丹羽宇一郎。中方不仅频繁召见大使，还通过各个层面发动反制措施。9月24日，日方决定放还中国渔船船长。中国外交部25日发表声明，要求日方必须就此次事件向中方做出道歉和赔偿。

2. 及时采取多种手段配合外交工作。由于日方不顾中方多次严正交涉，继续非法扣押渔船船长的行径，已经对中日双边往来造成严重损害。中方及时暂停了中日双边省部级以上的交往，中止了双方有关增加航班、扩大中日航权事宜的接触，推迟了中日煤炭综合会议。同时，一些日本艺人在华演出的安排也因被告知"安全无法得到保证"而取消。中国一家公司组织的万人赴日游也因此次事件而中止。可以说，中国政府在应对此次事件的态度是坚决的、坚硬的，并从多个方面谴责日本的行径。

【评析反思】

2010年已经成为历史，发生在钓鱼岛海域的中日撞船事件，也随着2010年9月7日这一页日历的掀去而尘封在我们的记忆中。但钓鱼岛海域并没有因为事件的结束而归于寂静，中日之间的摩擦与争议也从未停止过。此次事件既是两国外交的博弈，更是两国实力的较量。俗话说，弱国无外交。这次事件的成功处理既是对我国外交手段的一次考验，也是我国国力强盛的有力证明。从这次事件中可以看出：

1. 我国政府的应急处理能力有较大提升。撞船事件发生后，我国政府及时对日本的行为进行强烈谴责并发出警告，要求日本立即放人放船，并积极进行反制，采取了推迟两国政府间的多项交流交往活动，派渔政船到钓鱼岛海域巡逻，限制对日稀土出口及经贸往来等一系列反制措施，打出了反制的一系列组合拳，我国的反制措施让日本尝到苦头，最终使得日本无条件释放了被非法扣押的我国渔船船长。

2. 在对日关系上，光强硬是不够的，还要讲究策略。与日本的斗争是长期的，我国政府将坚持有理有利有节的斗争，坚持以斗争促和谈，坚持适度原则，留下和谈空间，创造妥善解决的基础。同时，进一步加强经济、外交、军事手段的综合运用和力度。一是打压日本极端势力。二是表明我们在领土主权问题上的立场，威慑其他与我国有领土争议的国家。对精于算计的日本，我们要比他算得更精、看得更远，要看准日本的软肋撞过去。要起到威慑作用，报复程度足以让他得不偿失，项目上要超出他的预估。日本的软肋是时间和资源，东海谈判暂停击中了日本的软肋，稀土资源是日本的另一根软肋，日本对稀土新政的反应是很激烈的。

3. 用和平的方式解决争议有利于保护中日双方的利益。钓鱼岛本身对于国家利益有多重要？从经济价值和军事价值上讲都不是“得之兴、失之命”的地方。对于中日两国来讲，钓鱼岛问题如果进一步升级，将是两败俱伤。经济的制裁与反制裁虽不是暴力手段，但对双方的经济和社会发展都没有好处，而且如果钓鱼岛问题得不到妥善的处理，将不排除出现武力对抗的可能，那时双方的损失和后果都将非常严重，中日两国在国际外交上也将担负更多的外交成本。

4. 从日本无条件释放我船长可以看出，该事件已演变成中日国家力量的角逐。随着中国总理温家宝在纽约高调发表讲话，日本方面显然已经感受到了中国强硬的决心，因此，态度有所放软，表示将尽力寻求一切可能性打开僵局。事情发展到今天，其实已经到了中日双方静下心来思考，置之死地而后生后，双方应如何理性处理双边关系中一些敏感议题的时候了。

矛盾的进一步激化是由于日本随意动用国内法造成的。首先必须指出，此次撞船事件，虽然在“谁撞谁”的问题上尚无一个可信的版本，但日方没有使用外交途径来处理这一争端，而是直接动用国内法的司法程序，是导致矛盾激化的主要原因。日方的这一做法，虽然从日本角度看，是其否认钓鱼岛存在主权争议立场的翻版，但从国际的角度看，却是破坏了30多年来中日领导人之间就钓鱼岛问题达成的某些默契和共识，开启了一个恶例。在日方究竟为何将这一问题递交国内法司法程序的问题上，有消息显示，民主党政府缺乏外交经验，而且做出决定的日方具体人员和内阁会议成员，当时都没有估计到中方会有如此强烈的反应。在没有估计到的背后，却是日方对于崛起的我国是否可能在钓鱼岛问题上展示实际动作的日渐担忧。据来自日本的消息，日本内部认为，我国渔船近年出入钓鱼岛海域逐渐频繁，其背后有中国政府默许乃至纵容的因素。甚至有评论认为，我国军方有密谋夺取钓鱼岛的计划，不排除我国渔船的活动是与我国军方浑然一体的行为。不但是日本国内，就连美国五角大楼人士也持有这一观点。美国前副国务卿阿米蒂奇也在东京表示，此次事件是中方在测试日方的底线。

从这次事件中可以看出，中日两国应建立互信机制：以理性为前提。如果说，这些“阴谋论”思维是导致日方此次错误研判局势，并采取国内法强硬措施的直接导火线，那么此次事件的深层原因则是我国崛起背景下，双方安全格局的微妙变化，以及在这一变化过程中双方信任感的日渐下降。毋庸讳言，近年中日在地区，尤其是在海上的力量博弈日渐增多，双方关系调适的过程本来就错综复杂，安全格局的博弈更增加了这一过程的复杂性。因此，现在是到了双方透过这一事件回归理性，尽量剥离战略博弈，还钓鱼岛问题以主权争议本貌的时候了。虽然这一议题在目前的紧张氛围下，听上去如天方夜谭，但从中日关系长远调适的角度看，这一议题至少是一个无法绕开的技术性议题。中日之间有许多复杂的结构性议题都需要一个理性的框架。这些框架基本上都不以双方的共识为前提，也不以解决这些问题的方案为目标，而是以稳定长期氛围，留待中日关系最终调适完成为诉求，但这些框架和机制却需要一个基本前提，即双方都必须回归理性。只要有一方强硬和非理性，那么一切就都无从谈起。中方强硬的基本目标，以此次撞船事件为例，日方纵有一万个疑虑和担忧，不通过外交途径解决此事，而是将之提交日本国内法的司法程序，就是使矛盾激化的主要导火线。在中方不断升级的抗议之下，日方依然强硬如故，强调司法独立，并要求中方冷静对待。在这种情况下，中方将抗议从口头上升到实质性的物理举措，既为无奈之举，也是以强硬迫使日方返回理性的重要环节。据香港媒体透露，1999 年中日贸易在日本整体经济中的比重仅为 9%，而到 2009 年则上升到了近 21%。换言之，日本经济的逾五分之一依赖于中日贸易。中方持续的反制措施，终将引起日本企业界对其政府策略的不满，而一旦日本企业界反弹并开始对其内阁施加影响，也就是菅直人内阁回归理性的时刻。问题是：要求日本放人，显然不是中方此次强烈反制措施的终极目的。日本此次动用国内法，既然开了一个恶例，那么日本放人之后，如何斩断此次恶例的示范效应，才是未来我国需要仔细思考的问题。

作为东方民族的中日两国，高层领导人之间的私人情谊和沟通管道，往往是决定双方能否达成默契和共识的重要前提。但现在这些前提和管道似乎都不明显，尤其是日本目前缺乏有远见卓识的领导人，菅直人内阁对华倾向又较强硬，因此在尝试拓展“水下管道”的同时，以强硬促使日方回归理性，恐怕还是未来一段时间我国对日的基本基调。中日关系调适期的“互信机制”是终极追求目标，但建立这一“互信机制”的道路却必然伴随着适度的压力和强硬。

解决问题的根本在于自身的强大。此次事件中，我国政府保持了极大的克制，从 9 月 7 日到 12 日 6 天内，我国外交部 4 次表态，有关官员 4 次约见召见日本驻华大使，提出严正交涉。我们之所以这么做，因为我们还不够强大，还需要发展自己，还在许多方面需要同日本合作。我们现在要做的就是发展自己，发展才是硬道理，只有我国国力强大了，类似的事件才不会发生。

绷紧地铁安全这根弦

——莫斯科发生连环地铁爆炸

【事件回放】

2010 年 3 月 29 日莫斯科时间 7 时 52 分（北京时间 11 时 52 分），在距红场 500 米的卢比扬卡地铁站内，一列地铁列车的第二节车厢突然发生爆炸。近 40 分钟后，人们尚在惊魂未定之时，位于莫斯科花园环线公路附近的文化公园地铁站也发生爆炸。两起自杀式爆炸事件，共造成至少 38 人死亡，63 人受伤。

调查显示，卢比扬卡地铁站与文化公园地铁站的爆炸威力均为约 3 公斤 TNT 当量。警方在爆炸事件现场已找到两名自杀式袭击者的残肢。警方在对物证分析后说，这两起爆炸事件由恐怖组织实施，该组织与北高加索地区极端势力有关。

据报道，地铁是市民主要的公共交通工具，每天运送乘客 800 多万人次。爆炸事件发生后，莫斯科地铁 1 号线部分路段停运。当天 17 时 09 分，卢比扬卡地铁站重新开放，地铁 1 号线恢复通车。

【应对举措】

爆炸发生后，俄政府采取紧急措施在全国交通运输系统加强安全保卫。舍列梅季耶沃国际机场和多莫杰多沃机场都采取了更为严格的安保措施。铁路系统各列车、车站、铁路路段及其他重要的铁路设施均加强了警力和安保措施。

梅德韦杰夫在听取事件调查报告的会议上说，爆炸案表明恐怖分子的活动相当活跃。他强调，俄罗斯打击恐怖主义的方针将坚持到底，毫不动摇。

在爆炸事件后，俄政府总理普京中断了对西伯利亚城市克拉斯诺亚尔斯克市的视察，提前返回莫斯科。普京说，俄执法机关将采取一切措施，找到并惩治犯罪分子。他还要求加强全国各城市公共交通的反恐安全保障措施，承诺由俄联邦中央政府承担所有安保费用。事发后，俄罗斯总检察院侦查委员会发言人弗拉基米尔·马尔金证实，俄罗斯总检察院侦查委员会已针对莫斯科地铁周一发生的连环爆炸事件，以俄罗斯刑法 205 条“制造恐怖事件”罪进行刑事立案。

【评析反思】

显而易见，发生在莫斯科地铁的恐怖袭击并非偶然，它反映出俄罗斯复杂的政治与经济形势，凸显出俄罗斯所面临的反恐形势相当严峻。近年来，俄罗斯一直没有放松对本国境内恐怖主义组织和恐怖分子的打击力度。虽然北高加索地区已在控制之下，但目前的安全局势扑朔迷离，仍很复杂。进入 2010 年以来，俄强化了在南部北高加索地区清剿恐怖分子的行动力度，一些恐怖组织头目相继在俄警方的特别行动中被击毙。但北高加索地区还是接连传来一些让人不安的消息，自年初以来发生的多起公然袭警事件已造成数十名警察死亡。近年来，在俄罗斯成功制止的恐怖犯罪活动中，有一半计划在人群密集的地方实施。这起莫斯科地铁连环爆炸案预示，俄境内的涉恐事件已呈蔓延和升级的趋势，俄罗斯掌门人正面临恐怖袭击赤裸裸的挑衅。但这也很可能引起恐怖组织和恐怖分子的报复行动，人们担心的是，发生在巴基斯坦等地的报复事件会在俄罗斯频繁上演。

俄罗斯不乐观的经济形势也不利于社会稳定。最近一段时间，普京四处奔波，可谓是在飞机上治理国家，而他的目标十分简单——要让俄罗斯夺回 2009 年未能实现的经济增长。从俄罗斯股市的表现来看，此番恐怖袭击的影响有限，但有市场分析人士担心，未来安全形势的不确定性会冲击俄罗斯经济。

恐怖分子其心可诛。从时间安排来看，其选择的是上班高峰时期，并且是上下车期间，从地点看，更是选择了人流量大的地铁站，其目的正是造成大规模的人员伤亡，搞乱人心，破坏社会稳定。

应该说，在俄罗斯，针对交通工具的恐怖袭击并非只此一件，此前针对地铁和列车的恐怖袭击都曾造成过巨大人员伤亡。而今，情况有所不同的是，恐怖袭击更多的是报复色彩，而不是像以往那样有极为明确的政治诉求。联想到发生在其他国家的一些恐怖袭击，就会发现有小集团化、复仇性的特点，越来越针对平民，针对交通工具等杀伤力大的爆炸对象。这也给各国反恐增添了难度，尤其是对交通设施的安全防护，更是提出了新的要求。此前，发生在美国的圣诞未遂炸机事件，就已为美国的机场等公共交通设施的安保敲响了警钟。

从美国的圣诞疑云到莫斯科的地铁爆炸，可以预见的是，交通工具将在今后一段时间成为恐怖分子的重点袭击目标。为什么地铁会频频地成为恐怖分子袭击的目标？原因很简单，因为乘地铁的人员密集，流动大，防范起来很难，真的进行安检非常难。地铁交通作为一种现代化的交通手段，具有方便、快速、平稳、运输量大的优点，电气化的动力设备还具有无污染、噪音低的好处。在世界各地现代化都市中，地铁交通已经得到越来越广泛的使用，甚至成为现代城市文明的标志性设施。但是，如同任何事物都具有两面性一样，地铁交通也有安全防范的问题。1995 年 3 月 20 日，东京遭受了日本有史以来最严重的恐怖袭击。在早上的交通高峰时段，奥姆真理教恐怖组织成员在地铁网络中释放沙林毒气，将 5000 人笼罩在致命气体的包围中。英国伦敦、法国巴黎等不少国际化大都市都发生过地铁爆炸事件，造成了重大人员伤亡和财产损失。

在谴责恐怖事件制造者的同时，反思地铁安全显然更为重要。如果莫斯科吸取了之前地铁爆炸案的教训，采取有力防范措施，如今这几起爆炸案或许有避免的可能。一个城市发生多起爆炸案，不能不说这个城市的地铁安全意识有待提高。

据《环球时报》报道，莫斯科检方称，这两起爆炸均由自杀式人弹引爆，袭击携带约 2 公斤 TNT 炸药的爆炸装置。如果采取了有力的安检措施，2 公斤 TNT 炸药的爆炸装置说不定会被阻止进入地铁，这起连环爆炸案或有可能避免。

我国已有不少城市重点发展地铁，地铁安全意识也在提高。尤其是北京奥运会期间推出的安检措施、上海世博会期间安检覆盖所有车站，都是地铁安全意识提高的代表。

尽管国外城市的地铁爆炸案距离我们遥远，但我们仍要绷紧安全这根弦。既然北京、上海推出了地铁安检措施，就应该坚决贯彻好。那些没有采取安检措施的城市，也应提高安全意识。恐怖爆炸袭击距离我们很远，并不等于各种社会矛盾、家庭矛盾引发的极端事件距离我们很远。

总之，莫斯科地铁连环爆炸案警示我国反恐不可掉以轻心。恐怖主义在中国境内出现时间并不算长，20 世纪 90 年代，中国西北部尤其是新疆出现了一系列恐怖事件，是中国境内最早的恐怖事件。而 2009 年发生在乌鲁木齐的“7·5”事件是一起境外策划指挥、境内行动、有预谋、有组织的打砸抢烧事件，折射出恐怖事件在我国露头的方式和新的特点。对任何企图通过制造事端分裂国家的行径，都要予以最严厉的谴责和最坚决的打击。同时，在新的历史条件和国际环境之下，“三股势力”是上海合作组织各成员国共同面临的严重安全威胁，中俄两国应带头加强多领域合作，通过多种手段加大对“三股势力”的震慑与打击力度，共同维护本地区的和平与稳定。我们还要冷静的看到，“9·11”事件之后，国际恐怖主义已成为全球性的威胁，世界各国稳定与繁荣的命运紧密相连。无论恐怖主义发生在何时何地、针对何人、以何种方式出现，国际社会都应共同努力，坚决予以谴责和打击。防范和打击恐怖活动，要加强国际合作，标本兼治，努力消除产生恐怖主义的根源。当务之急是在采取防范恐怖活动专门措施，严厉打击各种暴力恐怖活动的基础上，建立健全反恐怖工作协调机制，制定好各种应急预案，对重点领域与人员密集的公共场所强化安全防范举措，还应对公民及时开展反恐教育与现场演练。与此同时，强化各种重大活动的安保工作，从细节处入手，确保万无一失，安全有序，为国家改革发展和人民安居乐业营造一个平安稳定的环境。

合作反恐是各国的双赢之路

——巴基斯坦自杀式爆炸事件引发的思考

【事件回放】

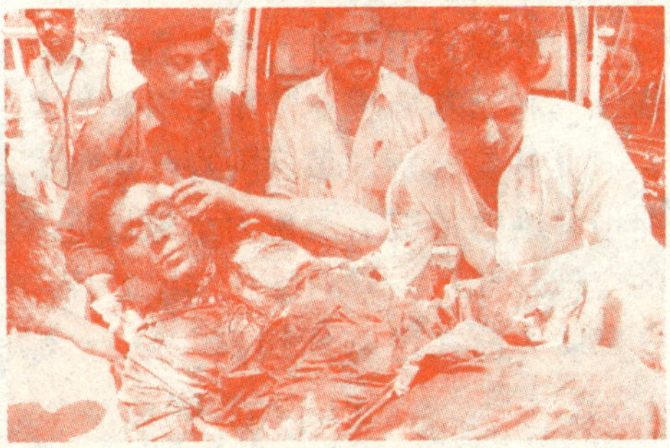

2010年7月9日，在巴基斯坦西北部莫赫曼德特区发生了两起自杀式爆炸袭击事件。两名自杀式袭击者分别在徒步行走时和驾驶摩托车时引爆炸弹，共造成102人死亡，约120人受伤。遇难者中有妇女、儿童和4名部族警察。一些重伤者在送到医院后不治身亡。爆炸还造成24辆汽车、百余家商店被毁，事发地点的通信和供电系统一度瘫痪。

这起爆炸发生在亚卡洪德镇一处商业区，地点位于莫赫曼德特区官员拉苏尔·汗的办公场所外，拉苏尔·汗未在爆炸中受伤。

据莫赫曼德特区行政长官阿姆贾德·阿里·汗说，其中一起爆炸威力较小，但另外一起威力巨大，两起爆炸间隔数秒，爆炸发生时，大量民众正排队等待领取政府发放的轮椅、农用物资等。

发生爆炸时，23岁的拉杰·瓦利当时正在附近一处公路施工。他说，感到自己背部被忽的吹了一下，“我转过身，看到那一（爆炸）地区满是烟尘。人们在哭喊”。19岁的阿卜杜·沃杜德正坐在附近一辆车上。他说：“我只听到一声振聋发聩的爆炸声，然后便失去知觉。当我再次睁开双眼时，发现自己躺在医院的病床上”。

据有关媒体报道，拉苏尔·汗的办公场所可能是袭击目标。不过，他告诉法新社记者：“目标尚不明确，但可能是当地政府机构以及和平委员会部分成员，他们每周五来我办公室举行定期会晤。”

【应对举措】

爆炸发生后，当地警方迅速封锁现场，并展开了紧急搜救。救援人员担心，部分伤者伤势严重，同时，可能仍有许多民众遭倒塌建筑废墟掩埋，伤亡人数可能进一步上升。

为给救援行动让行，巴焦尔特区至白沙瓦的道路关闭。当局还从邻省开伯尔—普什图省首府白沙瓦紧急调派人手，赶往救援。

得救的伤者被及时送往白沙瓦市的医院接受救治。安全部门官员埃萨·汗在白沙瓦市帮助护送一些伤者前往医院。他说："爆炸之后，我看到破坏，到处是尸体，大量的伤者哭喊着，寻求帮助。"

没有任何团体或个人明确宣称发动这一袭击，但据 dawn. com 网站报道，巴基斯坦塔利班运动"认领"袭击。

内政部长迈赫曼·马利克先前指责中部旁遮普省的宗派武装团体、坚格维军和巴基斯坦圣贤军与塔利班及"基地"组织暗中勾结。

莫赫曼德特区靠近阿富汗边境。按法新社说法，这一地区所在的巴基斯坦部族地带被美国视为全球最危险区域。美国认为那里是"基地"组织的全球总部，大量阿富汗和巴基斯坦塔利班成员也藏身此处。巴基斯坦安全部队先前在巴基斯坦西北部地区发动大规模军事行动，围剿塔利班及"基地"等武装，但无法根除。

巴基斯坦政府倡议，邀请国内所有主要政治派别，举行全国性会议，寻求应对武装人员威胁及根除恐怖活动的战略。

【评析反思】

据有关方面分析，巴基斯坦国内的炸弹爆炸或自杀式炸弹事件多为塔利班这一恐怖主义组织势力所为。在这次爆炸前后，该国境内发生了多起严重自杀式爆炸事件。

"恐怖"，就是暴力行为，其活动是一项高级的犯罪行为，它的暴行、野蛮、混乱给社会造成了极度的危害，甚至给世界的和平、稳定与安全构成重大威胁。20 世纪 90 年代以来，暗杀、劫机、爆炸、人体炸弹等令人触目惊心。恐怖活动日益猖獗，其活动范围遍布全球，不仅给人类带来了严重灾难，搅得人心惶惶，而且有的恐怖活动还成为导致武装冲突或局部战争的直接诱因，成为国际和平与发展的"公害"。恐怖分子为了达到民族独立或释放被捕的恐怖分子等政治目的惯用的手法就是参与杀人、毁坏财产等犯罪活动。他们的活动一般与摧毁现有的政治体制、打击当权者的政治信心有关。

恐怖活动的主要特点到底是怎么样的？翻开西方报刊，国际恐怖主义已成为最常见的字眼之一；观看电视节目，血淋淋的恐怖事件几乎是新闻节目经常的内容。上千个国际恐怖组织，正躲在世界的许多角落，干着暗杀、绑架、袭击、劫机和爆炸等勾当。人们说：当今世界最使人伤脑筋的，除了艾滋病，就是“国际恐怖主义”。有人把它称之为“21世纪的政治瘟疫”，“一场永无休止的地下世界大战”。恐怖主义自20世纪中期孳生以来，经过半个世纪的蔓延，现已成为人类的公害。恐怖主义是一种反人类的思潮。它通过暴力手段和杀害无辜平民以达到自身的某种目的——政治的、宗教的、团体的、个人的。随着冷战结束后国际政治斗争形式的发展变化，迷信暴力，播种仇恨的恐怖主义活动，作为当今国际政治生活中一种特异现象，已呈现出新的特点：

1. 民族或种族分离主义、宗教矛盾引发的恐怖活动异常活跃。冷战结束后，中东、南亚及欧洲一些国家的民族、宗教矛盾进一步激化，由此引发的恐怖活动不但未减少，而且又出现了许多新的爆发点，其中原苏联和东欧地区尤为突出。

2. 极端组织及个人发动的恐怖袭击急剧上升且破坏巨大。极端思潮历来是引发国际恐怖活动的重要因素。在不同的时期，其主导作用的思潮也不同。冷战时期，在欧洲、亚洲和拉丁美洲以极左思潮为指导的极端势力制造了大量的恐怖活动。到了20世纪80年代末，特别是冷战结束后，以极左思潮为主导的恐怖活动在世界绝大部分地区基本上不再构成重大威胁。但是，主要分布于西方发达国家的各种极右翼恐怖团体和个人却不断涌现。

3. 美国成为国际恐怖分子的首要打击目标。恐怖主义狂潮虽然冲击着世界上许多国家，首当其冲、受害最深的当推美国。据美国国防部统计，1968—1985年，在72个国家里的美国人和设施遭到过恐怖袭击。美国的外交官遭袭击和暗杀者已达300多人。其中至少包括20名大使。在世界上每年发生的恐怖事件中，以美国为打击目标的约占30%～40%。从1985年开始，美国人在恐怖袭击下的伤亡数字不断上升。冷战结束后，这一特征变得更加明显，同时美国国内的极右翼势力及受极端思潮影响的人，也在其国内制造暴力恐怖袭击事件。

4. 无辜人群成为恐怖分子大规模袭击的目标。以往的恐怖分子往往把矛头指向各国的政治领导人、外交官员、军警宪人员、跨国公司的经理等。因为这些人代表着国家和政府，对这些人采取暗杀、绑架等手段，能够产生强烈的国际影响。然而当前的国际恐怖主义活动却出现了一种令人更加忧虑的现象，这就是将无辜人群作为恐怖暴力袭击的对象，以此制造影响。

5. 恐怖犯罪技术“高智能化”。随着新科技革命的发展，恐怖分子也更多地采用高科技手段为其恐怖活动服务，恐怖器材和装备的高技术含量越来越高，恐怖组织还网络了一批高科技人才，同时一些恐怖组织还把袭击的目标对准了政治、经济及国防等要害部门的信息系统。与此同时，恐怖组织及恐怖分子制造、使用大规模杀伤性武器的危险进一步增大，电脑恐怖活动和利用核生化武器的超级恐怖活动更加引人注目。恐怖主义对国际政治和国际关系的影响极大。当代国际恐怖主义具有恐怖组织和活动全球化、目的政治性、主体组织性、恐怖方式和手法的残酷性等特点。尤其是恐怖方式的暴力性、残酷性，使某些恐怖活动所造成的损失和后果不亚于一场战争。

此次巴基斯坦恐怖袭击事件是塔利班势力的长期存在与当地奉行的以宗教为主导的社会意识形态有关。巴基斯坦近年来多次发起对其境内塔利班的打击行动，但武装分子的活动依然猖獗。巴塔利班问题情况复杂，不是单纯的军事力量对比问题。巴西北边境省出现“塔利班化”现象涉及到过去的部族传统，是和长期以来这一地区奉行的以宗教为主导的保守社会意识形态息息相关的。从军事实力上来说，塔利班没有能力颠覆巴政权，但巴军也无法轻易击败塔利班，更无法依靠军事行动使其并入到巴主流社会当中。另外，美国在阿富汗掀起的反恐战争使得巴阿边境两侧的普什图人对塔利班意识形态的认同越来越高。

近年来，恐怖主义不仅是巴基斯坦面临的主要社会问题，而且是世界各国共同面临的难题，已被许多国家列为当代最严重的全球威胁和挑战。它的产生从根本上说是国内国际各种矛盾和冲突激化的产物。

“防恐”已被许多国家纳入国家安全战略的重点。在当代国际恐怖主义的袭击范围和对象不断扩大的危险的趋势中。世界主要国家均把反恐斗争纳入国家安全战略层面，不少国家把反恐作为当前国家安全战略的重点，并据此调整了相关领域的政策，多数国家的安全观也发生了重大变化。尽管恐怖主义来势凶猛，但它充其量只是干扰、阻碍经济全球化、政治多元化的世界潮流的一个破坏性因素，而不可能改变世界的历史进程。恐怖主义作为国际政治中的一种极端的暴力现象，对国际关系的发展的确有不可忽视的重要影响。恐怖主义组织采取恐怖活动，最根本的目的是要对政治进程（包括国内的和国际的）施加影响，改变政治现状。其行为方式可分为两种：一种是通过滥杀无辜制造恐怖气氛，间接影响政治进程；另一种是通过打击既定的政治目标，直接改变政治进程。

全球加强合作是长治久安的根本所在。在世界各国普遍追求和平与发展的今天，社会提倡人文主义，反对暴力，反对不公正。只有世界各国加强合作，少结仇怨，广开对话，才是长治久安的根本所在。惩治恐怖主义犯罪必须坚持标本兼治的观念。以战争方式惩治恐怖主义只是治标，恐怖主义袭击以及以反恐名义出现的不受制约的军事行动都会给世界安全造成难以估量的影响。武装镇压并不是国际社会提倡的惩治策略，无论是国际恐怖主义犯罪分子的爆炸、袭击等，还是依靠武力惩治国际恐怖犯罪分子的“战争”，都会与联合国要求每个国家“在处理他们的国际关系中避免威胁或使用武力”的最终目标背道而驰。有效惩治恐怖主义犯罪的关键是治本，而治本的关键是逐渐完善惩治恐怖主义犯罪的国际、国内法律文件和国家之间的充分合作，及时消除导致恐怖主义犯罪产生与蔓延的不公正现象，从根本上杜绝恐怖主义行为的发生与发展，防止或者减少愤怒的情绪和报复的心理，从而减少对国际社会的和平与安宁造成的威胁。在“反恐”战略中，更要崇尚“治本”，这才是最有效的途径。我国在反恐战争中坚持自己的立场。和平与发展已经成为当今世界的主题，局部地区的动荡不能改变这一主题。和平是发展的基础，没有和平，发展无从谈起，局势动荡的地区通常也是贫穷和落后的地区，长期的战乱对当地的经济社会发展造成了严重影响。发展是持久和平的保障，只有经济社会发展了，人们才能安居乐业，世界的和平才能成为现实。

全球的反恐怖主义斗争需联合国发挥主导作用。随着世界政治向多极化和经济向全球化方向发展，国际交流日益频繁，国家间的边界日益开放，恐怖分子借机构筑国际网络，把恐怖活动推向全球。越来越多的国家认识到，反对恐怖主义是一场长期而艰巨的斗争，国际社会必须反对一切形式的恐怖主义。联合国也将国际恐怖主义列为人类社会在21世纪面临的最严峻的挑战之一，要求会员国加强合作，共同应对这一挑战。根据《联合国宪章》和国际法，只有通过联合国才能使在世界范围内打击国际恐怖主义的行动具有合法性，联合国作为世界上最具普遍性的政府间国际组织，在协调各国行动、集中资源以及分享情报和交流经验等方面具有其他任何组织或集团都无法替代的主导作用。一些国家和地区组织已采取了强化打击恐怖活动的措施；欧盟通过了加强打击恐怖主义的“行动计划”，将打击恐怖主义列为欧盟今后首要目标；独联体国家集体安全条约成员国安全会议秘书在塔吉克斯坦首都杜尚别举行的会议上，就反恐怖问题确定了统一立场；南方共同市场成员国阿根廷、巴西、巴拉圭和乌拉圭成立了反恐怖活动常设工作组，负责协调该地区的反恐怖行动；阿拉伯国家外长和伊斯兰国家外长也在卡塔尔召开紧急会议，协调对付恐怖主义的立场。此外，包括中国在内的世界各国领导人也就反恐怖主义问题频繁进行外交磋商和立场协调。

全球反恐怖主义斗争的具体行动正在军事、金融、情报、外交等战线上展开。在世界各地，一批恐怖分子已经落网，不少恐怖组织的账户已被冻结。但与此同时，世界各地的人们发出了强烈的呼声：打击恐怖组织的行动要有明确的目标，要避免伤及无辜，反恐怖斗争不能与任何特定的宗教和民族挂钩。的确，在联合国的主导下，国际社会基本形成全球性的“反恐联盟”。联合国安理会通过的一系列反恐决议，以及安理会反恐特别委员会的成立，对各成员国打击恐怖主义起到十分重要的作用。主要采取了以下几个措施：加强立法，扩大执法与情报机构权力，严惩恐怖分子；加大反恐资金、技术以及人力与物力的投入；设立新的反恐机构；加强对恐怖主义动向跟踪，包括加强对私人通讯的监管力度，密切跟踪高危人员，加强对可疑流动资金的监控；重视反恐的综合治理，采取军事、政治、经济和文化等多种手段，开展打击恐怖主义的斗争，同时加大发展经济的力度，努力消除贫困现象，根除滋生恐怖主义的根源。

我国也面临境内外恐怖主义的威胁。在巴基斯坦、阿富汗及中亚等地，中国援建及在外人员遭到恐怖分子精心策划的袭击；在世界其他地区与国家，有时中国公民也成为间接受害者。在境内，受极端主义、分裂主义和国际恐怖主义的影响，境内外部分“东突”势力也转向以恐怖暴力为主要手段的分裂破坏活动，策划实施了一系列血腥恐怖事件。面临恐怖势力特别是“东突”恐怖势力的威胁，我们为维护国家安全、社会稳定和人民群众的生命财产安全，为维护世界和地区和平，近年来不断加强反恐怖工作，修改有关惩处恐怖犯罪的法律，建立健全反恐怖工作协调机制，采取一系列防范恐怖活动的措施，严厉打击各种暴力恐怖活动。

我国在反恐问题上的基本立场包括：一要建立公正合理的国际政治经济新秩序；二要加强南北合作，消灭贫困；三要在国际事务中实行多边主义，反对单边主义和霸权主义；四要加强不同文明和不同宗教之间的了解与合作，建立和谐的国际社会；五要全世界各国应该团结合作，共同打击恐怖主义；六要有统一标准，不能实行双重或者多重标准。

因此，面对恐怖主义，真正的警示意义在于：合作反恐是未来各国的双赢之路。虽然在全球范围开展了反恐斗争，取得了重大进展。但恐怖主义的威胁并未消除，国际反恐形势依然严峻，国际社会应进一步加强反恐合作，坚决同各种恐怖主义活动进行斗争。由此可见，反恐战争还在进行着，要赢得反恐斗争的最终胜利，合作反恐是未来各国双赢之路。只有世界各国都能主动承担起各自的责任，携手同行，共同打击，一起治理，才能早日在反恐这个需要全球合作的战场上取得伟大的胜利，以促使世界的共同繁荣和稳定。

多措并举打击恐怖主义

——俄北奥塞梯共和国恐怖爆炸事件的启示

【事件回放】

2010 年 9 月 9 日，在俄罗斯南部北奥塞梯共和国首府弗拉季高加索市中央市场，发生一起汽车炸弹爆炸事件。此次爆炸造成 17 人死亡，另有 113 人受伤，数辆汽车被炸毁。

据目击者称，当地时间中午时分，一辆“伏尔加”牌小轿车在驶到中央市场入口附近时发生爆炸。调查人员初步估计，爆炸威力相当于 40 公斤 TNT 当量。由于中央市场地处繁华区域，而且犯罪分子在爆炸装置中混装了大量钢钉，因此爆炸造成大量人员伤亡。车内发现一名犯罪分子的尸体。

负责调查此事的俄总检察院侦查委员会认定这是一起恐怖事件。

这是俄罗斯北高加索地区近年来遭遇的最严重袭击之一。此前，弗拉季高加索中央市场多次成为炸弹袭击的目标。1999 年，一枚炸弹在弗拉季高加索中央市场爆炸，致死 55 人；2001 年，另一枚炸弹爆炸，致死 6 人；2004 年，一辆小型公共汽车在市场附近爆炸，致使 11 人丧生。2008 年 11 月，当地发生一起小公共汽车爆炸事件造成至少 11 人死亡，30 余人受伤。

俄罗斯北奥塞梯共和国总统马姆苏罗夫当天宣布 9 月 10 日为共和国哀悼日，届时共和国境内将降半旗志哀，并停止一切娱乐活动。

【应对举措】

事件发生后，俄罗斯调查人员立即赶往爆炸现场展开调查。爆炸过后，现场一度弥漫有关二次爆炸的恐慌。为防止发生二次爆炸，当地安全部门对中央市场周边区域的无线电通信进行了屏蔽。但经调查人员彻底检查现场，没有发现第二枚炸弹。

俄罗斯总统总理齐声发誓要缉拿凶手。俄罗斯总统梅德韦杰夫委派驻北高加索全权代表赫洛波宁赶到弗拉季高加索指挥救援和调查工作，并在克里姆林宫与当地领导人举行视频连线会议。他在会上表示，联邦政府会竭尽全力追捕并严惩这一恐怖事件的元凶，对负隅顽抗的恐怖分子将彻底消灭。

俄罗斯总理普京当天谴责这起恐怖事件说："做出这样事情的人没有灵魂，没有良心。他们不尊重一切，抗击这些罪犯是我们的共同责任。"他认为恐怖分子企图在俄公民当中制造敌对情绪，播撒仇恨的种子，并强调俄罗斯不能允许这种局面出现。

据国际文传电讯社援引当地警方的消息报道说，小轿车驾驶者在当天入城时曾接受检查，其证件上的姓氏为阿尔奇科夫，但警方估计这一证件是伪造的，将进一步核实这名恐怖分子的真实身份。目前尚无任何个人或组织宣布对这起事件负责。

美国总统奥巴马 9 日"强烈谴责"俄罗斯北奥塞梯共和国发生的汽车炸弹爆炸事件。奥巴马在一份声明中说："爆炸进一步凸显美国和俄罗斯共同打击恐怖主义、保护我们人民的决心。我们向俄罗斯人民致以最深切的慰问。"

【评析反思】

北奥塞梯所在的北高加索地区的恐怖主义由来已久。自苏联解体以来，该地区一直是俄罗斯国内最大的"火药库"。20 多年来，该地区内的民族主义、分离主义及宗教对立引发连串冲突，死伤无数。当中，北奥塞梯作为区内唯一信奉东正教的地区，又位处车臣、印古什及格鲁吉亚之间，自然成为冲突夹心。

北奥塞梯动荡来源主要原因有两点：一方面，来自车臣共和国的分离主义分子；另一方面，则是印古什共和国的伊斯兰武装分子。当中车臣叛军与俄罗斯军队在过去 20 年曾爆发两次重要战事，北奥塞梯就不幸屡遭波及。

1999 年，俄军扫荡车臣叛军期间，北奥塞梯亦曾遭袭击，导致 55 人死亡，地点正是曾发生自杀式炸弹袭击的市场。2004 年，北奥塞梯更发生震惊全球的别斯兰人质惨剧，车臣分离主义分子闯入别斯兰一所学校，挟持 1200 名学生、教师及家长。俄军最后决定强攻，事件以流血告终，造成 375 人死亡。

俄罗斯总统梅德韦杰夫曾形容北高加索是俄国“最严峻的政治难题”。近年来，伊斯兰武装分子主要于车臣、印古什及达吉斯坦一带活跃，北奥塞梯所受影响相对减轻，但此次事件或标示新一波袭击潮来临。

北高加索地区恐怖事件的频繁发生，引起俄当局的高度重视，为此俄出台几项新的反恐措施。该反恐措施与以往不同，不仅在军事上加强部署，而且在政治、经济和社会领域采取措施，以求从根本上解决北高加索地区的问题。

1. 从军事上加大反恐力度，组建联合作战部队。梅德韦杰夫签署总统令，要俄联邦安全局采取行动，“尽快扭转北高加索地区的安全形势”，并授权组建一个联合作战系统，成立以内务部队为主力的联合作战部队。俄还将两列配备重型武器的装甲列车“加盟”这支部队。同时，北高加索军区司令也进行了调换。

2. 成立联邦区，加强联合反恐、共同打击的力度。俄早在2000年5月就建立七大“联邦区”，其中一个就是“北高加索联邦区”，下面管辖13个联邦主体。后来，该联邦区改名为“南部联邦区”。在梅德韦杰夫签署总统令，把该联邦区中的6个联邦主体（达吉斯坦、印古什、卡巴尔达—巴尔卡尔、卡拉恰伊—切尔克斯、北奥塞梯、车臣5个共和国以及斯塔夫罗波尔边疆区）划分出来，单独成立一个新的“北高加索联邦区”，并任命赫洛波宁为总统驻该联邦区全权代表。赫洛波宁还被任命为俄政府副总理，从而成为全俄“权力最大”的总统全权代表。

俄这样做的目的，是要加强这些联邦主体及其强力部门的协调一致，进一步加大反恐力度。早在2009年5月，车臣和印古什两个共和国就开始共同打击非法武装分子，协调两个地区强力部门的行动，收效甚佳。随后，车臣总统卡德罗夫向俄总统作了汇报，同时呼吁北高加索各共和国联合起来，共同反恐。同年7月20日，俄总统梅德韦杰夫在谈到北高加索地区的反恐斗争时，强调要“提高强力部门之间的协调性”。

3. 建立“经济特区”，通过发展经济、稳定社会推动反恐工作。俄成立北高加索联邦区，并任命一个通晓经济事务的高级文官来进行领导和管理，目的也是为了振兴这个地区的经济。北高加索地区是俄的南大门，但经济长期落后，社会动荡不安。这个地区的居民失业率很高，印古什为50%，车臣为30%，达吉斯坦为15%。特别是车臣民族性格倔强，与俄罗斯民族有世代宿怨，“仇俄”情绪十分严重。车臣的青年人极少有文化科学知识和生产技能，只会开枪打仗，而且极易受煽动，走上暴力反抗和刑事犯罪的道路。俄总统梅德韦杰夫多次强调，北高加索是俄最大的内政问题，这个地区经济发展缓慢，出现大规模的失业，恐怖活动、经济犯罪和行贿受贿等问题严重，需要通过执法和经济手段来铲除这些“顽疾”。他指出：“任务是使北高加索地区的经济活动与社会指标至少达到俄罗斯平均水平。”

为此，俄总理普京提出建立“经济特区”的问题。普京在讨论“北高加索联邦区发展问题”的会议上说，每个联邦主体建立经济特区是该地区发展的重点任务之一。他提出五项重点任务：一是制定联邦区综合发展战略，每个联邦主体则制定具体计划。二是改善投资环境，在每个联邦主体建立经济特区。三是制定发展北高加索联邦区专项投资计划。四是改善人民生活质量，落实城市基础建设，创造就业条件。五是整顿权力机构秩序，进行人事调整，撤换违法人员。

从国际反恐经验和教训看，俄当局决定在政治、军事、经济和社会等各个方面采取综合措施，打击恐怖主义的思路是对的，也是值得借鉴的。

众所周知，美国、以色列是遭受极端恐怖势力威胁最严重的国家，这两个国家也是世界上为数不多的直接动用军队大力反恐的国家。从美、以近年来的反恐进程反思，有两点值得重视的教训与启示。

首先，军事力量在国际反恐斗争中的局限性暴露无遗。面对国际恐怖主义的威胁，不能由军人主导整个反恐进程，军事无论如何不能成为唯一手段。对军事武力的使用必须慎而又慎，弄不好会带来大量无辜平民伤亡，从而激发更多的恐怖分子和恐怖事件。“9·11事件”之后，布什政府表现出过分重视军力而忽视外交博弈的倾向，使得美军深陷伊拉克和阿富汗两大泥潭，各方面都付出了沉重的代价。虽然美军技术和装备占有压倒性优势，正面作战时也取得了速胜，但美国及其西方盟国在军事胜利之后的综合较量中却节节败退：误杀了众多平民，让反美极端势力坐大，外交手段与军事战略不匹配，不论在占领地还是国际社会都争取不到人心，扶植的当地政权政绩上乏善可陈、缺乏公信力。“布什主义”给超级大国自己套上了难解的多条绳索。美国在中东地区的铁杆小兄弟以色列也面临类似的处境：以色列军队的飞机和枪炮越来越先进，巴勒斯坦难民营的仇恨怒火也越烧越烈，冤冤相报、以暴易暴的恶性循环越是不可收拾。

其次，反恐问题要靠政治解决，而不是武力解决，武力的运用只能是为政治解决创造条件。必须认识到，反对国际恐怖主义是综合性的较量，很像是一场持久的国际博弈和人民战争，其间包括反恐者自身体制、机制及各方面关系的考验和改进。军事手段只能治标而不治本。反恐是一项长期斗争，是国家安全的战略问题，而不是策略问题。靠军事打击即便可以消灭老的恐怖分子，但阻止不了新恐怖分子的产生，用战争是解决不了根本问题的。

真正想要治本，必须依靠合格的对外战略、智慧勇气和政治意愿。这里面既有对国际权力、道义和走势的充分认知，也有对自己和对手长短优劣的正确评估，还必须加上“外交优先军事”、“经济辅佐反恐”、“谈判有失才有得”等等组合策略。例如，就上面提到的美国、以色列的反恐斗争来说，系统完备的治本之策，应当涉及对联合国及国际社会的游说和对主要大国的协调（交易），涉及静悄悄的军事斗争准备与积极有效的外交谈判的双管齐下，涉及到对目标国民众的人心争取工作和孤立极端势力的广泛持续努力，涉及投资民生工程、经济建设项目和教育文化事业乃至妇女儿童地位的改善，涉及大胆和富有创造性的妥协与退让方案（如在巴以纷争地带实现“以土地换和平”，在伊拉克和阿富汗推进民选自治的当地进程，及探讨与塔利班内部“温和势力”谈判合作的可能性），涉及主动将反恐程序、手段、机制对接国际法和国际惯例的尝试，涉及对往届政府反恐方针的失误之处的道歉和纠正，涉及在各种国际和多边场合倡导比较合理、公正的议案以缓和紧张局势的努力等。

只有采取综合治理措施，才能使恐怖主义的仇恨与蛊惑宣传失效，使民众不认可自杀性攻击和各种爆炸袭击的合理合法性，社会舆论总体上也才能倾向于和谈与合作的解决办法，持久的和平才会到来，恐怖主义才会从公众的视野中消失。

莫让“爱的狂欢”变成悲歌

——德国音乐节踩踏事件的教训

【事件回放】

2010 年 7 月 24 日，德国西部鲁尔区杜伊斯堡市举行“爱的大游行”电子音乐狂欢节，狂欢节收尾时发生惨剧：几千人同时涌进通向音乐节的一条长约 150 米的地下通道，发生踩踏事件，拥挤、恐慌、惨叫……共造成 19 人死亡，342 人受伤。

当天 14 时，这场名为“爱的大游行”的电子音乐狂欢节在一个旧货运火车站附近的空旷地带举行，约 140 万人聚集在这里尽情歌舞。17 时左右，在活动接近尾声时，大量观众匆匆赶往活动现场，而另一批观众则折返回家，想离场的几千人和想入场的几千人同时涌入地下通道。人群在地下通道里发生拥堵，造成恐慌性踩踏事件。

据当地新闻电视台画面显示，事发地下通道是双向两车道，两侧各有人行通道。据德国警方说，在极度拥挤中，一些人爬上隧道口处的紧急扶梯，想逃离拥挤的人群。扶梯又高又窄，有人不慎跌落，砸在下面的人群中，引发群体性恐慌。

事发后，音乐节组织方通过现场的喇叭要求后来的观众折返，不要再进入音乐节现场。由于观众过多，音乐节现场各入口后被关闭。人们开始自发救助伤者。从有人用手机拍摄的现场画面上看到，通道口处人群混乱，几个人使劲将一人从挤压在一起的人堆中拖出。四处可见躺在地上的伤者，地面上散乱着各种杂物。警察和救援人员匆匆穿行其间，有人用矿泉水瓶给躺在地上的伤者喂水。

据悉，杜伊斯堡所在的鲁尔（Ruhr）工业区，于 2010 年获选为欧洲文化首都，这次举办的“爱的大游行”（LoveParade）露天音乐节，是文化首都年的系列活动之一。

【应对举措】

1. 迅速开展救援工作。由于大量离开音乐节活动现场的人群涌入附近的火车轨道上，当局决定临时关闭杜伊斯堡火车站，火车运行严重受阻，火车站人满为患。现场附近的59号高速公路被封闭，作为救援通道，供直升机和救援车辆使用。

2. 对惨剧及时作出反应和调查。总统武尔夫对踩踏事件深表震惊。他说："在一个和平的节日，发生这样一起给来自许多国家快乐的年轻人造成死亡、悲伤和痛苦的灾难，实在太可怕了。"总理默克尔也通过发言人对事件表示"吃惊和悲伤"。

北威州宣布全州下半旗悼念死者。7月25日，在德国杜伊斯堡踩踏事件发生地附近，当地民众在细雨中悼念亡者。

25日，杜伊斯堡市召开踩踏事件新闻发布会。在会上市长绍尔兰德表示，现在问题很多，但给出答案还为时过早。杜伊斯堡市检察官当天宣布以"疏忽致命"名义对这起严重踩踏事件展开立案调查，杜伊斯堡市政府和本次活动主办方有关"爱的大游行"安全方案的文件被检方封存。

德国警方严厉批评主办单位准备不周，才酿成这起事故。德国警察工会表示，警方已事先表示疑虑，然而杜伊斯堡市仍坚持要办，"民众成了主办单位追求经济利益的牺牲者"。

德国杜伊斯堡市警察局负责人施迈林说，大多数死者遗体是在地下通道出口处通向音乐狂欢节活动现场的斜坡西侧被找到的。事发前，警方曾试图关闭这一地下通道，但蜂拥而来的人群仍涌向这一通道。

德国杜伊斯堡大型露天音乐会发生19人死亡、上百人受伤的惨剧，民众在隧道内推挤踩踏固然是导火线之一。经调查，争先恐后想挤进会场的人从扶梯坠落，才是主要的死因。杜伊斯堡市警察局负责人施迈林说，没有人在隧道内身亡，而是死在走出隧道后的平台，19名死者当中，有14人从铁扶梯摔下，2人死在围墙边，剩下的人在送医途中不治死亡。

3. 停止举办音乐狂欢节。1989年起在德国举办的"爱的大游行"音乐会，曾在全球的铁克诺（Techno）电子乐界引领风骚，但这起悲剧发生后将永远成为绝响。

"爱的大游行"主办者当天在接受N－TV电视台采访时说："爱的大游行一直都是和平而且欢乐的派对，不过由于发生了踩踏事件，未来将永远笼罩在杜伊斯堡悲剧的阴影下，因此不会再举办。"

4. 确定遇难者的身份。德国警方当天就确定了全部19名遇难者的身份，其中女性11人，男性8人，德国人11名，外国人8名，包括来自杜塞尔多夫的一名中国女性、来自明斯特的两名西班牙年轻女性和来自澳大利亚、荷兰、意大利、波黑的游客。遇难者的年龄在20～40岁之间。中国驻德国法兰克福总领事馆官员7月25日下午对新华社记者说，从当地警方了解到，除一名女性中国公民在杜伊斯堡市“爱的大游行”踩踏事件中遇难外，还有两名中国公民受了轻伤，伤者均为女性。总领事馆官员在杜伊斯堡的医院里探望了这两名受伤者。

当地警方还建立了心理咨询热线，帮助民众克服心理难关。

【评析反思】

群体性活动发生踩踏事件屡见不鲜，仅2010年全世界就发生了多起。如1月14日凌晨，在印度东部西孟加拉邦发生一起因参加宗教活动人员拥挤登船而引起的踩踏事故，造成至少7人死亡，另有17人受伤；2月25日，在非洲西部国家马里西北部一清真寺发生踩踏事件，导致15人死亡，多人受伤；3月26日，在乌干达首都坎帕拉市郊卡苏比王陵发生踩踏事故，造成1人死亡，146人受伤；9月3日，在印度东部比哈尔邦一座庙宇发生踩踏事故，造成至少3人死亡、50人受伤；10月23日晚，在肯尼亚首都内罗毕恩亚尤体育场举行足球比赛时发生踩踏惨剧，7名球迷丧生，另有多人受伤。

从这些事件发生的原因看，大部分是由于活动组织和举办方没有做好应急预防工作。在这次事件中也同样存在这一问题。主要表现为：首先，参加活动人数超过批准人数。德国媒体报道说，安全问题可能首先出在对到活动主会场参加狂欢者人数的误判。杜伊斯堡所在北威州工会负责人雷廷豪斯对德国电视二台说，据他所知，杜伊斯堡市只批准在该市废弃货运火车站举行25万人参加的活动。而实际涌到现场人数估计在100万～140万之间。由于参加人数远远超出了机构允许的人数，这无疑就给造成不安全事故埋下了隐患。其次，举办场地比较封闭。就拿此次德国音乐节发生的踩踏事件来说，这是“爱的大游行”首次在一个封闭的场所内进行，而且只有一个入口，到达入口前还必须通过地下通道。因为参加节日聚会的人们不堪拥堵在地下通道才引发的踩踏事件。再次，没有听取专家的改进意见。当地媒体报道说，警方和消防部门在杜伊斯堡主办“爱的大游行”之前就对这次活动场所的安排提出了保留意见。一些专家曾提出诸如在地下通道内安装监视摄像头等安全保障建议，但这些最终都没有被采纳。还有专家指出，在检查举办此类大型集会活动出入口安全时，既要考虑众人在正常情况下的行为，又需要预先设想在发生恐慌等极端情况下的疏散解决方案，但这些都没有。这些都是在一旦发生不安全事故后，使伤亡和损失大大增加的重要原因。

这类事件对我们的警示在于：举办大型文化娱乐等活动时要牢固树立安全意识，充分做好危机管理工作。在预警机制方面，举办单位要制定具体的应急预案，重点对进入举办场地人流进行控制，对桥、洞等重点地段进行重点检查，对游园内的娱乐设施进行检查。在快速反应机制方面，现场指挥机构要在第一时间内快速反应，准确判断事件性质，确定危险目标和区域，划分危险区和安全区，迅速设立隔离区（带），部署和实施应急保障方案，采取果断安全措施，对在危险区域的人员及重要物资进行紧急施救。其中最为关键的是要保证群众的人身安全。疏散现场群众要按照预案规定的安全方式、方法、路线进行，要有专人指挥和引导，维护和保障现场秩序。对身处危险区域的人员须采取紧急救助措施，实施救援的同时要注意掌握现场人员情况、及时清点人数，防止贻误。同时，要保证应急人员的安全。按照应急预案任务分工，应急工作人员进入和离开事件现场要严格遵守安全规定和应急处置程序，服从现场指挥调动，有组织、有秩序地开展工作，避免或减少应急工作人员出现伤亡事故。在有火灾、爆炸或毒害性危险的现场环境区域，须有安全保护措施，应急工作人员防护装备和器材应达到防火、防爆、防毒、防化安全要求。

应急决策关乎危机处置成败

——菲律宾劫持香港游客事件的教训

【事件回放】

2010年8月23日上午9时左右，一辆装载25人，其中包括22名香港乘客和3名儿童的旅游车在菲律宾马尼拉市中心基里诺大看台附近被菲律宾前警察门多萨劫持。6名香港游客获释，8人死亡，6人受伤。

8月23日上午，当康泰旅行社的旅游车离开马尼拉市内景点西班牙王城时，身着警察制服、携带一支M16步枪的门多萨，以搭便车为由上了旅游车。当旅游车行驶至马尼拉湾边的荷赛·黎刹公园时，门多萨宣布将这辆旅游车劫持，并让司机把车开到基里诺大看台。随车导游躲在后排座位给旅行社打电话，通报了劫持事件。

据相关部门调查，罗兰多·门多萨，55岁，曾为菲律宾警察，因为抢劫和毒品的罪名被革职。罗兰多·门多萨毕业于菲律宾大学，他攻读的专业是犯罪学。1981年，门多萨进入国家整合警备保卫队工作。门多萨于2002年晋升巡警（相当于军队中尉）；3年后，成为了高级巡警，他的任务主要是在马尼拉警区。据菲律宾国家警察局的资料显示，门多萨在职期间表现非常突出，曾于1986年当选菲律宾“十大杰出警察”。门多萨一共获得过17枚警察勋章，这些勋章包括马尼拉服务勋章、技能勋章、卓越勋章以及国家警察荣誉奖章等。除此之外，他为人诚实，经常做好事，还因拾金不昧受到过表彰。门多萨的家里可以说是警察辈出：他的弟弟是现任高级警官，他的儿子是一名警督，并被任命为吕宋岛警察局副局长。

根据调查核实，门多萨的麻烦开始于2008年。当时，门多萨与至少4

名警察被控勒索一名他们认为涉嫌非法停车以及无证驾驶的厨师卡劳。卡劳在没能拿出20万比索（约合人民币30000元）后被强迫吞食非法药物，但是最终一名朋友替他交了这笔钱而了事。此外，门多萨还涉嫌贩毒。2008年6月，在卡劳控告门多萨的几个月后，门多萨本有机会被调至棉兰老岛穆斯林自治区的警察局工作，但随即90天的监禁以及之后的解雇让这一调动再也未能实现。

2008年10月17日，菲律宾国家警察局内务部门在原告厨师卡劳未能出席解雇程序的情况下而建议撤销案件。同年8月，马尼拉检察官办公室在驳回该案时，卡劳也没有出现在案件的初步诉讼中。出狱后，门多萨仍然回到了之前的岗位。但在2009年2月16日，菲律宾国家警察局还是决定将门多萨解雇，并取消其所有退休福利。

菲律宾警长欧文表示，门多萨被解雇后，“他就开始忙于为自己翻案”。由于再审的漫长等待，门多萨变得没有耐心，因此最终他决定通过劫持人质解决问题。应该说是“警察系统蜗牛般的办事效率把他逼上了这条路”。

门多萨的弟弟格雷戈里奥说，门多萨觉得“自己遭到不公正对待……（遭解职）没走正当程序，没有听证会，没有申诉。他感到失望，觉得自己在警察岗位上干得不错，却因自己没做过的事遭解职”。他还表示，门多萨对于退休福利被没收感到非常难受，并认为除非这一切都被复原，“他的生活将会没有任何意义。警方撤销了他的福利就等于毁了他躲避风浪的港湾”。他曾提出两个要求：复职和政府补偿他在去职期间的物质损失。

【应对举措】

事件发生后，中国政府对此事件高度重视，立即要求菲方在确保人质安全的前提下，全力开展营救行动。

菲律宾警方采取了一些方法解救人质，但效果很差，未能达到完全解救人质的目的。

1. 谈判。劫持事件发生后，菲警方立即派出曾在美国受过专业训练的谈判专家，与劫持者交涉。马尼拉成立了由该市副市长领导的危机管理委员会。同劫匪门多萨的2个兄弟和妻子都来到现场协助谈判。门多萨的弟弟格雷戈里奥也是警察，他手持一支手枪试图靠近旅游车，但遭警方扣押并解除武装。格雷戈里奥称，他是希望帮助他的哥哥，并充当哥哥的发言人。格雷戈里奥还声称，门多萨在被解职以后感到自己“受到了不公正待遇”。由于劫匪是前警员，因为抢劫和毒品的罪名被革职，谈判中提出复职和补偿他在去职期间的物质损失的要求，但遭到拒绝。劫匪的弟弟充当他和警方之间的联络人，但菲警方后来怀疑他向门多萨通风报信，因而在傍晚 6 点左右将格雷戈里奥逮捕。据称门多萨获知了这一变化，情绪突然变得激动，形势急转直下，谈判失败。

2. 强攻。当天晚 18 时，门多萨接到了反腐部门拒绝他复职要求的信件，情绪变得激动，并开始屠杀游客。晚 19 时 40 分，警方开始采取行动，突袭人员包围了被劫持的旅游车。突击队员打破了旅游车的窗户玻璃和挡风玻璃，试图从前部进入旅游车，但是车内传来枪声。警方随即后撤并暂时停止了行动。门多萨与警方通话说：“我打死了 2 名游客，如果你们不停下来，我就打死他们全部。”他还说：“我看到许多特种部队靠近，我知道他们会杀死我，他们必须离开，不然我随时会杀死人质。”晚 20 时 50 分左右，菲警方再次发起强攻，向车内发射了催泪弹。随即，一名狙击手将劫匪击毙，劫持事件结束。

3. 悲剧。经过 11 个小时对峙，在劫匪被击毙后，菲警方将数名人质从车上救下。由于营救时间跨度大，采取的营救措施不得当等，导致 8 人死亡、6 人受伤的惨痛结果。

8 月 23 日夜，中国外交部长杨洁篪就香港游客在菲律宾被劫持事件打电话给菲外长罗慕洛。杨洁篪表示，中国政府对发生此次事件深感震惊，对多名香港同胞罹难深感悲痛，对劫持歹徒对我无辜游客实施暴行的行为表示强烈谴责。中方要求菲方彻查此事件，尽快通报事件有关详细情况，全力抢救受伤人员，妥善处理善后事宜。中国政府将即派工作组赴菲协助使馆处理有关事宜。中方要求菲方采取切实措施，确保在菲中国公民生命和财产安全。

香港特区行政长官曾荫权于 8 月 23 日晚表示，对有香港游客在菲律宾人质劫持事件中遇害感到十分悲伤，对凶手冷血的行为感到愤怒。香港特区政府将于 8 月 24 日下半旗向遇难同胞志哀。香港特区政府 8 月 23 日晚决定安排两班包机，于 23 日晚和 24 日晨安排人质在港家人前往菲律宾，随行的包括医疗人员和临床心理学家。

8 月 24 日，菲律宾总统贝尼尼奥·阿基诺宣布，25 日为菲律宾的“全国哀悼日”，以此悼念在菲律宾劫持事件中不幸遇难的 8 名香港游客。菲律宾将于 25 日降半旗，以示对遇难者的哀悼，但是菲律宾的各行各业将会继续运营。

事件发生的次日，香港特别行政区发布赴菲黑色旅游警告。随后，相继有 6 个国家对本国公民发出不同级别的赴菲旅游警告。菲律宾前总统埃斯特拉达取消了香港之行，表示“难以想像，甚至尼泊尔和巴基斯坦都发布了对菲律宾的旅游警告，其实这些国家没多少游客来菲律宾，然而他们还是发布了旅行警告”。他指出，菲律宾政府将不得不做出双倍的努力来恢复国际社会对菲律宾的信心。

【评析反思】

纵观整个事件，菲律宾政府在人质营救上存在许多缺点和不足，也深深反映出菲律宾政府应急决策能力的缺陷。

1. 危机程序没有启动。人质事件发生后，由林雯洛领导的危机管理委员会（CMC），并没及时启动应急响应。虽然现场指挥官、马尼拉警区首长马格蒂瓦伊组建了 CMC，但未启动下属各小组，也没组织专责搜集车上人质位置等重要资料，帮助谈判员和拯救人员做出正确判断。现场也没心理专家评估门多萨的行为，特别是做出拘捕其弟的决策后对门多萨的影响等。

2. 处理罪犯要求不当。要求复职的门多萨，获准直接与副市长和申诉专员通电话，增加他复职的希望，但他最终只获得回复重审其案件，结果更加触发他孤注一掷的犯罪心理。

3. “死亡信件”酿成谈判破裂。门多萨不接受申诉专员的回复，谈判亦告破裂。弟弟告知仍未取回手枪，门多萨进一步被触怒，感到被出卖，因为谈判员耶夫拉称早已交还手枪。而谈判破裂后，谈判员无法打通门多萨的电话，因后者此时正接受电台采访。

4. 错失谈判黄金机会。谈判破裂后，门多萨弟弟被指是同谋，耶夫拉、林雯洛、马格蒂瓦伊等把注意力放在如何处置他，错失修复与门多萨谈判的黄金机会，关闭“机会之窗”。

5. 拘门多萨弟弟。林雯洛下令逮捕门多萨弟弟，成为门多萨大开杀戒的导火线。在谈判破裂后，再下令抓人的决定，绝非正确的决断。

6. 关键时刻离开吃饭。林雯洛及马格蒂瓦伊在事态进行的关键时刻，离开一线岗位到附近餐厅进餐，导致现场出现指挥真空。

7. 营救零效率无组织。菲警特种部队（SWAT）营救人质及攻击行动效率低下，攻击之间的停顿时间过长。警方又未向旅游公司搜集旅游巴的逃生门位置、车外开门掣、车窗物料等重要信息。SWAT 突袭无果后，马格蒂瓦伊没及时下令改由更精锐的军方特别行动队（SAF）救人，决断再次失误。

8. 医疗现场救援混乱。应对行动后步骤衔接不上，生还和受伤的人质获救后，没及时获医疗救治；加之警方没封锁现场，造成现场其他民众不应有的受伤。

事件发生后，中方就此事件对菲律宾进行强烈谴责，要求菲律宾政府提交出一份“全面、准确、客观”的调查报告，同时推迟菲律宾副总理访华日期，李克强副总理也推迟了访菲的时间。内地和香港都发出菲律宾旅游警示。纵观整个营救人质过程，菲警方的应急行动是失败的，单从谈判解救来看，也是一次很不成功的谈判。

从谈判方式上来看，谈判专家的工作没有做到位，谈判专家应该通过谈话交流而不是信件传递的方式，了解劫持者的需求，并在允许的范围内满足他，安抚他的情绪。菲官方即使不愿答应劫持者的要求，也实在不应直接回绝他，这样会导致他的情绪突然受强硬刺激，并很可能会做出对人质的伤害行为。这一拒绝信件的发出，非但不会缓解危机，还会激怒劫持者，导致事情恶化。

从谈判能力上来看，菲律宾警方对现场的形势判断不清，导致错过了稍纵即逝的解救时机，造成了重大的人员伤亡。犯罪分子的情绪变化一般会经历亢奋、平静、疲倦3个过程。如果需求得不到满足，犯罪分子的期望值就逐渐降低，随着时间的过去，犯罪分子的生理和心理也都会疲劳。菲律宾警方处理得并不好，从而导致了犯罪分子做出极端行为，最终人质伤亡众多，结果十分惨痛。

劫持案发生后，媒体和网民纷纷谴责菲警方解救人质行动不利，对不必要的流血事件感到痛惜。菲律宾当局形象严重受损，成为人质事件中最大的输家。长期以来，菲律宾社会治安形势严峻，原本应为“首善之地”的首都马尼拉，更被称为“亚洲绑架之都”。至于当地警察，一度曾是“警匪不分”，警察贪污腐败严重，甚至直接参与刑事犯罪。经历了这次事件，菲律宾整顿社会秩序的决心备受关注。从这次事件中我们可以看出，菲警方处置突发事件的软弱无力，缺乏整个事件的有效处置预案，营救行动很不专业，菲律宾政府和警方的危机处理能力真的亟待提升。警方表现之业余和拖沓，暴露出他们的专业训练和培养有问题，也暴露了他们常识上的欠缺和队伍的指挥及管理有问题，这些都是造成不必要流血事件产生的重要因素。另外，人们注意到，菲国内发生的人质劫持很少通过暴力手段解决，通常通过敲诈勒索达成零伤亡手段，绑架在菲甚至已成为产业，这也造成了警方在处理人质事件时主观重视程度不够。

这次事件的处置不当，影响到菲律宾的国际形象，并带来一定的经济损失。世界媒体把这一事件称为“菲国家形象的一场悲剧”。事件发生后，加深了世界对这个东南亚国家公众目无法纪、社会贪腐混乱的印象。杜绝此类暴力事件，还需抓住问题根源。而根源就在于该国经济和社会发展中贫富悬殊、贪腐严重等问题。这些长期积累起来的现实问题，对任何一届政府都非常棘手，但必须尽快解决。一个国家的应急能力关乎该国家的整体形象，该事件也许会对菲政府是一个教训，对菲律宾社会有一个触动，在预防突发事件、专业素养和专业能力上进行改进。对此，我们只能拭目以待！

此次人质劫持事件再次敲醒了中国公民海外安全的警钟的同时，也给我们一些警示。随着中国公民“走出去”的机会增加，与外界接触不断增多，这势必造成公民海外遇险的频度增大。一方面，公民在海外的自我保护和安全意识需增强，尽量避免出国的盲目性，并熟悉当地相关情况，并采取必要、合法的安全保护手段；另一方面，政府在保障公民海外安全方面的介入和保护力度也要增强。

"突尼斯之变"引发的"政治风暴"

——中东北非局势动荡的警示

【事件回放】

2010 年 12 月，突尼斯群众上街游行，引发"茉莉花革命"，迫使政权更迭。突尼斯之变的风暴迅速在阿拉伯世界蔓延：苏丹、也门、沙特、叙利亚、埃及、伊朗、巴林、利比亚、阿尔及利亚、黎巴嫩、约旦……中东国家像多米诺骨牌一样一个个卷入了政治动荡的漩涡之中。

发生"茉莉花革命"的突尼斯，是非洲大陆最北端的国家，1881 年曾是法国殖民地，1956 年 3 月 20 日获得独立。前任总统本·阿里已经在位 24 年。在 1987 年一场不流血的夺权战中，他从终身总统哈比卜·布尔吉巴手中拿走了权力。他当时说，病重的老人布尔吉巴已经无法管理国家，承诺要给百姓带来"真正的民主和不断进步的政治生活"。上台初期，本·阿里虽然曾推动政治改革，但是这在其巩固了权力后就戛然而止。74 岁的总统本·阿里是个独裁强人，他无法容忍任何批评，并将批评他的人送进监牢。2010 年 12 月 17 日，一名 26 岁大学毕业生，因找不到工作而沿街售卖蔬菜水果，被当地城管部门没收，随即自焚抗议，经医治无效死亡。这一事件引发了突尼斯各地群众示威游行，抗议者与警察和军队发生流血冲突，警察大肆拘捕示威者；为控制持续大规模的社会骚乱，突尼斯武装部队进驻首都突尼斯市，接管了总统府、政府大楼和国际机场等重要场所，空中还有直升机在不断盘旋巡逻。本·阿里被迫宣布解散政府，全国进入紧急状态，但他的努力未能平息抗议民众的怒火。最终，本·阿里总统被迫辞职，出走沙特。突尼斯陷入政局动荡之中，经历了一天内两易总统的尴尬局面。本·阿里倒台后，突尼斯更不平静，罢工游行等活动一直没有停止过，宗教极端分子还袭击了电视台，国内几股政治力量相互博弈。10月23日上午，突尼斯全国27个选区同时开始投票，其海内外110多个政党、政党联盟和独立候选人共提交了1517份候选人名单，11686名候选人竞争未来制宪议会的217个席位。这次突尼斯全国民主选举投票是其独立以来首次进行的制宪议会选举。由于突尼斯国内党派利益诉求多元化，社会不安定，加上中东政局持续动荡，新选出的突尼斯过渡政府将面临国外势力介入，国内政治、经济、社会矛盾等多重挑战。

2011年1月25日开始，“茉莉花革命”之火烧到了埃及。超过90000名埃及网民在社交网站“脸谱”（Facebook）上留言表示，“为了终结贫穷、腐败、失业和折磨，拼了”。由于不满物价上涨、失业率高和腐败等问题，埃及多个城市发生民众大规模集会，数万人跪求总统穆巴拉克下台。这位已经在30年统治生涯中躲过10多次暗杀的埃及总统，在埃及骚乱的第18天里，成为了阿拉伯独裁政权中倒下的第2块骨牌。穆巴拉克是在1981年萨达特总统遇刺身亡的严峻形势下以98%的选票当选总统的，他通过一系列改革，使埃及综合国力显著提升，此后连续5次当选总统。根据国际货币基金组织（IMF）的估测，埃及2010年的国内生产总值不到2170亿美元。而据西方学者统计，穆巴拉克和他家庭的个人财富，在400亿～700亿美元之间。国外媒体报道，穆巴拉克的大部分资金都以离岸金融形式存在瑞士的银行以及苏格兰银行，他两个儿子在美国和英国的黄金地段都购有豪华房产。1月28日，是埃及国家假日“警察日”，示威者声称要将这一天变成“革命日”。首都开罗的示威游行活动主要在位于内政部大楼和执政党民族民主党总部附近的解放广场进行。新一轮大规模反政府示威成为埃及1977年以来规模最大的一次的抗议活动。埃及政府关闭国内互联网及短信服务，并在首都开罗部署了反恐部队。反对派领导人、诺贝尔奖得主巴拉迪回国参加并领导示威活动。在总统穆巴拉克的要求下，以总理纳齐夫为首的埃及政府当天集体辞职。抗议活动不断升级，截至2月2日，埃及流血冲突造成100多人死亡，上千人受伤。2月5日，民族民主党执行委员会集体辞职，其成员包括总书记谢里夫和穆巴拉克之子贾迈勒。2月11日，穆巴拉克和家人离开首都开罗，前往红海海滨城市沙姆沙伊赫，同日，副总统苏莱曼宣布，穆巴拉克已经辞去总统职务，并将权力移交给军方。5月24日，埃及总检察长决定将穆巴拉克及其两个儿子送交刑事法庭审判，指控他们蓄意谋杀抗议者并滥用权力谋取私利。2011年6月28—29日，埃及又爆发了自2月11日后更大规模的抗议活动，冲突至少造成了示威者、警察和安全部队1000多人受伤。8月3日，埃及法庭展开对前总统穆巴拉克的审判。9月5日，穆巴拉克在囚笼里第3次受审。

穆巴拉克面临的多项指控一旦定罪，最高可以被判死刑，使其成为这次阿拉伯国家变局中首位站上被告席的国家最高领导人。

2011年2月15日，利比亚多个反对派团体在第二大城市班加西爆发了反政府的抗议活动，要求总统卡扎菲辞职并和平移交权力，从而引发了更大规模的骚乱局面。卡扎菲长达42年的统治，使他成为阿拉伯国家中执政时间最长的领导者。即便在被西方制裁长达10年的过程中，凭借丰富的石油资源，卡扎菲控制的利比亚仍成为非洲最富裕的国家之一。卡扎菲是一个富有争议的人物，世人对他的评价毁誉参半。因过去的卡扎菲政权和西方矛盾重重，使其在政治上被西方国家排斥。卡扎菲对待反对派人士的态度是坚持毫不留情地予以铲除的原则，他不惜代价地武装镇压那些表达不同意见的团体。2月16日，卡扎菲当局使用雇佣兵和军队武力镇压示威者，并动用迫击炮、机关枪、催泪弹和防空导弹攻击反对派，还派出狙击手埋伏在屋顶，射杀示威民众，造成了国内冲突的全面升级，数以千计的平民在冲突中丧生。美英等国发表声明，谴责利比亚政府的暴力行径。几个部落首领公开反对总统卡扎菲，利比亚反政府武装冲突不断升级，抗议活动从东部城市班加西蔓延到了首都的黎波里，许多国家开始从利比亚撤离本国公民。3月17日，联合国安理会授权对利比亚领导人卡扎菲军队采取军事行动，从而为未来几天欧洲及美国空袭利比亚铺平道路。3月19日，一些西方国家以在利比亚建禁飞区保护平民为由，发起针对卡扎菲政权的军事行动。3月31日，美国向北大西洋公约组织移交行动指挥权，英、法等国在军事打击上扮演前台角色，美国继续派战机空袭和巡逻，更多负责燃料供给等后勤保障任务。5月27日，八国领导人在峰会后发表联合声明，指出："卡扎菲和利比亚政府已不能继续履行保护利比亚人民的责任，并失去所有合法权力，他在一个自由和民主的利比亚没有前途，他必须下台。"6月27日，位于荷兰海牙的国际刑事法院（ICC）宣布，正式对利比亚领导人卡扎菲发出国际逮捕令。8月下旬，反对派武装攻入首都的黎波里，卡扎菲政权垮台。利比亚全国过渡委员会执行委员会主席贾布里勒于9月11日晚在的黎波里宣布，将成立过渡政府。利比亚执政当局10月7日向苏尔特发动最大规模的进攻。利比亚首都的黎波里被攻破后两个月，10月20日，利比亚铁腕人物卡扎菲终于在被捕后伤重身亡。10月23日下午，利比亚"国家过渡委员会"主席贾利勒在班加西宣布，持续8个月的内战已经结束，利比亚全境得到解放。卡扎菲统治利比亚42年的历史从此彻底终结，利比亚迎来充满变数的新政府和领导者。

2011年1月27日，受到突尼斯"茉莉花革命"和埃及反政府示威的鼓舞，也门首都萨那也爆发大规模示威活动，上万个示威者要求执政 30 多年的总统萨利赫下台。反政府示威声势浩大，萨那大学有至少 10000 人示威，反对党在首都其他地区号召的抗议活动也有 6000 人参加。示威者抱怨，也门经济低迷，失业率高，贫富差距越来越大。“9·11”恐怖袭击后，萨利赫公开声称自己是美国的盟友，并与美国建立了反恐伙伴关系，允许美国在也门境内打击恐怖分子，借此从美国获得每年数亿美元的经济、安全援助。这也使他与国内宗教势力和部落势力出现分歧。萨利赫的任期本应至 2013 年底。但执政党全国人民大会党于 1 月 1 日推动议会通过了一项宪法修正案，缩短总统任期，同时取消连任限制。对此，反对派多次表达抗议。面对各方施压，萨利赫 2 月宣布终止这项宪法修正案，推迟原定于 4 月的议会选举，他本人在任期结束后不会谋求连任，不会将政权移交给儿子。但反对派和示威民众仍不满意，要求他立即辞职，并准备指控他杀害平民和涉嫌腐败。随后海湾阿拉伯国家合作委员会介入协调，提出了化解也门危机的调解协议。该协议内容包括总统萨利赫于 30 天内离任，成立由反对党联盟领导的联合政府等。萨利赫曾 3 次同意签署该协议，但均在最后关头反悔，并派出军队和坦克驱散在南部亚丁港一个广场上扎营的 1500 名示威者，造成至少 4 人死亡，50 人受伤。5 月 23 日，以萨迪克·艾哈迈尔为首的哈希德部落武装进攻萨那哈萨巴区的多个政府部门，与政府军发生激烈冲突。6 月 3 日，总统官邸遭反对派部落武装炮击，造成总统萨利赫以及也门总理、一名副总理和议会议长等 10 名政府高官和高级军官受伤，萨利赫的数名保镖死亡。随后萨利赫赴沙特治疗。美国政府当天发表声明谴责也门发生的炮击总统府事件，呼吁冲突双方立即停止敌对行动，并根据此前海合会提出的调解协议实现和平有序的权力过渡。8 月 19 日，也门反对派宣布成立“全国和平变革力量委员会”，继续向萨利赫施压。自 9 月 18 日起，也门反政府示威者、倒戈军队以及反对派部落武装与政府军多次发生大规模冲突，造成大量平民死伤。9 月 23 日，萨利赫在沙特疗伤 3 个多月后返回也门首都萨那。萨利赫回国之后，也门国内安全局势并没有好转的迹象，游行示威、武装冲突依然持续不断。众多反对派坚持要求萨利赫辞职，为军方支持的民主化转型扫清道路，但萨利赫拒绝屈服，并力图通过谈判保住自己长达 32 年的统治。据也门政府公布的数字，自 9 月起，也门政府军与倒戈军队、反政府武装的冲突已造成至少 1480 人丧生，另有至少千余人受伤。联合国安理会 10 月 21 日一致通过决议，要求也门所有各方立即放弃使用暴力，呼吁也门总统萨利赫尽快签署海合会提出的调解协议。10 月 25 日，萨利赫对联合国安理会通过针对也门问题的2014号决议表示欢迎。萨利赫重申，也门执政党已做好准备立即与反对派重启和谈，并就海合会调解协议形成一个双方认可的执行机制，调解协议签署后，提前进行总统大选的程序将会启动。当天也门政府与反对派达成停火协议，停止首都萨那持续数周的流血冲突。

2011年3月15日，叙利亚南部城市德拉15名年幼的学生在公共场所涂写反政府标语遭到逮捕，引发民众大规模反政府抗议示威游行，很快抗议活动席卷全国，政府声称骚乱的幕后黑手是伊斯兰激进分子，出动军队镇压，双方的流血冲突造成大量平民丧生。叙利亚局势的不断恶化，中东地区的持续动荡，引发了国际社会的严重关切。面对危机，巴沙尔·阿萨德政府采取软硬两手政策：一方面，政府同反对派举行正面对话，出台了一系列改革措施，同意建立更加包容的政府，允许组建政党（前提是不能基于民族、教派和种族之上）；恢复12万叙利亚库尔德人的国籍；废除《紧急状态法》，给予民众更多的网络自由；欢迎逊尼派和库尔德人参与政府和议会。另一方面，叙利亚军队和安全部队对霍姆斯、哈马等十余处反政府势力集中的地区展开军事行动，试图在8月1日斋月前遏制抗议浪潮。据联合国人权委员会的统计，3月以来叙利亚已有3000多人死于暴力冲突，其中包括至少187名儿童。4月29日，联合国人权理事会应美国要求，在位于瑞士日内瓦的总部紧急召开叙利亚问题特别会议，以26票赞成、9票反对、7票弃权的表决结果批准一项由美国发起的决议，谴责叙利亚对示威民众使用致命武力。俄罗斯、中国、巴基斯坦等国投下反对票，认为决议草案干涉叙利亚内政，在人权问题上采取双重标准。大规模示威活动动摇了叙利亚的专制政府，但其反对派并没有在近几个月内取得重大进展，没有攻下任何领土，也没有明确的领导层。8月18日，美国、英国、法国、德国及欧盟均发布声明，要求叙利亚总统阿萨德下台。多国表示，阿萨德政权数月来对和平示威实施了血腥镇压和残暴的侵犯人权行为，要求其立即交权。美国总统奥巴马主张对叙利亚实施更加严厉的制裁措施。10月4日，中国与俄罗斯联手否决了部分西方国家关于叙利亚问题的决议草案，10月7日，美国白宫7日呼吁叙利亚总统阿萨德“现在下台”并警告他正带领叙利亚走向“一条非常危险的道路”。俄罗斯总统梅德韦杰夫也表示，叙利亚领导层应该在国内进行改革，如果不能做到这一点的话，那么就将被迫下台。10月24日，美国以人身安全面临“可信的威胁”为由，宣布撤回驻叙利亚大使罗伯特·福特。与此同时，叙利亚决定召回驻美国大使伊马德·穆斯塔法，以便就叙美关系进行磋商。10月26日，数万叙利亚民众当地时间在首都大马士革举行示威，支持总统巴沙尔·阿萨德的制度和国家统一，反对任何外界干涉。此次示威行动以“祖国及其领导人万岁。叙利亚人民是一家人”的宗旨进行。在人潮汹涌的大马士革倭马亚广场，数万名叙利亚人聚集到一起，他们高呼口号，保卫国家统一、支持阿萨德总统宣布的政治改革、支持在没有任何外界干涉的情况下进行全国对话，以和平解决叙利亚危机的决定。叙利亚被称为中东冲突的核心。美国针对叙利亚采取的行动，正是利比亚战争爆发前情景的重演，美国和欧洲大国是否会进行伊拉克、阿富汗、利比亚之外的第四场战争？将来的模式是不是还要通过这种联合国安理会的一个模糊的授权方式，或者是经济制裁或者是另外一个所谓保护平民的，或者是设立一个禁飞区等等，都不排除这种可能发生……

西方媒体把“茉莉花革命”的突尼斯内乱引发阿拉伯世界一些国家民众纷纷走上街头要求推翻本国的专制政体的行动，称为“阿拉伯之春”，认为这些“和平抵抗运动”，孕育了“一个新中东的诞生”。然而，具有悲剧色彩的是，随着西方多国军队发起对利比亚军队的打击，卡扎菲凭借一己之力，就已经改变了“阿拉伯之春”的形象，让这一地区重新回到一种流血冲突和外国武力干预的结合体。

一份政治风险研究报告显示，2011 年年初席卷中东地区的“阿拉伯之春”到 8 月底，让那些深受影响的国家损失逾 550 亿美元，但由此带来的高油价则让其他一些产油国受益。政治风险顾问公司 Geopolicity 在对国际货币基金组织（IMF）的一份数据进行统计分析后发现，利比亚、叙利亚等流血冲突最严重的国家，其经济创伤最严重，其次是埃及、突尼斯、巴林和也门。

【应对举措】

突尼斯、埃及、利比亚等国原有的体制，都诞生于 20 世纪 50 年代至 60 年代，遵循的是与欧洲对抗的阿拉伯民族主义。长期以来，阿拉伯世界的威权政治一直被由军人出身的领导人所垄断。卡扎菲时代的结束，宣告了在阿拉伯世界英雄时代的终结，它是打破强权体制的“阿拉伯之春”的象征。

1. 政权变动和更迭。突尼斯前总统本·阿里逃亡以后，2011 年 1 月 15 日由众议长代行总统职权，福阿德·迈巴扎代总统委托加努希总理提出民族团结政府的组成人员建议名单。本·阿里离境后不久，他的一些家人、安保人员和亲密盟友被拘押。突尼斯司法部对本·阿里及其家人和核心集团提起共 44 项罪名指控，并以搜刮国家财富及非法把资金转移到国外的罪名通缉本·阿里。6 月 20 日，突尼斯缺席审判前总统本·阿里夫妇，处以 35 年刑期。10 月 11 日，突尼斯没收委员会主席穆罕默德·阿代勒·本·伊斯迈尔宣布，属于突尼斯前总统本·阿里家族的 100 多家企业已被没收，本·阿里及其家族占有的 200 多块土地也被收归国有。10 月 23 日，首次由独立选举机构负责的全国性选举，突尼斯 720 万选民选出由 217 人组成的制宪议会。制宪议会再选出代总统和看守政府，在新宪法起草期间任职。起草宪法预计耗时 1 年。民调显示，本·阿里执政期受禁止的“伊斯兰复兴运动”有望成为获得选票最多的团体。埃及总统穆巴拉克辞职后，埃及副总统苏莱曼 2 月 11 日通过国家电视台宣布，穆巴拉克辞去总统职务，并将权力移交给军方。军方在 13 日发表声明，宣布暂时中止现行宪法并解散议会，并将在 6 个月后举行总统和议会选举。声明说，解散议会后，军方将组织一个制宪委员会负责制定新宪法，新宪法随后将付诸全民公决。声明重申保证实现从军管政权到民选政府的和平过渡，现任内阁将留任至选举产生新的政府。9 月 15 日叙利亚反对派在土耳其最大城市伊斯坦布尔宣布成立一个由 140 人组成的全国委员会，并称委员会领导人将在今后两周内由选举产生。委员会成员巴斯玛·库德玛尼说，全国委员会认为叙利亚革命将分三个阶段进行：即政权更迭、过渡时期和未来政治道路。委员会已确定战略部署和原则，每个阶段的时间大约为 6 个月，具体视事态发展而定。

2. 强力镇压反对派。利比亚多个反对派团体反政府的抗议活动愈演愈烈，持续近一个月的局势动荡逐步向一场内战演变，效忠于卡扎菲的部分军队与反政府武装在多条战线上展开拉锯战，利比亚军队动用武力镇压示威者，大量平民在炮火中丧生。卡扎菲曾多次下令在包括班加西、的黎波里在内的数个城市公开绞死进行示威游行的学生和反对派成员；还曾在 3 个小时内屠杀了阿布萨利姆监狱中的 1200 名囚犯。利比亚政府经常公开地处决那些反对他的政治活动家，然后在国家电视台上反复播放处决过程的画面。2011 年 9 月 25 日，利比亚执政当局在首都的黎波里发现一处巨大的乱葬墓地，其中埋葬着多达 1270 具尸体。这个乱葬墓地是到目前为止发现的第一个阿布萨利姆监狱大屠杀的实在证据。这起屠杀案被卡扎菲当局掩盖了多年，导致民间积怨多年并最终加速了卡扎菲的倒台。也门几个月的骚乱持续升级，导致内战不断。5 月 26 日，总统萨利赫下令以叛国和组织武装叛乱等罪名逮捕反对派领导人萨迪克·艾哈迈尔，同时下令逮捕艾哈迈尔的 9 个兄弟。5 月 23 日起，以反对派领导人为首的部落武装分子袭击并试图控制也门首都多个部委以及官方通讯社等大楼，交火造成数百人死伤。9月30日，萨利赫在接受《华盛顿邮报》和《时代》杂志的采访时说，实现也门权力和平过渡的计划明确表示，引起也门紧张局势的“所有因素”都需要被铲除。萨利赫所说的是其主要对手，“变节”的高级将领阿里·穆赫辛以及势力强大的部族领袖艾哈迈尔。10月4日，数十万名反政府示威者在也门首都萨那等省市举行反政府示威游行，要求总统萨利赫立即下台。

3. 国际力量的介入。2月16日，卡扎菲强力反攻，导致利比亚冲突的全面升级。联合国安理会于2月23日发表声明，一致谴责利比亚武力镇压反政府示威。2月27日，联合国安理会决定对利比亚实行武器禁运、冻结卡扎菲海外资产。3月18日，联合国安理会决定在利比亚设立禁飞区。9月16日，联合国大会以114票赞成、17票反对、15票弃权的结果，同意利比亚“全国过渡委员会”作为利比亚在联合国的合法代表。1月25日，埃及多个城市发生民众大规模集会后，联合国秘书长发言人内西尔基在纽约总部举行的记者会上表示，联合国正在密切关注埃及和该地区不断演变的抗议和紧张局势。内西尔基说：“秘书长（潘基文）敦促有关各方确保埃及的形势不会导致新的暴力，并呼吁埃及当局将此视为一个机遇，参与解决人民的合理关切。”面对日益升级的骚乱，埃及总统穆巴拉克于2月10日晚发表了对全国民众的电视讲话，他表示政府需要尽快改正错误并追究犯错之人的责任，并宣布向副总统苏莱曼移交部分权力。美国和欧盟当天就此分别发表声明，敦促埃及政府采取更多措施，加快权力过渡和改革进程。美国总统奥巴马发表声明说，埃及人民被告知将会有权力过渡，但目前尚不清楚这一过渡是“立即、有意义或者足够的”。他敦促埃及政府取消紧急状态法，并同埃及广大的反对派展开有意义的谈判。欧盟外交和安全政策高级代表凯瑟琳·阿什顿发表一份声明，称埃及总统穆巴拉克没有为更快和更深入的改革开辟道路，“变革应该从现在开始”。海湾阿拉伯国家合作委员会于4月提出旨在化解也门国内危机的调解协议，其主要内容包括萨利赫将权力移交给副总统，并于30天内宣布辞职，成立由反对党领导的联合政府并举行总统选举。萨利赫曾先后3次同意签署协议，但随后均未践行。10月21日，联合国安理会就德国和英国共同起草的有关也门的决议草案进行投票，并获得一致通过。决议说，为了发起一个包容各方、井然有序并由也门人领导的政治过渡进程，安理会呼吁也门所有各方“承诺执行以海合会倡议为基础的政治解决办法”，鼓励也门总统萨利赫签署该倡议，并把承诺转变为行动，“刻不容缓地实现和平的政治权力交接”。叙利亚民众在3月19日的德拉市大规模抗议活动中，焚毁了执政党阿拉伯复兴社会党委员会、司法以及警察机构所属建筑。尽管叙利亚对持不同政见者的镇压规模越来越大，但美国官员实际上正在排除国际社会进行干预的可能性。奥巴马内阁官员明确表示，他们并未像对利比亚那样，动员国际社会来对付叙利亚以及阿萨德总统的安全部队。叙利亚反对派 10 月 21 日在霍姆斯市、哈马市、伊德利卜农村和大马士革多个城镇组织游行抗议活动。随着叙利亚经历几十年来最严重的骚乱，叙利亚内阁辞职。

4. 中国政府的态度。西方一些国家指责中国同非洲独裁政权发展关系，不讲民主、不讲人权。但被西方国家称为独裁政权的埃及穆巴拉克政权、突尼斯的本·阿里政权在过去二三十年间一直是西方坚定的盟友。中国认为，卡扎菲不是中国的朋友，相反他是很多西方领导人的座上宾。突尼斯政局动荡，总统本·阿里出走后，外交部发言人表示，突尼斯是中国的友好国家，中方十分关注突尼斯局势发展，衷心希望突早日恢复社会稳定，这符合突人民的根本利益。3 月 17 日，在联合国安理会关于利比亚问题的第 1973 号决议，决定在利比亚设立“禁飞区”进行表决时，中国投了弃权票。3 月 20 日，中国对多国部队向利进行军事打击表示遗憾。不赞成在国际关系中使用武力，主张遵循《联合国宪章》的宗旨与原则以及相关国际法准则，尊重利主权、独立、统一和领土完整。中方希望利局势尽快恢复稳定，避免武装冲突升级造成更多平民伤亡。9 月 12 日，中国承认“过渡委”为利比亚执政当局和利比亚人民的代表，愿与其共同努力，推动中利关系平稳过渡和发展，希望中利双方此前签署的各项条约及协议继续有效并得到认真执行。10 月 5 日，安理会就涉叙利亚问题的决议草案进行表决，中国投了反对票。中方呼吁叙各方停止一切暴力，推动叙政府落实改革承诺，尽快开启由叙主导的包容性政治进程，积极支持地区国家和组织的斡旋努力。有关国家提交的安理会涉叙决议草案一味对叙施压并威胁使用制裁，不利于叙局势走向缓和。中国希望安理会的有关行动应有助于缓解叙紧张局势，有助于推动政治对话化解分歧，有助于维护中东地区的和平与稳定。10 月 21 日，针对联合国安理会涉也门决议草案，外交部发言人在例行记者会上表示，中国十分关注也门局势的发展，希望也门各方保持克制，避免暴力升级。中方主张各方通过对话协商，以政治手段解决当前问题，尽快启动包容、和平、有序、由也门主导的政治过渡进程。中方认为，联合国安理会的行动应有利于缓和也门局势，有利于也门各方通过对话解决分歧，有利于地区的和平与稳定，同时应充分尊重也门人民的意愿。

【评析反思】

反思阿拉伯世界的“政治地震”，有其一定的政治历史背景和其共同存在的深层原因。阿拉伯世界是由22个国家组成的，总面积约1426万平方公里，人口约3.4亿。阿拉伯世界覆盖北非、中东，盛产石油，扼守地中海重要运输线。阿拉伯世界既自成一体，又与外部世界密切相接。这一地区历来十分复杂，各种内外部因素相互渗透，矛盾交织，宗教组织庞杂，传统的种族宗教冲突始终难以平息，加上近年来恐怖势力以此为基地，可谓是热点密布，一触即发。

西方媒体认为这个“阿拉伯之春”属于谙熟互联网、要求和世界其他大部分地区一样享有基本民主权利的年轻一代。突尼斯骚乱、埃及动乱、利比亚的内战，就是一些西方国家依托非政府组织和传媒及网络的优势，不断实施“闪电战”，其动员令都是通过非政府组织策划、互联网传播的。互联网在阿拉伯国家缺乏必要的监管，有着西方背景的微博网站对中东动乱起了推波助澜的重要作用。

英国前首相布莱尔在接受我国一家媒体采访时说：中东问题的某些元素在任何地方都是适用的。“阿拉伯之春”部分是因为人们渴望政治变革，很大程度上也因为渴望经济变革，因为民众对腐败的愤怒，对有些人长期在位却不能给予更好的生活的愤怒。这些教训在哪里都是有用的。布莱尔的这段话用意深刻，值得玩味和认真辨析。

1. 经济危机：民生民怨是阿拉伯世界政治动荡的主要因素。民生凋敝、百姓贫穷是动乱主因。联合国最近发表一份阿拉伯国家发展报告称，失业、贫穷和经济衰退是大部分阿拉伯国家面临的最大威胁。从突尼斯到埃及，再到也门、阿尔及利亚、苏丹、约旦和摩洛哥等资源相对匮乏的阿拉伯国家，似乎早已被经济全球化所抛弃。2008年发端的全球金融和经济危机，更是这些多靠旅游和外资的国家落后的经济雪上加霜。仅以埃及为例，埃及人抱怨“今不如昔”的人越来越多，民众生活困苦，看不到光明前途，自然会“穷则思变”。德国《明镜周刊》对危机原因做出了总结：没有工作，没有钱，没有老婆。分配不公、贫富悬殊，酿成百姓不满。据有关方面统计，占埃及总人口20%的富裕阶层，占有社会财富的55%，他们或从政，或经商；另外占人口20%的中产阶层，只拥有社会财富的18%。贫穷和社会财富分配的严重失衡，势必让绝大多数公民不满。由于近几年经济发展速度过慢，失业率大幅上升，导致以上突尼斯、埃及、利比亚三国成群的青年人无所事事。在一些主要的阿拉伯国家，20岁出头、寻找工作的青年人数量的扩大持续到2010年左右。与1990年相比，在突尼斯，进入就业市场的就业者增加约30%；在埃及增长约50%。阿拉伯社会识字人口的迅速增多造成了有文化的年轻一代和很大程度上没文化的老一代之间的鸿沟，因此，知识和力量之间的分离，可能会使政治系统处于紧张状态。

2. 社会危机：矛盾激化是阿拉伯世界政治动荡的重要因素。由于突尼斯、埃及、利比亚三位总统在位时间很长，与军队、部族等方面都产生了纷争，导致了上层建筑的矛盾激化。同时，统治阶级与下层民众，革新派与原教旨主义之间的矛盾也十分突出。

特别是利比亚卡扎菲政权的垮台值得研究：利比亚的国民生活水平在北非数一数二，卡扎菲执政42年来，一直宣称致力于维护国家独立和主权、兴办社会福利和改善人民生活水平。但卡扎菲家族的腐败，涉及石油、天然气、通讯、基础设施建设、酒店、媒体发行及消费品发行等诸多商业投资领域，在世界各地的银行竟拥有300亿美元以上的资产。

首先，卡扎菲的失败并非个人能力的不足，而是他过于迷信自己的威权。他为利比亚国民许诺的理想迟迟得不到兑现，最终成了大而不当的谎言。生死惨烈的利比亚内战只能警示旁观者和后来人，把国家未来全部寄托于英雄或强人并不可靠。逆势而动使得卡扎菲从英雄豪杰沦为孤家寡人。

其次，在卡扎菲统治的40余年中强力地压制了其他部族的发展，特别是人数众多的、以东部城市昔兰尼加为主要据点的另一大部族贝尼·萨利姆（Beni Salim）的发展。利比亚长期以来根深蒂固的部族矛盾在外力的触发下发展成为内战。卡扎菲41年的铁腕统治和“子承父业”的接班态势使国内各方十分不满。群众对卡扎菲个人长期执政反感，对家族政治、“子承父业”深恶痛绝。

再次，平均年龄不到25岁的利比亚国民，驱逐统治了42年的“领袖”。年轻人们成为这次运动的主力，他们恰是卡扎菲执政后期有限度改革后成长起来的一代新人。在人均GDP14000美元的利比亚，生活水平显然不是革命的根本原因。“大蓬头”朝令夕改变幻无常，威权主导下的改革进程跟他的发型一样过时和乱糟糟。后改革一代的年轻人，这些“改革下的蛋”，最终孵出了革命。“大蓬头”是利比亚年轻人给卡扎菲起的绰号，年轻人认为“卡扎菲的思想和执政跟他的发型一样过时”。年轻战士们最喜欢的战斗口号是：我们要给卡扎菲理个发！

3. 外部危机：外力推动是阿拉伯世界政治动荡的诱发因素。经济全球化是一把“双刃剑”，而发展中国家在这一环境中处于不利位置。西方国家软硬两手，多种手段的推动。以美国为首的西方国家不但采用打压手段，而且强化了颜色革命战略，使中东、北非地区的“亲西方”和“反西方”势力的对立表面化，加速了政局的动荡，使地区矛盾加剧。

首先，凸显没有硝烟战争的影响。这次阿拉伯世界的变局与以前苏东剧变时发生的“天鹅绒革命”、独联体国家发生的“颜色革命”异曲同工，起先都是美国等西方国家通过文化操纵发动的没有硝烟的战争，攻掠全球战略要地。西方国家是以美国为主要代表，一般由文化渗透—街头政治—成立亲美政府这样几个阶段组成。其结果是美国受益、政客上台、百姓遭殃。一是文化渗透。在这一阶段，美国通过各种手段让美国的价值观念广泛传播并被逐渐接受。其核心理念是极其简化的“自由—独裁”的话语模式，即美国的自由民主制度是人类文明发展的最高点，而社会主义国家（或反美国家）是独裁专制的。二是街头政治发难。在人们接受了美国的核心价值观后，美国就会利用目标国国内矛盾，启动蜂拥战术，发动街头政治。所谓“蜂拥战术”就是利用大众的亢奋情绪像密集的蜜蜂一样发起进攻。最初，美国国家民主基金会等组织以公益旗号出面，在目标国家成立外围组织，尤其是在青年学生中，培养选民政治积极分子。随后，利用该国出现的经济和社会问题，鼓动青年学生上街示威游行，冲击、占领政府机构。三是亲美政权上台。认同美国价值观念的反对派上台组建政府，美国和西方国家迅速给予承认。这些新领导人借社会问题上台，但往往面临着由社会动荡所造成的更大的社会问题。新领导人只能求助美国援助来维持政权。而美国就此会对该国提出苛刻的变革条件，把该国纳入自己的势力范围，新政府只能成为美国的傀儡。文化操纵在一定程度上实现了美国的战略目标，扩张了其势力范围。但是，给当地人民带来的却不是自由、民主和繁荣，而是国内新的混乱和动荡。

其次，中东可能进入更加血腥的“第二波”。有专家分析，经过近10个月的发酵，这场中东剧变的重心已经悄悄转移，从北非阿拉伯国家转向西亚阿拉伯国家，从突尼斯、埃及和巴林等亲美阿拉伯国家转向利比亚、也门和叙利亚等反美阿拉伯国家，其手段已经从政权和平更迭转向暴力冲突，从内生型社会变革转向外部强加型革命。如果说埃及、突尼斯和约旦的政权更迭是中东剧变的“第一波”，具有和平性、可预期性、短期性和内生性，利比亚、也门和叙利亚的局势发展则是中东剧变的“第二波”，具有破坏性、不可预期性、长期性和外生性。发生剧变的阿拉伯国家，推翻家族统治、废除威权政治视为共同目标，这是社会各界的共识，但是推翻旧政权以后，新的政权又控制不住局势，应建立怎样的政治制度？选择怎样的发展模式？对此社会各界、各种力量看法不一，内部骚乱、暴力冲突升级，给西方大国干预中东局势提供了重要借口。

再次，国际社会处于新的分化和调整之中。这场席卷阿拉伯国家的剧变不仅影响了阿拉伯世界、伊朗、以色列和土耳其等中东四大力量中心，而且成为影响美、欧、俄、中、印度和巴西等大国关系的重要因素。中东危机的爆发，国际社会陷入分裂，折射了背后的四组矛盾。第一组是中东阿拉伯国家内部的族群矛盾。在利比亚，过渡委员会由不同的部落和政治势力组成，其能否在利比亚新政府重组方面弥合分歧，达成共识，目前仍难以预料。在叙利亚，执政的少数派——阿拉维派同人口占多数的逊尼派以及北方库尔德人存在矛盾，如果叙利亚重蹈利比亚的覆辙，原有的权力格局被打破，叙利亚很可能会陷入类似于2003年之后的伊拉克乱局，形成逊尼派、阿拉维派和库尔德人三足鼎立的局面。第二组是中东地区大国的矛盾。中东剧变后，土耳其、伊朗、以色列三个阿拉伯国家都试图影响阿拉伯国家的未来形势走向；沙特、埃及等阿拉伯传统大国也希望重新成为22个阿拉伯国家的领头羊。在中东地区领导权之争中，沙特、伊朗、以色列和土耳其四大国最抢眼，代表了中东地区四大力量——阿拉伯、波斯、犹太和土耳其。叙利亚爆发大规模抗议后，以色列和伊朗在叙利亚的博弈愈演愈烈。第三组是美、俄、欧在中东的矛盾。美国声称在中东地区拥有确保能源供应、反恐、维护以色列安全和促进民主四大利益，长期视中东为全球三大战略地区之一，其重要性不亚于欧洲和亚太；俄罗斯和欧盟均视中东为近邻，认为它是自己重要的利益地区和“后院”。中东乱局实际上为俄罗斯与西方展开政治博弈、扩大政治影响力提供了机会；俄罗斯政府加大在叙利亚政府与反对派之间的斡旋力度，就是希望今后能够主导地区局势。第四组是西方大国与发展中国家的矛盾。就中东局势而言，国际社会存在一定的共识，即必须停止人道主义灾难，各国应推动改革，建立更具包容性的政府。但是在实现这一目标的手段选择上，西方大国与发展中国家存在分歧。美、英等西方国家认为，中东“独裁”者是人道主义灾难的罪魁祸首，必须下台，应在各国反对派参与下实现中东民主化，产生民选政府，否则国际社会有权采取进一步制裁措施，不排除采取军事手段推动政权更迭。中、俄、印度等发展中国家认为，以制裁手段解决暴力冲突无异于“火上浇油”，难以取得成功；国际社会应谴责发生在中东的一切形式的暴力行为，而不仅仅谴责政府；如果中东国家以民族和解方式实现政治转型的机会尚未丧失，采取制裁乃至军事干预措施只能制造更多的流血冲突与人道主义灾难，且安理会一旦通过制裁决议，西方以此为借口，实施类似于在利比亚的军事打击不是没有可能，届时真正的受害者肯定是中东平民。国际社会的分歧体现了西方大国与发展中国家全球治理理念的差异。

4. 举一反三：有效防范阿拉伯世界政治动荡各种潜在风险。中东北非变局，影响了全球经济复苏。局势持续动荡，使得海外资本市场，欧美股市大跌，全球期货市场也大幅波动，在短期内推高了原油价格，全球正在经历一个温性的石油冲击。纽约油价和黄金价格飙升，4 月份交割的轻质原油期货价格创下 2008 年 10 月份以来的高点；黄金连续上涨，并推升金价突破 2000 美元关口，A 股亦难幸免。能源问题在很长时间内仍将制约全球经济的复苏和发展，石油仍然绑架全球经济的未来。根据国际能源署 IEA 的测算，2010 年，OECD34 个工业化成员国，石油进口成本激增 2000 亿美元至 7900 亿美元，由此带来的收入损失，相当于 OECD 成员国的国内生产总值（GDP）下降约 0.5%。IEA 预计，如果油价持续在每桶 100 美元以上，可能会对全球经济造成沉重负担。就以现行的油价来说，全球在石油上的支出可能会让 GDP 减少 5%，或使全球所有产品和服务的总价值有所降低，会对脆弱的经济复苏造成伤害。对于发达国家而言，本身经济低迷，再加上本身失业率高企以及石油价格的高企，发达国家已陷入“滞胀”的风险之中。

中东北非变局，进一步抬高通胀总水平。当前，全球流动性泛滥、席卷全球的极端天气以及中东北非政治动荡，使全球各类基础商品价格在流动性、供给失衡以及突发因素等多重因素影响下加速上涨，通胀有由发展中国家向发达国家蔓延的趋势，全球整体性通胀的特征愈发明显。IMF 数据显示，进入 2011 年以来，新兴经济体平均通胀率提升到 6%左右，并有向发达经济体蔓延的趋势。原油作为重要的基本原材料，其价格的飙升会把成本压力传导至产业链的中下游，导致生产成本大幅上升，使各国输入型通胀压力进一步加大。对新兴市场而言，油价飙升可能快速推升食品价格，导致硬着陆风险提前到来。新兴市场 CPI 构成中，有 30%至 50%与能源和食品价格相关。从油价飙升到食品价格快速上扬，主要有两个传导机制：一是食品生产依赖于诸多能源密集型的投入，两者价格传导时间不超过两个月。二是石油价格上升可能导致以玉米制造生物乙醇与生物燃料的需求上涨，从而减少粮食与饲料的供应，普遍推升农产品价格，因此，未来高油价导致高粮价的效应还将进一步显现。

中东和北非变局，对中国经济影响不容小视。局势的动荡会对中国与这一地区的贸易、投资、石油供给等方面产生重大影响。贸易方面，我国是非洲第一大贸易伙伴国，2011年中国对非投资约17亿美元，投资存量已达到130亿美元，涉及矿业、制造业、农业等多个领域。中国在埃及的投资额已超过6亿美元，是中国在非洲的第五大贸易伙伴，动乱使出口企业全部撤销贸易订单。投资方面，非洲已跃居为中国第四大海外投资目的地。近年来，中国公司加大了在非洲、中东等地的资源开发、工程承包、基础设施建设多个领域的投资。根据商务部的统计，截至2009年底，中国在埃及投资企业累计1066家，注册资本3.2亿美元，2009年末投资存量为2.85亿美元，承包工程和劳务合作合同金额11亿美元。利比亚的局势动荡使业务在海外迅猛扩张的中国公司面临巨大损失。国资委透露，在利比亚央企共有13家，局势动荡后，全部撤离；中资企业在利比亚的在建项目陷入瘫痪。仅中铁、中冶、葛洲坝、中建等上市公司近半已完成的工程和价值超80亿元的在建项目被全部丢弃。石油供应方面，2010年中国进口原油2.39亿吨，原油对外依存度已超过50%。中国从中东和非洲的原油进口量占总进口量的81%，其中，苏丹已成为中国在海外最大、最完整的石油投资地，涵盖了勘探采油、输油管、炼油厂和港口等整个石油产业链。中东北非政局的动荡严重威胁到中国能源供应的稳定。因此，急需建立健全国家外经贸风险预警应急机制。一方面，中国海外投资需要强化应急能力建设，重视区域特点，区别不同行业，划分层次级别，建立健全国家风险预警应急机制；另一方面，强化面向全球的能源供应能力建设，推进能源进口渠道多元化政策，多元并发，多能并举，改变以往单一进口源的脆弱性，同时加快完善我国的多层次能源储备体系建设，把能源风险管理提上国家战略性议程。

中东北非变局，凸显了我国来自外部的风险和挑战。面对风云变幻的国际形势，我们应保持清醒的头脑和高度的警觉，增强忧患和风险意识，未雨绸缪、趋利避害，积极应对来自外部的种种挑战。一是要认清当今世界正处在大变革大调整之中，求和平、促发展、谋合作已经成为不可阻挡的时代潮流，但世界仍然很不安宁，人类面临的安全挑战依然深刻复杂，局部冲突和热点问题此起彼伏，传统安全威胁和非传统安全威胁相互交织，我们应立足基本国情、树立世界眼光，加强战略思维、注重全局谋划，韬光养晦、善于守拙，埋头苦干、有所作为，紧紧抓住战略机遇期，不断提高我国的国际竞争力和抵御风险的能力，牢牢把握国家利益和国家安全的主动权，集中精力把自己的事情办好。二是要统筹好国际国内两个大局，当前我国既处于发展机遇期，又处于矛盾凸显期；我国与各国的关系既处于深化合作期，又处于摩擦多发期。国际环境对国内大局的作用越来越大，应看到这次中东北非局势变化，必然给我国经济发展和社会稳定带来这样那样的影响。要大力加强海外利益和人员保护能力建设，健全预警和快速反应机制，切实维护好我国海外机构和人员的安全和合法权益。要预测、预见到影响国家利益实现的不利因素和后果，谋划变被动为主动，化危机为机遇，克敌制胜的对抗性策略。以进攻的姿态做好国土安全防御，有针对性地建设和使用好进行对抗性斗争的国家力量。妥善处理我国同国际社会的关系，有效驾驭各种复杂局面，切实维护好全方位对外开放条件下我国的发展利益和安全利益。三是要加强对虚拟世界的管理，防止境外社交网络成为不稳定因素的策源地和发酵池，使有害信息、情绪、心态等通过互联网、微博、手机短信等聚焦、放大、扩散，误导网民特别是年轻人。要培育国民在日常生活中特别是面对重大事件时应有的健康的认知、心理、情感、心态，不管外部形势如何复杂多变，不管在前进道路上遇到多少艰难险阻，都始终能以“千磨万击还坚劲，任尔东西南北风”的坚韧和从容，不为任何风险所惧、不为任何干扰所惑，不动摇、不懈怠、不折腾，决不停止中华民族伟大复兴的脚步。四是要关注重大社会关切，健全社会安全“减压阀”，畅通舒缓各种紧张和压力的管道，使社会保持开放、灵活和包容的状态，通过可控制的、合法的和制度化的机制，使各种社会紧张得以释放，社会诉求得以回应，社会冲突得以消解。尽最大努力减少社会问题，及时妥善有力化解社会矛盾，果断处置社会冲突与社会对抗，不使一些热点累积、焦点升温、“燃点”引发社会“燃烧”。

后危机时代焦虑情绪的宣泄

——"8·6"英国伦敦骚乱事件的警示

【事件回放】

2011年8月6日，英国首都伦敦爆发了一系列社会骚乱事件。导火索是8月4日在伦敦北部的托特纳姆，一名29岁的黑人男性平民马克·达根（Mark Duggan，男，1982年生，非洲裔黑人，4个孩子的父亲）乘出租车在伦敦街头遭警方拦截，双方发生枪战，达根身中两弹，当街死亡。英国官方表示，反枪支犯罪警队怀疑达根非法持有枪械，于是布控拦截。事实证明，达根确实持有一支未注册手枪。拦截发生后，他朝警方射击，一发子弹打中一名警察对讲机，警察受伤。

8月6日，一场在伦敦城北举行的示威活动突然演变为暴力事件，约300人聚集在伦敦托特纳姆路警察局附近抗议，100多名青年在夜色中焚烧警车、公共汽车和沿街建筑，切断交通，占领高速路，劫掠数十家店铺。一场要求"伸张正义"的示威，最后演化为打砸纵火的暴力犯罪。8月8日，骚乱蔓延至伯明翰。8月9日，骚乱扩散至利物浦、利兹、布里斯托等英格兰地区的大城市。

发生在8月6日晚至7日凌晨的伦敦北部托特纳姆地区的骚乱逐渐平息后，7日晚间伦敦多个地区发生袭警、抢劫、纵火等案件，警方逮捕了100多名肇事者，并谴责那些犯罪行为的"盲目模仿者"。在伦敦北部恩菲尔德、沃尔瑟姆斯托等地区，7日晚上，一些商店的窗户被砸碎，一辆警车被损毁；在东伦敦，警方在进行抓捕行动时，警车遭一辆汽车冲撞，3名警察受伤；在南伦敦的布里克顿地区，有200多名年轻人抢劫商店、攻击警察；甚至在伦敦市中心的牛津街，也发生了50多名年轻人肆意毁坏公物事件。

这场始于8月6日晚的大规模骚乱从英国首都伦敦迅速向全国蔓延，

令英国政府和警方措手不及。首相大卫·卡梅伦和伦敦市长鲍里斯·约翰逊提前结束休假返回伦敦处理暴力事件。8日上午，提前结束休假返回伦敦的内政大臣特丽莎·梅，会见了伦敦警察局代理专员蒂姆·戈德温。她谴责近日发生的骚乱行为是“绝对的犯罪行为”，并要求这些人接受制裁。副首相尼克·克莱格于8日下午前往托特纳姆地区检视受损状况，他称暴乱会给当地社区留下“巨大的伤疤”，他强调政府应该全方位参与社区的重建。直到8月10日，英国首相卡梅伦才表示，伦敦的局势基本得到控制。然而在曼彻斯特、索尔福德、利物浦、诺丁汉、伯明翰等其他城市，小规模的骚乱仍在继续。

【应对举措】

伦敦的骚乱是数十年来当地发生的最严重暴力事件，英国媒体坦承，发生在伦敦和其他城市的骚乱事件向世界“展示”了伦敦的“阴暗面”。路透社说，初步统计各地经济损失总计数千万英镑，且不包括“警方遭奚落和羞辱”的损失。

1. 警方镇压。骚乱之初，参与平息骚乱的英国警员人数明显不足，而且警方似乎不愿对骚乱者采取强硬手段。当事件升级后，英国政府支持警方采取强硬措施应对骚乱。英国警方逮捕了2800多名参与骚乱的嫌犯。同时，英国政府赋予警察更多权力，包括允许在英格兰和威尔士的特定区域实行宵禁，以及对16岁以下未成年人实施禁令。警方称，他们已逮捕了800多名骚乱分子，绝大部分都涉嫌抢劫和违反公共秩序，其中最小的年仅11岁。警方对其中的170人提起了犯罪指控。

2. 媒体监管。由于在英国发生的骚乱中，许多青少年利用手机、互联网传播信息，煽动、组织犯罪活动。在社交媒体的推波助澜下，骚乱被极度放大并快速演变和传播。英国内政部随即召集了紧急会议，与会的有英国文化、奥林匹克、媒体与体育大臣杰里米·亨特和外交部、警方等相关部门的官员。社交媒体网站的代表包括“脸谱”、“推特”等，还有黑莓手机运营方的代表。会议探讨了如何对网络被用于犯罪的现象进行执法监管，讨论了如何更好地监控网上出现的犯罪动向，以及如何清除与犯罪有关的网上内容。英国政府在骚乱发生时关闭社交网站，并禁止发送手机短信，以阻止骚乱者利用这些现代通信工具串联。伦敦市警察局还宣布，成立一个特别部门监控社交网络，从中搜寻不法分子活动的信息。

3. 安抚补偿。事件发生后，英国政府积极回应，表示所有受害者都能申请赔偿，政府并成立了2000万英镑基金协助遭破坏的商家。同时，还出台了包括要求地方政府将暴民赶出向政府承租的社会住宅；拨款1000万英镑给市府清理街道；所有家园被毁而无家可归者的临时住宿由政府埋单；延长帮派禁令等的应急措施。

4. 严厉处置。首相卡梅伦11日在议会宣布，政府将进一步采取措施恢复社会秩序，包括增加警力，加强治安巡逻，并考虑对利用网络散播谣言、组织犯罪的行为加强监控。夏季休会的议会11日复会一天，对骚乱事件进行讨论。卡梅伦说，英国举国上下对近日的打砸抢烧等暴力活动感到震惊。他说："我们将竭尽全力维护法纪，恢复社会秩序，调查骚乱背后深层次的原因。"

【评析反思】

将在2012年举办奥运会的伦敦，接连几天出现骚乱与抢劫，甚至燃起熊熊烈火。这种北非式的街头暴力居然蔓延到伦敦及英国其他城市，不由得震惊世界。其中一些原因值得反思。从对事件的态度和处置来看，英国政府事发时的迟缓、分歧和警方处置不力的，直接导致了事态的升级扩大。

1. 政府反应迟缓。起始于伦敦北部托特纳姆地区的这场骚乱一开始并没有引起英国政府的足够重视。最明显的例证是，骚乱爆发之初，首相卡梅伦、负责国内治安的内政大臣特雷莎·梅和伦敦市长鲍里斯·约翰逊仍在外地继续休假，直到局势难以控制后才返回伦敦。而在此之前，已蔓延到伦敦以外地区的骚乱只能由警力不足的警察像救火队员一样"四处灭火"。

2. 各方看法不一。代表托特纳姆地区来自工党的英国国会议员大卫·拉米在该地发生骚乱后，他呼吁平静下来，说"随着调查的进行真相和公正肯定会出来"，骚乱者并不代表整个托特纳姆地区的居民，他坚持要求IPCC必须彻查出马克的死因。代表斯特里汉姆地区的国会议员丘卡·乌马纳谴责发生在布里克斯顿和托特纳姆的暴力事件。代表北哈克尼和斯托克纽因顿的国会议员戴安·阿博特呼吁实施宵禁，而代表纽瓦克的国会议员帕特里克·默瑟，呼吁警察使用水枪。8月9日，内政大臣拒绝使用水枪并说："我们英国警察不靠水枪，我们靠与民众沟通来解决问题"，"完全谴责托特纳姆发生的暴力事件……如此无秩序的行为对公众安全和财产来说是绝对不能容忍的，我全力支持警察厅恢复社会正常秩序"。前伦敦市长肯·利文斯通说："使用水枪对于那些纵火行为将会非常管用。"

3. 警方处置不力。伦敦警察局一些警官透露，8月8日晚，骚乱几近失控之前，他们接到的命令是“站着并观察”，而不是强力应对。在形势急转直下之后，警方才改变了策略，同意派武装车辆驱散一些地区的暴徒。英国政府削减公共开支的计划对警方的执法能力已造成了不利影响。一名不愿透露姓名的伦敦警察抱怨，由于经费紧张，警方的行动一切从节俭出发，而星期六晚上值班的警察又非常少，这让不法之徒看到了可乘之机，率先于6日晚在托特纳姆地区发难。

这次伦敦骚乱事件，虽然事发突然，但深层原因是英国经济、种族、社会矛盾的一次爆发。大规模的骚乱，是后危机时代社会不安情绪的延续传递，而暴力行为、犯罪行为的批量出现，表明社会和经济发展的迟滞，已令许多社区的社会焦虑情绪上升到了沸点。一些年轻暴民不承认他们的行为是犯罪，宣称只是在对抗现有体制和歧视他们的警察。一定意义上说，伦敦的骚乱反映了这一代欧洲年轻人的绝望。主要表现在以下几个方面：

第一，经济低迷。自2008年国际金融危机以来，英国经济持续低迷。2011年第二季度，英国国内生产总值增长率仅为0.2%。这说明英国的经济仍未提振，这对英国社会产生了深远的影响。为应对经济低迷的状况，英国政府采取了紧缩措施。为了削减财政赤字，政府不得不压缩公共开支，减少民众福利。这非但未能支撑脆弱的经济增长，反而令长期“慷慨”的社会福利出现断裂，冲击着社会众多阶层。此番参与英国骚乱的，并非只是“贫民窟里身无分文者”，也有不少经济状况不错但对前景丧失信心的年轻人。特别是大学毕业生失业率高涨，使得叛逆心强的青年人心中的不满情绪积聚下来，等待爆发的时间点。联想到不久前的北爱尔兰骚乱和更早以前的巴黎骚乱，可以说，此次骚乱是一个偶然也是一个必然，即便没有枪击事件，也会有其他的导火索引爆公众的不满情绪。

第二，种族矛盾。英国是个老牌的殖民地国家，在殖民时期除了疯狂地攫取财富之外，也带来了大量的移民流入。而这些移民除了很少部分的精英很好的融入英国社会之外，大部分还是处于社会的底层，靠着社会福利和救济金生活的贫民。在伦敦光鲜的外表下，有着这样的社会现象，最好的房子是处于上层社会的移民买走的，而社会福利是被底层的移民拿走，因此加剧了大部分处于“夹心层”的中产阶级的种族矛盾情绪。

第三，警民矛盾。在出现抗议活动后，警方没有与当地青年进行良好沟通，导致民众不满和流言传播。有消息称，骚乱一开始聚集在警察局外的人群只是和平示威，要求伸张正义。但后来有谣言传开，说警方与参与示威的一名年轻女孩发生了冲突，这立即激怒了本来就对警察不满的示威者，导致事态升级。同时，在这次骚乱爆发时，英国警方正面临着两个方面的问题：一是由于政府为减赤而削减警方经费，英国警方将进行大幅裁员，在人员和财力不足的情况下，维护社会秩序难免捉襟见肘。二是在《世界新闻报》窃听丑闻之后，英国警方的公信力下降，重塑警方信誉，挽回民众支持有很长的路要走。打击了包括一线警察在内的整个警察队伍士气，因此，导致警察在处理暴乱时候的不当行为，致使暴乱进一步扩大。

第四，分配不公。英国贫富之间的差距已经在伦敦形成了印度式的社会等级。最富有的10%的人口的平均财富为93.36万英镑，是最贫穷的10%的人口的273倍，这一差别超过了纽约和东京。在英国，无论是保守党的首相、财相，还是自民党的副首相，都是家境富裕的白人，他们对底层人士特别是少数民族，有种天然的隔膜。因此，在政策的制定上，弱势群体利益缺乏保障。例如，经济乏力带来各种社会问题，英国政府大幅上调大学学费，将之从每年不到3000英镑升至每年9000英镑，用经济门槛把很多年轻人拒之门外。与大学学费高涨的同时出现的是失业率高涨。由于创造不出足够的就业岗位，英国青年失业率高达20%。社会财富分配不公，许多青年人看不到自己的未来。可以说贫困失业问题是此次骚乱的根本原因所在。财政缩减涉及到包括社会福利、教育、健康等领域，对普通民众的生活状况产生了巨大影响。当公共开支捉襟见肘时，削减的开支包括停止给社区的青少年活动中心拨款。英国的青少年活动中心，是学习技艺、进行交流、介绍工作的地方，可以让无业青年干点有益的事。而关闭青少年活动中心，则把年轻人推向街头，为游手好闲、制造事端敞开大门。大量无业青年得不到妥善安置，并在社会分工中找不到适当的位置，从而转变成大量的社会不安定因素。已经适应了社会福利制度的年轻人，当发现他们唯一可以赖以为生的福利也正受到侵蚀时，顿时觉得其最基本的权利也遭到不公正的剥夺，而其反击的方式则是用暴力的方式向社会宣泄不满。以暴行为所好，用暴行来取乐，甚至把暴行视作提升魅力的方式已经成为不少街头青年的共识。教育不平等、经济不景气、政策不关切社会底层的需求，是英国发生骚乱的重要原因。

英国骚乱事件，对正处在经济转轨、体制转换、社会转型的中国来说也是一个警示。

首先，应建立利益诉求表达机制。英国首相卡梅伦曾表示，骚乱是单纯的犯罪行为，参与其中的年轻人缺乏管教和道德，但他也承认，骚乱表明英国社会在某些方面"生病了"，需要倾听民众的诉求。伦敦托特纳姆区是这次暴力事件的起点。它正在成为贫穷、低贱、边缘化的代名词。托特纳姆的世界性问题是“被繁荣遗忘的人们”。其实，在我们周围也有不止一个“托特纳姆”，有不少被现代化所遗忘的人们。一定不能无视这些弱势群体的呼声，特别是年轻人的诉求。一个国家、一个社会，如果底层的人看不到未来，中产阶层一再被剥夺，充盈着公平焦虑，那么动荡便不可避免，迟早会发生。良性的政治治理，不但要考虑到大多数公众的利益，还要考虑到理性处理社会潜在的不满，甚至为可能出现的群体发泄准备适当的渠道。当社会处于一种高度紧张的状态时，应通过可控制的、合法的和制度化的机制，使各种社会紧张得以释放，社会诉求得以回应，社会冲突得以消解。特别是建立一个有效的弱势群体利益诉求机制，让处于社会底层的人，能有效向高层发出自己的呼声，通过它使过大的压力不断排泄出去，不使累积的矛盾爆发。

其次，应完善矛盾排查调处机制。这是有效预防社会问题、社会矛盾积累和激化、促进社会运行动态优化的重要措施。在对话中协调立场，在交流中化解矛盾，才能最大限度地形成共识。政府要针对所在地区社会管理中的热点、重点和难点问题，进行经常性的分析排查，建立矛盾纠纷滚动排查机制。加强对重点地区、重点工程、特殊群体、敏感时期的监控和排查，建立矛盾纠纷情报信息预警机制。对排查出来的问题，要按照“见微知著、抢得先机、争取主动、防止激化”的要求，及时予以解决。社会矛盾调解是当前有序解决社会问题的主要方式。要构建和完善人民调解、行政调解、司法调解相互衔接的大调解工作机制。充分挖掘民间资源，充分利用乡规民约，充分动员各种社会力量参与化解调处矛盾纠纷。要善于运用教育、对话、协商、谈判等方式解决不同利益主体之间的利益冲突，建立有效的利益协调机制。在突发事件中做好政府与百姓的对话，有效地进行，切忌不当的做法以激化矛盾。在沟通协调中，应特别注意态度和方式，相对于普通民众，各级政府和领导干部一定要把群众放在最高的位置，尤其对“异质思维”需要一种“大度”、“包容”和“雅量”。

再次，应要严守法律底线。任何情绪的发泄总有一个法治的底线。支持不同意见的表达、支持和平的示威，但并不意味着要支持一切的、不一样的意见表达。伦敦此次的骚乱事件也确实是底层市民表达意见、发泄不满，但是在骚乱中有些青年人的手段不但不应支持，甚至也不能被容忍，最重要的一点是它突破了暴力的底线。《太阳报》称一些场面是“羞耻的”，并悲伤地写到“在伦敦奥运会即将在一年内开幕的时间里，我们的名誉在这个最糟糕的时刻受到了严重的破坏”，“这是绝对的混乱状态，它对生命和财产来说是严重的威胁”。任何情绪的发泄、意见的表达都应该有一个公认的底线，那就是法律。正如英国《每日电讯报》的主编所说：“我们在伦敦和各地所经历过的事件呈现出一个全新的现象：暴力无秩序行为仅仅只为犯罪……在如此的环境下，如果法律救济为的是保护大多数人的利益的话，那么我们也仅仅只有一个反应：暴徒必须被告诫，他们必须尊重国家的法律。”

最后，应重视对有害网络信息的监管。社交网站和手机等现代通信工具也在骚乱中起到了推波助澜的作用。伦敦骚乱，之所以在极短时间内便串联起如此多的年轻人上街，并迅速蔓延到伦敦内外众多城市、街区，现代通讯平台，尤其加拿大RIM生产的黑莓手机“功不可没”。黑莓手机的特色，在于加密通讯功能，使用黑莓手机进行相互短信通讯联络的客户，其信息即使被监控、窃取，也无法破译，多台黑莓可以构建成一个群组，实现机密群组聊天，构成免费、安全的“黑莓通讯网”，并拥有方便、安全传输大量即时信息的功能。据英国通信监管机构统计显示，不满20岁的英国青少年中，拥有黑莓手机者竟占37%。在此次伦敦骚乱中，“黑莓通讯网”充分发挥了廉价快速“串联”工具的作用，在极短时间里将诸如“警察不公”、“警察施暴”、“街上出事了，快来”，甚至“××处有不花钱就能拿的新潮球鞋，放心，没警察”之类极富刺激和煽动性的信息到处传播，让不少懵懂莽撞、事发前或许根本不知道被警方射杀马克·达根为何许人的青少年，在从众心理、宣泄不满的快意和法不责众的“打酱油”心态下，阴差阳错地成为骚乱的一分子，并为骚乱的蔓延、深化火中添柴。2012年我国将迎来5亿网民，10亿手机用户，微博客用户超过3亿，是世界上互联网使用人口最多的国家。网上犯罪、网上炒作、网络安全问题突出，虚拟社会对现实社会的直接影响会越来越大，如何更好地监控网上出现的犯罪动向，及时清除与犯罪有关的网上内容，加强对网络被用于犯罪的现象进行执法监管，是当前的一项重要而紧迫的任务。

社会裂痕凸显美国式的焦虑

——“占领华尔街”运动的深层思考

【事件回放】

2011年9月17日美国民众发起了名为“占领华尔街”（Occupy Wall Street）的和平示威活动。“占领华尔街”行动，最初只有几十个年轻人在纽约证券交易所门前扎营，随后规模越来越大，抗议者从早到晚都驻扎在华尔街附近的祖科蒂公园里，每天都举行示威游行，在华尔街金融机构外举标语、喊口号，抗议活动的矛头主要指向华尔街“贪婪”、金融系统弊病和政府监管不力，以及高失业率等社会问题。

此次示威活动由加拿大非营利杂志《Adbusters》（广告克星 the Vancouver-based counter-culture magazine Adbusters）的联合创办人和总编辑拉森于2011年7月发起倡议，并被命名为“占领华尔街”，最核心的诉求是要求总统奥巴马“组建一个总统委员会，以结束金钱对国会议员的影响”，意在表达对金融制度偏袒权贵和富人的不满，声讨引发金融海啸的罪魁祸首。

选择9月17日作为活动的起始日，是因为这一天是美国的宪法日。在该活动举行之前，纽约市长迈克尔·布隆伯格发表了一份书面声明表示：“民众有抗议的权利，如果他们想要抗议，我们将乐于确保他们有举行活动的地点”，因此，“占领华尔街”行动得到了纽约警方的批准。该活动网站上宣称：“我们共同的特点是占总人口99%的普罗大众，对于仅占总数1%的人贪婪和腐败，我们再也无法忍受。”活动组织者号召更多的人加入其中，“将占领行动维持数月”，“创造就业而不要战争”。

根据《纽约时报》的报道，开始占领华尔街的主要是一批从十几岁和二十几岁的年轻人，后来有了不少年纪更大的人。他们中有许多是学生、失业者，还有些是无政府主义者。也有一些人只是想尝试体验一下示威抗议生活的感觉。“占领者”人员组成复杂，既有失业的工人和大学生，也有越战老兵和家庭主妇，无法给他们划分政治派别和阶级背景。他们的诉求多元多样，从反战到反金融大亨，从占领美国到要求免费医疗，既没有明确目标，也没有清晰议程。这项活动反映了与民主党、自由意志主义、无政府主义以及社会主义共同的政治目标追求。抗议何时结束，抗议将走向何方，示威者自己都有些疑惑。由于营地生活状况差，一些人逐渐失去热情，尽管天天都有人加入营地抗议，但也有许多人选择离开。

10 月 5 日，"占领华尔街"抗议活动达到一个高潮。首先，是工会组织加入进来，在工会的力挺和组织下，游行示威活动不再"松散"，显得"更严肃"、"更有组织"、"更有影响"。支持这场运动的工会，包括美国汽车工人联合工会、全国轮机工程师福利会、运输工人工会、教师工会等。其次，规模迅速扩大，示威者达上万人，人们挥舞着"重塑美国"、"超级富豪的末日到了"等标语，高喊"全天整周占领华尔街"等口号，使运动的诉求也更加众多，涉及学生贷款债务增加、老年人退休金福利减少等诸多新话题。再次，抗议浪潮延伸至高校校园，有人发起"占领高校"运动，号召全美高校学生 10 月 5 日下午加入上街游行的队伍。根据"占领高校"官网发布的消息，当日下午全美国范围内已经有 75 个高校学生响应，参加了上街示威游行。

10 月 6 日，反华尔街怒火烧至首都华盛顿，抗议者高呼"夺回国家"。抗议运动的地点选择在白宫和国会之间的"自由广场"，组织者宣称，要把这个广场变成华盛顿版的"开罗塔里尔广场"，塔里尔广场因爆发抗议运动推翻埃及总统穆巴拉克而举世闻名。6 日下午，上千名示威者来到美国商会门前，宣告"占领华盛顿"，要求进行渐进式改革。他们高举标语，谴责大企业利用金钱影响政治，要求政府将更多资源投入到保障民生的项目中去，而不是补贴大企业或在海外发动战争。美国商会这个华盛顿最具影响力的游说团体总部外，挂着的巨幅标语上写着"工作"，而示威者们则愤怒地发问："工作在哪里?"自由广场上搭起了舞台和帐篷，整个广场布满各种抗议标语，不少抗议者还携带了睡袋、野营设备，显然是在为长期"占领华盛顿"做准备。由于这次示威活动发生在阿富汗战争爆发 10 周年纪念日的前一天，除了反对大企业的贪婪，反战也成为当天"占领华盛顿"活动的主题。有分析人士认为，这场抗议运动或具有风向标的作用，与白宫和国会近在咫尺的特殊地理位置或许能使他们的声音变得更加响亮和清晰。

10 月 8 日下午，上千名示威者在美国首都华盛顿举行游行，抗议大企业对美国政治的影响和美国政府发动的阿富汗与伊拉克战争，要求美国政府将更多资源投到民生方面。示威者在国家航空航天博物馆与保安人员发生暴力冲突，保安人员使用辣椒水喷雾阻止示威者进入，场面一度极为混乱……

美国的一些演艺界人士也加入“占领华尔街”行动，被称为最令美国政府头疼的纪录片导演迈克尔·摩尔、电影《肖申克的救赎》主演蒂姆·罗宾斯、热播美剧“绯闻女孩”的男演员佩恩·贝格利、出演过《末路狂花》的苏珊·萨兰登等人也出现在了抗议人群中。还有像大野洋子等一些人，则在互联网上对这一运动表示支持。

美国一名退伍军人两度驻扎伊拉克均平安返回，却在奥克拉街头的抗议活动中受伤，此事吸引了退伍老兵们支持“占领华尔街”运动，为抗议增添了新的面貌。退伍老兵并不是纽约、加州等很多美国城市抗议活动中特别引人注目的参与群体。印第安那州退伍军人、“伊拉克退伍军人反战”组织者 Vincent Emanuele 说道，很多老兵从伊拉克返回后为工作苦苦挣扎，对于占领华尔街运动的支持者非常同情。

美国民主党政客向抗议游行表示了支持。财政部长提姆·盖特纳（Tim Geithner）和美联储主席本·贝南克（Ben Bernanke）均对抗议者表示了同情。国会议员、纽约民主党人路易丝·斯劳特说，由银行业引发的 2008 年经济衰退增大了贫富悬殊，而“我们却被告知无法增缴百万富翁和亿万富翁的税款”，“我很骄傲‘占领华尔街’活动站出来向猖獗的贪婪抗议”。

一般认为不太可能支持抗议者，而且自身是抗议目标之一的联邦储备银行高级主管也对抗议者表示“同情”。达拉斯联邦储备银行总裁理查德·费舍尔（Richard Fisher）在德州沃斯堡（Fort Worth）告诉一家商业团体称：“我有些同情，这可能让你们吃惊。”他说：“我们有太多的人失业，所得分配不均，我们有一群非常沮丧的民众，我可以理解他们的挫折感。”

福布斯集团总裁兼首席执行官史蒂夫·福布斯（Steve Forbes）虽然也被列入这 1%的富人行列。但福布斯认为：“占领华尔街”抗议行动找错了目标，他们应该把矛头对准美联储。福布斯说：“抗议者应该将目标对准美联储和政府。如果不是因为美联储大量增发货币，我们就不会有金融危机。如果没有房利美（Fannie Mae）和房地美（Freddie Mac），我们就不会有房地产泡沫。”

国际金融“大鳄”、量子基金创始人乔治·索罗斯表示，他对于最近从纽约华尔街蔓延到全国的示威抗议活动表示同情和支持。索罗斯说，他能理解“华尔街”抗议民众心中的愤怒，因为纳税人的钱被用去填补亏损连连的银行，还让银行因此获利。

获得 2011 年诺贝尔和平奖之一的利比里亚民权活动人士莱伊曼·古博韦，也于 10 月 7 日声援力挺参加“占领华尔街”运动的美国民众。古博韦指出，如果这些示威民众想要实现任何事情的话，就必须有一个目标，并坚持下去。她说："当我早晨醒来，我就有这些目标要追求：女性的权利、和平、安全。如果你们在进行示威抗议，你们需要有一个日程表。"另外，她还认为"占领华尔街"运动是一种非常好的现象。她说："抗议是一种好的现象，表明人们不再退缩和委曲求全。示威者们现在需要团结起来，告诉外界他们为什么要占领华尔街。"

世行行长佐利克表示，席卷全球的"占领华尔街"运动反映出了社会的焦虑和不安，因全球经济前景脆弱，但他更担心美欧经济问题将如何影响发展中国家。佐利克说，世界上仍然有一种感觉，"美国是一个特殊的地方"，美国的债务、赤字和较低的信用评级是"重大担忧"。"我最担心的是发达国家的问题，这些问题将拖累发展中国家和发达国家。"

自 9 月 17 日"占领华尔街"活动爆发以来，类似的抗议很快扩散到美国其他地区，"占领芝加哥"、"占领洛杉矶"、"夺回波士顿"等示威活动陆续展开，并蔓延到洛杉矶、旧金山、芝加哥、亚特兰大、波士顿、丹佛、匹兹堡等美国上千个城市。这些地方的金融区，都出现占领华尔街行动的模仿者。这是自 20 世纪 60 年代以来，全美国出现如此声势浩大的抗议集会活动。有专家分析，此次"占领华尔街"与当时的民权运动和反越战比较相似，因此能在全美引起强烈反响。为声援"占领华尔街"行动，活动组织者还发起了"全球占领"活动，在美国以外的欧洲、美洲、大洋洲、亚洲的各大城市，包括伦敦、布拉格、柏林、法兰克福、赫尔辛基、多伦多、温哥华、渥太华、奥克兰、惠灵顿、克赖斯特彻奇、马德里、哈利法克斯、布鲁塞尔、墨尔本、布达佩斯、爱尔兰科克、东京、香港和台北等地数百个城市都出现了各种"占领"活动。

【应对举措】

"占领华尔街"运动折射出美式制度危机，预示着美国梦或已渐行渐远，反映了美国民众对金融资本主义的批判。旨在抗议贫富差距的"占领华尔街"运动不断蔓延，世界各地示威者纷纷搞起了"全球大串联"。在许多国家，与社会媒体关联紧密的年轻一代正对传统政府和商业结构失去信心，他们认为这种结构剥夺和否认了机会。在发达国家，人数较多的中产阶级担心国家繁荣已经消失，他们要求有人出来承担责任，而全球的精英们在寻找再一次促进经济增长的途径。

1. 当地警方处于高度戒备状态。"占领华尔街"行动以来，纽约警方不敢怠慢，连日来不仅早早将华尔街完全封锁，就连华尔街的标志——铜牛塑像也被完全封锁起来，内外均有众多警察镇守，警车和警用摩托更是遍布华尔街周围，气氛格外紧张。纽约警察局长凯利说，示威已经令纽约市额外多支付给值勤警察200万美元加班费。警方甚至动用了罕见的大型电子监控器，随时跟踪示威者的一举一动。在华尔街周围值勤的大多数警察干脆分散隐蔽在小巷内，不聚集在明处和示威者对峙。2011年10月1日，美国纽约大约700名“占领华尔街”抗议示威者当天下午在穿行布鲁克林大桥时因涉嫌阻碍交通被捕。绝大多数被捕的人被释放，只有20人由于扰乱治安而面临刑事指控。对于“占领华尔街”在全美多个城市中所引发的不分昼夜的抗议活动，一些城市在经过几个星期的谨慎等待后已经丧失了耐心，开始对这些抗议活动进行打压。从波士顿到华盛顿，从丹佛到芝加哥、旧金山，从亚特兰大到圣地亚哥和奥斯丁都有人被捕。推特网站上有一个起名为“占领者被捕”的帖子，统计因“占领华尔街”运动而被捕的人。这个帖子的资料显示，全世界已有大约1770人被捕。

2. 美国政府对抗议活动表示认同。10月1日，前奥巴马顾问Van Jones宣布，他和其他进步主义者将发动一个“十月攻势”（October Offensive）运动，以对抗右翼的茶党运动。美国白宫发言人卡尼10月5日首次公开回应已经蔓延全美的“占领华尔街”抗议示威运动，他表示理解美国民众的沮丧情绪。记者据此问及美国是否会出现类似于希腊那样的“骚乱”，卡尼拒绝将美国的情况与希腊作比较。但他对“占领华尔街”运动的抗议者的诉求表示理解。10月6日，美国总统奥巴马，正面回应已经蔓延至全美各地的“占领华尔街”运动。他指出，美国民众经历了“大萧条”以来最严重的金融危机，全国各地、各行各业都遭受重大损失，但至今金融行业仍充斥着不负责任的行为，这些抗议运动表达了美国人民对金融系统的不满。此前，他动用了大量的政治资本力主通过的金融监管改革法案，就是为了加强监管，保护消费者权益。奥巴马借机将矛头指向共和党人，指责国会共和党人过去一年一直阻挠该法案的实施，甚至希望回到金融危机之前缺乏监管的时期，共和党的总统参选人甚至表示要废除该法案，而这些都不是美国人民所期待的。“作为总统所能做的最重要的事情，是表达同示威者团结一致，再次强调此前曾说的实现一个更加平等的社会的承诺。”这是奥巴马于10月18日对遍布全美的“占领华尔街”运动的表态，也是奥巴马第二次表达对“占领华尔街”的支持，态度愈加明确。在执政的民主党看来，“占领华尔街”活动是一个重要机会，可以对国会共和党人施压，迫使他们通过民主党人支持的创造就业等法案，体现中下阶层的利益及诉求。不论这种压力有效与否，都有助于将中下阶层民众及失业人群对政府和国会的不满，转移到大企业及共和党身上，从而改善奥巴马和民主党的选情。不轻易对政治事件发表评论的美联储主席伯南克也对示威者表示同情，称“抗议者谴责金融行业把美国拖入当前的困境有一定道理”，“他们不满意华盛顿的政策，从某种角度说，我无法指责他们”。

3. 共和党对“占领运动”持否定态度。共和党总统候选人米特·罗姆尼和赫曼·凯恩对“反华尔街的抗议”均持批判态度。凯恩多次说：“别抱怨华尔街，别抱怨大银行。如果你没有工作，你不富有，只能怪你自己。”抗议者有意突出自己“受害者”身份，实质上不过是“嫉妒心理作祟”，“示威者的方向错了，他们抗议的不应是华尔街，而应是白宫”。共和党人大都反对“妖魔化华尔街”，还转而指责奥巴马政府的医疗改革政策实际上阻碍了创造新的就业机会。针对席卷全美的占领华尔街运动的示威民众，美国国会众议院共和党领袖埃里克·坎托7日则声明，这些示威者都是“暴徒”。坎托说：“我对占领华尔街和全美其他城市的暴徒们，日渐感到担忧。不管你信不信，一些人实际是在纵容美国人反对美国人的行为。”

4. 当地政府对持续示威惴惴不安。随着华尔街示威游行持续，当地政府开始采取高压严厉手段打压示威。从发展态势来看，示威游行已出现升级的端倪。如果再任由示威肆意下去，演化成骚乱的可能性完全存在。纽约市长迈克尔·布隆伯格在10月7日的每周电台讲话中猛烈抨击“占领华尔街”示威者。他表示，示威者有表达诉求的权利，但不能干扰其他人的正常生活。他还警告，如果美国政府不采取有效措施扩大就业，美国国内可能会发生类似于埃及和西班牙的街头骚乱。示威者“占领华尔街”的诉求是“不现实”的，示威本身“没有建设性”，对纽约经济有害。布隆伯格指出，示威游行出现暴力行为是不可接受的。他说：“示威者可以继续表达自己的诉求，但如果有违法行为，我们会将他们逮捕并送交法办。”布隆伯格还呼吁示威者恢复祖科蒂公园周边的秩序。他对示威相当负面的评价激起示威者及工会组织的强烈不满。

5. 主流媒体对抗议活动持低调谨慎和消极的态度。媒体对该运动的报道是不咸不淡，只占其新闻内容的7%。一些媒体的评论人士表示尽管这些活动的组织者表示活动是非暴力的，仍然能带给不少纽约人以骚乱的恐惧感。哥伦比亚广播公司等媒体认为，小规模示威愈演愈烈，有可能演变成类似于8月伦敦发生的骚乱。保守的 The Blaze 新闻网站，批评美国愤怒日（U. S. Day of Rage）参与这些运动，并将之与1969年发生的“愤怒日”（Days of Rage）的暴力活动相提并论。《纽约每日新闻》在发表的一篇文章中将抗议者描述为“一群被宠坏的小屁孩” （bunch of spoiled

brats)。美国《世界网络日报》发表文章称，美国极端分子的愤怒在瞄准这个国家。这篇报道说，有迹象表示，“占领华尔街”的示威者在接受煽动暴力、抵制逮捕和扰乱法律体系的训练。示威者认为主流媒体对他们的报道存在误导，除了建立网站进行宣传外，还自行筹款出版《占领华尔街日报》，每次印刷5万份，向社会免费派发。

【评析反思】

俗话说，冰冻三尺非一日之寒。“占领华尔街”运动，一无具体纲领，二无公认领袖，仅凭一个高度简洁的口号，便以令人瞠目的速度从曼哈顿岛蔓延到全美乃至世界各地。美国一些专家认为，抗议活动已逐步向规模浩大的社会运动演变，暴露出了美国经济、政治和社会领域中存在的诸多深层次问题，背后主因是高失业率和经济复苏乏力，也反映出目前美国政坛内斗激烈，民众对政治与金融机构勾结、国会两党无暇顾及边缘群体的状况，可能对美国未来的政治决策产生一定影响。运动还表明美国经济状况的不稳定，是美国对全球发出状况“危险”的信号的预兆。

波澜壮阔的“占领华尔街”运动，既震惊美国朝野，也令世界引发诸多思考。

1. 两极分化反映了社会的深刻裂痕。这次抗议活动的目标庞杂，但“占领华尔街”运动的核心诉求是明确的：抗议大金融机构奉贪婪为金科玉律，缺乏自律和监管；抗议政府“用穷人钱（税款）救助富人”，忽视草根民众失房失业的困境；抗议国家政治决策深受大企业和财团影响，社会财富分配不公、贫富两极日趋分化……

直接触动纽约示威的主要导火索是美国失业率居高不下。根据美国劳工部公布的最新就业数据，2011年8月全美30个州的就业人数下降，其中纽约就业人数下降最多，当月纽约雇主裁员22000人。美国各个工联就为此进行四处活动。美国有超过4600万人生活在贫困线以下，几乎每6个美国人就有一个贫困户。来自美国工会报的报道，美国经济持续不振，加上丧葬费不断上涨，导致美国许多社区无人认领的尸体数目增加，各地方政府补助穷人办丧礼的现象也日渐增加。这一运动中，抗议者最常说的一句话是：“我们代表99%，不再忍受1%的贪婪与腐败。”这句话欠准确，但直击问题核心。英国《独立报》说：“许多美国人现在清楚地感觉到他们社会前进的方向存在根本性错误，并质疑经济体制似乎不再把果实平等地分配给社会广大阶层。”20多年来，由泡沫推动的经济发展使收入及财富分配更为不匀，金融海啸造成的无就业复苏等问题，又令不匀加深。有估计指最富的1%人士占有的全国财富量已上升至4成，而最新统计则显示生活在贫困线下人口比重最近又升至15%之上，乃半世纪以来最高，有4000多万人因无钱吃不饱，而要接受美式粮票（food stamp）救济。有示威组织者在一个“阿拉伯门”的网站上写道，虽然“占领华尔街”的抗议活动不能与北非中东的政治动荡画上等号，但它们也有相似之处，即都是弱者通过特殊方式向强者发出“怒吼”。当前美国社会高度分裂。“占领华尔街运动”是美国社会中的弱势群体表达自己的意见，或者抗议的一种方式。抗议者们仇的不是富，而是不公平。这一风潮凸显了美国民众对政经体制深层矛盾的不满，也凸显了他们对社会发展方向迷失的焦虑。它远非美国主流媒体起初描述的那样，不过是小打小闹的“另一天、另一场示威”，大有可能发展成为一场超越肤色、性别与政党政治，内容日趋广泛深刻的社会抗议运动。美国民众的政治取向日益两极分化。这自布什时代便已开始，两党选民及地域日益分明，近年在茶党（Tea Party）等右翼势力推动下，令共和党主流更趋右倾。在示威活动现场各种左翼组织颇为活跃，有工人运动组织成员在争取劳工权利，也有社会主义运动组织呼吁“终结资本主义制度”，很多传单上印着拉美革命领导人切·格瓦拉的头像。此次示威活动的发起者早在其网站上将他们的抗议活动与“中东北非革命”相提并论，称：“跟我们在埃及、希腊、西班牙和冰岛的兄弟姐妹一样，我们计划使用群众占领这一革命战术，恢复美国的民主，我们也鼓励通过非暴力手段实现目标，最大限度保护所有参与者的安全。”有国外媒体将这场“占领华尔街”的抗议活动称之为美国的“时代阵痛”和美国式“革命”。

但是，根据皮尤的民调，美国人对占领华尔街运动的关注度仍不高，只有17%的民众关心过这事。盖洛普的民调显示，美国人把美国经济的困境更多地归咎于政府而不是华尔街。64%的受访者认为是政府应对经济不好负更大责任，只有30%的人认为华尔街应当承担责任。54%的美国人认为，对个人来说经济体制是公平的，44%的受访者认为不是。大约有25%的受访者表示支持占领华尔街运动，19%表示反对此项运动。一半以上的人既不支持也不反对。超过一半的美国人对“占领华尔街”的抗议方式不置可否，大家只是在看热闹。

2. 极端利益集团是美国灾难的罪魁。美国民众曾经以为2008年9月从华尔街发端的金融危机最困难的时期已经过去，但进入2011年以后，人们发现形势发展远不是那么回事。金融危机在政府的救助下虽得以控制，但经济危机却因此愈演愈烈。颇具讽刺意味的是，美国各大股指指标不错，说明大资本家仍在挣钱，但民众却饱受无就业、无希望、无办法之苦。“占领华尔街”运动并向美国数百个城市蔓延的大规模示威游行，不仅反映民众的强烈不满，更揭示了近年来美国多方面的战略困境和“相对衰落”。有专家分析，美国的极端利益集团使美国的实力衰微，它们是美国灾难的罪魁。

这些利益集团中，首先，是军火利益集团。军火集团是美国政治、经济舞台上一股独特而颇具能量和影响的利益集团，其中佼佼者如洛克希德马丁、波音、雷神、通用动力、Northrop Gunman Corp、联合科技企业、TWR，都高居全球十大军火商之前列，2010 年度仅上述 7 家企业的国防收益就高达 1690 亿美元。美国十大财团中就有五大财团涉及军火领域（如第一花旗银行财团、杜邦财团、梅隆财团、德克萨斯财团、加利福尼亚财团），大发战争财。

其次，是石油利益集团。美国的石油利益集团已从传统的石油开采、加工炼制企业（如 CHEVRON、EXXON—MOBIL、康菲等）扩大到从事石油衍生投机交易的一些华尔街投资银行（如摩根斯坦利、高盛、雷曼兄弟等），后者的影响力正在急速上升。他们通过各种方式，包括通过代理人操纵国家机器控制主要石油产地、在热点地区制造紧张局势、联手进行石油衍生交易投机等手段，控制世界石油资源和操纵石油价格以牟取暴利。在他们的推波助澜下，国际石油价格在近年来急剧攀升。石油利益集团从中获得巨额利润，而把由此产生的沉重经济负担留给了美国民众。

再次，是金融利益集团。华尔街的贪婪和腐败是金融危机的直接原因，奥巴马在竞选时曾表示要惩罚华尔街，要立法加强对金融市场的监管，这正是美国草根百姓的共同意愿。奥巴马上任后就开始酝酿金融监管法案，但却受到了共和党的阻挠。奥巴马政府一再妥协，法案才于 2010 年 7 月在国会通过，但其核心的内容大多被删改，如华尔街搞金融衍生品的问题基本就没有触动。法案更多考虑的是如何发现和解决危机，而不是从根本上阻止危机的发生。美国经济不景气，金融危机的后果仍然天天威胁着美国普通民众。而华尔街的人们却仍然领着高薪，拿着高额奖金。谁代表美国主体利益，谁的利益大，谁的话语权就大。对美国来说，现在金融集团就是它的利益主体，它说话美国人就得听。当虚拟经济取代实物经济成为美国的主要赢利方式后，谁能控制资本的流向，谁就获得权力。赢利方式的变化，导致了权力方式的转移。百年来，华尔街一直是西方金融资本主义的最高地标。对于金融资本带给全球现代发展的影响及其在当今世界经济中举足轻重的地位，世人皆知。但华尔街所代表的金融体制存在严重的弊端。3 年来的金融危机终止了西方持续多年的经济繁荣，也开启了深受其害的美国民众对制度积弊的觉醒与反思。

3. 值得关注的“占领的一代”。尽管有不少专家表示，华尔街的游行示威与中东、北非的“革命”浪潮有本质区别，两者没有可比性。“占领华尔街”运动的发起者拉森说，“占领”运动不断蔓延源于年轻人对未来的担忧和焦虑。在未来的生活中，年轻人会经历政治危机、金融危机、生态危机。这场运动是通过社交网络和互联网来推动的，有着某种“甘地式的非暴力哲学”，“它没有领导人，并将继续没有领导人”，“这是一场由互联网文化驱使的横向的运动”。无论这场“占领”结果如何，美国政治分裂、两极分化、贫富差距扩大等深刻社会问题已经凸显在世人面前。

占领，是一种姿态，更是一种呼唤。一些示威者已经表示，他们决心坚持下去，没有时间表。萧条岁月里，萧瑟秋风中，“占领”街头的美国民众在抗议制度积弊，在呼唤公平回归。在“占领华尔街”网站上，有关人士宣称，“我们占领华尔街是一个象征性的姿态，表达对于经济政治现状的不满和对更好未来的向往。”不少人认为，占领华尔街的青年们有不满的方向与目标，但缺乏的是改革的具体政策。这是不可避免的困境。然而，这个模糊与暧昧性正是这群抗议青年所要的。因为他们不满的是既有的民主体制和资本主义的状态，因此很难像埃及广场的人们那样有一个明确目标——就是要推翻专制；而不论是改革华尔街或改革民主政治，都涉及很多具体的技术性问题，不是一蹴而就的，很难立即取得共识。

天气逐渐转凉之时，“占领华尔街”活动却仍在不断升温。一方面，示威者住帐篷，自备发电机，出版报纸，聚集地俨然成了一个小型社区；另一方面，示威活动从最初的“占领华尔街”，开始向“占领华盛顿”蔓延，而其他城市陆续出现的游行示威与之呼应，“占领全美国”似有燎原之势。“占领华尔街”的发展似乎不再仅仅是年轻人的聚会，未来它将导致怎样结局？“占领华尔街”将如何收场？

历史上，美国年轻人总会被社会赋予“一代”的定义：从一战后“迷失的一代”，到二战后“垮掉的一代”，如今这金融危机后诞生出来的又将成为怎样的“一代”？会不会是“占领的一代”？这场运动激发了青年的热情，让他们相信通过反抗可以改变些什么。他们终究会离开广场，并且可能没有达成任何具体目标，但只要他们把思变的火种带回去，继续去思辨、变革和行动，将会给这个国家带来前进的动力。

当下，全球经济正面临着“停滞”的风险。“占领华尔街”对其他国家也是一声警报，近来一些国家已经发生的动荡和类似的示威游行活动警示人们，美国的“阵痛”，很有可能换个方式出现在任何一个国家。

结语：预警防范比应急救援更重要

6年前，多家媒体曾掀起一场由包括院士在内的学者、环保人士、普通市民等参与的大辩论：人类要不要敬畏大自然。当2011年春天日本的特大地震、超强海啸和严重核泄漏三大劫难接踵而至之时，人们再次提起了这个话题。在沉痛反思天殇式的发展模式后，所有人更深刻地认识到敬畏自然的必要性。灾难往往用一种极端的方式，教会人们尊重生命，珍惜生活，懂得感恩自然，勇于担当责任。人类在与大自然一次次抗争与失败中，不断反省着人与自然的关系，逐步懂得了只有尊重自然，方能与自然和谐共处。

捷克小说家米兰·昆德拉在《不能承受的生命之轻》中曾阐述了一个深刻的命题：没有责任的生命是虚浮的，是没有归属感的走肉。也许从另一角度来看，生命亦有不能承受之重：一个轻微的灵魂划痕，便足以成为生命的永远之痛；直接的物质敲打，更让生命脆弱如蝉翼。生命虽然自有其韧性，但在灾难面前竟如此不堪一击。在人类发展的历史长河中，可以说生命是永恒的，但对于单一的个体，也许生命并非永恒。于是，生存的要义，就成为我们必须思考的第一话题。

德国飞机涡轮机的发明者帕布斯·海恩曾提出一个关于飞行安全的法则：每一起严重事故的背后，必然有29次轻微事故和300起未遂先兆以及1000起事故隐患。这个法则告诉人们：一是事故的发生都是一些隐患数量积累的结果；二是再好的技术、再完美的规章，在实际操作层面，都无法取代人自身的素质和责任心。防范事故灾难，人的因素是第一位的。从接二连三的桥梁坍塌，到高铁动车的追尾，愈来愈多的事故灾难警示我们，必须重视人的因素，从思想上防患于未然，切实加强安全管理，重视对事故隐患的排查，建立分级分类的风险管理，把综合防范和处置措施真正落到实处。

进入新世纪的10来年中，我们遭遇了“非典”、禽流感、甲型H1N1

流感三大震撼全球的疫病事件。近来发生的“三聚氰胺奶粉”、“瘦肉精”、地沟油、染色馒头、塑化剂、镉大米等重大食品安全事件，无不一次次牵动着国人的神经。中国正在进入公共卫生事件高发期，公共卫生管理正面临着新的挑战。我们应从公共卫生事件中引出新的警示，推进公共卫生事业的发展，切实保障和促进国民健康。

2010年，中国经济总量超越日本，成为全球第二大经济体，不少国际机构纷纷在预测，中国什么时候可能超越美国？但对普通民众而言，这个荣耀与现实的幸福感还有相当大的距离。因为人们更关心自己能分到多大的蛋糕，民众不仅要GDP，更需要幸福感。中国经济创造了快速发展的奇迹：快，固然带来很多好处；快，也带来了新的矛盾和风险。温家宝总理就“7·23”甬温线特大铁路交通事故回答中外记者提问时特别强调说：“还是这样一个原则，我们一定要做到科学规划、合理布局、有序发展，不是越快越好，而是把速度与质量、效益和安全有机地结合起来，把安全放在第一位。”

前不久，我去南美访问，听说那里有这样一句谚语：“当我们跑得太快的时候，应该停一停，等灵魂赶上来。”让警钟长鸣，不要把民众的旦夕祸福绑附在快速行进的车轮之上。有人在网上发出了这样的呼唤：“中国，请停下你飞奔的脚步，等一等你的人民，等一等你的灵魂，等一等你的道德，等一等你的良知。不要让列车脱轨，不要让桥梁坍塌，不要让道路成陷阱，不要让房屋成危楼。慢点走，让每一个生命都有自由和尊严，每一个人都不被时代抛下，每一个人都顺利平安地抵达终点。”已经奔跑得有些疲惫的中国，为何不能稍微慢一点呢？慢一点，也许就能多腾出些空间时间，来解决社会经济深层的矛盾和问题；慢一点，也许就能多用点心思，来思考如何让更多的民众分享改革发展所带来的幸福；慢一点，也许就能多花点精力，来消弭“高停停”、“楼脆脆”、“桥断断”、“窑塌塌”等对生命构成的威胁。

当今中国，“经济体制深刻变革，社会结构深刻变动，利益格局深刻调整，思想观念深刻变化”。这“四个深刻”反映了转型期中国的突出特点。贫富差距不断扩大，流动人口日益增加，新经济组织、新社会组织层出不穷，社会治安难点热点频繁出现，突发事件不时成为舆论的焦点。

有一种“社会安全阀理论”认为：现代社会需要有一个平台，让大家有序地、理性地来表达诉求，调解社会矛盾，释放社会压力，缓解社会冲突。中科院的牛文元曾提出“社会燃烧理论”，他把突发事件看作是引起“社会燃烧”的“燃点”。我们对各种缓解社会冲突的“安全阀”应该平和、理性、包容地对待，使之畅通；而对可能引发“燃点”的因素，必须高度重视，及时处置，严防突发事件引起某种“社会燃烧”。此外，转型期还有一个社会“碎片化”的特征，各种利益族群、文化部落、社会成分正在形成碎片化的分割。由于各阶层对政治、经济、文化的资源占有不同，导致社会的不平等加剧。基尼系数逼近极限就反映出利益分配的极不均衡，这已成为社会不稳定的突出矛盾。群体性事件的多样化和多发性，极易成为引发“社会燃烧”的“燃点”。

利益格局的调整，是现在所有社会矛盾中最基本、最急需解决的问题，治本之策就应着力解决好利益的协调问题。当前，特别需要进一步加强并完善党和政府主导的维护群众合法权益的机制，统筹兼顾各方利益关系，从源头上治理社会矛盾，妥善处理大量的人民内部矛盾，坚决纠正损害群众利益的腐败之风，形成科学有效的利益协调、诉求表达、矛盾调处、权益保障的机制。

胡锦涛总书记指出：“90年来党的发展历程告诉我们，来自人民、植根人民、服务人民，是我们党永远立于不败之地的根本。以人为本、执政为民是我们党的性质和全心全意为人民服务根本宗旨的集中体现，是指引、评价、检验我们党一切执政活动的最高标准。”处理群体性事件，必须以人为本，把民情、民声、民意视为“第一信号”。面对复杂的社会矛盾必须未雨绸缪，关键要在事发之前做好防范，警惕“被沉默”的声音爆炸。一些让舆论哗然的事件，大都源自被忽视、被淹没的声音。一旦民诉、民怨、民愤不可倾诉、不被倾听、不能解决，民众的太多声音“被沉默”了，得不到有效“疏导”，难免会淤结成患，导致矛盾激化。此外，还要敏锐洞悉群体中可能出现的焦躁疑惧、迷茫失落、愤青思维、拜金媚俗等各种情绪或动向。如果号不准脉搏，就不能开出对症的药方！封建官吏尚且知道“一枝一叶总关情”，我们共产党的干部更要把群众放在心上，把群众当亲人，认真倾听民声，体恤民意，化解民怨。这是处理好群体性事件的一个首要前提。

群体性事件的处置，应当“法治有度，宽严并济”。群体性事件多数属于人民内部矛盾，应该在法治的框架内协商解决。当群众利益出现矛盾时，应尊重群众自治的权利和表达诉求，要以群众的诉求为导向，形成政府依法行政和群众依法自治的良性互动，用包容、柔性的态度化解不和谐的因素，对利益攸关方予以比较人性化的处置。对可能影响社会稳定大局的事件，必须快速反应，果断处置，以防矛盾激化，使事件成为冲击核心价值观和社会基本结构的公共危机。

有人把加强和创新社会管理，看作是第二次改革。创新社会管理应该坚持以人为本、服务为先，多方参与、共同治理的原则，按照党委领导、政府负责、社会协同、公众参与的要求，进一步完善工作格局。现代社会管理主要由政府社会管理和社会自主管理两部分构成。社会自主管理，是对政府社会管理职能的必要补充，由社会团体、行业组织、中介组织、民办非企业单位和各类基金会等各种社会组织，为适应经济社会的发展和满足社会公众的需要，对社会生活、社会事务及组织自身进行规范、协调、服务、监督和控制等方面的活动。提高社会自主管理能力，发挥各类社会组织的作用，关键是要推进社会管理体制的创新。但是，我国的社会组织正面临“成长的烦恼”，存在思想观念、法规政策、体制机制、监督管理等多方面的困惑，其中体制机制的缺陷是社会自主管理能力薄弱的主要根源。因而，必须明确社会组织的基本特点就是“非政府”和“中立自治”，这也是发挥其独特作用的重要前提。

当今，公民社会的兴起已成为不争的事实。要培育与公民社会相适应的公民文化，首先要逐步使广大公民增强公民意识，使他们对自己在国家中的地位、作用有自觉的认识。公民意识强调的是责任、公德、民主等现代意识，是责任与权力的统一，是法治与公德的统一，是时代精神与传统文化的统一。而公民文化是建立在公民意识基础上的，包含民主、法治、理性、有序等价值观，进而形成所有公民平等、自由参与政治的氛围。公民文化作为法治的价值基础和目标指向，可以为和谐社会的建设点亮激浊扬清的航标灯。

胡锦涛总书记指出：“人民民主是中国共产党始终高扬的光辉旗帜。

改革开放以来，我们党总结发展社会主义民主的正反两方面经验，明确提出没有民主就没有社会主义，就没有社会主义现代化，人民当家作主是社会主义民主政治的本质和核心。”“同时，我们也要看到，我国社会主义民主法制建设与扩大人民民主和促进经济社会发展的要求还不完全适应，社会主义民主政治的具体制度方面还存在不完善的地方，在保障人民民主权利、发挥人民创造精神方面还存在不足。”为此，我们应该积极调动公民有序参与政治的热情，提高人民当家作主的自觉性。民主正是体现公民的权利、责任和义务的统一。例如，少数服从多数，这是一个基本的民主原则，也许少数人掌握了真理，但当多数人不理解、不赞成的时候，少数要服从多数。同时，多数人也要允许和容忍少数人的不同表达，包容“异质思维”，从而形成良性互动。我们讲包容性发展，就应该涵盖对各种利益群体的包容、理解和宽宥。

旅美近代史大家唐德刚先生曾以“历史三峡”来比喻鸦片战争以来中国社会之变迁。他认为，现在是中国的第二个“历史三峡”期，如果不出现大的波折，到本世纪中叶，我们就可渡过最艰难的“历史三峡”，进入海天一色的太平之洋，实现中华民族史上又一个长治久安的平稳发展期。从国强到民富，再从民享到社会公正，这是一环衔接一环、一步推动一步的历史演进过程。面对“中国特色”的和平崛起，西方一些政要提出中国“威胁论”、“傲慢论”、“强硬论”、“崩溃论”、“责任论”、“2G论”等等，各种论调此起彼伏，充分反映出西方国家面对一个强大的中国“唱衰”与“捧杀”的正反两手及其矛盾心态的微妙变化。2011年适逢辛亥革命100年、中国共产党建党90年、苏联解体20年，在这个历史节点上，我们更需要居安思危、温故而知新，只有了解历史，才能读懂中国。

1840年鸦片战争以来，中国一直处在列强瓜分、山河破碎的危机中，民不聊生，国运衰微。拯救国家、民族乃至每个国民的命运，必须改变半封建半殖民地的地位，救亡图存，才可能走上独立自主的强国之路。历史已经证明，腐朽的晚清政府做不到，辛亥革命的先行者没有成功，反动的北洋军阀和南京国民政府更做不到。1921年成立的中国共产党，把马克思主义与中国的国情紧密结合，依靠自强不息的中华民族，在力量悬殊的艰苦条件下，浴血奋战，百折不挠，抵御外敌，战胜内乱，终于推翻了三座大山，取得了新民主主义革命的胜利，开启了人民当家作主的新纪元。经过社会主义革命和建设，中国共产党在人口众多、资源缺乏、生产力低下的国度，自力更生、奋发图强，建立起独立的比较完整的工业和国民经济体系，确立了社会主义基本制度。30多年来，共产党领导世所罕见的改革开放，开创、坚持和发展了中国特色社会主义，使祖国的面貌和13亿人民的命运发生了广泛而深刻的变化，中华民族伟大复兴展现出灿烂辉煌的光明前景——这才是读懂中国的根本线索。

20世纪末的苏联解体和东欧剧变，对中国乃至全世界都是值得深入思考的历史性课题。除了这些国家内部的深刻矛盾，也凸显了意识形态领域这场没有硝烟战争的严酷性。当年，苏联和东欧一些社会主义国家，在西方价值观和政治模式的强烈攻势下，相继发生了“颜色革命”，执政数十年的共产党顷刻垮台，留下了许多令人回味的“遗产”。如今，以美国为首的一些西方国家企图通过各种途径的渗透策动，渲染不同方式的“颜色革命”，特别是依托其传媒及网络的优势，推销“互联网自由”，对一些国家和地区不断实施“闪电战”，企图挑起其国内日益激化的阶级和族群矛盾，使之陷入政权更迭的乱局之中，以谋求战略利益。从2010年底开始，西亚北非一些国家局势剧烈动荡，人民遭受巨大灾难。当全世界正在为中东探索解决之道的时候，境内外一些政治势力和别有用心的人，一刻也没有放弃对我“西化”、“分化”的战略图谋，企图把祸水引向中国。他们通过互联网煽风点火，希望也在中国挑起“街头政治”，以此搞乱中国。但是，中国不是东欧，也不是中东，现在的中国，人心思稳，怕动荡，怕折腾，盼安定稳定，盼和谐和平，一心一意谋发展。一切想把乱局引向中国的图谋，注定是要落空的。

1796年，美国首任总统乔治·华盛顿曾警告国民：“迷信外国会产生罪恶。”“一个国家对另外一个国家热情的笃信会产生各种各样的罪恶。……这会让那些野心勃勃、腐化堕落、受到迷惑的国民献身自己喜爱的国家，反而背叛或牺牲自己国家的利益，却没有丝毫反感之情，有时甚至颇为自豪。”无论是突尼斯之变，还是利比亚战乱；无论是英国伦敦骚乱，还是占领华尔街运动，都深刻反映了这些国家的社会裂痕和一代年轻人对未来的焦虑。对当代中国而言，各种思想文化的交流交融交锋日趋激烈，决不能放任社会文化和价值理想的流俗和沉沦，将时尚遮蔽文明，用偶像替代典范，以改革渲染异化。在意识形态战场上，防御当然是必不可少的，但仅仅防守是完全不够的。长期的被动防守会变成天然的劣势，也很容易丧失社会主义核心价值体系的制高点。

中国的强盛不仅要有经济崛起的“硬实力”，更应有深厚强大的文化道德和精神力量的“软实力”。从这个意义上说，构建中国新世纪的文化价值，还任重而道远。五四运动以来，打倒了“孔家店”，而“德先生”、“赛先生”在当时的背景下不可能形成风气，于是新文化的价值取向出现了迷茫。北洋政府忙于混战夺权，根本没有时间来顾及思想政治的革新。国民党冀图脱离民主、法治，孤立地进行道德建设的新生活运动，也陷入了失败的宿命。共和国成立后，虽曾经出现过文化繁荣景象，也因频繁的政治运动，特别是10年“文化大革命”的折腾，使优良的民族文化传统和国民的自信自尊自强的人格精神被严重压抑，人文价值也一度降到了难以描述的地步。改革开放以来，一方面，多元多样的价值观随着经济全球化和互联网的快速发展而广泛传播；另一方面，多姿多彩的生活也使全民族文化创造的活力持续迸发。今天，民族的自尊心、自信心、自豪感空前增强，先进文化和社会主义核心价值体系正在融入公民文化之中，时代精神和中华文化的“软实力”正日益显现出来。

站在历史与未来的交汇点上，世情、国情和党情都发生了重大而深刻的变化，这是一个充满前所未有的机遇、风险和挑战的时代。在庆祝中国共产党成立90周年大会上，胡锦涛总书记语重心长地指出：“执政考验、改革开放考验、市场经济考验、外部环境考验是长期的、复杂的、严峻的。精神懈怠的危险，能力不足的危险，脱离群众的危险，消极腐败的危险，更加尖锐地摆在全党面前。”面对错综复杂的国内外形势，面临这“四大考验”和“四个危险”，全党同志必须保持政治上的坚定与清醒，常怀忧党之心，恪尽兴党之责。我们要永远与人民站在一起，不断梳理、构建和坚持社会主义的核心价值体系，不断增强社会主义法治观念，全面落实依法治国的基本方略。这对于保持国家的长治久安，具有重大的现实意义。

从辛亥革命推翻帝制，民主立宪的思想开始广泛传播之日起，中国人民为宪政奋斗已经走过了整整100年的艰辛历程。新中国从1954年制定第一部宪法后，经过两次波折，1982年通过了现行宪法。此后又根据客观形势的发展需要，先后4次对宪法部分内容作了修改，从而形成了比较稳定、完善的现行宪法。2002年，在首都各界纪念中华人民共和国宪法公布施行20周年大会上，胡锦涛说："我国宪法的实施状况不断改善，依照宪法和法律办事正在成为社会普遍的行为准则。"但也要看到，"有法不依、执法不严、违法不究的问题还不少，一些不同程度的违宪现象仍然存在"。用这段话来评价我国当前宪法实施的状况，应该仍然适用。

有人说，民主应该是一种宗教。宪法对于一个民主国家，或许更像是民众的宗教。宪法是根本大法，保障宪法的有效实施，可以让公民生活得更加体面，更有尊严。应当维护宪法的权威和尊严，运用宪法来审视我们曾经做过的、正在做的以及将要做的事情，一切有违宪法精神和原则的事都不能做，已经做过的则应当予以纠正。法律的生命力在于实施。公民的基本权利不仅需要通过宪法予以确认，而且需要通过其他具体的法律来落实、保障和实现。任何组织和个人都必须遵守宪法，不管其地位多高，权力多大，都没有超越于宪法之外或者凌驾于宪法之上的特权。这是保证宪法实施的重要条件，也是国家长治久安的重要基础。宪法只有"活"在国民的心里，才能成为"活着的宪法"。宪法的意义也只有在得到全体公民承认和遵从时才能显现出来。

在十一届全国人大四次会议上，吴邦国委员长指出："一个立足中国国情和实际、适应改革开放和社会主义现代化建设需要、集中体现党和人民意志的，以宪法为统帅，以宪法相关法、民法商法等多个法律部门的法律为主干，由法律、行政法规、地方性法规等多个层次的法律规范构成的中国特色社会主义法律体系已经形成，国家经济建设、政治建设、文化建设、社会建设以及生态文明建设的各个方面实现有法可依，党的十五大提出到2010年形成中国特色社会主义法律体系的立法工作目标如期完成。"这就从制度上、法律上解决了国家发展中带有根本性、全局性、稳定性、长期性的问题，为建设民主文明和谐的社会主义国家奠定了坚实的法制基础。良好的法治环境，是一个国家和地区的核心竞争力。所以，必须增强全社会的宪法意识和法治观念，既让各级领导干部善于运用法律解决现实问题，又让广大人民群众懂得依法按程序表达利益诉求、解决矛盾纠纷，用法律武器维护自身的合法权益。

孙中山先生于1918年在《建国方略》自序中曾发出誓愿："万众一心，急起直追，以我五千年文明优秀之民族，应世界之潮流，而建设一政治最修明、人民最安乐之国家，为民所有、为民所治、为民之所享者也。"我们只有通过包容发展、依法治国的正确途径，才能使辛亥革命的先行者们所憧憬的民主政治，在不远的将来真正成为现实。

2012年是个值得警惕的年份，这倒不是什么各种灾难的预言和传说，而是国际社会所面临的各种风险有可能会在这一年较为集中凸显。例如，金融危机之后，美国和欧洲部分国家的债务危机，愈来愈明显地拖累和影响着全球经济的复苏；一些国家和地区陆续进入大选之年，各种政治力量博弈可能引起擦枪走火而波及敏感问题；阿拉伯世界和一些地区的动荡，正对地缘政治格局的变化带来重要影响……凡此种种，全球变局可能出现"共频"、"共振"现象所产生的"蝴蝶效应"，不可避免会对处在转型关键时期的我国社会稳定带来新的风险和挑战。对此，我们应居安思危，高度警觉，有所研判，关键是加强对重大风险的识别与评估，及时预警防范，健全风险管理机制，把我们自己的事做好，确保国家的和谐稳定，确保一方平安。

后记

2007 年我出版了《应急管理 100 例》，这是国内较早的一本案例集。这些年来，“树欲静而风不止”，天灾难测，人祸不断，国内外公共危机事件层出叠现。我应邀在一些党校、行政学院和高校等讲座中，不时用一些新近发生的案例来阐述观点、引发思考、展开讨论。这本《应急百例警示录》就是从中选择了部分内容整理而成的，由于时间仓促，难免失之粗疏，望读者不吝指正。

在本书付梓之际，非常感谢中共中央党校副校长李书磊和国务院参事室参事、国务院应急管理专家组组长、国家减灾委专家委员会副主任闪淳昌在百忙之中为本书欣然作序。

感谢我的同事和学生刘玮、周刚、郭传海、朱晓增、许晓斌、鲁豫娜、王宁铂、张月、刘晓东为书稿所作的资料整理、校核等工作。

中共中央党校出版社的王琪同志已经是第 5 次为拙作担任责任编辑了。十分感谢她多年来为之做了大量艰苦细致的工作，并对出版社四编室的曲炜主任和各位相关人员所付出的辛勤劳动表示由衷的感谢！

在讲稿的资料收集和撰写修改过程中，我参阅了一些应急管理专家学者的著作和论文，并通过媒体采集了大量文字和图片信息，经过提炼和综合，引用于讲稿之中，未及一一注明。为此，对在书中涉及到相关文字和图片的专家学者、有关媒体及其作者，谨致以诚挚的谢意！

我更要感谢我的至爱亲人。在整理这部书稿时，眼前时时闪现父亲生前殷殷期冀的目光。2010 年国庆节前，病入膏肓的父亲在昏迷 10 来天后，竟然奇迹般地苏醒过来，呼唤着我的名字。他在病榻上看到我后，颤巍巍地伸出 4 根手指。我读懂了他的意思："您是说我的那 4 本书吗？"父亲欣慰地点点头，用力地说了声"好"。父亲在而立的大好年华，抛弃大都市的优裕条件，义无反顾地从上海来到西安，一心科技报国，投入"一五"计划支援大西北的建设热潮，奉献了毕生的智慧和辛劳。他晚年仍然心系时政，渴望政通人和，天下安定，认为我从事的应急管理研究是于国于民极有意义的事情，一直默默地鼓励支持着。如今，我也过了知命之年，对于庙堂上的理想已日渐淡薄，唯有驴背上的诗情依然难舍。先父生前的谆谆嘱托，年迈体弱的母亲、朝夕相处的妻子的关心支持，还有兄长、弟妹们对我的及时帮助，时时激励着我尽力把这件有意义的事做得更好一些。

——谨以此书献给我的父亲！

桂维民

2011 年 3 月 9 日初稿于北京

10 月 11 日修改于西安